ANDERS REISEN
HERAUSGEGEBEN VON LUDWIG MOOS

Im Reisen steckt die Sehnsucht nach der besseren Welt. Wir suchen nach unverdorbener Natur, geselligen Lebensformen, gewachsener Kultur. Nichts davon ist falsch, falsch ist nur, wie wir suchen. Entweder reisen wir touristisch, konsumieren das Angebot einer Industrie, die das Ursprüngliche längst zur Ware verfälscht hat. Oder wir gehen auf den alternativen Trip, jagen voller Sozialromantik dem Unberührten, Unverbrauchten nach – und bilden doch nur die Vorhut des organisierten Tourismus.

ANDERS REISEN beschreibt andere Wege. Oft nur einen Schritt abseits der üblichen Routen, erschließen sie den anderen Alltag. Anders reisen heißt, sich einzulassen auf das tägliche Leben anderswo, zu lernen, welche historischen Wurzeln und gegenwärtigen Bedingungen es hat. Die soziale Isolation und politische Enthaltsamkeit des Touristen aufzuheben, die fremde Wirklichkeit unverstellt und mit Lust zu erleben, hat verändernde Kraft über die Reise hinaus.

Rowohlt rororo

**EIN REISEBUCH IN DEN ALLTAG
VON PER KETMAN UND ANDREAS WISSMACH**

DDR

INHALT

Im Voraus 7

DDR ungeschminkt
Die DDR – Ein Land wie jedes andere? 10
Nach vier Jahrzehnten – Wir sind endlich wer! 18

Alltag und Politik
Szenen aus dem wirklichen Leben 34
Arbeit, Arbeit, Arbeit 40
Eine Jugend lang auf sicheren Wegen 46
Kleine und große Fluchten 52
Gesellschaft mit erhobenem Zeigefinger 59
Ersatzreligion Antifaschismus 64
Abschied von der Utopie 71

Kunst und Kultur
Politik mit anderen Mitteln 78
Literatur – Volkseigene Schriftsteller 87
Theater – Donner hinter den Kulissen 97
Film – Das unbekannte Wesen 107
Malerei – Bunt, bunter, manchmal zu bunt 116
Musik – Drei Takte zurück, vier Takte vor 122
Marx, Murx und der ostdeutsche Michel 131

Die andere DDR
Zarte Pflänzchen – Volkseigene Bewegungen 138
Alternative Politbüros – Die Opposition 146

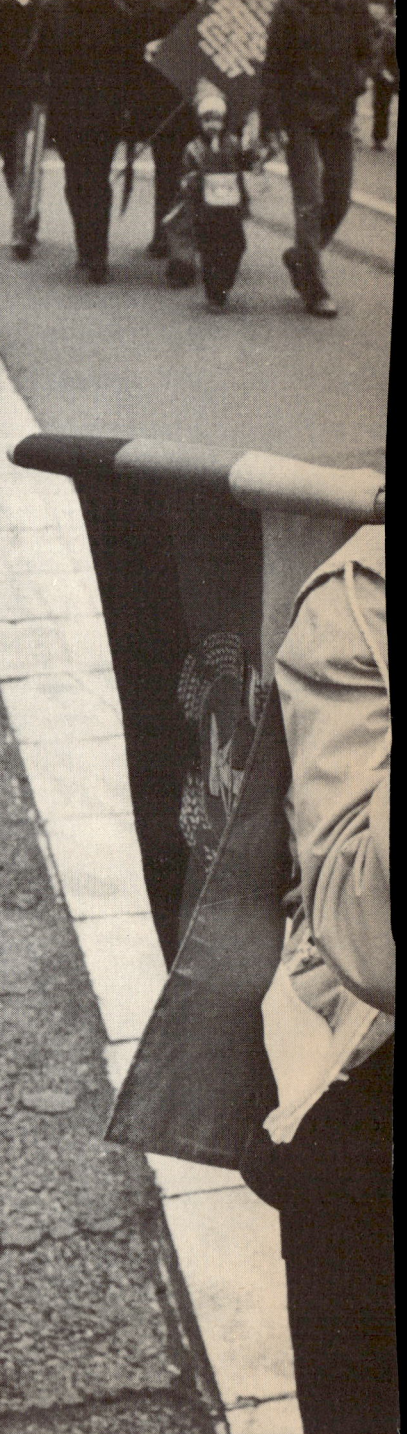

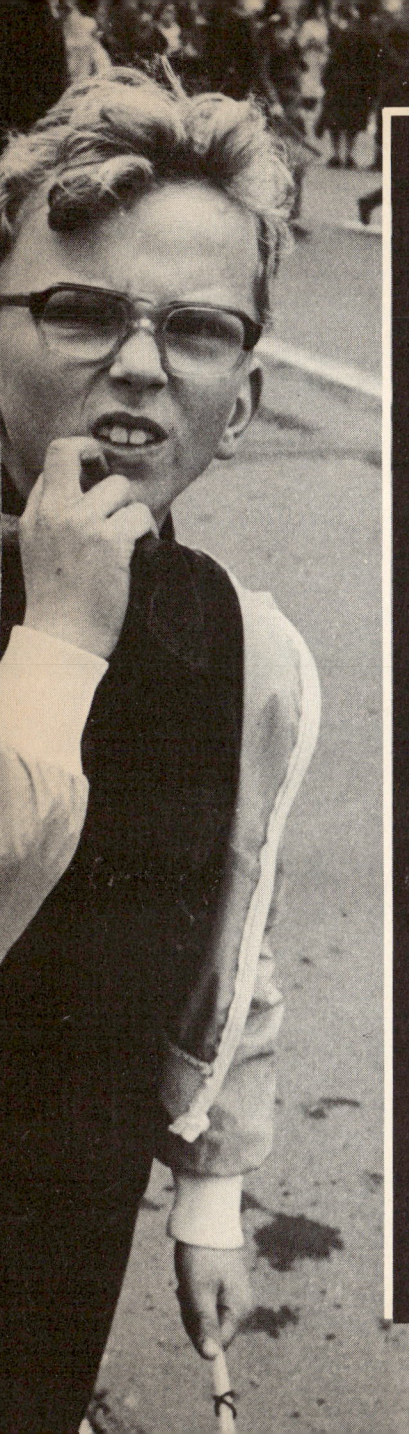

Neue Lebendigkeit – Die
Kirche 153
Wider den verlogenen Frieden –
Die Friedensbewegung 160
Initiativen von Bürgern –
Die Ökobewegung 167
Nicht leben wie die Männer –
Die Frauenbewegung 173
In Schwulibus – Die Homo-
sexuellen 180
No fun – Unangepaßte und Aus-
steiger 186
21mal Schaden usw. – Kultur
von unten 192

DDR querbeet
Seewärts – Rostock und die Ost-
seeküste 200
Frösche und Junker – Mecklen-
burgische Seenplatte 227
Alleen und Dörfer – Mark Bran-
denburg 244
VE Berlin, Hauptstadt der
DDR 263
Natur satt – Spreewald und
Oderbruch 282
Von der Börde ins Gebirge –
Magdeburg und Harz 296
Welthandelsplatz Leipzig 308
Klassik und Wanderstiefel –
Thüringen 326
Historisches Erbe – Dresden
und die Sächsische Schweiz 347

Service
Praktisches für unterwegs 366
Kurzinfos von A bis Z 404
Regionale Tips 413
Bildnachweis 445
Register 446

Originalausgabe
Veröffentlicht im Rowohlt
Taschenbuch Verlag GmbH,
Reinbek bei Hamburg, März 1986
Copyright © 1986 by Rowohlt
Taschenbuch Verlag GmbH,
Reinbek bei Hamburg
Umschlagentwurf
Alexander Urban
(Umschlagmotiv: Siebdruck von
Alexander Urban nach einem
Foto von J. Albrecht Cropp)
Gesetzt aus der Times
von LibroSatz, Kriftel
Gesamtherstellung
Clausen & Bosse, Leck
Printed in Germany
1780 – ISBN 3 499 17568 1

IM VORAUS

Am Anfang stand der Besuch bei der Oma, der Tante, dem Cousin. Ungefragt wurden wir mitgenommen: Familienausflug. Pflichtaufgabe. Kaugummiautomaten gab es nicht, dafür aber Dampflokomotiven. Es roch anders in diesem Land, und die Autos gaben eigentümliche Geräusche von sich. Überall an den Straßen waren große Reklametafeln angebracht mit roter Schrift. Die Erwachsenen schüttelten darüber die Köpfe. Mit jedem Besuch wurde dies alles vertrauter, selbstverständlicher – schließlich sprachen die Menschen dieselbe Sprache und schauten dasselbe Fernsehprogramm.
Viele Jahre später – längst hatten wir fast alle Länder Westeuropas bereist – fuhren wir wieder in die DDR, um nachzuschauen, was aus unseren Kindheitserinnerungen geworden war. Unter den entfernten Verwandten fanden wir welche, die auf gleicher Wellenlänge funkten. Die DDR entstand neu. Wir begannen herumzureisen: zum Badeurlaub an die Ostsee oder zum Wandern im Thüringer Wald. Über die Menschen lernten wir das Land kennen. Die festgezurrten Vorstellungen gerieten in Bewegung. Manche vorher unüberwindbar scheinende Barriere ließ sich aus dem Weg räumen. Westliche Freunde, die die DDR nicht kannten, wollten Näheres wissen, wir mußten immer häufiger längere Vorträge halten. Tatsächlich bedarf es mehr Information, aber auch mehr Eigeninitiative, um sich dieses zugegebenermaßen abweisende und in vieler Hinsicht vertrackte Land zu erschließen. Aber nirgendwo sonst gibt es eine bessere Gelegenheit, sich mit deutscher Geschichte, deutschen Eigenheiten, aber auch mit dem Ost-West-Konflikt auseinanderzusetzen.
Wie das beschriebene Land von anderen, so unterscheidet sich auch dieses Buch in Entstehung und Inhalt vom hierzulande Gewohnten. So mußten wir auf einige der üblichen journalistischen Hilfsmittel verzichten und auch unsere Freunde in der DDR im unklaren über unser Vorhaben lassen. Zum besonderen Charakter der DDR gehört auch, daß dieses Buch wahrscheinlich nicht eingeführt werden darf. Probieren sollte man es trotzdem.
Wir danken allen, die uns mit Hinweisen, Anregung und Kritik geholfen haben. Wie kaum ein anderes Reisebuch lebt dieses von Informationen, die uns von anderen zugänglich gemacht wurden. Wer Kritik und Verbesserungen anbringen möchte, der schreibe bitte ungehemmt an: Rowohlt Taschenbuch Verlag, Anders reisen DDR, Postfach 1349, D-2057 Reinbek.
Noch kurz zu uns: Per Ketman, Jahrgang 1959, zugewanderter Berliner. Ist auch Herausgeber des Luchterhand-Taschenbuches «Geh doch rüber – Begegnungen von Menschen aus Ost und West». Andreas Wißmach, Jahrgang 1954, veröffentlichte eine Reihe von Zeitungs- und Zeitschriftenbeiträgen über die DDR.

Dezember 1985   Per Ketman und Andreas Wißmach

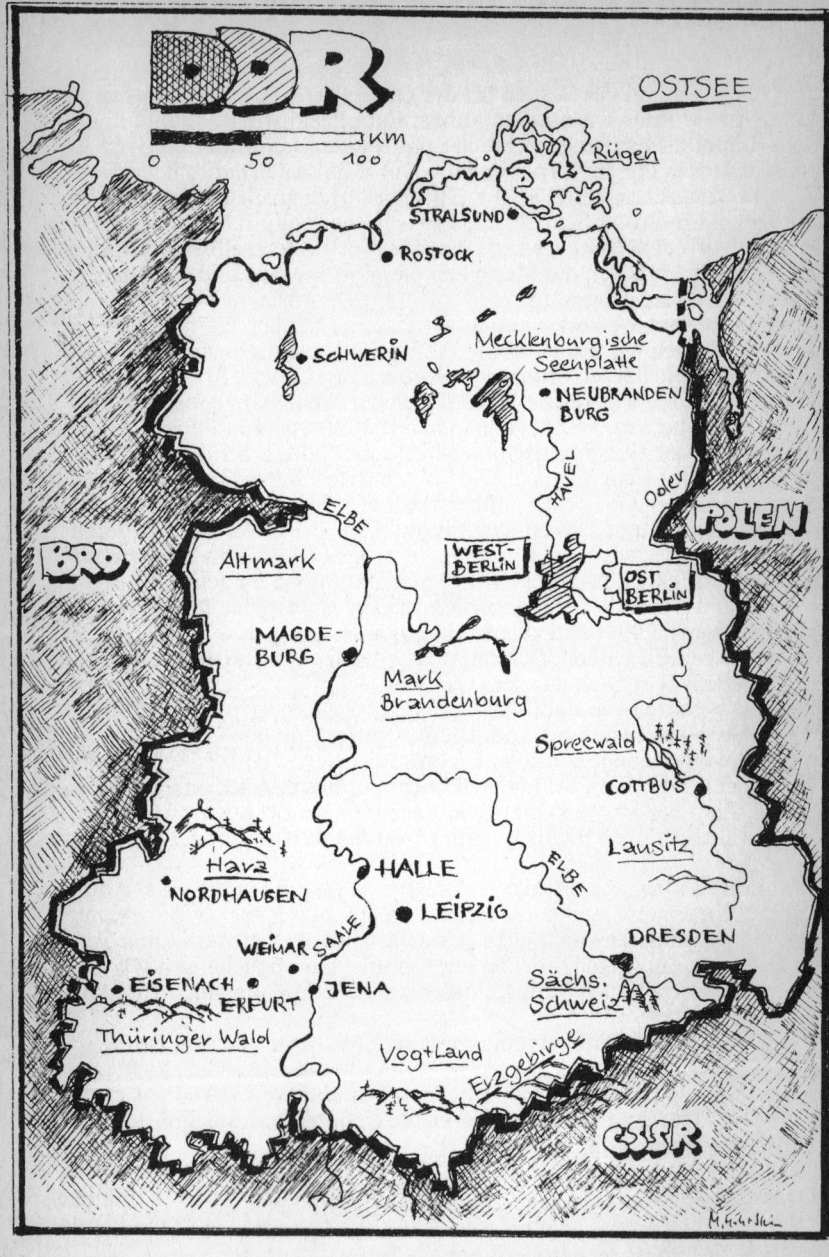

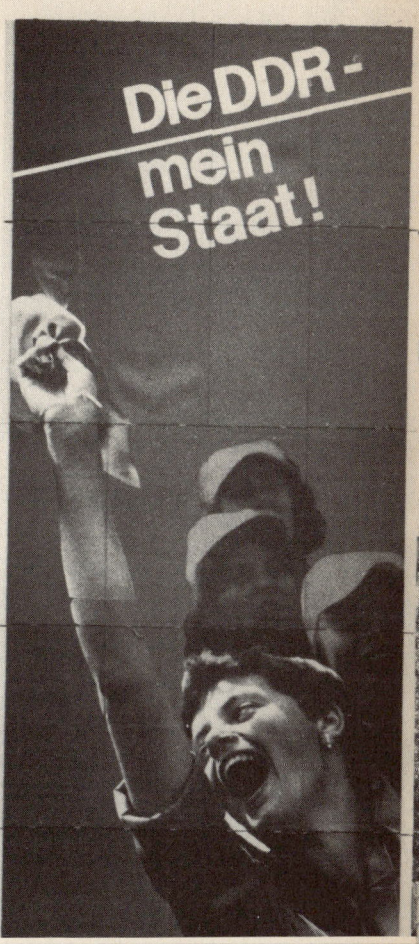

DDR UNGESCHMINKT

DIE DDR – EIN LAND WIE JEDES ANDERE?

Allein die Grenze übt eine ungeheure Wirkung aus. Selbst den – vergleichsweise harmlosen – Transit nach Westberlin benutzen viele Bundesbürger nicht, aus diffuser Furcht vor DDR-Grenzern und -Polizisten. Aber das höchste der Gefühle ist natürlich eine Einreise in die DDR. Nachdem man meist recht locker den bundesdeutschen Kontrollpunkt hinter sich gebracht hat, empfängt einen jener martialische Streifen von einigen Kilometern Tiefe, der drüben «Staatsgrenze West» genannt wird: hohe Betonmauern und Drahtzäune, Schlagbäume und Wachtürme, Grenzer mit Maschinenpistolen in der Hand. Bald schon wird man das erste Mal gestoppt – doch nur zur Vorkontrolle der Papiere. Dann hat man sich in die Einreise-Spur einzuordnen. Entweder an einem Kabäuschen, vor einem verschlossenen Tor oder vor den Füßen eines Postens heißt es dann stop. Jetzt werden die Papiere einer ‹richtigen› Bearbeitung zugeführt. Wahrscheinlich hat man auf der «Ein- und Ausreisekarte», die offiziell als Zählkarte verkauft wird, aber in Wirklichkeit nur für das Ministerium für Staatssicherheit bestimmt ist, irgend etwas einzutragen vergessen. Je nach Laune des Beamten wird man nun angeraunzt, zur Ergänzung aufgefordert oder – der Beamte trägt die Angabe selbst nach!
Nach dem Tod des Transitreisenden Burkert bei einer «Verdachtskontrolle», Franz-Josef Strauß sprach von «Mord», gab es schlagartig eine bis dahin nie gekannte Freundlichkeit an den DDR-Grenzübergängen. Indiz dafür, daß darüber tatsächlich zentral und unter politischen Gesichtspunkten entschieden wird. Natürlich gibt es immer noch Grenzer, die ihre Macht über die Klassenfeinde voll auskosten, aber im Durchschnitt geht es weit entspannter zu als früher. Was vereinzelt schleppende Abfertigung jedoch nicht ausschließt.
Während also die Papiere bearbeitet werden, schweift der Blick über das Gelände. Hohe Flutlichtmasten, ferngesteuerte Kameras allerorten, Pavillons mit Milchglasscheiben und die obligatorischen Absperrungen. Endlich erfolgt die Aufforderung, ein kleines Stückchen, aber bitte nicht zu weit, vorzufahren. Ohne mit der Wimper zu zucken, vergleicht der Beamte nun manchmal lächerlich lange zwischen dem tatsächlichen und dem Paßgesicht. Da hat man auch schon mal die Brille abzunehmen oder den Kopf seitwärts zu wenden. Aber auch das nimmt ein Ende. Nun wird's wirklich spannend, harrt doch der DDR-Zoll der Reisenden. Ihm obliegt die staatstragende Aufgabe, unerwünschte Gegenstände von der Einfuhr fernzuhalten.
«Erklärung über mitgeführte Gegenstände und Zahlungsmittel», so heißt das kleine Blättchen, auf dem Geld und Geschenke einzutragen sind (was man tunlichst vor der Abreise erledigen sollte). Wer Glück hat, braucht nur eine

Kleine deutsch-deutsche Sprachkunde

Abschnittsbevollmächtigter (ABV) Kontaktbereichsbulle
Abteilungsparteiorganisation der SED (APO)
Arbeiter- und Bauernfakultät (ABF) Zweiter Bildungsweg
Aufgebot wenn Menschen für etwas aufgeboten werden
Bestarbeiter die besten Planerfüller
Betriebsgewerkschaftsleitung (BGL) Betriebsratsersatz
Blauhemd FDJler
Brigade Kolonne oder Abteilung im Arbeitsleben
Broiler Gummiadler fritiert
Brüder Sowjets
Dispatcher sitzen an organisatorischen Schaltstellen
Elaste elastische Kunst- und Naturstoffe
Firma Stasi
Freimüssig freiwillig müssen
Geflügelte Jahresendfigur Engel
Gesellschaftliche Bedarfsträger bei der Versorgung bevorzugt behandelte Vollstrecker «gesellschaftlicher Aufgaben»
Grilletas Ost-Hamburger
Hamwanich (HWN) häufigste Verkaufsauskunft
Havarie Schäden jeder Art
Juice Saft
Kabinett Fachlehrräume
Käthe geringschätzig für Frau
Kampfauftrag bringt immer Überstunden mit sich
Kombine Mähdrescher
Kommunale Wohnungsverwaltung (KWV)
Komplex wenn mindestens zwei Sachen zusammenkommen (Komplexannahmestelle)
Kopf machen nachdenken
Kunde Freak
Neues Deutschland (ND, auch eNDe)
Objekt alles mögliche
Ordnungsgong Ausschaltung von Störern
Organisieren auf nicht ganz astreinen Wegen beschaffen
Parteigenosse (PG)
Plaste Plastik
Plazieren Zuweisung des Tisches im Restaurant durch Kellner
Rauhfutterverzehrende Großvieheinheit (RGV) Kuh
Reisekader im Besitz der Erlaubnis für Westreisen
Rotlichtbestrahlung politischer Unterricht
Solibasar Solidaritätsbasar
Subbotnik freimüssige Sonderarbeit
Truppe Jargon für Clique
Valuta Devisen
Verschärft Jargon für prima
Vitaminbasar Obstladen
Volkssolidarität (VS) Hilfsverein für ältere Menschen
Winkelemente Fähnchen, Plakate
Wissenschaftlich-technische Revolution (WTR) angebliches Wundermittel
Zirkel Arbeitskreise oder -gruppen

Tasche oder einen Koffer auszupacken, wer Pech hat, muß den Großteil des Gepäcks in einem speziellen Raum leeren, wer fürchterlich großes Pech hat (was aber wirklich selten ist), muß mit dem Auto in eine kleine Halle fahren. Beim Auseinandernehmen lernt er dann Innen- und Hohlräume seines Wagens kennen, von deren Existenz er noch nicht einmal eine Ahnung hatte. Wer nicht irgendwie ‹vorbelastet› ist, wird nur die kleine Kontrolle über sich ergehen lassen müssen. Und das war's dann.

Feindliche Brüder

Warum diese Schilderung? Nun, die Grenze ist immer noch so etwas wie die Sollbruchstelle einer DDR-Reise. Auch wenn zahlreiche Schauermärchen in Umlauf sind – hier bekommt jeder das Gefühl, völlig undurchsichtigen Mächten fast schutzlos ausgeliefert zu sein. Erst bei häufigen Besuchen kapiert mensch in etwa, welche Mechanismen hier zur Wirkung kommen. Und – jeder lernt, damit umzugehen. Das furchterregende Äußere dieses Eingangstores zur DDR büßt rasch einen erheblichen Teil seiner Wirkung ein, auch wenn Normalität nicht aufkommen mag.

Ähnliches gilt für die Besuche selbst – wenn sie von Bundesbürgern unternommen werden. Für Österreicher oder Schweizer ist die DDR ein Land wie andere auch; bei den Westdeutschen jedoch leuchten immer erst Signallämpchen auf, wenn die Rede auf den östlichen Nachbarn kommt. Was auch zu verstehen ist. Vieles schwingt nämlich im Verhältnis der Deutschen in Ost und West mit: die gesamtdeutsche Vorvergangenheit, die Last des Faschismus, das rasche Auseinanderdriften der Zonen nach 1945, die feste Einbindung in die Blöcke, das Aufschauen zum jeweiligen großen Bruder, die stellenweise Normalisierung im geregelten Miteinander. Wie ein Paar feindlicher, gleichwohl wie Kletten aneinander hängender Brüder stellen sich die beiden Deutschländer heute dar – immerhin ist tatsächlich die Hälfte der DDRler mit einem Viertel der BRDler durch verwandtschaftliche Bande verknüpft!

Es ist schier unmöglich, daß sich Bürger beider Staaten unvoreingenommen begegnen, selbst wenn sie sich wirklich bemühen. Ohne Verkrampfungen geht es erst einmal nicht. Doch sind sie zum Großteil unnötig und unbegründet. In den Köpfen mancher unserer Väter und Mütter spukt ja immer noch der Wunsch herum, die DDR eines Tages durch Einverleibung von der Landkarte verschwinden zu lassen. Über diese Haltung, deren Ausfluß die Gänsefüßchen-Schreibweise «DDR» in der Springer-Presse oder die Wortwahl «Ostzone» oder «Zone» ist, wollen wir hier keine Worte verlieren. Auf der politischen Ebene korrespondiert diese Denkart mit dem ständig abgespulten Bekenntnis zur Wiedervereinigung. Daß es eine «Wieder»vereinigung sowieso nicht, höchstens eine «Neu»vereinigung geben kann, sei nur am Rande vermerkt.

In der Präambel des Grundgesetzes, die ja so oft beschworen wird, heißt es in dürren Worten: «Das gesamte deutsche Volk bleibt auf-

Gruppenbild mit Vopo

gefordert, in freier Selbstbestimmung die Einheit und Freiheit Deutschlands zu vollenden.» Da könnte fast noch Erich Honecker zustimmen, der 1981 auf einer Parteiversammlung der SED diese denkwürdigen Worte sprach: «... und wenn der Tag kommt, an dem die Werktätigen der Bundesrepublik an die sozialistische Umgestaltung der Bundesrepublik Deutschland gehen, dann steht die Frage der Vereinigung beider deutscher Staaten vollkommen neu (starker Beifall). Wie wir uns dann entscheiden, daran dürfte wohl kein Zweifel bestehen (anhaltender starker Beifall).» Begeht mal jemand den Fehler, die heilige Kuh der Bundesbürger zu schlachten, dann bricht ein Sturm der Entrüstung los. So geschehen im Herbst 1984, als der italienische Außenminister Andreotti beiläufig bemerkte: «Es gibt zwei deutsche Staaten, und zwei müssen es bleiben.» Natürlich sprach er nur aus, was die meisten West- und Osteuropäer denken. Aber er kratzte damit das Bild vieler Westdeutscher von einer Vereinigung beider ‹Deutschländer› unter ihrer Federführung an. Was dann in der ausgesprochen heftigen, fast hysterischen Reaktion zutage trat, war die altbekannte bundesdeutsche Selbstgerechtigkeit.

Pflichtübungen

Insbesondere bei den älteren Generationen werden häufig Verwandtenbesuche in der «Ostzone» mit einer Gönnerhaftigkeit sondergleichen wie Pflichtübungen erledigt (ein bißchen Lustgewinn ist natürlich auch dabei). Schließ-

lich können die armen Brüder und Schwestern ja nichts dafür, daß sie dem Kommunismus in die Hände gefallen sind ... Oft geht damit ein ausgesprochenes Desinteresse am wirklichen Leben drüben einher. Man nimmt gerade noch zur Kenntnis, daß die Verwandten geringe Mieten zu zahlen und lange Wartezeiten für ein Auto zu erdulden haben. Damit hat es sich aber schon. In repräsentativen Untersuchungen ergeben sich immer wieder katastrophale Wissensstände. Noch immer meinen Bundesbürger, man müsse drüben ständig Russisch sprechen. Selbst «FAZ» und «Taz» sind da mitunter gesamtwestdeutsch vereint, schreiben statt Honecker schon mal Honnecker ...
Kaum etwas über die DDR wissen, Besuche nur notgedrungen als Verwandtschaftspflege begreifen, selbstgerechte Überlegensheitsgefühle pflegen – darin erschöpft sich oft das Verhältnis zum anderen Deutschland. «Die DDR ist hierzulande so etwas wie ein Fußpilz. Der ist lästig und gehört irgendwie mit dazu, aber man spricht nicht sehr gern darüber» – so der Satiriker Rolf Mainz. Auf Grund der Generationsunterschiede stellen sich natürlich auch hier Veränderungen ein. Doch sind diese durchweg zwiespältiger Natur. Jüngere Menschen empfinden die Verwandtschaftsbeziehungen nicht mehr so eng, sie wissen mit den Gleichaltrigen drüben nicht allzuviel anzufangen, oftmals verselbständigen sich bei ihnen die Vorurteile der Älteren zu einem Gebräu aus Ahnungslosigkeit und Ablehnung.
Wie nähert man sich nun dem Land, das da nur wenige Kilometer östlich liegt und doch zu einer ganz fernen Welt zu gehören scheint? «Gehören Magdeburg und Meißen auch zu Europa?» Diese bange Frage stellte die «FAZ» nach einer DDR-Reise von Christdemokraten aus Westeuropa, die sich drüben nicht «in Europa» gefühlt hatten. So viele Klischees und Vorurteile zieht die DDR auf sich, daß die dortige Wirklichkeit erst mühsam freigeschaufelt werden muß. Wobei es nicht nur unsere westlichen Voreingenommenheiten zu überwinden gilt – auch in der DDR selbst ist eine gewaltige Maschinerie in Betrieb, die kundtut, wie das Land nach Vorstellung der führenden Genossen sein sollte. Was mit dem wirklichen Leben nicht allzuviel zu tun haben muß.
Hilfe bietet ein geistiger Kunstgriff: Man versuche, die DDR als ein Land wie jedes andere zu betrachten (weshalb die Grenze nach Durchfahren rasch vergessen werden sollte). So gelingt es noch am ehesten, das Land auf sich wirken zu lassen – und nicht bloß nach der Bestätigung mitgebrachter Anschauungen zu fahnden. Selbstredend ist das nicht einfach, wirken doch allein die realsozialistischen Äußerlichkeiten wie die ungefragte Bekräftigung aller nur denkbaren Vorurteile. Doch damit müssen Westbesucher, die sich mit reinen Verwandtenbesuchen oder Sightseeingtrips nicht begnügen wollen, leben lernen – die DDR macht es nicht gerade leicht, unverstellte Eindrücke und Erfahrungen zu gewinnen.
Zumal die menschlichen Begegnungen oft ganz anders verlaufen, als die allparteilichen Appelle bundesdeutscher Politiker zur Beibe-

haltung der Kontakte glauben machen. «Als Regierungssprecher habe ich viele Male und mit gutem Gewissen die steigenden Zahlen des Besucherverkehrs als Beweis für die unverändert lebendige Zusammengehörigkeit der Deutschen kommentiert. Die Zahlen aber dokumentieren nicht die ganze Wirklichkeit. Manche dieser Reisen schaffen nicht Nähe, sondern verstärken das Gefühl von Ferne.» So Klaus Bölling, von 1981 bis 1983 Ständiger Vertreter der Bundesrepublik Deutschland in Ostberlin.

Begegnungen

Aufschlußreich sind Begegnungen, bei denen die Herkunft des westlichen Besuchers nicht von vornherein ersichtlich ist (unauffällige Kleidung!). Manchmal währen sie, auch brisante Themen streifend, lange – manchmal sind sie aber auch mit der Antwort auf die Frage, woher man kommt, auf der Stelle beendet. Darin drückt sich aus, daß, der gemeinsamen Sprache zum Trotz, in der DDR eine ganz andere Lebensweise erwachsen ist, daß das Trennende zunimmt und das Verbindende weniger wird. Um so größer sind die Befürchtungen vieler DDRler, sie könnten von den BRDlern gleichsam abgeschrieben, als unwichtig und uninteressant abgehakt werden. Ein mal mehr, mal weniger deutliches Gefühl der Gemeinsamkeit ist drüben unvermindert anzutreffen (auch wenn gelegentlich eher der Wunsch nach einer anzapfbaren Quelle im Konsumparadies dahintersteht).

Ob dieses Gefühl auch von den in letzter Zeit wachsenden Besucher-

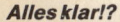

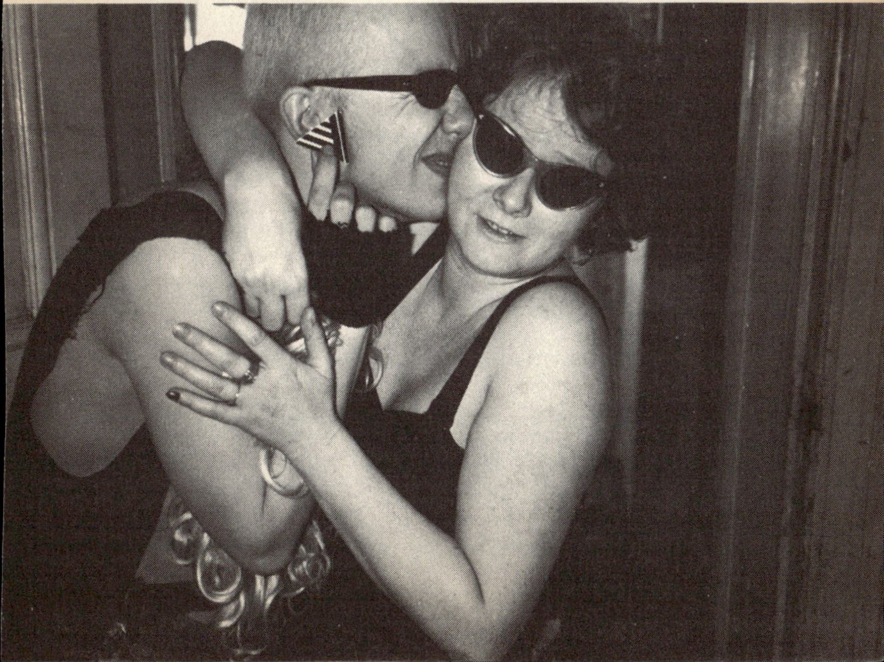

Alles klar!?

strömen aus der Bundesrepublik aufgenommen und erwidert wird, muß dahingestellt bleiben. Nicht mehr nur die Blutsbande lassen Westler gen Osten reisen, auch ein bewußtes Interesse am Land und seinen Reizen breitet sich aus. Offenbar trifft sich das Gefühl, den ungeheuren Nachholbedarf an Kenntnissen über die DDR endlich auffüllen zu müssen, mit der Entdeckung, daß drüben durchaus Attraktives vorzufinden ist. Und – ihr unstillbarer Devisenhunger drängt sie dazu – die Offiziellen der DDR fördern das sogar.

Zwar ist in ihren Augen ein auf eigene Faust herumreisender Bundesbürger immer noch ein Risiko, aber dennoch weitet sich auch das Spektrum der Reiseformen aus. Fahrradtouren sind ebenso möglich wie Campingaufenthalte, Bootsfahrten ebenso wie Rundreisen per Auto, Besichtigungstrips ebenso wie Studienreisen. Faustregel: Es geht weit mehr, als wir gemeinhin vermuten. Lehrreich ist das Vorbild einer Bielefelder Schülergruppe. Auf Klassenfahrt in der DDR, reichte ihr das organisierte Programm nicht aus. Da kam sie auf die Idee, ein «Stadtspiel» zu veranstalten (wie sie es in westlichen Orten schon getan hatte). Und siehe da, es funktionierte sogar halbwegs. Dem Lehrer war jedoch kein Erfolg beschieden: Er hatte zwei Volkspolizisten zum Eis einladen sollen, blitzte aber ab – es war Dienstschluß, und die weißen Mäuse mußten rasch ihre Jüngsten aus dem Kindergarten abholen...

Es klingt widersprüchlich, hat dennoch einen wahren Kern: Nur wer die DDR erst einmal als ein Land wie jedes andere begriffen und behandelt, wird erfahren können, daß die DDR eben *kein* Land wie jedes andere ist. Denn die eigenartige Mischung aus stalinistisch geprägtem Sozialismus, aus preußisch-deutschen Traditionen, aus Anlehnung an westliche Konsummodelle, aus repressiv-pragmatischer Politik und aus massenhafter Angepaßtheit hat ein Gemeinwesen hervorgebracht, das seinesgleichen sucht. Den einen ist es Verwirklichung sozialistischer Ideale, den anderen totalitäre Diktatur, den einen nachkapitalistische Gesellschaft auf dem richtigen Weg, den anderen Regime am Rande des Zusammenbruchs.

Überraschungen

Wie kaum ein anderes Thema drängt der Gegenstand DDR uns Bundesbürger zur Meinungsbildung, er zwingt uns förmlich, einen Standpunkt einzunehmen. Es ist jedenfalls die Ausnahme, daß Westler die DDR gleichgültig erleben und unberührt zurückkehren. Anlässe, Anregungen, Aufforderungen, die eigene Sicht der Dinge zu bekunden, finden sich zur Genüge, vielleicht mehr, als manchen Besuchern lieb ist. Auf eines gilt es sich einzustellen: Die DDRler erwarten von den Gästen statt oberflächlicher Einschätzungen ehrliche und informierte Anschauungen – wir erwarten schließlich auch, daß DDRler nicht die offiziellen Formeln nachbeten!

Das bedeutet auch, daß einfache und bündige Antworten der Sache nicht gerecht zu werden vermögen. Mit Widersprüchen und Gegensätzen muß man leben, das gilt im Leben ohnehin, für deutsch-

deutsche Begegnungen aber in besonderem Maße. Sie gemäß althergebrachter gesamtdeutscher Neigung unter den Teppich zu kehren würde eher abträglich sein. Ließe sich doch so auch kaum wahrnehmen, daß das Innenleben der DDR-Gesellschaft in den letzten Jahren erheblich munterer und spannender geworden ist. Natürlich handelt es sich da um eine Vielfalt auf Widerruf, sie kann jederzeit ihres Handlungsraumes verlustig gehen. Aber, Hand aufs Herz, wer würde Graffitisprayer, Landkommunen, Mormonen, Freaks, Hausbesetzer, Neue Wilde in der DDR für möglich halten? Ähnliche Überraschungen warten in vielerlei Hinsicht. Von den oft öden oder trostlosen Fassaden lasse sich niemand abhalten, im wörtlichen wie im übertragenen Sinn. Eine wichtige Erfahrung DDR-Reisender lautet: Selbst das schäbigste Gebäude kann, vielleicht nur durch ein klitzekleines Hinweisschildchen kenntlich gemacht, eine annehmbare Disko, eine ansehnliche Galerie, eine versteckte Kneipe oder ein außergewöhnliches Museum beherbergen. Man muß nur den Fuß über die Schwelle setzen! Sicher wird sich jeder bei der Suche nach heimlichen Attraktionen mal eine Enttäuschung einhandeln – doch das ist die Sache allemal wert.
Viele Bundesbürger werden durch Landschaften angelockt, durch weitläufige Mittelgebirge und ausgedehnte Seenplatten, durch feine Sandstrände und sanfte Hügelketten. Sie üben auf uns vor allem deshalb eine starke Anziehungskraft aus, weil sie oft so liebenswert gestrig ausschauen und uns schmerzlich an das erinnern, was wir mit unseren Landschaften in den vergangenen Jahrzehnten angestellt haben. Nahezu überall in der DDR warten ungeahnte Eindrücke und erstaunliche Einblicke auf den Reisenden, der wachen Sinnes daherkommt. Nun wäre die DDR ohne ihre Menschen vielleicht wirklich «das langweiligste Land der Welt». Sie sind das Wichtige schlechthin. Nicht aus irgendwelchen gesamtdeutschen Pflichtgefühlen heraus, sondern aus reiner Neugier auf unsere Nachbarn haben wir zahlreiche DDRler kennenzulernen versucht. Auch hier versetzt die Vielfalt der Ansichten, der Charaktere, der Lebensstile, der Träume jeden Westler in Erstaunen. Das Eintrittsgeld, der Zwangsumtausch, spielt in unseren Augen übrigens keine Rolle – läßt er sich doch oft sinnvoll anlegen; außerdem gibt man in anderen Ländern mindestens ebensoviel Geld aus. Mit einer entwaffnenden Offenheit pflegen DDRler zuzugestehen, daß sie auf die Rahmenbedingungen ihres Lebens keinerlei Einfluß haben. Was sie aber nicht hindert, sich mit List, Tücke und viel Energie doch um ein Leben nach *ihren* Vorstellungen zu bemühen. Das gelingt nicht immer, auch nicht immer im gewünschten Umfang, aber die privaten Bereiche sind vorhanden und werden wahrhaft ausgelebt. Sympathisch unkompliziert sind sie gewöhnlich, das wird jeder merken, sobald er irgendwo im Stadtplan herumsucht. Schnell werden ihm Einheimische behilflich sein, genauso rasch kommen Gespräche zustande, alsbald werden Einladungen ausgesprochen und damit tiefere Begegnungen möglich.

NACH VIER JAHRZEHNTEN — WIR SIND ENDLICH WER!

In den Vormittagsstunden dieses denkwürdigen Tages landete das Douglas-Transportflugzeug auf einem kleinen Behelfsflugplatz. Von dort ging es zunächst mit einem Lastwagen weiter, nach zwei Stunden Fahrt stiegen die zehn Männer in einige bereitstehende Limousinen um. Am späten Nachmittag erreichten sie ihre erste Anlaufstelle. Da die Zeit für eine Besprechung nicht mehr reichte, wurde die Gruppe in einem Haus einquartiert. Am nächsten Morgen, die Männer hatten gründlich ausgeschlafen, erfuhren sie, daß einer der ihren bereits seit Stunden unterwegs war. Nur er wußte, was in den nächsten Wochen auf die Gruppe zukommen würde.

30. April 1945: Rote Fahne über dem Berliner Reichstag

Abends war es dann endlich soweit. Der Besagte erklärte den anderen Gruppenmitgliedern nur das Allernötigste. Seine Kernsätze in der Erinnerung eines Teilnehmers: «Es wird unsere Aufgabe sein, die deutschen Selbstverwaltungsorgane in Berlin aufzubauen. Wir werden in die verschiedenen Berliner Bezirke fahren und dort aus den antifaschistisch-demokratischen Kräften jene heraussuchen, die sich für den Aufbau der neuen deutschen Verwaltung eignen.»

Was sich eigentlich ziemlich belanglos anhört, gewinnt seine Brisanz aus Ort und Situation. Die zehn Männer bildeten die «Gruppe Ulbricht», benannt nach ihrem Leiter. Am 30. April 1945, Adolf Hitler beging an diesem Tag in seinem Führerbunker Selbstmord, kam die Gruppe von Moskau nach Bruchmühle, dem Standort des politischen Stabes der sowjetischen Armee Shukow. Bereits am 2. Mai 1945, im zertrümmerten Berlin kapitulierte gerade die erste Front der Deutschen Wehrmacht, begannen die neun Funktionäre und ein technischer Sekretär (dessen Name übrigens bis heute unbekannt ist) mit ihrer Arbeit. Mit klaren Anweisungen versehen, suchten sie nach vorbereiteten Listen überlebende Antifaschisten auf, stellten sie für jeden Bezirk zu einem «Aktiv» zusammen und setzten schließlich Bürgermeister und Verwaltungen ein. Ähnlich gingen die beiden anderen «Gruppen der Beauftragten des ZK der KPD» (offizielle Bezeichnung) vor, die von Gustav Sobottka in Mecklenburg und Anton Ackermann in Sachsen geleitet wurden. Auch sie waren aus Moskau gekommen, auch sie verfuhren nach demselben (übrigens auch in anderen osteuropäischen Ländern praktizierten) Strickmuster. Der erste stellvertretende Bürgermeister, die Dezernenten für Personalfragen, für Volksbildung, für Justiz und Polizei – sie mußten Kommunisten sein. Welche Strategie dahinterstand, sollte sich erst später erweisen. Die anderen Ämter wurden mit Sozialdemokraten, Christen oder bürgerlichen Antifaschisten besetzt.

Demokratischer Anschein

Was kaum ein Mitglied der drei Gruppen und wohl auch des (von Wilhelm Pieck geleiteten) Exil-ZK in Moskau zu hoffen wagte, wurde innerhalb von wenigen Wochen Wirklichkeit. In den wichtigsten Teilen der sowjetisch besetzten Gebiete schufen sie antifaschistisch-demokratische Administrationen; selbst in den westlichen Teilen Berlins, das zunächst vollständig in Händen der Roten Armee war, erfüllten sie ihre Aufgaben lange vor dem Einzug der westlichen Alliierten in ihre Sektoren. Immer getreu nach dem Motto, das nach der Erinnerung des Teilnehmers Wolfgang Leonhard aus Walter Ulbrichts Mund kam: «Es muß demokratisch aussehen, aber wir müssen alles in der Hand haben!» (Nach dem Bruch zwischen Stalin und Tito flüchtete Leonhard 1949 nach Jugoslawien; seitdem wird er in der offiziellen Geschichtsschreibung nicht mehr als Mitglied der Gruppe Ulbricht genannt.)

Daß sie bereits die Fäden für die neue Gesellschaft zog, als alle anderen Deutschen genug damit zu tun hatten, das nackte Überleben zu sichern und allmählich die Ausmaße der von ihnen angerichteten Katastrophe zu begreifen, ist einer der Hauptgründe für die sofortige Dominanz der KPD im politischen Leben der Sowjetischen Besatzungszone (SBZ). Ein weiterer ist natürlich die Nähe zur siegreichen Besatzungsmacht – das Flugzeug, in dem die Gruppe Ulbricht gekommen war, stammte zwar aus den USA, es flog aber unter dem Banner der Roten Armee. Daraus resultierte zwar auch die besonders gute Versorgung der leitenden Genossen. Bedeutsamer aber waren die gemeinsame politische Sache, der Informationsvorsprung, die Zuteilung solch wichtiger Dinge wie Papier, Druckmöglichkeiten, Autos, Räume. Als besonders hilfreich für die KPD sollte sich zudem die Macht der am 9. Juni 1945 gegründeten Sowjetischen Militäradministration in Deutschland (SMAD) erweisen, die wiederholt zum Nutzen der Kommunisten eingesetzt wurde.

Nun darf man sich die Entwicklung nicht geradlinig oder nach Plan verlaufend vorstellen. Dieses Bild wäre nicht nur zu simpel, es würde auch der Tatsache nicht gerecht, daß sich der weitere Fortgang der Ereignisse noch kaum entschieden hatte. Zwar waren im Moskauer KPD-ZK in enger Abstimmung mit den Strategen des Kreml zahlreiche konkrete Vorstellungen entworfen worden, doch blieben noch so viele Fragen offen, daß auch die eigenen Genossen nicht ganz durchblickten. Deshalb wurde ein Schulungskonzept für die KPD geschaffen, noch bevor sie einen Tag nach dem SMAD-Befehl Nr. 2, der am 10. Juni 1945 antifaschistisch-demokratische Parteien und Organisationen erlaubte, neu gegründet wurde. Vor allem mußte den eigenen Mitgliedern, zu diesem Zeitpunkt etwa 50 000 an der Zahl, klargemacht werden, warum ihre kommunistische Partei, dazu noch an der Seite einer siegreichen kommunistischen Armee, um Lenins willen nicht den Sozialismus, sondern die «Vollendung der bürgerlich-demokratischen Revolution von 1848» anstrebte! (Was im Gründungsaufruf zu der Forderung führte: «Völlig ungehinderte Entfaltung des freien Handels und der privaten Unternehmerinitiative auf der Grundlage des Privateigentums»!)

Radikaler Neubeginn

Natürlich war dieses Konzept äußerlich in Übereinstimmung mit der Leninschen Schematisierung der Revolution; im Kern aber war es ein Etikettenschwindel, der den Ängsten und Befürchtungen der Menschen geschuldet war. Zwar behauptet die SED heute, die Mehrheit der Bevölkerung in der SBZ habe auf Seiten der Sieger gestanden, doch ist diese These nicht das Papier wert, auf dem sie gedruckt ist. Überzeugte Nazis, Mitläufer, Ahnungslose, SS-Schergen – sie alle waren bei Kriegsende nicht über Nacht vom ostzonalen Erdboden verschwunden. Auch sie gab es, auch sie beschlich das «Gift einer Verzweiflung» (Anton Ackermann) ob der schrecklichen Folgen ihres eigenen Tuns oder Lassens. Hinzu kamen die Schreckensbilder von den «bolschewistischen Horden» (O-Ton Drittes Reich), die besonders bei Frauen durch zahllose Übergriffe immer wieder neue Nahrung erhielten.

Hinter all dem türmte sich in den Köpfen der Menschen ein dumpfes Verlangen auf, den ganzen Sumpf so schnell als möglich hinter sich zu lassen – sei es durch das Zuschlagen dieses Kapitels oder durch Abrechnen und Aufräumen. Doch nur ein kleiner Teil der Menschen war willens und in der Lage, entschlossen und rasch zu handeln. Überlebende Sozialdemokraten und Kommunisten einerseits, zahlreiche junge Menschen andererseits sahen die Stunde eines allumfassenden und radikalen Neubeginns gekommen. Sie jagten faschistische Fabrikbesitzer und Grundherren davon, sie setzten eigenverantwortlich und ohne Anweisung von oben Betriebe in Gang, sie schufen Betriebsräte und riefen zur Machtergreifung der Arbeiterklasse auf, sie gründeten antifaschistische Ausschüsse und Komitees, in Cottbus bildeten Hunderte von Genossen die Vereinigte Kommunistische Partei Deutschlands – in Eisleben entstand gar eine Partei der Werktätigen mit bald 10 000 Mitgliedern! All diese Initiativen von unten vereinten die Arbeiter unabhängig von ihrer politischen Ausrichtung, sie verbanden den Elan der Jungen mit dem politischen Ansehen derer, die während des Dritten Reiches ihr Leben riskiert hatten. Mit seinem Roman «Schwarzenberg» hat Stefan Heym all diesen

Bestrebungen für einen freiheitlichen Sozialismus ein literarisches Denkmal gesetzt.
Heute ist das nur noch schwer vorstellbar, aber irgendwie lag so etwas wie ein antifaschistischer Antrieb in der Luft. Selbst die CDU in den Westzonen wurde davon gestreift, als sie in ihrem Ahlener Programm die Vergesellschaftung zahlreicher Industrien forderte. Der Zeitgeist beseelte einen Teil der Bevölkerung mit der Hoffnung, durch tiefgreifende Maßnahmen dem Faschismus für immer seine Grundlagen entziehen zu können. «Junkerland in Bauernhand» – unter dieser Losung wurde im September 1945 Grundbesitz über 100 Hektar entschädigungslos enteignet und an eine halbe Million Kleinbauern verteilt. Keine politische Kraft war gegen diese Bodenreform (die CDU verlangte lediglich eine Entschädigung für die ehemaligen Besitzer). Im Juni 1946 gab es dann nach langen Diskussionen in Sachsen einen Volksentscheid über die Enteignung der Betriebe von Kriegsverbrechern, Nazis und Kriegsinteressenten. 77,6 Prozent der Stimmberechtigten befürworteten sie, nur 16,5 Prozent sprachen sich dagegen aus (5,8 Prozent der Stimmen waren ungültig). Zwar hatte es zuvor starken Widerstand von CDU und LDPo gegeben, doch mochten die Menschen deren Argumenten augenscheinlich nicht folgen.

Weitreichende Hypothek

Vor diesem Hintergrund offenbarten die nicht allzu hochgeachteten Moskauer KPD-Führer (die linke Opposition auch der deutschen Emigranten war den Stalinschen Säuberungen zum Opfer gefallen) ihr Politikverständnis. Nach außen gaben sie sich antifaschistisch-demokratisch, aber hinter den Kulissen suchten sie alles und jedes ihrer Kontrolle einzuverleiben. Das trifft besonders für die im April 1946 unter dem Druck von KPD und SMAD erfolgte Vereinigung von KPD und SPD zur SED zu (als die SPD im Sommer 1945 die Einheit vorgeschlagen hatte, war sie von der KPD, die sich noch nicht stark genug sah, abgelehnt worden). Ebenso gilt dies für die Zusammenschließung aller vier Parteien (auch CDU und LDPo waren gegründet worden) im «antifaschistisch-demokratischen Block». Auch die nach und nach entstehenden Massenorganisationen wie Kulturbund, Gewerkschaftsbund, Frauenausschuß und Freie Deutsche Jugend fügten sich in dieses Bild. Selbstverständlich gab es Widersprüche, Auseinandersetzungen und heftigste Kontroversen. Doch der mit einer Mischung aus taktischem Geschick und Skrupellosigkeit agierenden KPD (beides am klarsten in der Person von Walter Ulbricht verkörpert) wußten die anderen politischen Kräfte nichts entgegenzusetzen, zumal sie es versäumt hatten, klare Zielsetzungen zu entwickeln – und deshalb unentschlossen handelten.

Was aber als weitreichendste Hypothek ins gesamte Werden der DDR eingehen sollte, war die Unterdrückung der eigenständigen linken Basisinitiativen durch die KPD und danach die SED (die sowjetische Besatzungsmacht hielt sich hier etwas zurück). Im Namen der «antifaschistisch-demokratischen Umwälzung», später im Namen des Sozialismus wurden Betriebsräte entmachtet, autoritäre Leitungsstrukturen wiederhergestellt, Selbstverwaltungstendenzen bekämpft, Antifa-Komitees wurden beseitigt, die Partei der Werktätigen wurde von KPD-Kadern aufgelöst. Bereits am 9. Mai 1945, also ganze zehn Tage nach seiner Ankunft, hatte Ulbricht Klartext geschrieben: «Die spontan geschaffenen KPD-Büros, die Volksausschüsse, die Komitees der ‹Bewegung Freies Deutschland› und die Ausschüsse der Leute des 20. Juli, die vorher illegal arbeiteten, treten jetzt offen auf. Wir haben diese Büros geschlossen.» Dabei kannte Ulbricht zu diesem Zeitpunkt nur den allerkleinsten Teil der Basisinitiativen ...

Auf die Umwälzung von unten setzte die KPD also ganz offensichtlich nicht. Ihr Ziel war es vielmehr, eine neue Staatsmacht so zu errichten, daß die entscheidenden Funktionen (und als solche wurden in erster Linie die Bereiche Justiz, Polizei, Bildung und Personal angesehen – makabre Prioritäten für das hehre Ziel des Sozialismus ...) von ihr übernommen werden konnten. Schlag auf Schlag, teilweise direkt auf Anordnung des Kreml, wurde ein Staatssozialismus sowjetisch-stalinistischer Prägung geschaffen: Neben der Bodenreform und den Enteignungen gab es umfassende Verstaatlichungen von Industrien, Banken und Versicherungen (damals «Sequestration» geheißen), parallel dazu richtete man Zentralverwaltungen ein und führte

Landarbeiter nehmen im September 1945 ein Rittergut in Besitz

eine tiefgreifende Schul- und Bildungsreform durch. Die von Nazis gesäuberten Herrschaftsapparate wurden durch «Volksrichter» und «Volkspolizisten» auf Parteilinie gebracht, an der langen Leine von SMAD und KPD/SED wurden zwei weitere Parteien (NDPD und DBD) gegründet. Große Verhaftungswellen brachten Zehntausende von politisch unliebsamen Menschen in Lager, Gefängnisse oder gar zur Deportation in die UdSSR.

Komplizierte Wahlen

Trotz alledem hatte die KPD, dann auch die SED, ausreichend überzeugte und willige Anhänger. Infolge einer großen Werbeaktion zählte die KPD im April 1946 585 000 Mitglieder, mehr als 1933 im gesamten Deutschen Reich. Daß dies aber nicht unbedingt großen Rückhalt in der Bevölkerung bedeutete, mußte die SED bei den ersten Wahlen im September und Oktober 1946 erfahren. Zwar wurde sie meist stärkste Partei, doch die erwartete absolute Mehrheit erhielt sie nur in Ausnahmefällen. Insbesondere die Frauen nahmen an den deutschen Kommunisten stellvertretend Rache für die ihnen von sowjetischen Soldaten zugefügten Demütigungen. Zur peinlichen und nie für möglich gehaltenen Niederlage gerieten die Wahlen in Groß-Berlin, wo die SPD, die sich zumeist hartnäckig gegen die Vereinigung ‹von oben› gesträubt hatte, noch gegen die SED kandidierte. Ganze 19,8 Prozent erhielt die SED (im Ostsektor 29,9, in den Westsektoren 13,7 Prozent). Selbst die bürgerliche CDU war mit 22,2 Prozent stärker. Klarer Gewinner wurde die SPD mit 48,7 Prozent. Lakonischer Kommentar eines heutigen Geschichtsbuches in der DDR: «Kompliziert gestalteten sich die Wahlen in Berlin.»

An der nicht gerade überwältigenden Zustimmung der Massen konnte auch die Tatsache nichts ändern, daß sowohl der KPD-Gründungsaufruf als auch ein heißdiskutierter Artikel von Anton Ackermann die Eigenständigkeit des deutschen Weges zum Sozialismus betonten. (Dieser Text war Anfang 1946 offenbar unter dem Eindruck der ersten Nachkriegswahlen im Herbst 1945 in Ungarn entstanden, wo sowohl Kommunisten als auch Sozialdemokraten eine verheerende Niederlage erlitten hatten. 1948 mußte Ackermann seiner Theorie «als Konzession an die starken antisowjetischen Stimmungen» abschwören.) Das Bild einer von äußeren Kräften installierten und nach andernorts bestimmten Prinzipien arbeitenden Führung war weit verbreitet. Hier liegt der Boden für eine weitere Hypothek im Wachsen der DDR. Sowohl in der politischen Spitze, die genau wußte, wem sie ihre Macht verdankte, als auch bei den vielbeschworenen Massen, die sich unverdient unter fremde Fuchtel geraten sahen, stellten sich alsbald Minderwertigkeitsgefühle ein. Minderwertigkeitsgefühle, die im Fortgang der Geschichte vielfältige Wirkungen zeitigen sollten. Niemand in der SBZ und später in der DDR war souverän genug, um der Überheblichkeit der Westzonen (damals «Trizonesien» genannt) gelassen entgegentreten zu können. Denn daß dort die ‹besseren› Deutschen das ‹bessere› Deutschland aufbauten und die sozialistische Herrschaft in der SBZ nur von kurzer Dauer sein würde – darin waren sich fast alle Westdeutschen einig. Waren in der Ostzone Neubeginn und Ausmerzung des Faschismus mit all seinen Wurzeln die Stichworte, so waren für die westlichen Zonen Wiederaufbau und Restauration die Maßgaben. Natürlich hängt dies eng mit der anbrechenden Konfrontation zwischen der UdSSR und den USA zusammen, die jeder ihrem Deutschland den Stempel aufdrücken wollten. Es ist ein wohl typisch deutsches Phänomen, daß beide Bevölkerungen dies willfährig mit sich geschehen ließen.

«Tag der Schande»

Auf Grund dieser Konstellation war kaum zu vermeiden, daß beide Teile Deutschlands sich als feindliche Brüder betrachteten und behandelten. Bekenntnisse zur Einheit waren mit Skepsis aufzunehmen. Und wollte man unbedingt feststellen, wessen Aufrufe für ein vereintes Deutschland glaubwürdiger waren, so müßte dieses Prädikat wohl für die Jahre 1945 und 1946 der Ostzone verliehen werden. Die Tür zu einer Annäherung ist endgültig mit der Währungsreform vom 20. Juni 1948 von den Westzonen zugeschlagen worden. Als die DDR am 7. Oktober 1949 gegründet wurde, vergossen die westlichen Politiker Tränen ob dieses «Tages der Schande für das deutsche Volk». Empört waren sie vor allem deshalb, weil sie niemals geglaubt hatten, daß die Kommunisten überhaupt eine Staatsgründung zuwege bringen könnten. Natürlich wurde der SED die Schuld für die nunmehr festgeschriebene Spaltung gegeben. Offenbar hatte man vergessen, daß der westdeutsche Staat bereits am 23. Mai 1949 mit dem Inkrafttreten des Grundgesetzes ins Leben gerufen worden war.

Niemanden konnte verwundern, daß Westdeutschland sogleich den Alleinvertretungsanspruch für das gesamte deutsche Volk erhob. Immer noch wurde der ostdeutsche Staat als vorübergehendes Phänomen eingeordnet. Nachdem er Jahre später immer noch nicht von der politischen Landkarte verschwunden war, wurde 1955 die berühmt-berüchtigte Hallsteindoktrin formuliert. Danach unterhielt die Bundesrepublik Deutschland keine diplomatischen Beziehungen mit jenen Staaten, die die DDR anerkannten. Bis 1969 beherrschte dieser Grundsatz die bundesdeutsche Politik – allerdings mit einer berühmten Ausnahme: der UdSSR. Sie war einfach zu wichtig, um bei den deutsch-deutschen Querelen außen vor gelassen zu werden. Während die meisten Bundesbürger diese Ereignisse kaum noch kennen, haben sie in den Köpfen aller DDR-Bürger, ob systemtreu oder nicht, unauslöschliche Spuren hinterlassen. Sie als Deutsche zweiter Klasse zu behandeln ruft unweigerlich heftige Reaktionen hervor – zu Recht.

Jedenfalls kam es, wie es kommen mußte. In der SBZ/DDR wurde die Staatsmacht gefestigt, die SED entledigte sich durch Ausschluß von etwa 150 000 Mitgliedern des ‹Sozialdemokratismus› und ging daran, das sowjetische Vorbild getreu nachzuahmen. Nachdem fast alle eigenständigen politischen Regungen der Basis ausgeschaltet waren, gewann der Sozialismus von oben allmählich Gestalt. Was wiederum zu einer Abstimmung mit den Füßen führte. Bereits im letzten Drittel des Jahres 1949 verließen fast 130 000 Menschen die DDR, 1950 waren es fast 200 000, 1951 etwa 165 000, 1952 mehr als 180 000. Und dann brach das Jahr 1953 an.

Der Neue Kurs

Die Hoffnung Ulbrichts und vieler anderer Genossen, möglichst schnell zum Kommunismus (à la Ulbricht) durchstarten zu können, wird durch den überraschenden Tod Stalins im März 1953 erheblich gedämpft. Keiner weiß, wie die im Heimatland der Revolution ausgebrochenen Machtkämpfe ausgehen werden. Zunächst scheint Geheimdienstchef Berija der starke Mann im Kreml, und der will offensichtlich eine neue Deutschlandpolitik einleiten. Sein Verteter in der DDR, Semjonow, beauftragt den Chefredakteur des «Neuen Deutschland» (ND), Rudolf Herrnstadt, ein neues Politbüro auf die Beine zu stellen, Herrnstadt selbst ist als Nachfolger Ulbrichts vorgesehen. Gleichzeitig fordert Semjonow einen neuen Kurs, der die Fehler aus der Vergangenheit korrigieren soll, vor allem durch Zugeständnisse an die – bürgerliche – Intelligenz, an Bauern und Selbständige.
Schon wenige Tage später wird der Neue Kurs zur Überraschung aller als Empfehlung des Politbüros verkündet. Viele der früheren Maßnahmen werden annulliert – aber die (durchschnittliche) Erhöhung der Arbeitsnormen im Produktionsbereich um zehn Prozent bleibt. Das Klassenbewußtsein der Arbeiter gilt offensichtlich als genügend gefestigt. Obwohl der Unmut der Werktätigen immer vernehmlicher wird, erscheint dann am 16. Juni ein Artikel in der gewerkschaftseigenen Tageszeitung «Tribüne», in dem noch einmal die Erhöhung der Arbeitsnormen bis zum 30. Juni (dem Geburtstag Ulbrichts) verlangt wird. Daraufhin treten etwa 80 Bauarbeiter im Block 40 der Ostberliner Stalinallee in den Streik und formieren sich zu einem Demonstrationszug Richtung Haus der Ministerien in der Leipziger Straße. Unterwegs schließen sich mehrere tausend Arbeiter und Passanten an. Statt Grotewohl oder Ulbricht spricht Fritz Selbmann, Minister für Erzbergbau und Hüttenwesen, zu den Demonstranten und erklärt die Zurücknahme der Normerhöhungen. Aber ihm glaubt niemand, und längst wird in Sprechchören der Rücktritt der Regierung gefordert. Für den nächsten Tag wird zum Generalstreik aufgerufen. Am selben Abend erläutern Ulbricht und Grotewohl auf einer Tagung des Parteiaktivs der SED den Neuen Kurs und verlesen wie gewohnt vorbereitete Erklärungen – aber, einmalig in der Parteigeschichte, mit scharfer (Selbst-)-Kritik an der bisherigen Politik. Die Demonstration erwähnen sie mit keinem Wort. Die 3000 Genossen verlassen verwirrt und um ihre Selbstsicherheit gebracht die Tagung im Friedrichstadtpalast:

25

Die «unfehlbare» Partei hat schwere Fehler begangen, so hörten sie aus dem Munde ihrer Führung...

Putschversuch oder Volksaufstand

Kein Geschehnis der deutschen Nachkriegsgeschichte wird so unterschiedlich dargestellt, ausgelegt und bewertet. Von den einen wird er als «faschistischer Putschversuch» bezeichnet, von den anderen als «heroischer Volksaufstand der unterdrückten Deutschen in der Sowjetzone» gefeiert. Über viele Ereignisse dieses Tages wie auch über die Zahl der Toten und Verletzten gibt es bis heute widersprüchliche Angaben. Folgendes darf als gesichert gelten: In den Morgenstunden des 17. Juni verlassen Tausende von Arbeitern ihre Arbeitsplätze in Ostberlin und marschieren in verschiedenen Demonstrationszügen in die Innenstadt. Allein aus der im Norden Berlins gelegenen Industriegemeinde Hennigsdorf ziehen etwa 12 000 Arbeiter quer durch die Westsektoren(!) auf das Brandenburger Tor zu. Während schwere Gewitterregen auf Berlin niedergehen, kommt es schon bald zu Auseinandersetzungen zwischen Demonstranten und Volkspolizisten. Zehntausende von Westberlinern, vor allem Jugendliche, drängen über die unbefestigten Sektorengrenzen in den Ostteil der Stadt und beteiligen sich an den Kämpfen. Bald gibt es auf beiden Seiten Tote und Verletzte. Um 13 Uhr verhängt der sowjetische Stadtkommandant das Kriegsrecht über Ost-Berlin und verbietet alle öffentlichen Versammlungen.

Vor allem durch westliche Radiosender (der von den Amerikanern finanzierte RIAS hat den größten Anteil) informiert, kommt es am selben Tag in insgesamt 272 Orten der DDR zu Streiks, Demonstrationen und Unruhen, das Kriegsrecht wird über zwei Drittel des Landes verhängt. Nach ausnahmsweise übereinstimmenden Berichten treten über 300 000 Arbeiter (das sind fünf Prozent aller Werktätigen) in den Ausstand. Betroffen sind vor allem die traditionellen Hochburgen der organisierten Arbeiterschaft wie Halle, Leipzig, Bitterfeld, Magdeburg, Merseburg und Dresden. Die Revolten nehmen überall einen ähnlichen Verlauf: Bildung von Streikleitungen (Räten), Organisation von Demonstrationen (auf denen sich weitere Teile der Bevölkerung, vor allem Frauen und Jugendliche, anschließen). Parteibüros, Polizeireviere und Haftanstalten werden gestürmt, staatliche Lebensmittelläden geplündert. Nachmittags rollen dann die sowjetischen Panzer und brechen den Widerstand binnen kurzem – wobei sie nur selten Gebrauch von ihren Schußwaffen machen. Einen Tag später wird Berija in Moskau verhaftet, seine Kandidaten Herrnstadt und Zaisser verlieren ihren Rückhalt im Kampf um die Macht; einen Monat später werden sie ihrer Ämter enthoben.

An diesem 17. Juni geschieht aber auch dies: Der Ostberliner Horst Ballentin, 22, und der Westberliner Ralf S., 21, holen in einer Gemeinschaftsaktion die rote Flagge vom Brandenburger Tor herunter; der Stasi-Mitarbeiter Willi Hagedorn, 59, wird unweit seiner Dienststelle in Rathenow von einer Menschenmenge gelyncht; der Elektromechaniker Horst Sowada, 29, Sohn eines von den Nazis verfolgten Sozialdemokraten, hat als Vorsitzender des überbetrieblichen Streikkomitees in Bitterfeld für einige Stunden die Macht über Rathaus, Post, Telefonamt, Polizei, Staatssicherheitsgebäude und Gefängnis inne; der Westberliner Arbeiter Willi Göttling wird wegen Beteiligung am Aufstand von den Sowjets standrechtlich erschossen – als erster von nachweislich 19 Demonstranten; die ehemalige KZ-Aufseherin Eva Dorn wird zusammen mit anderen Häftlingen aus dem Zuchthaus befreit und schreibt später an ihren Vater: «Bald ziehen wir wieder unsere geliebte SS-Uniform an» – einige Tage später wird sie von einem DDR-Gericht zum Tode verurteilt und hingerichtet.

Der Professor für Physikalische Chemie und Volkskammerabgeordnete Robert Havemann wird beim Versuch, zu den Demonstranten zu sprechen, ausgelacht; der Vorsitzende der CDU und stellvertretende Ministerpräsident der DDR Otto Nuschke wird mitsamt Dienstwagen in den Westsektor Berlins ‹entführt› – Nuschke wird wenig später vor den Mikrofonen des RIAS zu dem Einsatz der sowjetischen Truppen erklären: «Wenn das (gemeint ist die Wiederherstellung von Ruhe und Ordnung) nicht mit polizeilichen Mitteln möglich ist, dann muß eben selbstverständlich die Besatzungsmacht, jede Besatzungsmacht, ihre Machtmittel einsetzen»; der Ofenmaurer und hochdekorierte Aktivist der Arbeit Hans Garbe, literarischer Held des Aufbau-Romans «Menschen an unserer Seite» von Eduard Claudius sowie des Theaterstücks «Der Lohndrücker» von Heiner Müller, geht mit all seinen Orden neben den Demonstranten her, wohl, um mäßigend auf sie einzuwirken; der Schriftsteller Kurt Barthel, genannt Kuba, der am 20. Juni im «Neuen Deutschland» an die Bauarbeiter gerichtet schreiben wird: «Schämt ihr euch so, wie ich mich schäme? . . . Da werdet ihr sehr viel und sehr gut mauern und künftig sehr klug handeln müssen, ehe euch diese Schmach vergessen wird», dieser Kuba also schließt sich, mit einer Pistole bewaffnet, im Haus des Schriftstellerverbandes ein; sein Kollege Bertolt Brecht kommentiert das mit den Worten: «Die Schriftsteller verbarrikadieren sich, ihre Leser kommen.»
Brecht selbst schickt an Walter Ulbricht einen Brief, der mit den

Der 17. Juni in Leipzig ▬▬▬▬

anderntags vom ND genüßlich zitierten Worten endet: «Es ist mir ein Bedürfnis, ihnen in diesem Augenblick meine Verbundenheit mit der Sozialistischen Einheitspartei Deutschlands auszusprechen»; der Schriftsteller Erich Loest, der die Jahre von 1957 bis 1964 im Zuchthaus Bautzen verbringen wird, begrüßt die sowjetischen Panzer mit solidarisch geballter Faust; der Schriftsteller Stefan Heym, im Krieg Offizier der US-Armee und gerade aus McCarthys USA emigriert, wird bei dem Versuch, die SED-Führung zu verteidigen, von Demonstranten verprügelt; Heym schreibt später einen Roman über den Aufstand («5 Tage im Juni»), der nur im Westen veröffentlicht wird, obgleich Heym die westlichen Agenten, allen voran das «Ostbüro der SPD», eine erhebliche Rolle an der Organisation des Aufstands spielen läßt; der SED-Funktionär Heinz Brandt, Mitarbeiter des Politbüromitglieds Hans Jendretzky, solidarisiert sich mit den Aufständischen; drei Jahre nach seiner Flucht in den Westen wird Brandt in Westberlin von Stasi-Agenten gekidnappt und muß für drei Jahre ins Zuchthaus Bautzen – als Antifaschist hatte Brandt von 1934 bis 1945 in Nazi-Zuchthäusern und KZs gesessen; Brandts Autobiographie «Ein Traum, der nicht entführbar ist» wird ein wesentlicher Beitrag zur Geschichtsschreibung über den 17. Juni werden.

Verpaßte Chancen

Was wollten eigentlich die Aufständischen damals, wohin wäre der Zug der Geschichte nach ihrem Willen gefahren? Ein einheitliches Bild geben die doch sehr spontan geäußerten Willensbekundungen nicht ab. Die Senkung der Normen und Lebensmittelpreise, die Absetzung unbeliebter örtlicher Funktionäre standen wohl überall im Vordergrund. Im weiteren Verlauf wurden dann die Forderungen übergreifender und politischer: Rücktritt der Regierung, freie und geheime Wahlen, Freilassung der politischen Gefangenen, zuweilen auch die Abschaffung der Zonengrenze, die Auflösung von bewaffneter Volkspolizei und Staatssicherheit, die Zulassung neuer Parteien und Gewerkschaften. Es gab aber auch Losungen wie diese: «Räumt euren Mist in Bonn jetzt aus, in Pankow säubern wir das Haus», so ein Transparent im Magdeburger Hauptbahnhof, oder «Wir fordern die Kollegen in ganz Berlin zum Generalstreik auf». Die Rücknahme gesellschaftlicher Veränderungen wie Bodenreform, Bildungsreform, soziales Netz oder Gleichberechtigung der Frauen forderte niemand, und es darf auch als sicher gelten, daß niemand die Rückgabe der verstaatlichten Betriebe an ihre früheren Besitzer wünschte.

War der 17. Juni gleichwohl ein von Westagenten von langer Hand eingefädelter «Tag X» zur Befreiung der «Ostzone»? Robert Havemann: «Nirgends in der Welt geschieht etwas auf der politischen Szene, ohne daß die Geheimdienste, die westlichen wie die östlichen, ihre Finger darin haben. Auch im Berlin des Jahres 1953 waren sie sicher nicht fern. Aber es ist eine Naivität, zu glauben, daß diese Finger die Weltgeschichte bewegen.» Stefan Heym läßt seinen Helden in «5 Tage im Juni», den Gewerkschaftsfunktionär Witte, sagen: «Tausende von Arbeitern verschwören sich nicht, das waren Bewegungen anderer Dimensionen.»

Aber war es nicht doch ein antikommunistischer Putsch, wie es die Politiker hüben und drüben einmütig behauptet haben? Heinz Brandt: «Der Aufstand konnte gar nicht antikommunistisch sein, da es ja keinen Kommunismus in der DDR gab.» Dann ging es also vor allem um die Wiedervereinigung Deutschlands, denn deswegen hat der Bundestag den 17. Juni ja 1953 zum «Tag der deutschen Einheit» erklärt, oder? Erich Loest 1983: «Für keinen, der sich in die Wirren dieses Tages verstrickte, war die Einheit des Vaterlandes das bestimmende Moment, niemand kämpfte für sie.»

Die Wiedervereinigung Deutschlands war allen wohl ein selbstverständliches Ziel – damals von allen Parteien in Ost und West gefordert und in den Verfassungen beider Deutschländer als Ziel verankert. Aber ebenso unlösbar schien auch 1953 schon die Frage nach dem Wie.

Rudi Dutschke, der zu jener Zeit noch in der DDR lebte, hat später eine bemerkenswerte Analyse vorgenommen. Ihm zufolge war der Aufstand «ein Klassenkampf der mitteldeutschen Arbeiter gegen den gesamtdeutschen Klassenfeind». Gemeinsam hätten sich «westdeutsche Bourgeoisie und ostdeutsche Staatskapitalisten» eingemischt – gemeinsam in dem Sinne, daß beide ein lebhaftes Interesse an einer Niederlage der selbstbewußten und aktiven Arbeiter hatten. Denn ein erfolgreicher Aufstand hätte womöglich die Chance zu einem antikapitalistischen, antistalinistischen wiedervereinigten Deutschland bedeutet. Als Indiz darf die Abwiegelungstaktik westlicher Politiker (vor allem auch Adenauers) gelten, und auch das bereits am 17. Juni einsetzende Propagandagefasel vom «Freiheitskampf um die Einheit Deutschlands» sollte die Arbeiter in der DDR für die CDU vereinnahmen – und die Weichen für Westintegration, Aufrüstung und Vertiefung der Teilung Deutschlands stellen. Unzweifelhaft ist, daß die schon von Stalin vorgeschlagene und von seinen Nachfolgern wahrscheinlich konkret geplante «Neutralisierung Gesamtdeutschlands» gerade durch den Aufstand verhindert worden ist. So hat Heinz Brandt den Aufstand mit einer klassischen griechischen Tragödie verglichen, «weil seine Helden, die Massen, ihren Untergang gerade mit der Aktion herbeiführten, die ihn hatte verhindern sollen». Zu feiern gibt es also an dem Feiertag 17. Juni nichts – allenfalls gilt es zu trauern über die verpaßten Chancen für eine andere Staaten- und Friedensordnung in Europa.

Die Geschichtsschreibung des Juniaufstands kennt zwei Sieger: die westdeutsche politische Rechte, personifiziert durch Adenauer, die nun eine Rechtfertigung für ihre antikommunistische Politik der Stärke hatte, und jenseits der Elbe die Stalinisten, personifiziert durch Ulbricht, der politisch überlebte. Wohl mußte die Führung Fehler eingestehen, die Normerhöhungen zurücknehmen (vorläufig!) und eine gewisse

Liberalisierung fortführen – aber im Grunde änderte sich herzlich wenig. Doch die Parteiführung hatte gelernt: Nämlich bei Krisen zuallererst die Arbeiter durch materielle Zugeständnisse zufriedenzustellen, den Staatssicherheitsapparat und die Polizei zu verstärken und Betriebskampfgruppen zum Schutz von Sicherheit und Ordnung aufzubauen. Aber auch die Arbeiter zogen ihre Lehren: Ein Aufstand ist sinnlos, solange die sowjetischen Besatzungstruppen in der DDR stationiert sind und der Westen nicht eingreift; und fortan entwickelten sie wie alle anderen Osteuropäer die permanente Bummelei und Leistungsverweigerung als besondere Waffe im alltäglichen Kampf um Norm- und Plansollerfüllung. Motto: Der Staat tut so, als ob er uns bezahlt – wir tun so, als ob wir arbeiten.

Tor zu

Damit waren die Weichen für die innere Logik des «ersten deutschen Arbeiter-und-Bauern-Staates» (DDR-Eigenwerbung) endgültig gestellt. Für die Menschen blieben nur zwei Antworten auf den Staatssozialismus: Entweder arrangierten sich, oder sie begaben sich in Opposition – wobei diese in den seltensten Fällen politischer Natur war. Der bei weitem häufigste Ausdruck von Opposition war die Flucht. Von 1953 bis zum August 1961 verließen sage und schreibe zwei Millionen Menschen, zumeist in arbeitsfähigem Alter und gut ausgebildet, die DDR. «Verbrecherische Abwerbungsaktionen» – das war alles, was der Regierung als Erklärung dazu einfiel. Es war nur eine Frage der Zeit, wann eine Abschottung der «Staatsgrenze West» erfolgen würde.

Noch im März 1961 hatten die Staaten des Warschauer Vertrages die Pläne der DDR für Grenzsicherungsmaßnahmen (die übrigens schon lange in den Schubladen lagen) abgelehnt. Weshalb Walter Ulbricht am 15. Juni 1961 erklären konnte: «Die Bauarbeiter unserer Hauptstadt beschäftigen sich hauptsächlich mit Wohnungsbau, und ihre Arbeitskraft wird dafür voll eingesetzt. Niemand hat die Absicht, eine Mauer zu errichten.» Denkste. Anfang August konnte die DDR ihre Verbündeten endlich von der Dringlichkeit einer Abriegelung überzeugen. «Niemand kann den Sozialismus aufhalten. Niemand kann vor ihm davonlaufen.» So Ulbricht im ND vom 11. August. Zwei Tage später war es dann soweit: Die Mauer wurde errichtet, ihren Bewachern wurde der sogenannte Schießbefehl erteilt, dem bisher einige hundert Menschen zum Opfer gefallen sind. Verantwortlich für Vorbereitung und Durchführung war ... Erich Honecker. Deshalb muß ein aktuelles Geschichtsbuch die Aktion auch als «ein Musterbeispiel an präziser Vorbereitung und Ausführung» bezeichnen. Für Ernst Bloch, der in Leipzig gelehrt und den Tag im Westen erlebt hatte, ließen die Ereignisse erwarten, «daß für selbständig Denkende überhaupt kein Lebens- und Wirkungsraum mehr bleibt» – er kehrte nicht mehr zurück. Gesamteinschätzung eines anderen Geschichtsbuches aus der DDR: «Heute erkennen auch Menschen, die nicht mit den Kom-

Haben sich arrangiert: DDR-Obere und -Untere

munisten sympathisieren, daß der 13. August 1961 ein entscheidender Schritt war auf dem Wege vom kalten Krieg zur internationalen Entspannung.»
Fürwahr eine eigenwillige Deutung, die allerdings aus Sicht der DDR-Oberen einen richtigen Kern besitzt. Ohne die Mauer gäbe es *diese* DDR heute nicht! (Insofern könnte sie natürlich auch nicht an der Entspannungspolitik teilnehmen.) Daß aber eine andere DDR, eine, die sich auf den Sozialismus von unten gegründet hätte, auch ohne Mauer ausgekommen wäre, wird geflissentlich übersehen. Jedenfalls war mit dem Mauerbau eines klar: Von nun an mußten Partei und Volk miteinander auskommen. Und allen Erwartungen, insbesondere den westlichen, zum Trotz kamen sie miteinander aus. Immerhin so gut, daß die DDR heute zu den zehn oder zwölf führenden Industrienationen der Welt zählt. Was angesichts der durch Kriegszerstörungen, Demontagen und Reparationszahlungen katastrophalen Ausgangssituation zu der Feststellung berechtigt, daß das eigentliche deutsche Wirtschaftswunder gar nicht in der BRD, sondern in der DDR geschaffen worden ist!

Aus eigenen Kräften

Der DDR kam nämlich kein Marshallplan zugute, der Abermillionen Dollar und neueste Maschinen ins Land gebracht hätte, sie mußte alles aus eigenen Kräften bewältigen. Nicht nur die politische Führung, auch die Bürger sind darauf berechtigterweise stolz. Hatten die Bundesbürger in den sechziger Jahren ihr Wir-sind-wieder-wer-Gefühl, macht sich seit einigen Jahren in der DDR ein Wir-sind-endlich-wer-Gefühl breit. All die Unterlegenheitsgefühle sind zwar nicht weggeblasen, aber sie haben erheblich an Bedeutung eingebüßt. Natürlich war das nur mit Erich Honecker möglich, der ganz im Gegensatz zum asketischen Tonnenfetischisten Walter Ulbricht die Konsum- und Freizeitbedürfnisse der Menschen gleichberechtigt neben den großindustriellen Erfordernissen sieht. Honecker gibt sich deshalb seit einigen Jahren als gütiger Landesvater.

Seine Schutzbefohlenen danken es ihm mit der Ausbildung eines gewissen Maßes an Staatsbewußtsein, in dem «unser Erich» vergleichsweise gut wegkommt – was die SED seit 1974 als Bewußtsein der «neuen sozialistischen Nation», also als Nationalbewußtsein zu verkaufen sucht.

Trotz latenten Bummelstreiks hat sich Deutschland-Ost zum wirtschaftlichen Vorreiter in Europa-Ost emporgerackert (welch florierende Ökonomie vorhanden wäre, würden die Menschen mit ganzem Herzen bei der Sache sein, ist kaum auszumalen). Das wissen alle DDRler, ob oben oder unten. Und der Minimalkonsens ist der: Die Menschen finden sich mit dem System ab und arbeiten gerade so viel wie nötig – der Staat läßt sie dafür politisch weitgehend in Ruhe und fördert ökonomisch ihren (relativen) Wohlstand. Diese stillschweigende Vereinbarung bestimmt den Fortgang der Ereignisse seit Beginn der siebziger Jahre und ist so etwas wie das Erfolgsgeheimnis der DDR – allen Widrigkeiten zum Trotz.

Der Staat DDR ist mittlerweile ein Staat wie jeder andere auch: Er hat im Grundlagenvertrag von 1973 seinen Burgfrieden mit der BRD geschlossen, er gehört (wie die BRD) den Vereinten Nationen an, nimmt an internationalen Konferenzen teil und erlebt einen regen Besuchsverkehr von Politikern aus Burkina Faso und Frankreich, aus Ungarn und den USA. Er hat sich neben der Bundesrepublik endgültig behauptet, auch wenn die DDR-Oberen immer noch der nie erreichbaren Fiktion nachjagen, sie könnten ein Verhältnis zu ihrem westlichen Nachbarn wie zu Tansania (ein von Ostberliner Funktionären gern gebrauchter Vergleich) entwickeln. Sie sind immer noch nicht souverän genug, um mit den Besonderheiten des deutsch-deutschen Nebeneinanders gelassen leben zu können.

Eine Preisfrage zum Schluß: Welches ist das wichtigste Ereignis in der Geschichte der DDR seit 1971? Nein, kein Parteitag, auch keine Jubelfeier, auch kein Machtwechsel. Es ist der 22. Juni 1974. In der zweiten Halbzeit des Fußballänderspiels BRD-DDR schoß nämlich Jürgen Sparwasser das Tor zum 1:0-Sieg für die DDR! Dafür legen wir die Hand ins Feuer: Mit dem Schlußpfiff dieses Spiels herrschte in der ganzen DDR nur ein einziger Gedanke – denen haben wir's aber endlich mal gezeigt!

SZENEN AUS DEM WIRKLICHEN LEBEN

«Bei Gesprächen über den Gartenzaun lernten sich Walter, Manfred, Otto und Karl kennen. Schnell fand man Gefallen aneinander und traf sich des öfteren in der Gaststätte der Kleingartenanlage zum Kartenspielen. Bier und Schnaps flossen dabei nicht zu knapp die Kehlen hinunter. Eines Abends erzählte Walter den Freunden unter dem Siegel der Verschwiegenheit von seinen abendlichen Streifzügen. Der Garten des 42jährigen Transportarbeiters grenzt unmittelbar an Lagerplätze und Hallen von Leipziger Baubetrieben. Im Sommer des Jahres 1982 kam Walter auf den Gedanken, sich auf dem Gelände mal umzusehen. Im Jahre 1983 stiegen dann auch Manfred, Otto und Karl in das ‹lukrative Geschäft› ein. Zu zweit oder zu dritt, je nachdem, wer gerade Zeit hatte, wurden ‹Abendspaziergänge› gestartet. Ausgangspunkt war meistens Walters Laube, in der man die Beute oft zwischenlagerte. Jeder suchte sich aus, was das Herz begehrte: Sperrholzplatten, Parkettdielen, Kanthölzer, Zement, Blenden für Türen, Bretter, Spülkörbe.»

Mittlerweile darf in der DDR, wenn auch nur zu Belehrungs- oder Abschreckungszwecken (das Zitat stammt aus einer Gerichtsreportage der «Leipziger Volkszeitung»), über die andere Wirklichkeit berichtet werden. Jenseits aller Verlautbarungen und Proklamationen war sie immer existent, nur mußten alle so tun, als gebe es sie nicht. Mit althergebrachter Schönfärberei und korrigierenden Manipulationen hat der Volksmund schon immer seinen Spott getrieben: «Warum sind DDR-Bürger immer müde? Weil es seit 35 Jahren ständig bergauf geht!»
Eigentlich ist ja dank «der planmäßigen Gestaltung der Arbeits- und Lebensbedingungen» durch die Partei alles zum besten geregelt. Jeder hat Arbeit, jeder hat genug zu essen (ein Drittel der Menschen leidet an Übergewicht), es gibt auch genug zu trinken, bis 1990 soll jeder ein akzeptables Dach überm Kopf haben, die Versorgung mit dem «Zwickauer Lüstlingskoffer» (wie Spötter den Trabbi nennen) und anderen Modellen soll verbessert werden, jeder

Immer müde?

erhält Bildung und Ausbildung, der private Konsum soll besser befriedigt werden, jeder kann sich (siehe oben) eine Datscha leisten und, und, und. Von den Kennziffern her, und die haben die Planer von Partei und Staat fest im Blick, ist (fast) alles in Ordnung. Jedenfalls so weit in Ordnung, daß die DDR den höchsten Lebensstandard Osteuropas aufweist. Was will der Mensch also mehr!?
Offenbar haben sich aber für das wirkliche Leben Gesetzmäßigkeiten herausgebildet, die mit den Schablonen der Partei so ganz und gar nicht übereinstimmen. Westbesucher haben es sehr schwer, ihnen auf die Spur zu kommen. Denn oft liegt vor ihren Augen ein Grauschleier aus Unkenntnis und Halbwissen, zu dem sich alsbald das allgegenwärtige Brimborium der offiziellen DDR-Ideologie gesellt. Einheimische nehmen dieses nur noch aus den Augenwinkeln wahr. Nur wenn bei der 1. Mai-Demonstration plötzlich eine halbnackte Frau ein offizielles Plakat ziert, merken sie noch auf. (Zur Aufklärung: So geschehen 1985 in der Hauptstadt – die das Plakat tragenden Werktätigen stellten Solarien her.) Besuchern stoßen die Parolen, Losungen, Aufrufe zunächst unangenehm auf, doch wer in den ersten Tagen reichlich von dieser dürren Kost genießt, bildet bald die geistigen Antikörper und wird immun – wir haben es am eigenen Leib erlebt.

Gigantische Inszenierung

Nun ist es aber beileibe nicht so, daß die offizielle Ideologie unwichtig ist. Ganz im Gegenteil: Sie hat zwar keinen wahren, wohl aber einen normativen Kern. Als Leitlinie für Apparate und Funktionäre wirkt sie selbstredend auf den Alltag ein. Zwar schließen die Menschen sie nicht in ihr Herz, doch richten sie sich zu einem erheblichen Teil nach ihren Maßgaben. Sei es die widerwillige Ableistung des Wehrdienstes bei der Fahne (Jargon für NVA, die Nationale Volksarmee) oder der lustlose Mitarbeit bei der Gesellschaft für Deutsch-Sowjetische Freundschaft (DSF), sei es die gleichgültige Teilnahme an offiziellen Aufmärschen oder die mißmutige Absolvierung ‹freiwilliger› Arbeitseinsätze – alles schlägt als Pluspunkt in der Kaderakte zu Buche. In vielen Angelegenheiten geben die Menschen dem Kaiser, was des Kaisers ist – nur daß es unter dem Banner des Sozialismus geschieht.

Mit unfreiwilliger Komik kündigte das DDR-Fernsehen einmal an: «19.00 Uhr. Der Weg der Arbeiterklasse ins Paradies. *Spielfilm.*» Worüber DDRler nur müde lächeln können, wissen sie bei aller Komik doch um den Ernst des dargebotenen Stückes. Das Drehbuch schreibt nämlich einzig und allein die Partei, und die Rollen besetzt sie auch. Deshalb lernt jeder einzelne seinen Text gewissenhaft auswendig und übt die geforderten Gesten nachhaltig ein. Dieses Bild einer gigantischen Aufführung, einer Inszenierung in gesellschaftlichem Maßstab charakterisiert das Äußere des Alltagslebens gut: Ist das Stück beendet, geht jeder Akteur nach Hause und ist wieder er selbst. Am nächsten Tag nimmt er mit dem Klingelzeichen Platz und Rolle wieder ein. Und so weiter. Und so weiter.

Um den Lesern unnötige Beschäftigung mit der offiziellen Ideologie zu ersparen, wollen wir kurz die derzeitige Standortbestimmung durch den «bewußten und organisierten Vortrupp der Arbeiterklasse und des werktätigen Volkes», die SED, zusammenfassen. Danach befindet sich die DDR gegenwärtig im Stadium der «entwickelten sozialistischen Gesellschaft», auch als «reifer Sozialismus» definiert. «Jeder nach seinen Fähigkeiten, jedem nach seiner Leistung» (aus dem SED-Programm) – das ist derzeit das Prinzip. Auf gut deutsch kann man auch sagen, wer viel arbeitet, verdient auch viel. Auf gesellschaftlicher Ebene stellt sich damit die «Hauptaufgabe», auch «Einheit von Wirtschafts- und Sozialpolitik» genannt. Je höher das ökonomische Wachstum ausfällt, desto höher wird die Steigerung des Lebensstandards sein. Im Klartext: Nur wenn sich die DDRler mehr ins Zeug legen, werden sie sich auch mehr leisten können. Aber natürlich ist das Ganze eine vollkommen «planmäßige» Angelegenheit, die weitsichtige und unfehlbare Partei wird's schon richten ...

Ständig auf dem Sprung

Beispiel Einkaufen. Durch lange Erfahrung gewitzt, bummeln DDRler nicht einfach durch die Städte, vielmehr schauen sie ganz gezielt bei den Läden herein, wo ihre Wunschdinge auftauchen könnten. Üblicherweise gibt es nämlich ein halbes Jahr überhaupt keine Tassen oder keinen Kakao oder keine vernünftigen Schuhe. Wie aus heiterem Himmel tauchen dann aber in einigen Geschäften massenweise die begehrten Artikel auf und sind innerhalb von Tagen, manchmal von Stunden ausverkauft. Wir kennen ein Paar, das nach fast einjähriger Suche die heißersehnten Eheringe buchstäblich in letzter Minute vor der Trauung ergattern konnte.
Wer da nicht ständig auf dem Sprung ist, außerdem immer genügend Geld dabeihat, geht leer aus. Ist einem das Glück mal hold, wird natürlich nicht nur für den eigenen Bedarf eingekauft. Nein, Oma, Onkel, Freund, Nachbar – alle werden bedacht. Außerdem läßt sich vielleicht später etwas eintauschen.
Wahrhaft absurde Verkaufsrhythmen entstehen da. Was eigentlich ein paar Monate reichen müßte, wandert binnen Tagen über den Tresen. Und nur deshalb, weil die Menschen mißtrauisch sind, auch zu Recht sein können, daß die Sachen nicht im Handel sind, wenn sie benötigt werden. Böses Blut verursacht regelmäßig die Neigung von Verkäufern und Händlern, guten Bekannten etwas zurückzulegen oder zu reservieren. Manche Lieferungen erreichen noch nicht einmal die Regale, weil so viele gute Bekannte versorgt werden wollen, das ist die «Bücklingsware». Für Westler, die mal vergleichen sollten, wo mehr Hektik aufkommt, beim volkseigenen Schlangestehen und Herumsuchen oder bei der bundesrepublikanischen Preisvergleichsjagd, heißt das: auf der Stelle zugreifen! Jedes Zögern kann die entscheidenden Minuten kosten.
Mit besonders drastischen Ausformungen der doppelten Wirk-

lichkeit wird jeder Westler nahezu zwangsläufig konfrontiert: Die DM, auch kurz «Währung» oder «West» genannt, ist das heimliche Zahlungsmittel der DDR. Die Forderung von Marx und Engels, im Kommunismus müsse das Geld abgeschafft sein, ist längst realisiert – bezüglich der Mark der DDR jedenfalls. So lästern die Einheimischen. ‹Wirkliches› Geld ist die DM, für sie macht fast jeder fast alles – und zwar sofort! Partei und Staat wissen das natürlich. Welche Folgerungen sie daraus ziehen? Sie reden nicht drüber. Und versuchen stillschweigend, die privaten DM-Ströme von West nach Ost zu nutzen, vielleicht gar zu mehren. Vor allem durch die etwa 250 «Intershops», in denen Westler mit Devisen, DDRler nur mit «Forum-Mark-Wertschecks», die sie gegen Abgabe von DM bei Banken erhalten, kaufen dürfen. Mit diesem Kniff wurde es auch möglich, vom Kontaktverbot betroffenen verdienten Genossen durch Zuteilung dieser Schecks Quasi-DM-Einkünfte zuzuschieben.

Da damit ein Zweiklassensystem geschaffen wird, mußte Erich Honecker 1977 den DM-losen DDRlern Trost spenden (übrigens die einzige öffentliche Äußerung zu diesem Thema): «Gestattet mir ... ein offenes Wort zu den Intershop-Läden. Diese Läden sind selbstverständlich kein ständiger Begleiter des Sozialismus (...) Natürlich übersehen wir nicht, daß nun Bürger der DDR, die keine Devisen besitzen, im gewissen Sinne im Nachteil gegenüber denen sind, die über solche Währung verfügen. Mit dieser Frage haben wir uns befaßt und festgelegt, das Netz der Exquisitläden auszubauen (...) Auch die Anzahl der Delikatläden ... wird erhöht.» Derzeit gibt es ungefähr 900 Exquisit- und Delikatläden, in denen gegen Mark der DDR Spitzenware oft westlicher Herkunft angeboten wird – allerdings zu astronomischen Preisen. So wird aus den ideologisch verwerflichsten Schattenseiten noch Kapital zu ziehen versucht. Wie sagt der Volksmund? SED, das steht für Shop, Exquisit, Delikat ...

Sozialistischer Gang

Ein weiteres Beispiel «vorausschauender» und «planmäßiger» Politik ist das Zulieferungswesen. In Ostberlin wird derzeit gebaut wie nie, aus allen Teilen des Landes sind Baufirmen abkommandiert, ihr Scherflein beizutragen. Das DDR-Fernsehen holte mal eine Estrichkolonne vor die Kameras. Morgens um sechs Uhr wollten die Kollegen loslegen, allein der Estrich wurde nicht angeliefert. Rückfragen bei der Baustoffversorgung ergaben Engpässe, die Lieferung wurde nun für den nächsten Tag angekündigt. Aber was machen die Kollegen, wenn ihr Hauptrohstoff ausbleibt? Sie schlagen sich die Zeit um die Ohren, räumen auf und ärgern sich, denn sie verdienen auch weniger. Am nächsten Morgen waren wiederum die Kameras zur Stelle, nur der Estrich nicht.

Von solchen und ähnlichen Vorfällen können Einheimische nächtelang erzählen, jeder erlebt so etwas, jeder hat sich mit so etwas herumzuschlagen. Alle Wirtschaftszweige sind betroffen, alle Betriebe leiden darunter. Manche haben deshalb die Konsequenz gezogen, eine Werksfeuerwehr besonderer Art zu bilden. Verdiente und verläßliche Mitarbeiter werden abgestellt, um bei Engpässen alle, aber auch wirklich alle irgend denkbaren Quellen anzuzapfen, zwielichtige oder gar suspekte eingeschlossen. Natürlich wird kein Aufhebens davon gemacht – was sollte die Partei auch denken, wenn ein VEB sich aus dubiosen Vorräten in abgelegenen Feldscheunen bedienen läßt.

«Alles geht seinen sozialistischen Gang» – das gilt auch für das Fernsehen. Bis vor einiger Zeit war das DDR-TV eine der ödesten Angelegenheiten, die man sich überhaupt vorstellen kann. Was Wunder, daß (bis auf die armen Dresdner) alle auf ARD und ZDF standen. Natürlich gab es in der Vergangenheit die ‹Aktion Ochsenkopp›, mit der die FDJ die Antennen ausschließlich auf das Ostfernsehen ausrichten wollte. Doch heutzutage werden alle Geräte inklusive Westfarbe ausgeliefert, und niemand stört sich an den teilweise technisch aufwendigen Antennenanlagen, die in Richtung ‹Klassenfeind› zielen. Selbst Erich Honecker, er hört also nicht nur Westradio, hat bei einem Besuch von Ministerpräsident Johannes Rau mal halböffentlich und beiläufig fallenlassen, er habe eine bestimmte Sendung im Westfernsehen gesehen. So ändern sich die Zeiten.

Jedenfalls werden jetzt völlig planmäßig statt langweiliger Agitationsschinken aus der Mongolei geisttötende Unterhaltungsfilme in Massen gesendet. Auch wirklich gute Klassiker aus dem Westen kommen vor, leider nicht sehr viele, denn die Dinger sind teuer. Billiger ist die Dutzendware aus italienischer, französischer oder amerikanischer Produktion, die jetzt die Wohnzimmer überflutet. Sogar deutsche Uraltschinken aus den dreißiger und vierziger Jahren wurden salonfähig; die «Drei von der Tankstelle» etwa dürfen im volkseigenen Kanal singen: «Wir haben die Arbeit nur von weitem gesehen, und auch von weitem war sie nicht schön!»
Völlig planmäßig läuft man auch Westideen nach. Dem «Tor des Monats» der ARD-Sportschau folgte das «Zuschauer-Rätsel» beim «Sport aktuell»; als westliche Sportreporter die Fußballcracks noch auf dem Rasen zum Interview zu stellen begannen, mußten auch ihre DDR-Kollegen spontanes Fragen üben . . . Unser «Blauer Bock» heißt dort «Im Krug zum grünen Kranze», die «Hitparade» «Schlager-Studio», der «Tatort» «Polizeiruf 110», Edgar Wallace, Karl May und Bud Spencer tummeln sich erst hüben, dann drüben. Nur die «Aktuelle Kamera», die «Tagesschau» der DDR, macht unbeirrt mit Topmeldungen dieser Art auf: «Interview Erich Honeckers für uruguayische Tageszeitung».

Wirkliche Wirklichkeit

Ähnlich trostlos: «Der schwarze Kanal», der allmontäglich das Westfernsehen ‹entlarvt›. Mit der Kritik an den stillschweigenden politischen Implikationen bei ARD und ZDF trifft Karl-Eduard von Schnitzler, der Moderator, einiges richtig. Doch was er als vermeintliche Errungenschaften oder Vorteile des Sozialismus hochhält,

Sprünge im offiziellen Bild

ist dann doch plump-armselig. Da können wir dann kaum noch glauben, daß er mal als fähiger linker Journalist am 1. Januar 1946 den NWDR in Köln (Vorläufer von WDR und NDR) mitbegründete und dort bis Mitte 1947 wirkte. Die einzige wirklich interessante halbwegs politische Sendung ist «Prisma». Wenn Rosi Ebners Teams auf der Suche nach abstellbaren Mißständen (nichtabstellbare werden natürlich nicht angesprochen) durch die Lande streifen, gerät so mancher Betriebsleiter ins Schwitzen und Stottern. «Prisma» greift sich nämlich immer, ein völlig unübliches Vorgehen in der DDR, direkt die Verantwortlichen und zerrt auch noch so verdiente Genossen vor die Linse.

Auch für DDRler wirkt erfrischend, wie dieses Fernsehmagazin der gebetsmühlenhaften Lobhudelei zuwiderläuft. Auf ihre Meinung zu «Prisma» angesprochen, geben sie meist zur Antwort: «Die zeigen endlich mal, wie es *wirklich* ist!» Zwei Seelen wohnen in der Brust der Menschen drüben, die der wirklichen Wirklichkeit und die der geforderten Wirklichkeit. Längst ist das daraus erwachsende Lebensgefühl zur zweiten Natur geworden, längst auch sind diejenigen Eigenschaften herausgebildet, die allein ein Überleben in so einem Gemeinwesen zulassen. Zweigleisig denken, Anforderungen nur äußerlich und gerade so eben erfüllen, nicht weit hervorwagen – sich mit Initiative und Geschick im Privatleben einrichten, trickreich beschaffen, ununterbrochen auf Ausschau sein.

Als freizeitorientierter Westler mit Vierzig-Stunden-Woche und sechs Wochen Urlaub im Jahr fragt man sich immer wieder erstaunt, wie schaffen die das? In der Tat ist es höchst auffällig, daß DDRler nie stillstehen – selbst am Wochenende im Liegestuhl halten sie es nicht lange aus. Immer müssen sie irgendwo rumwuseln, immer steht etwas an, immer muß gerade noch eine Sache erledigt werden. Es scheint, als sei die erforderliche Unruhe und Regheit längst in Fleisch und Blut übergegangen. Richtiggehende Muße ist so gut wie unbekannt – sie wird als verschenkte Zeit begriffen. Wenn es nicht bereits im Kalkül der Herrschenden liegt, so paßt es doch gut hinein: Menschen, die auf der Jagd nach Fliesen oder Fleisch nicht zur Besinnung kommen, sind politisch so gut wie neutralisiert, von ihnen geht keine Gefahr für die Stabilität des Systems aus. Erste Anzeichen für Wandlungen zeigen sich nur bei jüngeren Leuten, wo ‹überschüssige› Geisteskräfte zum Problem für die DDR-Oberen zu werden drohen. Die Nachgeborenen sind immer weniger bereit, sich behaglich in dem einzurichten, was ihnen als beengte Heimstatt vorgegeben wird.

ARBEIT, ARBEIT, ARBEIT

Nebeneinander sechs Arbeitsplätze mit Bohrmaschinen. Nur einer ist besetzt, von rechts naht der Meister. An der Wand das obligatorische Spruchband: «Wir kämpfen um jede Minute!» Der Arbeiter: «Paulas Kind ist krank, Dieter kriegt Kohlen, Max eine Schrankwand, Hein ist zur Fahrschule und Else bloß mal einkaufen.» Erwidert der Meister: «Dann kämpf mal mit Else. Bei den anderen isses Schicksal.» O-Ton DDR aus der satirischen Wochenzeitung «Eulenspiegel».

Eigentlich reicht diese Szene vollauf aus, einen Eindruck von der sozialistischen Arbeitswelt zu vermitteln. Alle osteuropäischen Gesellschaften schleppen sich mit dem Konstruktionsfehler herum, daß sie von oben nach unten und nicht von unten nach oben umgestaltet worden sind. Was bei den Werktätigen nicht eben das Gefühl aufkommen ließ, daß es ihre Revolution sei, die da ablief. Und in der Folge zu einem latenten Bummelstreik führte. Grundprinzip: Getan wird nur so viel wie unbedingt notwendig! Mit allen Mitteln haben die Partei- und Staatsführungen Änderungen herbeizuführen versucht – gelandet sind sie alle immer wieder bei der «materiellen Stimulierung», wie leistungsabhängige Bezahlung vornehm umschrieben wird.

Wer mehr, besser, schneller arbeitet, erhält auch mehr Geld – so lautet das Prinzip, allerdings nur auf dem Papier. Denn die Arbeit ist für DDRler wie für andere Ostler wahrlich eine zweite Heimstatt, ohne sie kann keiner leben (selbst die Hauptgewinner im Lotto nicht!). Und da stört es nur, wenn sie zur Belastung zu werden droht ... Weshalb die Arbeiter ihre Macht, und die haben sie als Schöpfer aller Reichtümer ohne jeden Zweifel, mit allerlei List und Tücke einsetzen. Bekanntestes Beispiel: die Plandiskussion. Werden im Planvorschlag, der von oben kommt, in den Augen der Arbeiter zu hohe Kennziffern angesetzt, bringen sie ihre eigenen Vorschläge in die Diskussion ein – die in der Regel so liegen, daß der allfällige Kompromiß dem entspricht, was die Arbeiter zu leisten bereit sind. Oft haben sie den ewigen Stress am Monats- und Jahresende, wenn die häufigen Planrückstände aufgeholt werden müssen, schon einkalkuliert.

In ihrer Unersetzlichkeit liegt die Quelle des Selbstbewußtseins der Werktätigen. Vielen Leitern wäre natürlich insgeheim die kapitalistische Hire-and-fire-Methode viel lieber, aber das dürfen sie nicht laut sagen. Auf absehbare Zeit bleibt die in der niedrigen Produktivität gründende chronische Arbeitskräfteknappheit der Trumpf im Ärmel der Blaumänner. Alle Werktätigen nehmen sich Freiheiten, die ihre westlichen Brüder und Schwestern den Arbeitsplatz kosten würden. Was der «Eulenspiegel» nannte, sind, auch wenn es schwer zu glauben ist, wirklich gängige Gründe für die Abwesenheit von Werkbank und

Noch nicht so hektisch: das Arbeitsleben

Schreibtisch. Natürlich wird ständig über hohe Abwesenheitsquoten, über hohen Krankenstand, über ausufernden Leerlauf lamentiert, auch über Privatarbeit am Arbeitsplatz – doch wirkliche Änderungen wird erst die Zukunft bringen.

Sozialistische Rationalisierung

Die DDR-Oberen sind wild entschlossen, ihre in weiten Bereichen veraltete Wirtschaft zu modernisieren. Deshalb nahmen sie 1984 und 1985 eine Reihe von Westkrediten auf, ohne das Geld auszugeben. Erst im Laufe der Jahre werden die Milliarden Mark für den Kauf modernster Anlagen verwendet. Rationalisierung, pardon, sozialistische Rationalisierung ist derzeit so etwas wie ein Zauberwort – von ihr erhofft man sich wahre Wunderdinge. Zahlreiche Werktätige haben ihre Schattenseiten allerdings schon am eigenen Leib zu spüren bekommen. Entweder wurden ihre Arbeitsplätze überflüssig, dann werden sie irgendwo im Betrieb so lange mit durchgeschleppt, wie es die Gesetze vorschreiben (und das kann lange währen), oder die Arbeiter wurden zu bloßen Anhängseln der Maschinerie, was auch keine Begeisterung aufkommen läßt.

Arbeiten muß man drüben auch – das ist der Standardsatz, wenn DDRler auf den Westen zu sprechen kommen. Darüber verkennen sie aber zumeist die hohe Intensität der kapitalistischen Produktion. Und sie haben sich noch kaum darauf eingestellt, daß die sozialistischen Manager eifrig westliche Methoden studieren – natürlich nicht ohne Hintergedanken. Gegenwärtig ist es nämlich nur in wenigen Betrieben gelungen, das vielzitierte Weltniveau, stillschweigend mit Westniveau gleichgesetzt, zu realisieren. Ein Beispiel: Das «Kombinat Umformtechnik Herbert Warnke» in Erfurt, mit 20 000 Beschäftigten und 90 Prozent Exportquote einer der Vorzeigebetriebe. Deutschdeutscher Clou am Rande: Die Erfurter Metallpressen stehen unter anderem bei VW und Daimler-Benz.

Übrigens ist der Export eine eigene Abhandlung wert, ist die DDR doch für uns schon so etwas wie ein zweites Hongkong geworden. Wenn die Menschen dort sich einen Gesamtüberblick über die ausgeführten Erzeugnisse verschaffen könnten, würden sie wahrscheinlich wutentbrannt den nächsten Parteisekretär zur Rechenschaft ziehen! Da legen sie sich ordentlich ins Zeug, fertigen höchste Qualitäten, werden auch mit Sonderprämien dafür belohnt – und dann verschwinden die Sachen unwiederbringlich gen Westen. Für das zusätzlich verdiente Geld können sie sich dann im nächsten Laden mindere Qualitäten erwerben. Nicht nur Metallpressen, auch Filme, Strumpfhosen, Schweine, Holz, Einbauküchen, Blumen, Fische, Quarzwecker, flotte Damenkleider werden da oft zu Dumpingpreisen verscherbelt, um den Devisenhunger der Wirtschaftsplaner zu stillen.

Neben der sozialistischen Rationalisierung wird sich die Exportfrage in absehbarer Zeit zu einem Brennpunkt der Diskussion entwickeln. Denn auf unterster Ebene ist die Meinungsbildung darüber längst gelaufen – fast alle Werktätigen halten es für eine Riesensauerei, daß tagtäglich die Früchte ihrer Arbeit von Ost- wie Westlastern davongekarrt werden. Dies regt sie weit mehr auf als alle Widrigkeiten des Arbeitsalltags, von denen sie wahrlich mehr als genug erleben. Kaum jemand macht sich aber einen Kopf darüber, daß ohne diese Westorientierung ihrer Wirtschaft vieles nicht vorhanden oder möglich wäre – dann gäb's keine modernen Maschinen, keine schicken Klamotten, keine Golfs.

Zu Haus in der Brigade

Die kleinen Probleme kann man lösen, mit den nicht lösbaren (wie ausbleibenden Zulieferungen) kann man leben – doch auf die Exportfrage haben sie keinerlei Einfluß, die wird nur auf höchsten Ebenen behandelt. Und da kann ein gewöhnlicher Werktätiger nicht viel ausrichten. Das weiß er, und deshalb bleibt er bei seinen Leisten, sprich bei der Brigade und ihrem Tätigkeitsfeld. Dieser martialische Ausdruck meint übrigens nichts anderes als eine Gruppe von Werktätigen, ein Kollektiv – die Zahl der Mitglieder schwankt je nach Arbeitsfeld, sie liegt meist um die zehn Leute. Was uns der Vorarbeiter oder Kolonnenführer, ist den DDRlern der Brigadier, der ganz normal mitarbeitet, aber einen Teil seiner Zeit auf die Leitungstätigkeit verwendet. Teils wird der Brigadier innerhalb der Brigade gewählt, teils wird er von oben eingesetzt. Im offiziellen Jargon ist die Brigade die «kleinste planende und abrechnende

Struktureinheit» eines Betriebs. Für die Arbeiter ist sie so etwas wie ein zweites Zuhause. Hier wird alles besprochen, hier wird alles geklärt (was nicht geklärt werden kann, kommt zur Betriebsgewerkschaftsleitung, BGL, oder vor die oft zugunsten der Arbeiter entscheidende Konfliktkommission), hier wird alles irgendwie geregelt, hier werden Verpflichtungen beschlossen, hier werden die Prämien entgegengenommen. Reden Werktätige von ihrer Arbeit, meinen sie zunächst die Brigade. Natürlich ist dies keine Idylle, wohl aber herrscht hier ein Gemeinschaftsgeist, der nicht nur aufs Materielle beschränkt ist. Ob es persönliche Krisen oder berufliche Schwierigkeiten sind, die Brigade findet immer einen Weg.

Oft nimmt das Brigadeleben auch außerhalb der Fabriktore seine Fortsetzung, zumal wenn die Mitglieder schon seit ewigen Zeiten zusammen sind. Dazu trägt auch bei, daß ein Betrieb in der DDR nicht nur Betrieb ist. Er übernimmt zahlreiche soziale Funktionen, vom eigenen Kindergarten bis zu eigenen Urlaubsheimen, vom betrieblichen Wohnungsbau bis zur Betreuung von Werktätigen, die gerade ihren Militärdienst ableisten. Zudem kann sich der Betrieb in fast alle Belange des Alltags einmischen, von der Autozuteilung bis zum Ausbau der anderweitig gemieteten Wohnung. Liegen ihr die Werktätigen am Herzen, tut die Firma oft sehr viel, um sich das Wohlwollen der Beschäftigten zu erhalten.

Nestwärme auch bei eintöniger Arbeit

Gesichert und entfremdet

Die Arbeitsvermittlung ist in der DDR eine Sache für sich. Da die Partei die Arbeitsplatzsicherheit ständig als Vorzug des Sozialismus anpreist, darf es nichts geben, was dem Klassenfeind als Gegenargument dienen könnte. Weshalb seit April 1985 auch keine Stellengesuche mehr in den Zeitungen veröffentlicht werden dürfen – sie hatten in den Augen der Oberen überhand genommen. Seitdem können Arbeitsplatzwechsel nur noch über die «Ämter für Arbeit und Löhne» vorgenommen werden, diese können eine allfällige Arbeitslosigkeit besser verstecken. Wovon insbesondere Hochschulabsolventen betroffen sind, die oft große Mühe haben, ihrer Ausbildung entsprechende Arbeitsplätze zu finden.

Ein an Bedeutung ständig zunehmendes Problem ist die Schichtarbeit, über deren nachteilige Auswirkungen in der DDR nichts veröffentlicht wird. Seit Einführung der Fünf-Tage-Woche 1967 wird die Umstellung auf das Zwei- oder Dreischichtsystem propagiert, etwas mehr als vierzig Prozent arbeiten derzeit mehrschichtig. Natürlich gibt es Sonderprämien, Zuschläge und Extraleistungen, doch sind die Belastungen dementsprechend größer – bis hin zu der Tatsache, daß Schichtler in den hellhörigen DDR-Wohnungen kaum in Ruhe schlafen können. Die Position des Freien Deutschen Gewerkschaftsbundes (FDGB) dazu: «Der gegenwärtige Stand der Schichtauslastung, vor allem hochproduktiver Maschinen und Anlagen, ist differenziert und insgesamt – gemessen an den Erfordernissen wirtschaftlicher Vernunft und sozialistischer Sparsamkeit – noch nicht befriedigend.»

In letzter Zeit wurden zum Beispiel mehr und mehr Autowerkstätten auf das Schichtsystem umgestellt, Wartezeiten von mehreren Monaten sollen so endlich abgebaut werden. Ein anderer Weg zur Beseitigung der Versorgungsschwierigkeiten ist die Zulassung privater Betriebe vor allem im Handwerk. Sattler, Bäcker, Dachdecker, Fahrlehrer, Töpfer, Klempner, Kneipiers, Händler – sie könnte man als heimliche Herren der DDR bezeichnen. Zu erkennen sind sie oft an den VW-Bullis vor ihrer Haustür, die sie in einer Nacht-und-Nebel-Aktion 1985 für schlappe 60 000 DDR-Mark kaufen konnten. Da ihre Dienste ungeheuer gefragt sind, da sie auch Arbeitskräfte anstellen dürfen, da sie auch mal Westmark einsacken, schwimmen sie zum Leidwesen der normalen Werktätigen förmlich in Geld.

Bei den Privaten, die jetzt geradezu hofiert werden, ist fast schon Wirklichkeit, was die anderen Werktätigen erst noch anstreben – eine weitgehende Aufhebung der Entfremdung der Arbeit inklusive eines (wenn auch bescheidenen) Überflusses. Mag die SED noch so oft von der «vollzogenen Befreiung der Arbeiterklasse» reden, die Werktätigen sehen sich nach wie vor als abhängig Beschäftigte. Die offizielle Ideologie kritisiert Jürgen Kuczynski, die graue Eminenz der DDR in Sachen Arbeiterbewegung: So «besteht der Unterschied zwischen Kapitalismus und Sozialismus nicht im Arbeitsprozeß, in dem die Arbeiter noch in beiden Systemen Anhängsel der Maschine sind, auch nicht im Grunde etwa in einem Gefühl (!), daß der eine Arbeiter für den Profit des Kapitalisten, der andere für seinen Staat arbeitet – oder glaubt etwa jemand, daß das mehr als eine abstrakte Feststellung während der acht Stunden sein kann, in denen der Arbeiter jahraus, jahrein seine monotonen, stumpfsinnigen Arbeitsbewegungen macht?» Volkes Mund hat sich mit diesem Uraltwitz seinen Reim drauf gemacht: «Im Kapitalismus wird der Mensch durch den Menschen ausgebeutet. Im Sozialismus ist es genau umgekehrt.»

In der Tat, nicht nur die Art der Arbeit, auch die längere Arbeitszeit in der DDR läßt an der Befreiung der Arbeit zweifeln. 43 ¾ Stunden wird pro Woche gearbeitet, nur Schichtarbeiter und Mütter zweier oder mehrerer Kinder kommen in den Genuß der Vierzig-Stunden-Woche. 21 Tage Urlaub erhalten die Werktätigen im Durchschnitt, der Mindesturlaub liegt bei 18 Tagen – wobei Samstage nicht angerechnet werden. Auch mit den Feiertagen sieht es eher bescheiden aus: Von den kirchlichen Feiertagen gibt es nur Karfreitag, Pfingstmontag und die beiden Weihnachtsfeiertage; hinzu kommen der 1. Mai und der 7. Oktober (Gründungstag der DDR) als Staatsfeiertage – wobei Teilnahme an Demos und Aufmärschen erwartet wird! (Ostermontag, Himmelfahrt und Buß- und Bettag sind 1967 abgeschafft worden.)

«Arbeitszeit ist Leistungszeit», so heißt es in einer SED-Direktive für 1986, eine der vielen Verlautbarungen, die sich an die Werktätigen

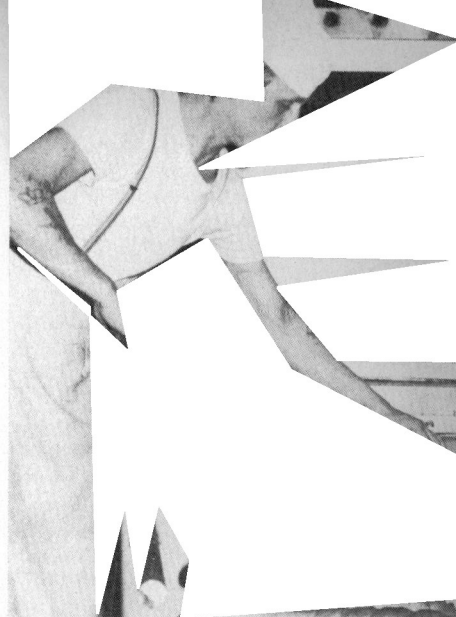

Privates Handwerk hoch im Kurs ▬

wenden. Wären diese mit ganzem Herzen und voller Überzeugung bei der real existierenden sozialistischen Sache, bedürfte es der ständigen Ermahnungen wohl kaum. Jürgen Kuczynski stellt «die Frage der subjektiven Entfremdung. Die ist natürlich auch wichtig. Sie besteht immer noch und muß immer noch bestehen.» Bis auf die Parteiideologen werden ihm da alle DDRler zustimmen. Verspüren sie doch am eigenen Leib, daß in einer Umwälzung ohne Aufhebung der Entfremdung und ohne hohen Stand der Produktivkräfte «nur der Mangel verallgemeinert, also mit der Notdurft auch der Streit um das Notwendige wieder beginnen und die ganze alte Scheiße sich herstellen müßte». Wer das sagte? Marx und Engels ...

EINE JUGEND LANG AUF SICHEREN WEGEN

«DeeDeeErr, unser Vaterland! DeeDeeErr, unser Vaterland!» – so lautet die bei offiziellen Jugendveranstaltungen am häufigsten skandierte Zeile. Natürlich zur Genugtuung der führenden Funktionäre, die noch immer im hergebrachten Glauben leben, die Jugend sei die «Reserve der Partei und Zukunft der Gesellschaft». Letzteres mag ja noch angehen, obwohl es «die Jugend» in der DDR offiziell gar nicht gibt, sondern nur junge Bürger verschiedener Klassen und Schichten. Aber jene Reserve-Aussage dürfte sich bald von einer Gewißheit zu einer Hoffnung gewandelt haben – nur merken die DDR-Oberen davon noch nichts! Sie nehmen unbeirrt für bare Münze, was sie 1974 selbst in einem eigenen Jugendgesetz festgeschrieben haben: «Aufgabe jedes jungen Bürgers ist es, auf sozialistische Art zu arbeiten, zu lernen und zu leben, selbstlos und beharrlich zum Wohle seines sozialistischen Vaterlandes – der Deutschen Demokratischen Republik – zu handeln, den Freundschaftsbund mit der Sowjetunion und den anderen sozialistischen Bruderländern zu stärken (...) Alle jungen Menschen sollen sich durch sozialistische Arbeitseinstellung und solides Wissen und Können auszeichnen, hohe moralische und kulturelle Werte ihr eigen nennen und aktiv am gesellschaftlichen und politischen Leben, an der Leitung von Staat und Gesellschaft teilnehmen.» Strafen bei Nichteinhaltung dieser gesetzlichen Vorschriften sind, jedenfalls im Jugendgesetz, nicht vorgesehen.

Selbst derjenige, der noch nie in der DDR war, wird ahnen, daß diese Sätze mit dem Leben normaler Jugendlicher nur bedingt zu tun haben. Denn geradezu unter den Augen der Oberen ist da eine Generation herangewachsen, die weder vom Kampf- noch vom Fortschrittsgeist früherer Tage beseelt ist. War das Leben ihrer Vorläufer von Verzicht und Aufbauwillen, von festen Standpunkten und strahlendem Zukunftsglauben geprägt, so ist das heute anders. Alle Vorzüge, die die Führung so gerne und so ausgiebig hochleben läßt, sind den jetzt Jungen einfach selbstverständlich geworden: gute Bildung und Ausbildung, sicherer Arbeitsplatz, soziale Versorgung, Freizeit – und natürlich auch die ständige Verbesserung des Lebensstandards! Darüber verliert man nicht viele Worte, das ist da, und man nimmt es in Anspruch – auch wenn Partei und Staat besondere Dankbarkeit und Loyalität erwarten.

Wohlbehütet, ständig betreut, immer angeleitet – Kinder und Jugendliche in der DDR entwickeln sich auf sicheren Wegen. Viele von ihnen machen im zarten Alter von einem Jahr bereits Erfahrungen mit der staatlichen Erziehung, wenn sie von ihren berufstätigen Eltern tagsüber in die Kinderkrippe gegeben werden. Ein typisches Phänomen: DDR-Kinder sind mit einem Jahr bereits sauber

– nicht etwa, weil es kaum Einmalwindeln gibt (was aber auch ein Grund ist), sondern weil die Krippen das zur Aufnahmebedingung machen. Westbesucher mit, sagen wir, zweijährigen Kleinkindern, die noch Windeln tragen, werden drüben auf völliges Unverständnis treffen.

Zweitrangige Subjekte

Von drei bis sechs Jahren ist dann der Kindergarten angesagt, wie die Krippen und die selteneren Horte soll auch er eine «Stätte frohen Kinderlebens» (offizieller Ausdruck) sein. Um auch die Kinder, die daheim aufwachsen, sowohl auf die Schule vorzubereiten als auch auf den richtigen Weg zu führen, werden im letzten Jahr vor Schulbeginn regelmäßige Spiel-Lern-Nachmittage veranstaltet. Neben den staatlichen Einrichtungen für Kleinkinder gibt es auch solche der Betriebe und der Kirchen – doch auch sie haben die «Herausbildung der sozialistischen Persönlichkeit» zum Prinzip zu machen. Nur vereinzelt diskutieren Eltern die Gefahren des frühen und intensiven staatlichen Einflusses auf ihre Kinder. Ein- oder zweimal ist versucht worden, so etwas wie einen elternbetriebenen Kinderladen auf die Beine zu stellen – was aber sofort abgewürgt wurde.

Die zehnklassige allgemeinbildende Polytechnische Oberschule (POS), das ist *der* Eckpfeiler des DDR-Bildungssystems, den alle Schüler durchlaufen (abgesehen von den Sonderschülern). Fast alle erwerben also einen handfesten Schulabschluß. Zwar kann man auch schon nach der achten Klasse aussteigen, doch bedarf es der Genehmigung der Schulleitung – die aber seit 1977 leichter zu erhalten ist, weil seitdem keine «Plankennziffern» mehr für den Übergang zur neunten Klasse gelten, für deren Erfüllung der Direktor verantwortlich ist. Nicht nur der Schul-, auch der Berufsabschluß ist für DDR-Jugendliche eine schlichte Selbstverständlichkeit. Ihnen ist völlig unverständlich, wie es in der Bundesrepublik Schulaussteiger, vergebliche Lehrstellensuche, Abbruch von Lehre oder Studium geben kann.

Nicht, daß sie keine Sorgen hätten – die sind nur anders gelagert. In der Schule werden sie «als zweitrangiges Subjekt behandelt», wie es ein bundesdeutscher Forscher einmal ausdrückte. Lehrpläne und Lehrer schreiben nicht nur vor, was behandelt wird, sondern auch, welche Meinungen dazu als richtig erachtet werden. Wer aneckt, hat immer irgendwelche Folgen zu gewärtigen. Er bekommt vielleicht keine Lehrstelle im Wunschberuf; sein Wechsel zur Erweiterten Oberschule (EOS) oder zu den Abiturklassen in den Einrichtungen der Berufsausbildung, die beide zum Abitur führen, wird nicht befürwortet; vielleicht bleibt der begehrte Platz auf einer Spezialschule etwa für Sport, Technik, Kunst in unerreichbarer Ferne.

Ein besonderer Knackpunkt im Leben der DDR-Jugendlichen, die übrigens bis zum 25. Lebensjahr als solche firmieren, ist das Studium. In der DDR ist das Angebot an Studienplätzen vergleichsweise gering (ungefähr ein Viertel der Bevölkerungszahl, aber nur ein Zehntel der Studentenzahl der BRD), deshalb setzt immer wieder

47

Probleme mit der Jugend ▬

der große Run ein. Doch ohne FDJ läuft hier nichts, reineweg gar nichts. «Aktive Mitarbeit» wird vorausgesetzt, was im Klartext langjährige Mitgliedschaft bedeutet. In der Realität führt das dazu, daß fast alle jungen Menschen der FDJ angehören – jedoch ohne innere Überzeugung. Versüßt wird ihnen das Mitmachen durch die kulturelle Monopolstellung des Verbandes. Ob Diskotheken, Jugendklubs, Kulturhäuser, Jugendtheater, Reisen – soll die Post abgehen, geht das nur in und mit der FDJ.

Erlebnishunger

Der Renner sind natürlich die Diskos, spielt die Musik der Hitparaden doch eine große Rolle. Für alle Darbietungen in der DDR gilt allerdings der berühmt-berüchtigte Schlüssel, daß 60 Prozent Ost- und 40 Prozent Westmusik gespielt werden müssen. In den festen Diskos werden die 60 Prozent zwischen 18 und 21 Uhr abgehakt, ist das Publikum dann reichlich da, liegen nur noch westliche Titel auf dem Teller. Auch Kommentare wie 1985 in der «Armeerundschau» (Westmusik ist «Lockmittel» und «ideologische Diversion gegen uns») vermögen an der verbreiteten Vorliebe für kapitalistische Rhythmen nichts zu ändern. Worauf sich auch die FDJ eingestellt hat.

Nach ähnlichem Muster arbeitet die Gesellschaft für Sport und Technik (GST), die den körperlichen und technischen Erlebnishunger in Bahnen zu lenken sucht – und dabei im wesentlichen vormilitärische Schulung betreibt (mit den «Wehrspartakiaden»). Geködert werden die jungen Menschen durch die Möglichkeit, etwa Führer-, Flug- oder Fallschirmspringerschein zu erwerben. Um überhaupt etwas auf die Beine stellen zu können, fügen sich die meisten. Sie «machen sich keinen Kopf» (Jargon für nachdenken), worauf sie sich einlassen – diese Grundhaltung ist so verbreitet, daß die offizielle Politik sich geschickt auf sie eingestellt hat. Bestimmte Sachen, die Kinder und Jugendliche interessieren, werden nur in parteinahen Organisationen angeboten – die jungen Menschen kommen zu ihren Erlebnissen, die Partei zu ihren Schäfchen.

Die angesprochene Grundhaltung wirkt sich natürlich in Lehre, Studium und Beruf aus – oft nachteilig. Seit Jahren schon wird darüber geklagt, daß Kreativität und selbständiges Denken, Eigeninitiative und Mut zu unkonventionellen Auffassungen völlig unterentwickelt sind. Noch im Frühjahr 1985 wetterte der Hoch- und Fachschulminister höchstpersönlich über diese «Erscheinungen». Doch wagt niemand auszusprechen, daß das vielleicht an der allzeitigen Bevormundung und Gängelung liegen könnte.

Bleiben nur Ersatzlösungen. So hält das Kombinat Carl Zeiss Jena gemeinsam mit der Bauakademie der DDR für Neuwissenschaftler einjährige Kreativitätstrainingskurse ab, wo ihnen mit modernsten gruppendynamischen Methoden das wieder antrainiert werden soll, was ihnen Schule und Uni abtrainiert haben! (So ganz nebenbei ist natürlich auch eine «hohe Patent- und Erfindungsergiebigkeit» erwünscht.)

Volkssport Bumsen

«Täglich in Form – das Beste als Norm!»; «Für gutes Wissen!»; «Keiner ist zu klein, um Helfer der Partei zu sein!» Von den Pionieren der «Pionierorganisation Ernst Thälmann», der 1,4 Millionen Kinder zwischen sechs und vierzehn Jahren angehören, über die Jugendweihe, 98 Prozent aller Vierzehnjährigen nehmen an diesem staatlichen Konfirmationsersatz teil, über die FDJ, die 2,3 Millionen 14- bis 26jährige zusammenschließt – gefordert sind Bekenntnisse, und geliefert werden Lippenbekenntnisse. Womit die Jugendlichen selbst die allerwenigsten Probleme haben, sind sie doch mit dem Doppelleben von Kindesbeinen an vertraut. Keiner hat ein schlechtes Gewissen dabei, wenige Minuten nach dem Herunterbeten der offiziellen Formeln unter Freunden ganz andere Meinungen zu vertreten. Die meisten denken dabei: Wir haben uns dieses Land nicht ausgesucht, ändern können wir auch nichts – also spielen wir nach außen hin mit, bewahren uns aber unsere Freiräume.

Und auf die lassen sie nichts kommen. Wichtigste Bezugspunkte sind die Familie, trotz der spannungsfördernden räumlichen Enge der Wohnungen, und Freundeskreis oder Clique. Große Bedeutung nehmen auch die Liebesdinge ein, ist dies doch ein Bereich, in dem sich die sonst so enge und engstirnige DDR-Gesellschaft

49

vergleichsweise tolerant und weitherzig verhält – «Bumsen ist Volkssport Nummer 1», formuliert es handfest ein Ostberliner Lehrling. Wovon auch die zahlreichen Festivalkinder zeugen, die dem Vernehmen nach ein dreiviertel Jahr nach den häufigen FDJ-Festivals das Licht der Welt erblicken.

Daß der Erlebnishunger die Jungen im Wortsinn umtreibt, erfahren wir von Hans, grüner Parka, blauer Schlafsack, den wir in der tiefsten DDR-Provinz beim Trampen mitnehmen. «Fahrt ihr nach XY?» Wir fahren – auch wenn wir es nicht vorgehabt hätten, würden wir es jetzt tun. «Was willstn da?» – «Mann, da soll 'n Konzert losgehen, meine Leute sind schon heut morgen hin, ich mußte noch arbeiten.» – «Und wer soll auftreten?» – «Klasse Gruppen, Monokel und Zenith.» – «Woher weißt du das?» – «Mensch, so was spricht sich rum!» In XY angekommen, suchen wir nach dem Volkshaus, wo die Sache steigen soll. Es sieht aus, als hätte es ein Konzert der Rolling Stones erlebt. Zerschlagene Fensterscheiben, demolierte Wände, zerbrochene Türen – bloß, überall liegt zentimeterdick der Staub. Hier steigt heute nichts. «Scheißhausparolen. Und meine Fans sind natürlich schon wieder weg», flucht Hans, «na dann fahrt mal weiter, ich seh zu, wie ich zurückkomme.» Schlappe 150 Kilometer sind's bis zu ihm nach Haus.

Frischer Wind

Rockmusik, ein paar Filme, ein paar Bücher – nur darin fühlen sich die jungen Menschen mit ihrer ganzen Persönlichkeit aufgehoben. Können die «Greise», von den Eltern bis zum «Dachdecker» (gemeint ist Erich Honecker, ge-

Rock in Deutschland-Ost

lernter Dachdecker), nur meckern und nicht verstehen, werden manche Künstler von den Jugendlichen als Fürsprecher, als Anwalt betrachtet, weil sie frischen Wind in die miefige Republik bringen. Das Gefühl des Eingesperrtseins, die ewige Bevormundung, die Aussichtslosigkeit von Veränderung – was sonst unter den Teppich gekehrt wird, bringen die Schriftsteller zur Sprache. Zur Begeisterung des jungen Publikums. Doch darf das nicht darüber hinwegtäuschen, daß der wesentliche Rückhalt für den einzelnen immer noch die Familie ist. Vorbilder stammen meist aus dem unmittelbaren Umfeld, wie Parteiforscher ausgiebig beklagen. Den Schuh der verordneten Leitfiguren mag sich jedenfalls keiner anziehen.

Nur in scheinbarem Widerspruch dazu steht die oft ausgesprochen große Verantwortung, die Jugendbrigaden in Gestalt von «Jugendobjekten» oder FDJ-Gruppen in Gestalt von «FDJ-Initiativen» übertragen wird. Große Werte sind es, die da in Händen von 18- und 20jährigen liegen. Aber hier läßt sich kaum jemand lumpen. Jugendlicher Elan kommt sowohl der «Erdgastrasse Sowjetunion» als auch dem «Havelobst» zugute, die gestellten Aufgaben werden zumeist erfüllt. Auch auf unteren und mittleren Leitungsebenen gibt es zum Teil sehr junge Menschen, eine 23jährige Bürgermeisterin eines Dorfes ist absolut nichts Besonderes. Wie es auch keine Seltenheit mehr ist, daß 16jährige Lehrlinge zur Schichtarbeit herangezogen werden – natürlich nur mit Zustimmung der Eltern.

Ein staatlicher Bereich allerdings kann sich des stetigen wirklich freiwilligen Zulaufs Heranwachsender immer sicher sein – der Sport. Mittlerweile ist das System der Spartakiaden (das sind Mini-Olympiaden von der Kreis- bis zur nationalen Ebene) so ausgeklügelt, daß wirklich jedes Talent erkannt wird. Das eröffnet jedem, ob er sich nun eher anpaßt oder eher aneckt, die Chance einer Karriere – eisernes Training vorausgesetzt. Aber nicht die gesicherte Position oder der Beitrag zum höheren Ruhme des Vaterlandes ist das tiefere Motiv einer Entscheidung für den Leistungssport – der größte Reiz der Sportlerlaufbahn liegt in der Verheißung von Auslandsreisen. Und zwar nicht nur nach Prag oder Bukarest, sondern eben auch nach New York oder Nairobi, nach Nottingham oder Nürnberg.

Nicht, daß sie bei der erstbesten Gelegenheit eine Biege machen würden. Irgendwie fühlen sie sich letztlich doch in der DDR heimisch, aller Kritik zum Trotz. Und nur wenige sehen es so wie die beiden Jungs vom Prenzlauer Berg, die in einer Schnapslaune nach Westberlin türmten: «Entweda Sekt oda Selta!» Die allermeisten richten sich ein, nach und nach und mit allem Drum und Dran. Hochzeiten kommen wieder in Mode – drüben heiratet man übrigens ganz in Weiß, mit Honecker als ‹Trauzeuge›, sein Konterfei hängt in jedem Standesamt. Scheidungen gehören zum Leben wie Ehen mit (höchstens zwei) Kindern, mit den eigenen vier Wänden als Fluchtburg, mit engen, langwährenden und intensiven Freundschaften, mit dem gerade noch nötigen Engagement und mit bissigem Humor.

51

KLEINE UND GROSSE FLUCHTEN

Mit dem Bau des «Schutzwalls» 1961 war klar, daß Volk und Partei sich arrangieren mußten, daß beide gezwungen waren, miteinander auszukommen. Die Menschen konnten sich dem Regime nicht mehr entziehen, es war auch keine Kraft in Sicht, die eine grundlegende Veränderung der politischen Verhältnisse hätte bewirken können. Ihrerseits mußte sich auch die Parteiführung überlegen, wie sie in Zukunft mit den Menschen umzugehen gedachte. Nach verschiedenen Irrungen und Wirrungen hat sich ein gewisses DDR-internes Gleichgewicht eingependelt, das zwar nicht gerade von Begeisterung, wohl aber vom Grundsatz gekennzeichnet ist, daß sich beide Seiten nicht unnötig behelligen. Selbstverständlich kann das nur funktionieren, solange die DDRler den Grundbestand der geforderten Pflichten redlich erfüllen. Finden sie sich dazu bereit, werden sie gleichsam zur Belohnung in allem, was darüber hinausgeht, in Ruhe gelassen.

So ist etwa die Gesinnungsschnüffelei früherer Tage, als die Bespitzelung selbst privatester Äußerungen Hochkonjunktur hatte, vorbei – heute zeitigen unliebsame Auslassungen nur dann Nachteile, wenn sie öffentlich getan werden oder zu «staatsgefährdenden» Handlungen führen könnten. Auch die Geringschätzung der privaten Bedürfnisse ist dahin – in Walter Ulbrichts letztem Jahr (1971) etwa verfügten sechzig Prozent der Wohnungen weder über eine Innentoilette noch über Bad oder Dusche! «Wieviel Unglück brachte vielen Familien bei uns eine Wirtschaftspolitik, die den Wohnungsbau zeitweise sträflich vernachlässigte», so der Historiker Jürgen Kuczynski. Mit dem Wohnungsbauprogramm, das bis 1990 für alle DDRler erträgliche eigene vier Wände schaffen soll, ist der Kern des, wie Spötter es nennen, «Honeckerschen Konsumkommunismus» bezeichnet. Die Neubewertung des privaten Konsums kommt nicht zuletzt darin zum Ausdruck, daß alle Betriebe (selbst die Produktionsmittel produzierenden) verpflichtet sind, auch Konsumgüter herzustellen!

Beflügelt durch den neidisch beäugten Wohlstand im westlichen Nachbarland, wird die notgedrungen kleine Flucht in den Konsum massenhaft betrieben. Eigentlich ist es wirklich wie in der Bundesrepublik, nur daß man schwieriger an die Sachen herankommt, daß sie teurer und oft auch schlechter sind. Vater will nicht mehr so oft unter der Motorhaube wursteln, er bestellt das größere, hoffentlich zuverlässigere Auto. Mutter möchte nicht länger auf der Waschmaschine hocken, um sie beim Schleudern am Ort zu halten, und erwirbt das bessere Modell. Sohn gedenkt westliche Musiksendungen in bester Qualität mitzuschneiden und erhält die technisch anspruchsvollste Stereoanlage. Tochter fühlt sich durch die (oft wahrhaft abscheu-

Glück

lichen) heimischen Klamotten angeödet und bekommt schicke Sachen im modernsten Styling.

Datschenglück und Fernweh

Und die gesamte Familie benötigt natürlich unbedingt eine Datsche (Jargon für Wochenendhäuschen), am besten in Grün- und Wasserlage. Zur Wahl stehen die reine Erholungsstätte, die sich vor allem besserverdienende Leute anschaffen, oder der produktive Kleingarten, der einen förmlichen Boom erlebt. Im Verband der Kleingärtner, Siedler und Kleintierzüchter (VKSK – Motto: «Schöne, saubere und produktive Gärten!») sind 1,3 Millionen Menschen zusammengeschlossen; dieser Verband hat erreicht, daß ständig neue Anlagen erschlossen werden, daß der Verkauf des er-

mit kleinen Fehlern

zeugten Gemüses und Obstes wesentlich erleichtert und zudem besser bezahlt wird. Der Staat hat nämlich die bedeutende Versorgungsfunktion der Kleingärtner erkannt und fördert diese mehr und mehr. Jetzt dürfen sie sogar schon auf Wochenmärkten und direkt an den Einzelhandel verkaufen – im überzentralisierten Wirtschaftsgefüge eine kleine Sensation.

Aber für die Menschen steht nicht dieser Nebenerwerb im Vordergrund, so sehr sie sich auch über zusätzliche Hunderter oder Tausender freuen. Ihnen ist die Datsche ein Ort, an dem das Leben in einer freiwillig gewählten Gemeinschaft gepflegt werden kann. Familie und Verwandtschaft, Freundeskreis und Bekanntschaft, jeder lebt diese Bande so intensiv aus, wie es geht. Wer je in eine Feier gerät, wird ob des Besucherandrangs und der Ausmaße des Gelages ins Staunen geraten. Eine Datsche erlaubt Zwanglosigkeit und ermöglicht die Verwirklichung eigener Ideen. Als Hort der kleinen Freiheiten versinnbildlicht sie das Zurückweichen in kleine Gemeinschaften wie kaum etwas anderes.

Aber selbst die schönste Datsche, so sie denn im Lauf der Jahre einmal fertig werden sollte, was angesichts des Wettlaufes um das knappe Baumaterial nicht sicher ist, hat einen Zaun. Und die Welt beginnt bekanntlich erst jenseits der Zäune und Mauern, was sich auch in der DDR herumgesprochen hat. Titel eines Gemäldes von Wolfgang Mattheuer, das einen geflügelten Mann beim Startversuch im Schrebergarten zeigt: «Der Nachbar will fliegen». Ein erheblicher Teil der Menschen quält sich mit einem intensiven Fernweh herum, das natürlich nur selten gestillt werden kann. In der eigenen Republik ist schnell abgegrast, was interessant ist. Bleibt das Ausland. Dessen westlicher Teil kann nur von Rentnern oder, wenn überhaupt, bestenfalls von nur einem Familienmitglied besucht werden – damit der Anreiz des Wegbleibens vermindert wird. Bleibt noch der Rest der Welt, bestehend aus Osteuropa mitsamt dem asiatischen Teil der UdSSR sowie einigen exotischen Ländern, allen voran Kuba, aber auch die Mongolei, Vietnam oder Nordkorea.

Doch nur wer «NSW-Reisekader» ist (die Zulassung für Reisen ins nichtsozialistische Wirtschaftsgebiet hat), darf dort hin. Während die Inlandsreisen stark subventioniert und deshalb ungeheuer preiswert sind, muß für die enorm begehrten Auslandsreisen sehr viel mehr berappt werden. Außerdem bedarf es überall der staatlichen Genehmigung (Befürwortung durch vorgesetzte Dienststellen, Ausreiseerlaubnis, Visa), denn nur in die ČSSR können DDRler einfach so einreisen. Trotzdem nehmen viele alle Mühsal auf sich, um wenigstens einen kleinen Hauch des Dufts der großen weiten Welt zu schnuppern. Wer auf eigene Faust in die Ferne will, muß noch größere Nervereien auf sich nehmen. Dennoch gelingt es Jugendlichen immer wieder, ausgedehnte Tramptouren vor allem durch die UdSSR zu unternehmen. Nicht selten sind manche Monate unterwegs und streifen durch zahlreiche Republiken. Aber auch ihnen wird, wie

den meisten DDR-Auslandstouristen, außer den eher angenehmen Reiseerlebnissen gnadenlos eine depressiv stimmende Erfahrung beschert: Neben den Devisenbringern aus der Bundesrepublik sind sie selbst für die sozialistischen Brüder Reisende zweiter Klasse. Was manchen DDRler noch zusätzlich am Gehalt der ohnehin brüchigen «internationalen Solidarität» zweifeln läßt.
Manche beugen dieser Frustration vor, indem sie ihr Fernweh sozusagen in Trockenübungen stillen. Briefmarken spielen hier eine ganz große Rolle, obwohl der Tausch über Grenzen hinweg starken Beschränkungen unterliegt. Einfacher gestaltet sich da das Sammeln von Ansichtskarten aus aller Welt – vielreisende und schreiblustige Bekannte vorausgesetzt. Mit ihnen kaum vorstellbaren Eifer raffen die Spezis die Skyline von New York und den Hafen von Wladiwostok, die Prager Burg und eine mosambikanische Küstenlandschaft zusammen. Und geht es erst ans Tauschen, dann schlägt die Stunde der Wahrheit für manches Reiseziel: Zehnmal Moskau von allen Seiten für einmal Honolulu!

Glücksspiel gegen Langeweile

Ohne es zu wissen oder wahrhaben zu wollen, leiden die meisten DDRler an einer existentiellen Langeweile. Alles ist sicher, gesichert, versichert, sichergestellt. Der britische Journalist Timothy Garton Ash hat das einmal auf die Formel gebracht: «Der Sicherheitsgurt, nicht Hammer und Zirkel, ist das wirkliche Symbol dieses Staates.» Wo nichts Unvorhergesehenes, nichts Überraschendes, nichts Verrücktes geschieht, gar nicht geschehen kann, muß der Verlust dieses wichtigen Lebensmomentes kompensiert werden. Auf die Frage, warum in Ostberlin etwa zehn bis fünfzehn Prozent der U-Bahn-Passagiere schwarzfahren (Fahrpreis: 20 Pfennige), gab ein Oberverkehrsmeister der «Berliner Zeitung» folgende Antwort: «Nötig hat es gewiß niemand. Bei den meisten ist es wohl Abenteuerlust. Die Spannung, erwischt zu werden oder nicht, reizt anscheinend.» Nur am Rande sei erwähnt, daß an der Spitze der berufstätigen Schwarzfahrer die ... Ökonomen stehen!
Bleibt noch als kleinste Flucht, bevor wir zu denen mit schädlichen Nachwirkungen kommen, das Glücksspiel. Ganze fünf Monate nach dem Aufstand vom 17. Juni 1953, genau am 23. November 1953, wurde in der DDR das Lotto eingeführt. Mittlerweile verdient der Staat so gut daran, daß er sich ständig neue Spielarten ausdenkt. Ob «Tele-Lotto», «5 aus 90» (vor kurzem eingestellt), «6 aus 49», «5 aus 45», Fußballtoto, «Fortuna-Expreß» (eine Losbrief-Lotterie) oder Sachlotterien zu verschiedenen Anlässen – erlaubt ist alles, was dem Staat Geld bringt. Selbst die Wettbüros an den Pferderennbahnen machen gute Kasse. Ideologische Bauchschmerzen gab es, aber nur kurzzeitig, hatte man doch die vorherige Eröffnung des Lottos in der Bundesrepublik heftigst kritisiert. Da Einkünfte ohne Arbeit im Resozismus als unschicklich gelten, ist der Höchstgewinn, bisher überhaupt nur zweimal erzielt, auf 500 000 Mark begrenzt. Im übri-

Aber bitte mit Sahne!

gen beruhigt man sich damit, was ein Lotteriedirektor so formulierte: «Ganz selten will einer aufhören zu arbeiten – und wenn, fängt er nach kurzer Zeit wieder an.»

Wer Gelegenheit hat, sehe sich mittwochs und sonntags die Ziehung im «Tele-Lotto» an – so richtig schön altbacken, wie die Kugel rollt und rollt und schließlich ein ... numeriertes Plättchen umwirft. Ab und an sagen sich DDRler, was der Staat darf, dürfen wir auch – und veranstalten illegale Glücksspiele. So manche Wohnung und so manches Hinterzimmer einer Kneipe wird zum Salon umfunktioniert – bis die Sache auffliegt. Dann aber hagelt es lange Knastaufenthalte und hohe Geldbußen. Was der Staat darf, darf halt noch lange nicht jeder.

Flucht zum Glas

Auch beim Alkohol ist der Staat mit von der Partie. In besonders lobenswerter Hinsicht beim Bier, ordnet er dies doch schlankweg den Grundnahrungsmitteln zu, um den Bierpreis subventionieren zu können. Was die DDRler aber auch nicht mehr als die BRDler trinken läßt; seit Jahren liefern sich die beiden Deutschländer ein Kopf-an-Kopf-Rennen um die Weltrekordmarken im Biertrinken. Nur die Belgier und die Tschechoslowaken mischen da noch ganz vorne mit. Eigentlich wollte die DDR-Führung mit dem herabgedrückten Bierpreis ja die Leute von den harten Sachen weglocken. Der geschickt eingefädelte Plan ging jedoch, wie so viele Pläne, nicht auf – da Bier allein nicht mundet, wuchs mit steigendem Bierkonsum auch der Genuß von Korn und Kümmel, von Wodka und Wein. Was der Staat mit einem lachenden Auge sieht, denn gerade diese Spirituosen hatte er fürchterlich teuer gemacht – und nun fließt ihm das Geld nur so zu.

Aber im Ernst. Die Flucht zum Glas ist mittlerweile so häufig und intensiv, daß reichlich Anlaß zur Besorgnis gegeben ist. Jahr für Jahr werden mehr Alkoholiker gezählt, Jahr für Jahr wird der Trunksucht «energischer Kampf» angekündigt – ohne sichtbaren Erfolg. Anfang 1985 gestand die Fachzeitschrift «Das deutsche Gesundheitswesen» gar ein, daß die vorhandenen Behandlungseinrichtungen nicht mehr ausreichen, ein Ausbau sei dringend erforderlich. Vorläufig weiß man sich jedoch nur mit Randmaßnahmen zu helfen. So muß, wer infolge reichlichen Alkoholgenusses medizinische Hilfe in Anspruch nimmt, statt bisher 25 oder 40 jetzt

95 Mark bezahlen; für die Säuberung von Krankenwagen oder Räumen müssen statt bisher 10 nunmehr 45 Mark berappt werden. Alles aus eigener Tasche übrigens – die Krankenkassen zahlen da nichts!
Doch nicht nur der Alkohol muß zur Kompensation herhalten, auch die Freßwelle gehört in diesen Zusammenhang – im wortwörtlichen Sinn fressen die DDRler vieles in sich hinein, auch den großen Frust. Was zwangsläufig zu Ausbrüchen führt, in denen sich das Angestaute Bahn bricht. Die zahlreichen Erscheinungsformen der Kriminalität, die entgegen den Statistiken der letzten Jahre in beharrlichem Anstieg begriffen ist (aber immer noch weit unter der der BRD liegt), insbesondere unter Jugendlichen, beunruhigen viele Menschen. Im Vordergrund stehen Eigentumsdelikte, Verkehrsvergehen, Rowdytum und Körperverletzungen. Insbesondere bei der ersten Deliktgruppe, wo viele Menschen, die an irgendeiner Quelle sitzen, in Versuchung geführt werden, sind Schäden von Hunderttausenden von Mark keine Seltenheit!
Aber auch die Selbstmordrate macht den DDR-Oberen so viel Sorge, daß sie die Zahlen zum Staatsgeheimnis erklären. Nach Schätzungen der Weltgesundheitsorganisation hat die DDR in dieser traurigen Hinsicht wahrlich Weltniveau erreicht. Selbst die DDR-internen Statistiken werden, wie Insider zu berichten wußten, so «reklassifiziert», daß Suizide einfach bei «Toden durch alle sonstigen Gewalteinwirkungen» oder bei natürlichen Todesursachen versteckt werden.

Die große Flucht

So sehr sich die führenden Köpfe der DDR in die Tasche lügen, über eines können sie einfach nicht hinwegsehen. Diejenigen Menschen nämlich, die ihre Unzufriedenheit nicht gegen sich selbst richten, sondern leben wollen, haben zu Hunderttausenden die große Flucht im Sinn – die Ausreise in den Westen. Hunderte sind es nur noch, die an den Grenzen der DDR, der ČSSR, Ungarns, Bulgariens, Rumäniens oder Jugoslawiens ihr Leben aufs Spiel setzen – der Eiserne Vorhang ist zwar weniger grausam, aber nicht einfacher überwindbar geworden. Zwischen 300 000 und 500 000 Ausreiseanträge sind anhängig, fast 40 000 Menschen konnten im Überraschungsjahr 1984 der DDR legal den Rücken kehren. Eine fast schon makabre Symbolik lag über dem 7. Oktober 1984: Während in Ostberlin mit großem Zeremoniell der 35. Jahrestag der Staatsgründung gefeiert wurde, besetzten etwa hundert DDRler die Prager Botschaft der Bundesrepublik, um ihre Ausreise dorthin zu erzwingen.
Wie bezeichnend ist es, daß lediglich führende Männer der Kirchen wenigstens Versuche von Überzeugungsarbeit leisteten, um die Menschen zum Bleiben zu bewegen. «Wir brauchen als Menschen in der DDR dringend Erfahrungen mit dem Versuch, unser Leben von seinen positiven Seiten her zu deuten, statt es ständig wegen seiner negativen Begleiterscheinungen zu beklagen», so benannte ein Theologe das Problem. Geradezu armselig nimmt sich dagegen das aus, was Partei- und Staatsführung

Mitte der Achtziger in Ostberlin

an Argumenten zu bieten hatten: «Über 20 000 Ehemalige wollen zurück», unter dieser Schlagzeile nannte das ND am 6. März 1985 etwa 80 Personen und Familien namentlich, die angeblich zurück in die DDR wollten. Tenor: «Sie bereut, daß sie die DDR verlassen hat.» Am 7. März meldete ND, Rückkehranträge von Familien mit Kindern würden mit Vorrang behandelt. Tags darauf ließ ND Volkes Stimme zu Wort kommen: «Die DDR ist kein Wartesaal, in den man kommen und gehen kann, wie es einem beliebt.» – «Wer den Sozialismus verrät, muß sich gefallen lassen, genau kontrolliert zu werden.» – «Sozialismus ist keine Versicherungsanstalt für Glücksritter.»

Letzte Abhilfe: Im «sozialistischen Wettbewerb» ringen Stasi-Abteilungen und Betriebe darum, in ihrem Bereich die Quote der Ausreiseanträge um mutmaßlich zehn Prozent zu verringern. Welche Überzeugungskünste da Anwendung finden werden, kann man sich unschwer vorstellen. Wie schrieb doch ein DDR-Schulkind in einer klassischen Fehlleistung mit wahrem Kern: Sozialismuß ...

GESELLSCHAFT MIT ERHOBENEM ZEIGEFINGER

Wir hatten es eilig, marxlob stand da gerade ein Taxi. Einer sprang gleich zum Fahrer rein, der andere öffnete die Kofferraumhaube und verstaute das Gepäck. Und ab ging die Post, nach einer Viertelstunde waren wir da. Eigentlich wollten wir ja bezahlen, doch der werte Kollege Taxifahrer hielt uns erst einmal eine mehrminütige Gardinenpredigt. Thema: Unbefugtes Öffnen einer fremden Kofferraumhaube.

«Wie aus einer Autowäsche eine Kopfwäsche werden kann, das mußte unser Leser Klaus S. erleben. Als Kunde beim ‹Autowaschbär› an der Jannowitzbrücke macht er gern von dem zeitsparenden Service Gebrauch. Allerdings war er seit einiger Zeit mit der ausgeführten Leistung nicht zufrieden, und das brachte er auch mit einer Eintragung ins Schichtbuch zum Ausdruck. Das Recht dazu hat jeder Kunde, glaubte er jedenfalls – aber denkste! Eine schriftliche Erklärung, sprich ‹Belehrung›, vom Betriebsdirektor des Auto Service Berlin gab Herrn S. zu verstehen, ‹daß er als Kunde nicht in der Lage war, ein normal verschmutztes Auto zur Wäsche zu führen›. Diese Antwort hat sich allerdings gewaschen...» So berichtete es die Ost-«Berliner Zeitung» am 11. Juni 1985.

Träte im «Heiteren Beruferaten» (dessen Moderator «Lembke heißt, ein bebrillter Penner, der vier andere Penner raten läßt, was noch ein anderer Penner für einen Beruf hat, Knopfmacher zum Beispiel oder Rollmopsdreherin» – so Gittie in Rolf Schneiders «Reise nach Jarosław»), also träte dort jemand auf, der stellvertretend für die gesamte DDR die typische Handbewegung tätigen müßte, es könnte und dürfte nichts anderes sein als das Erheben des Zeigefingers! Da kann es natürlich nicht ausbleiben, daß sich auch die bildende Kunst der Sache annimmt. Im Juli 1985 war im Rahmen einer Ostberliner Ausstellung ein Werk von Eva Kosak präsentiert. Titel: «Zum Tag des Lehrers». Aus einem Blumentopf erhebt sich eine Faust, stachlig wie ein Kaktus, umrahmt von zwei verlorenen Blümchen. Was allein ragt nach oben? Natürlich...

An jedem Ort, zu jeder Zeit, bei jeder Gelegenheit – ein wahrer Ozean an «Belehrungen» (heißt meist wirklich so) ergießt sich über

Jedem das Seine

den unbedarften DDR-Neuling. Schon an der Grenze geht's los: Vor irgendwelchen Abfertigungsschaltern stehen irgendwelche Schilder, auf denen «Weiterfahrt nach Aufforderung» steht. Fast jeder fährt erst einmal dran vorbei und hält am Schalter. Da hat er aber was angerichtet, denn auf dem Fuße folgen entweder eindeutige Handbewegungen, ein freundlicher Hinweis oder ... die «Belehrung». Etwa nach diesem Muster: Haben Sie das Schild nicht gesehen? Dort steht «Weiterfahrt nach Aufforderung». Hat Sie jemand aufgefordert? Na, sehen Sie. Also, zurücksetzen!

Ohne Fehl und Tadel

Bevor der Reisende überhaupt richtig im Land ist, hat er schon die erste Kopfwäsche hinter sich. Und es wird nicht das letzte Mal gewesen sein. Dabei ist das Belehrungsunwesen wahrlich nicht auf Ordnungshüter beschränkt – jeder belehrt jeden. «Es ist das erklärte Grundanliegen des Sozialismus, ein neues Menschenbild zu begründen und zu verwirklichen!» Was Walter Ulbricht 1968 proklamierte, hat offenbar wenig Anklang bei den Betroffenen gefunden. Nach wie vor kommt der stets hilfsbereite, sich aufopfernde, von Optimismus erfüllte, pflichtbewußte Mensch nur in schlauen Abhandlungen vor – im Alltagsleben jedenfalls ist diese neue Spezies nicht anzutreffen. Es wäre allerdings ein Trugschluß, in der DDR eine ähnliche Erbarmungslosigkeit und Kaltschnäuzigkeit zu erwarten, wie wir sie aus der Bundesrepublik kennen. Gehen bei uns die Menschen achtlos an Betrunkenen, vielleicht auch Zusammengebrochenen vorbei, brechen sie sich in Schlangen oder im Verkehr fast schon brutal Bahn, so ist ähnliches in der DDR unvorstellbar. Der Zug des Rabiaten fehlt (wenn man mal manche «staatlichen Organe» außer acht läßt), aber die kleinen Verfehlungen sind drüben genauso häufig wie anderswo. Sie fallen sogar noch mehr ins Auge, weil eben die ganze offizielle Ideologie den (synthetischen) Menschen ohne Fehl und Tadel propagiert.

Das zieht sich durch die gesamte Geschichte der DDR. Erster Höhepunkt waren die von Walter Ulbricht 1958 verkündeten «Zehn Gebote der sozialistischen Moral» (heißt so). Kostproben: «2. Du sollst Dein Vaterland lieben und stets bereit sein, Deine ganze Kraft und Fähigkeit für die Verteidigung der Arbeiter-und-Bauernmacht einzusetzen.» – «4. Du sollst gute Taten für den Sozialismus vollbringen, denn der Sozialismus führt zu einem besseren Leben für alle Werktätigen.» – «7. Du sollst nach Verbesserung Deiner Leistungen streben, sparsam sein und die sozialistische Arbeitsdisziplin festigen.» – «8. Du sollst Deine Kinder im Geiste des Friedens und des Sozialismus zu allseitig gebildeten, charakterfesten und körperlich gestählten Menschen erziehen.» – «9. Du sollst sauber und anständig leben und Deine Familie achten.»

Wenn es für die Menschen damals nicht so ernst gewesen wäre, dem Vernehmen nach mußten Schüler diese «Gebote» tatsächlich auswendig lernen, könnte man nur den Kopf schütteln. Leider steht aber hinter dem Belehrungsunwe-

Immer in Sorge

sen ein Grundübel des Resozismus. Bereits in den ersten Jahren der Nachkriegs-KPD schälte sich heraus, was später zur Grundüberzeugung aller Kommunisten werden sollte: Der Mensch ist nicht grundsätzlich gut, außerdem hat er nicht das richtige Bewußtsein. Deshalb muß er ständig und überall erzogen werden. 1949 kleidete Louis Fürnberg dieses Prinzip in Worte und Noten, die «Parteihymne» entstand. Die erste Strophe geht so:

«Sie hat uns alles gegeben,
Sonne und Wind, und sie geizte nie,
und wo sie war, war das Leben,
und was wir sind, sind wir durch sie.
Sie hat uns niemals verlassen,
wenn die Welt fast erfror, war uns warm.
Uns führte die Mutter der Massen,
es trug uns ihr mächtiger Arm.
Die Partei, die Partei,
die hat immer recht,
Genossen, es bleibt dabei!

Denn wer für das Recht kämpft,
hat immer recht gegen Lüge und Heuchelei!
Wer das Leben beleidigt,
ist immer schlecht.
Wer die Menschheit verteidigt,
hat immer recht,
denn aus Leninschem Geist wächst,
von Stalin geschweißt,
die Partei, die Partei,
die Partei, die Partei!»

Zusatzbemerkung: 1956, nachdem Chruschtschow den Stalinschen Personenkult verurteilt hatte, wurde Stalin rasch durch Lenin ersetzt.
Natürlich hat man diese martialische Lobhudelei zugunsten weniger plumper Methoden aufgegeben – doch an den Grundsätzen hat sich nichts geändert. Die Partei, genauer der «Rat der Götter» (Jargon für die engere Führungsspitze), versteht sich als Alleineigentümer von Wahrheit und Weisheit. Was insofern berechtigt ist, als nur hier tatsächlich alle Informationen zu-

sammenlaufen. Für eine moderne Industriegesellschaft auf dem Weg ins nächste Jahrtausend ist es eigentlich ein Anachronismus, aber dennoch traurige Realität – wirklich Bescheid weiß niemand außer Politbüro und ZK. Obwohl auch hier gewiß Lageberichte verwendet werden, die auf dem Dienstweg nach oben wundersame Wandlungen zum Positiven hin erfahren haben.

So gut DDRler über den Westen und insbesondere die Bundesrepublik informiert sind, so dürftig sind ihre Kenntnisse über das eigene Land. Zwar hört man dieses und jenes, zwar kriegt man von fast allem etwas mit – doch wirklich exakte und verläßliche Angaben sind wie die berühmte Stecknadel. Die Menschen haben es längst aufgegeben, sich um zuverlässige Auskünfte zu bemühen, werden sie doch von den zuständigen Stellen in der Regel wie kleine Kinder abgefertigt und abgekanzelt. Ein sehr, sehr dickes Fell muß haben, wer es immer wieder versucht. Bleibt also neben den Westmedien nur die Flüsterpropaganda als Auskunftsquelle, und dementsprechend ungenügend ist die informationelle Mündigkeit der meisten DDRler.

Den Schein wahren

Daß die Menschen kaum etwas selbst entscheiden können, gehört zu den Grundüberzeugungen der Partei. Weshalb sie auch überhaupt kein schlechtes Gewissen dabei hat, ihre Bevölkerung bis zur Lächerlichkeit zu bevormunden und zu reglementieren. Alle, aber auch wirklich alle Lebensbereiche sind irgendwelchen Direktiven, Vorschriften, Anordnungen, Bestimmungen, Leitsätzen oder sonstigen Geboten unterworfen. Wer etwa glaubt, bei den häufigen Demonstrationen könne man einfach so teilnehmen, der geht gehörig fehl. Tags zuvor veröffentlichen die Zeitungen den «Aufmarschplan», der genau festlegt, wer wo «zur Spalierbildung Aufstellung nimmt», wer auf welchen «Stellplatz» und in welche «Marschsäule» gehört, wo die «Spitze» zu stehen hat, wann die «Abmarschzeit» ist. Bei besonders wichtigen Dingen wird sogar vorher geübt, wann und wie «begeistert gewinkt» wird.

Wer regiert in der DDR? Die Partei und ... der Schein. Denn die ewige Gängelung führt dazu, daß die Menschen nur äußerlich alles in Übereinstimmung mit den Geboten bringen. Wie's wirklich ausschaut, steht auf einem ganz anderen Blatt. Jeder weiß davon und versteht, den Schein zu wahren, aber trotzdem das Gewünschte zu realisieren. Ob es die schwarz gebaute Datsche ist, die als Geräteschuppen deklariert wird, ob es das Umgehen der festgesetzten Schätzpreise für gebrauchte Autos oder Eigenheime ist – die List der Beherrschten ist oft atemberaubend. Aber sie reagiert nur. Sie stellt sich zwar immer wieder auf die neuen Gegebenheiten ein, die Fakten aber setzt sie nicht.

Das tut die Macht der Herrschenden, und diese hat in mittlerweile vier Jahrzehnten ihre Spuren hinterlassen. DDRlern ist das Gefühl ihrer eigenen Unmündigkeit so nachhaltig und so unablässig eingeimpft worden, daß es in ihre Hinterköpfe abgesunken ist. Wer je bei Verkehrsübertretungen ertappte DDRler miterlebt, schaue genau hin. Mit einer Eil- und Bußfertigkeit sondergleichen nehmen sie Belehrungen, Ermahnungen, Strafen entgegen, mit gesenktem Blick beteuern sie inbrünstig, derartige Verfehlungen nie wieder begehen zu wollen! Und das, obwohl gerade Polizisten im Volksmund eher als minderbemittelt gelten. Aber sie haben halt die Macht in Händen – was DDRler immer gefügig werden läßt.

Ärger mit Obrigkeiten

Seit wenigen Jahren zeigt sich diese Macht nicht mehr ganz so unverhüllt, sie bekommt nach und nach ein paar Kleidungsstücke angepappt. Im März 1985 empfahl der Staatsrat den örtlichen Volksvertretungen, «konsequent und ohne Ansehen der Person gegen bürokratisches und herzloses Verhalten einzelner Leiter oder Mitarbeiter staatlicher Organe, gegen leichtfertige und nicht eingelöste Zusagen und gegen ein Abschieben der Verantwortung vorzugehen». Im Juli 1985 legte die Volkskammer in einem Gesetz noch eins drauf: «Der gewissenhafte Umgang mit den Vorschlägen, Hinweisen, Anliegen und Beschwerden der Bürger gehört zu den grundlegenden Erfordernissen sozialistischer Kommunalpolitik.» Ziel dieser Absichten: Das Wohlbefinden der Bürger soll gesteigert werden.

Was immerhin indirekt belegt, daß es sowohl «herzloses» Verhalten, was hinreichend bekannt ist, als auch Eingaben der Bürger gibt, was vergleichsweise neu ist. Daß die Menschen sich ihrer Rechte bewußt sind und auf diesen beharren, ist immer noch selten. Bausoldaten und Ausreisewillige, Hausbesetzer und Oppositionelle – sie müssen sich, notgedrungen, über ihre Rechte im klaren sein. Aber ansonsten sind DDRler im Alltagsleben der Obrigkeit gegenüber nicht gerade selbstbewußt, sie trumpfen nicht auf gegen unberechtigte Ermahnungen, sie stecken meist ein. Was sie nicht hindert, hinterher gehörig Dampf abzulassen und auch schon mal den starken Mann zu markieren. Wie groß der Nachholbedarf an Wissen um die eigenen Rechte ist, veranschaulicht eine kleine Begebenheit von der 1985er Friedenswerkstatt, auf der sich die gesamte ‹Gegenbewegung› der DDR die Ehre gab. Was ging dort weg wie warme Semmeln? Gesetzesblätter der DDR.

Als Bundesbürger, der Ärger mit Obrigkeiten gewohnt ist und auch schon mal Widerworte gibt, wird man sich drüben etwas umstellen müssen. Wichtigster Grundsatz: Wer irgendwo tief drinsteckt, dem hilft nur, ja und amen zu sagen. Beispiel: Wird man wegen Geschwindigkeitsübertretung zur Kasse gebeten (Strafen sind übrigens in DM zu zahlen!), hat es wenig Zweck aufzumucken. Damit reitet man sich nur noch weiter hinein – was letztlich immer teurer wird. Ist das Kind bereits in den Brunnen gefallen, lasse jeder mit einsilbiger Korrektheit alles über sich ergehen. Bei allen anderen Anlässen jedoch verhalte man sich wie sonst auch. Natürlich wird so mancher Taxifahrer, Waschanlagendirektor oder Polizist sich ob des ungewohnten Widerspruchs zu verstärkter Belehrung veranlaßt sehen – doch das läßt sich durchstehen!

ERSATZRELIGION ANTIFASCHISMUS

Nur ein kleines Beispiel, gewiß – aber nicht untypisch: Im Ostberliner Neubaustadtteil Marzahn mußten die aus dem Boden gestampften Viertel mit neuen Straßennamen bedacht werden. Man einigte sich auf bisher in der Stadt unberücksichtigte DDR-Prominenz als Namenspaten. So gibt es in Marzahn eine Bruno-Leuschner-Straße, eine Otto-Winzer-Straße, eine Erich-Glückauf-Straße, eine Otto-Buchwitz-Straße... und eine Henneckestraße. Hintergrund: Der Arbeiter Hennecke war am 13. Oktober 1948 mit einer sorgfältig vorbereiteten Normleistung von 387 Prozent von der SED zum Initiator des «sozialistischen Wettbewerbs» gemacht worden. Weshalb seine Straße nur den Nachnamen aufweist? Hennecke hieß mit Vornamen Adolf.

Auch die DDR hat offensichtlich Schwierigkeiten, mit der gesamtdeutschen Vergangenheit umzugehen. Obwohl doch eigentlich nach dem offiziellen Selbstverständnis alles klar sein müßte. «Die im Oktober 1949 gegründete Deutsche Demokratische Republik bekannte sich von ihrer ersten Stunde an zum Erbe der Millionen Opfer des barbarischen Hitlerkriegs und des antifaschistischen Widerstandes (...) Die Deutsche Demokratische Republik ist der rechtmäßige Erbe und Fortsetzer des Werkes der Besten des deutschen Volkes, die seit jeher für Humanismus, Frieden und Fortschritt eingetreten sind. Dieser Staat ist Träger und Vollender des Vermächtnisses des antifaschistischen Widerstands.» So ist es in einer 1985 veröffentlichten Hochglanzbroschüre zu lesen.

Der Titel dieser Broschüre bringt die Problematik auf eine Kurzformel: «Erfülltes Vermächtnis». Nicht nur, daß die DDR den Antifaschismus fortführt und vollendet; im Gedenkjahr 1985 wurde überdeutlich, daß die DDR 1945, obgleich noch gar nicht existent, gleichsam mitgesiegt hat. Ihre führenden Köpfe waren natürlich zumeist Widerstandskämpfer, die, entweder an ihrer Seite kämpfend oder in deutschen Kerkern sitzend, den Sieg der Roten Armee als wahrhafte Befreiung empfinden mußten. Doch im Laufe der Jahre wurden aus den damals verschwindend wenigen Widerstandskämpfern mehr und mehr – heute erscheinen alle die, die 1945 nicht zu den Antifaschisten zählten, wie «Wesen von einem fremden Stern», so der Literat Jurek Becker. Da ist es nur folgerichtig, wenn das ND am 18. April 1985 von einer Konferenz berichtet: «Das Volk der DDR gehöre zu den Siegern der Geschichte und begehe den 8. Mai als seinen Feiertag.» (Der Vollständigkeit halber sei erwähnt, daß die DDR-Bürger den 8. Mai nur im Jahr 1985 als arbeitsfreien Tag genießen konnten.)

Antifaschismus hat im anderen Deutschland einen enormen Stellenwert – wie ein roter Faden durchzieht er das öffentliche Le-

Buchenwald-Denkmal von Fritz Cremer

ben und die politische Landschaft. Die positive Seite liegt darin, daß offen und ausführlich über die Greueltaten des Faschismus informiert wird. Nichts wird beschönigt, nichts wird verharmlost, nichts wird weggelassen. In der Schule gehört die Aufklärung über die nazistischen Massenmorde zu den Themen, die ganz obenan stehen. Schon zehn- oder zwölfjährige Schüler besichtigen die Gedenkstätten der ehemaligen Konzentrationslager. Mit dieser Seite des Antifaschismus, die sich wohltuend vom kärglichen Wissensstand in der Bundesrepublik unterscheidet, geht allerdings eine fürchterlich platte und primitive Erklärung des Faschismus einher.

Sie läßt sich in einem einzigen Satz zusammenfassen: Das deutsche Monopolkapital nahm sich vor, ganz Europa zu unterjochen; also erteilte es den entsprechenden Auftrag an die Nazis mit Adolf Hitler an der Spitze. Aus allen für die breitere Öffentlichkeit bestimmten Informationsmaterialien schlägt einem diese geistige Flachheit entgegen. Die Millionen Wähler der NSDAP müssen folglich als «Getäuschte und Betrogene» bezeichnet werden, manchmal gar als Verführte. Die Niederlage im Zweiten Weltkrieg bedeutet demzufolge nichts anderes, als daß «auch unser Volk von der braunen Pest befreit» wurde, so Erich Honecker 1984 – ein Satz, der Westlern merkwürdig bekannt vorkommt, erklären sich doch auch konservative Kreise so den Faschismus.

Auf diesen Ansichten fußend, kann die offizielle Ideologie so tun, als gebe es eine ungebrochene

Kontinuität zwischen dem Beginn der dreißiger Jahre und heute, personifiziert in den Spanienkämpfern, in den im Herrschaftsgebiet der Nazis wirkenden Widerstandskämpfern, in den exilierten Antifaschisten. Und zu diesen zählen tatsächlich sehr viele der «führenden Persönlichkeiten» der DDR – allen voran Erich Honecker, der von 1935 bis 1945 eingekerkert war. Sie alle stehen im Mittelpunkt einer regelrechten Mythenbildung, die gleichsam als Nebenprodukt staatliche Vergünstigungen und Auszeichnungen mit sich bringt. Die DDR-Oberen haben schon frühzeitig erkannt, daß der Antifaschismus der Bereich ist, aus dem sie noch am ehesten eine Legitimation für das System ableiten können.

Da paßt es ihnen gar nicht ins Bild, daß die neuformierte KPD in ihrem Gründungsaufruf von 1945 folgendes bekannte: «Wir deutschen Kommunisten erklären, daß auch wir uns schuldig fühlen, indem wir es trotz der Blutopfer unserer besten Kämpfer infolge einer Reihe unserer Fehler nicht vermocht haben, die antifaschistische Einheit der Arbeiter, Bauern und Intelligenz entgegen allen Widersachern zu schmieden, im werktätigen Volk die Kräfte für den Sturz Hitlers zu sammeln, in den erfolgreichen Kampf zu führen und jene Lage zu vermeiden, in der das deutsche Volk geschichtlich versagte.»

Weggeschobene Vergangenheit

Heute können wir es kaum noch glauben, aber unzählige Zeitzeugen haben es immer wieder bekundet. In der Nachkriegszeit herrschte bei denen, die durch die Niederlage des Faschismus nicht in Verzweiflung oder Apathie gestürzt waren, eine vehemente antifaschistische Aufbruchsstimmung vor. Der damalige Zeitgeist drängte die zu Aktivitäten fähigen Menschen in Richtung eines radikalen Neubeginns, der Wurzeln und Grundlagen von Faschismus und Militarismus ein für allemal beseitigen sollte. Davon zehrte die SBZ/DDR ganz erheblich: Bis weit in die fünfziger Jahre kamen aus aller Welt Deutsche dorthin, um an diesem Vorhaben mitzuwirken. Eine Art Bonus war es, der den Führern von KPD und SPD, dann der SED, von erheblichen Teilen der Bevölkerung entgegengebracht wurde.

Im Laufe der Jahre und Jahrzehnte nützte sich dieser Torso von Legitimität allerdings erheblich ab, die Bastion Antifaschismus konnte die Unbeliebtheit der herrschenden Politik immer weniger aufwiegen. Erst Erich Honecker, sein Vorgänger Walter Ulbricht hatte ‹nur› von 1930 bis 1932 im Zuchthaus gesessen, mußte kommen, damit Partei und Staat mit einer gezielten und umfassenden Strategie das allerletzte innergesellschaftliche Bindemittel wiederbeleben und zu einer Ersatzreligion aufbauen konnten. Seitdem wimmelt es nur so von Redewendungen wie «heilige Pflicht», «erstes Gebot», «Eid» und «Schwur». Mit ungeheurem Aufwand wird der Antifaschismus gepflegt und beschworen, und zum Teil zeigt sich diese ideologische Krücke tatsächlich tragfähig. Doch bedeutet das noch lange nicht, daß die Vergangenheit da-

mit bewältigt wäre. Zwar sind rigoros alle aktiven Nazis und Kriegsverbrecher gerichtlich verfolgt, aus dem Staatsdienst entfernt und enteignet worden. Bis heute sind knapp 13 000 Menschen in der DDR «wegen ihrer faschistischen Untaten» verurteilt, 520 000 Menschen sind aus den Behörden entfernt, 9281 Unternehmen und über 11 000 landwirtschaftliche Betriebe sind enteignet worden. Da aber die Menschen, die den Faschismus getragen hatten, nicht über Nacht vom Erdboden verschwanden (höchstens in die westlichen Besatzungszonen), ließen SED und SMAD 1948 ein politisches Auffangbecken für Ex-Nazis gründen (den anderen Parteien war damals untersagt, sie als Mitglieder aufzunehmen): die National-Demokratische Partei Deutschlands. Eine der ersten Forderungen der unter maßgeblichem SED-Einfluß stehenden NDPD war, die Diskriminierung der kleinen Parteigenossen der NSDAP sofort zu beenden. (So konnten beispielsweise jüngere Nazi-Mitläufer nach gründlicher Entnazifizierung Lehrer werden.) Allerdings blieb dies die einzige konkrete Handlung von SED und Staatsapparat, die sich an die Ex- und Noch-Nazis richtete. Ein DDR-Bürger brachte dem «Stern» gegenüber die geistige Funkstille in Sachen Vergangenheitsbewältigung auf den Punkt: «Was alle seit dem Kriegsende gelernt haben, waren die Daten des Nazismus, waren Reichstagsbrand, waren Kristallnacht, waren Kommunistenhatz und Judenverfolgung, waren Konzentrationslager und Gaskammern. Aber wir lernten es mit dem unausgesprochenen Verständnis, daß Urheber der Grausamkeiten die Väter der Westdeutschen waren – nicht unsere Väter.» Was jeder Westdeutsche beim Besuch eines ehemaligen Konzentrationslagers in der DDR oder in Polen mit Befremden zur Kenntnis nehmen muß: Während junge Bundesbürger spüren, wie sich ihnen im Angesicht der Untaten der Hals förmlich zuschnürt, tun DDRler wirklich so, als hätten sie mit den Greueln nicht das geringste zu tun.
Bei politisch interessierten und historisch sensiblen DDRlern führte diese Nichtbeschäftigung mit den sozialen und psychologischen Dimensionen des Faschismus zu eigentümlichen Erlebnissen. Jürgen Fuchs, seit 1977 im Westen, schildert seine Reaktion bei der Lektüre des Buches «LTI» von Victor Klemperer (das in eindrucksvoller Weise die Sprache des Dritten Reiches, lingua tertii imperii – LTI, analysiert): «Es war das Erschrecken über die eigene Sprache. Klemperers Buch erschütterte ideologische Gewißheiten und setzte Zweifel und Ängste frei . . . Ein Tabu wurde verletzt: Der real existierende Sozialismus ist das Gegenteil des Nationalsozialismus!» Die Vielzahl der Parallelen zwischen LTI und der DDR-Sprache brachte Fuchs zu der bangen Frage: «Lebte ich im ‹Vierten Reich›?»
Eine Frage, die für viele Westler längst entschieden ist; vor allem ältere Bundesbürger bewältigen ihre nichtbewältigte Vergangenheit dadurch, daß sie auf Grund äußerlich sichtbarer Analogien wie Paradeschritt, Massenaufmärsche oder Repressionen die DDR als Fortsetzung des Faschismus,

bloß unter einem anderen Banner, betrachten. Ein häufig gebrauchtes Argument ist die Tatsache, daß nach 1945 die ehemaligen Konzentrationslager Buchenwald und Sachsenhausen insbesondere von der sowjetischen Geheimpolizei MWD als Internierungslager zunächst für Nazis, bald aber als Haftanstalt für Gegner des staatssozialistischen Kurses benutzt wurden. Mehr als 150 000 Menschen waren hier unter elenden Bedingungen zusammengepfercht, etwa ein Drittel der Insassen starb (darunter Heinrich George 1946 in Sachsenhausen), ein Fünftel wurde gar in die Sowjetunion deportiert. Wer dies als Beleg für Kontinuität werten will, übersieht jedoch, daß alle Alliierten den Plan der sofortigen Weiternutzung der KZs gemeinsam gefaßt und auch einige Monate vor Kriegsende angekündigt hatten. Für die Nachgeborenen ist natürlich leicht zu durchschauen, daß diese Auffassung eine Entlastungsfunktion erfüllt. Leider findet sie insbesondere unter denen, die so gut wie nichts über die DDR wissen, immer wieder neue Anhänger. Und weitere Vertreter dieser Meinung schafft sich die DDR selbst – in ihren Haftanstalten, durch die übermäßig brutale und schikanöse Behandlung unliebsamer Insassen. «Da rutscht der ab, der den real existierenden Sozialismus in seiner pervertiertesten Form kennengelernt hat, aus einem Linken wird ein Rechter, aus einem Konservativen ein Faschist», so der knasterfahrene Erich Loest, der mittlerweile auch in der Bundesrepublik lebt.

Brüche im Antifa-Mythos

Daß dieser Erich Loest in dem Roman «Es geht seinen Gang» seine Hauptfigur einem Vater, der den Sohn zwecks Schwimmübungen immer wieder ins Wasser stößt, entgegenbrüllen läßt «Sie gottverdammter Faschist!», war schon ein starkes Stück für die DDR. Aber Mitte der siebziger Jahre tasteten sich noch andere Literaten an die Berührungspunkte vom Deutschland des Faschismus und der DDR heutiger Tage heran. Die beiden bekanntesten und wichtigsten: Christa Wolf mit dem Roman «Kindheitsmuster» von 1976, in dem die Erzählerin ihre frühere Heimatstadt zusammen mit Mann, Bruder und Tochter besucht, und Hermann Kant mit dem Roman «Der Aufenthalt» von 1977, der das Schicksal eines einfachen deutschen Soldaten in polnischer Gefangenschaft zum Gegenstand hat.

Anläßlich des 1983 nach Kants

Szenenfoto aus dem Film «Der Aufenthalt»

Roman gedrehten Filmes gab es heftige Kritik daran, die Hauptfigur «zur partiellen Identifikation anzubieten». Doch die Fachleute rechtfertigen die «in gewisser Weise neuartige Heldenwahl im antifaschistischen Themenumkreis». Ihr Argument: «Der Typus des verführten, gut- oder blindgläubigen Mitläufers sowie der des potentiellen oder tatsächlich aktiven Antifaschisten sind in mancherlei Gestalt und Verkleidung aus Massenmedien und Pflichtlektüre so bekannt, daß sie ... nur wenig Neugier wecken.» Was der Filmkritiker Dieter Wolf hier zur Sprache bringt, ist die Abnutzung des Antifa-Mythos bei jüngeren Menschen.

Manchmal werden sie bereits im Kindergartenalter durch die Gedenkstätten geführt, Junge Pioniere und FDJler werden mit ehemaligen Widerstandskämpfern zusammengebracht, spätestens zur Jugendweihe wird in den vorbereitenden Jugendstunden ein ehemaliges KZ besichtigt. Besonders bunt wird es Jugendlichen, wenn sie im Namen des Antifaschismus zu zusätzlicher Arbeit angehalten werden: «... bieten die Jugendbrigaden ein weiteres Betätigungsfeld. Hier kann sich eine gute Traditionspflege, vordringlich die Pflege des antifaschistischen Erbes, durch die Namensträgerarbeit unmittelbar auf einen raschen Leistungsanstieg auswirken.» So sieht es die «Freie Erde», und auch die «Lausitzer Rundschau» weiß Erfreuliches zu berichten. Ein Jugendkollektiv im VEB Braunkohleveredelung Lauchhammer trägt den Namen des Widerstandskämpfers Paul Paulig. Die Nachricht: «Das Jugendkollektiv hat jetzt beschlossen, für sein Vorbild die täglichen Arbeitsleistungen mitzubringen und abzurechnen.»

Kein Wunder, daß manche Jugendliche eine Protesthaltung einnehmen und, selten mehr, meist weniger bewußt, faschistoide Verhaltensweisen an den Tag legen. Schon 1978 legte der damalige Bischof Albrecht Schönherr den Finger auf die Wunde. Er sagte, es sei erschreckend, wie viel faschistisches Denken in der Jugend hochkomme. Nach seinen Worten spielten Kinder Judenpogrome oder bezeichneten Algerier als «Kameltreiber» sowie Polen als «Polacken». Zu diesem Zeitpunkt konnte er noch nicht ahnen, daß nur kurze Zeit später, während der politischen Turbulenzen in Polen, die SED selbst solche Denkweisen schürte, wenn auch hinter vorgehaltener Hand. Auch scheute sich die DDR-Nachrichtenagentur ADN nicht, der Gewerkschaft Solidarność «Kampftruppen nach dem Vorbild der SA» anzudichten.

Ein weiteres Opfer unbewältigter Vergangenheit sind die Homosexuellen, denen in Deutschland-Ost die gleichen oder ähnlich repressive bis faschistoide Haltungen entgegenschlagen wie in Deutschland-West. Aber in der DDR wird noch eines draufgesetzt – die Leiden der Homosexuellen während des Faschismus sind so gut wie tabu. Zwar tauchen in Dokumentationen oder Schautafeln, zum Beispiel im «Auschwitz der Homosexuellen», dem ehemaligen KZ Sachsenhausen, der Rosa Winkel oder die Rubrik «175er» auf. Das ist aber auch schon alles.

Für jedes Alter: Antifaschistische Gedenkstätten

Kein Wort zur damaligen Situation, kein Wort zu Ausmaß und Intensität des Martyriums, ja nicht einmal das besondere Gedenken wird geduldet. Immer wieder werden Kranzniederlegungen in den Gedenkstätten unterbunden, immer wieder werden die Eintragungen von Homosexuellengruppen aus den Besucherbüchern entfernt, immer wieder werden diesen Gruppen selbst Führungen verweigert. Auch die Beteiligung von Homosexuellen am antifaschistischen Widerstand findet nirgends Erwähnung – offenbar ist das Gedenken durchaus teilbar.

Womit sich der Kreis geschlossen hätte. Von der vornamenlosen Henneckestraße über die Diffamierung von Solidarnośc und polnischen Bürgern überhaupt bis zur Verleugnung der Homosexuellen – hinter der Fassade des Antifa-Mythos sind Lücken, Ungereimtheiten, Brüche und Widersprüche vorzufinden. Diesen spüren die westlichen Medien immer wieder gerne nach. Und ab und an werden sie sogar fündig, etwa bezüglich der NS-Vergangenheit prominenter DDRler. Ein besonders krasses Beispiel: Dr. Günter Kertzscher, seit 1937 NSDAP- und SA-Mitglied, der in seiner Doktorarbeit auch die Satzenden von Hitlers «Mein Kampf» auszählte, war später stellvertretender Chefredakteur des ND. Höhepunkt seiner dortigen Tätigkeit: Im Leitartikel «Angemessene Antwort auf feindseliges Auftreten gegen die DDR» rechtfertigte «Dr. K.» die Ausbürgerung Wolf Biermanns.

So etwas ist allerdings die Ausnahme. Zwar gibt es in den Führungspositionen der DDR eine ganze Reihe ehemaliger Nazis, darunter auch einige Minister (selbst im allerersten Kabinett der DDR saß mit Luitpold Steidle ein ehemaliger Nazi). Doch haben sie alle ihre Vergangenheit offengelegt und ihr abgeschworen – nur so erhielten sie eine Chance. Wer alles verbarg und dennoch versuchte, sich eine Existenz aufzubauen, wurde bei Entdeckung erbarmungslos zur Rechenschaft gezogen. Noch heute leben unter einer getarnten Identität gewiß einige Nazis oder Kriegsverbrecher in der DDR, noch im Juli 1985 wurde ein Mann zu lebenslänglicher Freiheitsstrafe verurteilt. Für uns Bundesbürger besteht allerdings wahrlich kein Grund zur Häme, denn nur *ein* deutscher Staat hat wenigstens in personeller Hinsicht mit der Last der Vergangenheit aufgeräumt – die DDR.

ABSCHIED VON DER UTOPIE

In der Bundesrepublik wird zwar häufig über die DDR berichtet, doch steht eindeutig und aus leicht durchschaubaren Motiven das oppositionelle Geschehen im Vordergrund. Lebt er in der DDR oder stammt er von dort, kann sich jeder Linke, Radikale oder gar Sozialist der Aufmerksamkeit der westlichen Medien sicher sein. Wäre es ein Linker, Radikaler oder Sozialist aus der Bundesrepublik, kein publizistischer Hahn würde nach ihm krähen. Mit dem fest auf die Bruchstellen des DDR-Systems gehefteten Blick entgeht westlichen Journalisten oft, was man schleichende Veränderungen nennen könnte. Denn entgegen unserem starren Bild ist die Gesellschaft drüben ganz und gar nicht starr, auch sie entwickelt sich ständig und nachhaltig fort. Eigentlich eine Binsenweisheit, doch es gehört zu den deutsch-deutschen Absonderlichkeiten, daß sie eigens betont werden muß.

Jedenfalls wird bei uns nur in Expertenkreisen den hintergründigen Veränderungen die nötige Aufmerksamkeit geschenkt – Ergebnis sind zumeist recht spröde und dürre Publikationen. Weshalb die Entwicklungstendenzen am ehesten von denen angesprochen werden, die für ein großes Publikum schreiben. Wer immer sich aus welchen Gründen auch immer in der DDR aufgehalten hat, macht in der Regel ein Buch draus – manchmal nach dem Motto: Was ich empfand, als mich der Esel beim Ritt zur Wartburg abwarf.

Darin drückt sich natürlich die verbreitete Leere aus, die in den Köpfen der meisten Bundesrepublikaner beim Stichwort DDR anzutreffen ist.

Doch ein paar Denker bieten durchaus genaue und kritische Betrachtungen, die sich endlich auch von der Froschperspektive des so lange betriebenen «Systemvergleichs» gelöst haben. Wie hoch sind die Mieten, wie hoch ist das Einkommen, wie viele Haushalte verfügen über Farbfernseher oder Kühlschrank, wieviel Fleisch wird verspeist, wie viele Reisen unternommen – natürlich sind das alles interessante Angaben. Doch wurde und wird mit ihnen ein statistisches Schattenboxen betrieben, das sich nie von der Oberfläche zu lösen vermag. Peinlich meist, wie im Westfernsehen DDRler ‹vorgestellt› werden – zielt die wichtigste Frage doch immer nach dem Verdienst.

Nischengesellschaft

Einer, der wichtige Beiträge zum tieferen Verständnis der DDR geliefert hat, ist Günter Gaus. Ihm verdanken wir die eher beschreibende, weniger erklärende Charakterisierung als «Nischengesellschaft». Die Nische «ist der bevorzugte Platz der Menschen drüben, an dem sie Politiker, Planer, Propagandisten, das Kollektiv, das große Ziel, das kulturelle Erbe – an dem sie das alles einen guten Mann sein lassen und mit der Familie und unter Freunden die Topfblumen gießen, das Automobil waschen, Skat spielen, Gespräche führen, Feste feiern». Nachdem der Staat nicht mehr in den Nischen herumschnüffelt, sondern die Menschen dort in Ruhe läßt, verwenden sie sehr viel Energie und Zeit darauf, sich diese privaten Lebensräume so behaglich als möglich einzurichten.

Offizieller Ideologie zufolge gibt es diese Nischen eigentlich gar nicht, darf es sie auch nicht geben. Denn der Sozialismus bietet doch allen Menschen «ein erfülltes Leben» im Kollektiv, Privatheit existiert gerade noch als kapitalistischer Restbestand. Ein Teil der führenden Genossen neigt deshalb dazu, die Flucht in die Nische durch Verriegelung derselben zu unterbinden. Allerdings wissen die aufgeklärteren Genossen durchaus zu schätzen, daß die Menschen in Datsche, Auto, Hobby, Freundeskreis völlig aufgehen – anstatt auf dumme, sprich politisch brisante Gedanken zu kommen. Wenigstens zum Teil erfreuen sich die Rückzugswinkel gar staatlicher Unterstützung, etwa durch hohe Garantiepreise für die im Schrebergarten erzeugten Früchte. Natürlich ergibt sich die Frage, was das alles mit Sozialismus zu tun hat. Nun, es findet in einem Land statt, das sich selbst im Stadium des «real existierenden Sozialismus» sieht. Zu dieser Formel hat Hans Magnus Enzensberger alles Nötige schon gesagt: Sie «ist also affirmativ und resignativ zugleich; das erste, indem sie behauptet, daß es den Sozialismus leibhaftig gebe, daß der Messias, der langersehnte, längst unter uns weile; das andere, indem sie uns zu verstehen gibt, daß es damit aber

auch sein Bewenden haben müsse, mehr sei nicht drin». Als Westler, deren Herz links schlägt, müssen wir an dieser Stelle bekennen, daß wir es mit Rudi Dutschke halten: «Es ist für mich außer Zweifel: In der DDR ist alles real, bloß nicht der Sozialismus; in der BRD ist alles real, bloß nicht ‹Freiheit, Gleichheit, Brüderlichkeit›.» Doch wollen wir nicht die öden scholastischen Streitereien über das richtige Etikett fortsetzen: Nachkapitalismus, Nichtkapitalismus, Übergangsgesellschaft, Staatskapitalismus, Staatssozialismus, entarteter

Die Nische als bevorzugter Platz

Sozialismus, bürokratischer Sozialismus – so viele Köpfe, so viele Bezeichnungen.

Kommunismus für Gartenzwerge

Weit spannender ist es, den bedeutsamen Entwicklungen auf die Spur zu kommen. DDRler können oft nur geringe Hilfestellung leisten, sind ihnen doch häufig weniger Informationen zugänglich als interessierten Westlern! Was sie aber am eigenen Leibe zu spüren bekommen, ist die Politik des Wirtschaftswachstums. Eigentlich ein Treppenwitz der Weltgeschichte: Wird im Kapitalismus über Nullwachstum (ein selten dämlicher Begriff) und Lebensqualität gestritten, setzen die DDR-Oberen alles daran, ständig höhere Wachstumsraten zu erzielen. Dazu muß man wissen, daß in der DDR neben der Partei und dem Schein das Prozent herrscht. Was letztlich dazu führt, daß Schuhe, Kuckucksuhren oder Wohnungen zwar in geforderter Anzahl produziert werden, aber zum Teil mit verheerender Qualität. Für Kleidung etwa sieht der Plan nur die Mengen vor – ob nun der Dernier cri oder das Modell Kartoffelsack auf den Ladentisch kommt, sollte zwischen Handel und Fabrik ausbaldowert werden. Desinteresse, Leerlauf, Inkompetenz führten dazu, daß zum Beispiel Pullover eines VEB in Apolda Ladenhüter waren, aber munter weiter hergestellt wurden. Offenbar fanden nur die Einkäufer des Handels das Modell so umwerfend schick.

Nicht nur mit der Beseitigung solcher Schwachstellen will die Führung Wachstumsprozente schinden, auch Intensivierung der Arbeit, Rationalisierung und Automation sind ihr nicht fremd. Ziel ist die Modernisierung der Wirtschaft, der Anschluß an das neue Zeitalter der Elektronik und Roboter. Dafür ist sie bereit, fast jeden Preis zu zahlen – was sich im kontinuierlich anwachsenden Pragmatismus ausdrückt. Hier tritt wohl eine der wichtigsten Tendenzen zutage, die für den Fortgang der Ereignisse gewiß bestimmend sein wird. Der Traum vom neuen Menschen ist offenkundig ausgeträumt, die menschheitsgeschichtliche Hoffnung auf eine bessere Welt zu den Akten gelegt.

Alles deutet darauf hin, daß sich für Erich Honecker und Genossen der Kommunismus, immer noch verlautbartes Endziel, auf eine bloß effizientere Wirtschaft reduziert. Im Grunde kann alles bleiben, wie es ist, nur muß besser und mehr produziert werden – das ist dann «Kommunismus». Was hier auf den Hund kommt, hat einmal Millionen Menschen in aller Welt Kraft und Zuversicht auf eine wirklich befreite Gesellschaft gegeben. Jetzt ist die emanzipatorische Kraft dieser Theorie ins Gegenteil umgeschlagen. Schon 1976 schrieb Rudolf Bahro: «Die einzige Theorie, die geeignet ist, den Dschungel des bürokratischen Zentralismus und sein politbürokratisches Allerheiligstes zu durchdringen, der revolutionäre Marxismus, ist... so effektiv von der Parteibürokratie usurpiert, daß... die Menschen den Verdacht (haben), er sei eigens dazu geschaffen worden, die jetzige Parteiherrschaft zu begründen.» Deshalb klingen alle noch so revolutionären Bekenntnisse, sie werden natürlich immer weiter abgespult, merkwürdig hohl. Wenn Erich Honecker in dunklem Anzug und mit Krawatte, zahlreiche Silben der Standardformeln verschluckend, revolutionäre Tugenden beschwört, atmet das den altväterlichen Geist des 19. Jahrhunderts. Situiertes Kleinbürgertum, daran wird man nicht nur bei der peinlichst aufs Protokoll achtenden Führungsspitze erinnert.

Schneller, weiter, höher

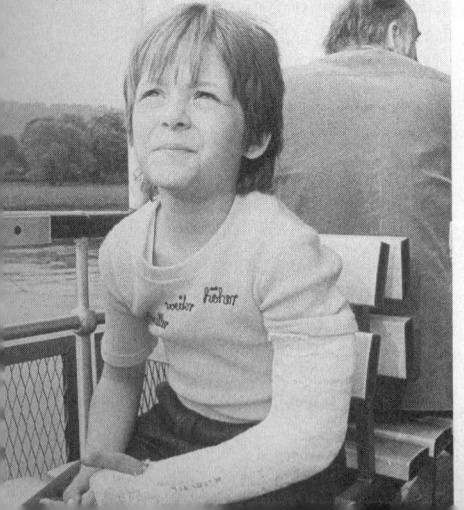

Auch das alltägliche Leben der Menschen trägt starke Züge dessen, was wir Jüngeren an unseren Vätern und Müttern immer kritisiert haben.

«Mit den Deutschen kann man alles machen» – diesen Satz haben wir drüben mehrfach gehört. Er zielt auf die Neigung, sich selbst mit unhaltbaren Zuständen abzufinden und sich individuell oder im kleinsten Kreis drin einzurichten. In der Tat, eine vorwärtsweisende Perspektive sucht man im Leben der DDRler vergeblich. Eher treten zunehmend spießbürgerliche Elemente ins Blickfeld. So wird beispielsweise in der offiziösen «Zeitschrift für Geschichtswissenschaft» im Jahre des Herrn 1985 für «typisch deutsche Tugenden» wie Fleiß, Gründlichkeit und Sparsamkeit geworben. Immer mehr Menschen arrangieren sich nicht bloß, sondern rechtfertigen den einer modernen Industriegesellschaft eigentlich unangemessenen Zustand des Entmündigt- und Eingesperrtseins gar.

Und dabei handelt es sich gar nicht mal um linientreue oder übereifrige Parteigänger. Psychologisch ist es ja irgendwie verständlich, daß man sich nicht nur abfindet, sondern die Begrenzungen verinnerlicht. Schießlich kann es niemand Jahrzehnte ertragen, sich tagtäglich das ganze Ausmaß seiner Abhängigkeit vor Augen zu führen. Aber dieses unpolitische Verhalten, der verzweifelte Versuch, aus der Not eine Tugend zu machen, hat bis dato massenhaft ein Gartenzwergbewußtsein hervorgebracht. Es beginnt bei der bangen Frage, wo stellen sie mich heute wieder hin, und endet am Gartenzaun. Der Leipziger Arbei-

Mürrischer Ehrenbürger

ter und Schriftsteller Wolfgang Hilbig stellt bezüglich der DDR-Proletarier die Diagnose eines «tiefen Fatalismus dieser im innersten Kern pseudorevolutionären Klasse».

Warum halten Deutsche-Ost und Deutsche-West, beide auf ihre Art, so wenig von innerer wie äußerer Befreiung? Es kann einem schon eng ums Herz werden, wie inbrünstig beide ihre Lebensstile pflegen, hüben konsumorientiert oberflächlich, drüben nischenorientiert bedächtig. Und zu allem Überfluß mischt in Deutschland-Ost nun auch der Partei- und Staatsapparat in Gartenzwergmanier mit. Seit jüngstem verspricht er seinen Bürgern nicht mehr nur Sicherheit, sondern «Geborgenheit und Sicherheit». O-Ton DDR-Fernsehen: Wir wollen unsere Republik «reicher, schöner, wohnlicher machen». Spöttern zufolge gibt es mittlerweile eine heimliche Nationalhymne (die man sogar singen darf): «Kein schöner Land in dieser Zeit».

Überschüssiges Bewußtsein

Wo soll das alles hinführen? Eine Frage, die wohl niemand auch nur annähernd angemessen beantworten könnte. Für uns ist jedoch sicher, daß auch auf lange Sicht ein irgendwie gearteter Sozialismus, der diesen Namen zu Recht trägt, nicht entstehen wird. Vielmehr wird die DDR an der Seite ihrer Bruderländer weiterhin politisch auf der Stelle treten – selbst wenn sie ihre unbestreitbare wirtschaftliche Aufwärtstendenz fortsetzen kann. Sicher ist ebenfalls, daß gerade aus der Modernisierung der Ökonomie ein Problemkreis erwächst, der an Bedeutung gewinnen wird. Die jungen Menschen müssen gut ausgebildet werden, sie müssen Fähigkeiten und Kenntnisse auf hohem Niveau erhalten.

Mit ihren zukünftigen Tätigkeitsbereichen und dem eingeengten geistigen Klima der Republik werden sie aber auf Dauer nicht ausgelastet sein. Ihr gleichsam überschüssiges Bewußtsein wird nach freier und selbstbestimmter Entfaltung drängen, es wird auf unbehinderte Informierung und Reisemöglichkeiten dringen, es wird Bevormundung und Gängelung nicht länger ertragen können. Es ist absehbar, welche heftigen Auseinandersetzungen da den konfliktscheuen Funktionären ins Haus stehen.

Doch bei aller Zuversicht wird daraus keine politische Kraft erwachsen, die in der Lage wäre, einen Sozialismus mit menschlichem Antlitz zu schaffen – ähnlich dem Prager Frühling oder dem Polnischen Sommer. Das Subjekt einer solchen Umwälzung fehlt ganz einfach, auch wenn es immer wieder an den verschiedensten Orten für existent erklärt worden ist. Weder im aufgeklärten Funktionärskader, in der technischen Intelligenz, im wirtschaftlichen Management noch unter den Studenten gärt etwas, was endlich Wut werden könnte. Auch das, was wir später als «zarte Pflänzchen» vorstellen, hat keine Chance, eine umfassende Gegenbewegung mit politischen Erfolgsaussichten formieren zu können.

So bleibt Westlern nichts, als den Wandlungen der DDR insbesondere in den tieferen Schichten ihres Innenlebens fortlaufend Aufmerksamkeit zu widmen. Und gegebenenfalls durch solidarische Aktionen grenzüberschreitende Unterstützung zu leisten, wie das im Fall der Friedensbewegung bereits häufig geschehen ist – wenn auch mit wechselndem Erfolg. Mögliche Felder gemeinsamer oder einander ergänzender politischer Initiativen gibt es zuhauf, und sie müssen keineswegs auf die Ebene herkömmlicher Politik beschränkt sein wie beim SPD/SED-Vorschlag für eine chemiewaffenfreie Zone in Europa. Daß die DDR-Oberen Basiskontakte nicht gerade mit Begeisterung aufnehmen, ist klar, die häufigen Einreiseverweigerungen für Grüne, AL-Mitglieder aus Westberlin und Friedensaktivisten offenbaren die geradezu neurotischen Ängste der Funktionäre. Aber warum sollten es die Linken aus dem westlichen Ausland den Politbürokraten von sich aus einfach machen, indem sie die DDR meiden?

KUNST UND KULTUR

POLITIK MIT ANDEREN MITTELN

Schon immer haben die sozialistischen Vordenker die Bedeutung der Kunst betont. Kunst habe immer etwas mit der Gesellschaft zu tun, in der sie entsteht und wirkt, sei nie unpolitisch – auch da nicht, wo sie sich unpolitisch gebärde. Kunst sei Waffe im Kampf gegen Ausbeutung und Unterdrückung, müsse die Wirklichkeit widerspiegeln und nicht bloße Kunst um der Kunst willen sein. Kunst solle demokratisiert, also allen zugänglich gemacht werden. Das waren die Thesen und Forderungen seit jeher. Dementsprechend wird Kunst in der DDR außerordentlich gefördert, widmen die Zeitungen künstlerischen Ereignissen nicht selten die Titelseite, werden Künstler gelobpreist und – gemaßregelt.

Ungelöst war allerdings seit der Oktoberrevolution die Frage, welche Aufgaben die Kunst *im* Sozialismus haben solle. Heißt parteilich sein im Dienste der Partei stehen? Soll der Aufbau des Sozialismus in glühenden Farben gepriesen oder sollen eher die Widersprüche und Hemmnisse aufgezeigt werden? Abgesehen von den ersten turbulenten nachrevolutionären Jahren in der Sowjetunion wurde die Frage von den Staatssozialisten leider so beantwortet, daß Kunst als die Fortführung der (Partei-)-Politik mit anderen Mitteln aufzufassen sei. «Wie ist Kultur planbar?» ist der bezeichnende Titel eines Büchleins des SED-eigenen Dietz-Verlages. Kultur wird in die Kategorien der Planwirtschaft gezwängt: Der Künstler denkt, die Partei lenkt – etwa so.

Das war in der DDR nicht von Anfang an so. In der «antifaschistisch-demokratischen» Periode zwischen 1945 und 1949 waren auch bürgerliche Künstler wie Heinrich Mann, Arnold Zweig, Ricarda Huch, Gerhard Hauptmann und Hans Fallada willkommen. Neben Bertolt Brecht, Anna Seghers, Erich Arendt, Stephan Hermlin, Ernst Bloch und vielen anderen, die aus dem Exil nach Deutschland-Ost zurückgekehrt waren, sollten sie die Vielfalt der Kunst im Sozialismus demonstrieren. «Nathan der Weise», Lessings Lehrstück von der Toleranz, wurde 1945 das erste und meistgespielte Theaterstück auf den Bühnen der damaligen SBZ. Unter dem Motto «Aneignung des klassischen Erbes» wurden bürgerliche Traditionen betont, und das war nicht nur taktisch gemeint, denn schon damals galt der SED-Führungsschicht bürgerliche Kultur von Goethe bis Thomas Mann als Kultur schlechthin. Die Bildungsideale des Bürgertums hatten die Führer der Arbeiterklasse längst verinnerlicht. Dagegen war die proletarisch-revolutionäre Kunst der zwanziger Jahre nicht gesellschaftsfähig: lieber Klassiker als gewagte Experimente mit ungewissem Ausgang.

Ingenieure der Seele

Entsprechend der politischen Großwetterlage bedrohte seit Ende der vierziger Jahre stalinistische Ideologie den Kunstbetrieb. Der «sozialistische Realismus» sollte nun die einzig wahre künstlerische Methode werden, wie schon seit 1934 in der Sowjetunion. Sozialistischer Realismus sei «eine künstlerische Methode, die auf Aneignung der Wirklichkeit in deren revolutionärer Entwicklung ziele. Wahrheit und Parteilichkeit bilden dabei eine untrennbare Einheit», verkündet das aktuelle «Kulturpolitische Wörterbuch» des Dietz-Verlages. Als klassisches Vorbild galt Maxim Gorkis Roman «Die Mutter» aus dem Jahr 1906. Für die Wirklichkeit der SBZ/DDR mit ihrer frisch importierten Revolution besagte das nicht viel.

Die mit dem Begriff verbundene pragmatische Absicht hatte Stalins Kulturberater Shdanow verdeutlicht, indem er als Ziel des sozialistischen Realismus proklamierte, «die Werktätigen ideologisch umzuformen und zu erziehen». Obwohl eigentlich nie mehr als ein Schlagwort – oder gerade deswegen –, diente der schwammige Begriff vornehmlich dazu, Künstler als «antisozialistisch» zu diffamieren. Schon 1948 meinte Anna Seghers, die Grand Old Lady der deutschen sozialistischen Literatur: «Der sozialistische Realismus wird bejahend oder polemisch von Menschen erwähnt, die in Verlegenheit kommen, wenn man sie genau fragt, was das ist.»

Allem Widerstand zum Trotz wünschten sich Ulbricht und Genossen getreu Stalins Wort vom «Schriftsteller als dem Ingenieur der menschlichen Seele» eine Reißbrettliteratur nach Plan: mit positiven Helden, die Zukunftsoptimismus und unerschütterlichen Glauben an den Sieg des Sozialismus ausstrahlen sollten. «Geist und Macht sind endlich vereint», jubilierte Dichter Johannes R. Becher, der auch mehrere Jahre Kulturminister war. Künstler, die an dieser Einheit zweifelten, oder wenigstens doch mahnten und auf Widersprüche aufmerksam machten, wurden der «Grau-in-grau-Malerei» bezichtigt. Gegen alles Neue wurde von den eilfertigen Dienern der Macht ein ganzes Arsenal von Schlagworten aufgefahren: Formalismus, Modernismus, Naturalismus, Surrealismus, Abstraktionismus, Pessimismus, Nihilismus, Skeptizismus oder auch Pornographie lauteten die Anklagen. Wenn das noch nicht genügte, wurde mit «Anarchismus» die größte Keule aus der Waffenkammer geholt. Konkreter formulierte Ministerpräsident Otto Grotewohl: «Jawohl, wir verzichten auf eine Kunst, bei der man nicht weiß, was vorn oder hinten, links oder rechts, oben oder unten ist.» Einen tiefen Einblick in die Seele der Genossen offenbart auch eine Äußerung von Ulbricht: «Es geht bei uns in der Hauptsache nicht darum, ‹alle Blumen erblühen zu lassen›, sondern vielmehr um eine richtige Zuchtauswahl der Blumen, um die Auswahl des wirklich Neuen und Nützlichen, ohne daß man dabei das Wuchern schädlichen Unkrauts als angebliche ‹Blume› duldet.» («Schmeckt mir nicht jeder Halm, mäh ich die ganze Wiese ab», ironisierte Volker Braun in einem Epigramm derlei polit-seelische Verfassung). Selbst vor Begriffen wie «Dekadenz» und «entartete Kunst», die die Nazis gerne verwandt hatten, wurde in dieser wahrlich finsteren Zeit nicht zurückgescheut und statt dessen «Volkstümlichkeit» im Sinn leicht verdaulicher Kost gefordert. Brecht, der damit oft angegriffen wurde, konterte bissig: «Man soll etwas fürs Volk machen, weg mit dem Kaviar! Etwas, was das Volk versteht, das ja etwas begriffsstutzig ist.» Oder, noch deutlicher: «Sie selbst scheinen zum Volk nicht zu gehören. Dafür wissen sie genau, was das Volk will, und erkennen das Volk daran, daß es will, was sie wollen.» Es blieb nicht bei Warnungen und Hetzkampagnen der Administration gegen zwielichtige Künstler. Selbst gestandene Sozialisten und Antifaschisten wie Brecht, Hanns Eisler, Paul Dessau und John Heartfield durften teilweise ihre Werke nicht aufführen oder wurden nicht veröffentlicht. Zahlreiche Schriftsteller und bildende Künstler verließen die DDR (siehe Übersicht auf Seite 196). Ernst Bloch und Hans Mayer verloren ihre Lehrstühle an der Universität Leipzig. Erich Loest wurde – lange nach Stalins Tod – zu siebeneinhalb Jahren Zuchthaus verurteilt. Von einer wirklichen Entstalinisierung konnte auch in der Kunst keine Rede sein; der einmal installierte zentralistische und hierarchische Kulturapparat mit all seinen Kontrollmechanismen blieb bis heute bestehen, auch wenn sich die Töne gemildert, die Methoden verfeinert haben.

Hand & Kopf endlich vereint

Auf Wunsch Ulbrichts, der, fern jeder Realität, *seinen* Kommunismus am liebsten schon zu Lebzeiten verwirklicht sehen wollte, sollte endlich «die Trennung zwischen Kunst und Leben, die Entfremdung von Künstlern und Volk überwunden werden». Auf einer Konferenz in Bitterfeld 1959 beschlossen 500 Schriftsteller, Arbeiter und Staatsfunktionäre, daß von nun an die Kulturrevolution in der Kunst zu vollziehen sei. Auf der einen Seite sollten die Schriftsteller, die Kopfarbeiter, in die Betriebe gehen und die Arbeitsbedingungen vor Ort studieren, auf der anderen Seite die Handarbeiter nach der Devise «Greif zur Feder, Kumpel, die sozialistische Nationalliteratur braucht dich!» den Alltag und den Fortschritt in der Produktion dokumentieren. Schriftstellernd und malend sollten sich die Arbeiter zu den Höhen der Kultur hinaufschwingen. Hunderte «Zirkel schreibender Arbeiter» entstanden, Tausende «Volkskorrespondenten» berichteten für die Zeitungen das Neueste von der Arbeitsfront. Umgekehrt mühten sich die Schriftsteller, VEB- und LPG-Welten literarisch und lebensnah zugleich zu verarbeiten. Obwohl sich das Experiment zunächst gut anließ und Möglichkeiten für eine Demokratisierung der Gesellschaft bot – zumindest für eine breite und ehrliche Diskussion –, blieb das Ergebnis mager, der «Bitterfelder Weg» versandete rasch. Was die Politik nicht leistete, konnten die schönen Künste nicht wettmachen. Was Wunder, sollte die ganze Kampagne doch nach dem Willen der Funktionäre letztlich der «ökonomischen Hauptaufgabe» dienen. Geblieben sind immerhin einige Partnerschaften zwischen Künstlern und Betrieben, die hin und wieder Aha-Erlebnisse auf beiden Seiten erzeugen können; herangebildet wurde auch ein an Literatur und Kunst interessiertes Publikum in Bevölkerungsschichten, die im kapitalistischen Westen vorwiegend mit Boulevardpresse, Pornos und anderer Konsumware fit für die Maloche gemacht werden.

Wechselndes Klima

Auch in den sechziger Jahren blieb das kulturelle Klima in Deutschland-Ost muffig bis schwül. Ende 1965 wurde auf einer Sitzung des ZKs ein Rundumschlag gegen unliebsame Künstler, Schriftsteller und Filmregisseure geführt. Wolf Biermann erhielt Auftritts- und damit Berufsverbot. Kulturminister Abusch charakterisierte ihn als «Dichter, der seine Kloakenbegriffe benutzt zur Besudelung der Partei der Arbeiterklasse, für deren hohe Ziele sein eigener Vater von den Faschisten ermordet wurde». 1971 dann sprach Erich Honecker sein denkwürdiges, vielzitiertes Wort: «Wenn man von der festen Position des Sozialismus ausgeht, kann es meines Erachtens auf dem Gebiet von Kunst und Literatur keine Tabus geben.» Parallel zur neuen Wirtschafts- und Außenpolitik durften tatsächlich einige der bislang gültigen Regeln des sozialistischen Realismus übertreten werden, besonders in der Malerei. Doch mit der Zeit mußten die Künstler feststellen, daß wohl mehr die – von der Partei definierten – «festen Positionen des Sozialismus» gemeint waren als ein wirklicher Pluralismus. Mit der Ausbürgerung Biermanns 1976 verflogen die letzten Illusionen. Danach kam es knüppeldick: Auf die Solidaritätsbe-

Ahnvater B. B. (Radierung von Arno Mohr, 1963)

kundungen zahlreicher Kollegen für Biermann hagelte es Partei- und Verbandsausschlüsse, eine Reihe jüngerer Autoren und Liedermacher (so Jürgen Fuchs, Gerulf Pannach, Michael Sallmann, Frank-Wolf Matthies, Lutz Rathenow) wurde verhaftet und überwiegend in den Westen abgeschoben. Per Ausreiseantrag oder «Dauervisum» folgten eine Vielzahl bekannter und weniger bekannter Schriftsteller, Schauspieler, Regisseure, Musiker und Liedermacher, Maler und Bildhauer. Seither spielt sich ein nicht geringer Teil des DDR-Kulturlebens in der Bundesrepublik ab, obwohl manche der «Exilanten» (der Begriff wird von einigen abgelehnt) vom Thema DDR nichts mehr wissen wollen.

Auch wenn sich eine Chronologie der kulturpolitischen Schandtaten schlimm ausnimmt: Es gab und gibt ein reges kulturelles Leben in der DDR. Vieles davon ist im Westen jahrzehntelang nur durch das antikommunistische Glubschauge betrachtet, manches in den letzten Jahren immerhin von einem Fachpublikum registriert worden. Auf uns Reisende wartet da mancherlei überraschende Entdeckung.

Aus dem Leben und Wirken der Schriftstellerin E.

Der Anfang war nicht ungewöhnlich für die Geschichte eines Buches in der DDR: Im Auftrage des FDJ-Zentralrates begab sich die junge Schriftstellerin E. aus B. in das Havelländische Obstanbaugebiet bei Berlin, um dort «Kulturarbeit» zu leisten. Nebenher sollte sie Einblick in das Leben und Schaffen der dortigen Obstanbauer nehmen. Von dem literarischen Ertrag ihrer Expedition wollte der FDJ-eigene Verlag «Neues Leben» ein wohlfeiles Buch herausbringen. Die Autorin, Tochter eines Mitarbeiters der Staatssicherheit und diplomierte Philosophin, deren erster Lyrikband von der Parteipresse hoch gelobt worden war, schien für ein beispielhaftes literarisches Kulturprodukt zu garantieren.
E., schon vor ihrem Aufenthalt im Havelland stark ernüchtert über die Verhältnisse in jenem ihren Lande, kam schon nach kurzer Zeit nicht um die Feststellung herum, daß die parteioffiziellen Lobpreisungen über das «vorbildliche Obstanbaugebiet» nicht im entferntesten mit der Realität vor Ort übereinstimmten. Vielmehr waren die Schäden durch den Anbau in Monokulturen für die Umwelt groß und die der Monotonie der Arbeit für die Menschen kaum zu ermessen. E. suchte lange, bis sie eine Genossenschaft fand, die anders und erfolgreicher, weil in kleineren Einheiten und mit größerer Selbstverantwortung der Genossenschaftsmitglieder, arbeitete als alle anderen Betriebe ringsum. So beschloß sie, ihren Auftrag zu erfüllen, indem sie die Werktätigen des Obstanbaugebietes eingehend befragte; deren Selbstdarstellungen sollten dann als literarische Protokolle veröffentlicht werden. Die meisten der Befragten waren Mitglieder der FDJ und der SED, wie von ihrem Verlag gewünscht. Freimütig erzählten sie über Privates und Politisches, kritisierten auch mal arrogante Funktionäre, Planbürokratie, Umweltvergiftung, Reisebeschränkung und mancherlei mehr, aber doch immer vom festen Boden des Sozialismus aus. So übergab E. schließlich das Manuskript mit den Tonbandaufzeichnungen frohgemut ihrem Verlag, der es recht bald dem seinerzeitigen Chef des Jugendverbandes Egon K. – auch «Kronprinz» des Landes genannt – «zur Einsicht» weiterreichte. Nicht lange, und es veränderte sich mancherlei in der Umgebung von E.; Bekannte und Kollegen grüßten sie mit verlegener Miene oder gar nicht mehr, und überall verbreitete sich bei den Obstbauern das Gerücht, E. hätte ein «staatsfeindliches Machwerk» geschrieben. Auch Egon K., Mitglied im «Rat der Götter», ließ nicht lange mit einer Reaktion auf sich warten: Er lud E. freundlich zu sich ein, bot ihr das Du an und bedankte sich für das «aufschlußreiche Manuskript»; er würde eine Untersuchungskommission einsetzen, die die Dinge im Havelland zum Besseren wenden würde.

Kaum zurück im Obstanbaugebiet, erhielt E. Besuch von einem örtlichen Betriebsfunktionär, der ihr im Auftrage höherer Instanzen das autorisierte Exemplar des Manuskripts «aus dem Kreuz leiern sollte», wie er gegenüber E. schließlich gestand. E. erlitt einige Tage später einen Herzanfall und sollte auf ärztliches Anraten zur Erholung ans Meer fahren. Egon K., davon unterrichtet, veranlaßte unverzüglich das Nötige, um E. für einige Wochen eine Kur an der Ostsee zu ermöglichen. Da aber weder ein Verlagsvertrag noch andere günstige Nachrichten eintrafen, verbesserte sich E.s Zustand nur bedingt. Statt des alten Verlages interessierte sich aber nun ein anderer, der LDPD-eigene Verlag «Der Morgen», für die Protokolle und schickte E. einen Vertrag zu, ferner die Versicherung, die Kulturabteilung des ZKs wolle das Erscheinen verantworten, sofern diese und jene Passage überarbeitet würde. Trotz Bedenken willigte E. ein, hatte ihr doch die Kollegin Christa W. geraten, daß drei Viertel der Wahrheit immer noch besser seien als gar nichts.

Das Buch erhielt die Druckgenehmigung, der Verlag kündigte das Erscheinen für das Frühjahr an. Die Vertreter von «Der Morgen» – auch sie immer auf Devisenjagd – boten das Buch dem westdeutschen Verlag «Kiepenheuer & Witsch» an, dieser, ebenso engagiert auf Bestsellersuche, schlug ohne Umschweife zu. Die verbliebenen Zweifel am Erscheinen des Buches schwanden dahin, als das

Vom Zensor gestrichen? – Gesehen in Ostberlin, Prenzlauer Berg

eNDe das Buch als «wichtigen Beitrag zum Jahrestag der Republik ankündigte» und die renommierte Literaturzeitschrift «Sinn und Form» auszugsweise einen Vorabdruck der Tonbandprotokolle vornahm. Einige der kritischen Äußerungen, besonders die zur Reiseproblematik, wurden binnen kurzem genüßlich in den westlichen Medien zitiert, verbunden mit mancherlei Spekulationen über einen neuen Kurs der Mächtigen dieses Landes. Da jene die westliche Presse aufmerksamer zu lesen pflegen als der Klassenfeind selbst, sprangen sie, Gerüchten zufolge, aus ihren Sesseln hoch. Auf der nächsten Sitzung des «Rats der Götter» wurden E. und Max Walter Schulz, der Chefredakteur von «Sinn und Form» und ein bis dato untadeliger treuer Paladin der Partei, in Abwesenheit die Leviten gelesen. Kronprinz Egon K. verlangte das Verbot des Buches.

Nun begann eine gezielte Kampagne, um die Interviewten zur Rücknahme ihrer Unterschriften zu veranlassen. Die Autorin selbst wurde noch massiver eingeschüchtert: Unbekannte lauerten vor ihrer Wohnung auf sie, schlugen auf sie ein – dabei sichtlich bemüht, sie nicht zu sehr zu verletzen. E. verlor buchstäblich schlagartig den Glauben an das Gute in ihrem Staat, versetzte sämtliches Mobiliar und stellte einen Ausreiseantrag. Das ungekürzte Manuskript übergab sie dem Westverlag, der die Protokolle in kürzester Zeit auf den Markt warf. Derweil erschien in einer Moskauer Zeitschrift, zu der die Kunde von der in Ungnade gefallenen E. noch nicht vorgedrungen war, einige der Protokolle in russischer Übersetzung; das nur in Rubel zahlbare, nicht geringe Honorar brachte einem Verwandten von E., die selbst nicht in die SU einreisen konnte, einen verlängerten Krim-Urlaub ein.

E. verdiente sich fortan ihren Lebensunterhalt durch Lesungen bei kirchlichen Veranstaltungen, obgleich massiv Gerüchte ausgestreut wurden, daß sie eine Mitarbeiterin der Staatssicherheit sei. Monate vergingen, ohne daß E. einen positiven Bescheid über ihren Ausreiseantrag erhielt. Infolge eines Mißverständnisses verlor E. auch noch den Glauben an Kiepenheuer & Witsch und damit an ihre Zukunft im Westen – wenig später erhielt sie ein von den staatssozialistischen Göttern offenbar abgesegnetes Schreiben mit dem Angebot, den seit ihrem verbotenen Früchtchen vom Obstanbaugebiet auf Eis gelegten Lyrikband in Kürze zu veröffentlichen. Und über ihre Protokolle sei auch noch nicht das letzte Wort gesprochen. E. befragte ihren kirchlichen Ratgeber, der sie auf die Verantwortung eines Künstlers in der Gesellschaft hinwies, überlegte kurz und zog ihren Ausreiseantrag zurück.

Leseland DDR

Der – authentische – Fall des Buches von Gabriele Eckart «So sehe ick die Sache» ist in seinem grotesken Verlauf selbst für DDR-Verhältnisse nicht mehr zu überbieten; er ist sicher auch nicht typisch im Sinne von «gewöhnlich». Aber gerade dadurch wirft er ein Blitzlicht auf die Literatur- und Kulturszenerie in der DDR. Vor allem offenbart sich, wie ernst Literatur seitens der Herrschenden in der DDR genommen wird. Keine Frage ist auch, daß Literatur in einem für westdeutsche Verhältnisse ungewöhnlichen Ausmaß Bedeutung für viele Menschen in der DDR hat und demzufolge aufmerksam verfolgt und leidenschaftlich diskutiert wird. Wir haben es oft erlebt, wie ein Freundeskreis sich einen ganzen Abend lang über ein Buch unterhielt – das versuche mal jemand mit seinen westdeutschen Freunden!

Auch die folgende Szene hat sich nicht in Hamburg, sondern in Rostock abgespielt: «Von der ersten Minute an drängten sich die Leute um L.s Tisch, sie schoben ihn zurück gegen die Hauswand. Manche versuchten, zwei, drei, fünf Exemplare zu ergattern, griffen von hinten über die Schultern der Vorderleute. Streit, gelindes Chaos. L. signierte, eingekeilt in diesen Trubel...» So berichtet Erich Loest in «Der vierte Zensor» über einen Buchbasar, auf dem die letzten Exemplare seines Romans «Es geht seinen Gang oder Mühen in unserer Ebene» verkauft wurden.

Literatur (auch anspruchsvolle «Hochliteratur») ist populär in der DDR: Bestseller wie Bruno Apitz' «Nackt unter Wölfen», Anna Seghers' «Das siebte Kreuz» oder Hermann Kants «Die Aula» haben mehr als eine Million Auflage erreicht. Im Pro-Kopf-Verbrauch von Büchern liegt die DDR mit an der Weltspitze. Wie in den anderen osteuropäischen Ländern sind Bücher deutlich preiswerter als im Westen. Bücherbesitz und -lektüre sind in allen Bevölke-

Gabriele Eckart

rungsschichten selbstverständlich geworden. Die Literatur wird seit jeher von staatlicher Seite außerordentlich gefördert. So erhalten Autoren, sofern sie im Schriftstellerverband sind, großzügige Unterstützung durch Stipendien und Preise. Auch die Honorare sind deutlich höher als selbst bei großen westdeutschen Verlagen wie etwa Rowohlt (jaja!). Für junge Schriftsteller gibt es sogar eine eigene Hochschule – das Literaturinstitut Johannes R. Becher in Leipzig.

Ist die DDR also eine gebildete Nation ersten Ranges, ein «Leseland», eine «Literaturgesellschaft», wie Staatsdichter Johannes R. Becher einst optimistisch prophezeite? Abstriche müssen sicher gemacht werden: Bücher werden auch in der DDR weit mehr gekauft als gelesen; das nicht auf der tatsächlichen Nachfrage, sondern auf staatlicher Zuteilung beruhende Angebot zwingt den Käufer dazu, auf Verdacht zuzugreifen. Zunehmend laufen andere Medien und Freizeitbeschäftigungen dem Buch den Rang ab, leicht konsumierbare Unterhaltungskunst gewinnt die Oberhand. Vor allem: Das Erbübel der DDR-Gesellschaft, daß «der Strom von oben nach unten führt» (Heiner Müller), hemmt die demokratische Kommunikation. Der mündige Leser ist sowenig gefragt wie der mündige Staatsbürger. Wie in der Produktion ist auch im Literaturwesen der Betrieb hierarchisch organisiert: Jede Veröffentlichung bedarf einer Druckgenehmigung durch die Hauptverwaltung Verlage und Buchhandel des Ministeriums für Kultur. Dort wird auch über die Schwerpunkttitel, die Druck- und Papierkapazitäten entschieden und die Produktion der Verlage koordiniert und angeleitet.

Zensoren und Fürsprecher

Für den Schriftsteller ergeben sich vier Zensurinstanzen: der innere Zensor (der die drei anderen vorwegnimmt, nicht selten auch übertrifft), das Verlagslektorat, das Ministerium für Kultur (das im Zweifelsfall Gutachten bei der zuständigen Abteilung des ZKs anfertigen läßt) und, sollte der Fall besonders pikant sein, schließlich das Politbüro («Rat der Götter») höchstselbst. Das mächtigste Gremium der DDR hat schon in mancher Sitzung literarische Werke gewürdigt – mensch stelle sich einmal vor, das Kabinett in Bonn unterhielte sich über belletristische Werke.

Wer vom Verlag einen Ablehnungsbescheid bekommen hat, darf sich an das Büro für Urheberrechte (BfU) wenden – sofern ein westlicher Verlag angebissen hat. Das BfU ist zuständig für Auslandslizenzen, genehmigt also auch Bücher, die in der DDR nicht gedruckt werden. Dafür kassiert das BfU dann einen Teil der Devisen ab. Verkündet das Büro ein «Njet», bleibt dem Autor de facto nur der illegale Weg einer unlizenzierten Veröffentlichung, die mit Geldstrafen wegen Devisenvergehen oder auch, seit 1979, wegen «staatsfeindlicher Hetze», «ungesetzlicher Verbindungsaufnahme mit ausländischen Organen» oder «öffentlicher Herabwürdigung» kriminalisiert werden kann. Im schlimmsten Fall drohen Gefängnisstrafen von mehreren Jahren. So einfach, wie «im Prinzip» dargestellt, funktioniert die Wirklichkeit allerdings nicht. Clevere und engagierte Lektoren – berühmt wurden in dieser Hinsicht Kurt Batt vom Hinstorff-Verlag und Hans Marquardt von Reclam – sind manchmal erfolgreiche Anwälte ihrer Autoren, hin und wieder setzt sich auch der Schriftstellerverband oder sogar der «Buchminister» (so der zuständige stellvertretende Kulturminister Klaus Höpcke über sich selbst) für ein Werk ein – gegen reaktionäre Parteifunktionäre, die noch immer nicht begriffen haben, daß die Anwendung von Zensur die Bedeutung kritischer Bücher künstlich hochtreibt. Wie sagte Stefan Heym: «Die Zensurpolitik der DDR gehört in die Metternich-Zeit und nicht in die Ära der Elektronik.»

LITERATUR —
VOLKSEIGENE SCHRIFTSTELLER

«Wenn spätere Historiker in gedruckter Literatur unserer Zeit etwas über unsere Kämpfe erfahren wollen, dann muß man ihnen raten, unsere Romane zu lesen, nicht jedoch unsere wissenschaftliche Literatur, nicht unsere Presse.»

Jürgen Kuczynski in
«Dialog mit meinem Urenkel»

Belletristische Literatur gilt noch immer als Inbegriff «hoher Kultur». In der DDR muß sie in besonderer Weise die schon erwähnten Ersatzfunktionen von Kunst im Staatssozialismus erfüllen, als da vor allem sind: die gesellschaftlichen Probleme anzusprechen, die Ansprüche des einzelnen zu artikulieren und zur öffentlichen Diskussion zu stellen. Mehr als in der kapitalistischen dient in der sozialistischen Gesellschaft Literatur zur Selbstverständigung ihrer Mitglieder und ist dort unverändert eine innovative Kraft.

Wenn nun einige literarische Themen und Werke vorgestellt werden, dann nicht um eines systematischen Überblicks oder einer literaturhistorischen Würdigung wegen. Vielmehr erfolgt die Auswahl nach dem Gesichtspunkt, welche Bücher für westliche Leser den Zugang zur DDR-Gesellschaft ermöglichen oder doch wenigstens erleichtern. Manche der wegen ihrer universellen Themen in der westlichen Kritik sehr geschätzten Werke wie die von Christa Wolf («Kassandra»), Heiner Müller («Mauser») oder auch Irmtraud Morgner («Leben und Abenteuer der Trobadora Beatriz», «Amanda») werden vernachlässigt. (Auf Müllers Bedeutung für das Theater wird später noch eingegangen.) Es ist übrigens bezeichnend für die Erwartungshaltung vieler DDR-Leser, daß die genannten Bücher im Lande selbst vergleichsweise wenig rezipiert werden. Umgekehrt werden einige im Westen lebende oder vorrangig dort publizierende (ehemalige) DDR-Autoren außerordentlich geschätzt.

Vom Aufbau der neuen Gesellschaft

In den Nachkriegsjahren standen eindeutig zwei Themen im Vordergrund: die Aufarbeitung von Faschismus und Krieg und der Aufbau der «sozialistischen Gesellschaft» mit dem «Kampf des Neuen gegen das Alte». Als beispielhaft für die «Aufbauliteratur» darf Eduard Claudius' Novelle «Vom schweren Anfang» – später umgearbeitet zum Roman «Menschen an unserer Seite» – gelten; Claudius hatte den Maurer Hans Garbe kennengelernt, dem es gelungen war, einen Brennofen neu zu mauern, ohne daß der bei 1 000 Grad Celsius Betriebstemperatur arbeitende Ofen gelöscht

Eva Schulze-Knabe: Aussprache nach der Schicht (Mischtechnik, 1963)

werden mußte. Garbe wird von Claudius als zäher, kantiger Arbeiter geschildert, der von seinen Kollegen als «Normbrecher» und «Lohndrücker» (so auch der Titel eines Theaterstücks von Heiner Müller nach der gleichen Vorlage) beschimpft wird. Garbe – bei Claudius heißt er Hans Ähre – setzt sich aber durch. Claudius zeigt die Konflikte der neuen Produktionsverhältnisse in realistischer Weise, wenn auch mit optimistischer Betonung. Der grundsätzlich vorhandene Widerspruch zwischen der Verstaatlichung und damit Abschaffung ausbeuterischer Verhältnisse und der sinnlichen Erfahrung, daß sich an der eigenen Arbeit, die immer noch Schinderei ist, nichts ändert (der einzelne Arbeiter auch nur abstrakt Besitzer am «volkseigenen Eigentum» ist), wird im Roman zwar angesprochen, aber nicht wirklich diskutiert, sondern durch belehrende Erklärungen des Betriebsparteisekretärs «gelöst».

Mit Garbe alias Ähre stellte Claudius einen Typ vor, der fortan immer wieder die literarische Szene betreten sollte: der «Selbsthelfer», der aktiv und ungeduldig die Revolution auf eigene Faust vorantreiben will, oftmals gegen Widerstände behäbiger Bürokraten, oftmals aber auch vorschnell, anarchisch – und daher nicht selten dazu verurteilt, von «vorausschauenden» Parteigenossen gebremst zu werden oder auch zu scheitern. «Moritz Tassow» von Peter Hacks, Volker Brauns «Paul Bauch» (in «Die Kipper») und auch «Ole Bienkopp» von Erwin Strittmatter sind solche vitalen Figuren.

Ole Hansen, genannt Bienkopp, wird von Strittmatter als leidenschaftlich-tatendurstiger Mensch gezeichnet, der gegen die im Dorf, die «noch nicht so weit sind», und die, die als Funktionäre «den Plan» vertreten, seine LPG-Aufbaupläne verwirklichen will. Ole Bienkopp übernimmt sich, scheitert an diesem Konflikt wie an seinen uneinlösbaren Ansprüchen und stirbt. Allein dieser Tod des literarischen Helden war bei Erscheinen des Buches 1963 für DDR-Verhältnisse ein Novum, und es brauchte eine ausgiebige Zeitungskampagne, um dies den an Strahlemänner und -frauen des sozialistischen Realismus gewöhnten Lesern verständlich zu machen. Obwohl – oder auch weil – manches klischeehaft und holzschnittartig wirkt, ist «Ole Bienkopp» zum Inbegriff des DDR-sozialistischen Heimat- und Bauernromans geworden.

Was «Ole Bienkopp» und auch sein industrielles Pendant, Erik Neutschs «Spur der Steine» (1964), heute (wieder) lesbar macht, ist das historische Interesse, daß diese Romane beanspruchen. «In der DDR ist wenigstens nach 1945 der Versuch gemacht worden, etwas Neues zu versuchen. Das hat meine Sympathie», sagt Helga Schubert-Helm, Psychotherapeutin und Schriftstellerin («Das verbotene Zimmer», «Anna kann Deutsch») vom Jahrgang 1940. Ähnlich hatte Wolf Biermann bis zu seinem Rauswurf sein Verbleiben in der DDR begründet. «Geschichte wird gemacht – Wir sind dabei», diese Aufbruchsstimmung gab es im Westen allenfalls Ende der sechziger Jahre. Für viele Genossen, die noch heute auf manchmal für sie selbst nicht faßbare Weise der SED die Stange halten, liegen die Wurzeln ihrer Treue in eben jenen Aufbaujahren.

Zum DDR-Roman par excellence avancierte aber ein anderes Buch: «Die Aula» von Hermann Kant, 1965 veröffentlicht. Kant erzählt die Geschichte des Journalisten Robert Iswall (biographisch weitgehend mit dem Autor identisch), der in Rückblenden seine Entwicklung und die der einstigen Freunde und Kommilitonen der «Arbeiter-und-Bauernfakultät» (ABF) in Greifswald erzählend resümiert, zugleich damit erstmals in der Literatur die Geschichte der DDR bis Anfang der sechziger Jahre. Kants souveräne, für damalige DDR-Verhältnisse mit modernen Stilmitteln (Zeitenschichtung, ironische Brechungen, innerer Monolog) ausgestattete Erzählkunst bedeutete eine stilistische Wende in der bis dato biederen DDR-Belletristik.

Auch heute noch läßt sich «Die Aula» vergnüglich lesen. Das ge-

Die Obstkistengeneration

fällig-amüsante Arrangement verschleiert allerdings, daß Kant zwar eine Reihe brisanter Themen wie etwa Republikflucht anpackt, sie dann aber rasch wie heiße Kartoffeln wieder fallenläßt. Kant bemerkte einmal dazu, er wäre doch «auch etwas (!) kritisch gewesen». Aber «etwas» ist eben doch «etwas wenig» – und gerade das macht wohl Kant zum von den Oberen so geschätzten Autoren. Immerhin brachte es der «Januskopf» (Joachim Seyppel über Kant) bis zum Präsidenten des Schriftstellerverbandes (seit 1978 bekleidet er dieses Amt).

Jeansprosa oder: Ausreißer gehören auch zur Gesellschaft

Ein Überblick über die wichtigsten literarischen Produkte der DDR offenbart einen für eine sich sozialistisch nennende Gesellschaft erstaunlichen Mangel: Nur in wenigen Ausnahmen (Kants «Aula» ist mit Abstrichen eine davon) wird das Leben einer Gruppe, eines «sozialistischen Kollektivs» gestaltet. Statt dessen steht im Mittelpunkt zumeist ein einzelner «Held» – also das Individuum. Sein Verhältnis zur Gesellschaft wird dabei in der Literatur der fünfziger und sechziger Jahre fast ausschließlich so reflektiert, daß der einzelne sich den neuen Ansprüchen der Gesellschaft anzupassen habe. Dieser Anpassungsprozeß verläuft dann in der Regel harmonisch, das Problem wird zur Zufriedenheit aller gelöst. «Ole Bienkopp» ist da schon die Ausnahme.

In den siebziger Jahren kehrt sich das Verhältnis bei einem engagierten Teil der Literatur um: Das Individuum wird gegen die Vereinnahmung durch die Gesellschaft in Schutz genommen. «Literatur ist eine Stütze des Individuums, nicht der Gesellschaft», erklärt der junge Autor Stephan Ernst in dem Bewußtsein, damit die parteieigene Sicht von «Literatur im Sozialismus» frontal anzugreifen. Bis heute noch immer das herausragende Beispiel für die literarische Behandlung des unangepaßten Außenseiters ist Ulrich Plenzdorfs «Die neuen Leiden des jungen W.». Durch die oftmals gespielte Bühnenfassung, die (West-)Verfilmung mit Klaus Hoffmann in der Hauptrolle und durch die Aufnahme in westdeutsche Lehrpläne dürfte Plenzdorfs Edgar Wibeau einer der bekanntesten DDR-Menschen in der Bundesrepublik sein, mindestens bei den 20- bis 30jährigen. Statt einer Inhaltsangabe die Bewertung von Stephan Hermlin: «Das Wichtigste an Plenzdorfs Stück ist, daß es vielleicht zum erstenmal, jedenfalls in der Prosa, authentisch die Gedanken, die Gefühle der DDR-Arbeiterjugend zeigt.» Plenzdorfs Erfolg in Ost und West bewies, daß er einen grenzüberschreitenden Lebensnerv mindestens der Jüngeren getroffen hatte. Das ließ einige Kollegen nicht ruhen, ihm nachzueifern. So Rolf Schneider, ohnehin immer schnell mit der Feder, der seine Gittie in «Die Reise nach Jarosław» gar Edgar Wibeau auf dem Bahnhof Friedrichstraße treffen läßt. Ähnlich wie Schneider hat auch Joachim Walther mit «Ich bin nun mal kein Yogi» (verfilmt als: «Und nächstes Jahr am Balaton») eine Trampergeschichte zum Aufhänger für Jugendsehnsüchte und -lebensgefühle gemacht. Walther wagte sich gar an das pikante Thema Ost-West-Begegnung: Sein Held Norman Bilat hat während einer Reise on the road nach Rumänien eine Liebesaffäre mit einer holländischen Yoga-Anhängerin zu überstehen. Klar, daß Jungarbeiter Norman am Schluß feststellt: «Deine Welt ist nun mal nicht meine Welt.» Gerade bei dieser Jeansprosa von Walther und Schneider fällt auf, was auch sonst Mangelware in der real existierenden DDR-Literatur ist: die Darstellung körperlicher Liebe, die mit allerlei erzählerischen Verrenkungen umschifft wird. «Wir, die wir aus der DDR kommen, schreiben eine prüde Literatur. Das liegt an unseren Wurzeln, so rasch können wir das Gelernte nicht abschütteln», hat Erich Loest einmal zutreffend formuliert.

Sucht nach Oobliadooh und andere Syndrome

Zwei Freunde, der eine Zahnarzt, der andere Schriftsteller, haben es satt, ein langweiliges, genormtes Leben zu führen. Jazzbegeistert, wie sie sind, brechen sie zu einer Traumreise auf nach Westberlin, ins «land of Oobliadooh». Das erhoffte andere Leben finden sie dort allerdings nicht, ernüchtert kehren sie wieder in ihr Land zurück, um einige Illusionen erleichtert. Vom Ranklotzen im Dienste des sozialistischen Aufbaus halten sie allerdings weiterhin nichts. Paasch, der Zahnarzt, landet in der Psychiatrie, Freund Arlecq (deutsch: Harlekin) zunächst auch, um dann in eine unbestimmte Zukunft entlassen zu werden.

Der Autor dieses Schelmenromans: Fritz Rudolf Fries. Bereits 1966 wurde dieses «Aussteiger-Buch» in der BRD veröffentlicht – in der DDR dagegen bis heute nicht, obgleich Fries inzwischen Mitglied in der (Ostberliner) Akademie der Künste und ein anerkannter und vielverlegter Autor ist. Es besteht kein Zweifel, daß Fries, 1935 in Bilbao/Spanien geboren, polyglott und weitgereist, sich als den Schelm der DDR-Literaten betrachtet. Jedenfalls hat keiner so unbekümmert um kulturpolitische Postulate geschrieben wie er – darunter übrigens auch eine Reihe von Reiseimpressionen. Schon im Titel der westdeutschen Ausgabe «Schumann, China und der Zwickauer See» klingt die zarte Ironie an, die Fries auf eigenwillige Weise in seinen Büchern versprüht. Von seinen an der Ostseeküste angesiedelten

«Seestücken» wird in «DDR querbeet» noch zu lesen sein.

Was Fries kraft Lebensgeschichte und Persönlichkeit an Weltgewandtheit und literarischer Leichtfüßigkeit repräsentiert, ist rar in der nach außen so hermetisch verschlossenen Republik. Das Studium ausländischer Literatur oder gelegentliche Auslandsreisen für einige privilegierte Schriftsteller sind da nur ein dürftiger Ersatz. Die selbst für osteuropäische Verhältnisse extremen Reisebeschränkungen sind mehr und mehr auch literarisch direkt oder indirekt zum Thema geworden, obgleich dies von den DDR-Zensoren gemeinhin als ‹Unzucht› ausgelegt wird.

Durchgeschlüpft ist, weil als parabelhafte Erzählung mehrdeutig genug, «Das Windhahnsyndrom» von Winfried Völlger. Die Story: Claudia M., Völkerkundlerin und Linguistin, schreibt eine Dissertation über die Kulturgeschichte eines Himalaya-Völkchens. Erst nach der Fertigstellung und eingehender ideologischer Durchleuchtung darf sie nach Asien reisen, um ihren Forschungsgegenstand selbst in Augenschein zu nehmen. Auf dieser Reise wird sie erstmals von unerklärlichen Lachkrämpfen geplagt, einer Krankheit, die von nun an bei allen, vor allem unpassenden Gelegenheiten spontan aufzutreten pflegt und sich nicht unterdrücken läßt. Besonders schlimm wird es, wenn in ihrer Gegenwart ersichtlich gelogen wird – dann kann ihr Lachen auch mal in Weinen übergehen. Als eine Art Selbsttherapie schreibt Claudia das «Märchen vom Windhahn»: Der Windhahn hoch oben auf dem Dach will der kleinen Turmmaus nicht sagen, wie es in der Welt aussieht, obwohl er doch einen weiten Ausblick hat. Sein Horizont ist dennoch beschränkt. Als er schließlich von einem Turm losgerissen und in die weite Welt hinausgewirbelt wird, muß er zugeben, daß die Welt anders ist, als er angenommen hatte. So geht die Turmmaus nun ohne Zögern in die Welt hinaus, immer der eigenen Nase lang und im Vertrauen darauf, daß «alles ganz anders ist». Das Windhahnsyndrom, so darf der Leser schlußfolgern, ist also eine Krankheit infolge beengter, krankmachender gesellschaftlicher Zustände. Völlger, immerhin, stellt nach dem Vorbild einer psychotherapeutischen Aufarbeitung eine Genesung in Aussicht.

«Das Windhahnsyndrom» ist nicht nur ein Paradebeispiel für die Befindlichkeit eines in einem kleinen Land festsitzenden Intellektuellen, charakteristisch ist auch die Wahl einer Frau als derjenigen, die an den Leiden der Gesellschaft erkrankt – und sich daraus zu befreien sucht. Auch männliche Autoren haben sich zunehmend darauf verlegt, Frauen in den Mittelpunkt zu stellen, nicht nur als leidende, sondern auch als «starke» Frauen, die ihre Umwelt mit ihren Ansprüchen in Bewegung halten (so Volker Brauns «Tinka»). Am radikalsten und eindringlichsten haben sich aber die Frauen selbst geäußert.

Guten Morgen, du Schöne!

Wenn Frauen über Frauen schreiben, muß dies nicht unbedingt Frauenliteratur sein – jedenfalls in der DDR. Ein Beispiel sind Ma-

Simone Frost (links) und Walfriede Schmitt (rechts) in der Verfilmung von «Guten Morgen, du Schöne»

xie Wanders literarische Protokolle «Guten Morgen, du Schöne». Obwohl nun auch schon vor einem Jahrzehnt publiziert, sind sie ein noch immer aktuelles Standardwerk dieses Genres geblieben.
«Wie können wir Frauen ‹befreit› sein, solange nicht alle Menschen es sind?» fragt Christa Wolf in ihrem Vorwort. Um nichts weniger als die Menschwerdung, um den unbedingten Anspruch, als ganzer Mensch zu leben: darum geht es in diesen 17 Protokollen, die nicht bloße Tonbandaufzeichnungen sind, sondern von Maxie Wander kunstvoll bearbeitet wurden. Jedem Reisenden dringlich zu empfehlen!
Wie die Selbstäußerungen der von ihr befragten Frauen, so sind auch die unter dem Titel «Leben wär' eine prima Alternative» erschienenen Tagebuchaufzeichnungen und Briefe Maxie Wanders von bedingungsloser Ehrlichkeit sich und der Umwelt gegenüber. Darin ähnlich «Die geliebte, die verfluchte Hoffnung» von Brigitte Reimann, ebenfalls aus privaten Schreiben zusammengestellt.
«Eine radikale und sinnliche, kluge und selbstbestimmte Frau» hat Manuela Reichart in einer Besprechung des Buches Brigitte Reimann genannt. Beide, Wander wie Reimann, sind übrigens an Krebs gestorben, beide haben ihren literarischen Durchbruch nicht mehr erlebt.
Reimanns Hauptwerk ist der – unvollendete – Roman «Franziska Linkerhand», an dem sie zehn Jahre lang gearbeitet hat. Die Titelheldin ist eine junge Architektin, deren kompromißloser Lebensanspruch in Konflikt mit einer konformistischen Umwelt steht.
«Ich will nicht länger eine Grottenolmexistenz führen», heißt es an einer Stelle der Bühnenfassung von «Franziska Linkerhand». Auch in Monika Marons «Flugasche» ist es eine junge, berufs-

tätige Frau, die Journalistin Josefa Nadler, deren berufliche Ansprüche (hier: eine ungeschminkte Reportage über die Umweltzerstörung durch ein Kraftwerk) wie die privaten (die Liebe eines Mannes zu finden, ohne sich aufzugeben) konsequent zu einem «Parteiordnungsverfahren» und zur Loslösung vom Freund führen.

Marons Roman greift inhaltlich das auf, was als gesellschaftlicher Hintergrund für viele belletristische Werke und ihre Rezeption bestimmt: der be- und verhinderte Journalismus. Der Mangel an unterhaltsamer Kost ist eine Komponente, die manchen zu Büchern greifen läßt, der hierzulande «Stern» oder «Spiegel» konsumieren würde. Gewichtiger noch ist der Effekt der politischen Zensur: Da die Massenmedien ganze Bereiche der Realität aussparen oder beschönigen, staut sich ein Bedürfnis nach «wahrheitsgemäßer» Information und ehrlicher Diskussion an. Anders als in der westlichen Presse, die weitaus geschickter ihren Lesern vorgaukelt, sie «objektiv» und «allumfassend» zu informieren, stehen die Nachrichten und Berichte in der DDR in einem zu offensichtlichen Widerspruch zu den alltäglichen Erfahrungen eines jeden. So entsteht auf seiten der DDR-Leserschaft ein immenses Bedürfnis, den Alltag literarisch bewältigt zu finden.

DDR – konkret

Die Augen, Ohren und Nasen nicht vor der widersprüchlichen, den sozialistischen Idealen oft Hohn sprechenden Alltagsrealität zu verschließen, unermüdlich sein im Aufspüren inhumaner und entfremdeter Verhältnisse: das ist zum Anliegen mancher Schriftsteller aus der DDR geworden. Jürgen Fuchs ist wohl derjenige, der am unerbittlichsten in die verbotenen Zonen der DDR-Innereien eingedrungen ist. Partei, Staatsapparat, Politische Polizei, Volksarmee sind die Themen, die Fuchs in literarischen Protokollen und tagebuchähnlichen Aufzeichnungen («Gedächtnisprotokolle», «Vernehmungsprotokolle», «Fassonschnitt») bewältigt hat. Nicht zufällig nennt er Wallraff als einen der Lieblingsautoren seiner Jugendzeit, während der er als FDJ- und später SED-Mitglied noch wohlgelitten war.

Der Lebenslauf des aus proletarischen Verhältnissen stammenden Fuchs offenbart manch Charakteristisches, nicht nur für unbequeme Literaten, sondern auch für undogmatisch-sozialistische Oppositionelle der jüngeren Generation, zu der auch Fuchs zu zählen ist. 1950 geboren, ist er ein Eigengewächs der DDR, der, gerade weil er an den Sozialismus glaubte, 1968 beim Einmarsch der «sozialistischen Bruderländer» in die ČSSR die Ideale an der Wirklichkeit zu messen begann. Der bis zur Perversion gesteigerte Mißbrauch sozialistischer Ideen, auch die Verletzung seines Gerechtigkeitsempfindens und seiner Selbstachtung in der Armeezeit lassen Fuchs auch nach Jahren des unfreiwilligen Exils in Westberlin (er war 1977 nach neunmonatiger Untersuchungshaft in den Westen abgeschoben worden) weiterhin seine Vergangenheit in fiktional-dokumentarischer Weise aufarbeiten. Seine Kritik an den real existierenden Verhältnissen drüben

wirkt durch sein Engagement für die Friedensbewegung hüben überzeugender als bei manch anderem Ex-DDRler. Auf Grund seiner Tätigkeit als Sozialpsychologe im Westberliner Arbeiterviertel Moabit wurde Fuchs im Unterschied zu manchen seiner Kollegen Berufsliteraten mit den Schattenseiten der westlichen Gesellschaft hinlänglich konkret vertraut gemacht.
Neben Fuchs ist Erich Loest zu nennen, der nach seiner Übersiedlung in die Bundesrepublik ebensowenig von seiner Heimatstadt Leipzig lassen kann, siehe seinen Roman «Völkerschlachtdenkmal». In der Figur des Wolf («Wölfchen») Wülff hat Loest in seinem zunächst 1978 in der DDR erschienenen Buch «Es geht seinen Gang oder Mühen in unserer Ebene» einen Antihelden entworfen – im Verständnis der Parteikulturfritzen vor allem. Ähnlich wie Plenzdorfs Edgar Wibeau hat Ich-Erzähler Wülff seine Urerlebnisse mit Rockmusik und Aufbruchsstimmung in den Sechzigern, so wird er anläßlich eines geplanten Konzerts der «Old-Kings-Combo» von einem Polizeihund gebissen; aber Wülff wird deshalb nicht zum Aussteiger, sondern geht seinen Gang als Ingenieur und braver Familienvater. Seine ehrgeizige Frau will ihn unbedingt auf der beruflichen Erfolgsleiter nach oben klettern sehen, aber Wülff fehlen jegliche Ambitionen. Er tut seine Pflicht – mehr nicht, hat sich bequem eingerichtet, ohne sich über die kleine private Welt hinaus einen Kopf zu machen. Weil er in spontaner Entrüstung einen Parteigenossen beleidigt hat, bricht seine Frau schließlich mit ihm.

Loests Buch ist zu Recht ein Schlüsselroman der DDR-Durchschnittswelt genannt worden, beschreibt er doch Menschen, die sich auf diese oder jene Weise mit dem System arrangiert haben, von beruflichen Erfolgen träumen oder schlicht vom kleinen privaten Glück. Sozialistische Ideologie ist ebenso selbstverständliches wie belangloses Beiwerk des alltäglichen Lebens geworden, allenfalls hindert und bremst sie, mitreißen kann sie niemand mehr.
Unbarmherziger als Loest nahm sich Christoph Hein in der Novelle «Drachenblut» (DDR-Original: «Der fremde Freund») existentieller Fragen an. Er schildert eine junge Ärztin, Claudia, die «nichts mehr verletzen kann», die «aus ihrer Haut nicht mehr heraus kann». In ihrem Leben hat sich längst tödliche Langeweile breitgemacht, lediglich der Nonkonformist Henry («Ich fürchte mich nicht zu sterben. Schlimmer ist für mich, nicht zu leben.») scheint sie aus ihrer Lebensarmut herauszureißen zu können, stirbt aber bei einem Unfall. «Anatomie der menschlichen Destruktivität» könnte Heins Werk im Untertitel lauten. Jedenfalls lassen sich manche Parallelen zwischen den sozialpsychologischen Diagnosen Erich Fromms und der Lebenswelt der Ich-Erzählerin Claudia ziehen. Alternativen zu ihrer von sich selbst und ihren Mitmenschen entfremdeten Ichwelt sind weit und breit nicht zu erkennen. «Kunst aber ist Anarchie», sagt ein Maler auf einer Fete. «Sie ist die Peitsche der Gesellschaft. Die einzig gültige Ästhetik ist das Entsetzen, das Maß aller Kunst ist der gellende Schrei.» Aber auch solche starken

Worte verpuffen ins Leere, «keiner widersprach ihm», nichts regte sich. Anarchie ist die Konsequenz einer ausweglos vereinzelten Existenz, aber «der Tag der Revolte ist bereits ihr Ende». Auch Anarchie kann nur noch gedacht, nicht mehr gelebt werden, bleibt pure Negation des Bestehenden: Ähnlich in seiner Grundaussage ist auch Heins erfolgreiches Stück «Die wahre Geschichte des Ah Q». Damit trifft Hein sicher nicht nur das Lebensgefühl in Deutschland-Ost.

Und wo bleibt die Poesie?

«Deutschland. Ein Wintermärchen.» Schon gelesen? Ja, das von Biermann? Oder ersatzhalber seine «Drahtharfe» oder seinen «Preußischen Ikarus»? Aber B. B. kennt doch wohl jeder. Auch seine «Buckower Elegien», kurz nach dem Juni-Aufstand 1953 geschrieben? Klagegedichte? Eben nicht! Aber dann vielleicht Georg Maurers «Dreistrophenkalender» oder Johannes Bobrowskis «Litauische Claviere»? Was, nie gehört? Aber vom Grandseigneur der DDR-Literatur, Erich Arendt, Spanienkämpfer, Kolumbien-Emigrant, Ägäis-Liebhaber, da muß mensch doch etwas kennen! Zu hermetisch? Was ist denn das für ein poesiefeindliches Argument!

Also, wir geben kleinlaut zu, daß die Poesie in diesem Buch zu kurz kommt. Aber zum Ausgleich ignorieren wir auch die Science-fiction-Literatur, die in der DDR ihre seriösen wie unseriösen Vertreter hat. Wir kümmern uns auch nicht um die allgegenwärtige griechische Mythologie (Kassandra, Odysseus, Prometheus . . .) und um den in der DDR so verbreiteten Hang zur Romantik (Novalis, Günderode, E. T. A. Hoffmann . . .), zum Expressionismus (Trakl, Georg Heym . . .) und zu Hölderlin. Wir stellen auch nicht die Essayistik und Aphoristik von Franz Fühmann, Christa Wolf, Volker Braun, Stephan Hermlin oder Erwin Strittmatter vor, obgleich wir die durchaus lesenswert finden. Aber das ist ohnehin hier nicht der Maßstab. Zu unserer Entschuldigung können wir nur etwas von Seitenumfang murmeln. Und wir versichern, daß wir die Meister des Worts gerne in diesem Buch zitieren, wo immer wir ihre Autorität benötigen.

THEATER – DONNER HINTER DEN KULISSEN

«In der DDR macht kaum jemand nur Theater, um Theater zu machen.»
Irene Böhme

«*Diesen* Sozialismus sollen wir erben? Wo Marx nur noch den lieben guten Weihnachtsmann macht?» – So fragt sich der achtzehnjährige Jochen Schanotta in Georg Seidels gleichnamigem Bühnenstück. Von der Bevormundung durch Mutter und Lehrer hat er schon längst die Schnauze voll, «dauernd Fähnchen schwenken und nach Vorschrift leben» – das ist vorbei. Jochen ergreift nach dem Rausschmiß aus der Schule mit dem Mädchen «Klette», einer Diskobekanntschaft, die Flucht. Er weiß zwar nicht, mit welchem Ziel – egal, Hauptsache weg aus dieser Spießergesellschaft. Aufmüpfig zwar, aber doch auch ein ziemlicher Schlaffi, ist Jochen ein waschechter Aussteiger der achtziger Jahre.
Die Wanderschaft durch die DDR bringt neue Erkenntnisse: «Nee, das Land ist viel zu klein für Landstreicher, kommste ja fünfmal im Jahr an denselben Ort.» Und: «Alles mit Draht umwickelt, das ganze Land – damit es nicht auseinanderfällt.» Schärfer kann das Stück nun nicht mehr werden, und um es überhaupt zur Aufführung bringen zu können, muß

Zementierte Parolen – verflüchtigter Glaube

Von einem Straßenfest in Ostberlin

Schanotta am Ende in die Gesellschaft zurückkehren – wenn auch weniger aus Überzeugung denn aus Resignation, nichts Besseres gefunden zu haben. Seine weitere Läuterung bleibt zwar etwas ungewiß, aber deutlich wird doch die Moral von der Geschicht: Die Jugend war schon immer respektlos, arbeitsscheu, unmoralisch und aufsässig – wie einst schon Sokrates feststellte. So steht's denn auch im Programmheft. Und weiter: Bald werden die Jungen wie die Alten sein – und sich ihrerseits mit den Jungen herumschlagen.

Gleich, ob es die ursprüngliche Absicht war oder ein Zugeständnis an die Zensur: Durch die doppelte Kritik am herrschenden Sozialismus *und* an der Jugend, die sich verweigert, ohne Alternativen zu kennen, wird dem Stück der Zahn gezogen. Immerhin sind die deftigen, zuweilen proanarchistischen Sprüche des Antihelden Jochen Schanotta, denen die ausnahmslos kleinbürgerlichen Vertreter der Gesellschaft nichts entgegenzusetzen haben, unerhörte Töne in der DDR-Öffentlichkeit. Womit das Stück genau dem Erwartungsdruck eines bestimmten (hier vorwiegend jugendlichen) Publikums entspricht: das nie Gesagte endlich zu hören. Im Schutze des Publikums dürfen sich alle je nach Temperament klammheimlich freuen oder erleichtert lachen. Und der Zuschauer aus dem Westen wird erstaunt feststellen: So was darf hier alles laut gesagt werden?

Die Nähe zum Kabarett, aber auch zu politisch engagierten freien Theatern im Westen ist offensichtlich. Es fehlt nicht einmal die Provokation des Publikums, sinngemäß etwa: Ihr seid doch alle nur hier, weil in eurem Leben nichts passiert. Auch die Verwendung von Alltags- und Jargonsprache und die streckenweise boulevardtheatermäßige Inszenierung ist ein Indiz, wohin sich das DDR-Theater – mindestens die Sparte «Gegenwartsstücke» – weiter entwickeln wird: Mit der schrittweisen Aufweichung der Zensur wird es nichts weiter sein als – Theaterdonner. Wie singt doch die Gruppe «Karl's Enkel» zur Begleitung von «Jochen Schanotta»: «Wir reden nur drei bis vier Worte, nur Worte – nicht einmal die Scheiben klirren.»

Verspätete Schlachten

Aber so einfach ist es denn doch nicht. Die Erkenntnis der selbsternannten Enkel von olle Karl

(Marx) ist noch nicht bis zu den Kulturpolitikern vorgedrungen. Die halten die Bühne immer noch für die Bretter, die die Welt bedeuten. Jedenfalls legen verschiedene Ereignisse der letzten Jahre diese Deutung nahe. So wurde etwa «Der Georgsberg» von Rainer Kerndl nach nur drei Aufführungen vom Spielplan des Ostberliner Maxim-Gorki-Theaters kommentarlos abgesetzt. Das Stück behandelt mit allerdings dürftigen dramaturgischen Mitteln das Thema «Devisensucht». In einer thüringischen Kleinstadt, so der Aufhänger, soll ein Valuta-Hotel nur für westliche Besucher gebaut werden; aber nicht nur der Ausverkauf an das kapitalistische Ausland kommt aufs Bühnentapet, sondern eine Fülle weiterer brisanter Themen und Reizwörter. Kein Wunder also, daß hier eine Absetzung erfolgte?

Nun, Autor Kerndl ist immerhin Nationalpreisträger, stellvertretender Vorsitzender des Schriftstellerverbandes und Cheftheaterkritiker im eNDe. Oder besser: Er war Theaterkritiker im eNDe, denn mittlerweile ist er aus den Rezensionsspalten der Zeitung verschwunden. Ungemach widerfuhr auch Rudi Strahl, dem mit Abstand beliebtesten Lustspielautor der DDR. Sein Stück «Das Blaue vom Himmel» wurde ebenso abgesetzt wie schon einige Jahre zuvor seine «Flüsterparty», in dem es um das heikle Thema Intershop ging.

Manche Absetzung von Berliner Bühnen mag allerdings ein Hauptstadteffekt sein: Hin und wieder setzen sich halt auch mal führende Genossen in die Theaterloge – und fühlen sich dann auf den Schlips getreten. Reiz-Stücke wie Uwe Saegers «Flugversuch» (Thema: Ost-West-Liebe) erleben ihre Uraufführung sicherheitshalber in der Provinz, in diesem Fall im Leipziger Kellertheater.

Ein anderes ungewöhnliches Opfer der Zensur deutet allerdings noch auf einen weiteren, pikanten Hintergrund der Affären Kerndl/ Strahl: Helmut Sakowskis Roman «Wie ein Vogel im Schwarm», in dem es um Preußenverherrlichung, Westkontakte und Devisensucht geht, wurde nach einem Vorabdruck «auf Wunsch des Autors» zwecks Bearbeitung zurückgezogen – und erschien dann in entschärfter Form. Sakowski gehört wie Kerndl und Strahl zu jenen parteilich geförderten Autoren, die schon in den sechziger Jahren ebenso schlichte wie von der Parteipresse hochgelobte Werke veröffentlicht hatten; besonders Sakowski (der 1942 bis 1945 NSDAP-Mitglied war und heute im ZK der SED sitzt) versäumte überdies kaum eine Gelegenheit, offiziell unerwünschte Kollegen mit Schlamm zu bewerfen. Allesamt scheinen sie nun Opfer eines noch immer schwelenden Kampfes zwischen zwei alten Fraktionen geworden zu sein: die Anhänger des asketischen Ulbricht-Kommunismus gegen die Freunde von Honeckers Gulasch- und Intershop-Sozialismus. Denn im Grunde argumentieren Kerndl & Co von der Ulbrichtschen Saubermann- und Westabgrenzungsideologie aus. Ihre Fälle haben unter Berufskollegen in der Republik gleichwohl eher Schadenfreude denn Solidarität ausgelöst: «Endlich trifft es mal die Richtigen.»

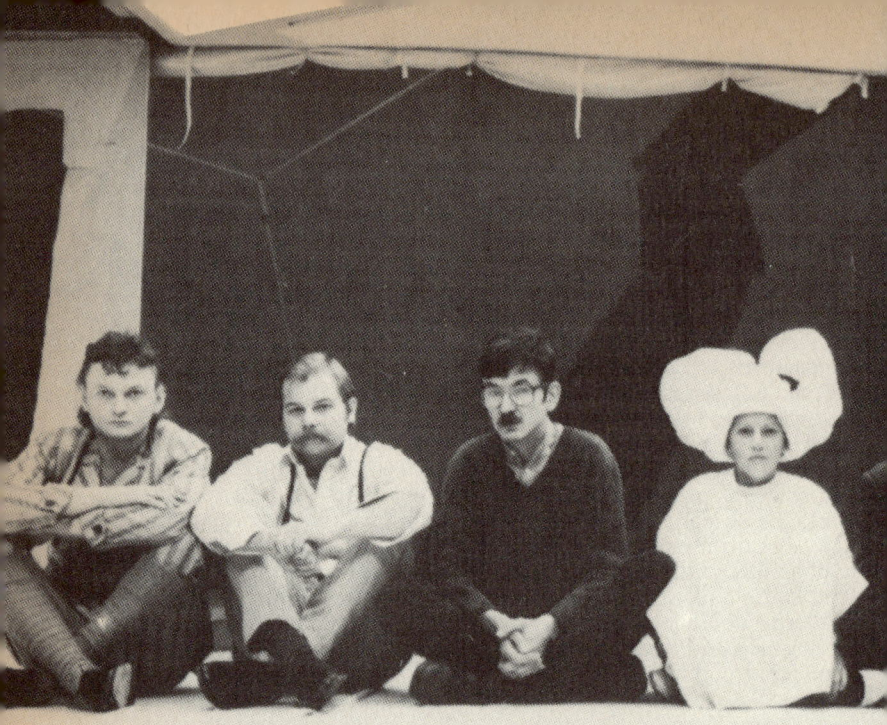

Uraufführung von Christoph Heins Stück «Die wahre Geschichte des Ah Q» (Hein: dritter von links)

Gegenwartsstücke: so oder so

Problematisch sind sie allemal, die «sozialistischen Gegenwartsstücke». Die Qualität der DDR-Dramen wird selbst von der einheimischen Kritik offen bemängelt. Erstaunlicherweise besitzen eine ganze Reihe von Importen dieses Genres aus der Sowjetunion weit mehr Dampf: so die hinreißende Komödie «Garage» von Braginskij/Rjasanow, die die Possen einer Moskauer Garagenbaugenossenschaft namens «Fauna» aufs Korn nimmt. Herausragend auch die Stücke von Alexander Gelman («Wir die Endesunterzeichnenden», «Zwei auf einer Bank»), Wladimir Tendrjakow («60 Kerzen») und Viktor Rosow («Das Nest des Auerhahns»). Gerade für westliche Zuschauer können gute Inszenierungen dieser Stücke echte Entdeckungen sein, sind die Autoren doch auf westdeutschen Bühnen so gut wie unbekannt. Wie tiefgehend dabei Realsozialistisches auf Wurmstichigkeit untersucht wird (wobei sicher auch manche mauerüberschreitende Made gefunden wird), ist angesichts der Gängelei um DDR-Stücke nur

verwunderlich. Offensichtlich sind die Stücke kraft Herkunft aus dem Mutterland des Sozialismus für die Zensoren sakrosankt. Angesehene DDR-Autoren wie Heiner Müller und Christoph Hein bleiben allerdings gegenüber dem «Zeitstück» skeptisch, vor allem da, wo es nur den «nicht existenten Journalismus» (Hein) ersetzen will. Müller sieht die «Gefahr, daß wir ein Publikum von Parasiten erziehen. Das heißt, die Leute sitzen im Theater und warten auf einen Witz, den man beziehen kann auf irgend etwas Aktuelles. Das wissen wir doch alle, daß das ein Hauptwirkungsmoment ist. Da lebt dann das Theater wirklich von den Mängeln unserer Propaganda, und das ist doch keine Lebensform.»

Ähnlich begründete Hein seine Vorliebe für historische Stoffe: «Mit Tatsachen ist auf der Bühne nicht viel anzufangen. Von Interesse ist, was ihnen folgt. Ich kann mit Lassalle anders arbeiten als mit einer Hauptfigur, die Ulbricht heißt. Da geht es um wahr oder falsch. Wenn Shakespeare den Macbeth schreibt, kann er ohne weiteres zwölf Jahre streichen, zwölf Jahre, die für das Geschichtsbild enorm wichtig waren. Wenn man das bei Ulbricht machte, wäre das geschichtlich falsch. Bei Macbeth kommt niemand auf die Idee zu sagen: Aber historisch stimmt das nicht. Natürlich stimmt es nicht. Aber es geht ja um etwas anderes. Wir machen nicht Schulfunk.»

Hein, der in der DDR ähnlich, nur anders umstritten ist wie Müller, verzichtet allerdings keineswegs darauf, das Lebensgefühl und die existentielle Not der Jetztzeit in seinen Stücken auszuloten. Beispielhaft ist «Die wahre Geschichte des Ah Q» nach einer Vorlage des chinesischen Autors Lu Xun aus dem Jahre 1922. (Motto Lu Xuns: «*Vergeltung* schrieb ich aus Widerwillen gegen die große Zahl von bloßen Zuschauern in der Gesellschaft, *Hoffnung* aus Betroffenheit über die Passivität der Jugend.») Der «Taugenichts» Ah Q und sein Freund, der Intellektuelle Wang – genannt Krätzebart –, sind Aussteiger, Totalverweigerer, Clochards der Gesellschaft. Sie träumen von der Revolution.

Heiner Müller

Während Ah Q am liebsten laut schreit «Es lebe die Revolution!», sinniert Krätzebart im Stile eines Ex-68ers: «Damals besaß ich über dreihundert Lebensweisheiten. Heute besitze ich nicht eine mehr.» Vordergründig im revolutionären China 1911/12 spielend, ist das Stück doch auf seine Weise zeitnah: Die Revolution läßt die Herren Herren und die Büttel Büttel bleiben, die Ideale sind verschlissen, der Schrei nach Veränderung, nach Anarchie ist sinnlos. Die Gestalt des Ah Q hat eine gewisse Verwandtschaft zu Jochen Schanotta, aber Hein entwirft nicht vordergründig-witzige, sondern gewitzt-mehrdeutige Dialoge. Krätzebart zu Ah Q: «Die Scheinfrage der Wissenschaft: Sein oder Nichtsein. Du kannst siebzig Jahre darüber nachdenken, und wenn's hochkommt achtzig, dann ist diese Frage für dich entschieden.»
In der brillanten Inszenierung von Alexander Lang – einem der profiliertesten DDR-Regisseure – am Deutschen Theater in Ostberlin werden die Gegenwartsbezüge durch poppige Lichtspiele und aktuelle, alltagsbezogene DDR-Rocksongs (so von «Silly», «Pankow», «Rockhaus», «Keks») hergestellt.

Vom grausamen Theater des Heiner M.

Er gilt als der im Inland umstrittenste, im Ausland angesehenste DDR-Dramatiker seit Old Brecht: Heiner Müller. Der konsequenteste Nachfolger Brechts wurde er genannt, auch: ein deutscher Majakowski. Vergleiche mit dem Theater der Grausamkeit von Antonin Artaud oder mit Samuel Beckett fehlten ebensowenig. Die Insider registrierten überdies gleich drei Müllers: den Produktions-Müller, den Preußen-Müller und den Mythos-Müller. Da in einer Regieanweisung seines Stücks «Hamletmaschine» von der «Zerreißung der Fotografie des Autors» die Rede ist, wird bald ein vierter, endlich «wahrhafter» Müller erwartet. Die Exegeten seines Werkes haben es nicht einmal versäumt, alle möglichen DDR-Zeitschriften der fünfziger Jahre auf der Suche nach verbliebenen Kritiken mit dem Kürzel «H.Müller» zu durchwühlen. (Bedauerlicherweise hieß ein Kollege der Zeit Harald Müller, was die Interpretation erheblich erschwert.)
Nun, Müller begann tatsächlich schon in den Fünfzigern mit Produktionsstücken wie «Die Korrektur», «Der Bau», «Die Bauern», «Der Lohndrücker» seine mittlerweile preisgekrönte Karriere. Aber wer schrieb damals nicht sein

Agrodrama, sein Baudrama? Die Kritik bescheinigt Müller auch heute noch, «gültige und kompromißlose szenische Darstellungen der Kinderjahre der DDR» (Uwe Wittstock) geschaffen zu haben. Da Müller von Stück zu Stück immer weniger Geschichtsoptimismus verbreitete und auch nicht davon abließ, nach dem Preis der Revolution zu fragen, flog der vormals noch von Ulbricht belobigte Autor bereits 1961 aus dem Schriftstellerverband. Seine Stücke «Mauser» und «Hamletmaschine» wurden bis heute in der DDR weder veröffentlicht noch gespielt; allerdings werden seine (frühen) Dramen immer häufiger aufgeführt.

Seine intensive Geschichtsforschung, sein Tieftauchen nach den Wurzeln der Zivilisation hatte Müller bald in einen «konstruktiven Defaitismus» geführt, wie er es nennt. Müller fragt sich (so in «Germania Tod in Berlin»), welches historische Erbe die DDR angetreten hat (Stichworte: Untertanengeist, Militarismus, nationale und soziale Zerrissenheit). Gibt es einen Ausweg aus dem Kreislauf der Gewalt in der Geschichte? Ist eine gewaltlose, friedliche Zukunft mit den gewalttätigen Mitteln der Revolution zu erreichen? Mit dem einheitlich marxistischen Geschichtsbild zerfällt bei Müller im Laufe der siebziger Jahre schließlich auch die Struktur des Dramas, selbst der Dialog als konstruktives, vernunftorientiertes Medium verschwindet. Seine neueren Stücke bringen auch hartgesottene Theaterkritiker ins Schwitzen, wissen sie doch nicht mehr so recht, was sie davon halten sollen. Auch Regisseure mußten schon ihre Kapitulation eingestehen. Müllers metaphernreiche Sprache ist vor Rezeption weitgehend geschützt – vor dem Mißbrauch um so weniger, wie Müller immer wieder feststellen muß: «Meine Texte sind oft so geschrieben, daß jeder Satz oder jeder zweite Satz nur die Spitze des Eisbergs zeigt, und was darunter ist, geht niemanden etwas an. Daß dann aber Theaterleute sich ein Froschmannkostüm anziehen und da herumtauchen und den Eisberg suchen oder sich einen eigenen bauen – das ist schwer vermeidbar. Ich nehme es hin.»

Dennoch: Heiner Müller ist immer ein Ereignis, besonders, wenn er selbst Hand an die Inszenierung legt. Wer's unverständlich oder einfach zu grausam findet, suche Trost bei des Meisters Worten: «Nun, ich finde ja fast alle meine Stücke relativ komisch. Ich wundere mich immer wieder, daß diese Komik so wenig bemerkt und benutzt wird.» Vom «Spiegel» nach dem Sinn seines Schaffens befragt, zitiert Müller Genet: «Das einzige, was ein Kunststück kann, ist Sehnsucht wecken nach einem anderen Zustand der Welt. Und diese Sehnsucht ist revolutionär.» Seinen Verbleib in der DDR hat Müller öffentlich nie in Frage gestellt; er bescheinigt dem dortigen Publikum, geschichtliche und mythologische Stoffe besser mit der Gegenwart in Beziehung setzen zu können als das westdeutsche. Außerdem schaffe die DDR «Erfahrungsdruck – als Voraussetzung zum Schreiben». Denn: «Das Leben ist verbindlicher östlich der Mauer, und das bedeutet auch den Zwang, Dinge radikal zu Ende zu denken, zu

Ende zu formulieren, über die man hier (in der Bundesrepublik) noch hinwegspielen kann.»

Peter H. und Volker B.

Mit seinen spektakulären Aufführungen hat Müller im Kampf um den Dramatiker-Thron seine ärgsten Konkurrenten der sechziger und siebziger Jahre, Volker Braun und Peter Hacks, in punkto (West-)Medienwirksamkeit und Einfluß auf jüngere Autoren abgehängt. Peter Hacks' Entwicklung ist dabei geradezu entgegengesetzt zu der Müllers: Erst 1955, auf dem Höhepunkt der westdeutschen Kommunistenhatz, in die DDR übergesiedelt, hatte Hacks sich bald mit «Die Sorgen und die Macht» und mit «Moritz Tassow» voll in die Nesseln gesetzt. Vor allem der Titelheld des Bodenreform-Stückes «Moritz Tassow» geriet viel zu sinnenfroh und anarchisch. Hacks zog eigentümliche Konsequenzen aus seinen Querelen mit der Kulturbürokratie. «Die größten Dichter enthalten sich des Gezänks von heute und antizipieren den klaren, sicheren und großen menschlichen Standpunkt von morgen.» Sprach's und schuf fortan ebenso heile wie sozialutopische Dramen, in klassischem Versmaß vorgetragen ...

Dagegen ging und geht Volker Braun in seinen Werken (so «Die Kipper», «Hinze und Kunze», «Tinka») ebenso wie Müller der Frage nach, welche Opfer die Revolution in der Lebensrealität heute kostet, welche Widersprüche sich in der Gesellschaft zeigen, wo das unselige Erbe der Vergangenheit seine Spuren hinterläßt. Anders als Müller ist Braun aber in seinen Stücken der DDR-Realität immer nahe, fordert er seit nun bald zwei Jahrzehnten unablässig die Einlösung sozialistischer Verheißungen. Seine hintersinnig-dialektische Denkweise hat ihn manches Mal tief ins staatssozialistische Mark schneiden lassen: Brauns rote Liste unerwünschter Werke umfaßt derzeit die «Unvollendete Geschichte» und «Schmitten». Brauns geradezu selbstquälerisches Unterfangen, die DDR bei ihren Ansprüchen ernst zu nehmen, wird aber von der Generation der Jüngeren zunehmend kopfschüttelnd betrachtet.

Theater gestern und heute

Über der Nennung einiger Namen, Stücke und Positionen darf das Besondere des Theaterwesens der DDR nicht vergessen werden, vor allem nicht seine außerordentliche Wertschätzung in der Gesellschaft. So wurde bereits Anfang Mai 1945 (!) in einem der ersten Befehle der sowjetischen Militäradministration die Zulassung des Bühnenbetriebes veranlaßt. Theater galt damals als das neben Presse, Rundfunk und Film wichtigste Medium der Volkserziehung. Die Zuschauerzahlen erreichten in der Spielsaison 1955/56 einen Höchststand von fast 18 Millionen (zum Vergleich: BRD 19,4 Millionen), an Subventionen flossen 168 Millionen Mark (BRD: 111 Millionen DM) in die Theaterkassen. Entsprechend groß war in diesen Jahren der ideologische Druck, dem selbst die beiden renommiertesten Dramatiker der Nachkriegszeit, Friedrich Wolf (er hatte sich in den zwanziger Jahren mit dem Agitproptheater profiliert) und Bertolt Brecht, mehrmals nachgeben mußten. Brecht wurde gerügt, weil in seinen Parabeln die Helden nicht lernen würden – obwohl gerade dadurch die Zuschauer etwas lernen; sein theoretisches Werk «Kleines Organon des Theaters» (1949) galt als Widerspruch zu der Widerspiegelungstheorie von Georg Lukács, der damals als Marxens Testamentsvollstrecker in Sachen Ästhetik angesehen wurde. Allerdings konnte Brecht kraft seiner Autorität zusammen mit seiner Frau Helene Weigel das «Berliner Ensemble» (BE) am Schiffbauerdamm aufbauen.

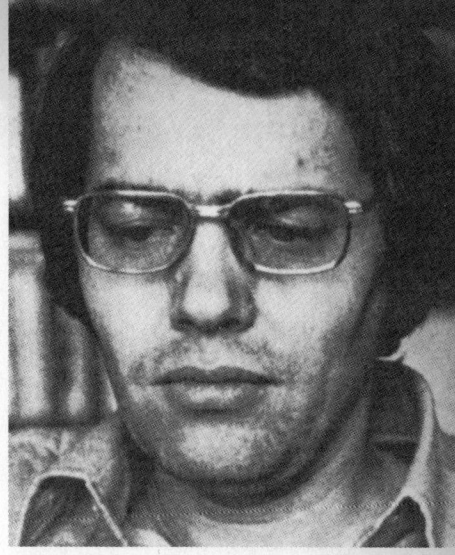

Volker Braun

Die Einführung des Fernsehens ab Ende der fünfziger Jahre führte auch in der DDR zu einem Rückgang der Zuschauerzahlen um einige Millionen, gleichzeitig lockerten sich, wenn auch mit Rückschlägen, die staatlichen Ansprüche an das (Sprech-)Theater als Erziehungsanstalt. Erstmals gelangten surreale Elemente, allegorische Darstellungen und absurdes Theater zur Aufführung, obgleich einige Klassiker der Moderne wie Samuel Beckett bis heute als «spätbürgerliche Nihilisten» verfemt sind. Die Entwicklung zum mündigen Zuschauer, der nicht mehr von einem überlegenen Autor belehrt wird, sondern selbst Mitspieler ist, das Kunstwerk erst in sich vollendet – das wurde immerhin eingeleitet. Der Kampf zwischen Konservativen und Neuerern dauert allerdings mit unverminderter Verbissenheit an – vor allem hinter den Kulissen. Auch die materiellen Voraussetzungen sind in der DDR andere als hierzulande: Die Autoren werden relativ großzügig honoriert, oftmals bekommen sie feste Anstellungen als Dramaturgen. Erfahrungsaustausch und kontinuierliche Arbeit sind gewährleistet. Andererseits erwächst daraus auch Bequemlichkeit, für manche Aufführungen nimmt man sich jahrelang Zeit. Die Experimentierfreudigkeit wird durch unkündbare Verträge, gewerkschaftliche Abmachungen, vorgeschriebene Zahl der Aufführungen und überhaupt vielerlei Bürokratie stark eingeschränkt. Aufgeschreckt durch den Zuschauerrückgang vor allem beim Musiktheater, interviewte das Fachblatt «Theater der Zeit» bereits besorgt die Intendanten, wie denn der Wettbewerb zu stimulieren, sprich: das soziale Netz für die Theaterleute weitmaschiger zu knüpfen sei!

Im Anlocken des entschwundenen jugendlichen Publikums schaffte das Volkstheater Rostock

Ernst Busch und Helene Weigel in «Mutter Courage und ihre Kinder»

einen ersten Erfolg: Musikalisch unterstützt durch die ortsansässige Gruppe «Badister» fand in der Ostseestadt mit «Rosa Laub» die Premiere des Rocktheaters statt. Weil's so erfolgreich war, wird nun landauf, landab der Rock für die Bühne eingespannt. Neue, spezialisierte Musik-Schauspielergruppen wie «Die Gaukler» haben die Marktlücke erkannt und genutzt.

Da Autoren, Regisseure und Schauspieler an einem Strang ziehen müssen, wollen sie ihren Spiel-Raum erhalten und vergrößern, hat die kollektive Arbeitshaltung an den Bühnen Wurzeln geschlagen. Als Vorbild gilt die «unschlagbare Truppe», wie sie einst am Berliner Ensemble unter Helene Weigel bestand. Noch ein weiteres Plus ist zu nennen: «Die Theaterleute in der DDR wissen sehr genau, was ihnen mißfällt, sie wissen, wogegen sie sind. Das, was ihnen mißfällt, mißfällt auch einem Teil ihres Publikums. Deshalb fühlen sie sich stark und nicht allein», weiß Irene Böhme, früher Dramaturgin und Theaterkritikerin in der DDR, seit 1980 in Westberlin, zu berichten. Wegen ihrer Kompetenz soll sie zum Schluß noch einmal zitiert werden: «Es gibt dieses DDR-Theater als einheitlichen Komplex nicht (...) Ich meine, man kann Theater nur konkret machen oder konkret beurteilen, sozusagen von Aufführung zu Aufführung, von Spielzeit zu Spielzeit, von Ort zu Ort.» Ein Plädoyer also für die sinnliche Selbst-Erfahrung. Denn alles reden und lesen hilft nichts: hin und anschauen! Und wenn's im Vorverkauf keine Karten mehr geben sollte, nicht gleich das Programmheft ins Korn werfen: Oftmals warten vor den Toren der Musentempel verkaufswillige Kartenbesitzer.

FILM – DAS UNBEKANNTE WESEN

«Ihr wollt ins Kino? Was gibt's denn da für euch schon zu sehen! Entweder liefen die Streifen schon vor Jahren bei euch, oder sie bringen 'nen DEFA- oder Russenfilm. Das interessiert euch?» Unsere Gastgeber sind fast entrüstet über unsere Neugierde. Wir bestehen aber hartnäckig auf unserem Wunsch, ahnen wir doch schon, was sich später wieder bestätigt: Westliche Produkte bekommen von vornherein ein Pluszeichen, östliche werden pauschal oder nach dem Motto, daß die Ausnahme die Regel bestätigt, abgelehnt. Darauf fallen wir aber nicht mehr rein. Was für einen DDR-Bewohner langweilig ist, muß es für einen Westler noch lange nicht sein.

Aber wie nun vorgehen, um eine gute Wahl zu treffen? Westliche Filme entfallen, die können wir uns auch zu Hause ansehen. (Manchmal allerdings kann es durchaus spannend sein, Westfilme, vor allem solche mit Anspruch auf Realitätsbezug, gemeinsam mit DDR-Freunden zu sehen.) Die vielfach gezeigten osteuropäischen Streifen sagen uns von den Namen der Regisseure her wenig bis nichts. Wie in anderen Kulturbereichen gilt aber auch hier: Osteuropa ist für uns erst noch zu entdecken. Polen hat mehr an außergewöhnlichen Regisseuren als einen Wajda, die Sowjetunion mehr als einen Eisenstein und einen Tarkowski hervorgebracht. Insider vermelden, daß besonders georgische und neuerdings auch baltische Filme ihre eigenen Qualitäten haben. Im Falle der litauischen Produktion «Die Frau und ihre vier Männer» können wir dies mit Nachdruck bestätigen: ein ungemein existentieller Film, der uns mehr beeindruckte als Wim Wenders' «Paris, Texas».

Aber am liebsten wollen wir doch einen waschechten DDR-Film sehen, möglichst aus dem «Gegenwartsschaffen». Gelegenheiten zur Information gibt es kaum, die Fachpresse («Film und Fernsehen», «Filmspiegel») ist oft vergriffen; Werbung gibt es nur spärlich. Verrisse in der Tageszeitung besagen nicht viel; betreffen sie einen zeitkritischen Film, sollten sie im Gegenteil neugierig machen. Die Titel werfen eher Rätsel auf. Um zu ahnen, daß «Und nächstes Jahr am Balaton» ein Jugendfilm ist, muß mensch schon wissen, daß

«Und nächstes Jahr am Balaton» (Szenenfoto)

der Balaton in Ungarn so etwas wie eine osteuropäische Adria ist. Und «Ete und Ali» läßt uns an eine Geschichte von einem Türken und, vielleicht, einem Neonazi denken. «Freunde teilen alles – Ein DEFA-Film über junge Leute für junge Leute» kündigt das Programmheft an, mehr nicht. Na ja, darunter läßt sich einiges verstehen. Wenn auch diffus, das riecht immerhin nach VEB-Welt von heute. Also hin.

Mittwoch abend im Filmtheater «Weltspiegel». Zum Vorprogramm verliert sich nur ein knappes Dutzend Zuschauer auf den Plätzen. Gezeigt wird ein Dokumentarfilm über eine junge, sympathische Sibiriakin, Anfang Zwanzig, Rentierzüchterin und Vorzeige-Abgeordnete des sowjetischen Parlaments. Nach ein paar Filmmetern wird klar, was das Filmteam in die entlegene Weite der Taiga geführt hat: Dort stimmt die Welt noch. Die Natur ist schön, die Menschen leben, arbeiten und feiern wie ehedem; die Rentierzüchter züchten Rentiere, Genossenschaften gab es schon immer – nun ist das ganze Dorf halt eine Staatsgenossenschaft. Nur daß ab und zu eine der ihren ins entlegene Moskau fliegt und mit allerlei seltsamer Kunde wieder zurückkommt. Das Filmteam ist sichtlich gerührt, so viel Harmonie und Glück in der realsozialistischen Welt gefunden zu haben. Wir mit.

Zum Hauptfilm strömt das Publikum hinein, der Saal füllt sich gut zur Hälfte. Eine Clique macht laut belustigte Bemerkungen über die armen Hanseln, die sich für 50 Pfennige extra «so 'nen Propagandaschinken» angeschaut haben.

Wer hierher kommt, will Amüsement, keinen Lehrfilm. Was bei «Ete und Ali» reichlich geboten wird.

Zwei Kumpel werden von der Armee zurück in die Zivilisation entlassen. Der schmächtige, schüchterne Ete (Jörg Schüttauf) muß der Tatsache ins Auge sehen, daß seine Frau ihn verlasssen will – zugunsten eines wohlsituierten Aufsteigerschnösels. Freund Ali (Thomas Putensen), breitschultrig, immer forsch und mit unschlagbarem norddeutsch-trockenen Witz gesegnet, stachelt den mutlosen Ete zum Kampf um seine schon verloren geglaubte Frau an. Die beiden müssen sich redlich abstrampeln (buchstäblich!) und manchen Nackenschlag einstecken, bis sich endlich die holde Schöne von ihrem spießigen Macker losmacht und die drei eine Landkommune aufmachen können. Das Glück währt nur kurz, denn Etes Frau wird nun Alis Frau, woraufhin Ete die Flucht ergreift, Ali hinterher . . .

Geboten werden reichlich Situationskomik, muntere Dialoge und stimmiges Kleinstadtmilieu – zärtlich bis deftig ironisiert. Zu sehen sind auch mehrere Autojagden, bei denen wiederholt die StVO aufs gröbste verletzt wird; auch ein bißchen nackte Haut fehlt nicht, wir erinnern uns an 1 (männlichen) Hintern und 2 (weibliche) Brustwarzen. Alles nicht zu dolle, aber doch recht erfrischend gemacht. Für ehemalige DDRler sicher ein echter Nostalgiefilm, für DDR-Neulinge gerade das Richtige, um sich auf VEB-Welten einzustimmen. Und für die Einheimischen spricht unser Sesselnachbar, der, sichtlich ange-

Ete, Ali und die Schöne (Szenenfoto)

nehm überrascht, beim Abspann tönt: «Mensch, war ja richtig locker!»

Zwischen I(deologie) und U(nterhaltung)

Die Geringschätzung der landeseigenen Produktion ist in ihrer Pauschalität ganz unangebracht. Wie fast jedes Vorurteil ist sie aber auch kein Zufall. Die künstlerisch vorzüglichen DEFA-Filme haben meist geschichtliche, vor allem aber antifaschistische Inhalte. Diese Problematik wird aber in den Schulen schon zum Überdruß vorgekaut. Viele der Gegenwartsfilme sind wiederum zu einseitig an dem äußerlich nicht eben spannungsreichen Alltag orientiert, was auch kaum jemanden hinter dem Ofen hervorlockt. Anders als in der Literatur sind echte Problemstoffe selten, traditionell unterliegt das Filmwesen starker offizieller Reglementierung. Als lange Zeit bedeutsamstes Massenmedium (1955: fast 310 Millionen Kinobesuche) wurde der Film stärker noch als das Theater vor den ideologischen Karren gespannt. «Für uns ist von allen Künsten der Film der wichtigste», hatte Lenin schon 1922 zukunftsweisend erklärt.

Folgerichtig war unmittelbar nach Kriegsende die Deutsche Film AG (DEFA) gegründet worden, zunächst mit sowjetischer Beteiligung, ab 1952 dann als «volkseigener Betrieb». Nicht nur in der stalinistischen Ära, sondern noch weit bis in die sechziger Jahre hinein wurde die DEFA-Produktion oftmals von den Leitlinien der Tagespolitik bestimmt – eine für die künstlerische und inhaltliche Entwicklung nicht eben förderliche politische Regieanweisung. Das Aufkommen des Fernsehens brachte auch hier die segensreiche Entlastung vom ideologischen Druck. Nun wird nicht mehr gefordert, was verfilmt werden soll, sicher aber immer noch, was nicht und wie nicht.

Bei Eintrittspreisen zwischen ein und vier Mark lassen sich, statistisch gesehen, die DDR-Bürger einschließlich Babys und Greisen durchschnittlich sechsmal im Jahr ins Kino locken. Die jährlich etwa 15 bis 20 vorwiegend in den DEFA-eigenen Studios in Babelsberg bei Berlin produzierten DDR-Spielfilme sind allerdings am Umsatz nur zu einem geringen Teil beteiligt. Kassenfüller der letzten Jahre waren westliche Unterhaltungsfilme wie «Plattfuß am Nil», «Die unheimliche Begegnung der dritten Art», «Tootsie», «Beatstreet» und verschiedene Karl-May-Verfilmungen. Über die Vielzahl niveauloser West-Klamotten kann mensch immer wieder nur staunen, aber offenbar liegen sie im Interesse der staatlichen Stellen. Ihre Beliebtheit ist leicht erklärlich: Sie zeigen jenes «verbotene Zimmer» (Helga Schubert) der Phantasie, das Land perfekter Illusionen. Wim Wenders mit seinen Filmen über den Mythos Amerika wäre der größte Knüller – nur darauf warten die Cineasten in der DDR bislang vergebens. Mit einer denkwürdigen Ausnahme: Gleichzeitig mit der westlichen Uraufführung wurde «Paris, Texas» in der Ostberliner Akademie der Künste gezeigt. Wenders selbst gab sich die Ehre als Zuschauer dieser einmaligen Veranstaltung.

Umgekehrt sind für Westler DDR-Filme dadurch attraktiv, daß sie sinnliche Erkundungsfahrten in eine unbekannte Welt sind. Selbst Filme minderer Güte sagen immer noch eine Menge über das Land und seine Bewohner aus. «Im Gegensatz zur großen Mehrheit der Spielfilmproduktion in der BRD reflektieren fast alle Filme der DEFA seit deren Anfängen Zustand, Entwicklung und Probleme der Gesellschaft, auf deren Boden sie entstanden sind», so der westdeutsche Filmkritiker und DDR-Spezi Heinz Kersten. Spielfilme aus der DEFA-Produktion kommen nach gut zwei Jahren für gewöhnlich in die Flimmerkiste, können also teilweise auch von bundesdeutschen Fernsehsesseln aus betrachtet werden. Gleiches gilt für Dokumentarfilme, die hierzulande ja ein eher kärgliches Dasein fristen, in der DDR aber eine reiche Tradition haben.

Spannender ist es natürlich vor Ort in einem Filmklub, in dem womöglich auch der oder die Dokumentaristen vertreten sind. Wir sind einmal zufällig in eine solche Veranstaltung hineingeraten. Der Regisseur und der – in diesem Fall – zuständige Fernsehredakteur führten selbst den Dokumentarfilm vor, das Porträt einer vitalen älteren Meisterin in einer Brikettfabrik. Das anschließende Gespräch war gleichermaßen eine Einführung in technische Möglichkeiten des Dokumentarfilms, in Arbeitsweisen von Regisseuren und in die Überlegungen eines «Zensors» (des Redakteurs) wie schließlich der Meinungen zuschauender junger Arbeiter.

Die Dokumentarfilmer stellen sich alljährlich auf der Leipziger Dokumentar- und Kurzfilmwoche für Kino und Fernsehen vor, die in der letzten Novemberwoche stattzufinden pflegt. Es ist das einzige internationale Festival in der DDR. Die einheimische Spiel- und Kinderfilmproduktion wird alternierend alle zwei Jahre auf nationalen Festivals gezeigt. Kinderfilme machen immerhin 20 Prozent der DEFA-Produktion aus (BRD: 4 Prozent) und erfreuen sich unter Kennern hoher Wertschätzung. In westliche Kinos verirren sich DDR-Filme nur selten. Für größere Erfolge bräuchte es sicher nicht nur bessere und thematisch andere Filme, es fehlt auch an einem kundigen oder doch wenigstens an der DDR interessierten Publikum. Unverdientermaßen sind einige herausragende DEFA-Filme bei uns gänzlich unbekannt. Immerhin erhielt «Die Frau und der Fremde» bei den (West-)Berliner Filmfestspielen den Goldenen Bären. Das von Regisseur Rainer Simon nach der Erzählung «Karl und Anna» von Leonhard Frank verfilmte Dreiecksdrama zwischen zwei Kriegsheimkehrern und einer Frau überzeugte die Kritiker durch seine «psychologische Präsenz». Was

Hildegard Knef und Ernst Wilhelm Borchert in «Die Mörder sind unter uns»

nichts daran änderte, daß «Die Frau und der Fremde» nur in ein paar Off-Kinos gelangte.

**40 Jahre DEFA-Film –
40 Jahre Antifaschismus**

Wie in der Literatur blieb auch im Film die Aufarbeitung von Nationalsozialismus und Krieg über viele Jahre hinweg das Hauptanliegen. Im Vordergrund stand zunächst die mahnende Erinnerung an Kriegs- und Naziverbrechen, verbunden mit dem Appell zum Aufbau einer neuen Gesellschaft. Besonders deutlich wird die humanistisch-pädagogische Absicht in «Die Mörder sind unter uns» (1946) von Wolfgang Staudte, dem ersten deutschen Nachkriegsfilm überhaupt. Staudte hatte für seinen Film keine Dreherlaubnis bei den westlichen Alliierten bekommen und sich daher an die DEFA gewandt.

Im Mittelpunkt steht der Arzt Dr. Mertens (Ernst Wilhelm Borchert), der – mit traumatischen Kriegserlebnissen belastet – zum arbeitslosen Alkoholiker und Nihilisten geworden ist. Dank einer jungen, energiegeladenen Frau (Hildegard Knef) wird er langsam ins Leben zurückgebracht. Zufällig trifft er seinen ehemaligen Kompaniechef wieder, der eigenmächtig unschuldige Geiseln erschießen ließ und nun als Fabrikant im Nachkriegsdeutschland schon wieder groß im Geschäft ist. Die Selbstjustiz des Arztes wird in letzter Minute von seiner Frau verhindert, der Kriegsverbrecher eingesperrt.

Staudte zieht allerlei klassische Register des Schwarzweißfilms und benutzt auch expressionistische Stilmittel. Interessant ist dieser erste in einer Reihe von Trümmerfilmen auch als Zeitdokument. So legt der Arzt ein pazifistisches Bekenntnis ab: «Es beginnt ganz harmlos mit Zinnsoldaten, dann gibt es Sportübungen mit dem Gewehr – und schon haben wir das Massensterben.» Zehn Jahre später standen sich Deutschland-West und Deutschland-Ost in voller Rüstung gegenüber.

Geschichtsunterricht im besten Sinne gelang Staudte mit seinem letzten DDR-Film «Der Untertan» nach Heinrich Mann, einer ätzenden Satire auf die deutsche Disposition zum «autoritären Charakter» (Adorno/Horkheimer). Der Film durfte erst gar nicht, dann nur zensuriert in der Bundesrepublik gezeigt werden. «Der Untertan» erscheint im Rückblick auch deshalb so gelungen, weil er zugleich gute Unterhaltung bietet, was leider nur von wenigen DEFA-Filmen der früheren Jahre gesagt werden kann. Eine nennenswerte Ausnahme ist «Karbid und Sauerampfer» von Frank Beyer. 1963 gedreht spielt der Film in den ersten Nachkriegstagen: Arbeiter Kalle Blücher (gespielt von Erwin Geschonnek, einem der bekanntesten Filmschauspieler der DDR) muß sich mit sieben Fässern Karbid quer durch die amerikanische und sowjetische Besatzungszone schlagen, um seinem Betrieb in Dresden auf die Beine zu helfen. Unterwegs von den Russen verhaftet, sieht Kalle nicht nur seine Felle, pardon, Fässer davonschwimmen: «In Sibirien haben sie Baumstämme, so dick, da können Generationen dran sägen . . .» Aber auch ohne Sibirien kommt es noch dicke genug für

Kalle, bis er endlich mit den verbliebenen zwei Fässern Karbid in Dresden eintrifft.

Auch im Westen bekannt geworden ist Regisseur Frank Beyer durch die Verfilmung von Bruno Apitz' KZ-Roman «Nackt unter Wölfen» (1963). Beyer vermied einige Schwächen der literarischen Vorlage durch eine zurückhaltende Inszenierung mit der Betonung der inneren Konflikte der KZ-Häftlinge. Nicht das KZ, sondern das Warschauer Getto ist der Schauplatz des elf Jahre später von Beyer inszenierten Films «Jakob der Lügner», eines eher poetischen, unaufdringlichen Films nach einem Roman von Jurek Becker. Der Gewinn eines Silbernen Bären und die Nominierung für einen Oscar (als bester nicht-amerikanischer Film) war – wenngleich Beckers Roman den Erfolg begünstigt hatte – eine Anerkennung für Beyers Einsatz für die «unzerstörbare Menschenwürde» (Beyer über den Grundgedanken von «Jakob der Lügner»). Beyers Devise: «Man sollte nie einen Film machen, für den man nicht brennt.» Einmal verbrannte sich Beyer allerdings die Finger, und zwar gleich heftig: «Spur der Steine», 1966 wiederum nach einem populären Buch, diesmal von Erik Neutsch, gedreht, lief nur kurze Zeit im Kino und wurde dann nach handgreiflichen Auseinandersetzungen zwischen Befürwortern und Gegnern abgesetzt. Die Krawalle waren wahrscheinlich von oben inszeniert. Einige erotische Szenen und eine allzu realitätsnahe Arbeitswelt fuhren den Genossen in die Glieder. Auf der berüchtigten ZK-Sitzung im Dezember 1965 wurden neben «Spur der Steine» gleich

Konrad Wolf in Aktion

noch drei andere Filme, alle mit Gegenwartsstoffen, verdammt. Selbst die Rückversicherung durch den schon veröffentlichten Roman half da nichts. Die Konsequenzen für Beyer waren hart: Acht Jahre lang konnte er keinen Kinofilm mehr realisieren.

«Einer der eindringlichsten Beiträge zur Interpretation der deutschen Geschichte», so rühmen die Kritiker Ulrich Gregor/Enno Patalas in ihrer «Geschichte des Films» den 1957 von Konrad Wolf gedrehten Film «Lissy». Wolf, Sohn des Dramatikers Friedrich Wolf und Bruder des DDR-Spionagechefs Markus Wolf, gilt nach einhelligem Urteil als der bedeutendste DDR-Regisseur. Ihm gelang es als erstem, sich inhaltlich wie formal von den Vorgaben des sozialistischen Realismus zu emanzipieren. Der – 1982 gestorbene – Wolf sei für den DDR-Film «unersetzlich, weil er immer Vorstöße, so ungewohnt sie mitunter für rückwärts gewandte Maßstäbe waren, eingeleitet hat», schrieb DDR-Kritiker Lutz Haucke. Wolfs Antifa-Filme (neben «Lissy» auch «Sterne», «Professor Mamlock», «Mama, ich lebe») waren mehr auf den «gewöhnlichen Faschismus» ausgerichtet als auf spektakuläre Ereignisse. Wolf argumentierte ähnlich wie seine Namenscousine Christa Wolf: «Es gibt zu wenig Analysen aus unserer heutigen Sicht über den Faschismus und die sehr komplizierten psychologischen Mechanismen, die es den Nazis möglich machten, ein ganzes Volk in solchen Wahnsinn zu treiben; das zu untersuchen, wäre sehr notwendig.» Wolf trug wesentlich dazu bei, daß in der DDR der Faschismus filmisch weitaus umfassender und eindringlicher verarbeitet werden konnte als westlich der Mauer.

In Babelsberg wurde allerdings nicht nur die jüngste Vergangenheit beleuchtet, vielmehr ging der Parteiauftrag dahin, die gesamte Geschichte unter dem Blickwinkel von Marxens historischem Materialismus neu zu interpretieren und zu gewichten. Von den Bauernkriegen bis zum Kieler Matrosenaufstand 1918 wurde die diesbezüglich nicht eben reiche deutsche Geschichte nach revolutionärem Geist abgegrast. Besonders dem Regisseur Kurt Maetzig oblag es, derlei handfeste Agitationsfilme zu drehen. Kosten spielten dabei keine Rolle: Für

Renate Krößner in «Solo Sunny»

das zweiteilige Filmepos über KPD-Führer Ernst Thälmann (1954/55) wurden über sechs Millionen Mark ausgegeben. Maetzig wandte sich hin und wieder auch der Gegenwart zu – der der bundesdeutschen Gesellschaft. In einem Streifen mit dem schönen Titel «Rat der Götter» wies er die (wahrlich) dunklen Machenschaften des IG-Farben-Konzerns nach.

Historische Stoffe waren aber in trüben Tagen des DDR-(Gegenwarts-)Films auch immer ein beliebtes Mittel, kritische Themen über den Umweg der geschichtlichen Parabel auf Zelluloid bannen zu können. Ohne ihn allein darauf reduzieren zu wollen, kann Konrad Wolfs «Goya – der arge Weg der Erkenntnis» dazu gezählt werden. Jedenfalls ging es Wolf sicher um mehr als den Kampf des Malers Goya gegen die spanische Inquisition Anfang des 19. Jahrhunderts. Deutlich genug schreibt auch Lutz Haucke: Wolf «setzt hierbei Politik und Kunst in ein Spannungsfeld, in dem die Kunst ihre eigenständige Kreativität gegen die Politiker entfaltet».

Gegenwart oder der arge Weg zur Realität

Mit Gegenwartsstoffen taten sich die DEFA-Produzenten seit jeher schwer. Entweder mißrieten die Filme künstlerisch, weil allzu plump agitatorisch, oder sie entbehrten jeden Unterhaltungswertes oder mußten mit der Zensurschere Bekanntschaft machen. Erwähnenswert von den älteren Filmen ist vor allem noch «Berlin – Ecke Schönhauser» (1957) von Gerhard Klein/Wolfgang Kohlhaase, eine realistische Studie aus dem Ostberliner Außenseitermilieu, zugleich das erste filmische Denkmal für den Stadtbezirk Prenzlauer Berg.

Erst in den siebziger Jahren entdeckten die DEFA-Regisseure parallel zu den Schriftstellern den sozialistischen Alltag für den Film. In «Insel der Schwäne» (Regie: Hermann Zschoche, Buch: Ulrich Plenzdorf) sind es Jugendliche, die sich der betonierten Neubauwelt Berlin-Marzahns erwehren müssen, in der «Legende von Paul und Paula» (Regie: Heiner Carow) ist es ein Liebespärchen, das sich von den gesellschaftlichen Konventionen freimacht. Dank des Filmszenaristen und Jugendspezis Ulrich Plenzdorf, der mittlerweile über seiner Tätigkeit auch schon mächtig ergraut ist, ist die Liebesgeschichte von Paul und Paula zu einem spritzigen, unverkrampften Unterhaltungsfilm geraten, eine echte Rarität in der (gesamt-)deutschen Filmlandschaft und daher auch einer der größten Publikumserfolge der DEFA.

Lach-Hit der letzten Jahre wurde «Märkische Forschungen» nach dem gleichnamigen Roman von Günter de Bruyn (Regie: Roland Gräf). Darin gerät der Wahrheitseifer eines Dorfschullehrers und passionierten Heimatforschers auf Kollisionskurs mit der Karrieresucht eines ebenso hochgestellten wie moralisch tief gesunkenen Geschichtsprofessors. Bislang ungeschlagen in der Gunst von Kritikern und Publikum ist «Solo Sunny» (1980), der letzte Spielfilm von Konrad Wolf. Mit Witz, Temperament und Zähigkeit setzt sich Ingrid Sommer, Arbeiterin und Schlagersängerin in Tingeltangel-Bands, gegen borniertes Männer der unterschiedlichsten Couleur durch. Trotz aller Krisen besteht sie auf ihrer Selbstverwirklichung, auf ihrem «Solo».

Wie schon zuvor ihre populären Kollegen Manfred Krug, Jutta Hoffmann, Sylvester Groth und Angelica Domröse (der Paula aus der «Legende ...») ist inzwischen Renate Krößner, die Hauptdarstellerin in «Solo Sunny», in den Westen übergesiedelt. Auch die Sängerin Regine Dobberschütz, die ihr für den Film die Stimme geliehen hatte, ist in Westberlin gelandet. Für beide gab es offenbar in der DDR nicht die Möglichkeit, sich zu verwirklichen. Von der DEFA-Welt bis zur DDR-Realität ist es doch ein arg weiter Weg.

Und wie geht's nun weiter? Das Filzpantoffelkino wird dank Videorecordern auch in der DDR seinen letzten Pyrrhussieg erringen. Wie prophezeite Norbert Mader bereits 1970 in «Prisma 1»? «Neue Hobbies und neue Möglichkeiten einer niveauvollen Beschäftigung in der Familie, dem Klub oder der Brigade werden entstehen.» Na, denn Prost!

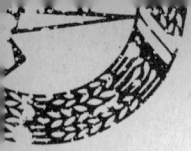

MALEREI – BUNT, BUNTER, MANCHMAL ZU BUNT

Jahrzehntelang galten die Maler und Bildhauer der DDR als mehr oder minder bedauernswerte Zwangsverpflichtete des sozialistischen Realismus, als Schöpfer heroischer Arbeiterbilder und monumentaler Plastiken zu Ehren von Marx, Lenin und deren selbsternannten Nachfolgern. Die westliche Kunstwelt ignorierte die gegenständliche und schon deshalb stilistisch hinterm Mond anzusiedelnde Malerei, Graphik und Plastik der DDR-Künstler weitestgehend. Spätestens seit der Documenta 6 in Kassel 1977, auf der erstmalig in der Bundesrepublik eine «repräsentative» Auswahl von sechs renommierten DDR-Künstlern gezeigt wurde, hat sich das geändert.

Besonders die «großen Vier» der DDR-Malerei, Willi Sitte, Bernhard Heisig, Werner Tübke und Wolfgang Mattheuer, gelten inzwischen als international anerkannt, sprich auktionswürdig. Aber auch andere wie der Einzelgänger Gerhard Altenbourg oder der Bildhauer Werner Stötzer sind inzwischen mehrseitiger Bildreportagen westlicher Zeitschriften für wert befunden worden. Der Schokofabrikant und Mr. Kunstmäzen der Bundesrepublik Peter Ludwig kaufte DDR-Bilder gleich serienweise auf und ließ, einmal in Fahrt, gleich noch ein Institut für Kunst der DDR in Oberhausen errichten. Vor allem das «solide handwerkliche Können» der allesamt auf Akademien großgewordenen DDR-Maler wird geschätzt – nach dem Überdruß am Abstrakten, an den «genialen Dilettanten» kommen die handfesten DDR-Künstler gerade recht.

Längst sind überdies in Neu-Preußen die Zeiten engstirniger Postulate vorbei, in denen vor allem «das Positive, der Zukunftsoptimismus der Neuen Welt» gefordert war. Auch ungegenständliche Malerei wird, wenn schon nicht gefördert, so doch geduldet. Die Aneignung der «stilistischen Vielfalt der Weltkultur» ist inzwischen geradezu Programm geworden. Selbst der von Ulbricht so geschätzte Staatskünstler Walter Womacka montiert Bildcollagen nach Vorbildern der amerikanischen Pop-Artisten Rauschenberg und Warhol. Einzelne Künstler haben sich auf diese Weise bis knapp an die westliche Gegenwart herangerobbt – was in der DDR durchaus mit Stolz vermerkt wird. Der DDR-Kunstkritiker Lothar Lang geht sogar so weit, Altmeister Bernhard Heisig mit den Neuen Wilden zu vergleichen – was dann allerdings dem Verbandspräsidenten Willi Sitte (DDR-Ulk: «Lieber vom Leben gezeichnet als von Willi Sitte gemalt!») entschieden zu weit ging: «Die Malerei des ‹alten› Wilden Bernhard Heisig ist nicht ‹wild› im westlichen Sinne, ist sie nie gewesen und wird sie nie werden. Das trifft auch auf seine Meisterschüler zu; er ist nicht mit ihnen unterwegs, um aus ‹Halb-Wilden› ‹Ganz-Wilde› zu machen.» Merke: Nach Sitte (nomen est omen!) soll

Ernüchternde Architektur, ernüchternder Realismus – Uwe Pfeifer: Durchgang in Halle-Neustadt (Ölbild, 1971)

es in der Kunst nun aber, bittschön, doch nicht gar so wild werden, vor allem nicht westlich-wild.

Unheile Welt

Mindestens in der Malerei ist seit Anfang der siebziger Jahre die «Vielfalt der Formen und Stile» unumstritten. Mit der Expressivität nahm auch die inhaltliche Spannweite zu. Die Entwicklung läßt sich gut an den nationalen Dresdner Kunstausstellungen ablesen, die alle fünf Jahre stattfinden und sich als «repräsentative Gesamtschau der Gegenwartskunst» verstehen. Erstmals fanden sich auf der VIII. Dresdner 1977/78 bislang unübliche oder tabuisierte Darstellungen existentieller Fragen wie Liebe und Tod. Auch die Arbeitswelt wurde nun nicht mehr durchweg verklärt: «Die Ausgezeichnete» von Wolfgang Mattheuer ist eine müde, erschöpfte und einsame Heldin der Arbeit; ähnlich auch «Porträt nach Dienst» von Horst Sakulowski. Besonders umstritten geriet die «Brigadefeier» von Sieghart Gille, das eine Gruppe sichtlich vom Alkohol enthemmter Menschen zeigt. Derlei Kritik an harter, erschöpfender Arbeit – die ja leider im Staatssozialismus keinen grundsätzlich neuen Charakter angenommen hat – oder auch an spießigem Freizeitverhalten ist zugelassen. Teile des Publikums, dessen Geschmack jahrzehntelang mit anspruchslosen Bildern einer heilen Welt verdorben worden war, fühlten sich allerdings persönlich beleidigt: «So sind wir

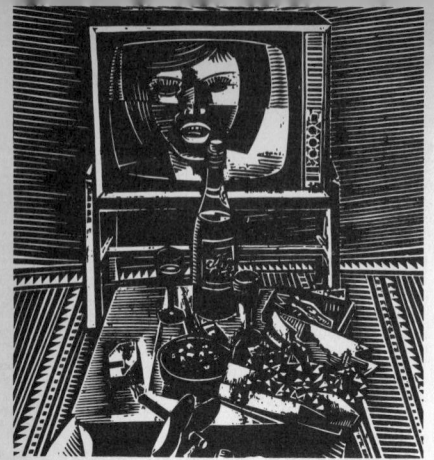

Wolfgang Mattheuer: Fernsehstillleben (Holzschnitt, 1967)

nicht, so feiern wir nicht!» Andere beschwerten sich über die Unverständlichkeit der gezeigten Exponate. So mußten, wie im Westen, die professionellen Kunstkritiker die Künstler in Schutz nehmen. Erstmals war die Rede davon, daß es auch «Kunst für kleine Gruppen geben müsse».

Auf der IX. Kunstausstellung 1982/83 setzten sich sowohl der Trend zum «historischen Manierismus» als auch die «Linie der Illusionslosigkeit» fort, wie westliche Kritiker befanden. Ungeschminkte Industrielandschaften und leblose Neubaugebiete hingen nun im Rahmen. Besonders drastisch Dieter Weidenbachs «Industriewerk» nach dem Vorbild der Toteninsel von Böcklin: eine Fabrik als menschenfressender Moloch. Den Anspruch dieser Künstler formulierte Uwe Pfeifer: «Ich rechne mich zu den Malern, denen es in ihrem Schaffen vorrangig um die Gestaltung der konkreten Erscheinungen und Entwicklungen in unserer Wirklichkeit geht. Diese Haltung schließt ein Programm harmonischer Thematik und künstlerischer Selbstgefälligkeit von vornherein aus (...) In unserer Gesellschaft sind im täglichen Leben hier und da Entwicklungstendenzen zu beobachten, die nicht unseren Vorstellungen von neuen Lebensformen und Lebensinhalten entsprechen. Beim Namen genannt, sind einige dieser Erscheinungen zum Beispiel: wachsendes Konsumdenken und Wohlstandsgier, sozialistisches Spießertum, Verantwortungslosigkeit gegenüber unserer natürlichen Umwelt und damit verbundene Entfremdung usw. An dieser ‹Front› kämpfen wir sogenannten kritischen Maler.»

Einschränkend muß allerdings gesagt werden, daß «Problembilder» (DDR-Fachausdruck) keineswegs der Standard in offiziellen Ausstellungen sind. Standard sind da schon eher die sechzehn großformatigen Gemälde in der Eingangshalle des Ostberliner Palastes der Republik. Eigens für diesen Ort hatten die «anerkannten» Maler zum Thema «Wenn Kommunisten träumen...» ihre Visionen einer zukünftigen Gesellschaft auf die Leinwand gebracht. Auffällig dabei, wieviel religiöse und religionsähnliche Metaphorik dabei herausgekommen ist. Mehrfach finden sich Gegenüberstellungen von Gut und Böse, auf denen der Teufel (!) oder die Schlange das Böse symbolisieren. Nicht selten feiert deshalb das zwei- oder dreiteilige Altarbild Wiederauferstehung – nur ein formaler Rückgriff auf die Vergangenheit?

Zu fragen bleibt, wie überhaupt die im Vergleich zu allen anderen

Kunstrichtungen relativ große Toleranz in der bildenden Kunst – und hier wiederum besonders in der Tafelmalerei – möglich geworden ist. Offensichtlich, und wohl nicht zu unrecht, wird die Wirksamkeit einzelner Bilder nicht so hoch eingeschätzt. Die bildliche Aussage ist zudem meist mehrdeutig interpretierbar, und nicht selten wird daher auch versucht, selbst fundamentale Kritik wie die von Dieter Weidenbach an der Industriegesellschaft durch Kommentierung von «Kunstsachverständigen» zu verharmlosen. Das verleiht dem Künstler allerdings auch mehr Schutz als dem schreibenden Kollegen. Umgekehrt sind Maler weitaus abhängiger als Schriftsteller von der Mitgliedschaft in der Berufsorganisation, in diesem Fall dem Verband Bildender Künstler (VBK). Ohne die läuft nichts: Materialien, Druckpressen, Vervielfältigungsgeräte – kurz: die materielle Basis wird nur über den Verband gewährleistet. Außerdem sind die rund 400 Galerien in der DDR bis auf eine einzige Ausnahme dem staatlichen Kunsthandel angeschlossen.
Wer sich in diesem geordneten Raster bewegt, muß sich im Unterschied zu westlichen Künstlern keine Sorgen um die Zukunft machen: Auftragsarbeiten, Stipendien, Ausstellungen, Ehrungen und Altersrente sind gesichert. So geht die Radikalität der Künstler in der Regel nicht zu weit, der innere Zensor weiß um die Grenzen, denn alternative Wege sind kaum denkbar. Zwar gibt es Ausstellungen in Privaträumen, und zunehmend auch in der Kirche, aber zum Überleben ist das zuwenig, da es in der DDR an einer finanziell potenten Käuferschicht für Kunstwerke fehlt. Und da der Schmuggel von Kunstwerken sich bekanntlich komplizierter gestaltet als der von Manuskripten, sind auch die Chancen illegaler Veröffentlichungen im Westen gering. Dennoch gibt es sie, die «ungehorsamen Maler», wie sie Sieghard Pohl in seinem gleichnamigen Buch genannt hat. Pohl saß während der Ulbricht-Ära zweimal im Gefängnis und lebt seit 1965 in Westberlin. Er hatte so heiße Eisen wie Republikflucht und Knastleben bildlich dargestellt – das ist bis heute tabu. «Ungehorsam» war allerdings lange Zeit schon, wer wie die künstlerischen Einzelgänger Gerhard Altenbourg, Carlfriedrich Claus oder Hermann Glöckner die Postulate des sozialistischen Realismus schlicht ignorierte. Erst in den letzten Jahren wandelte sich die lange Zeit geübte Praxis der Mißachtung und Schikanierung zum Besseren.
Nach wie vor sind aber die in der Schußlinie, die es wie der Jenaer Maler Frank Rub mit dem Realismus allzu wörtlich nehmen und solch unerwünschte Themen wie «Hausdurchsuchung» aufgreifen. Unerwünscht ist auch, wenn der Bildhauer Michael Blumhagen (früher Jena, jetzt Berlin-Kreuzberg) eine Plastik für das Grab seines unter mysteriösen Umständen in der Stasi-Untersuchungshaft gestorbenen Freundes «Matz» Matthias Domaschk modelliert. Dem Stasi war das sogar eine Nacht-und-Nebel-Aktion wert, um die «Trauernde Gestalt» – so der Titel der Plastik – vom Friedhof abzutransportieren. Ganz und gar humorlos reagierten

Ein bißchen Hitler, ein bißchen Stalin: Einzelaktion-Performance von Roland Jahn, 1982

die Behörden auch auf den Einfall von «Gag» Roland Jahn, seinen Kopf halb wie Stalin, halb wie Hitler zu frisieren. Für derlei Performance- und Aktionskunst – auch für weniger politisch ambitionierte – gibt es in der DDR nicht einmal Begriffe, geschweige denn öffentliche Anerkennung. Willi Sitte, gefragt, was er von den Aktivitäten eines Joseph Beuys hält, polterte: «Müll ist für mich keine Kunst!»

Gerade die Verbindung verschiedener Kunstmittel, die die Grenzen der konventionellen Kunstformen sprengen, sind buchstäblich nicht vorgesehen. Plastik, Graphik/Malerei, Karikatur, Formgestaltung, Restauration, Fotografik und Kunsthandwerk – was außerhalb und zwischen diesen Sektionen des VBK liegt, gibt es einfach nicht. Und möglichst sollte jeder in seiner Kunstrichtung ein Diplom haben. So unternehmen jüngere Künstler, Autodidakten zumeist, immer wieder den Versuch, private Galerien zu eröffnen, sich mit Gleichgesinnten auf der Suche nach Freiräumen zusammenzuschließen. Bekannt wurde in den sechziger Jahren eine Gruppe von Dresdner Künstlern um Jürgen Böttcher (später auch Dokumentarfilmregisseur), Eberhard Göschel, Peter Herrmann, Peter Graf, Ralf Winkler (Pseudonym:

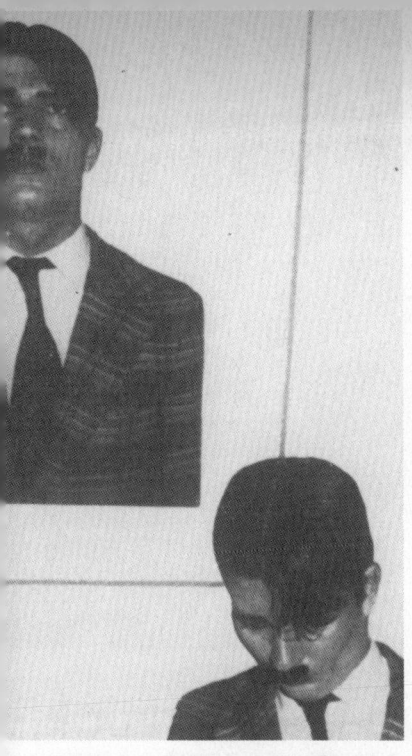

A. R. Penck). Mehrere Generationen von Nachfolgern sind ihnen inzwischen in Dresden gefolgt. Sympathisch formuliert Peter Herrmann – wie Penck und Graf inzwischen im Westen – seine Ansprüche: «Mir geht es darum, den Status aufrechtzuerhalten, der es mir ermöglicht zu malen. Dabei bin ich bemüht, immer ‹unterprivilegiert› zu bleiben, weil ich nämlich in diesem Erfolg eine ganz große Gefahr sehe. Es gibt ja Leute, die sogenannten Erfolg haben und dadurch aber jegliche gesunden Maßstäbe im Leben und in der Kunst verlieren.»
Herrmanns Statement findet sich in Henry Schumanns «Ateliergesprächen», das eine prima Einführung in die Denk- und Arbeitsweisen von Malern und Bildhauern in der DDR bietet. Da erzählt Altmeister Heisig amüsiert die Geschichte vom KSP: Kunststudenten hatten ihn besucht und wollten sich detailliert den «KSP» erklären lassen. Eine Rückfrage des verdutzten Heisig ergab: KSP heißt «Künstlerischer Schaffens-Prozeß». Tübke, der seit Jahren im thüringischen Bad Frankenhausen an einem Fries über den Bauernkrieg arbeitet, der von der Fläche her die Michelangelo-Fresken in der Sixtinischen Kapelle übertrifft, gibt sich betont leger bis arrogant und erklärt offenherzig, daß er Brecht nicht leiden kann; Claus legt dagegen differenziert die Bezüge seines Werkes zu philosophischen und psychologischen Erkenntnissen (etwa der Traumforschung) dar und beruft sich bei seinen «poetischen Experimenten» ausdrücklich auf Ernst Bloch, den jahrzehntelang verfemten marxistischen Philosophen. Wie Bloch geht es Claus in seinen «Sprachblättern», die in die Grenzzonen menschlichen Bewußtseins vordringen wollen, um das antizipatorische Moment in der Kunst, um den «utopischen Überschuß». Da fällt es nicht schwer, Schumanns Bemerkung zu verstehen: «Ihre künstlerische und wissenschaftliche Tätigkeit stieß hier beinahe zwangsläufig (!) auf Unverständnis.» Alles aufregende Hin und Her der Nachkriegskunst hat allerdings auf die Wohnzimmer der DDR-Stinos (Szene-Kürzel für: stinknormale Bürger) wenig Einfluß gehabt. Da hängen immer noch C. D. Friedrich, Dürer und ... röhrende Hirsche.

MUSIK – DREI TAKTE ZURÜCK, VIER TAKTE VOR

Ein Jugendklub in einem der trostlosen Neubaugebiete im Osten Berlins. Der Eingang ist nur mit Mühe zu finden, Werbung und Hinweistafeln werden hier als überflüssig empfunden, Stammpublikum gibt es offenbar genug. Das auch hier unvermeidliche Garderobenmädchen siezt uns, bis wir es durch hartnäckiges Duzen von unserem jugendlichen Alter und/oder Frechheit hinreichend überzeugt haben.

An diesem Abend auf dem Programm: die Gruppe «Rosa Extra». Von Freunden in Ostberlin ist sie uns als Punkgruppe vorgestellt worden, die wir uns unbedingt anschauen müßten. «Rosa Extra» hat jahrelang in wechselnder Besetzung die Kids vom Proleten- und Aussteiger-Viertel Prenzlauer Berg erfreut, ohne je offiziell existent zu sein. Hinterhof-Feten und kirchliche Bluesmessen waren die einzigen Muggen (Gigs). Nun bemüht sich die Gruppe um eine Lizenz als Amateurtanzband beim staatlichen Komitee für Unterhaltungskunst – ohne diese Einstufung bleibt nur ein Dasein in der kleinen und immer bedrohten Grauzone der «größten DDR der Welt». Auf dem Wege zu einer ordentlichen Band ist der Name der Gruppe bereits flöten gegangen: «Rosa extra» ist in der DDR eine Tampon-Marke – natürlich untragbar für eine Band, die staatliche Förderung beansprucht. «Hardpop» ist nun der ebenso simple wie in sich widersinnige Titel. Für die Fans bleibt die Gruppe «Rosa Extra», aber klaro. Geschockt sind sie allerdings schon, die Fans. «Eine Anarchoband mit Staatslizenz? Das gibt's doch nicht!»

Für westliche Maßstäbe spielt die Band (Besetzung: g, bg, sax, dr, voc) durchaus keinen Punk, ihre Musik ist allenfalls punkig angehaucht. Ray Charles und The Who werden durch Bearbeitungen geehrt, Textzeilen von Brecht, Kästner und selbst Goethes «Über den Wipfeln ist Ruh'» finden sich in ungewohnter Umgebung wieder. Berlins renommierteste «Underground»-Dichter, so es sie denn gibt (siehe Kultur von unten!), haben die Aktualisierung der Texte besorgt. Allein, soviel Bemühen um kulturelles Erbe, soviel intellektuellen Anspruch vermerken wir mit Staunen. Für Punk spielt die Gruppe viel zu melodiös und zuwenig aggressiv, selbst wenn der Sänger sich um coole Heftigkeit bemüht – er bleibt doch sichtlich der nette Junge von nebenan.

Anklang findet die Vorstellung der fünf von «Rosa-Extra-Hardpop» kaum. Das spärlich erschienene Publikum hat dergleichen Töne noch nie gehört und ist einigermaßen fassungslos. Ein Konzert von Marsmenschen könnte kaum mehr Befremden auslösen. Die Band kennt von den Stammgästen hier keiner. Nur einige Freunde der Gruppenmitglieder und unsere Wenigkeit reißt es vom Hocker, oder doch wenigstens beinahe. Aber was ist denn hier Sache? Ein rühriger, mitleidsvoller Klubleiter – und eine Band, die einige Auftritte vorweisen muß, um eine vorläufige in eine feste Lizenz umwandeln zu können: das ist schon das ganze Rätsel. Nach dem Konzert, das ohne Zugabe endet, fragen wir das Mantel-und-Jacken-Mädchen nach seiner Meinung: «Bescheiden schön», sagt es und verdreht dabei die Augen. «Ist die Stimmung hier eigentlich immer so lau?» wollen wir noch wissen. «Wieso? Die Disko fängt doch jetzt erst an!»

Unterhaltung auf sozialistisch

Einfach Instrumente kaufen, einstimmen und losrocken, womöglich gar auf eigenem Label produzieren – das geht natürlich nicht im Arbeiter-und-Bauern-Staat. Am Komitee für Unterhaltungskunst, Sektion Rockmusik, kommt niemand vorbei, der mehr als ein paar Freunde & Freaks erreichen will. Das dem Ministerium für Kultur unterstellte Komitee befindet über die künstlerische Einstufung der Bands, die von A wie Grundstufe bis S wie Sonderstufe reicht. Verknüpft sind damit Auftrittsmöglichkeiten und Höhe der Einnahmen. Nicht irgendeine, sondern eine «sozialistische» Unterhaltungskunst ist das Planziel. «Durch Lachen, Humor, Heiterkeit sollten die Künstler stärker sozialistisches Selbstbewußtsein, Überlegenheitsgefühl fördern helfen ... Unterhaltungskunst, besonders Tanzmusik, soll noch wirksamer beitragen, Geschmack zu bilden und saubere (!) Beziehungen zwischen jungen Men-

schen zu fördern», verkündete ZK-Kultursekretär Kurt Hager. Solche Worte scheren selbstverständlich niemanden, am wenigsten die angesprochenen Musiker und Jugendlichen.

In einem zwanzig Jahre währenden Lernprozeß ist die massenwirksame Rockkultur ideologisch von der SED eingebunden worden, wird sogar offensiv gebraucht, wie auf dem seit 1982 jährlich im Palast der Republik stattfindenden Festival «Rock für den Frieden», für das die DDR-Gruppen eigens Friedenslieder komponieren und texten. Ob allerdings die derartig aufgewertete Rockmusik überhaupt noch das ist, was einst als vital-aggressive, nonkonformistische Subkultur begonnen hatte, sei dahingestellt. Auf jeden Fall sind die Zeiten, da Rockmusik als jugendverderbende ideologische Waffe des Imperialismus galt, längst vorbei. Über Ulbrichts Bonmot von 1965 «Die ewige Monotonie des ‹Yeah, yeah, yeah› ist doch geisttötend und lächerlich» wird heute nur noch gegrinst. Die Beatles sind längst als Klassiker etabliert, und auch die Rolling Stones, 1967 noch als «abstoßende, verachtenswerte Gangster» (Zeitschrift «Melodie und Rhythmus») verdammt, haben längst ihre VEB-produzierte AMIGA-Langspielplatte. Nur den aktuellen Entwicklungen tapsen die Kulturbürokraten immer ein wenig hinterher. Verunsichert durch provozierendes Äußeres und reißerisch aufgemachte Berichte in der Westpresse hören sie jeden neuen Ton aus westlicher Richtung mißtrauisch ab. Punk («Müllplatz-Masche») und selbst die Neue Deutsche Welle wurden jahrelang gegeißelt. Damit ist zwar der Einfluß dieser Musik kaum aufzuhalten, aber zu ehrabschneidenden Kompromissen, siehe «Rosa-Extra-Hardpop», können die Gralshüter der sozialistischen Moral die Musiker doch zwingen. Immerhin haben die Verbote, wie so oft in der Kunst, die Kreativität befördert: Die Wiege des Deutsch-Rock wird von manchen Beobachtern zwischen Elbe und Oder angesiedelt. Aus dem langjährigen Verbot, englisch zu singen, machten Rockmusiker eine Tugend. Texte mit (pseudo-)philosophischem Tiefgang und poetischem Beigeschmack, genannt: das «Liedhafte», wurden zum Markenzeichen dieses wahrhaft deutschen Rock.

Charakteristisch für die Wende vom «ehrlichen Pöbel-Beat» zum «glatten Bonzen-Beat» (Wolf Biermann) sind besonders die beiden auch im Westen wohlbekannten Stargruppen «Puhdys» und «Karat». Das wilde, anarchische Element des Rock ist von ihnen durch runden Schlagersound und hochtrabende Texte glattgeschliffen worden. Sicher hat das Neue an diesem Schlagerrock auch seinen Wert, aber dem Rock wurde der Zahn gezogen. Exzesse vor oder hinter der Bühne sind ausgeschlossen. Die Puhdys haben es auf diese Weise gar bis zum Vaterländischen Verdienstorden gebracht. Von den Profi-Bands der DDR spielt noch am ehesten «Pankow» einen ungebändigten «Pöbel-Beat». Die Gruppe um den Leadsänger André Herzberg ist ein eigenständiges DDR-Gewächs, vom Image vielleicht mit BAP zu vergleichen. Mit den Rockrevuen «Paule Panke» und «Hans im Glück», die der Identitätssuche von Jugendlichen gewidmet sind, mit frechen Texten und dem auch schauspielerisch begabten Herzberg hat sich «Pankow» in den letzten zwei Jahren ganz nach vorn gespielt. Dabei haben sie noch immer die richtige Balance halten können zwischen Verbot und Vereinnahmung.

Mit «Pankow» ein wenig liiert – auch privat – ist die gleichfalls aus Berlin stammende Frauenrockband «Mona Lise». Hin und wieder treten die Gruppen auch gemeinsam auf. «Mona Lise» (Motto: «Lieber besser spielen und dafür gut aussehen») ist derzeit die profilierteste der wenigen Frauengruppen, die allerdings ihre Tradition bis zur «Femina-Combo» von 1969 zurückführen können. Hardrock der Güteklasse munter bis rotzig ist das Markenzeichen der Berliner Gruppe «Rockhaus» und von «Scheselong» aus Magdeburg. Ebenfalls in der Elbestadt zu Haus ist «Juckreiz» (Motto: «Juckreiz geht unter die Haut – aber nicht zu laut»), deren eigenwillige Töne sich mehr an den Ausläufern der NDW orientieren. Etwas punkig angehaucht, aber noch vertretbar für die «Metronom»-Hitparade der Jugendsendung «DT 64» des (Ost-)Berliner Rundfunks gibt sich «Keks», die sich vorwiegend an die Kids im Schulalter wenden.

Genau am entgegengesetzten Pol des Rockspektrums spielt die dienstältste DDR-Formation «Stern Meißen», bereits 1964 gegründet; ebenso wie «Electra» operieren sie mit kunstvoll-aufwendigen Synthesizer-Klängen. Gestandene Bands, die auch immer wieder in den Charts auftauchen, sind ferner «Silly», «Berluc», «City», «NO 55» (kurz: Enno) und schließlich «Karussell». All diesen und den rund 3 000 «Amateurbands» gebührt das Verdienst, den Kulturbonzen Stück für Stück musikalische wie textliche Freiheiten abgerungen zu haben.

Der einzige DDR-Rockstar allerdings, der «das so vielbeschworene Weltniveau erreicht hat» (so die Illustrierte «Stern»), ist . . . Nina Hagen. Die Stimm- und Showvirtuosin hat es immerhin geschafft, vom Bürgerschreck-Ost (was ziemlich leicht gelingt) zum Bürgerschreck-West (alle Achtung!) zu avancieren. Übrigens zur klammheimlichen Schadenfreude wiederum mancher Bürger-Ost. Offiziell schallt es so hinter ihr her: Ihr Gesang habe «Ähnlichkeit mit dem Jaulen eines Hundes und dem Gackern einer Legehenne».

«Keine schlechte Definition für Rock der Spitzenklasse», kommentiert RIAS-Musikredakteur Olaf Leitner, der die einzig umfassende und sehr kompetente westliche Publikation über den DDR-Rock geschrieben hat: «Rockszene DDR – Aspekte einer Massenkultur im Sozialismus». Information gibt's aber auch direkt: Mit «DT 64», das der Berliner Rundfunk täglich außer samstags von 16 bis 19 Uhr abstrahlt, und «Hallo» – mit eigener Frequenz (!) – bieten die DDR-Sender gleich zwei recht professionell und clever gemixte Jugendprogramme mit viel Musik an. Wer kann, sollte vor einer DDR-Tour ruhig mal reinhören zum Einstimmen. Da gibt's dann auch aktuelle Tips für Konzerte, Tourneen und Plattenneuerscheinungen.

Abgänge von DDR-Rockmusikern in den Westen sind bislang

eher die Ausnahme geblieben. Nur einmal stellte mit «Magdeburg» eine komplette Gruppe Ausreiseanträge. Legendären Ruf genießt allerdings immer noch die «Renft-Combo» um Klaus «Renft» Jetzsch, Christian «Kuno» Kunert und den Texter Gerulf Pannach. Bis zu ihrem Auftrittsverbot 1975 galt sie als «beste Rockband der DDR, Musik für Kopf und Bauch, eine seltene Mixtur aus Poesie und Power» (Olaf Leitner).

Biermann im Hinterkopf: die Liedermacher

«Wir Deutschen», spricht Barbara Thalheim das Westberliner Publikum an, «wir Deutschen...» Ja, es sind tatsächlich hüben und drüben die gleichen Probleme und Ängste: Die schweigenden Mehrheiten, die immer behaupten, daß sie aber auch gar nichts machen können, außer mitzuschwimmen; die Einsamen, die nachts durch die Straßen der Großstadt irrlichtern, hoffnungslos; die Eheleute, die sich in und durch die Dinge verlieren, die sie um sich herum anhäufen; junge Frauen, die sich von ihren Männern lösen, weil sie selbständig werden wollen – genügend Gemeinsamkeiten für eine engagierte Liedermacherin wie Barbara Thalheim, um auch ein westliches Publikum anzusprechen. Nur manche Vokabel, manches Idiom bedarf der Übersetzung: «Dienst nach Vorschrift» ist in der DDR kein Bummelstreik, sondern, so versteht es die Thalheim, das Leben nach vorgestanzten Normen. Leider hat sie auch keine Schwierigkeiten, die Übersetzung von ABV (Ab- schnittsbevollmächtigter) zu erfragen: Haben wir doch auch, heißt hier Kontaktbereichsbeamter.
In ihre Ansagen flicht die Thalheim neben Persönlichem auch immer wieder Informationen zum Kulturleben in der DDR ein, ohne ein Blatt vor den Mund zu nehmen. Sie erzählt auch von der Fachschule für Unterhaltungskunst, die sie zwei Jahre lang besuchte und wo sie ernsthaft Lieder sang wie «Der himmelblaue Trabant fährt übers Land». Das Zertifikat als «staatlich geprüfte Schlagersängerin» habe sie allerdings schon bei der Übergabe zerrissen – als Liedermacherin dürfe sie trotzdem auftreten.
Mittlerweile verkörpert Barbara Thalheim heute wohl am nachdrücklichsten und versiertesten jene von Wolf Biermann begründete Tradition engagierter Liedermacher in der DDR, die sich mit dem Sozialismus verbunden sahen und sehen und gerade darum mit den Vertretern des Staates anlegen. Wenn die Thalheim sagt: «Ich habe gelernt, eine Kunst abzulehnen, die mir von der Bühne herab ein Leben vorgaukelt, das draußen so nicht stattfindet» – dann ist das Anspruch genug, um anzuecken. Allen Widrigkeiten zum Trotz will sie aber in der DDR bleiben: wegen der Menschen, die, so habe sie immer wieder bestätigt bekommen, sie «brauchen».
Den Verlust ihres Publikums haben gerade die in den Westen emigrierten Liedermacher als besonders schmerzlich erfahren. Viele von ihnen haben praktisch bei Null anfangen, manche ihre Musikerkarriere beenden müssen. Ob Wolf Biermann oder Bettina Weg-

ner, Pannach & Kunert oder Stefan Diestelmann und Holger Biege: sie alle haben eine zahlreiche, vor allem aber treue Hörergemeinde zurückgelassen, für die es im Westen keinen Ersatz gibt, nicht geben kann. Wer würde schon hierzulande für ein öffentliches oder nichtöffentliches Konzert eines Liedermachers oder Bluespianisten quer durchs Land trampen?

Von den Liedermachern in der DDR erwarten, ähnlich wie von den Schriftstellern, viele Menschen, daß sie die Dinge beim Namen nennen, ja sogar konkrete Lebenshilfe geben. Dabei gerät schon der ins Zwielicht, der sich gesellschaftlicher Außenseiter annimmt.

Öfter mal unerwünscht

«Als mein gelber Wellensittich aus dem Fenster flog / hackte eine Schar von Spatzen auf ihn ein / denn er sang wohl etwas anders / und war nicht so grau wie sie / und das paßt in Spatzenhirne nicht hinein», singt Gerhard Schöne als Refrain in seinem Lied über Behinderte, Punks, Außenseiter. Schöne, im Westen nahezu unbekannt, im Osten nach drei LPs anerkannt, schreibt vorwiegend Lieder für Kinder und Jugendliche. Er beschwört darin «Kinderland» und «Fantasia» als Gegenwelten zur herrschenden geregelten (Erwachsenen-)Welt. Mit seiner weichen, nie aggressiven Stimme, der Sensibilität seines Gitarrenspiels und dem Arrangement seiner Stücke steht er zweifellos einem Klaus Hoffmann näher als einem Konstantin Wecker. Wenn Schöne ein Lied «An den lieben Feind» richtet, an jeden Menschen im «Feindesland», der im Namen einer Ideologie eines Tages auf den – vermeintlichen – Feind schießen soll, dann ruft ihnen der Pfarrerssohn aus Sachsen ein «Glaub ihnen nicht» zu. Wir Westler sind geneigt, ein solches Engagement als naiv und weltfremd abzutun – vielleicht aber können wir hier etwas Ursprüngliches wiederfinden, das wir über die politischen und global-weltanschaulichen Debatten längst verloren haben.

Nun gibt es natürlich noch ganz andere Richtungen der Liedinterpretation, etwa das Chanson in der Tradition von Eisler, Brecht, Tucholsky oder Kästner. Gisela May ist dafür seit vielen Jahren *die* Starinterpretin. Bei aller Kunstfertigkeit wird hier Gesellschaftskritik auf das Podest einer zeitlosen Klassik gehoben – da läßt sich dann in der Loge gut schmunzeln. Und dann ist da noch der einzige Cowboy der DDR, der Countrysänger Dean Reed, US-Amerikaner aus Colorado mit Wohnsitz in

127

Die Gruppe «Silly»

Rauchfangswerder bei Berlin. Den «Goldenen Ostblock-Superstar» hat ihn die «New York Times» genannt. Reed feierte seine größten Erfolge im Lateinamerika der sechziger Jahre. Schrittweise wurde aus dem braven Bürger ein Revolutionär, der seinen Einsatz für die unterdrückten Völker der dritten Welt mit Gefängnisaufenthalten in Chile, Argentinien und den USA unter Beweis stellte. Nach der Heirat mit einer DDR-Frau blieb Reed im «Deutschland der vollendeten Revolution» (SED-Eigenwerbung). Für Revoluzzertum sieht er seitdem keinen Anlaß mehr, die Petition für seinen ausgebürgerten Kollegen Biermann unterschrieb der «Revolutionär im Ruhestand» (Marlies Menge) beispielsweise nicht. Wenn's ihm in der DDR allzu bequem wird, besucht er die PLO – mit Gitarre und Kalaschnikow unterm Arm. Reeds Gitarre, das ist schon abgemacht, wird bald das Moskauer Musikinstrumentenmuseum bereichern.

Jazz ohne Grenzen

Als snobistisch gescholten, hatte es der Modern Jazz in den trüben Fünfzigern gleichfalls nicht leicht, sich ein trockenes Plätzchen in der sozialistischen Kulturlandschaft zu sichern. «Affenkultur» schnaubte Walter Ulbricht, dabei in der Wortwahl den Nazis dicht auf den Fersen.
Doch dergleichen Unbill ist längst ausgestanden. Vom traditionellen Flügel der Jazzmusik,

dem Dixieland, bis zum freiesten Free Jazz ist heute alles wohlgelitten. Die Zensur kann ein Nickerchen machen, sind die Texte doch unbedeutend, sinnfrei oder fehlen ganz. Ohne Gängelband und ideologische Vorgaben haben sich namentlich die Free Jazzer international ganz nach vorn gespielt. Ulli Gumpert (Piano), Günter «Baby» Sommer (Schlagzeug), Ernst-Ludwig Petrowsky und Manfred Schulze (Reeds), Uwe Kropinski und Helmut «Joe» Sachse (Gitarre) und auch die «Hannes Zerbe Blechband» sind jedem westdeutschen Free Jazz-Enthusiasten ein Begriff. Nirgendwo im Kulturbereich, ausgenommen vielleicht das Musiktheater und die klassische Musik, spielen die Spitzenleute ihres Fachs so selbstverständlich mit westlichen Kollegen zusammen. Manche Zusammenkünfte, wie das Jazz-Ost-West-Festival in Nürnberg, sind schon zu festen Einrichtungen geworden. Problemlos nehmen Ost-West-Trios, -Quartette oder -Quintette gemeinsam Schallplatten auf. Traditionelle Hauptzentren des Jazz sind Berlin, Dresden, Leipzig und Jena. Über 30 000 Jazzbegeisterte strömen aus allen Landesteilen zusammen, wenn während des Internationalen Dixieland Festivals in Dresden vier Tage und vier Nächte lang die Stadt dem Traditional Jazz gehört. Dresden hat auch mit der «Tonne» der örtlichen Jazz AG den einzigen festen Klub mit ständigem Programm in der DDR.

Die Spitzenstars des Free Jazz treffen sich dagegen auf der «Jazzbühne Berlin», dem mittlerweile größten internationalen Jazzereignis im Lande. Über viele Jahre, von 1973 bis 1981, bot das Kaff Peitz bei Cottbus inmitten der Provinz die «wichtigste Veranstaltung des zeitgenössischen Jazz in den sozialistischen Ländern», so DDR-Jazz-Kenner Karlheinz Drechsel in seinem Buch «Jazz objektiv». Allein auf Initiative zweier engagierter Organisatoren wurde die Jazz-Werkstatt mit ihrem Open-Air-Workshop zu einem Treffpunkt für die gesamte internationale Creme-de-la-creme des improvisierten, kreativen Jazz. Der bunte Strom aus aller Welt wurde aber offenbar den einheimischen Funktionären und Sicherheitsbeamten zu schillernd und unübersichtlich, mehr und mehr wurden den Initiatoren Knüppel zwischen die Beine geworfen, bis

sie 1982 das Handtuch warfen. Die DDR ist seitdem um ein Fest des Internationalismus ärmer, der beschränkte Horizont hat wieder einmal triumphiert. Am Weiterleben des Jazz in all seinen Variationen ändert das allerdings nichts.
Gibt es so etwas wie einen eigenen «DDR-Jazz»? Die Antwort von Karlheinz Drechsel: «Der Begriff von einem typischen ‹DDR-Jazz› verbindet sich ursächlich mit eigenständiger, disziplinierter (!) Organisation (!) des musikalischen Materials wie auch der ‹freien› Kollektivität.» Ahnten wir es doch: Selbst am Free Jazz, *der* internationalen Musik schlechthin, muß in der DDR etwas Deutsches dran sein.

Von Indienmusik bis Compact Disc

Nun gibt's natürlich in der Musik noch ein bißchen mehr als Rock, Chanson und Jazz. Die Abgrenzungen sind bekanntlich etwas willkürlich, manche Gruppen und Solisten nicht einer bestimmten Richtung zuzuordnen. Bestes Beispiel ist «Yatra» aus Dresden, die indische und arabische Musik mit Rock und Jazz zu exotischen Klängen verbindet. Einige mundartlich orientierte Gruppen wie «Bromm oss» aus Lauscha (Thüringen) schlagen die Brücke zwischen Rock und Folk. Folklore, sowohl deutscher wie irischer Herkunft, hat sich vor allem im Süden etabliert, wobei neben Musik und Tanz auch altes Brauchtum und der Dialekt rekultiviert werden.
Vernachlässigen wollen wir den Bereich der sogenannten ernsten Musik. Nicht, daß Beethovens Neunte in der Semper-Oper, gespielt von den Dresdner Philharmonikern, kein Ohrenschmaus wäre. Sicher fährt auch mancher der Dresdner Musikfestspiele oder der Berliner Festtage wegen in die DDR. Doch ist sinfonische Musik keine Besonderheit für dieses Land, noch haben sich hier originäre Entwicklungen ergeben. Vielmehr ist sie wie der Jazz durch und durch internationalisiert. Zwar galt für moderne Kompositionen lange Zeit das Gebot der «Verständlichkeit», doch unterscheidet sich das Repertoire heute kaum vom westlichen Angebot. Selbstverständlich gastieren die führenden Orchester der DDR, zu denen die Dresdner Staatskapelle, das Leipziger Gewandhausorchester und das Orchester der Staatsoper Berlin zählen, ebenso im Ausland wie umgekehrt westliche Philharmoniker gerne im Arbeiter-und-Bauern-Staat aufspielen. Deutsch-deutsche Koproduktionen sind im Schallplattengewerbe gang und gäbe. Der erste Zyklus von Beethoven-Symphonien auf Compact Disc ist in der DDR eingespielt worden – für die Delta-Music GmbH aus Königsdorf bei Köln. Meistertenor Peter Schreier singt unter Karajan, die Komische Oper Berlin mit ihrem Regisseur Harry Kupfer heimst mit einer Händel-Oper den Beifall des Münchener Publikums ein, und Richard-Wagner-Enkel Wolfgang Wagner inszeniert die «Meistersinger» an der Dresdner Semper-Oper – alles kein Problem. Es wäre schön, könnte das Kultur-Establishment auf diese Weise der Normalität deutsch-deutscher Beziehungen ein bißchen auf die Sprünge helfen.

MARX, MURX
UND DER OSTDEUTSCHE MICHEL

«Erscheinungen geistiger Anspruchslosigkeit sind unserem Kulturleben ebenso fremd wie spießbürgerliche Prüderie.»
Kurt Hager,
ZK-Sekretär für Kultur

Bislang haben wir Kultur stillschweigend mit Büchern, Bildern, Schallplatten und Schauspiel gleichgesetzt. Nun gibt es aber noch die Eß-, Freizeit-, Arbeits-, Körper-, Wohn-, Erdbeeren-, Bakterien-... Kultur, nicht zu vergessen den Kultur-Beutel. Kultur ist eben mehr als nur die besagten «schönen Künste». Das ist auch die Meinung von Kurt Hager, dem verantwortlichen ZK-Sekretär: «Ordnung und Sauberkeit am Arbeitsplatz, auf dem Betriebsgelände, in den Produktionsanlagen der Genossenschaften sind elementare Bedingungen der Kultur.» – «Jawoll, Kulturfreund Hager!» möchten wir da ausrufen. Es bleibt die Frage offen, was Kultur *nicht* ist. Gibt es überhaupt Un-Kultur? Sind das die Nacktbader, die auch den FKK-Strand verschmähen, weil er noch zu kultiviert ist? Haben die drei Weisen Marx, Engels und Lenin diese Probleme eigentlich schon richtig bedacht, damals?

Was die Klassiker sagten

Die erste Feststellung muß lauten: Marx und Engels kamen nie in die Verlegenheit, sich systematisch mit dem Thema Kultur auseinandersetzen zu müssen. Vorrangig war ihnen die Beschäftigung mit der Struktur und der Ideologie des Kapitalismus – und den Bedingungen für seine Beseitigung durch eine politische Revolution. Als deren Folge sollte sich dann der «Überbau», die politischen, kulturellen, juristischen, gesellschaftlichen Institutionen und die weltanschaulichen Werte, umwälzen. Am Ende steht die Kulturrevolution, das eigentliche Ziel, auch Kommunismus genannt. «Der Kommunismus ermöglicht jedem, heute dies, morgen jenes zu tun, morgens zu jagen, nachmittags zu fischen, abends Viehzucht zu treiben, nach dem Essen zu kritisieren, wie ich gerade Lust habe; ohne je Jäger, Fischer, Hirt oder Kritiker zu werden» (Karl Marx).
Die Aufhebung der Arbeitsteilung also, das Ende fremdbe-

stimmter, unfreiwilliger Arbeit und des Gegensatzes zwischen Hand- und Kopfarbeit ist die kommunistische Utopie. Voraussetzung dafür ist die Vergesellschaftung der Produktionsmittel und damit die Aufhebung der Klassenunterschiede. Außerdem muß die Wirtschaft, die «Produktivkräfte», so entwickelt sein, daß ausreichend «disponible Zeit» – wir sprechen heute von Freizeit – zur Verfügung steht. Noch einfacher gesagt: In der Verkürzung der Arbeitszeit sah Marx den Hebel zur Schaffung des «Reiches der Freiheit», worin «die freie Entwicklung eines jeden die Bedingung für die freie Entwicklung aller ist». Und der Staat? Der sollte laut Marx absterben.

So weit, so schön. Wirklich praktisch wurden die Fragen der Kulturrevolution aber erst, als 1917 in Rußland erstmals eine kommunistische Partei vor der Aufgabe stand, die Welt zu verändern. Lenin äußerte sich daher entschieden pragmatischer. Angesichts eines armen, rückständigen Landes, das gar nicht so passen wollte zu der Marxschen Theorie der «Revolution in den höchstentwickelten Ländern», forderte er erst mal mehr Bildung, Beseitigung des Analphabetentums, die Aneignung modernster Wissenschaft und Technik («Sozialismus ist Sowjetmacht plus Elektrifizierung») und, klaro, «mehr Disziplin und eine bessere Arbeitsorganisation der Werktätigen». In seinem Programm fehlten allerdings auch nicht die von Engels geforderte Gleichstellung von Frau und Mann und der Versuch, die Gegensätze zwischen Stadt und Land aufzuheben. Lenin war aber in dieser «Übergangsphase» viel zu sehr mit der Tagespolitik beschäftigt, als daß seine Bemerkungen zukunftsweisende Gültigkeit beanspruchen würden. Weil Lenin, notgedrungen, nach 1917 so bescheiden sein mußte, wird er aber liebend gerne in der Kulturdebatte von den Parteihengsten der DDR zitiert.

Und was die Partei so sagt

Es wäre billig, den Stand der Dinge heute an den Entwürfen von Marx messen zu wollen. Dafür, daß die Verhältnisse nicht so sind, wie sie von Vordenker Marx vor über hundert Jahren prophezeit worden waren, sind die heutigen Verwalter der politischen Revolution sicher nicht allein verantwortlich. Schlimm ist aber der Anspruch, die Entwürfe der Klassiker verwirklicht zu haben, die Selbstbeweihräucherung, das Sich-in-die-Tasche-lügen, das den Vergleich mit den Idealen provozieren muß. (Immerhin: Der DDR-Staat hat Ideale, an denen er sich messen lassen kann, auch muß; der Kapitalismus hat nur einige diffuse Schlagworte wie «Freiheit» und «Demokratie».)

«Die Arbeiterklasse der DDR hat im Bunde mit allen Werktätigen eine Kulturrevolution vollzogen», vermelden die Kulturexperten der Parteihochschule Karl Marx. Schaut mensch näher hin, meinen sie die Beseitigung der klassenmäßigen Bildungsschranken und die polytechnische Ausbildung als Versuch, Kopf- und Handarbeit zu vereinigen. Die Gleichberechtigung der Frau in Ausbildung und Beruf einschließlich der Unterstützungen für alleinstehende be-

Mehr Wunsch als Wirklichkeit

rufstätige Mütter gehört dazu. Die Beteiligung der Bevölkerung an kulturellen Veranstaltungen, der millionenfache Besuch von Kunstausstellungen, Bibliotheken, Theatern, Konzerten, Sportveranstaltungen wird buchstäblich numerisch dazugezählt. Und vor allem: Durch die «Abschaffung ausbeuterischer Methoden» und des Profitdenkens sollen sich die Beziehungen der Menschen zueinander allein auf Grund persönlicher und nicht mehr ökonomischer Werte gestalten. «Das Wichtigste, was die sozialistische Revolution hervorgebracht hat, ist der neue Mensch», verkündet Erich Honecker ex cathedra. Ein gewagtes Wort. Mit einem hat er sicher Recht: Das Maß *aller* Dinge sind die Menschen. Für das Wesen der Menschen dürfte aber der Alltag bestimmender sein als tönende Erklärungen von Politikern.

Bei aller Würdigung der Glanzlichter ostdeutschen Kulturschaffens bleibt es Tatsache, daß die Mehrheit der Bevölkerung kulturell in selbstzufriedener, spießigmiefiger Haltung dahinlebt, deutsch leider in dem Sinne, nicht über den eigenen Tellerrand hinausschauen zu können, es nicht einmal mehr zu wollen. Die abschätzigen, oft verächtlichen Urteile über die Nachbarvölker, vor allem Polen und Russen, stimmen nachdenklich. Statt der Fortführung oder des Aufbaus eigener Traditionen, vor allem aus der Arbeiterkultur, wird – und das kennzeichnet die kleinbürgerliche Haltung – auf die bürgerliche Kultur im Westen geschielt und fleißig abgekupfert. Ein Renommierprojekt wie der Friedrichstadtpalast in «Berlin – Hauptstadt der DDR» gerät unweigerlich so, wie sich Klein Fritze Paris vorstellt.

Frühlinks

Abends gerinnt das gewisse Beschwafel
vor unseren Ohren.
Der Krämerkommunismus koaguliert.
Dann verlieren sich die Vorschriften
des Widerstands.
Alle Freunde sind jenseits
und wachsen bereits.
Schamvoll geb ich noch eine Losung:
Leben ist außer den staatlichen Sprachen.

Dann richtet sich alles auf,
Frage im Blick, wächst aufeinander zu.
Das sind die ersten Nächte
geöffneter Räume, sind erste laute Nächte,
erste lautere Morgen.
Das ist Erwachen, wie andere Seelen.
Niemals wieder entschuldige sich einer
für sein Gesicht.

02. 04. 1982

Schriftgraphik: Gedicht von Uwe Kolbe, Radierung von Hans J. Scheib

Was fehlt, ist die Reibefläche mit anderen Kulturen, mit *der Welt*. «Kultur ist immer auch eine Auseinandersetzung mit anderen Kulturen, das eigene ist nur mittels des Fremden zu entwickeln. Peter braucht Paul, sagt Marx, er benötigt ihn, um sich zu erkennen», mahnt Christoph Hein an. Und fügt hinzu: «Unsere Kultur muß sich an anderen Kulturen bilden und erweisen, oder sie wird uns unbegreifbar sein.» Eine nahezu unverhüllte Forderung nach mehr Reisemöglichkeiten als Voraussetzung eigener Erfahrungen.

Noch immer begreifen viele Starrköpfe der SED nicht oder wollen nicht die Konsequenzen daraus ziehen, daß jede Gesellschaft das unbeschränkte kreative Potential der Künstler und Außenseiter zum eigenen Fortschritt, ja zum Überleben braucht. Statt dessen wird die öffentliche Diskussion abgewürgt. Wir wollen nicht den kreativen Aspekt von Zensur übersehen, die ja immer die Sprache schärft, das Verständnis von Nuancen und Zwischentönen. Der Künstler und seine Gemeinde sind verbunden durch einen eigenen Code. Nur bleibt der mit den Merkmalen und Nachteilen einer «Sklavensprache» (Hein) behaftet. Es wäre falsch, nun hypnotisiert wie das Kaninchen nur auf die Schlange Zensur zu sehen. Kultur in der DDR wird zu oft schon unter einem solchen Blickwinkel betrachtet. Verlagsleiter und Feuilletonredakteure schauen lüstern gen Osten in der Hoffnung, neue verkaufsfördernde oder spaltenfüllende Repressalien vermeldet zu bekommen. Manchmal, siehe Gabriele Eckart, wird durch die westliche Promotion der staats-

Ende der Prüderie?

sozialistische Bürokratosaurier erst geweckt, erhebt sein Haupt, grunzt und beißt.

Ein Pluspunkt der staatlichen Kontrolle muß eingeräumt, ja sogar dick unterstrichen werden: «Schund- und Schmutzliteratur», also gewaltverherrlichende Pornos, Horrorvideos, Werke mit faschistischen, chauvinistischen, inhumanen Inhalten, sind in der DDR verboten. Natürlich: Im Westen hat jeder auf dem Papier die Freiheit, solche Werke nicht zu konsumieren. Aber vor den Folgen des Konsums anderer ist keiner geschützt. Außerdem sind die Lebensbedingungen für viele Menschen nun einmal so, daß entsprechende Bedürfnisse gezeugt werden.

Es bleibt der größte Mangel der DDR-Gesellschaft, die Probleme nicht öffentlich zu diskutieren. Die Widersprüche, die doch die Triebkräfte der Gesellschaft sind, werden verdrängt und verleugnet. Es erscheint schon als blanke Utopie, daß wenigstens die Künstlerverbände der DDR eigene Verlage, Galerien, Schallplattenfirmen und Filmstudios bekommen, in deren Produktion niemand hineinzureden hat. Die Künstler haben auch in der DDR keine eigenen Produktionsmittel – statt dessen maßen sich Sicherheitsbeamte, Minister und Parteisekretäre letztinstanzliche Urteile über Kunst und Nicht-Kunst, Erlaubnis oder Verbot an.

Alle Anordnungen und alles ideologische Geklingel können aber über eines nicht hinwegtäuschen. In dem Maße, in dem Honecker & Co die Werte der westlichen Gesellschaft, als da sind Wirtschaftswachstum um beinahe jeden Preis, Leistungsdenken und Zweckrationalität, erklärtermaßen oder unter der Hand übernehmen, zeigt sich auch im kulturellen Bereich eine immer größere Konvergenz der Systeme. So wurde nun auch in der DDR der systemerhaltende Wert von anspruchsloser Unterhaltung entdeckt: Spiele für das Volk. Seit Anfang 1984 überschwemmen westliche Spielfilme die beiden Kanäle des DDR-Fernsehens – nicht nur, aber oft genug von dürftigem Niveau. Unterhaltungsklamotten aus den Nazijahren mit Theo Lingen und Hans Moser sind fest etabliert im Programm. «Old Shatterhand» und «Winnetou» geistern über die Filmleinwände. Billige Groschenromane mit Krimis und SF-Literatur werden millionenfach gedruckt und gelesen. Jugendmoderatoren im Rundfunk betätigen sich im Stile von RIAS und NDR. Varieté und Kabarett, Hopsasa und Trallala haben Hochkonjunktur. Das satirische Wochenmagazin «Eulenspiegel», früher nur unter dem Ladentisch erhältlich, liegt jetzt an jedem Kiosk aus – gleich neben den (ersten) Sexpostern. Der Intendant des für die Propaganda in die DDR zuständigen RIAS-Rundfunksenders («Eine freie Stimme der freien Welt») in Westberlin erklärt zur Begründung, warum das neue zweite Programm nur leichtverdauliche Kost ohne längere Wortbeiträge enthält: Auch die DDR-Bürger hätten ihre Hörgewohnheiten verändert. Es gebe zwar keine DDR-Hörerforschung, aber «Deutsche sind eben Deutsche».

Ostdeutsche Kommunisten und BRD-Konservative, beide geprägt von ähnlichen Wertvorstellungen, verstehen sich nicht nur auf ökonomischem Gebiet immer besser und betreiben eine stillschweigende Koalition. Um so wichtiger, daß wir uns verständigen mit denen «da drüben», vor allem mit den ungeliebten Kindern des Sozialismus.

ZARTE PFLÄNZCHEN – VOLKSEIGENE BEWEGUNGEN

Es sind noch einige hundert Meter. Rechts in einer Einfahrt vertreiben sich ein paar Volkspolizisten die Zeit. Scheinbar gelangweilt mustern sie uns nur am Rande. Etwas weiter parkt am Straßenrand eines dieser auffällig unauffälligen Autos mit zwei auffällig unauffälligen Herren mittleren Alters drin. Aber auch sie tun nichts anderes, als sich zu unterhalten und die Fußgänger mit Blicken zu belästigen. Dann, das Ziel ist fast erreicht, machen noch einige Paare auffällig unauffällig gekleideter Herren auf sich aufmerksam, die umherschlendernd die Zeit totschlagen. Ob die Duos etwa ... Aber nein, Händchen halten sie nicht.

Mit dem Gedenkobelisken für die Rote Armee ist unser Ziel markiert. Denn gleich daneben befindet sich die Erlöserkirche, schon oft Heimstatt für ungewöhnliche Veranstaltungen in der Hauptstadt. Kurz nach 10 Uhr kommen wir an, der Gottesdienst läuft schon. Die Kirche ist längst nicht so vollgestopft wie bei den früheren Friedenswerkstätten. Nur wenige ältere Menschen finden sich in den Kirchenbänken zwischen den vielen jüngeren Leuten. Wir kommen gerade zurecht zu einer szenischen Darstellung, die die Alternativbewegung in der DDR auf die Schippe nimmt. Sinngemäß: Und dann kauft er sich ein Haus in Mecklenburg oder anderswo. Er zieht dorthin, lernt töpfern und ißt kein Fleisch mehr. Er hält Schafe. Er fühlt sich gut!

Gelächter im Publikum. Beim abschließenden Vaterunser stehen zwar alle auf und senken den Blick, doch betet ein erklecklicher Teil nicht mit.

Dann drängt alles zum Ausgang, im Nu füllt sich das gesamte Areal, auf dem unter grünen Baumdächern zahlreiche Informationsstände aufgebaut sind. Hunderte junger Menschen scharen sich hier, kaum zu unterscheiden von ähnlichen Veranstaltungen in Gorleben oder Mutlangen. Auch die Stände mit Themen wie Umwelt, Kreisläufe der Natur, Schwule, Lesben, Frauen für den Frieden, Nord-Süd könnten genauso auf westlichen Meetings plaziert sein. Aber was auf den ersten Blick so ähnlich scheint, zeigt sich beim zweiten als etwas ganz anderes. Nicht nur die Beamten der Staatssicherheit erinnern uns daran, daß das, was in der Bundesrepublik problemlos möglich ist, hier im Realexistierendensozialismus eine Veranstaltung höchst eigener Bedeutung ist. Über früheren Werkstätten lag immer der Hauch des Konspirativen, der Geist einer gemeinsamen Verschworenheit, und der Mut auch zum individuellen Risiko beseelte die Teilnehmer. Wie ein Damoklesschwert hing die allgegenwärtige Gefahr eines «Eingreifens der staatlichen Organe» (offizieller Jargon für Amtshandlungen jeglicher Art) ständig in der Luft. Und heute? Von den auffällig unauffälligen Herren läßt sich niemand beirren, aus allen Richtun-

Marx Brothers: Die FDJ macht auf Bewegung

gen strömen die Menschen herbei, mit Kind und Kegel. Manche auch mit ganz und gar weltlichen Sorgen: «Hab ich doch glatt den Gottesdienst verpoofft...» Eine lockere, zwanglose Atmosphäre keimt auf, kleine Grüppchen bilden sich und diskutieren, alternative Begrüßungsrituale mit Um-den-Hals-Fallen werden gepflegt («Schön, daß du hier bist!»), Punker und Jutetaschenträger geben sich ein Stelldichein. Kurz: Es erwächst eine Szenerie, die Westler auf den Holzweg bringen könnte, durch Vorspiegelung wahrer Tatsachen sozusagen. Unsere Brille reicht nämlich nicht aus, um wirklich zu erfassen, was hier vor sich geht. Denn jenseits aller äußerlichen Gemeinsamkeiten mit westlichen Friedenstreffen liegen die Dinge hier doch sehr viel anders.

Harmonische Widersprüche

Die «sozialistische Menschengemeinschaft in der DDR» (offizieller Jargon, allerdings etwas aus dem Gebrauch gekommen) wird von der Partei nach einem bestimmten Leitbild gesehen und geformt. Pflichterfüllung, Disziplin, Folgsamkeit, wenn schon keine Begeisterung für das System, dann doch mindestens Loyalität – dies sind in etwa die politisch-moralischen Eckpfeiler des DDR-Bürgers, wie ihn die SED gern hätte. Seit Jahrzehnten schon wird fleißig an diesem obrigkeitsstaatlichen Muster, das von einer Friede-Freude-Eierkuchen-Vorstellung ausgeht, gestrickt. Konflikte, Meinungsverschiedenheiten, ja selbst Widersprüche – die darf es allenfalls in nebensächlichen Details

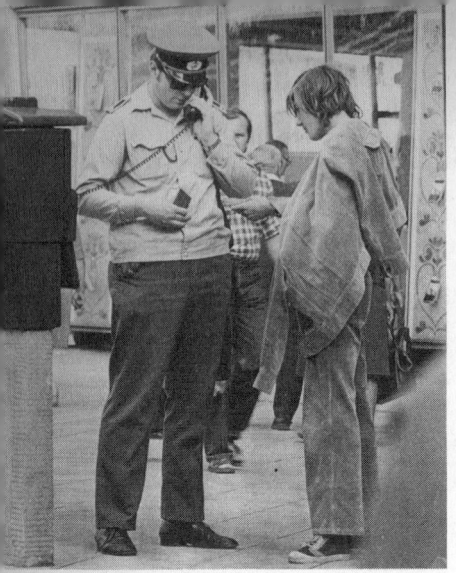

Alles unter Kontrolle

geben. Was zum Beispiel in der Wissenschaft zu wahren Stilblüten führt, wie sie Jürgen Kuczynski, den großen alten Historiker der DDR, auf die Palme bringen: «In dem Artikel ... stand, daß die Widersprüche sich bei uns ‹harmonisch bewegen›. Und dieser Quatsch erschien in einem Heft des zentralen Publikationsorgans der Philosophen (...) Harmonie im täglichen Leben und Wirken einer sozialistischen Gesellschaft! Das ist der Traum von Philistern und Kleinbürgern.»

Doch Kuczynskis zornigen Sätzen zum Trotz – das krampfhafte Bemühen, die allseitige Harmonie zu beschwören, ist nach wie vor gang und gäbe. Vermutlich spiegelt sich darin nicht nur das Erbe der stalinistischen Zeit, sondern auch ein ganz eigentümliches Element speziell deutscher Denkweisen – sagt man uns Gesamtdeutschen doch nach, in besonderem Maße konfliktscheu, vielleicht gar konfliktunfähig zu sein. Worauf es hier entscheidend ankommt, ist die Tatsache, daß in diesem Denkmodell solche Dinge wie Opposition, soziale Experimente, Aufzeigen von Widersprüchen oder auch nur von ungelösten Konflikten nicht vorkommen. Und, der wichtigste Punkt, nicht vorkommen dürfen! Wenn nun aber tatsächlich mal etwas die vorgegebenen Bahnen verläßt, dann offenbart sich die ganze geistige Dürftigkeit dieser ‹Theorie›. Ihr zufolge handelt es sich nämlich entweder um Reste bürgerlicher Denk- und Handlungsweisen. Oder die Sache ist von außen, also vom Imperialismus geplant und gesteuert. Oder irregeleitete Einzelpersonen betreiben mehr oder weniger bewußte Diversion.

Auf jeden Fall ist Grund zum Eingreifen der «staatlichen Organe» gegeben (was meistens auch geschieht). Die Palette der Maßnahmen ist inzwischen weiter gefächert als früher. Sie reicht von bloßen Schikanen wie Ausweiskontrollen über mittlere Geschütze wie das Verbot unliebsamer Veranstaltungen bis zu den schwersten Waffen wie Festnahme, Anklage und Verurteilung. Nicht selten werden auch Aufenthaltsbeschränkungen (AB) erteilt, am bekanntesten ist sicher das «Berlin-Verbot», das dem Betroffenen das Betreten der Hauptstadt untersagt. Natürlich kann so etwas auch für andere Orte oder Regionen ausgesprochen werden, Auslandsreisen können so ebenfalls unmöglich gemacht werden. Selbst die Verpflichtung, sich nur in einem Ort oder einem Kreis aufzuhalten, kann DDRlern auferlegt werden. Dann ist da der PM 12, ein berüchtigter und zwangsweise ausgegebener «vorläufiger Personalausweis», der seinen Inhaber fast vogelfrei erklärt. Eine mächtige Keule ist auch die Arbeitspflicht: Wegen «Arbeitsscheu» oder «asozialem Verhalten» kann es bis zu zwei Jahre Knast geben!

Ungewisse Folgen

All diese Maßnahmen begleiten DDRler ein Leben lang, werden sie doch allesamt in der «Kaderakte» verzeichnet. Wohin man sich auch wendet, die Kaderakte folgt auf dem Fuße. Zwar hat jeder nach den Buchstaben des Gesetzes das Recht auf Einsichtnahme, aber bekommt er tatsächlich Gelegenheit, es mal wahrzunehmen, dann sind die wirklich interessanten Eintragungen verschwunden. Diese östliche Version der doppelten Buchführung führt bei etwaigen Auffälligkeiten zu beruflichen Nachteilen. Von der Versetzung auf schlechtere, auch schlechter bezahlte Arbeitsplätze bis zur Kündigung und zum Verlust des Studienplatzes ist alles drin. Wer sich engagiert, weiß, daß er damit auch seinen Karriereverzicht in Kauf nimmt – eine folgenschwere Entscheidung. Allerletztes Auffangbecken sind dann nur noch kirchliche Arbeitsplätze: Totengräber, Gärtner, Krankenpfleger. Warum welche Maßnahme wann ergriffen wird – das bleibt uneinsichtig. Darin liegt Absicht, denn es erhöht den Abschreckungsfaktor erheblich, wenn der einzelne nicht weiß, ob er mit einem kurzen Aufenthalt auf der Polizeiwache («zwecks Klärung eines Sachverhalts» – polizeiliche Standardphrase) oder möglicherweise mit längerem Knastaufenthalt zu rechnen hat. Auf der juristischen Ebene haben sich nämlich die «Organe» eine ganze Reihe von Gummiparagraphen geschaffen, die alles und jedes strafbar machen können. Nur ein Beispiel: Der Physiker Rolf Schälike wurde zu sieben Jahren Gefängnis verurteilt, weil er «systematisch staatsfeindliche» Diskussionen geführt und Bücher aus dem Westen verliehen hatte. (Nach einem Jahr Haft wurde er im Februar 1985 in die Bundesrepublik abgeschoben.) Vor diesem Hintergrund wird verständlich, daß selbst harmlose Aktionen oder Aktiönchen schier unermeßliche Folgen nach sich ziehen können. Jedes weitergegebene Buch, jede offene Erörterung unliebsamer Thesen, jede Infragestellung heiliger realsozialistischer Kühe muß zwar nicht, kann aber mit drakonischen Maßnahmen geahndet werden. Unbequeme Geister, die womöglich sogar noch etwas verändern wollen, geraten zwangsläufig ins Blickfeld der «Organe». Diesem Faß setzen die in ewiger Unsicherheit und Minderwertigkeit gefangenen DDR-Oberen noch die Krone dadurch auf, daß sie alles Unliebsame schlicht als staatsgefährdend betrachten – und das, obwohl niemand den Grundpfeiler des Systems, die Verstaatlichung der Produktionsmittel, rückgängig machen will. Wir haben mit vielen Menschen gesprochen, die ganze Bücher mit ihrer Kritik füllen könnten, doch war niemand dabei, der eine Rückkehr zum Kapitalismus befürwortete oder gar

Raum für vieles: die Kirche

Wahrlich traurige Auskünfte, die wir da zu hören bekommen. Doch niemand kokettiert damit, alle haben sich mit den drohenden Gefahren ob ihres Tuns ernsthaft auseinandergesetzt. Und all diese Menschen wissen zu schätzen, daß sie hier auf dem Gelände einer evangelischen Kirche ihre Meinungen und ihr Wissen unters Volk tragen dürfen. Denn ohne die evangelische Kirche gäbe es heute in der DDR nicht diese Vielfalt an Gruppen, Zusammenschlüssen und Szenen.

Kirchliche Freiräume

Ein historisches Datum war es für die DDR, dieser 6. März 1978. Erich Honecker und der gesamte Vorstand des evangelischen Kirchenbundes besiegelten mit Handschlag eine Art Abkommen. Kernpunkt: Partei und Staat erkennen die positive Rolle der Kirche an, diese wiederum versteht sich als Kirche *im* Sozialismus (stellt diesen also nicht grundsätzlich in Frage). Damit war der Weg bereitet beispielsweise für das aufwendig inszenierte Luther-Jahr 1983 oder für die verstärkte staatliche Unterstützung kirchlicher Sozialdienste. Aber damit konnte die evangelische Kirche auch einen von staatlichen Bevormundungen freien Raum abstecken, dessen Bedeutung gar nicht hoch genug einzuschätzen ist.

Jedenfalls gediehen und gedeihen, was vor Jahren niemand für möglich gehalten hätte, unter dem Dach der Kirche eine Menge zarter Pflänzchen, die ohne den Schutz dieser Institution im rauhen Wind der Realität alsbald verdorren würden. Hier können

anstrebte. Selbst wenn das politische Leben in der DDR gleichsam über Nacht liberalisiert würde, die Forderung nach Rückgabe der Fabriken an ihre ehemaligen Besitzer fände keine Resonanz (auch wenn sie sicherlich aus der Bundesrepublik lanciert würde).

Nur wer um dies alles weiß, vermag eine Veranstaltung wie die Friedenswerkstatt angemessen zu begreifen. Jeder, der hier hinter einem Infostand sitzt und Auskünfte gibt, jeder, der Flugblätter unter die Leute bringt, jeder, der in einer Diskussion nicht genehme Ansichten äußert, kann belangt werden. Mit diesem Merkposten im Hinterkopf stellt sich das bunte und fröhliche, fast schon idyllische Treiben ganz anders dar. Unser Gewährsmann klärt uns auf: «Dieser Liedermacher hat für seine Songs schon im Knast gesessen, der da hat wegen seiner Schriften den Arbeitsplatz verloren, die hat wegen ihrer Aktivität in kirchlichen Gruppen nicht studieren dürfen, die . . .»

Fragen gestellt und Probleme angesprochen werden, wie es etwa bei der FDJ oder in der Schule nicht vorstellbar ist. Hier können auch, für DDRler völliges Neuland, erste Schritte zu nicht gelenkten, eigenständigen Handlungsweisen unternommen werden, die sich an der Einheit von Denken und Tun orientieren. Die Friedens-, die Umwelt- und Frauenbewegung, die Schwulen, die unabhängige Kulturszene und auch unangepaßte Minderheiten ohne politische Ambitionen profitierten ganz unmittelbar vom Burgfrieden zwischen evangelischer Kirche und Staat. Nicht zu vergessen die Kirche selbst, die dadurch zu einem neuen Gewicht im Leben der DDR gelangte.

Einem Mißverständnis gilt es jedoch vorzubeugen. Auch wenn wir den Begriff ‹Bewegungen› benutzen, weil er sich in der DDR eingebürgert hat, darf darunter nicht das verstanden werden, was wir aus der Bundesrepublik als solche kennen. Allein unter zahlenmäßigen Gesichtspunkten sind in der DDR allenfalls verschwindende Minderheiten in Bewegung. Selbst wenn bei einigen Großveranstaltungen schon mal zehntausend Köpfe gezählt werden, so sind das fast alle aktiven Leute aus der Republik. Aber auch in bezug auf die Arbeits- und Aktionsweisen weist die ‹alternative Szene› weniger Merkmale einer Bewegung denn einer Ansammlung unabhängiger Gruppen auf. Wobei die besonders engagierten Leute gleichzeitig auf mehreren Feldern tätig sind.

Und das Wichtigste: Wir Westler reden wie selbstverständlich immer von ‹Gegen›bewegungen, ein Sprachgebrauch, der für die DDR unzutreffend ist. Allein um ihre Existenz als zarte Pflänzchen bewahren zu können, dürfen die Bewegungen nicht mal den Schatten eines Oppositionsverdachts aufkommen lassen. Fast schon krampfhaft sind sie bemüht, ihre Aktionen auf individuelle und soziale Nützlichkeit auszurichten und jeden Hauch von Gegnerschaft zum System auszumerzen. Manche sehen darin durchaus selbstkritisch ein panisches, das heißt übertriebenes Legalitätsbedürfnis. Es wäre jedoch ein Fehlschluß, daraus eine gewisse Systemtreue abzuleiten – ganz im Gegenteil, die meisten der in den Bewegungen aktiven Menschen sind wahrlich keine Sympathisanten der SED-Herrschaft. Aber nichtsdestotrotz gibt es derzeit kaum Alternativen zur legalen Arbeit.

Opposition von innen

Nun ist der Schoß der evangelischen Kirche nicht der einzige, der fruchtbar ist. Neben den Bewegungen, die hilfsweise als alternativ charakterisiert werden können, gibt es andere Gruppen und Szenen, die wir in der DDR eigentlich nicht erwarten. Schon die eingangs erwähnte Flucht in die ländliche Idylle deutet darauf hin, daß es eine gewisse Spielart des Aussteigertums auch drüben gibt. Legende ist die Zahl der Intellektuellen, die entweder auf dem Land leben oder sich zum Arbeiten in ein altes Bauernhaus zurückziehen. Sie haben das Privileg, schon realisieren zu können, was viele andere bloß erträumen. Dann sind da noch, mit den im Westen oft bemühten Punkern als Speerspitze, die vielen unangepaßten Jugendlichen. Früher hörten sie die verbotenen Lieder der Rolling Stones, heute besetzen sie Häuser oder sprühen Graffiti oder machen sich einen Spaß daraus, Kleinbürger und Behörden in Aufregung zu versetzen.

Schließlich ist da noch etwas, was den DDR-Oberen regelmäßig die Zornesröte und den Angstschweiß ins Gesicht treibt – die politische Opposition. Natürlich gibt es in der DDR mehrere Parteien, doch ist es der SED seit eh und je gelungen, diese erstens als «Blockparteien» zusammenzuschließen und sie zweitens an die eigene Politik anzukoppeln. Wer also von CDU, LDPD oder NDPD kritische Gedanken oder eigenständige politische Initiativen erwartet, der wird lange warten können. Eher ist das Gegenteil traurige Realität, versuchen sich die anderen Parteien doch in der Anbiederung an den herrschenden Kurs der SED gegenseitig zu übertrumpfen!

Da es aber auch in der DDR kluge und eigenwillige Geister gibt, allen intellektuellen Einebnungsversuchen zum Trotz, finden sich diese in der Regel in der ... SED. Früher war das noch etwas anders. Da gab es politische Gruppen und Grüppchen neben der SED, dann kam die Phase der Fraktionsbildungen, dann die der Zirkelbildungen innerhalb der Partei – heute sind es nur selten eigenständige Gruppen, sondern meist kritische Einzelpersonen in der SED. Fast nie finden sie sich zusammen, um sich auszutauschen oder Theorien zu diskutieren. Rudolf Bahro, der abends am heimischen Schreibtisch seine «Alternative» verfaßte, ohne daß jemand davon wußte, steht stellvertretend für diesen Typ des Oppositionellen. Ab und zu machen dann noch illegal hergestellte und verteilte Flugblätter von sich reden, ohne daß man wüßte, wer wirklich dahintersteckt. Auch die «Manifeste», die immer wieder durch westliche Medien geistern, müssen mit Vorsicht genossen werden. Möglich, daß sie tatsächlich von Leuten in der DDR gefertigt sind, möglich aber auch, daß ein westlicher Schreiber Zeugnis seiner Vorstellungskraft abgibt.

Zugang zu Szenen

Die ‹andere› DDR steht derzeit in nie gekannter Blüte. Doch bevor wir die einzelnen Szenen unter die Lupe nehmen, bleiben noch zwei Besonderheiten zu erwähnen. Zum einen sollten sich alle Westler dringend vor Augen führen, daß die Vielfalt und Lebendigkeit von der Gnade der SED abhängt. Sollte sich diese irgendwann einmal entscheiden, mit diesen unliebsamen, ja ungeliebten (und den Hardlinern sowieso höchst suspekten) Kindern des Sozialismus aufzuräumen und Schluß zu machen, dann ist die Blüte unwiderruflich dahin. Es gibt also keine Garantie, daß spätere Besucher noch das vorfinden, was vorherige Gäste zu Gesicht bekamen. Zum anderen sind auf Grund der besonderen Situation in der DDR einige Regeln zu beherzigen, derer sich Westbesucher auf jeden Fall gewahr sein sollten.

Die meisten der nachfolgend vorgestellten Gruppen und Kreise haben keine Adresse, unter der man sie ständig erreichen könnte. Oft erfährt man bei der örtlichen

Völlig losgelassen

evangelischen Kirche Näheres – wenn der Pastor auskunftswillig ist. Denn die neue Lebendigkeit findet nicht den ungeteilten Beifall aller evangelischen Christen, so daß in manchen Orten das Dach der Kirche nicht schützend über den Gruppen liegt. Wichtig ist noch ein anderer Punkt. Wer immer Kontakt zu den Bewegungen sucht, soll sich zuvor gefälligst genau überlegen, was er will. Denn die Menschen haben es satt, von den Bundesrepublikanern gleichsam als Exoten der DDR besichtigt und bestaunt zu werden. Wer also nur mal sehen will, wie leibhaftige Ost-Ökofreaks aussehen, der darf sich über Vorbehalte nicht wundern.

Auch diejenigen, die die Gruppen nur ausfragen wollen, dürfen nicht auf Gegenliebe rechnen. Erstens kann es sehr gefährlich werden, etwas auszuplaudern; zweitens ist für die Gruppen etwas anderes von größter Bedeutung – nämlich Informationen, möglichst exakte und möglichst viele Informationen aus dem Westen zu erhalten. Denn der Hunger nach Angaben, die in der DDR als Geheimsachen behandelt werden, ist riesig und schier unstillbar. Für Besucher heißt das, schon lange vor Beginn einer Reise alles aufzugabeln und abzuspeichern, was die Menschen in der DDR interessieren könnte. Dabei sind Informationen über die Bundesrepublik genauso gefragt wie Aufklärung über Zustände und Ereignisse im Realexistierendensozialismus.

Wie benahm sich doch ein Westler völlig daneben? Er suchte und fand eine Friedensgruppe, stellte sich zuallererst als Bundesbürger vor, posaunte dann noch schnell heraus, welcher trotzkistischen Organisation er angehörte und bat schließlich die Anwesenden um ihre Adressen ... Atemberaubend toll – tolpatschig nämlich!

ALTERNATIVE POLITBÜROS – DIE OPPOSITION

Der zweite Erich der Republik, der Minister für Staatssicherheit Erich Mielke, sprach laut «Spiegel» Klartext vor seinen Getreuen: «Wer es wagt, einem jungen Menschen, der um die Aufnahme in unsere Partei bittet, deswegen eine Schlinge um den Hals zu legen, und droht, diese zuzuziehen, wenn er seine Absicht verwirklicht, oder einem Pionier in einem Omnibus die Budjonnymütze vom Kopf reißt und haßerfüllt ausruft, daß man ihn auf der Stelle totschlagen müßte, weil er den roten Stern trägt, der muß die ihm gebührende Antwort bekommen, und zwar so, daß ihm für immer die Lust dazu vergeht. Wer so haßerfüllt, auf so brutale Weise die Hand gegen uns erhebt, ganz gleich, wo und in welcher Form er wirksam zu werden versucht, der darf nicht mit unserer Nachsicht rechnen. Solche Elemente müssen die volle Härte unserer Macht zu spüren bekommen. Und damit meine ich nicht nur unsere rechtlichen Möglichkeiten.»

Man kann es drehen und wenden, wie man will – dem Staatssozialismus in der DDR ist deutlich anzumerken, daß er nicht auf einer authentischen, von den vielbeschworenen Massen wirklich getragenen sozialen Umwälzung beruht. Die per militärischem Erfolg importierte ‹Revolution› hat ihre Geburtsfehler nie überwinden können. Neben der stark hierarchischen und obrigkeitsstaatlichen Ausrichtung gehört dazu ganz wesentlich auch die Vorstellung, die Partei SED müßte wie ein monolithischer Block erscheinen. Dieses von Stalin in die interna-

Heimlich am Werk: DDR-Kritiker Rudolf Bahro

tionale kommunistische Bewegung eingehämmerte Dogma ist nach wie vor die Leitlinie, an der sich die Partei orientiert. «Jede Erscheinung von Fraktionsmacherei und Gruppenbildung widerspricht dem Wesen unserer marxistisch-leninistischen Partei und ist unvereinbar mit der Zugehörigkeit zur Partei» – so das Statut der SED.
Eng verbunden damit ist ein Syndrom ewiger Unsicherheitsgefühle – die Parteispitze weiß sich ihrer Sache nie wirklich sicher. Immer wittert sie Verrat, immer vermutet sie hinter der nächsten Ecke den Klassenfeind, immer hegt sie tiefstes Mißtrauen, immer unterstellt sie auch den eigenen Bürgern finstere Absichten. Vor diesem Hintergrund werden die beinahe hysterischen Töne, die Mielke anschlägt, verständlich. Und auch die Tatsache, daß sein mächtiges Ministerium ohne Gegengewicht im Staate ist. Hinter den von ihm erwähnten Vorfällen stecken offensichtlich die «Braunen», wie sich die Neonazis in der DDR nennen. Auch sie gibt es, aber nur vereinzelt. Sie versammeln sich zu Führers Geburtstag und bedrohen schon mal Parteifunktionäre oder Staatsanwälte, aber sie stellen keine wirkliche Gefahr für das System dar. Mielke offenbart mit seiner Rede stellvertretend die ebenso panischen wie übertriebenen Ängste der führenden Genossen.

Zuckerbrot und Peitsche

Natürlich hat das historische Wurzeln. Die erste liegt in der tiefen Enttäuschung über die Machterlangung der Nazis 1933. Zweitens gab es die politische wie physische Ausschaltung der linken Strömungen in den kommunistischen Parteien durch den Stalinschen Unterdrückungsapparat, so daß 1945 eine Art negativer Auslese auch die KPD beherrschte. Drittens hat sich die Zwangsvereinigung von KPD und SPD zur SED sowie die anschließende Hinaussäuberung vieler Sozialdemokraten als Präzedenzfall für das ‹Austragen› von Kontroversen erwiesen. Und schließlich hat der Ausbruch der aufgestauten Gegensätze zwischen Massen und Parteiführung am 17. Juni 1953, innerhalb von Tagen teilweise blutig niedergeschlagen, tiefe Spuren hinterlassen. Aus alledem haben die Herrschenden, gezeichnet von Angst vor der Masse, die Konsequenz gezogen, jedweder Art von Opposition mit allen Mitteln zu begegnen – was für das Verständnis der verschiedenen oppositionellen Regungen bedeutsam ist.
So wie sich die Sozialdemokraten nach und nach in ihr Schicksal fügen mußten, erging es auch den anderen Parteien: Bereits 1952 waren sie politisch entmündigt und standen im «Demokratischen Block» unter unangefochtener Vorherrschaft der SED, heute firmieren sie als «befreundete Parteien». In der Volkskammer, dem Parlament, dessen 500 Sitze seit 1963 nach einem gleichbleibenden Schlüssel vergeben werden, gab es bisher ein einziges Mal keine einstimmige Entscheidung: Das war am 9. März 1972, als vierzehn Abgeordnete gegen das Gesetz zur Schwangerschaftsunterbrechung votierten und sich acht der Stimme enthielten. Eine Form oppositioneller Aktivität richtet sich deshalb ge-

gen die Wahlen und fordert deren Boykott, manchmal gar auf illegalen Flugblättern. Resultat: Bei den Wahlen 1981 gab es 0,14 Prozent, in Ostberlin gar sagenhafte 0,34 Prozent Nein-Stimmen...
Ähnlich gelagert, weil politische Zielsetzungen nicht deutlich werden, ist die sogenannte Bürgerrechtsbewegung, die auf Grund der besonderen Situation auch dem breiten Spektrum des Oppositionellen zugeschlagen werden muß. Natürlich handelt es sich wesentlich um Ausreisewillige, die von der Regierung die Einhaltung der (von ihr unterzeichneten) Allgemeinen Erklärung der Menschenrechte und der KSZE-Schlußakte fordern. Mitte der siebziger Jahre erwuchs diese Bewegung, die etwas völlig Neues praktizierte: Unter voller Offenbarung von Namen und Herkunft klagten DDR-Bürger ihnen nach den Buchstaben der Gesetze zustehende, in der Realität aber verweigerte Rechte ein – und das in höchst legaler Weise. Am bekanntesten wurden die «Bürgerrechtsinitiative Riesa», in der sich 1976 einige Dutzend Personen «zur vollen Erlangung der Menschenrechte» zusammengeschlossen hatten, und der «Jenaer Kreis», der durch seine Schweigedemonstrationen auffiel.
Die staatlichen Organe hatten Probleme, sich auf dieses Phänomen einzustellen. Zwar mußten sie nun neben der Peitsche auch das Zuckerbrot einsetzen, aber oft half beides nicht – insbesondere, wenn sich die internationale Öffentlichkeit der Fälle annahm. Denn schlechter als unbedingt nötig möchte die DDR ihre Reputation nach außen auch nicht geraten lassen, deshalb gibt sie immer wieder nach – wenn man die Erlaubnis der Ausreise nach Repressalien und Verbüßung eines Teils der Haftzeit als nachgeben bezeichnen kann. Es erscheint paradox, wenn Robert Havemann den auf ihre Menschenrechte Pochenden «wachsendes Vertrauen» in ihre Regierung zuschreibt. Aber liegt darin nicht tatsächlich Vertrauen, mindestens aber Hoffnung, wenn Menschen ihre Gegnerschaft zum System offen und ehrlich zum Ausdruck bringen und darauf bestehen, daß beide Seiten die Konsequenz der «einvernehmlichen Trennung» daraus ziehen?

Fraktionsbildung im ZK

Von weiter reichender Bedeutung sind die politischen Alternativen zum Staatssozialismus, die mehr oder minder klar formuliert immer wieder aufs Tapet gebracht werden. Eines ist ihnen allen gemeinsam: Sie gehen von der Nicht-Privatheit der Produktionsmittel aus! Hermann Weber gibt für Ende der sechziger Jahre an, daß selbst von den in die Bundesrepublik geflüchteten Arbeitern nur 40 Prozent eine Reprivatisierung befürworten. Keine der bekannt gewordenen Tendenzen hat sich die Restaurierung kapitalistischer Verhältnisse zum Ziel gesetzt, allen geht es um einen ‹anderen› Sozialismus. Wobei die Vorstellungen darüber erheblich differieren. Während in den Anfangsjahren der SBZ/DDR Sozialdemokraten und Unabhängige einen gemäßigten, nicht am stalinistischen Vorbild ausgerichteten oder einen von der Basis ausgehenden Sozialismus anstrebten, kam es beim Aufstand vom Juni 1953 zu

anderen Gewichtungen.
Schon die Vorgeschichte ist gekennzeichnet vom Konflikt zwischen einer Regierung, die mit den Werktätigen nach Belieben umspringt, und Arbeitern, die sich, da ihre soziale und politische Situation nicht verbessert wird, förmlich ausgepreßt fühlen. Eine von den Arbeitern wirklich getragene Regierung – das war das Hauptziel des Aufstandes. In dieser Erschütterung ereignete sich etwas Unerhörtes: offene Opposition in der engsten Führungsspitze. Eine Neubesetzung der höchsten Posten war das Ziel der «Zaisser-Herrnstadt-Gruppe», die nach zunächst konspirativer Arbeit kurz vor dem 17. Juni 1953 offen auftrat. Und nur drei Jahre später, kurz nach dem blutig niedergeschlagenen Aufstand in Ungarn, versuchte die «Wollweber-Schirdewan-Gruppe» ähnliches.
Für kommunistische Parteien und ihre führenden Genossen ist zwar auch ein Volksaufstand ein Trauma, aber daß sie im Politbüro oder Zentralkomitee Seite an Seite mit abweichlerischen Funktionären sitzen – das ist ihr eigentlicher Alptraum. Während von der Basis ausgehende Revolten die Herrschaftsmittel des Staates erst erobern müssen, sitzen oppositionelle Spitzenkader bereits an den Schalthebeln der Macht und werden deshalb für außerordentlich gefährlich gehalten. So war es keineswegs gewiß, daß Walter Ulbricht die beiden Palastrevolutionen politisch überleben würde. Zumal an beiden der jeweilige Minister für Staatssicherheit beteiligt war, gemeinhin einer der mächtigsten, weil bestinformierten Funktionäre.

Leitfigur: Robert Havemann

Doch die Eigenart von Palastrevolutionen in KPs ist, daß es vorrangig um neue Köpfe und erst nachrangig um eine neue Taktik oder Strategie geht. Eine neue Politik ist trotz aller wohltönenden Absichtserklärungen davon nicht zu erwarten (einzige Ausnahme: der Prager Frühling). So strebten die beiden genannten Fraktionen eine weniger scharfe Gangart bei der ‹sozialistischen Umwälzung› an, die Folgen, die Walter Ulbricht in Kauf zu nehmen bereit war, schienen ihnen zu risikoreich. Unter dem Dogma der Einheit der Partei können solche Meinungsgegensätze natürlich nicht diskutiert, geschweige denn ausgetragen werden. Also bleibt nichts anderes, als daß die Kräfte, die die Oberhand gewinnen, die unterlegene Fraktion zum Kniefall zwingen und in die politische Wüste schicken. Was in beiden Fällen geschah.
So spektakulär solche Ereignisse

erscheinen mögen, grundlegende Umwälzungen dürfen von ihnen nicht erwartet werden. Zumal die opponierenden Kräfte meist in den Denkweisen des Apparates befangen sind. Sowohl Zaisser/Herrnstadt als auch Wollweber/Schirdewan konnten sich erheblicher Sympathien an der Basis sicher sein, doch sie kamen auf Grund ihrer politbürokratischen Scheuklappen nicht auf die Idee, diese für sich nutzbar zu machen. Mit dem Scheitern der Opposition an der Spitze des Apparates verlagerte sich die Suche nach politischen Alternativen in die Kreise der Intellektuellen. Angespornt durch Chruschtschows Aufforderung zur Entstalinisierung und bedrückt durch die blutigen Ereignisse in Ungarn, strebten Wissenschaftler und Studenten an, was Wolfgang Harich so ausdrückte: «Wir wollen nicht mit dem Marxismus-Leninismus brechen; aber wir wollen ihn vom Stalinismus und vom Dogmatismus befreien und auf seine humanistischen und undogmatischen Gedankengänge zurückführen.»

Sozialistische Alternativen

Nicht nur Harich selbst, der 1957 zu zehn Jahren Zuchthaus verurteilt wurde und sieben davon verbüßen mußte, auch viele andere wirkten in dieser Richtung. Ernst Bloch, Walter Janka, Manfred Hertwig, Günther Zehm, Erich Loest sind nur die bekanntesten Namen. An vielen Schulen, Universitäten, Instituten, kulturellen Einrichtungen bildeten sich, oft unabhängig voneinander, Gruppen, Kreise und Zirkel, selbst Parteigenossen und Fachwissenschaftler wurden von der Aufbruchsstimmung in Bewegung versetzt. Doch trotz mancher gelungenen Veröffentlichung, trotz mancher verteilten Flugblätter gelang es den «revisionistischen Gruppen» (SED-Sprachgebrauch) nicht, sich breiterer Unterstützung zu versichern. Dennoch reagierte der Apparat mit harten Strafen. Selbst längste Zuchthausaufenthalte konnten eines allerdings nicht mehr beseitigen: nagende Zweifel in den Köpfen vieler nachdenklicher Menschen, ob der Kurs der Partei der richtige sei. Was in Moskau als Entstalinisierung begonnen wurde, fand nämlich in der DDR kaum einen Niederschlag. Auch ein Mann, der bis zu seinem Tode 1982 zur Leitfigur der linken Opposition werden sollte, fand hier den Anstoß zu einer kritischen Grundhaltung: Robert Havemann. Seit Anfang der sechziger Jahre propagieren nur noch Einzelpersonen oder Kleinstgruppen sozialistische Alternativen. Havemann war zweifellos die wichtigste Persönlichkeit, vor allem, weil er sich keinerlei Druck beugte, sondern im Gegenteil mit List und Beharrlichkeit immer wieder seine Auffassungen an die Öffentlichkeit brachte. «Dialektik ohne Dogma?», diese Publikation, die aus einer Vorlesungsreihe «Naturwissenschaftliche Aspekte philosophischer Probleme» in den Jahren 1963 und 1964 entstanden war, machte ihn schlagartig bekannt, brachte ihn aber auch um Professur und Parteimitgliedschaft. Havemann hatte nun nichts mehr zu verlieren und trat zusammen mit Wolf Biermann, der 1965 Auftrittsverbot erhielt, für einen menschlichen und

demokratischen Sozialismus ein. Beflügelt wurden sie durch den Prager Frühling 1968, der genau das zu realisieren schien, was ihnen vorschwebte. Die Anziehungskraft dieses Versuches im Nachbarland ČSSR strahlte auch auf viele jüngere Menschen aus, die so nicht durch intellektuelle Beweggründe, sondern die Faszination des lebendigen Beispiels auf den Weg eines ‹besseren› Sozialismus gebracht wurden.
Völlig fassungslos nahmen die meisten die Nachricht vom Einmarsch der Truppen des Warschauer Pakts, darunter auch DDR-Soldaten, am 20. August 1968 auf. Wieder wurden große Hoffnungen von Panzerketten zermalmt, wieder konnte sich der Staatssozialismus gewaltsam durchsetzen. Hunderte von DDR-Bürgern drückten ihr Entsetzen mit eher hilflosen Aktionen aus, viele von ihnen wurden strafrechtlich zur Verantwortung gezogen (darunter zwei Söhne Havemanns). Doch der Wunsch nach einem «Sozialismus mit menschlichem Antlitz» konnte nicht mehr ausgemerzt werden. Neben Havemann und Biermann traten andere, Thomas Brasch, Jürgen Fuchs, Gerulf Pannach, Christian Kunert, Ulrich Schacht und, ohne daß jemand davon wußte, Rudolf Bahro. Heimlich verfaßte er zwischen 1971 und 1977 die einzige in der DDR entstandene umfassende Kritik des Staatssozialismus. Während die Gruppen um Havemann und Biermann eher die utopische Dimension betonten, schuf Bahro eine grundlegende und kohärente materialistische Analyse und, darauf fußend, den Entwurf «einer kommunistischen Alternative». Bei aller Überzeugungskraft und Brisanz, die ihm prompt Knast und Abschiebung einbrachten, offenbart sein Buch am deutlichsten, daß fast alle linken Kritiker des Staatssozialismus, wie auch die früheren oppositionellen Gruppen in der Führungsspitze, in dessen Grundkonstanten befangen sind (und deswegen auch folgerichtig Sympathien für den Eurokommunismus hegten). Bahro sieht einen «Bund der Kommunisten» als Träger der kommenden Kulturrevolution – zugespitzt ausgedrückt fordert er damit nichts anderes als eine ‹bessere› Kaderpartei, die endlich den ‹wahren› Sozialismus/Kommunismus herbeiführen soll. Eine organisierte Avantgarde als Garant einer besseren Zukunft.
Eine Gruppe hat tatsächlich versucht, ein ‹alternatives Politbüro› ins Leben zu rufen: die bundesdeutsche KPD/ML, die sich am Vorbild Albanien orientiert (und seit einiger Zeit nur noch KPD heißt). Um dem Honeckerschen «Sozialfaschismus» und «Revisionismus» den Garaus zu machen, gründete sie in tiefer Illegalität ihre «Sektion DDR», die im wesentlichen Propagandamaterial unter die Leute brachte. 1981 flog der harte Kern auf und wurde zu mehrjährigen Freiheitsstrafen verurteilt. Pikantes Detail: Einer der MLer war in der Druckerei des «Neuen Deutschland» beschäftigt.
Mehr als eine vorübergehende Episode war dies allerdings nicht, auch wenn das Ende typisch ist. Nur bei Robert Havemann trauten sich die «Organe» nicht, ihn einzusperren – wohl weil er als verdienter Antifaschist galt, der 1943

Offene Worte sind noch keine Opposition

bis 1945 wie Erich Honecker im Zuchthaus Brandenburg-Görden gesessen hatte. Auch nur deshalb konnte Havemann den teilweise kafkaesken Versuchen widerstehen, ihn aus der DDR herauszuekeln. Alle anderen politisch Oppositionellen, die ihre Ansichten außerhalb ihrer heimischen vier Wände kundtaten, leben mittlerweile im Westen. Selbst der Polnische Sommer 1980/1981 brachte nicht viel Neues: unbeholfene Solidaritätsaktionen, Repressionen und Abschiebungen.

Träume vom Wandel

Derzeit ist, obwohl gewiß viele Arbeiter starke Sympathien für die (westdeutsche) Sozialdemokratie hegen, obwohl zahlreiche junge Menschen einen menschlichen Sozialismus wollen, obwohl ein erklecklicher Teil der Bevölkerung von den (westdeutschen) Grünen inspiriert wird, derzeit ist weder eine politische noch eine organisatorisch-personelle Alternative in Sicht. Kennzeichnend für die Situation sind mehrere im UNO-Jahr der Jugend 1985 verfaßte offene Briefe. Insgesamt einige hundert Jugendliche aus der DDR erhoben unter voller Namensnennung im Januar, April und Juli einen umfassenden Forderungskatalog, der sich liest wie ein Reformprogramm. Freie Meinungsäußerung, freie Information, Freizügigkeit, uneingeschränkte Reisefreiheit, Versammlungs- und Vereinigungsfreiheit, Chancengleichheit, Entmilitarisierung des öffentlichen Lebens, allseitige Bildung.

Natürlich sind das radikale, an den Nerv des Systems gehende Ansinnen. Aber ob sie geeignet sind, die Träume von einem ‹besseren› Sozialismus Wirklichkeit werden zu lassen, bezweifeln wir. Eher könnte im Verein mit den auf dem dürren Boden des Staatssozialismus aufgeblühten «zarten Pflänzchen» eine Stoßrichtung eingeschlagen werden, die den eigentlich modernen Industriestaat DDR seinen gewaltigen politischen Nachholbedarf aufholen läßt. Eine politische Umwälzung wird daraus nicht erwachsen können.

NEUE LEBENDIGKEIT - DIE KIRCHE

Von *der* Kirche wird meist gesprochen, gemeint ist die evangelische Kirche. Alle interessanten Veränderungen der letzten Jahre betrafen fast ausschließlich sie. Ob es um Militarisierung des Alltags, fehlende Reisemöglichkeiten oder Umweltprobleme geht – Schlagzeilen machen stets die Protestanten. Von der katholischen Kirche hört man nur, wenn der polnische Kardinal Glemp im Lande weilt, wenn 25 000 Gläubige zu einer Wallfahrt kommen oder wenn ein katholischer Jugendkongreß unter (von staatlicher Seite auferlegtem) Ausschluß der Öffentlichkeit stattfindet. Für die katholische Kirche steht eindeutig das religiöse Leben im engeren Sinn im Vordergrund, auch wenn natürlich junge Katholiken von den gleichen Fragen bewegt werden wie junge Protestanten. Das wohl eigentümlichste Erlebnis der katholischen DDRler war jener denkwürdige 24. April 1985, als (der übrigens im katholischen Glauben aufgewachsene) Erich Honecker in Rom mit dem Papst konferierte.

Von Honecker höchstpersönlich ausgesuchtes Gastgeschenk: eine Meißner Porzellanplastik von 1737/38. Titel: «Madonna mit Jesuskind, über das Böse triumphierend».

Wenig ist über die weiteren Religionsgemeinschaften bekannt. Zwar weiß man, daß es Mormonen und Baptisten, evangelische Freikirchen und Methodisten, Altkatholiken und Mennoniten, Adventisten und Quäker, Neuapostolen und Russisch-Orthodoxe, ja sogar die illegal arbeitenden Zeugen Jehovas gibt. Ihre Mitgliederzahlen bewegen sich zwischen einigen Dutzend und einigen Zehntausend, doch lassen sie sich beim besten Willen nicht den zarten Pflänzchen zurechnen, denen wir hier nachspüren wollen. Nur vom Hörensagen ist bekannt, daß die im Westen wirkenden sogenannten Jugendreligionen auch in der DDR Anhänger zu werben suchen. Vielleicht führt das ja eines fernen Tages mal dazu, daß Bhagwan in der DDR allerletzte Zuflucht sucht.

Nur träumen können sie von einer neuen Lebendigkeit, die jüdischen Gemeinden in der DDR.

Ganze 400 Juden bekennen sich zu ihrem Glauben. In Ostberlin, Leipzig, Dresden und Erfurt existiert jeweils eine Synagoge; in Magdeburg, Halle, Schwerin und Karl-Marx-Stadt arbeiten kleinere Gemeinden ohne Synagoge. Zwar gibt es einige tausend Menschen jüdischer Herkunft, doch bekennen sich die meisten nicht mehr dazu (darunter das ZK- und Politbüro-Mitglied Hermann Axen). Obwohl im Zuge des vierzigsten Jahrestages des Kriegsendes die Gemeinden vom Staat etwas aufgewertet wurden, fristen sie doch ein Schattendasein in Überalterung. Ganz am Rande werden sie von der Unruhe unter den jungen Menschen gestreift – unter Hinweis auf die Herkunft ihrer Eltern ersuchen einige wenige aus einer Art Protesthaltung heraus um Aufnahme.

Neue Rolle

Zurück zur evangelischen Kirche. Wie alle anderen Religionsgemeinschaften auch hatte sie in den fünfziger und sechziger Jahren erheblich unter politischen Restriktionen zu leiden, die auf ihre Beseitigung zielten. Unter Honecker werden die Kirchen jetzt nicht mehr als zu überwindende Restbestände der bürgerlichen Gesellschaft, sondern als Bestandteil der sozialistischen Gesellschaft begriffen. Hier liegt der Hintergrund für die Vereinbarung zwischen Staat und evangelischer Kirche vom 6. März 1978, das die neue Entwicklung erst möglich machte (die katholische Kirche verzichtete von sich aus auf eine vergleichbare Übereinkunft). Seitdem erfreut sich die evangelische Kirche zunehmender Unterstützung staatlicher Organe, etwa in bezug auf Druckmöglichkeiten, Errichtung von Gemeindehäusern in Neubaugebieten, Sendungen in Rundfunk und Fernsehen oder die Organisation von Kirchentagen. Dafür versteht sich die Kirche nicht als Kirche *gegen* den, sondern *im* Sozialismus.

Damit begaben sich die Protestanten freiwillig in eine neue Rolle. Neben ihrer normalen Arbeit auf seelsorgerlichem, karitativem und sozialem Felde wurde die Kirche nun, ohne daß es wohl ihre Absicht gewesen wäre, zu einer Art Sammelbecken. Denn die gut ausgebildeten und zu ständiger geistiger Wachsamkeit (allerdings auf anderen Gebieten) angehaltenen Jugendlichen in der DDR verfügen über gleichsam überschüssige intellektuelle Kapazitäten. Enge, Beschränktheit und Einseitigkeit des staatlich begrenzten Horizonts vermögen sie immer weniger zu befriedigen, geschweige denn zu begeistern. Auch das von den Eltern vorgelebte Leben, zumal wenn diese den höheren Kreisen angehören, erscheint vielen als ausweisloser Laufkäfig, in dem man immer nur in Bewegung ist, ohne jemals einen Ausgang zu finden. Und vor allem wird der Sinn des ganzen Systems, das den Jungen so viele Beschränkungen auferlegt und so viele Verzichte abverlangt, immer weniger gesehen. Was bei uns als Sinnfrage firmiert, hat auch drüben zahllose Menschen ergriffen.

So liegt es nicht fern, in tiefe Religiosität zu versinken oder eine eher weltlich orientierte Einheit von Leben und Glauben zu praktizieren. Und genau dies ist das

Engel im Marx-und-Engels-Land

‹Erfolgsgeheimnis› der Protestanten. Sie bieten nicht die Abgeschiedenheit eines nur dem Glauben verpflichteten Lebens, sondern suchen eine dem wirklichen Leben zugewandte Einheit von Überzeugung und Handeln – auch wenn das wahrlich keine einfache Sache ist. Voraussetzung für diese neue Lebendigkeit ist allerdings, daß die jeweiligen Vertreter der Kirche mitspielen. Was nicht überall der Fall ist. Manchen Hirten sind die paar alten Menschen, die sich jeden Sonntag in der Kirche verlieren, lieber als eine unruhige, vielleicht fluktuierende Gruppe junger Leute.

Auch ist der Kirchenapparat sehr stark gebunden, nicht nur durch die hohen DM-Subventionen aus dem Westen oder die Zuschüsse zur Pfarrerbesoldung, die der DDR-Staat freiwillig in Millionenhöhe leistet. Allein die Reise- und Informationsprivilegien, die den Kirchenführern gewährt werden (und jederzeit widerrufbar sind), bewirken ein vorsichtiges Verhalten. Selbst die mehreren tausend Pfarrer erhalten nach Erreichen eines bestimmten Dienstalters DM-Deputate, die aus einer Abgabe ihrer bundesdeutschen Amtsbrüder stammen. Zudem ist die evangelische Kirche sehr stark auf eben die Pfarrer ausgerichtet, was sich nicht nur an der Bevorzugung hinsichtlich des Wohnraums zeigt – Gemeindeschwestern oder Diakone werden weit schlechter behandelt. Nicht erstaunlich, daß immer wieder konservative Tendenzen zutage treten.

Massenhaft Zulauf

Doch das Kräftemessen hinter den Kulissen ist entschieden, die skeptischen Kräfte sind in der Minderheit, die Befürwortung des neuen Kurses überwiegt eindeutig. In den nun weiter geöffneten Armen der evangelischen Kirche fanden und finden sich immer mehr junge Menschen ein, oft so viele, daß an zahlreichen Orten «Junge Gemeinden» gebildet oder wiederbelebt werden konnten. Auch die Studienplätze der Theologie, die in gleicher Zahl sowohl an kirchlichen als auch an staatlichen

Hochschulen vorhanden sind, erleben einen wahren Run. Nicht selten muß mehr als die Hälfte der Bewerber abgewiesen werden; bei den staatlichen Studienplätzen, die im Gegensatz zu den kirchlichen nicht vom Wehrdienst befreien, erfolgt die Steuerung über Befürwortungen der CDU der DDR. Auch die anderen Ausbildungsplätze sowie die mehreren zehntausend Arbeitsplätze bei der Kirche sind sehr begehrt, sind doch nur sie dem strengen Regime staatlicher Aufsicht nicht unterworfen.

Zunehmend wird die Kirche damit konfrontiert, daß Ungetaufte an ihrem Leben, am Abendmahl, an den kirchlichen Unterweisungen teilhaben wollen – ein Bischof nannte das «phantastisch». Vorrangig reagiert die Kirche darauf mit dem Angebot der nachträglichen Taufe, die in der Tat sowohl bei Heranwachsenden als auch bei Erwachsenen zunehmende Zahlen aufweist. Selbst die schier unaufhaltsam sinkende Zahl der Gottesdienstbesucher kann hier und da gehalten werden, für die Kirchenfunktionäre immer noch der wichtigste Gradmesser von Erfolg oder Mißerfolg. Über die Gesamtzahl der Protestanten ist nichts Verläßliches bekannt, eine Schätzung deutet auf knapp 8 Millionen evangelische (und 1,2 Millionen katholische) Christen hin – in den Karteien.

Weit wichtiger als Zahlen aber sind die Inhalte, die sich stellen. Denn der Zustrom kritischer und suchender Menschen drängt die Kirche dazu, sich gleichsam als Lautsprecher von Forderungen zu betätigen, die den Sozialismus nicht prinzipiell in Frage stellen, aber doch von beträchtlicher Sprengkraft sind – also zu brisant, als daß einzelne das Risiko des Aussprechens auf sich nehmen könnten. Menschenrechte, Zivilcourage, Mut zum Anderssein, Sinnfragen, Umweltprobleme, Reiseerleichterungen, Glaubens- und Gewissensfreiheit, Friedfertigkeit, Ungerechtigkeit, Schutz von Minderheiten – dies alles sind Themen, die automatisch auch höchst politische Forderungen beinhalten; deshalb können sie ungestraft nur von der Kirche oder in der Kirche angesprochen werden. Was auf seiten von Staat und Partei gewiß auf starkes Unbehagen stößt. Aber auch hier scheint sich eine aufgeklärtere Haltung durchzusetzen. Denn im technokratischen Sinn dient diese Konstellation der Herrschaftssicherung der SED. Unzufriedenheits- und Protestpotentiale werden so nämlich von der Kirche gleichsam aufgesaugt, gefiltert und dadurch für die Obrigkeit sowohl besser kalkulierbar als auch ungefährlicher gemacht. Von diesen Aspekten ihrer Politik möchten die Kirchenleitungen allerdings nicht sehr viel wissen, höchstens hinter verschlossenen Türen wird diese Befriedungsfunktion erörtert.

Probleme benennen

Dabei müssen auch schärfste Kritiker eingestehen, daß es keine Alternative zur derzeitigen Politik gibt. Würde die evangelische Kirche auf Konfrontation schalten, hätten die schlimmsten Folgen gewiß jene zu tragen, die von der Kirche quasi im Regen stehengelassen werden müßten, weil sie sich nicht voll und ganz zum Glauben bekennen (können). Und derer gibt es viele unter den jungen Menschen, die Zuflucht bei den Protestanten suchen. Gelegentlich lassen die Kirchenfunktionäre schon mal durchscheinen, daß sie sich darum sorgen, ihre Kirche könnte zu einer Rand- oder Splittergruppenkirche werden. Immer wieder versuchen sie dem vorzubeugen: Mal dürfen die Schwulen auf einem Kirchentag keinen Stand aufbauen, mal müssen bei einer großen Podiumsdiskussion die Publikumsfragen vorher schriftlich eingereicht werden. Doch noch ist es so, daß viele mit offenen Armen empfangen werden, seien es Punker, Lesben, Friedensfrauen oder Ökofreaks.

Für sie alle hat der offene Raum, den die Kirche bietet, eine kaum zu unterschätzende Bedeutung. Denn wo sonst können sie überhaupt erst einmal lernen, unbefangen mit anderen über individuelle oder gesellschaftlich drängende Probleme zu reden? Weder Schule noch FDJ, ja nicht einmal die Cliquen lassen ehrlichen Austausch zu. Für viele ist es das allererste Mal, daß sie sich nicht hinter Denkschablonen oder Worthülsen verstecken, sondern offen die Dinge beim Namen nennen. Kein Wunder, daß zunächst die Benennung der Probleme im Vordergrund steht und nicht die Suche nach Lösungen. Die Hinwendung junger Menschen, die aus nichtchristlicher Tradition stammen, zur Kirche ist für viele ein «Übertritt in eine andere Kultur», wie ein Bischof es einmal ausdrückte.

Obwohl vorrangig in individuellem und kaum in gesellschaftlichem Maßstab gedacht wird, sind allein die Freiräume vielen Funktionären suspekt. In einer der DDR-CDU nahestehenden Zeitschrift hieß es dazu: Es gebe Pfarrer und andere kirchliche Mitarbeiter, «die den Freiraum Kirche postulieren und die Menschen zum Stöhnen, Jammern und Klagen einladen, die also die Geborgenheit der Kirche als Alternative zu der Gesellschaft im Betrieb, in der Schule oder in einer politischen Organisation aufstellen». Die Kirche sei aber nicht dazu da, «eine allseitige Alternative zur Gesellschaft aufzubauen». In fast schon üblicher Verdrehung von Ursache und Wirkung sind also nicht die Deformierungen des gesellschaftlichen Lebens Schuld, sondern die Kirchenmenschen, die auf die daran leidenden Nächsten zugehen.

Gewachsenes Selbstbewußtsein

Doch hält das alles die SEDler nicht davon ab, die Arbeit von Friedens- und Umweltgruppen in der evangelischen Kirche positiv zu würdigen – so geschehen unter anderem in Gesprächen mit westdeutschen Umweltschützern. Selbst Erich Honecker sprach diesen gegenüber von «verantwortungsvoller Mitarbeit» der Kirchen. Aber immer wieder müssen Christen fragen, warum die hehren Worte «keine Wirklichkeitsnähe, keine Basisbezogenheit» erhalten haben. Im Alltag nämlich warten auf die Menschen, die nach ihrem Glauben handeln (wollen), zahlreiche Maßnahmen der Einschüchterung oder Repression. Das reicht vom absolut schwachsinnigen Verbot des Emblems «Schwerter zu Pflugscharen» über ständige Stasi-Beobachtung bis zum Verlust von Studien-

Bluesmesse

oder Arbeitsplatz. Auch müssen Kirchenzeitungen immer wieder mal eine Ausgabe einstampfen, weil die Zensur an irgend etwas Anstoß nimmt. Während auf höchster Ebene «vertrauensvoll» konferiert wird, tobt auf den unteren Ebenen oft genug noch der bekannte Kleinkrieg, selbst wenn er nicht gegen jeden und nicht allzeit geführt wird.

Neu ist jedoch, daß immer mehr Menschen durch ihre Arbeit im ‹Freiraum› Kirche über ein erheblich gewachsenes Selbstbewußtsein verfügen. Sie nehmen die Repressalien nicht mehr duckmäuserisch hin, sondern pochen auf ihre Rechte und vertreten ihren Standpunkt weit offensiver. Und das, ohne sich in die Ecke des Staatsfeindes drängen und sich die auch bei uns bekannte Aufforderung «Geh doch rüber!» um die Ohren schlagen zu lassen. Mit dieser neuen Denkweise, die Gleichbehandlung und Gleichberechtigung einklagt und konstruktive Kritik übt, sind viele Funktionäre völlig überfordert. Deshalb kommt es auch zu unterschiedlichen Reaktionen in verschiedenen Bezirken oder auf verschiedenen Ebenen. Erst Mitte 1985 mehrten sich die Anzeichen, daß auf Weisung von oben eine neue Freundlichkeit gegenüber der evangelischen Kirche einsetzte, jedenfalls im Bereich der sachlichen Unterstützung. Auch nahmen die Einladungen gesellschaftlicher Institutionen und Organisationen an die Christen, ihre Sorgen um die Bedrohung der Umwelt und Abhilfemöglichkeiten vorzustellen, erstaunliche Ausmaße an.

Ob dieser Frühling andauern wird, bleibt abzuwarten. Er kann schnell beendet werden, wenn die SED ihren Kurs ändert – was in der Regel nicht vorauszusehen ist. Deshalb sind viele an der Basis skeptisch über den Fortgang der Ereignisse. Während etwa die Kirchenleitungen mit den DDR-Oberen «so etwas wie ein Grundvertrauen» (Bischof Hempel) herzustellen suchen, in den Westen reisen können, nur schwer erhältliche Informationen zur Verfügung haben, müssen sich die Graswurzelaktivisten mit Schikanen und Willkür, mit Desinformation und Unkenntnis sowie mit dem ewigen Eingesperrtsein herumschlagen. Eine Friedensfrau: «Unsere Kirchenfürsten fahren nach Greenham Common und überbringen uns herzliche Grüße der dortigen Friedensfrauen. Aber wann dürfen wir dorthin fahren, wann werden für uns internationale Treffen ungestört möglich sein, wann werden uns wichtige Informationen zugänglich gemacht?»

Radikale Fragen

Hier zeichnet sich ein Problem ab, das nicht nur an Gewicht gewinnen, sondern vielleicht den Lauf der Dinge bestimmen wird. Während die Kirchenoberen durch beharrliche und konsequente Arbeit gleichsam Reformen des Sozialismus, wie er in der DDR entstanden ist, anstreben, spüren die aktiven jungen Menschen immer deutlicher, daß ebendieser Sozialismus auf Grundpfeilern beruht, die radikal in Frage gestellt werden müssen. Ihnen reicht es nicht mehr, daß die Kirchen die heiklen Themen lediglich ansprechen und in Spitzenbegegnungen auf Lösungsschritte drängen. Sie spüren immer deutlicher, daß es nicht genügt, die einzelnen zu menschlichem oder umweltbewußtem Handeln anzuhalten; sie fragen nach den Ursachen für Unwissenheit und Gleichgültigkeit, für fehlende Reisemöglichkeiten, für den absoluten Mangel an Zivilcourage, für bewußte Schädigungen von Flora und Fauna. Für viele Menschen erwächst aus diesen Fragen ein Schritt von entscheidender Bedeutung – sie bewegen sich weg von den Appellen an die Individuen hin zum bewußten Einsatz für politische Alternativen.

Und das ist etwas, was der Obrigkeitsstaat DDR nicht dulden kann. Folglich macht er diesen Menschen das Leben so schwer wie irgend möglich (bis hin zur Tatsache, daß gerade sie nachts immer wieder mal überfallen und zusammengeschlagen werden). Ergebnis: Gerade die kämpferischsten und konsequentesten Menschen werden zwangsläufig zur Ausreise getrieben. Nur die stärksten Charaktere sind in der Lage, den enormen Druck auszuhalten und im Land zu bleiben. Die meisten können nicht anders, als den Weg nach drüben (in die Bundesrepublik) zu beschreiten. Was wiederum bei den Dagebliebenen zu einer Bitterkeit führt, die den Zusammenhalt der Gruppen erschüttert. Oft sind die, die sich zum Ausreiseantrag durchgerungen haben, alsbald isoliert. Nicht nur politische Gemeinschaften, auch Freundeskreise und verwandtschaftliche Beziehungen sind an dieser Frage schon zerbrochen. Bei den Bleibenden ist das Resultat oft eine innere Abwehr, auch die Schritte zu grundlegenden politischen Alternativen zu wagen.

Bei der Friedenswerkstatt 1985 trat ganz offen zutage, daß die ‹Bewegung› im Schoße der Kirche politisch auf der Stelle tritt. Noch ist nicht abzusehen, ob sie die in ihrem Handeln unausweichlich angelegten Konsequenzen wirklich ziehen oder ob sie sich auf das halbwegs sichere Terrain der Gewissensappelle beschränken wird. Bei letzterer Alternative muß sie in Kauf nehmen, die jungen Menschen in die Resignation zu treiben. Wer etwa die Geheimhaltung der Angaben über Umweltschäden kritisiert, muß folgerichtig auch das Informationsmonopol von Partei und Staat in Frage stellen. Sonst bleibt nur, die Zustände zu beklagen, zu beklagen ... und irgendwann entmutigt den Dingen ihren Lauf zu lassen.

Erst die Zukunft wird erweisen, ob die evangelischen Christen mit Berechtigung werden singen können, was der «Regenbogen-Chor» in der Lausitz schon heute darbietet: «Die Freude ist mein Lied ...»

WIDER DEN VERLOGENEN FRIEDEN – DIE FRIEDENSBEWEGUNG

«In diesem Land erlernt man die Friedensliebe. Und Frieden wollen und danach handeln, ist gültige Staatsdoktrin der DDR» – dies sagte Hermann Kant, Schriftsteller und ehemaliger Vorsitzender des einschlägigen Berufsverbandes der DDR. «Unsere Soldaten und Grenztruppen bekennen sich offen und parteilich zu ihrem sozialistischen Vaterland, besitzen ein klares und wissenschaftlich begründetes Feindbild und empfinden Haß auf das menschenfeindliche und aggressive imperialistische System» – dies sagte R. Kramer, Oberst der Nationalen Volksarmee.

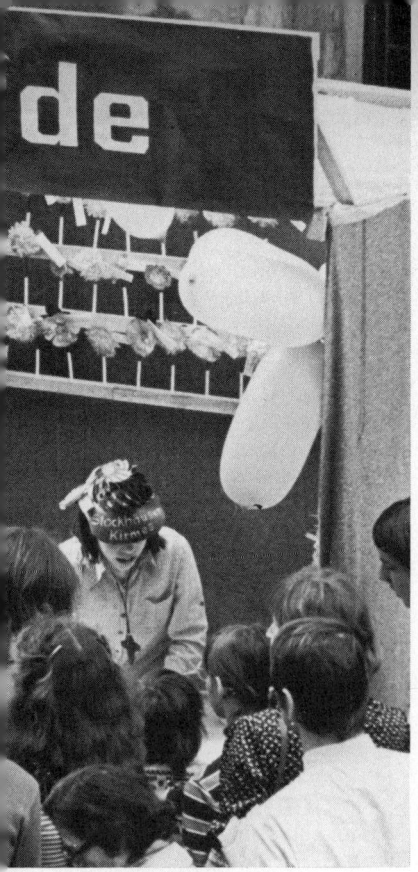

hinlänglich bekannten Konfrontation von Ost- und Westblock intensive Aufrüstung – wie alle in diese Blockgegnerschaft einbezogenen Nationen. Selbstverständlich ist die eigene Rüstung gerechtfertigt und ein Beitrag zur Bewahrung des Friedens – drüben wie hüben.

Was aber tun, wenn immer mehr Menschen am Sinn des Rüstungswettlaufs zweifeln, wenn sie diesen nicht länger mitmachen oder durch Stillhalten befördern wollen? Insbesondere in beiden Deutschländern, die im Falle einer militärischen Konfrontation allererstes Schlachtfeld wären, haben sich viele Leute vom alten Wird-schon-nichts-schiefgehen-Glauben gelöst. Sie spüren deutlich, daß ein Funke genügt, um den konventionellen oder atomaren Overkill freizusetzen. Und sie fordern, diesem Irrsinn endlich Einhalt zu gebieten. In beiden Deutschländern. Aber nicht nur dort.

In der DDR treffen sie jedoch mit diesem Anliegen auf eine Staatspartei, die ihren Sozialismus und den Frieden als wesenseins betrachtet. Sie sieht sich als alleinigen Wahrer der Friedenspolitik, die keiner Änderung oder Umorientierung bedürfe. In der Tat ziehen sich Friedensappelle und Friedensbekundungen so durch alle Lebensbereiche, daß selbst SED-Mitglieder den inflationären Gebrauch des Begriffs kritisieren. Arbeiter fahren «Friedensschichten» zum Weltfriedenstag, ausdrücklich als Höchstleistungsschichten bezeichnet. Radsportler fahren die «Friedensfahrt», das östliche Pendant zur Tour de France, das alljährlich durch die DDR, die ČSSR und Polen führt.

Friedensliebe oder Haß? Friedensliebe und Haß? Friedensliebe durch Haß? In Sachen Frieden helfen die simplen Formeln längst nicht mehr weiter. Von beträchtlicher Vielschichtigkeit ist die Friedensfrage auch in der DDR. Da ist zunächst die Partei- und Staatsführung. Sie sieht sich als der größte Friedensfreund und Friedenshüter überhaupt, zusammen mit der natürlich ebenso friedensfördernden Sowjetunion. Beide betreiben im Rahmen der

Musiker spielen «Rock für den Frieden», wo selbst Udo Lindenberg mal gegen Raketen in Ost und West auftreten darf.

Schrecklicher Frieden

Doch in merkwürdigem Kontrast dazu, allem und jedem mit oft unsäglichen Propagandaformeln das Etikett Frieden anzuheften, stehen andere gesellschaftliche Entwicklungen, die von eben der Staatspartei betrieben werden. 1978/79 führte sie den Wehrkundeunterricht ein; seit 1980 läßt sie verstärkt die Zivilverteidigung ausbauen und häufige Übungen mit Verdunkelungen und Probealarmen durchführen; 1982 erließ sie ein neues Wehrdienstgesetz, das für den Ernstfall die Wehrpflicht auch für Frauen vorsieht; seit ein paar Jahren läßt sie selbst Kleinkinder «Manöver» abhalten und Kriegsspielzeug als pädagogisch wertvoll qualifizieren.

Fast schon gespenstisch mutete an, was wir beim Jubiläumsfest einer DDR-Stadt erlebten. Neben Bratwurstbuden und Infoständen führten unvermittelt Landungstruppen von einem See aus einen Sturmangriff vor. Rauchkerzen, gepanzerte Fahrzeuge, ABC-Ausrüstungen, mit Übungsmunition betätigte Granatwerfer – es war furchterregend. Auch unter manchen Besuchern machte sich Unmut bemerkbar. Doch unverdrossen kommentierte ein Major per Lautsprecher, untermalt mit Geschützdonner vom Tonband, die Übung: «Ganz so wird es im Ernstfall nicht aussehen.»

Bis Ende der siebziger Jahre hatte es in der DDR lediglich in kirchlichen Kreisen eigenständige und unabhängige Beschäftigung mit Friedensfragen gegeben; hinzu kamen kleinere Gruppen der «Bausoldaten», die einigermaßen kontinuierlich Friedensarbeit leisteten. Mit dem Nato-Raketenbeschluß vom Dezember 1979 setzte ein breites Interesse an Sicherheits-, Abrüstungs- und Friedensproblemen ein – in Ost *und* West. Unter den Augen der SED begannen viele Menschen sich eigene Gedanken zu machen. Zunächst vorrangig auf eher allgemeinen Gebieten: Laien begannen da, Raketen und Gefechtsköpfe zu zählen, Reichweiten und Sprengkräfte auszurechnen, die Rechtfertigung für Nach- und Nach-Nach-Rüstung zu zerpflücken. Aber rasch gewann die Bewegung noch eine ganz andere Dimension. Beflügelt nicht zuletzt durch Anregungen und Impulse aus der Bundesrepublik, wurde die Frage aufgeworfen, ob Frieden die bloße Abwesenheit von Kriegen zwischen Nationen sein kann. Gerade in der DDR, an deren Westgrenze Waffengebrauch auch in sogenannten Friedenszeiten vorkommt, liegt eine ganz spezielle Bedeutung in dieser Frage. Schnell war das Wort vom verlogenen oder schrecklichen Frieden geprägt, das bei vielen DDRlern auf fruchtbaren Boden traf. Trugen sie doch ein starkes Unbehagen am ohnehin straffen und auf Disziplin ausgerichteten Gemeinwesen DDR mit sich. Ins Faß des allgemeinen Friedensaufbruchs mußten nur noch die paar Tropfen zusätzlicher Militarisierung fallen, um Zehntausende von Menschen zu beunruhigen und in Bewegung zu versetzen.

Die Friedensbewegung verdient

von den «zarten Pflänzchen» in der DDR noch am ehesten die Bezeichnung Bewegung, sowohl von den Inhalten als auch den Quantitäten her. Sie kann sich mit ihrem bundesrepublikanischen Pendant durchaus messen, verfügt aber über ein eigenes Profil. Sie zielt nicht auf schlagzeilenträchtige Aktionen wie Blockaden und Massendemonstrationen (was der Staat auch gar nicht zulassen würde), sondern widmet sich dem ‹kleinen Frieden› – und erhält dadurch eine beträchtliche Überzeugungskraft. Fast schon symbolischer Natur war die Kerzendemonstration vor den Botschaften der USA und der UdSSR in Ostberlin am 1. September 1983 – deren nicht gerade sanfte Auflösung durch Polizisten im Westfernsehen verfolgt werden konnte.

Schwerter zu Pflugscharen

Nur eine kleine Auswahl der Aktionen: Die Kerze als Sinnbild für das Leben spielt eine große Rolle. In vielen Orten versammelten sich Menschen und hielten einfach nur brennende Kerzen in Händen. Oder sie markierten mit Kerzen auf Landkarten die Orte in beiden deutschen Staaten, in denen sie Verwandte oder Freunde haben. Oder sie bildeten Schweigekreise und fanden sich zu Friedensmeditationen zusammen. 1982 und 1983 konnten Mitglieder der Friedensbewegung manchmal sogar an offiziellen Demonstrationen teilnehmen, mit eigenen Plakaten – die ihnen allerdings aus den Händen gerissen wurden, wenn sie nicht zuvor abgesprochen worden waren. Oder es wurden doppeldeutige Postkarten aus Handfertigung herumgeschickt. Oder in kirchlichen Räumen kam es zu Fastenaktionen. Oder es wurden «persönliche Friedensverträge» zwischen DDR- und BRD-Bürgern abgeschlossen, die zwar von vielen Westlern belächelt, aber drüben sehr ernst genommen werden.

Ein Thema für sich ist die Geschichte des Symbols «Schwerter zu Pflugscharen». Nach den Bibelworten Micha 4,3 und Jesaja 2,4 schuf der sowjetische Künstler Jewgenij Wutschetitsch eine Skulptur, deren Original die UdSSR der UNO in New York schenkte – eine Kopie befindet sich in der Moskauer Tretjakow-Galerie. Irgendwann schuf dann irgendwer ein Emblem, das neben dem Motto eben die Skulptur zeigt. Massenhaft wurde es als Aufnäher und Aufkleber produziert und fand reißenden Absatz. Anfang 1982 war dann bei Partei und Staat der Ofen aus: Das Tragen des Symbols wurde untersagt, auf der Stelle beendet und geahndet. Polizei und Transportpolizei, Abschnittsbevollmächtigte (ABV) und sonstige Ordnungskräfte übertrafen sich darin, Träger des Symbols zu stellen, die laut Radio DDR «blind, taub und heuchlerisch» sind.

Die staatliche Aktion lief ohne rechtliche Grundlage, unter scharfem Protest der Kirche, die natürlich zu der pazifistischen Tendenz des Mottos steht, stellt es doch einen der Grundsätze ihrer Friedensarbeit dar. «Der Friede muß bewaffnet sein!» – so lautet der staatliche Kurs, dessen Unterminierung durch die Repressalien verhindert werden sollte. Offenbar hat diese eher primitive Politik nicht nur nichts genutzt, sondern bei vielen jungen Menschen die Hemmschwelle zum nichtkonformen Verhalten herabgesetzt. Hart wurde jedoch bei zahlreichen Aktivisten zugeschlagen: Am Ende von Haftzeiten stand in der Regel die erzwungene Ausreise. Das veranlaßte immer mehr Menschen, die eigentlich nur ausreisen wollten, zum Mitlaufen in der Friedensbewegung – stiegen doch so die Chancen auf Realisierung des langersehnten Zieles beträchtlich. Jedenfalls ließen sich die ehrlich überzeugten Menschen weder von Zwangsmaßnahmen noch von Mitläufern beirren. In ständiger aufreibender Auseinandersetzung, immer dem alltäglichen Kleinkrieg ausgesetzt, begehren sie gegen Wehrkundeunterricht, militärische Übungen und Kriegsspielzeug auf, betreiben sie Aufklärungs- und Überzeugungsarbeit – mit nicht geringem Erfolg, auch wenn durch die Raketenstationierung auf beiden Seiten der große, unmittelbar antreibende Anlaß des Engagements weggefallen ist. Doch neben den Schwierigkeiten mit den staatlichen Organen haben die Menschen mit einer weiteren Widrigkeit zu kämpfen – den politischen Rahmenbedingungen ihrer eigenen Friedensbewegung. So wichtig sowohl der ‹große›, internationale, als auch der ‹kleine›, individuelle Frieden ist, eine Friedensbewegung hat nur dann eine Zukunft, wenn sie beides in eine politische Strategie einbetten kann.

Friedensaktive Bausoldaten

Am Beispiel der Kriegsdienstverweigerung kann das veranschaulicht werden. 1962 wurde das Wehrpflichtgesetz verabschiedet, es sah keinerlei Regelung der Verweigerung vor. Erst auf nachhaltigen Druck der Kirchen kam es 1964 zur «Anordnung über die Aufstellung von Baueinheiten». Damit wurde, im Rahmen der Nationalen Volksarmee (NVA), die Möglichkeit eines waffenlosen Wehrersatzdienstes geschaffen. «Bausoldat» konnte werden, wer den Wehrdienst mit der Waffe «aus religiösen Anschauungen oder ähnlichen Gründen» ablehnt. Die Bausoldaten bekleiden einen militärischen Rang, in dem sie nicht befördert, aber auch nicht degradiert werden können. Statt des Fahneneides wird ein Gelöbnis abgelegt. Allerdings muß der Wille zum Wehrersatzdienst spätestens bei der Musterung klar zum Ausdruck gebracht werden – ob er akzeptiert wird, erfährt man erst mit dem Einberufungsbescheid. (Auch eine Handvoll Totalverweigerer gibt es, die weder den «Ehrendienst» noch den Wehrersatzdienst ableisten wollen – sie erhalten Haftstrafen bis zu zwei Jahren; wer ‹nur› die häufigen Reservedienste verweigert, kommt mit 6 bis 8 Monaten davon.)
Schon die allerersten Bausoldaten waren stark politisch ausgerichtet: Mehrheitlich verweigerten sie das Gelöbnis und schlugen statt dessen eine Neufassung vor. Prenzlauer und Garzer Bausoldaten wandten sich mit Aufrufen an die Öffentlichkeit, mehrere Einheiten forderten 1970 vom Verteidigungsminister «zivilen Einsatz». Da keine Änderung erreicht werden konnte, beruhigte sich die Szene etwas. Mit kontinuierlicher Arbeit, vor allem in den «Frie-

densseminaren», konnten die Bausoldaten jedoch ihre Anliegen einem breiteren Kreis verständlich machen.
Diese Pioniere der Friedensbewegung, deren Zahl mittlerweile bei 1 000 bis 2 000 liegen soll, erreichten 1981 eine neue Stufe ihrer Arbeit. Ihre Forderung nach einem eigenständigen «Sozialen Friedensdienst» als Alternative zu Wehr- und Wehrersatzdienst wurde nicht nur zu einem Thema, sondern fand große Unterstützung. Im Nu hatten 5 000 Menschen den Aufruf unterschrieben. Daß von staatlicher Seite ein klares Nein kam, war zu erwarten («Unsere ganze Republik ist sozialer Friedensdienst», so ein ZK-Mitglied). Doch verbitterte viele, daß selbst der Kirchenleitung das Eisen zu heiß war; sie begnügte sich mit dem Nein der Funktionäre und wiegelte ab: «Da in den letzten Jahren Bausoldaten immer stärker in nichtmilitärischen Bereichen eingesetzt worden sind, bitten wir Euch zu bedenken, ob nicht eine Kompromißbereitschaft Eurerseits im Hinblick auf die Gestalt Eures Friedenszeugnisses ein möglicher Weg sein könnte. Vielleicht läßt sich dabei auch eine sinnvollere Ausgestaltung des bestehenden Wehrersatzdienstes erreichen», so die Leitung der provinzialsächsischen Kirche.

Anzeichen von Resignation

Vielen führenden Köpfen der Kirche geht es darum, ihr sensibles Verhältnis zu Partei und Staat nicht zu erschüttern oder womöglich zu gefährden. Weshalb sie nicht so weit gehen, wie viele Graswurzelaktivisten es gerne möchten. Denn im unabhängigen Friedensengagement steckt eine innere Logik, die oft durch die ständigen Repressionen zusätzlich verschärft wird. Der vielen Appelle müde, suchen kritische Mitmenschen nach einer grundlegenden politischen Alternative, die sowohl die Blockkonfrontation als auch den inneren Zustand der DDR einem wirklichen Frieden zuführen könnte. Eine ganze Reihe dieser Kräfte hat die Kirche wie heiße Kartoffeln fallenlassen und so staatlichen Willkürmaßnahmen ausgesetzt.
Im Sommer 1985 brachte ein Arbeitskreis folgende Einschätzung zu Papier: «Die Friedensbewegung ist auf individuelle Lösungen der Probleme orientiert. Es fehlt die Suche nach der gesamtgesellschaftlichen Sicht der Fragen und Lösungen für das eigene Land. Das hat zur Folge, daß den persönlichen Konflikten mit der Gesellschaft, dort, wo sie auftreten, ausgewichen wird. Individuelle Lösungen werden gesucht (...) Die Friedensbewegung hat ihren organisatorischen Ort fast ausschließlich in der evangelischen Kirche. Diese ist keine Friedenskirche und zudem auch bürokratisch organisiert. Sie hat ... als erstes Interesse den Erhalt der Organisation und wird nur so weit die Friedensbewegung unterstützen und dulden, als die Organisation nicht gefährdet ist.»
Kein Wunder, daß sich Anzeichen von Resignation breitmachen. Selbst der Landesbischof Johannes Hempel sieht eine der Ursachen dafür in der mangelnden Unterstützung der Friedensgruppen durch Kirchengremien. Wohin

die Reise gehen wird, ist derzeit nicht abzusehen. Der spektakuläre Vorschlag des Dresdner Professors von Ardenne (der übrigens zu den Erfindern des Fernsehens zählt), alle Atombomben in Atomkraftwerken zu verfeuern, wird wohl auch nicht weiterführen. Eher weist da schon eine «Initiative für Blockfreiheit in Europa» nach vorne, die den Abzug aller ausländischen Truppen und Waffen aus beiden Deutschländern sowie deutsch-deutsche Abrüstung fordert. Ziel ist eine europäische Konföderation von Nationen unterschiedlicher Gesellschaftsordnungen. Wie zuvor andere Aufrufe auch ist dieser Vorschlag von einer Reihe DDR-Bürger unterschrieben worden.

Lob von oben

Vielleicht liegt die bisher wichtigste Wirkung der Friedensbewegung darin: Mit der nunmehr mehrjährigen Existenz einer unabhängigen Bewegung ist politische Arbeit neben dem offiziellen Spektrum um einiges selbstverständlicher geworden. Meinungsverschiedenheiten, sogar Meinungsgegensätze haben vieles von ihrer Unglaublichkeit verloren; die für DDRler ungewohnte Konfrontation widersprüchlicher Auffassungen ist nicht mehr ganz so fremdartig. Auch die von den Staatsorganen vielfältig behinderten, teilweise unterbundenen gemeinsamen Aktionen und Erklärungen von Menschen aus der DDR, der ČSSR, der BRD oder anderen Ländern sind etwas normaler geworden. Mittlerweile konnte sogar die SED nicht länger umhin, das Friedensengagement der Kirche lobend zu erwähnen. Jedoch ist das keine Garantie für den Fortbestand der Bewegung. Geht die Kritik an den wahrlich beängstigenden Militarisierungsversuchen der Partei über die Hutschnur, kann sie ganz schnell «aufräumen», wie der an schlimme Zeiten erinnernde Sprachgebrauch lautet. Denn offensichtlich ist die DDR noch starrsinniger als selbst die UdSSR: Während die sowjetische Spielzeugfabrik «Mir» (Frieden) die Produktion von Miniaturpanzern eingestellt hat, wird das immer reichlich im Angebot befindliche Kriegsspielzeug von DDR-Pädagogen ausdrücklich gerechtfertigt. Aber *ein* Erfolg der Friedensbewegung ist unbestreitbar: Die staatlichen Militärwerber müssen immer größeren Druck ausüben und immer jüngere Schüler beknien, um ihr Soll zu erfüllen – so groß ist der Wehrunwille unter den Jugendlichen mittlerweile.

FDJ: Frieden schaffen mit Waffen

INITIATIVEN VON BÜRGERN – DIE ÖKOBEWEGUNG

Wie schrieb doch Erich Honecker höchstpersönlich an den bundesdeutschen BBU (Bundesverband Bürgerinitiativen Umweltschutz)? «Die Deutsche Demokratische Republik erbringt hohe materielle und finanzielle Aufwendungen für den Umweltschutz. So wurde zum Beispiel im Kraftwerk ‹Philipp Müller›, das bei Harbke liegt, der Ausstoß an Schadstoffen um mehr als 50 % reduziert. Bis 1987/88 wird die Schadstoffemission weiter gesenkt.» Datum des Briefes: 30. April 1984 – der Streit um die Dreckschleuder Buschhaus bei Helmstedt war entbrannt. Umweltschützer in der DDR haben ein vergleichbares Schreiben ihres obersten Funktionärs bisher noch nicht aus dem Briefkasten holen können, können sie sich doch noch nicht einmal problemlos in Bürgerinitiativen zusammenschließen.

Denn mit der Ökologie ist das so eine Sache drüben. Zwar wurde 1969 ein Umweltministerium geschaffen, zwar wurde 1970 ein umfassendes Umweltrecht in Kraft gesetzt, zwar enthielt der Fünfjahrplan 1971–75 erstmals ein geschlossenes Umweltschutzprogramm (es blieb das einzige Mal), zwar wurde 1980 eigens die «Gesellschaft für Natur und Umwelt» gegründet, zwar hat auch die DDR 1984 das europäische Umweltschutzabkommen von München unterzeichnet – doch genützt hat das wenig. Obwohl die DDR auf einem Sektor unbestritten eine Spitzenstellung einnimmt: in der Wiederverwertung aller denkbaren Stoffe. So wird das Wort Abfall kaum benutzt, vielmehr ist von «Sekundärrohstoffen» die Rede, Industrieabfälle heißen «Abprodukte». Was irgend nutzbar ist, wird gesammelt. Altpapier sowieso, aber auch die Stanniolverschlüsse der Pfandflaschen für Milch oder Küchenabfälle oder Schrott oder Kraftwerksasche oder alte Autoreifen oder gebrauchte Textilien. Angesichts der Rohstoffarmut der DDR sind diese Erfassungs- und Verwertungswege schon frühzeitig ausgebaut worden – allerdings aus rein wirtschaftlichen Erwägungen heraus.

Düstere Aussichten

Auf nahezu allen anderen Gebieten sieht es dagegen düster aus. Für viele Menschen sogar im wortwörtlichen Sinn. In den traditionellen Industriebezirken müssen Autofahrer auch an sonnigen Tagen schon mal um die Mittagszeit das Licht einschalten. Oder sie versuchen verzweifelt zu erkennen, ob die Ampel nun gerade rotes oder grünes Licht zeigt. Oder ein vermeintlich fensterloses Lagerhaus entlarvt sich erst bei genauem Hinsehen als Bürogebäude. Wie weit die Umweltvergiftung tatsächlich vorangeschritten ist, wissen nur wenige in der DDR – die allerhöchsten Leitungsebenen nämlich. Seit ein paar Jahren, seit Informationen über die Belastungen und Schädigungen von Flora,

Baumpflanzaktion in Schwerin

Fauna und Mensch zum Staatsgeheimnis erklärt wurden, hocken sie auf ihrem Wissen wie die Hennen auf den Eiern.
Und lassen niemand dran, schon gar nicht Normalsterbliche. Sich als DDR-Bürger mit der Bitte um Mitteilung von Details an die Gemeinde oder eine andere Behörde zu wenden ist ein hoffnungsloses Unterfangen. Erstens erfährt man sowieso nichts, zweitens wird man obendrein noch als verdächtig neugierig eingestuft. Genaue Meßwerte können die DDR-Oberen noch verheimlichen, die sichtbaren Schäden jedoch nicht – und die lassen DDRlern wahrlich die Haare zu Berge stehen. Bekanntestes Beispiel: eine Fahrt mit der Seilbahn auf den Fichtelberg im Erzgebirge. Rechts und links erstrecken sich die lichten Kronen der geschädigten Bäume, die Gegend ist zur «Rauchschadzone 1», der am höchsten belasteten, erklärt. Da können die Offiziellen noch so oft erklären, der Begriff Waldsterben sei eine «journalistische Erfindung vor allem westlicher Medien» – jeder kann das Waldsterben mit eigenen Augen besichtigen.

Nach einer Schätzung des UNO-Wirtschaftsausschusses für Europa ist die DDR Spitzenreiter beim Waldsterben: Etwa zwölf Prozent der Waldfläche sollen bereits angegriffen sein (mehr noch als in der ČSSR, wo es ‹nur› zehn Prozent sein sollen). Aus dem letzten Winkel der DDR, aus Zittau, meldete die «Sächsische Zeitung» die traurige Wahrheit: «Das Zusammentreffen mehrerer negativ wirkender Faktoren auf die Wälder, besonders durch Schwefeldioxidbelastung, führte vor Jahren zum plötzlichen Absterben von Waldbeständen in den oberen Berglagen. Als Folge mußten rund 250 Hektar mit einem Holzanfall von 120 000 Kubikmetern zwangsgenutzt werden.» Zwei Konsequenzen sind bisher gezogen worden. Zum einen werden (vermeintlich) widerstandsfähigere Baumarten gezüchtet und gepflanzt, zum Behelf sind angegriffene Waldgebiete von Flugzeugen aus gekalkt worden. Zum anderen zahlt man den Forstarbeitern in den geschädigten Gebieten einen «Erschwerniszuschlag». Wahrlich eine verantwortungsvolle Umweltpolitik.

Mit den Machenschaften von Behörden und Betrieben mögen sich seit einigen Jahren mehr und mehr Menschen nicht länger abfinden. 1979 fand in Schwerin die erste «Baumpflanzaktion» statt, etwa

50 Jugendliche setzten mit Unterstützung des örtlichen VEB Grünanlagen 5 000 Sträucher und Bäume entlang einer neuen Straßenbahnlinie. Zum Dank für ihr Engagement schenkte der VEB den Jugendlichen einen Baum – er ist vor der Kirche von Lankow, einem Stadtteil im Nordwesten, zu betrachten. Vor allem von jungen Menschen aus dem Schoß der Kirche getragen, machte dieses Beispiel Schule. Überall in der Republik. Eine regelrechte Welle schwappte da selbst durch einstmals verschlafene Winkel – ein Zeichen dafür, daß es vielen Menschen auf den Nägeln brennt. Dabei haben auch Impulse, die von den «Grünen» hierzulande ausgingen, eine Rolle gespielt.

Neben Baumpflanzaktionen kam es schnell zu Fahrraddemos, nach dem Motto «Mobil ohne Auto», zu kleinen Demos vor besonders schmutzigen Betrieben, zu Umweltforen und -gottesdiensten, zu privaten Verschickungsaktionen von Kindern aus extrem gefährdeten Gebieten. Ganz offenkundig motivieren die vielen kleinen Aktionen die Menschen ungemein. Doch wie immer, wenn jemand etwas ohne Anweisung von oben tut, fühlen sich die leidigen staatlichen Organe auf den Plan gerufen. Natürlich ist das für sie ein ungewohntes Feld, können sie doch schlecht ohne Erlaubnis der Partei gepflanzte Bäume wieder herausreißen. Also versuchten sie, die Initiativen durch Schikanen und Einschüchterungen in Grenzen zu halten und ihnen die Radikalität zu nehmen.

Wie dagegen ein staatstreuer Umweltschützer vorzugehen hat, führte das DDR-Fernsehen vor. Unter dem Titel «Peter und die Schwalben» lobte es Peter Haase vom Gülper See. Er fertigte mit Kollegen Brutinseln für die fast ausgestorbene Trauerseeschwalbe, die hier früher in großer Zahl gelebt hatte. Zum Teil führten die künstlichen Heimstätten tatsächlich zu einer Wiederansiedelung der Schwalbe. So soll es sein!? So soll jedenfalls der Umweltschützer sein, der das Gefallen von Behörden und Partei finden will. Einen Fehler darf er auf gar keinen Fall begehen: Er darf nicht so tun, als habe gerade er ein Recht auf eine unversehrte Umwelt! Das bringt ihm nämlich die rote Karte ein, liegt doch die Sorge um Mensch und Natur allein in Händen der Partei.

Deren Politik wird aber nicht von hehren Sprüchen über das «Wohl des Volkes», sondern von knallharten wirtschaftlichen Maximen bestimmt. Und das heißt Wachstum um fast jeden Preis, vorrangiger Einsatz der ohnehin knappen Mittel für Produktivitätssteigerungen, Umweltschutzinvestitionen nur da, wo sie sich rasch in barer Münze auszahlen. Die Folgen dieses Kurses werden insbesondere von den westlichen Medien genüßlich wiedergekäut. (Manchmal mit peinlichem Übereifer, wie im «Spiegel», wo das Foto ein und desselben Dreckbachs einmal als «Verschmutzte Saale in Halle», ein andermal als «Verschmutzte Pleiße bei Leipzig» deklariert wurde.) Betriebe zahlen liebend gerne die «Staub-» oder «Abgasgelder», kämen Kläranlagen, Filter oder sauber arbeitende Anlagen doch ein Vielfaches teurer. Hier und da werden auch mal einfach die (ohnehin nur teilweise exakt definierten) Grenzwerte angehoben. Meist aber geschieht ... nichts. Smogalarm beispielsweise kennen DDRler nur aus dem Westfernsehen, obwohl sie in Sachen Smog leidproprobte Fachleute sind.

In den letzten Jahren mußten die DDRler nicht nur vergeblich auf Verbesserungen warten, sondern ganz im Gegenteil zahlreiche Verschlechterungen hinnehmen. Verschmutzte und umgekippte Flüsse und Gewässer, überdüngte und von Schwermaschinen plattgefahrene Äcker, katastrophale Verschmutzung der Luft, vergiftetes Grundwasser, hohe Dosen von Schwermetallen in Gemüse und Obst, ausgiebiger Einsatz gefährlicher Schädlingsbekämpfungsmittel wie DDT, unerklärte Baustopps auf Baustellen von Atomkraftwerken – ein regelrechtes Schreckensszenario tut sich da auf. Genug, um Zweifel an Sinn und Richtigkeit der gesamten «sozialistischen Lebensweise» (heißt wirklich so) erwachsen zu lassen.

Anders leben

Was liegt da näher, als den Schritt von der Umweltaktion im Einzelfall hin zu einer umfassenden Zivilisationskritik des Realexisierendensozialismus zu tun. Aus den vielen örtlichen Initiativen und Gruppen drängen zahlreiche Menschen zu einem neuen, besseren Lebensstil. «Anders leben» – ein neuer Horizont scheint sich zu eröffnen. Vor allem einige Protestanten drängten recht frühzeitig in diese Richtung. «Die ökologischen Probleme fordern strukturelle Lösungen, aber sie fordern auch die Umorientierung des Menschen auf die Qualität des Lebens.» Schon 1979 schrieb Probst Heino Falcke aus Erfurt diese Sätze nieder, denen vielerlei Diskussionen, tastende Versuche, Ideen und Anregungen folgen sollten.

Erwuchs in der Bundesrepublik aus den zahllosen Initiativen auf den verschiedensten Feldern der Ökologie die politische Strömung der «Grünen», so läuft in der DDR eine ähnliche Entwicklung ab. Allerdings zeitverzögert, diffuser und mit einem engeren inhaltlichen Spektrum. Denn als Speerspitze der ökologisch fundierten Kritik am Zivilisationstyp Deutschland-Ost gelten Wohngemeinschaften auf dem Land, die zumeist in alten Bauernhäusern das «Anders leben» zu praktizieren suchen. «Wir legen eben mehr Wert auf die menschlichen Beziehungen untereinander. Wir laufen nicht wie die Blöden tagein, tagaus nach diesen oder jenen Sachen, die es gerade geben soll, herum oder stellen uns an jeder Schlange an. Wir versuchen mit dem wenigen, was wir verdienen und was wir selbst anpflanzen, auszukommen. Wir jobben zwar noch nebenbei ... aber das soll nicht überhandnehmen.»

So teilten es einem westdeutschen Journalisten Mitglieder einer ‹Kommune› mit, obwohl die fünf Erwachsenen mit Kindern diese Bezeichnung nicht gerne hören. Was sie mit viel Glück realisieren konnten, ist für DDR-Verhältnisse schon fast sensationell. «Wir begreifen uns ... nicht als Aussteiger aus dieser Gesellschaft, mit der wir nichts mehr zu tun haben wollen. Wir versuchen ... für uns und andere ein Stück ... ‹alternatives›

Leben vorzuleben und zu zeigen, daß so etwas – wenn auch beschränkt – selbst hier möglich ist (...) Daß es andere Werte im Zusammenleben gibt als Leistung, Planerfüllung und Konsum.» Ob Alternative oder Aussteiger – im Normalfall wird gemeinsames Wohnen und Leben nicht erlaubt. Schafft man es trotzdem, findet sich immer ein Vorwand für die «Organe», die Gruppen ‹legal› zu zerschlagen. Nur wenige versuchen es deshalb auf diesem Weg. Weit verbreiteter ist die Suche «nach einer sinnvollen und sinngebenden Lebenspraxis» (aus dem Papier einer Rostocker Gemeinschaft) in einer Vielzahl von Einzelschritten sowohl höchst praktischer als auch eher theoretischer Natur. Duschen statt baden; nicht täglich duschen; keine Datschen bauen, sondern wandern; Spraydosen boykottieren; Nichtraucher werden; Altstoffe sammeln; differenzierte Anwendung von Chemikalien im Kleingarten; Fahrrad fahren; öffentliche Verkehrsmittel statt Pkw benutzen; Abhängigkeit von Modeerscheinungen überwinden; auf Reparatur statt Ersatz von Produkten bestehen; gesünder und weniger üppig essen. Eine regelrechte Lawine von handfesten Überlebensschritten wurde da losgetreten – manch einer dürfte sich da überrollt fühlen.

Dennoch nehmen sich viele Menschen diese Appelle zu Herzen, mit einem weit höheren Grad an Verbindlichkeit, als wir es aus der westlichen Müsli-Bewegung kennen. Auf der Friedenswerkstatt 1985 hatte zum Beispiel die «Friedensgruppe Wühlmaus» eine Vielzahl von Anregungen parat: Vom elektrischen Kochen bis zum Gebrauch von Haushaltsreinigern reichte die Palette, die auf große Neugier und breites Interesse stieß. Ein kleines Plakat der Gruppe zeigte eine stilisierte Weltkugel, die zwischen Achselhöhle und Spraydose im chemischen Nebel zugrunde zu gehen droht. Zu einem reicht es allerdings bisher nirgends – zur «anderen» Ernährungsweise. Was wurde auf der Friedenswerkstatt gereicht? Die üblich-schreckliche Bockwurst, kalte Buletten und schlabberige Brötchen. Bisher gibt es nur einen einzigen biologisch-dynamischen Landwirtschaftsbetrieb: das kirchliche Dreißig-Hektar-Versuchsgut in Bad Saarow östlich von Berlin. Aber wir Westler haben gut reden, brauchen wir doch nur um die Ecke in den Müsliladen zu gehen.

Ökochristen

Jedenfalls werden, insbesondere von evangelischen Einrichtungen, wichtige Impulse gegeben, um die ökologischen Einzelaktionen (wie sie auch von der FDJ und anderen

Organisationen durchgeführt und gefördert werden) in den größeren Zusammenhang zu stellen. Ob es das Kirchliche Forschungsheim in Wittenberg oder die Theologische Studienabteilung des DDR-Kirchenbundes in Ostberlin ist, ob es die regelmäßige Tagung kirchlicher Umweltgruppen oder die Landwirtschaftsabteilung des Kirchenbundes ist (die die Bewirtschaftung der etwa 40 000 Hektar Nutzfläche der Kirche lenkt) – sie alle sehen die Ökologiediskussion als Prüfstein für die Weiterentwicklung ihres christlichen Glaubens. Sie alle schaffen Ansätze für einen neuen Lebensentwurf, natürlich auf der Grundlage des Evangeliums. Was durch die Wer-was-leistet-kann-sich-was-leisten-Politik der Partei bloßem Materialismus zum Opfer gefallen ist, könnte durch die neuen sozialethischen Orientierungen der Kirche wiederbelebt werden.

Es ist den Protestanten nicht zum Vorwurf zu machen, daß sie nahezu die einzigen sind, deren Weltbild die neuen Fragen aufnehmen und entwickeln kann. Infolge der jahrzehntelangen politischen und theoretischen Leblosigkeit haben es die nichtchristlichen Strömungen sehr schwer, eine auch nur in Ansätzen kohärente Weltsicht zu formulieren. Von daher rührt der Vorsprung der evangelischen Christen in der öffentlichen und halböffentlichen Diskussion. Was besonders bemerkenswert ist: Die SED hat bisher keine ideologische Gegenoffensive gestartet – vielleicht ein Zeichen dafür, daß sie mit der von ihr vertretenen Wachstumspolitik doch schon in die Defensive geraten ist.

Derzeit können relativ unbehelligt auch solch goldene Kälber wie das Leistungsprinzip, die zentrale Planung, das Konsumverhalten, selbst die Produktions- und Verteilungsweisen thematisiert werden. Von außen betrachtet, ergibt sich fast das Bild, als würden die vielen nachdenklichen und ehrlich engagierten DDRler nur die unausweichliche Reformierung des Gesellschaftstyps DDR in Gang setzen, die die SED auf Grund innerer Starrheit und fehlender Massenbasis nicht mehr zustande bekommt. Denn bei aller Härte der Kritik bleiben die Vorstellungen aus dem kirchlichen Raum doch immer auf dem Boden der Verstaatlichung der Produktionsmittel und der Herrschaft der sozialistischen Partei.

Bis auf absehbare Zeit werden Aktionen wie die folgende im Vordergrund stehen und hoffentlich immer häufiger werden: In einer Großstadt, deren Trinkwasser als besonders belastet gilt, entnahm ein Bürger seinem Wasserhahn eine Probe. Diese schickte er an das zuständige Untersuchungsamt und deklarierte das Wässerchen als aus einem neuen Brunnen stammend. Nur wenige Tage später flatterte ihm die dringende Warnung ins Haus. Das Wasser sei nicht nur ungenießbar, sondern auch sehr gefährlich. Und alsbald kam eine Kommission von Fachleuten, um den neuen Brunnen genauer zu betrachten. So flog die Sache auf, der Urheber wurde bestraft – aber die Kunde davon ging durch die Lande.

NICHT LEBEN WIE DIE MÄNNER – DIE FRAUENBEWEGUNG

«Jg. Frau, HSA, 30/1,68, ledig, schlk., dkl., sportl., attrakt., anpassungsf., viels. int., sucht niveauvollen Partner pass. Alters, mögl. Nichtr., Bildzuschrift, gar. zur.» – dieses Angebot erschien unter der Rubrik Heiraten/weiblich in der Ostberliner «Wochenpost» (HSA bedeutet Hochschulabschluß). «Emanze, 28/1,65/57, und Tochter, 7, suchen Freiwilligen für häusliche und andere Frondienste» – diese Kleinanzeige fand sich nicht in einem westlichen Frauenblatt, sondern in der DDR-Zeitschrift «Magazin». «Unerwartet und viel zu früh entschlief unsere geliebte *Hoffnung*, geb. *Utopia*, geb. 1982, gest. 30.6.85. Die Beisetzung erfolgt heute. Das ehrende Geleit auf dem letzten Weg zur Ruhestätte geben die 40 Hinterliebenden. Von Beileidsbekundungen bitten wir zu lassen» – diese

«Traueranzeige» wurde auf dem Frauenstand der Ostberliner Friedenswerkstatt präsentiert.

Westlichen Beobachtern und Beobachterinnen bietet sich ein uneinheitliches Bild, wenn sie versuchen, den Frauen in der DDR auf die Spur zu kommen. Anpassung, Dominanz, Resignation – Anzeichen und Belege lassen sich für jedes der Allgemeinurteile finden (siehe oben). Doch wie in kaum einem anderen Bereich sind hier unsere westlichen Vor-Urteile hinderlich, teilweise irreführend. Allein der Begriff Emanzipation sorgt, obwohl hüben und drüben geläufig, für nachhaltige Verwirrung. Während er bei uns feministisch besetzt ist und auf die Beseitigung patriarchalischer Strukturen zielt, meint er drüben ganz pragmatisch die Teilnahme der Frauen am Berufsleben und wertet diese als Ausdruck von Gleichberechtigung.

In dieser Hinsicht nimmt die DDR tatsächlich eine Spitzenstellung ein. Fast 90 Prozent der Frauen im erwerbsfähigen Alter sind berufstätig, so viel wie nirgends sonst. Von den arbeitenden Frauen verfügen mittlerweile mehr als achtzig Prozent über einen beruflichen Abschluß. Weder technische noch landwirtschaftliche noch administrative Bereiche sind davor sicher, von Frauen erobert zu werden. Nur zwei Beispiele: Knapp zwei Drittel aller Elektromonteure sind weiblichen Geschlechts, jeder zweite Richter ist eine Frau. Jedem, der nach der Situation der Frauen fragt, werden als erstes diese oder ähnliche Zahlen entgegengehalten.

Doch wie bei vielen Fragen in der DDR ist der Schein zu schön, um die ganze Wahrheit sein zu können. Alle wissen es, und Wissenschaftler haben es längst bestätigt – von den durchschnittlich 3,3 Stunden täglicher Hausarbeit bleibt der überwiegende Teil an den Frauen hängen. (Wobei der tatsächliche Zeitaufwand viel höher liegt!) Außerdem verringert sich der Anteil der Frauen mit der Höhe der politischen und wirtschaftlichen Leitungsebenen beträchtlich: Im Politbüro liegt er bei Null, hier hat bisher noch nie eine Frau gesessen. Daß Zahlen nur eine Fassade sein können, zeigt sich am Demokratischen Frauenbund Deutschlands (DFD). Seine Mitgliederzahl liegt bei 1,4 Millionen, schon seit den sechziger Jahren. Eigentlich imposant. Doch ein Auszug aus dem Veranstaltungsprogramm lehrt das Zweifeln: «Schnelle Tortenböden – selbst gebacken»; «Viele Nadeln schaffen mehr als zwei»; «Alles vom Ei». Wahrlich emanzipatorisch, oder?

Also bleibt nichts, als sich selbst auf die Suche zu begeben. Auf die Suche nach Frauen, nach prägenden Ereignissen, nach Beziehungen. Eine Pauschalformel wie die der bundesdeutschen Journalistin Eva Windmöller: «Die Frauen sind das Beste an der DDR», klingt zwar ganz nett, hilft aber nicht weiter (auch wenn etwas Wahres dran ist). Genausowenig wie das Spähen nach Erscheinungen, die im Westen Bewegung unter Frauen signalisieren. «Es ist wahr, daß es hier keine Frauenhäuser und Lesben-/Frauencafés gibt. Es stimmt auch, daß es eine Frauenbewegung nach westlichem Vorbild bei uns nicht gibt und nicht geben kann. Unsere Lebensbedingungen sind andere, deshalb können und wollen wir das Modell der westlichen Frauenbewegung nicht übernehmen.» Diese Sätze von Lesben aus der DDR werden so manche von missionarischem Eifer beseelte Schwester aus der BRD brüskieren.

Erbarmen mit den Männern

Bei unvoreingenommener Betrachtung wird offenkundig, daß drüben im Verhältnis der Geschlechter einiges in Bewegung geraten ist. Allein in Film und Literatur finden sich mittlerweile so viele außergewöhnliche Frauenfiguren, authentische Äußerungen oder spannende weibliche Lebensläufe, daß die professionellen DDR-Beobachter im Westen kaum noch mit der Registrierung nachkommen. Einige der neueren zu empfehlenden Werke: «Schattenriß eines Liebhabers» von Rosemarie Zeplin, «Die Würde» von Doris Paschiller, «Klopfzeichen» von Monika Helmecke, «Partnerinnen» von Elfriede Brüning. Neben der kritischen Sympathie für die Frauen im Aufbruch ist allen künstlerischen Äußerungen ein weiterer Blickwinkel eigen. Männer werden vorwiegend als Randfiguren dargestellt. Von ihnen gehen keine Impulse aus, sie wirken als Verkörperung aller denkbaren Elemente der Beharrung, sie versuchen nicht auszubrechen – sie sind einfach nur da. Ohne Hoffnungen, ohne Perspektiven, ohne Aussichten auf Besserung – Diagnose: jämmerlich. Die These der bundesdeutschen Journalisten Peter Wensierski und Wolfgang Büscher, der Ost-Mann habe die Demontage der alten Männerrolle nicht betrieben, sondern sei ihr Opfer geworden, hat etwas für sich. Traditionelle Felder wie Weltläufigkeit, Dynamik, aufregende Statussymbole gibt es nicht mehr. Wer wollte mit einem Trabbi einer Frau imponieren ... Eigentlich ist es nur eine Frage der Zeit, wann die Männer mitsamt ihrer Herrschaft zusammenbrechen wie ein einstmals mächtiger, nun aber morscher Baum.

Natürlich hinkt die real existierende Wirklichkeit der literarisch gestalteten noch etwas hinterher. Nichtsdestotrotz sind die Veränderungen unter der Oberfläche teilweise erstaunlich. Wo findet man Frauen, die nach ein oder zwei geschiedenen Ehen voller Selbstbewußtsein unbeirrt ihren Weg gehen? Wo ist es eine bloße Selbstverständlichkeit, daß Familien auch von *ihr* ernährt werden? Wo gibt es Frauen, die sich mit einer Unbekümmertheit sondergleichen einen Erzeuger für ein Kind suchen und diesen nach getanem Werk in die Wüste schicken? Wo finden sich in großer Zahl Frauen, die nach Feierabend, sozusagen zwischen Waschmaschine und Wickeltisch, Weiterbildung oder Fernstudien betreiben?

Ins Auge fällt vor allem, daß Frauen gleichsam immer unter Dampf stehen: Sie sind ständig aktiv und jederzeit fähig zu außerordentlichen Anstrengungen. Und ... sie klagen kaum, ganz im Gegensatz zur getragenen Weinerlichkeit vieler bundesdeutscher Schwestern. Selbst größte Nervereien etwa im Konsum-Supermarkt (wobei Super eine glatte Übertreibung ist), im Centrum-Warenhaus oder im Betrieb bringen sie nur vorübergehend auf die Palme. Immer ist eine Art konstruktiver Grundhaltung zu spüren, die bei aller Wut oder Empörung um aufbauende Lösungen bemüht ist. Was sich übrigens auch im Verhältnis zu den Männern niederschlägt. Diese werden zwar auch mal benutzt, davongejagt oder sitzengelassen, aber wirklich männerfeindlich ist kaum eine DDR-Frau. Weshalb sie zwar überwiegend die zahlreichen Scheidungen in die Wege leiten, zumeist aber anschließend aufs neue den Bund der Ehe eingehen. Ebensowenig wie die offizielle Politik, die immer wieder beteuert, die klassen- und nicht geschlechtsspezifische Natur der Frauenprobleme erlaube Lösungen nur *mit* den Männern, nicht *gegen* sie, vertreten die meisten ‹bewegten› Frauen ausgeprägt feministische Positionen. Nur vereinzelt argumentieren Gruppen in den Dimensionen des Patriarchats. Christa Wolf etwa bringt die Rüstungsmanie zur Sprache: «Mich wundert es doch, daß nicht einmal die Einsicht in die Unlösbarkeit lebenswichtiger Probleme diese Menschen dazu bringt, über den Zusammenhang zum Beispiel der exzessiven Rüstungsanstrengungen auf allen Seiten mit den patriarchalischen Strukturen des Denkens und Regierens zu reflektieren.»

Auf der Friedenswerkstatt von 1985 hing ein von «Heterofrauen und Lesben» verfaßtes Plakat aus. Es beschwor ein beiderseitiges Bündnis in der «Auseinandersetzung mit männlichem Sprachgebrauch, männlichen Wertungen, männlichen Umgangsformen». Dem stehen jedoch erhebliche Vorbehalte entgegen, auf seiten der Lesben etwa: «Es macht uns Angst, daß Heterofrauen sich in Auseinandersetzungen mit männlichen Rollen und nicht frauensolidarisch verhalten und uns in den Rücken fallen.»

Diskussionen über diese Fragen finden nur im kleinsten Kreis, etwa bei den «Frauen für den Frieden» statt.

Verstärktes Engagement

Allerdings ist nicht jede Gemeinde von Frauen eingenommen, die Friedensfragen oder Rollenverhalten in größeren Zusammenhängen sehen. Ein Gesuch auf der Friedenswerkstatt: «40 engagierte, emanz., sex. aufgeschl. Friedensfreundinnen von 18 bis 42 J. mit und ohne Anhang suchen komfort., großherzige Gemeinde mit anpassungsf. Pfarrer(in) zwecks räuml. Vervollkommn. posit. Lebensführung, gemeins. Lebensabend nicht ausgeschl., Führerschein erwün.» Oben in der Ecke war zusätzlich noch eine eher böse Version angebracht: «Vierzig Eutertiere suchen fette Weide mit frommen Hirten!» Sobald Frauen im Wortsinn radikal werden, also nach den Wurzeln der Männerherrschaft suchen, bekommen ganz offensichtlich auch Protestanten kalte Füße. Obwohl der Ehrlichkeit halber klargestellt werden muß, daß trotz aller Probleme eine ganze Reihe von aktiven Frauen ‹Unterschlupf› in der Kirche gefunden hat.

Ab und an vermag aber auch der geistliche Schutz nicht mehr zu helfen – wenn die staatlich gesetzten Grenzen überschritten werden. Insbesondere die aktivsten Friedensfrauen trifft die ganze Härte der «Organe». Wer etwa öf-

Wir sind die Übermacht!

fentlich eine Kerze entzündet und selbstgefertigte Flugblätter mit Friedensappellen verteilt, muß mit einer mehrmonatigen Haftstrafe rechnen. Die zunehmende Bereitschaft gerade von Frauen zu breitem politischem Engagement hat unter anderem auch dazu geführt, daß ihr Anteil an den aus politischen Gründen Inhaftierten in den letzten Jahren erheblich angestiegen ist. Auch werden sie im Strafvollzug schärferen Schikanen unterworfen als männliche Häftlinge. Berüchtigt ist dafür das Frauengefängnis Hoheneck, untergebracht in einer alten Burg nahe der Stadt Stollberg im Erzgebirge.

Natürlich werden aus dem Knast auch Frauen in die DDR entlassen, doch die aktivsten unter ihnen ‹verkauft› die DDR liebend gerne in die Bundesrepublik. Erhoffen sich die Staatsorgane doch davon eine Schwächung der Frauenbewegung. Mit Bitterkeit haben die «Frauen für den Frieden» einmal den auf Ausreise zielenden staatlichen Druck veranschaulicht. In einer Chronologie tauchte zwischen «Weihnachtsfeier der Frauen» und «Frauenfriedensseminar in Berlin» die Zeile auf «Traudel in die BRD verzogen». Ein trauriger Erfolg der staatlichen Politik. Jedoch lassen sich mehr und mehr Frauen von Drohungen, Einschüchterungen und Repressalien nicht beirren, sie gehen ihre Wege weiter.

Und derer gibt es viele, auch wenn sie sich in der öffentlichen Diskussion nur selten niederschlagen. Am

Auf dem Scheiterhaufen

bekanntesten sind noch die vielfältigen Friedensaktivitäten von Frauen, seien es individuelle Bekundungen oder größere Gruppenaktionen (sie sind an anderer Stelle behandelt). Eher im Verborgenen wirken einige Gruppen von Lesben. Sie tendieren, wenn auch in unterschiedlichem Ausmaß, noch am ehesten zu feministischen Standpunkten. Kein Wunder, daß etwa die Gruppe in der Hauptstadt drei Untergruppen bildete: nichtlesbische Feministinnen, mit Feministinnen kooperierende Lesben, mit Schwulen kooperierende Lesben. Letztere brachten immerhin im Verein mit den Schwulen am 30. Juni 1984 den allerersten Lesben- und Schwulengottesdienst in der DDR zuwege.

Auch in anderen Städten haben sich Frauen- und/oder Lesbengruppen gebildet, doch beschränken sie sich (notgedrungen) auf interne Diskussionen. Selbstfindung und Stärkung des Selbstbewußtseins sind die vorrangigen Ziele. Dabei geraten sie oft in Gegensatz zum vorherrschenden Emanzipationsverständnis in der DDR, weist dieses doch gewichtige Deformierungen auf. Deren wichtigste: Als Lebensform wird die ganz normale Ehe mit Kindern, derzeit sind drei staatlicherseits erwünscht, hochgehalten. Allenfalls ist noch, in Sachen Scheidung ist die DDR wirklich liberal, der Single-Haushalt mit oder ohne Kinder vorstellbar. Alles andere wird nicht nur nicht erörtert, sondern durch vielfältige Maßnahmen unterschiedlichster staatlicher Organe verhindert, hintertrieben oder zwangsweise unterbunden.

Lebensfreundliche Anmache

Dabei gärt es bereits unter den ganz normalen Frauen, die tagtäglich in Betrieb und Büro ihren ‹Mann› stehen. Schon im Vorwort zu den 1977 erschienenen Protokollen «Guten Morgen, du Schöne» von Maxie Wander hat Christa Wolf den Aufbruch zu ungeahnten Ufern angekündigt:

«Aber wir werden uns daran gewöhnen müssen, daß Frauen nicht mehr nur nach Gleichberechtigung, sondern nach neuen Lebensformen suchen. Vernunft, Sinnlichkeit, Glückssehnsucht setzen sie dem bloßen Nützlichkeitsdenken und Pragmatismus entgegen». Doch nichts ist in der DDR so leicht gesagt und so unendlich schwer getan wie die Suche nach und die Verwirklichung von neuen Lebensformen.
Frauengruppen, Frauengesundheitszentren, in jeder Stadt ein Frauenzentrum, Frauenwohngemeinschaften, selbst gemischte WGs – dies alles ist in der DDR nicht vorgesehen. Und wenn es doch einmal zu realisieren ist, dann nur so lange, wie die Obrigkeit keinen Wind davon bekommt, was da wirklich läuft. Frauen, die etwas wirklich Neues durchzusetzen versuchen, bekommen rasch die Toleranzgrenzen zu spüren. So bleibt kaum etwas anderes, als das gewachsene Selbstbewußtsein in den privaten Beziehungen zum Tragen zu bringen. Im außerprivaten Alltagsleben sind neue Lebensformen ohnehin schon von vornherein zum Scheitern verurteilt. Betriebe, LPG, Wohnbezirke – hier andere Wege des Arbeitens oder Wohnens zu beschreiten ist schlichtweg unmöglich. (Das einzige offiziell betriebene soziale Experiment, von dem wir Kenntnis haben, ist eine Art Seniorenwohngemeinschaft in einem mecklenburgischen Dorf.)
Selbst unbedarfte Westbesucher werden spüren, daß im Zwischenmenschlichen die Frauen die stärkeren Persönlichkeiten sind. Oft genug ist Westmännern schon der Unterkiefer heruntergefallen, als sie auf Feten oder in Diskos von Ostfrauen angemacht wurden. Angemacht nicht im negativen, sondern in einem durchaus positiven Sinn – Frauen haben drüben keinerlei Probleme, sie interessierende oder einnehmende Männer direkt anzusprechen. ‹Exoten›, zumal westlicher Herkunft, haben da die größten Chancen. Aber genausowenig haben die Frauen Probleme, sich ihrer bei Nichtgefallen wieder zu entledigen. Irgendwelche gezierten oder verschlungenen Haltungen erscheinen ihnen jedenfalls fremd. Auch sexuell hat sich eine Menge getan, frühere Prüderie ist einer ‹lebensfreundlicheren› Einstellung gewichen. Die Männer haben ihre Dominanz abgeben müssen; als Indikator zitieren Wissenschaftler oft und gerne die Tatsache, daß Jungen *und* Mädchen ihren ersten Geschlechtsverkehr zumeist im Alter von 16 Jahren haben und die Initiative gleich verteilt ist.
Viele Männer werden diese Entwicklungen nicht nur nicht begrüßen, sondern entschieden ablehnen. Ihnen bot auf einer kirchlichen Veranstaltung eine Frauengruppe eine besondere Gelegenheit. Auf einem Scheiterhaufen aus Stroh war eine weibliche, lebensgroße Puppe aufgebaut. Zahlreiche Zettelchen am Rock waren mit den gängigen Männersprüchen versehen: «Alte Emanze!», «Keine Liebe in wilder Ehe!», «Waschweib». Auch der Hexenbesen im Arm durfte nicht fehlen. Während der Veranstaltung konnte mensch sich zusammen mit der Puppe fotografieren lassen. Ob zum Abschluß das Fegefeuer entzündet wurde, bekamen wir leider nicht mehr mit.

IN SCHWULIBUS – DIE HOMOSEXUELLEN

Montag abend. An einem langen Tisch sitzen einige Dutzend Menschen, vorwiegend Männer jeglichen Alters, nur wenige Frauen, die meisten haben neben sich ein Bier, vor sich ein paar Broschüren. Der am Kopfende sitzende Herr im Anzug steht auf und hebt an: «Liebe Genossinnen und Genossen, ich begrüße euch zur Versammlung unserer Parteiorganisation. Wie ihr alle wißt, hat sich das ZK kürzlich grundsätzlich mit dem Problem der Homo... der Homosexualität befaßt und einen richtungweisenden Beschluß getroffen. Wir haben ihn hier heute zu diskutieren und die Konsequenzen zu erarbeiten, die sich für unsere Arbeit daraus ergeben. Zum Zwecke des besseren Verständnisses haben wir auch einen... Fachmann hier, den Genossen Soundso. Als Betroffener wird er uns sicherlich manche Zusammenhänge erläutern können.»

Wird so etwas je möglich sein? Wird die SED jemals so über ein (in ihren Augen) heikles Thema reden können? Selbst wer es für möglich hält, weiß genau, daß mindestens Jahrzehnte ins Land gehen werden. Bis dahin haben sich Schwule und Lesben (allen realsozialistischen Bruderkußritualen zum Trotz) auf eine Situation einzustellen, die der bundesrepublikanischen gar nicht so unähnlich ist. Vom Gesetz her ist alles klar. Otto Grotewohl, der erste Ministerpräsident der DDR, hatte schon vor 1931 im Reichstag die Aufhebung des § 175 StGB gefordert. Die Rechtsprechung in der DDR erklärte dann auch die Nazi-Fassung des § 175 von 1935 recht früh für ungültig (in der Bundesrepublik war sie noch bis 1969 geltendes Recht!). Doch grundlegende Änderungen kamen erst 1968, als die Frage durch den § 151 geregelt wurde.

«Ein Erwachsener, der mit einem Jugendlichen gleichen Geschlechts sexuelle Handlungen vornimmt, wird mit Freiheitsstrafe bis zu drei Jahren oder mit Verurteilung auf Bewährung bestraft.» Während das Hetero-Schutzalter auf 16 Jahre festgelegt ist, liegt es bei der Homosexualität bei 18 Jahren. Daß die Bewährungsklau-

Homosexuelle in der Kirche?

Ein Text der Theologischen Studienabteilung beim Bund der Evangelischen Kirchen in der DDR

Herausgeber: Aktion Sühnezeichen Friedensdienste

sel aufgenommen wurde, ist nur dem unermüdlichen Einsatz von Rudolf Klimmer zu verdanken. Bereits in den ersten Nachkriegsjahren hielt er Aufklärungsvorträge und forderte die ersatzlose Streichung des § 175. Als 1951 der Sächsische Landtag die Abschaffung dieses Paragraphen beschloß, die Ostberliner Zentralregierung diese Aufhebung aber verwarf, trat Klimmer aus Protest aus der SED aus. Dennoch gelang es ihm, die mildernde Klausel ins Gesetz zu bringen. Übrigens: Diese Gesetzesänderung ist einer der wenigen Fälle, wo eine Verschlechterung für Lesben eingetreten ist, denn vom alten § 175 waren sie nicht betroffen – der neue § 151 gilt aber auch für sie!

Liberale Postulate

«Die DDR zählt zu den Ostblockländern mit liberaler Rechtslage und Rechtsprechung» – so die Einschätzung einer Wiener Schwulengruppe. Aber jeder weiß, daß die Buchstaben des Gesetzes nur die eine Seite sind. Das wirkliche Verhältnis einer Gesellschaft zu ihren Minderheiten offenbart sich erst im alltäglichen Leben. Und da sieht es auch in der DDR noch ziemlich düster aus – obwohl eigentlich alle öffentlichen Äußerungen für ein unbefangenes Verhältnis gegenüber Homosexuellen werben. Selbst bei der erstmals 1985 zugegebenen AIDS-Gefahr, die zunächst nur als Problem der kapitalistischen Länder bezeichnet worden war, wurden die Homosexuellen nicht besonders herausgehoben. Einzige Ausnahme: Jener berühmt-berüchtigte Professor Günter Dörner, der mit seinen aus Rattenversuchen gewonnenen ‹Erkenntnissen› regelmäßig durch westliche Schlagzeilen geistert. Homosexualität als Folge von Androgenmangel, Beseitigung von Homosexualität durch Hormonspritzen für gefährdete werdende Mütter – das ist die Botschaft des für die DDR-Sexualwissenschaft aber untypischen ‹Gelehrten›.

Kaum ein Schwuler oder eine Lesbe in der DDR wagt es, sich offen zur Homosexualität zu bekennen. Bräche doch sofort das ganze Spektrum sozialer Diskriminierung über ihn oder sie herein, von der bloßen Abwendung bis zum faschistoiden «Pervers!». Niemals hat die SED an die fortschrittlichen Traditionen der KPD angeknüpft (verkörpert im Arzt Magnus Hirschfeld), um wenigstens etwas für ein unvoreingenommenes Verhältnis zu Homosexuellen zu tun. So erwuchs auch in der DDR eine dumpfe, auf Unwissenheit und althergebrachten Vorurteilen fußende Ablehnung. Auch der Dichter der DDR-Nationalhymne und Kulturminister Johannes R. Becher, 1958 gestorben, der offen mit seinem Freund zusammenlebte, konnte daran nichts ändern.

Erst seit wenigen Jahren mehren sich, inspiriert durch die internationalen Schwulen- und Lesbenbewegungen, auch in der DDR Ansätze für ein Coming out. Zwar hat es bereits 1973 bei den Ostberliner Weltjugendfestspielen Diskussionen über Homosexualität gegeben (von britischen Schwulen initiiert), zwar hat ebenfalls 1973 eine «Homosexuelle Interessengemeinschaft Berlin» eine Zeitlang gewirkt, zwar wandten sich Mitte der siebziger Jahre Schwule und Lesben ans Ostberliner «Haus der Gesundheit» mit der Bitte um Tagungsräume (wo sie tagen durften, sich aber ‹erforschen› lassen mußten). Doch seit 1981/82 zeigt sich eine neue Qualität, die zu bescheidenen Hoffnungen Anlaß gibt.

Nach außen wirken

An einigen Orten mochten sich Schwulengruppen nicht länger auf Treffen im privaten Kreis beschränken – sie wollten weg vom ewigen und ewig auf der Stelle tretenden Versteckspiel, hin zum offenen Auftreten in eigener Sache. Eine Leipziger Gruppe skizziert diesen Prozeß so: «Uns war lediglich deutlich – bevor wir uns auch für andere engagieren, müssen wir uns unserer selbst und unserer Situation bewußter werden. Dabei kam es vor allem darauf an, uns mit einer – wenn auch laienhaft geführten – Selbsterfahrungsarbeit zu stärken und solch ein homosexuelles Selbstbewußtsein zu erlangen, das uns irgendwann in die Lage versetzen sollte, auch über unseren Kreis hinaus wirksam werden zu können.»

Was mittlerweile nicht nur in Leipzig, sondern auch in weiteren Orten geschieht. Stieß die Leipziger Gruppe auf der Suche nach einer ihr Raum und Schutz gewährenden Institution noch aus Zufall auf die Evangelische Studentengemeinde, so wurde andernorts daraus System. Etwa zehn Arbeitskreise Homosexualität arbeiten derzeit im Schoß der evangelischen Kirche, ihnen gehören natürlich nicht nur Christen an. Denn auch mit Christentum und Kirchen haben Homosexuelle sehr eigene Erfahrungen gemacht. «Die Kirche hat in ihrer Vergangenheit große Schuld auf sich geladen, denn in der Übernahme jüdischer Traditionen und durch fanatischen Haß auf alles Körperliche und Sinnliche, durch die systematische und blinde Verteufelung der Lust hat sie eine der fatalsten moralischen Wirkungen verursacht, die sich in der Welt neben dem Absegnen der Kriege denken läßt. So wurde auch das Homosexuelle verketzert und in unfaßbar grausamer Weise verfolgt.» Diese Sätze schrieb ein Schwuler nieder, der auch unter dem Dach der Kirche mitarbeitet. Fast schon sensationell ist der Ort, wo sein Beitrag veröffentlicht wurde: im Frühsommer 1985 in der «Mecklenburgischen Kirchenzeitung».

Ein kleines Indiz dafür, daß auch auf seiten der Kirche ein Umdenken einsetzt – das jedoch nicht unumstritten ist. So werden erbitterte Auseinandersetzungen, vorzugsweise mit Bibelzitaten, geführt, die die Haltungen pro oder contra untermauern sollen. Viele Christen und Gemeinden tun sich schwer. Erkennbar ist das an den häufigen Querelen, ob nun bei einem Landeskirchentag oder einem Jugendsonntag Schwule oder Lesben einen Stand aufbauen dürfen oder nicht. Meist dürfen sie, manchmal aber auch nicht – je nachdem, wie das kircheninterne Tauziehen ausgeht. Trotzdem verbleiben die meisten Schwulen unter dem Dach der Kirche, denn «unsere Gesellschaft läßt es gegenwärtig nämlich nicht zu, das Tabu

Zeichnung eines Ost-Schwulen ▬

Homosexualität in nichtkirchlichen Institutionen anzugehen» (aus dem Text der Leipziger Gruppe).
Was in einer Kirchenzeitschrift 1985 zu den Sätzen führte, immer mehr Menschen schlössen sich der Kirche «lediglich aus taktisch-praktischen Gründen» an. Zwar dürfe sie hilfesuchende Nichtchristen nicht abweisen, aber sie müsse verhindern, als Basis für eine «militant-missionarische Minderheitsideologie» zu dienen. Sie dürfe weiterhin nicht «zum Ausgangspunkt homosexueller Organisationen, Agitation und gar einer ‹Bewegung› zu werden».
Quintessenz: Aufgabe der Kirche sei es, «die Homosexualität einzudämmen». Das sind schwere Geschütze, die da von den Kirchenkonservativen aufgefahren werden. Aber in gewisser Hinsicht stimmt das ja mit den taktisch-praktischen Gründen.
Mit dem Coming out hapert es nach wie vor. Immer noch stehen die wenigen Schwulencafés in Ostberlin gleichsam stellvertretend für die Situation der meisten Homosexuellen. Hier treffen sie sich und dürfen sich noch nicht einmal zu erkennen geben. Wer sich küßt, fliegt raus – wie in anderen Kneipen auch.
Bisher waren die wichtigsten öffentlichen Auftritte von Homosexuellen Gedenktreffen in ehemaligen Konzentrationslagern. Zwar kennt die ach so antifaschistische DDR viele Opfer des Faschismus – aber nur die Kommunisten dürfen gesondert hervorgehoben werden! In der Würdigung der KZ-Opfer werden jedenfalls die Homosexuellen peinlich ausgespart. Zwar wird die Kennzeichnung durch den Rosa Winkel nicht verschwiegen, doch warum Homosexuelle in die KZ kamen und wie sie dort malträtiert wurden, das anzusprechen hat sich bisher noch niemand in der DDR bereitgefunden.
Nur einige wenige Male war das Gedenken störungsfrei möglich. Die Regel ist, daß Gruppen von Homosexuellen entweder nicht in die ehemaligen Lager gelassen werden oder daß ihre Kränze entfernt und ihre Eintragungen in den Gästebüchern getilgt werden. Beschämendes spielt sich zuweilen ab, etwa wenn Bedienstete die Kranzschleifen, auf denen sich die ehrenden Gruppen als homosexuell zu erkennen geben, unlesbar zu machen suchen. Dennoch tun die Gruppen genau das Richtige – sie versuchen es immer wieder. Und bringen so die staatlichen Organe in Verlegenheit, weil diese kaum überzeugend erklären können, wieso das Gedenken an homosexuelle KZ-Opfer unzulässig sein sollte. Je öfter DDR-Gruppen es versuchen, je häufiger zum Beispiel auch Westbesucher in den Gedenkstätten danach fragen, desto schwieriger wird es für die Obrigkeit, ihre Repressionen zu rechtfertigen. Gipfel der staatlichen Torheit: Zwar gibt es keine offizielle Bestätigung, doch allen Anzeichen nach ist das Tragen des Rosa Winkels in der DDR verboten!

Schwules Selbstbewußtsein

Solange die Aktivitäten der Homosexuellen höchstens ihresgleichen erreichen und zudem als eher geschlossene Veranstaltungen aufgezogen werden, ist nur mit

Schikanen zu rechnen. Wird aber auf Außenwirkung abgezielt, entfesselt sich die spießbürgerliche Grundhaltung der Apparate, die die Schwulen und Lesben wie Aussätzige behandeln (und übrigens die einschlägigen Etablissements überwachen). Deshalb ist es für Homosexuelle so schwierig, mit Heterosexuellen in unbelasteten Austausch zu kommen. So war die genannte Leipziger Gruppe stolz, daß zu ihrer Veranstaltungsreihe im Jahr 1982, der ersten dieser Art in der DDR, nicht nur ein fester Kern von Homosexuellen, sondern auch eine ganze Reihe heterosexueller Menschen kam.

Fast alle Gruppen arbeiten jetzt doppelgleisig. Hauptsächlich in lockeren Gesprächskreisen, die für jeden Homosexuellen offen sind, sollen die Grundlagen für ein schwules oder lesbisches Selbstbewußtsein geschaffen werden. In Berlin etwa gibt es die «schwulesbische Jugendgruppe», die «Männergruppe» (für alle ab 25 Jahren), den «Hauskreis», den «Vorbereitungskreis», der die gesamte Arbeit vorbereitet und gestaltet, sowie die «Lesben in der Kirche». Hinzu kommen themenbezogene Veranstaltungen, zum Beispiel das Herbstprogramm 1985 der Berliner Schwulen: «O Musice, du edle Kunst»; «Im Auglicht der Kopfhaut die Messer»; «Ein Ledermann spricht mit uns – S/M = Perversion oder die ‹dritte Dimension› der Lust?»; «RechtSchwul – Schwule im Recht – Recht für Schwule»; «Plötzlich, mein Leben – ein schwuler Erfahrungsbericht»; «Ich fühl in deinem Blick ein süßes Licht ... – Michelangelo in seinen Sonetten»; «Geschlossene Gesellschaft» (von Jean-Paul Sartre); «König Alkohol – ein Abend mit Mitarbeitern einer Alkohol- und Drogenberatungsstelle»; «Freu dich Erd- und Stirnenzelt – Großer Weihnachtsmarkt der Möglichkeiten».

Daß ein derartiges Programm einigermaßen unbehelligt ablaufen kann, ist allein der beharrlichen und zähen Arbeit derer zu verdanken, die endlich den Schritt heraus aus dem ‹Milieu› und den ‹Klappen› gewagt haben. Westliche Besucher, die ja in der Regel nur Zaungäste sind, sollten sich von der äußerlichen Ähnlichkeit zur hiesigen Szene nicht täuschen lassen. Was bei uns locker und gefahrlos möglich ist, verlangt drüben einen ganz anderen Grad an persönlichem Einsatz. Alle haben sich in Irrungen und Wirrungen mit dem Coming out ernsthaft und nachhaltig auseinandergesetzt – und reagieren deshalb ziemlich allergisch, kommen die Westler locker, flapsig und letztlich völlig unverbindlich daher.

Wie schrieben doch Ostberliner Lesben in einem Brief an «Emma», wo ein Beitrag über Homosexuelle in der DDR erschienen war: «Was wir in diesem Artikel dann über uns zu lesen bekamen, läßt in weiten Teilen weniger Solidarität als vielmehr Unsensibilität und Unverständnis gegenüber unserer Realität vermuten (...) Wenn Frauen aus der DDR erzählen, bitten wir, genau zuzuhören, Unklarheiten sofort anzusprechen und Aussagen inhaltlich vollständig wiederzugeben.»

NO FUN – UNANGEPASSTE UND AUSSTEIGER

Mit ein wenig Übertreibung könnten wir sie die zweitprominentesten Bürger der DDR nennen – gleich nach Landesvater Erich Honecker. Die Rede ist von den Punkern, deren Auftauchen in der anderen deutschen Republik bei uns geradezu sensationell wirkte. Das Bild vom grauen Einheitsland im Kopf, mochten viele Westler zunächst gar nicht glauben, daß es sich tatsächlich um DDRler und nicht um eingeflogene Touristen handelte. Aber eiweißsteife und grellbunte Stehhaare waren made in GDR, ebenso wie die obligaten klobigen Arbeits- oder Militärstiefel. Und führte ein Punker mal eine echte Ratte, ebenfalls made in GDR, spazieren, dann waren bundesdeutsche Schreiber und Fotografen voll aus dem Häuschen. Kaum zu glauben, wie oft, wie lange und wo überall die ehrenwerten Ostpunks in unseren Medien auftauchten. Wobei ihre Lebensauffassung, die sich von der westlicher Punks erheblich unterscheidet, nie angesprochen wurde. DDR-Punks betteln nämlich nicht, geben höflich die Hand und zetteln Randale höchstens an, um nicht als zu brav zu erscheinen. Nun aber haben sie ausgedient, Aufsehen erregen sie nur noch in verschlafenen Dörfern der DDR, wo die Landleute solch schräge Vögel alle hundert Jahre einmal zu Gesicht bekommen. Doch eines haben sie uns augenfällig demon-

striert: Drüben passiert derzeit mehr, als man gemeinhin für möglich hält. Grund genug, eine besonders eigenartige Szene unter die Lupe zu nehmen. Eine Szene, die zwar Bewegung liefert, aber als solche nicht zu charakterisieren ist. Es geht um die Unangepaßten und die Aussteiger, die mittlerweile nicht nur in der DDR, sondern auch in den Bruderländern ihr Unwesen treiben.

Gegen Ende der fünfziger Jahre gab es erstmals anhaltenden Trouble, lange Haare bei Männern, Beat- und Rockmusik waren die Streitpunkte. Was da an Äußerungen von Partei und vielen Erwachsenen fiel, hätte genauso an westdeutschen Spießbürgerstammtischen gesagt werden können. Ein Originalzitat aus der «Leipziger Volkszeitung» vom 13. Oktober 1965 über volkseigene Stones-Fans: «Verwahrlost, lange zottlige, dreckige Mähnen, zerlumpte Twist-Hosen. Sie stinken zehn Meter gegen den Wind.» Die gesamtdeutsche Vorvergangenheit läßt grüßen ... Trotzdem. Zwar wurde jede neue ‹Erscheinung›, handele es sich um Musik, Mode oder Maschen, zunächst unterdrückt, dann aber mit einigen Jahren Verspätung doch geduldet. Derzeit beträgt der Abstand zwei bis drei Jahre.

Mit dieser Melodie spielten sich die DDR-Oberen natürlich nicht in die Herzen ihrer Jugendlichen. Und außerdem hat die Platte an genau der Stelle, wo der Lernprozeß der Funktionäre einsetzen sollte, einen gewaltigen Sprung. Das ist böse, das kommt vom Klassenfeind, laßt die Finger davon – so leiert es und leiert es. Doch augenscheinlich sind ständig mehr junge Menschen bereit, den vorgegebenen engen Bahnen zumindest zum Teil zu entfliehen. Besonders die Kinder der führenden Genossen und Genossinnen tun sich da hervor. Ihre Eltern, oft der materiellen Sorgen des Normal-DDRlers durch bevorzugte Versorgung enthoben, vermögen ihnen nur selten vorzuleben, was sie ihnen vorerzählen. Leblos, sinnlos, ausweglos – das ist die Auffassung vieler Söhne und Töchter vom Leben ihrer Funktionärseltern.

Raus aus dem Laufkäfig

Nur die wenigsten, die mal aus dem ewig gleichen Trott auszubrechen versuchen, haben irgendwelche wohlbedachten, vielleicht sogar politisch-theoretischen Beweggründe. Beispiel: die Haus- und Wohnungsbesetzer. Ihnen geht es nicht darum, öffentlich auf den sozialen Mißstand ungenutzten Wohnraums aufmerksam zu machen. Sie versuchen vielmehr, der meist drangvollen Enge der elterlichen Haushalte zu entgehen. Würden sie irgendwelche Plakate aus dem Fenster hängen, wäre ihr nächster Wohnsitz schon sicher: der Knast. Bleibt nur, leerstehende Wohnungen aufzustöbern, in Beschlag zu nehmen und – die Legalisierung zu betreiben.

Dem staunenden ARD-Reporter wurde einmal in Magdeburg eine Frau zum Interview vermittelt, der ebensolches gelungen war – sie war, mensch lese und staune, Mitglied der SED! Weil die Mühlen der kommunalen Wohnungsverwaltungen nicht selten viel zu langsam mahlen, haben Wohnungsbesetzer reelle Chancen, die

Genehmigung ihrer spontanen Aktion zu erhalten (sofern sie ihren Bedarf nachweisen können). In Ostberlin gab es in den Blütezeiten einige hundert okkupierter Heimstätten.

Eng verknüpft war und ist diese Szene mit den erwähnten Punkern, die vorwiegend im Ostberliner Bezirk Prenzlauer Berg beheimatet sind. In diesem Proletenstadtteil (was nicht negativ gemeint ist) geben sich alteingesessene Omis, Freaks aller Schattierungen, junge Familien und getarnte Wohngemeinschaften ein munteres Stelldichein. Hier gewannen die Punks so viel Zulauf, daß sie (natürlich unangemeldete) Hinterhofkonzerte auf die Beine stellen konnten. Manche wurden von den staatlichen Organen kurzerhand einem vorzeitigen Ende zugeführt, manche konnten aber auch voll durchgezogen werden – weil ausnahmsweise mal kein Nachbar wegen Lärmbelästigung die Polizei anrief. Wer also irgendwo aufschnappt, heute abend sei «Wutanfall», «Unerwünscht» oder «Keim Schleim» angesagt, der kann sich auf ein Konzert mit schrägen Tönen gefaßt machen.

Ratten und Aussteiger

Ohne Polizei ging auch ab, was wir mitten in der Fußgängerzone einer größeren Stadt beobachten konnten. Eine Gruppe von sechs Skinheads tummelte sich dort, erkenntlich an den kurzgeschorenen Köpfen, den Fliegerjacken und den Nagelstiefeln. Offenkundig waren sie Fans des örtlichen Fußballoberligaklubs, dessen Embleme zierten jedenfalls Ärmel und Rückenteile. Aber die Jungs standen nicht nur einfach da, sie marschierten nebeneinander her und trugen sogar ein vielleicht zwei Meter breites selbstgemaltes Transparent. «Die Ratten» war da groß und deutlich zu lesen, ihr Auftreten nahm sich wie eine ‹richtige› Demonstration aus. Nur daß weit und breit kein Ordnungshüter auftauchte!

Was nicht heißt, daß solche Ansammlungen geduldet wären. Den Skinheads, oder denen, die so aussehen wie die Skinheads im Westen, werden enge Verbindungen zu einigen Fußballvereinen nachgesagt. Der 1. FC Union Berlin und Chemie Leipzig sind Klubs, deren Anhänger für häufige Randale bekannt sind – das Polizeiaufgebot ist dann auch entsprechend groß. Hintergrund: Manche Vereine erfreuen sich besonderer Gunst von Partei und Behörden, allen voran der BFC Dynamo Berlin, der Abonnementsmeister. Andere Vereine werden geschnitten und auch benachteiligt, das sind oft die, die sich der besonderen Vorliebe ihrer meist jugendlichen Anhänger sicher sein können. So ist bei manchen Spielen die Konfrontation schon vorprogrammiert. Gelegentlich wird in den größeren Städten der DDR auch der Aufruf «Schöner unsere Städte und Gemeinden – Mach mit!» allzu wörtlich genommen. Dann ziehen nämlich Leute mit Farbdosen, Pinseln und Sprühflaschen durch die Straßen, suchen sich geeignete Flächen und legen los mit den Ost-Graffiti. Daß jemand, der «20 Jahre Mauer – wir werden langsam sauer» an eine Wand malt, in den Knast geht, ist leider schon traurige Gewohnheitssache. Daß aber auch Friedensmalereien wie in

Lebensinsel in der Uckermark

einem Fußgängertunnel an der Ostberliner Storkower Straße mit siebenmonatigen Haftstrafen geahndet werden, ist doch ein gesicherter Hammer! So erging es jedenfalls sechs der insgesamt zwanzig Freizeitmaler. Selbst wenn niemand erwischt wird – im Überpinseln sind die DDR-Behörden wohl Weltrekordhalter: Die Farbe ist meist noch nicht trocken, da rücken schon die Über-Maler an. Ähnlich gereizt reagieren die «Organe» bei fast allen größeren Zusammenballungen von Jugendlichen, die nicht von irgendeiner Institution oder Organisation kontrolliert werden. So genügt oft ein kleiner Funke, um den beidseits angestauten Haß zum Ausbruch zu bringen. Fast schon Legende ist die Straßenschlacht auf dem Ostberliner Alexanderplatz am 7. Oktober 1977, bei der es sogar Tote gab. Aber auch in anderen Städten ist es immer wieder zu teilweise blutigen Auseinandersetzungen gekommen, bei denen die Vopos oft mit einer Brutalität sondergleichen auf die ungeliebten Kinder des Sozialismus einknüppelten. In den vergangenen Jahren sind derartige Vorkommnisse jedoch nicht mehr berichtet worden (offiziell gemeldet werden sie sowieso nie). Statt dessen wächst die individuelle Zerstörungswut. Spitzenreiter ist wohl eine Gruppe, die eine komplette «Kaufhalle» (einen Supermarkt) in ihre Einzelteile zerlegte.

Lebensinseln

Weit diffiziler geht es bei den Aussteigern zu, die drüben ständig zahlreicher werden. Ein ganzes Leben lang in der vorgegebenen Tretmühle zu rotieren erscheint vielen Jüngeren als wenig attraktiv. Beflügelt durch Impulse vor allem aus dem Westen, wollen sie an-

Lust auf Schräges

ders leben, anders arbeiten, anders essen, anders konsumieren. Jutetaschen und Ledersandalen, Latzhosen und Fahrräder sind auch hier die typischen Kennzeichen. Der Hippietyp, der im Westen fast schon zur Ausnahme geworden ist, dominiert hier noch eindeutig – zumeist von langer Haartracht geziert. Wer allerdings etwas weiter gehen möchte, der hat es nicht einfach. Das wäre ja wohl auch die Höhe, wenn einfach zwei oder womöglich noch mehr Leute ihre Wohnanrechte zu einer Wohngemeinschaft zusammenlegen würden! Ein freiwilliger Zusammenschluß mündiger Bürger? Undenkbar im Resozismus.

So bleibt nichts anderes, als auf den Rändern der Legalität zu wandeln, als zu tricksen und zu tarnen. Und dadurch ist immerhin einiges möglich geworden. Zum stehenden Begriff ist avanciert, wie einige Leute ihre Zufluchtsstätte im Nordosten der DDR nannten: «Lebensinsel». Viele solcher Inseln gibt es bereits, nur dürfen sie sich nicht als solche zu erkennen geben, sonst ist ihre Existenz dem Ende nah. Vor allem in den ländlichen Bereichen, wo sich die Menschen nicht allzu nahe auf der Pelle hocken, können sich «Lebensinseln» verbergen. Ein Teil von ihnen zählt freilich nicht zu den Aussteigern, sondern trachtet danach, auf die Gesellschaft einzuwirken. Doch viele suchen sich einfach zu verabschieden: Sie brechen alle Brücken hinter sich ab und hoffen vorrangig, in Ruhe gelassen zu werden.

Mittlerweile beschäftigt sich auch die evangelische Kirche mit diesem Phänomen. In einem Kommentar der «Mecklenburgischen Kirchenzeitung» heißt es: «Vielleicht hat der junge Mann, der aus Studium und Karrieredenken aussteigt, sich eine verlassene Kate sucht und dort Schafe züchtet und Wolle spinnt, doch das Richtige getan?» Die Frage ist nur rhetorischer Natur, die Antwort zeigt es. «Ob allerdings solche Art von kindlichem Verhalten, die so tut, als höre hinter dem Schafstall die Welt auf, für eben diese unsere Welt etwas bewirkt, bleibt denn doch mehr als fraglich.» Die Skepsis der Kirchenmänner kommt auch in der beteuernden Headline des Kommentars deutlich zum Ausdruck: «Kinder Gottes sind keine Aussteiger».

Daß sie sich damit beschäftigt, zeigt das Gewicht, das die Kirche dem Aussteigertum beimißt. Versteht sie die Aussteiger doch als potentielle Schäfchen, die es in die Arme der Gotteshirten zurückzuholen gilt. Manche gingen jedoch den umgekehrten Weg: Sie waren unter dem Dach der Kirche aktiv, stießen aber immer wieder an die Grenzen des Machbaren, gerieten auch immer wieder mit den Kirchenleitungen aneinander, warfen schließlich ausgebrannt das Handtuch und zogen sich zurück (sofern sie nicht angesichts des unerträglichen Drucks den Weg gen Westen genommen haben). Aussteiger sind also nicht gleich Aussteiger, die Bandbreite der Motive und der Absichten ist groß. Kaum jemand traut sich jedoch, den Ausstieg so radikal zu vollziehen, wie die sogenannten «Bitschi» in der Sowjetunion – zwei Millionen soll es von ihnen geben, die durchs Land streifen und sich von Gelegenheitsarbeiten sowie kleinen Klauereien ernähren. In der engen DDR wäre das auch kaum durchzuhalten, haben die «Organe» doch fast alles unter Beobachtung.

Häusliche Fluchtburg

Einigermaßen unbehelligt bleibt dagegen, was sich in den eigenen vier Wänden abspielt. So spielt die häusliche Fluchtburg eine große Rolle. Zum Beispiel für den Musikkonsum. Selbstgefertigte Mitschnitte westlicher Songs sind drüben enorm verbreitet, aber auch die volkseigenen Rundfunksender tragen dem Bedürfnis Rechnung und schicken allerlei Musikimporte über den Äther. Platte oder Kassette an, Kopfhörer auf, volle Lautstärke, und fertig ist die ‹Lebensinsel› im Kleinmaßstab. Die «Leipziger Volkszeitung» fragte einmal, wovon Jugendliche träumen: «Wohl kaum von der nächsten Altpapieraktion, vom Schrottsammeln, von der Planerfüllung. Eher doch vom Urlaub, vom nächsten Rendezvous, vom Motorrad, von einer ganz heißen Schallplatte.» Richtig erkannt. Und weil es mit der heißen Musik in den Diskos noch gewaltig im argen liegt («qualitative Mängel» ist der offizielle Sprachgebrauch), bietet sich allemal das Zuhause an. Auch für den Alkoholkonsum übrigens. Jeder Gast aus dem Westen wird am eigenen Leib erfahren, daß es nur eine Frage der Zeit ist, wann die DDR in die Fußstapfen des Wodkabekämpfers Gorbatschow treten muß. Die jungen Menschen tun sich gar nicht mal hervor, sie halten nur mit ihren Eltern mit. Weit verhaltener schaut es mit Drogen aus. Dank der schwachen Kaufkraft der Mark der DDR kommen sie fast nie ins Land. Ersatzweise mixen sich die Experten Cocktails aus Schnaps und Beruhigungs- oder Schlafpillen. Selbst ein Waschmittel («Spee») muß ab und an für diese Mischung herhalten, mutmaßlich mit grauslichen Folgen. «NO FUN», diese Worte haben wir auf unseren Fahrten oft an Wände gesprüht oder Mauern gemalt angetroffen. «NO FUN», das ist die auf eine Formel gebrachte verbreitete Unzufriedenheit. «NO FUN», das ist die Anklage derer, die nicht nach Höherem, nur nach anderem, Unkonventionellem, Verrücktem dürstet. «NO FUN», das ist auch der kleinste gemeinsame Nenner all derer, die endlich ungestraft und unbehindert ihre eigenen Wege finden und gehen wollen, auch krumme, verschlungene oder falsche. Einigen ist es schon jetzt gelungen – wie viele werden es ihnen gleichtun können?

21MAL SCHADEN USW. – KULTUR VON UNTEN

Hier staatstreue Schriftsteller, die den Herrschenden nach dem Munde schreiben – und dort aufrechte Literaten, die die Wahrheit aussprechen und daher nicht publizieren dürfen; hier parteifromme Maler, reichlich Öl- und Wasserfarben zum Ruhme des Sozialismus verklecksend – und dort bissige Zeichner, deren despektierliche Karikaturen nur heimlich in Freundeskreisen kursieren; hier rückgratlose Schlagersänger, die Volksarmee und Waffen auf «Frieden schaffen» reimen – und dort couragierte Liedermacher, die nur noch im eigenen Wohnzimmer singen dürfen: an all diesen klischeehaften Gegenüberstellungen ist ein bißchen was dran. Und doch hinken sie auf beiden Füßen.

«Nicht alles, was erscheint, ist wirklich erwünscht – und nicht alles, was nicht erscheint, ist im eigentlichen Sinne unerwünscht. Die Grenzen sind fließend, persönliche Beziehungen spielen eine große Rolle. Manche Autoren lesen sowohl in staatlichen Einrichtungen wie auch in der Kirche oder bei privaten, nicht genehmigten Lesungen», weiß der Ostberliner Autor Lutz Rathenow zu berichten. Seine zumeist satirischen, bitterbösen Gedichte und Kurzprosa werden hin und wieder in DDR-Anthologien abgedruckt, seine Bücher («Mit dem Schlimmsten wurde schon gerechnet», «Zangengeburt», «Boden 411») konnten allerdings nur im Westen erscheinen. Auch der vom «Spiegel» gerne als «Untergrund-Literat» bezeichnete Lyriker Sascha Anderson («Jeder Satellit hat einen Killersatelliten», «Totenreklame») wehrt sich gegen vereinfachende Zuordnungen: «Was hier getan wird, ist keinesfalls illegal, es entspricht nur nicht in jedem Punkt den geltenden Gesetzen.» Der Versuch mancher Publizisten in der Bundesrepublik, die überwiegend jüngeren Autoren zu Untergrund-Samisdat-Produzenten zu stilisieren, erweist jenen einen Bärendienst. Der Lyriker Theodor Tonack: «Untergrund hört sich so nach Opposition und Dissidenten an. Und da muß ich eines klarstellen: Wir sind keine Dissidenten! Wir sind nicht gegen den Staat, wir sind nicht für ihn. Der Staat ist uns egal – wir machen unser Ding ohne den Staat.» Eine ähnliche Haltung findet sich auch bei Uwe Kolbe («Hineingeboren», «Abschiede»), dem profiliertesten der jungen DDR-Autoren. Aus seinem Gedicht «Ein Gruß»:
«Wir sollten uns diesen Höllenspaß erlauben, die kargen Masken hinzureichen in den Ämtern, hinzuwerfen vor die Ämter in allen Städten und Flecken. / Wir sollten jene Sprache wieder erlernen, die vor den Gazetten und Kameralügen lag, sich den Bauch hielt und lachte. / Ich bin nur einer der Boten mit dem Schellenbaum der Gedichte. / Kommt, laßt uns lästern die Prediger des Wassers. / Wir lachen sie kaputt.»
Kolbes Credo: «Ich sage einfach, daß ich bereit bin zur Herrschaft

über mich selbst. Ich rede einfach drauflos.» Sein Rat an die Freunde: «Glaubt euch selbst!» Es wird nicht mehr ernst genommen, was *die da oben* verkünden. Anders als die Generation der Have- und Biermänner setzt sich die Generation der nach 1955 Geborenen nicht mehr auseinander mit Parteidirektiven oder der Frage, ob und wie der Sozialismus zu retten sei. Auf gut deutsch: Das alles interessiert keine Sau mehr. Weltanschauungen aller Richtungen werden abgelehnt. (Was allerdings auch eine Weltanschauung ist.) Zu lange schon sei die Poesie in der DDR «in den Clinch mit der herrschenden Sprache» gegangen und habe sich «selber am Boden festgenagelt», diagnostiziert Kolbe. Seine eigene Sprache finden, zu sich selbst und seinen Gefühlen stehen – das ist, wenn es ihn denn überhaupt gibt, der gemeinsame Nenner der jungen unangepaßten Schriftsteller, Maler, Musiker, Filmer, Performance-Künstler. Nicht mehr auf die Postulate der «Sesselfurzer» (Kolbe) reagieren, sondern sich authentisch äußern: das meint «Kultur von unten». Der Vorwurf der Subjektivität wird mit Stolz quittiert. Mit weinerlicher Innerlichkeit hat diese Haltung allerdings wenig zu tun. Dazu gibt es viel zu viele Reibungsflächen mit der Gesellschaft, dazu ist jeder, der sich nicht an die Spielregeln des Establishments hält, viel zu sehr auf die Solidarität anderer angewiesen.

Intermedia

Die Grenzen der bisherigen Ausdrucksmöglichkeiten sprengen – diese uravantgardistische Maxime

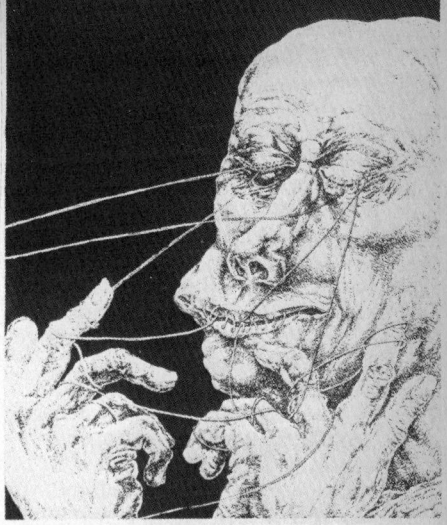

Ingo Haas: Selbstkontrolle (Zeichnung, 1980)

machen sich auch diese jungen DDR-Künstler zu eigen. Folgerichtig werden die starren Festlegungen in bestimmte Kunstrichtungen und Genres aufgebrochen. «Intermedia» lautet in den letzten Jahren das Zauberwort der «Kultur von unten».
Auf der Bühne: die Gruppe Pf... Ein Mensch namens Hans J. Schulze – Herkunft: Maler – rezitiert schreiend Wörter und Satzfetzen aus einer Zeitung, die er Stück für Stück zerreißt; derweil hämmert der Percussionist Jürgen Gutjahr auf Blech- und Eisenschrottteilen herum, bis seine Hände bluten. Aus dem Hintergrund ertönen Maschinengeräusche vom Tonband, gegen die Pf... ersichtlich ankämpfen. Das Publikum – Freaks, Punks, Teds, Hippies, Künstler und Normalverbraucher – murmelt etwas von genialen Dilettanten, tanzt Pogo oder springt gleich mit auf die

Bühne, um die «Klangexperimente» zu verstärken. Einige Maler spielen improvisierte Jazzmusik ohne Anfang und Ende, währenddessen andere Künstler versuchen, die Klänge malerisch nachzuempfinden. Auf einer papiernen Leinwand werden Filmausschnitte aus Nazi-Wochenschauen und Propagandafilmen von Leni Riefenstahl gezeigt, schließlich durchbricht eine junge Frau die Leinwand, rot und schwarz bemalt kämpft sie tanzend, allein mit ihrem Körper, gegen die filmischen und klanglichen Dämonen – der Raum vibriert von ihrer Ausstrahlung. Die Körperkünstlerin Fine Kwiatkowski ist der unbestrittene Star jener Künstlerszene, die sich Anfang Juni 1985 in der beschaulichen sächsischen Kleinstadt Coswig bei Dresden traf. Zwei Abende lang wurde dem per Buschfunk mobilisierten und aus allen Teilen der Republik zusammengeströmten Publikum ein Intermedia-Spektakel mit dem Untertitel «Klangbild und Farbklang» präsentiert. Veranstalter: die AG Jazz des örtlichen Kulturbunds. Im Unterschied zur örtlichen Presse waren die westlichen professionellen Kritiker fasziniert von dem sinn-reichen Festival. Christoph Tannert, der Motor dieser bis dato einmaligen Veranstaltung in der DDR, hatte einige Monate zuvor seine Anschauung in «Musik und Gesellschaft» (einem Fachblatt für Komponisten und Musikwissenschaftler) dargelegt. Unter dem Titel «Intermedia – Versuche kollektiver Kunstproduktion» schrieb er: «Vieles wird anarchisch produziert. Selbsterfahrung und die Artikulation eigener Wünsche stehen an erster Stelle. Die in der DDR zu entdeckenden Strömungen sind gekennzeichnet durch die Forderung nach Selbstbefragung, Erprobung der eigenen Möglichkeiten und Selbstverwirklichung (...) Verschiedene Künstler sind sehr zufrieden mit dem, was sie an Geräuschen, Lärm, Krach produzieren, und finden den Zustand, nie eine Musikakademie besucht zu haben, geradezu ideal für ihr Vorhaben. Sie sind stolz darauf, unseriös zu sein. Übergeordnetes Ziel des musikalischen Geschehens ist der Prozeß selbst, die Aktion, also nicht die Musik, sondern die Entwicklung eines Vorgangs...» Nicht zuletzt wegen dieses Aufsatzes wurde Tannert als Jugend-Sekretär beim Verband bildender Künstler fristlos entlassen.

Nonkonformistische Ausstellung in der Jenaer Friedenskirche

Zeichner unbekannt

Tannert und seinen Mitstreitern geht es also um ein multimediales Gesamtkunstwerk, das die Grenzen zwischen Profis und Laien, zwischen Künstlern und Konsumenten tendenziell aufhebt. Deutlich wurde in Coswig auch die Absage an eine Massenkultur (gleich «Massenmobilisierung des Passivismus»), die der «Faschisierung» Vorschub leiste. Der Rückbezug zur «Kunst an sich» ist zugleich eine Abkehr von dem Versuch, auf die Mehrheit der Bevölkerung kulturell einzuwirken. Bevorzugt werden surrealistische, dadaistische, expressionistische Ausdrucksformen – also genau das, was jahrzehntelang von den sozialistischen Kulturtheoretikern als bürgerlich-dekadent verteufelt worden war.

Aus Kunst wird Lebenskunst

Manche Grenzüberschreitung ist allerdings mehr aus der Not geboren denn zielgerichtete ästhetische Konzeption. So haben bei der Entstehung der Kunstgattung «Schriftgraphik», wie sie von vielen Autoren und Malern in Koproduktion angefertigt wird, die Zensurbehörden gewiß Pate gestanden – ungewollt, aber wirkungsvoll. Im Unterschied zu geschriebenen Texten ist bildende Kunst in einem bestimmten Druckumfang nicht genehmigungspflichtig. Bis zu einer Auflage von 99 Exemplaren können so «schriftgraphische» Blätter hergestellt werden (siehe Seite 134). Daneben gibt es natürlich weiterhin die klassische Variante, Texte unter das Volk zu bringen, ohne die Zensurbehörde zu bemühen oder einen Drucker zu behelligen: die Vervielfältigung per Durchschlagpapier. Die Auflagenhöhe der seit Ende 1984 in Ostberlin erscheinenden Literaturzeitschrift «schaden» – 21 Exemplare – erklärt sich aus den Erfahrungen des jungen Lyrikers Theodor Tonack: «Durch sechs Schichten kommst du gerade noch durch. Das macht sieben Exemplare. Und wenn du das Ganze mehr als dreimal wiederholst, artet die ganze Angelegenheit in Stress aus.» Und Stress wollen die jungen Avantgardisten in der DDR – Marx bewahre! – nun wirklich nicht.

In jedem «schaden» sind 21 Künstler versammelt. Zu den Dichtern gesellen sich regelmäßig Fotografen und Graphiker; manchmal liegt der Zeitschrift auch eine Partitur bei. Ein Maler besorgt die Umschlaggestaltung. Ebenfalls in Berlin erscheinen «Mosaik» – professioneller gemacht und auflagenstärker als der «schaden» –, «Mikado» und «entweder oder». Begonnen hatte das Treiben der Do-it-yourself-Zeitschriften in Dresden. Dort erschien 1982 zum erstenmal «und». Mitte 1984 ließ man «und» sterben und machte statt dessen in Dresden mit «usw.», in Berlin mit «schaden» weiter. Ähnliche Projekte werden aus Karl-Marx-Stadt, Leipzig, Rostock und Magdeburg vermeldet. Selbstverständlich fehlen in Literaturzeitschriften, die nach dem Strickmuster von «schaden» hergestellt werden, Impressum und Redaktionsanschrift. Wenn es schon nicht möglich ist, «schaden» im Westen per Abonnement zu beziehen, so vermittelt doch die im (Kölner!) Verlag Kiepenheuer & Witsch 1985 erschienene Anthologie «Berührung ist nur eine Randerscheinung» (Herausgeberin Elke Erb) eine gute Vorstellung all jener Autor(inn)en, die aus unterschiedlichen Gründen nicht oder selten in der DDR veröffentlichen konnten. Neben den Texten findet sich eine Anzahl der besagten Schriftgraphiken.

Neben Schrift- und Fotographiken sind selbstgemachte Postkarten und Plakate mit politischen, ökologischen und literarischen Inhalten verbreitet. In Dunkelkammern und Malerateliers gefertigte Kompositionen kursieren auf dem Postweg innerhalb der DDR in großer Zahl. An dieser Stelle verwischen sich die Grenzen von privat und öffentlich in der DDR-Gesellschaft. Mangels Veranstaltungsräumen und -genehmigungen finden Ausstellungen, Lesungen und Theateraufführungen in privaten Wohnzimmern und auf Dachböden statt. Hundert Besucher bei einer Lesung sind keine Seltenheit.

Politisch engagierte Kunst hat dabei in letzter Zeit abnehmende Konjunktur. So sind nur wenige der jüngeren Autoren aktiv in der Friedens- und Ökologiearbeit. Eine Ausnahme ist der Schriftsteller Rüdiger Rosenthal («Polnische Reise»); sein neuestes Projekt, «Die Elbe ist ein schöner Land» – eine Gemeinschaftsarbeit mit dem Fotografen Harald Hauswald –, ist ein literarisch-fotografisches Porträt des deutsch-deutschen Flusses, gleichzeitig auch eine Anklage gegen Naturzerstörung und Umweltverschmutzung.

Es bedarf aber keineswegs politi-

DDR-Index

Kleine Auswahl in der DDR offiziell unerwünschter, in bestimmten Kreisen der Bevölkerung aber sehr beliebter Bücher.

Rudolf Bahro: Die Alternative; **Wolfgang Leonhard:** Die Revolution entläßt ihre Kinder; **Heinz Brandt:** Ein Traum, der nicht entführbar ist; **George Orwell:** 1984; **Czesław Miłosz:** Verführtes Denken; **Alexander Solschenizyn:** Archipel Gulag; **Václav Havel:** Versuch, in der Wahrheit zu leben; **Leo Trotzki:** Verratene Revolution; **Robert Havemann:** Fragen Antworten Fragen; **Stefan Heym:** 5 Tage im Juni; **Karl Wilhelm Fricke:** Die DDR-Staatssicherheit; **Gabriele Eckart:** So sehe ick die Sache; **Kursbuch 81:** Die andere Hälfte Europas; **Jürgen Fuchs:** Vernehmungsprotokolle + Fassonschnitt; **Wolf Biermann:** Preußischer Ikarus + Die Drahtharfe + Mit Marx- und Engelszungen; **Reiner Kunze:** Die wunderbaren Jahre; **Volker Braun:** Unvollendete Geschichte; **Thomas Brasch:** Vor den Vätern sterben die Söhne; **Wilhelm Reich:** Die sexuelle Revolution; **Sigmund Freud:** Gesammelte Werke; **Erich Fromm:** Haben oder Sein; **Horst-Eberhard Richter:** Lernziel Solidarität; **Albert Camus:** Der Mythos von Sisyphos; **Jean-Paul Sartre:** Existentialismus und Marxismus; **Michail Bakunin:** Gesammelte Werke; **Herbert Marcuse:** Triebstruktur und Gesellschaft.

Von Deutschland nach Deutschland

Schriftsteller, Künstler, Musiker, Schauspieler, die von einem Deutschland ins andere wechselten (unvollständige Auswahl):

Ostwärts: Stephan Hermlin (1947), Eduard Claudius (1947), Ernst Bloch (1949), Stefan Heym (1952 via USA), Wolf Biermann (1953), Jens Gerlach (1953), Peter Hacks (1955), Adolf Endler (1955), Fred und Maxie Wander (1958), Joachim Seyppel (1973); Anna Seghers (1947, Mexiko), Bertolt Brecht (1948, Schweiz), Arnold Zweig (1948, Palästina), Erich Arendt (1950, Kolumbien) u. a. kamen aus anderen westlichen Exilländern in die DDR.

Westwärts: Ricarda Huch (1947), Theodor Plivier (1947), Gerhard Zwerenz (1957), Uwe Johnson (1959), Heinar Kipphardt (1959), Ernst Bloch (1961), Christa Reinig (1964), Helga M. Novak (1966), Manfred Bieler (1967), Peter Huchel (1971), Roger Loewig (1972); nach 1976: Wolf Biermann (1976), Thomas Brasch, Jürgen Fuchs, Sarah Kirsch, Reiner Kunze, Hans Joachim Schädlich, Rudolf Bahro, Erich Loest, Einar Schleef, Kurt Bartsch, Karl Hermann Roehricht, Bernd Jentzsch, Joachim Seyppel, Wolf Deinert, Katja Lange-Müller, Bernd Wagner, Günter Kunert, A. E. Penck, Ralf Kerbach, Gerulf Pannach, Christian Kunert, Bettina Wegner, Nina Hagen, Veronika Fischer, Stefan Diestelmann, Holger Biege, Manfred Krug, Hilmar Thate, Angelica Domröse, Katharina Thalbach.

scher oder gesellschaftskritischer Aussagen, um die allzeit besorgten Staatsschützer auf den Plan zu rufen. Allein der Versuch, eine eigene (Zeichen-)Sprache zu kreieren, eine Kommunikationsform, die mit den Konventionen bricht, dem Uneingeweihten unverständlich ist, erregt Mißtrauen. Verbindet sich das wie im Fall des (erklärtermaßen a-politischen) Schriftstellers Detlef Opitz mit eigenwilliger, betont bohemienhafter Lebensführung, ist dies Grund genug für polizeiliches Eingreifen. Weil Opitz eine Wohnung ohne staatliche Zuweisung bewohnt hatte und seine schriftstellerische Arbeit laut Befund des Bezirksgerichts Prenzlauer Berg «ohne gesellschaftliche Nützlichkeit» sei, verurteilte das Gericht ihn zu einem vierjährigen Berlin-Aufenthaltsverbot. Das Urteil entbehrte in allerdings so haarsträubender Weise jeglicher Rechtsgrundlage, daß es nach Protesten auch der westdeutschen Öffentlichkeit offiziell kassiert wurde.

Solche eher indirekten Methoden, die mit der publizistischen oder künstlerischen Tätigkeit des Betreffenden vordergründig wenig zu tun haben, sind beliebt bei der Staatssicherheit und haben offene Repressionen (wie noch bei Jürgen Fuchs, Gerulf Pannach und anderen Mitte der siebziger Jahre) mehr und mehr abgelöst. Lesungen werden aus «baupolizeilichen Gründen» untersagt oder Autoren zwecks «Klärung eines Sachverhalts» kurzfristig aus dem Verkehr gezogen. Auch ein Zuckerbrot-Hinhaltespiel – Veröffentlichung von Texten ja-nein-ja-nein-ja-nein – gehört zum vielfältigen Repertoire.

Im Vergleich mit seinem geistesverwandten Vetter aus dem Westen hat der unangepaßte (Lebens-)-Künstler in der DDR allerdings auch manchen Vorteil. So ist ihm die Anteilnahme und Wertschätzung einer «Szene», deren Wertmaßstäbe für Kunst mangels öffentlicher Diskussion sich oft an der Linie Erlaubt-Verboten orientieren, gewiß. Jeder selbsternannte Künstler, und sei er noch so anfängerhaft, kann behaupten, der böse Staat und seine ignoranten Vertreter würden seine Kunst aus «politischen Gründen» nicht schätzen und daher nicht veröffentlichen. Auch das Leben eines Bohemien zu führen fällt im Staatssozialismus wenigstens materiell leichter als im Kapitalismus: Dank spottbilliger Mieten und preiswerter Grundnahrungsmittel ist das Überleben selbst bei geringen Einkünften gesichert. Viele DDR-Ausreis(s)er, die in den Westen gegangen sind, vermissen auch das gemeinsame Band, das Künstler, Frauen für den Frieden, Ökofreaks, Schwule, Punks – kurz: alle Außenseiter dieser normierten Gesellschaft mit ihren kleinbürgerlichen Wertmaßstäben – zusammenhält.

Nur gemeinsam können die zarten Pflänzchen im Sandsturm von Vater Staat und Mutter Partei gedeihen. Kunstdünger aus dem Westen brauchen sie nicht, der schadet eher nur. In ihrem Land haben sie ohnehin genügend organischen Mist, wie wir in unsrem. Aber anschauen, kennenlernen, vielleicht eine Hand übern Graben reichen – das könnten wir doch eigentlich mal versuchen.

SEEWÄRTS – ROSTOCK UND DIE OSTSEEKÜSTE

«Die Ostsee macht was her /
Was sollen wir dann am
Schwarzen Meer? / Regen macht
die Ostsee naß / Urlaub macht uns
trotzdem Spaß»
Aus dem Schlager «Sonne,
Sommer, Sonnenbrand» der
Gruppe Possenspiel

«Von einer Düne sieht man weit –
Das Meer ist voller Flüssigkeit»
Wilhelm Busch

Probierangebot: Wismar & Poel

Als ob jemand ein Modell von Hafenstadt schaffen wollte, gewissermaßen als Anschauungsunterricht. Im Prinzip ist alles da, was zu einem Tor zur Welt gehört: eine tiefeingeschnittene Meeresbucht mit einer vorgelagerten Insel, die als Leuchtturm und Ausguck dient; ein alter natürlicher Hafen, in dem Schlepper, Ausflugsdampfer und Fischerboote an den Tros-

sen liegen; eine moderne Werftanlage, groß und florierend genug, um 14 000 Menschen Arbeit und Lohn zu verschaffen; ein Frachthafen, in dem Dickschiffe, Kalifrachter zumeist, mit einer Tragfähigkeit bis zu 25 000 Tonnen liegen. Ein internationales Seemannsheim mit zwielichtigem Ruf fehlt ebensowenig wie eine Legende über Klaus Störtebeker: Derzufolge soll der später gefürchtete Seeräuberhauptmann ein Bauernjunge aus dieser Gegend gewesen sein, der einen Junker erschlug, weil dieser seine Mutter mißhandelt hatte.

Was also den Hafen, aber auch die Altstadt anbelangt, bietet Wismar alles, was sich für eine Hafenstadt hanseatischer Prägung gehört, alte Patrizierhäuser und gotische Backsteinkirchen eingeschlossen. Und doch will sich das Gefühl nicht einstellen, in einer ‹richtigen› Hafenstadt zu sein; nicht daß alles zu klein geraten wäre: Der Marktplatz hat immerhin eine Fläche von 10 000 Quadratmetern, das Mittelschiff der St. Nikolai-Kirche ist mit seinen 37 Metern das höchste in der DDR, und die schon erwähnte Mathias-Thesen-Werft (benannt nach einem im KZ umgekommenen Kommunisten) könnte gut und gerne auch in Hamburg oder Bremen stehen. Nein, Wismar ist schon ein Modell im Maßstab 1:1. Nur ist eben alles in einfacher Ausfertigung vorhanden, Einzelstücke also, die einen Eindruck von einer Hafenstadt vermitteln, aber zusammengenommen noch keine *sind*. Jedenfalls nicht für jemanden, der sich schon einmal in den Häfen von Bremen, Hamburg oder Rotterdam herumgetrieben hat. Zwei oder drei dicke Pötte im Hafen schaffen noch keine Überseehafen-Atmosphäre, eine Werft ist noch keine Werftindustrie, und eine Pinte, die nur ausländische Seeleute und einheimische Frauen betreten dürfen, ergibt noch kein Nachtleben.

Wie Gin & Tonic

Wismar ist vom Grenzübergang Lübeck-Schlutup (Selmsdorf) aus die nächste, weil westlichste Hafenstadt der DDR. Ein erstes Probieren der Ostsee liegt hier also nahe: «Sie schmeckt mild, manchmal wie Gin & Tonic, mit einem Tropfen Öl, Schmieröl», befand Fritz Rudolf Fries in seinen «Seestücken». Salzärmer als die Nordsee ist sie allemal. Zum Schmecken, aber auch zum Baden könnte mensch zum alten Fischerdörfchen Hoben fahren, von dort dann entlang der Küste zum Strandbad

Altstadt Wismar

Wendorf laufen. Freilich ist das Baden in der Wismarer Bucht auch nicht unbedingt mehr das, was es einmal in punkto Wassergüte war. Eine größere Umweltverschmutzung der DDR-Ostseegewässer ist zwar nicht bekannt, aber wenn es sie gäbe, wäre sie auch geheimgehalten. Jedenfalls war es zwischen 1821 und 1849 sauberer, als ein gewisser Johann Carl Hammer während des Sommers ein Badeschiff in der Bucht verankert hatte. Warm-, Kalt-, Schwefel-, Kräuterbäder wurden geboten, dazu auf Wunsch Lukullisches und gelegentlich Blasmusik auf dem Oberdeck. Später setzte sich aber doch das Baden in freier Natur durch, kombiniert mit Promenieren und Burgenbauen, wie es etwa das nahe Boltenhagen seit 1830 bietet.

Die wirkliche Alternative damals wie heute war und ist Poel, sind die Strände von Timmendorf und dem Schwarzen Busch. So wie Wismar Rostock vorausschmecken läßt, so die Insel Poel ihre große Schwester Rügen. Wie den Rügenern wird den Poelern Stolz auf ihre insulare Eigenständigkeit nachgesagt. Auf der Insel hat es niemals die Leibeigenschaft gegeben: Die Poeler waren als Fischer und Strandräuber erfolgreich genug, um jeden Fronvogt in spe aufs Festland zurückjagen zu können. Eines gelang ihnen allerdings so wenig wie den Wismaranern: die schwedischen Truppen zu vertreiben, die sich im Verlauf des Dreißigjährigen Krieges an der deutschen Ostseeküste festgesetzt hatten. Von 1648 bis 1803 gehörten Stadt und Insel zum schwedischen Königreich, genaugenommen sogar bis 1903, denn für ein Jahrhundert war Wismar mit Umland an den mecklenburgischen Herzog verpfändet – mit Rückkaufrecht also. Die Ablösesumme, wie wir heute sagen würden, betrug immerhin 1 250 000 Taler. Die Schweden hatten nichts Besseres zu tun, als Wismar zur «größten Festung Europas» auszubauen, mit dem Ergebnis, daß die Stadt auf Grund der vielen kriegerischen Verwicklungen Schwedens immer wieder angegriffen und besetzt wurde, insgesamt ein dutzendmal.

Handel und Wandel

Die ältere Geschichte Wismars ist eng mit der der Hanse verknüpft, zu deren Gründungsmitgliedern die Stadt zählt. Jener mächtige Städtebund war im ausgehenden Mittelalter (13./14. Jahrhundert) das erste internationale Handelsimperium mit Niederlassungen im gesamten Ost- und Nordseeraum. Der Handel mit Getreide, Dörrfisch, Bier, Leinen, Wolle, Pelzen, Salz und Bernstein machte die hanseatischen Kaufleute, die ‹Pfeffersäcke›, reich. «Höheres Seeräubertum» hat Thomas Mann ihre gar nicht zimperliche Machtpolitik genannt. Dank frühkapitalistischer Methoden konnte sich erstmalig in Deutschland das Bürgertum zeitweilig gegen die adeligen und kirchlichen Landesherren durchsetzen. Nach der Entdeckung der neuen Welten in Übersee geriet das Mare balticum ins welt- und handelspolitische Abseits, die Hanse mußte sich auf Druck der aufkommenden Nationalstaaten auflösen. Wismars stadtgeschichtliches Museum gibt nähere Auskünfte über die Hansezeit, vor allem ist es

Ruine der St. Georgen-Kirche in Wismar

aber ein Museum der Seeschiffahrt. Jedenfalls gibt es allerhand Schiffsmodelle zu sehen, dazu alte Stiche, Zeichnungen und Fotografien von Hafen und Wasserfahrzeugen aller Art. Unter dem Bild eines Dreimasters lesen wir: «Schonerbark ‹Louise Lübcke›, Geburtsjahr 1875, 1893 an der Nordküste Kubas gestrandet und völlig zertrümmert». Da spüren wir für einen Augenblick den Ruf der sieben Weltmeere, sehen den Seewolf vor uns, kämpfen als Meuterer auf der «Bounty» und als Robinson Crusoe gegen die Kannibalen – eine stille Minute lang, dann wachen wir wieder auf und erkennen die Fata Musea.

Rostock – Die Ostseemetropole

Am Weg von Wismar nach Rostock liegt unausweichlich Bad Doberan, weithin am mächtigen Münster zu erkennen. Meist verlassen die Besucher den Ort gleich wieder – im Schoße des legendären «Molli», jener Kleinbahn, die von hier zum Küstenort Kühlungsborn schnauft. Zunächst ‹rast› sie laut läutend durch die Hauptstraße Doberans, später streift sie Heiligendamm, das allererste deutsche Seebad.

1793 schrieb mensch, als Friedrich-Franz I. eine kühne Tat wagte. Von Doberan, seiner ständigen Sommerresidenz, zog er mit Zelt und Gefolge zur Küste. Nach intensiver Vorbereitung stieg er im September erstmals ins kühle Naß der Ostsee. Freilich nicht, ohne zuvor das Gutachten eines Professor Vogel über die Unschädlichkeit eines solch verwegenen Aktes eingeholt zu haben.

Wirtschaft ohne Krise

Der Hafen: Egal, wo in der DDR nach Rostock gefragt wird, zur Antwort schallt es aus allen Winkeln der Republik: «Unser Tor zur Welt!» Sorgsam und zielstrebig pflegen die Einheimischen diesen Ruf, obwohl sie seiner kaum verlustig gehen können – Rostock hat *den* Hafen der DDR, alle anderen können sich dagegen nur verstecken. Aus allen Ländern kommen hier Güter an, in alle Länder werden Güter verschifft – die Personenschiffahrt spielt nur eine untergeordnete Rolle. Ständig wird der Überseehafen erweitert und verbessert.

1853 wurde das erste seegehende eiserne Schraubendampfschiff Deutschlands auf einer Rostocker Werft gebaut. An diese Tradition knüpfen die VEB Schiffswerft Neptun Rostock und die VEB Warnowwerft Warnemünde an. Jahr für Jahr sind die Auftragsbücher voll, auch mit westlichen Bestellungen. Hauptabnehmer ist aber die Sowjetunion, die die Warnemünder Polarfrachtschiffe mit ihrer Spitzenqualität wie am Fließband bestellt und kauft. Seit einigen Jahren laufen hier auch Roro-Schiffe vom Stapel: keine Rock'n'Roll-Musikdampfer, sondern Frachter mit Roll-on-roll-off-System. Die Güter können auf Spezialuntersätzen drauf- und wieder runtergefahren werden, müssen also nicht mehr mühsam in Netze gepackt und an den Haken der Ladekräne gehängt werden.

Vom Kabutzenhof in der Nähe des Stadtzentrums aus unternehmen wir eine Hafenrundfahrt. Bald schon ist der Käpt'n mit den unvermeidlichen Zahlen zur Hand: 17,5 Quadratkilometer groß, rund 20 Millionen Tonnen Umschlagleistung im Jahr, 6000 an- und ablegende Schiffe jährlich. Und so weiter. Doch nicht die Zahlen beeindrucken unsere Mitpassagiere, sondern die fremden Flaggen, die exotischen Herkunftsorte, die nur andeutungsweise erkenntliche Vielfalt der Güter.

Die Partei fährt mit

DDRler spüren hier den Duft der großen weiten Welt und träumen davon, selbst mal hinausfahren zu können. Vorerst sind es aber nur Waren und Güter, die allerlei Grenzen ohne größere Schwierigkeiten überschreiten dürfen – die Menschen sind halt etwas anderes. Ein kubanischer Frachter kommt ins Blickfeld. Neben uns rätseln welche, ob er nun Rohrzucker, Pampelmusen oder Apfelsinen (wobei diese nur selten anders schmecken als jene) bringt. Und was er im Gegenzug auf die lange Fahrt über den Atlantik wohl mitnimmt, Maschinen, Geräte oder Fahrzeuge.

Auch die Handelsflotte der DDR ist hier beheimatet – 171 Schiffe zählte sie, als wir den Hafen tuckernd durchkreuzten (sagte der Käpt'n). Vielleicht sind's zwischenzeitlich ein paar mehr geworden. Motto dieser Flotte: «Die Partei fährt mit!» Alle wichtigen Seeleute haben nämlich der SED anzugehören – und da muß auf der Reede vor São Paulo oder im Hafen von New Orleans schon mal eine Versammlung der bordeigenen Parteigrundorganisation einberufen werden. Aber auch die einfachen Mannschaften haben ihre Zuverlässigkeit zu beweisen. Wer zum Beispiel Kontakt mit Westlern hat, ist des (illegalen) Abspringens verdächtig und kann sein Seemannsbuch abschreiben. Das es ohnehin nur mit einem lupenreinen polizeilichen Führungszeugnis gibt. Für das Ausland ist das Beste gerade gut genug.

Bei der Hafenrundfahrt kommt vielleicht auch das schnittig-weiße Fahrgastschiff «Arkona» ins Blickfeld. Es schippert jetzt FDGB-Reisende über die Ostsee und in flauen Zeiten westliche Touristen sonstwohin. Bundesbür-

gern ist es bekannt als das
«Traumschiff», auf dem die
gleichnamige ZDF-Sendereihe
spielte. Als die DDR das Schiff
kaufen wollte, lief es – wenn auch
unter der Flagge der Bahamas –
gerade für die südafrikanische
Staatsreederei Safmarine. Nun verurteilt die DDR die Apartheid-
Politik schärfstens und unterhält
auch keine Wirtschaftsbeziehun-
gen zu Südafrika. Aber die Genossen zeigten sich findig. Sie suchten
und fanden eine Strohreederei,
die Deutsche West-Afrika-Linien
in Kiel. Diese wurde pro forma
Besitzer der «Astor», wie der Pott
damals noch hieß. Ihr kaufte es
dann die DDR-Außenhandels-
firma Schiffscommerz ab und
übergab es der «VEB Deutfracht/
Seereederei Rostock». Das alles geschah zu einer Zeit, als das
DDR-Fernsehen tagtäglich über
den «Polizeiterror des Rassisten-
regimes» berichtete und immer
wieder den totalen Wirtschafts-
boykott forderte. Allem Anschein
nach ist Solidarität teilbar.
Von maritimer Romantik also
keine Spur, weder vorder- noch
hintergründig. Sachorientiert,
nach ökonomischen Prinzipien,
mit industriellen Methoden – so
arbeiten die wasserverbundenen
Wirtschaftsbereiche auch in der
DDR. Da wirkt es schon anachro-
nistisch, daß am Ende der Hafenrundfahrt Platten mit wehmütigen
Seemannsliedern und Bücher voller Seemannsgarn feilgeboten werden – nur wenige Passagiere greifen
denn auch zu. Romantische Ver-
klärung mag auch beim Landgang
nicht aufkommen. Wahrscheinlich
vermissen die Matrosen fremder
Länder das Fehlen eines Vergnü-
gungsviertels schmerzlicher als
wir. Zwar munkelt mann von einigen wenigen einschlägigen Etablissements, doch die Adressen
werden nur unter dem Siegel abso-
luter Verschwiegenheit weitergege-
ben. Ein paar Hafenbars – damit
hat es sich auch schon.

Abstecher nach Warnemünde – und zum Uranus

Warnemünde, die ehedem unter
Rostocks Fuchtel stehende kleine
Schifferstadt, ist heute der größte
Urlaubsort an der gesamten
DDR-Küste. Wo auch bei
schlechtem Wetter gebadet werden
kann: im Meeresbrandungsbad,
an dessen Toren allerdings nicht
selten auf Einlaß gewartet werden
muß. Als Trostpflästerchen für
entgangene oder als Zugabe für er-
lebte Badefreuden bietet sich der
astromische Lehrweg «Unser Son-
nensystem als Modell» an. Begin-
nend an der Promenade nahe dem
Teepott und dem Leuchtturm
läßt sich Planet für Planet erwandern, der letzte ist exakt 5 947 Meter entfernt. Hier in Warnemünde
wird aber auch die mecklenburgische Mundart erforscht, in der
Seestraße 15. Von wem? Von der
Sächsischen Akademie der Wissenschaften – was jedoch nicht als
Racheakt der leidgeprüften Sachsen zu werten ist.

Vom Winde verweht: Fischland, Darß & Zingst

Nordöstlich von Rostock begegnet uns erstmalig die für die Ostsee
charakteristische Nehrungsküste:
die Halbinsel Fischland-Darß-
Zingst, eine von Meeresströmun-
gen und Winden eigenwillig geformte Landschaft. Die drei Teile

Vom Wind gebeutelt: Bäume an der Küste

der Halbinsel sind erst in historischer Zeit zusammengewachsen. Das Fischland ist eine schmale, flache Landzunge zwischen Ostsee und Saaler Bodden, beständig angenagt vom Meer. Was dort verlorengeht, wird an dem dünenreichen Ufer des Darßes wieder angeschwemmt. Der Darß ist von dichtem, teilweise unzugänglichem Wald bewachsen, während der flache Zingst eher der Marschlandschaft ähnelt. Im Unterschied zur übrigen Halbinsel ist der Zingst denn auch mehr für Kühe als für Touristen interessant.

Unter den Ostseebädern an diesem Küstenstrich ist Ahrenshoop die – musische – Diva. Ende des 19. Jahrhunderts entdeckten einige Maler, unter ihnen Carl Malchin und Paul Müller-Kaempf, das an der Grenze zwischen Fischland und Darß liegende Fischerdorf. Abseits aller Verkehrsverbindungen bestand Ahrenshoop zu jener Zeit aus einigen wenigen reetgedeckten Fischerkaten, die sich in zwei Reihen hinter den Dünen des Ostseesteilufers entlangzogen. Das romantische Flair des Ortes, die Meeres- und Strandmotive und die billigen Unterkünfte zogen bis zur Jahrhundertwende nicht weniger als 16 Maler und Malerinnen an. Die besser Betuchten unter ihnen ließen sich sogar eigene Häuser bauen, im Stil der Zeit als – Schweizerhäuser. Besonders beliebt machten sich die «Forensen», wie die Sommerhausbesitzer genannt wurden (die Badegäste hießen «Europäer»), bei den Einheimischen nicht: Nach dem Ersten Weltkrieg beklagten sich die alteingesessenen Ahrenshooper bitterlich, daß die Sommergäste ihnen die Lebensmittelrationen wegfräßen.

Die Malerschwemme und die

zwar reizvollen, aber zahlenmäßig doch begrenzten Motive wurden schon 1906 Gegenstand eines persiflierenden Romans («Hilde Vangerow» von Heinz Tevote), in dem beschrieben wird, daß längst alle Motive bekannt und registriert sind: die Mühle als Motiv Nummer 12, der Schweinekoben als Nummer 64 ... Als ein ortsfremder Maler wildwuchernde Blumen als neues Motiv entdeckt und sie, um Nachahmer zu vermeiden, gleich abschneidet, beginnt die Zerstörung der Motive, bis schließlich ganze Bäume abgesägt werden.

Alte Bäume gibt es noch in Ahrenshoop, und noch immer haben Maler, aber auch Schriftsteller, Schauspieler und andere Künstler nebst Ärzten und Privathandwerkern ihr Domizil – mittlerweile werden aber wieder schilfgedeckte Behausungen bevorzugt. Ein stiller Ort ist Ahrenshoop natürlich lange nicht mehr, vor allem nicht im Sommer. «Am schönsten war es aber doch, wenn die Badegäste fort waren», schrieb Müller-Kaempf rückschauend über die früheren Zeiten – der Satz hat noch immer seine Gültigkeit. Warum also nicht einmal Fischland und Darß im November, wenn es stürmt? Oder im Dezember, wenn es schneit?

FDGB-Urlaub:
Für-die-guten-Bekannten

Nehmen wir die auf dem Festland angrenzenden Ostseebäder Graal-Müritz, Dierhagen und Ribnitz noch hinzu, dann tummelt sich an diesem Küstenstrich ein großer Teil der jährlich mehr als drei Millionen DDR-Ostseeurlauber. Seitdem Polen 1981 als Urlauberland gesperrt wurde – nur Verwandte ersten Grades und einige organisierte Betriebspartnerschaftler dürfen ins Nachbarland fahren –, sind die ohnehin schon geringen Urlaubsmöglichkeiten für DDR-Bürger nochmals kräftig geschrumpft; entsprechend groß ist der Andrang: Manche warten sechs oder mehr Jahre auf einen vom gewerkschaftseigenen Computer vergebenen Urlaubsplatz an der Küste. Offiziell geht es dabei nach «sozialen Kriterien» wie Kinderzahl, Wartezeit, berufliche Leistung. Hartnäckig hält sich dennoch der Spitzname für FDGB: «Für die guten Bekannten». In Zeiten guter Konjunktur, sprich Arbeitskräftemangel, lasen sich daher Stellenannoncen in der Zeitung so: «Suche neuen Wirkungskreis in einem Betrieb mit eigenem Ferienheim an der Ostsee.»

Die Kosten für einen FDGB-Urlaub sind spottbillig: Eine Familie mit zwei Kindern muß für zwei Wochen Urlaub einschließlich Verpflegung nur wenig mehr als 200 Mark (abhängig von Unterkunft und Verdienst) zahlen. Derartig subventioniert, wird in manchen touristischen Bereichen nur ein Drittel der Kosten gedeckt. Eine Erweiterung des Urlaubsangebots wird daher zu teuer und kann nicht Schritt halten mit der Nachfrage. Die Küste kann auch nicht verlängert werden (vielmehr sinkt sie sogar – jährlich um einen Millimeter). In den Reisespitzenmonaten Juli und August bricht von Boltenhagen bis Usedom jedesmal das Versorgungschaos aus. Das Schlangestehen für Pommes frites, Broiler, Bier, Eis und

Diskokarten wird aber von den DDR-Urlaubern für gewöhnlich mit stoischer Gelassenheit hingenommen.
Wie in anderen touristischen Zentren der Welt konzentriert sich aber auch an der Ostsee das Treiben der Urlauber auf immer dieselben Örtlichkeiten. An der abgelegenen Westküste des Darß, doch nur wenige Kilomter von dem äußert lebhaften Prerow (dort gibt es auch einen beliebten FKK-Zeltplatz) entfernt, kamen wir uns stellenweise fast einsam vor.

Reiches, armes Stralsund

«Stralsund? Liegt das nicht schon in Dänemark?»
Eine Telefonistin bei der Inlandsauskunft der Deutschen Bundespost

Ob wir uns von Ahrenshoop nähern oder aus einer anderen Richtung, immer begrüßt uns Stralsund mit den unverwechselbaren Silhouetten seiner großen Stadtkirchen: St. Marien mit barockem Helm auf gotischem Turm, die Spitze hundert Meter über dem hier nicht weit entfernten Meeresspiegel; die Doppeltürme von St. Nikolai, einer mit, einer ohne Helm, und dann die schlichte, etwas kleinere St. Jakobi. Am Klaus-Störtebeker-Ufer des Frankenteiches rahmen wir unseren Dreikirchenblick ein und hängen ihn daheim übers Ikea-Sofa: Alter Stich von Stralsund, um 1730.
Umschlossen von einem Ostseeausläufer, dem Strelasund, und zwei großen natürlichen Teichen hat diese Stadt soviel historisches Antlitz wie keine zweite in Norddeutschland bewahrt. Verschiedene Stadtbrände, die Geschütze der kaiserlich-wallensteinischen, der brandenburgischen, der französischen Truppen, die anglo-amerikanischen Bomben 1944 und auch der Abriß verfallener Häuser haben daran grundlegend nichts zu ändern vermocht. Die Straßenzüge der Altstadt blieben so, wie sie in den boomähnlichen Anfängen der Stadt im 13./14. Jahrhundert angelegt worden waren. Damals stieg Stralsund zu der nach Lübeck mächtigsten Stadt im gesamten Ostseeraum auf, deren Vorherrschaft im «Frieden zu Stralsund» 1370 selbst das Königreich Dänemark anerkennen mußte. Danach sank der Stern der Stadt allmählich, das oligarchische Regiment des kaufmännischen Patriziats ließ die notwendigen Reformen nicht zu, der Handel in der Ostsee sta-

gnierte. 1715 wohnten nur noch 10 000 Einwohner in ihren Mauern, fast ein Drittel weniger als um 1400.

Die Altstadt bezieht ihre Wirkung daher, daß hier mehr als in den ost- und westdeutschen hansischen Hafenstadt-Geschwistern der Verfall haust. Neben von (polnischen) Restaurateuren schön wiederhergestellten Bürgerhäusern mit Giebeln aus der Gotik, der Renaissance und dem Barock stehen Ruinen mit schwarzen Löchern an Stelle von Fenstern, mit und ohne Dach, mit und ohne Stützbalken. Hier ein eigenwillig-prächtiges Rathaus mit einer Schaufassade aus glasierten Ziegeln und einem säulengeschmückten, südländisch anmutenden Innenhof – und zwei Ecken weiter ärmliche Sträßlein und Gäßchen, die noch die Namen mittelalterlicher Zunftberufe wie Böttcher, Kleinschmied, Bechermacher tragen oder auch schlicht «Unnütze Straße» heißen. Die Häuser muten innen – sofern sie überhaupt noch zu betreten sind – wie Puppenstuben an. Nach Einbruch der Dämmerung übernehmen die Katzen hier das Kommando, zahlenmäßig scheinen sie in mancher Straße die Zweibeiner zu übertreffen.

Zwei Stadtansichten

Wie so oft fallen Touristenperspektive und die der Einheimischen weit auseinander: Wirkt auf uns Fremde die Stadt mit ihren vielen morbiden Bauwerken schaurigschön, weil sie durch ihren ungeschminkten Verfall fortlaufend an Geschichte, an Sein und Vergehen erinnert, klagen die Einheimischen in ihren ‹Puppenwohnungen› über wurmstichige Fußböden, fehlende Badewannen, tropfnasse Wände oder schlicht über zuwenig Quadratmeter. Während wir uns freuen, endlich einmal nicht durch geleckte Fußgängerzonen und herausgeputzte Einkaufspassagen gehen zu müssen, endlich einmal nicht eines dieser prächtigen Rothenburgs ob der Tauber, Marburgs und Heidelbergs vorzufinden, während wir also das alles nicht vermissen und über den Müll und Schutt hinwegsehen, auch beim Anblick der innerstädtischen Wurst- und Eisbuden schnell beide Augen zudrücken, erzählen die Bewohner dieser Welt mit bitterem Unterton ganz andere Geschichten. Vor dem Besuch des schwedischen Ministerpräsidenten Olof Palme zur 750-Jahr-Feier Stralsunds wurden 1984 schnell noch die unansehnlichsten Häuser abgerissen, andere erhielten potemkinsche Fassaden. Nur für sie, die Bewohner, fiel nichts von Dauer ab.

Nun sprechen wir bislang, wohlgemerkt, von der Altstadt. Wie gewohnt schieben wir die Neubauviertel, die hier Knieper-Nord und Knieper-West heißen und sich laut Stralsund-Touristbroschüre «mit ihren elfgeschossigen Hochhäusern vortrefflich in die Landschaft einfügen», ebenso beiseite wie den durchaus belebten Hafen. Wir tun so, als hätten wir die «Volkswerft» nicht bemerkt, die wegen der vielen hier produzierten Atlantik-Supertrawler sowie weiterer die sieben Weltmeere um ihr lebendes Inventar beraubender Schiffseinheiten gerühmt wird. Einmal in Fahrt, sehen wir in den im Strelasund auf Reede liegenden

Dreikirchenblick in Stralsund

Schiffen weder Trawler noch Kümos, sondern bauchige Koggen, vor allem abends, wenn wir von Rügen zurückkommen und die Schiffe nichts weiter sind als Schattenrisse vor untergehender Sonne.

Gebremstes Nightlife

Spät am Abend ziehen wir mit unseren Stralsunder Freunden los, Licht ins Dunkel des Nachtlebens zu bringen. Wir beginnen beim «Trocadero», das schon vom Namen her Ramba-Zamba verspricht und von der Öffnungszeit – bis 3 Uhr! – sogar Unterhaltung auf Hauptstadt-Niveau. Erwartungsvoll schauen wir den Türsteher an, der schaut auf unsere Jeans und macht es dann kurz: So nicht! Der nächste Versuch bringt uns bis zum Eingang des «Störti», wie die HO-Nachtbar «Störtebeker-Keller» zärtlich gekürzelt wird. Dort passiert nun nicht etwa dasselbe, nein: Die zwei Türsteher nehmen außer den Jeans auch noch ein Paar Clogs übel. Wir versuchen unverdrossen, die Tanzbar des «Baltic»-Hotels zu entern – die dritte und letzte Möglichkeit in dieser Stadt. Die Damen am Empfang sind das erste, schon nicht mehr zu überwindende Hindernis. Zwar werden DDRler nicht am Zutritt gehindert, wie wir zuvor in einer Reportage in der Frankfurter Zeitung für Deutschland gelesen haben, aber gebremst werden wir doch. Diesmal fällt die Ablehnung informativer aus: Cordjeans wären genehm, wohingegen Bluejeans nicht akzeptiert werden könnten.

Der geplante Ausschluß eines bestimmten Publikums («Ich meine, Jeans sind eine Einstellung und keine Hosen!», Edgar Wibeau) läßt nichts Gutes schwanen. Nur, und das hat uns ja überhaupt durch die Straßen getrieben: Es gibt, von zwei Jugendklubs abgesehen, keine Alternativen. Wo der Zutritt zum öffentlichen Vergnügen derart masssiv verwehrt wird, bleibt nur noch der ungeordnete Rückzug ins Private, sprich in die Puppenstube.

**Blick von oben,
Blick unter Wasser**

Wer nicht glauben will, daß Stralsunds Altstadt aus Puppenhäusern besteht, der erklimme den Turm der Marienkirche. Eine nicht enden wollende Wendeltreppe und noch ein paar Holztreppen zusätzlich sind im Preis von einer Mark inbegriffen, ebenso ein Blick auf Stadt, Hafen und den südlichen Saum Rügens.
Von der Marienkirche sind es nur ein paar Schritte zu Stralsunds größter Attraktion – wenn Besucherzahlen dafür einen Maßstab abgeben. 7 500 000 Schaulustige sollen in den letzten zehn Jahren durch das Meeresmuseum geströmt sein. Das Skelett eines vor Rügen gestrandeten Finnwals, ein Original-Fischkutter und ein acht Meter hohes Korallenriff aus dem Roten Meer sind die Prunkstücke. Daneben wird von lebenden Hummern über ausgestopfte Albatrosse bis hin zu Fischkonserven alles gezeigt, was mit dem Meer und seinen Bewohnern zu tun hat.
Die Stars des lebenden Inventars sind zweifellos die bunten Korallenfische: Strahlenfeuer-, Picassodrücker-, Preußen-, Kugel-, Nashorn-, Kuhkopf-, Igel-Fische.
Das Museum ist in der restaurierten frühgotischen Hallenkirche des ehemaligen Katharienklosters untergebracht, ebenso wie das Kulturhistorische Museum, das dank der lebhaften Geschichte der Stadt sehenswerter ist als die meisten Heimatmuseen. Wir wollen aber zugeben, daß wir das Meeresmuseum vor allem wegen seiner (ständigen) Ausstellung «Meeresungeheuer – Phantasie oder Wirklichkeit?» besucht haben.
Leider raubt einem jeder Schaukasten peu à peu die Reste des Kinderglaubens: Nessie, die gute alte Lady vom Loch Ness, wird schlicht mit hin und wieder sich vom moorigen Boden des schottischen Sees lösenden Tangpflanzen einer wissenschaftlichen (?!) Erklärung zugeführt, und auch an den Vorbildern für die verführerischen Homerschen Sirenen, den Seekühen, wird kein gutes Haar gelassen: «Aber von Sirenengesang kann keine Rede sein, die Tiere können nur schnaufen und grunzen.» Derlei Aufklärertum wirkt doch allzu prosaisch. Um ein für allemal den Glauben an die Meeresungeheuer auszutreiben, wurde alles, was es an bildlichen Darstellungen und sonstigen Zeugnissen über unheimliche Bewohner der Weltmeere gibt, ausgestellt, um es dann nach allen Regeln der Wissenschaft zu widerlegen.
Nach dem Rundgang im Museum vielleicht ein kleiner Octopus als Dessert gefällig? Wir haben zwar auf der Speisekarte des «Gastmahl des Meeres» in der Ossenreyer Straße keine Kalamares gefunden, aber auch wir glauben, was schon Fritz Rudolf Fries 1973 schrieb: Die Stralsunder Fischgaststätte ist die beste ihrer Art im Ostseebezirk Rostock. Guten Appetit!

Rügen: Am Anfang war die Kreide

Nach einem Blick auf die Landkarte fragt sich jeder: Wie ist diese so ungemein zerlappte, buchtenreiche Insel mit ihren vielen Landzungen und Vorsprüngen eigentlich entstanden? Nun, als Gott am dritten Schöpfungstag das Land schuf, mußte er ja bekanntlich eine Unmenge Felsen, Sand und Kies hin und her schaufeln, um Land und Meer voneinander zu trennen. Dabei entglitt ihm ein Klacks und plumpste in die Ostsee – die heutige Insel Rügen. So will es die Legende. Unsere Recherche ergab, daß Gott damals noch ein Stück Kreide fallen ließ, das er vermutlich zur Kennzeichnung der Küstenlinie benutzt hatte. Wie die Geologen versichern, muß sich dies vor etwa 75–80 Millionen Jahren zugetragen haben, in göttlichen Maßstäben also erst vor kurzem. Die Kreide entpuppte sich als ein segensreiches Geschenk für die Rügen(s)er, in doppelter Hinsicht: Die im Tagebau bei Saßnitz-Klementelvitz (kein Witz!) gewonnene Kreide dient als Rohstoff für Farbe, Puder, Medikamente, Zahnpasta und dergleichen nützliche Dinge mehr (nicht aber als Schreibkreide!) und ist damit ein gewichtiger Exportartikel Rügens – neben Schilfrohr und Aal, die als Devisenbringer gen Westen geschafft werden. In Gestalt von über hundert Meter hohen, steil zum Meer abfallenden Felsen ist die Kreide mittels der Romantik und ihres malenden Agenten Caspar David Friedrich berühmt und zum Anziehungspunkt der Touristen geworden. Die zu melken hat für die Einheimischen schon fast zweihundert Jahre Tradition. Als C. D. F. Anfang des 19. Jahrhunderts seine Rügen-Bilder «Kreidefelsen», «Mondaufgang am Meer», «Mönch am Meer» malte, war das erste Bad schon eröffnet: Es war ausgerechnet das binnenwärts gelegene, heute bedeutungslose Sagard, denn dort gab es eine Mineralquelle. Das erste Meerbad wurde 1816 Putbus-Lauterbach. Heute tragen Binz, Sellin, Baabe und Göhren die stolze Bezeichnung «Ostsee-Bad» – baden kann mensch allerdings fast überall an der immerhin 570 Kilometer langen Küste Rügens.

Rügen hat etwas Eigenes, Unverwechselbares. Das beginnt schon mit den Ortsnamen: Groß und Klein Kubbelkow (-w wird nicht mitgesprochen!), Poppelvitz und Moisselbritz, Trent und Patzig, Gager und Gustow, Dumsevitz und Tribbevitz, Tribberatz und Zirzevitz, Lobbe, Trips und Swine, ja selbst Schabernack gibt's auf dieser Insel als bewohnte Orte. Daraus wird schon ersichtlich, daß nicht wenige Rügener ihre Herkunft auf den slawischen Stamm der Ranen zurückführen, die nach dem Abzug der wanderlustigen germanischen Ruganer (Rugier) die weitläufige Insel ab dem 4. oder 5. Jahrhundert besiedelten.

Die Heuschrecken kommen

Rügen lockt: Jedes Jahr im Juli und August schiebt sich tagsüber ein unaufhörlicher Urlauberstrom über den Rügendamm, die einzige Verbindung der Insel mit dem Festland. Früher Deutschlands größte Insel geheißen, ist Rügen heute Top-Urlaubsziel der DDR und zugleich Transitland für den Verkehr von und nach Schweden. Jedes Jahr schwappt die Urlauberwelle über, und jedes Jahr bricht auf Rügen der Versorgungsnotstand aus. DDR-Ostseetrubel ins Quadrat erhoben. Jede Gaststätte, jeder Wurstimbiß wird umlagert wie einst die slawische Jaromar-

Burg am Kap Arkona vom Heer des dänischen Königs Waldemar. Auch die gewöhnlichen Lebensmittelläden sind dem Ansturm der Festlandbewohner nicht mehr gewachsen, zum Selbstschutz der in die Minderheit geratenen Einheimischen müssen Schilder aufgestellt werden mit Aufschriften wie «Berufstätige werden bevorzugt bedient». Zwar ist in den über die Gewerkschaft vermittelten Hotel- und Ferienheimplätzen Vollpension im Preis inbegriffen, aber es bleiben noch genügend unorganisierte Urlauber übrig, die Heuschreckenschwärmen gleich über VEB-Rügen herfallen.

Von Stralsund aus, dem Fallreep zu Rügen, fahren wir auf dem Transportband Rügens, der Fernverkehrsstraße 96, nach Saßnitz.

Fährverbindungen: ein Politikum

Saßnitz: Die nördlichste Stadt der DDR ist jedem skandinavienbegeisterten Berliner ein Begriff. Verkehrt doch von dort aus die Eisenbahnfähre zum schwedischen Trelleborg – und zwar immerhin schon seit 1909. Für uns bleibt wie für die meisten DDR-Bürger vor der Pensionsgrenze nur der Blick auf die umfangreichen Gleis- und Kaianlagen. Wenige Kilometer weiter südlich entsteht bei Mukran unter großer Geheimhaltung ein noch größerer Eisenbahnfährhafen. Im Herbst 1986 sollen hier die ersten, ausschließlich für den Güterverkehr bestimmten 190 Meter langen Fähren zum litauischen Klaipeda (früher: Memel) ablegen. Hintersinn des milliardenschweren Bauprojektes: Die direkte Transportverbindung zwischen der Sowjetunion und der DDR schafft Unabhängigkeit vom aus der Sicht der Staatsführungen beider Länder unsicheren Kantonisten Polen; die Pläne für die neue Fährverbindung wurden offensichtlich erst während der Solidarność-Zeit 1980/81 ausgebrütet. Mukran-Klaipeda ist ein direkter wirtschaftlicher Tiefschlag gegen das vom Genossen Militärjuntachef Jaruzelski geführte «sozialistische Bruderland» Polen, dem in Zukunft viele Millionen Devisen durch die Lappen gehen werden (Transitgebühren werden im RGW auf Valutabasis berechnet). Aber schon Lenin hatte prophezeit, daß die Polen nie gute Kommunisten werden würden.

Auf den Spuren von C. D. F.

Wir wollen zum Königsstuhl wandern und prüfen, wieviel Prozente Romantik wir noch finden werden (C. D. F.s Bilder gleich hundert Prozent). Die Steilküste beginnt gleich hinter Saßnitz. Der Weg unten entlang an der Ostsee ist etwas mühselig, hat das Meer hier doch seine Gallen- und Nierensteine ausgespuckt. Wir klettern mehr, als daß wir wandern, den Blick dabei immer nach unten gerichtet, auf der Suche nach Bernstein.

Über dem Wasser fliegen Seeschwalben, auch sie starren nach unten; hin und wieder stürzen sie mit angewinkelten Flügeln und erstaunlicher Geschwindigkeit ins Meer, tauchen selten ohne Fisch im Schnabel wieder auf. Wir bücken uns dagegen immer wieder vergeblich nach dem Gold des Meeres, das sich in den Händen als Kiesel oder rundgeschliffenes Glas erweist. Des Mißerfolgs müde, klettern wir einen schmalen Steig hinauf zum ‹Höhenweg›, der entlang des auf über hundert Meter ansteigenden Steilufers der Stubnitz führt. Ringsum junigrüner Buchenwald, neben und zugleich tief unter uns das vielfarbige, zuweilen türkisgrün schimmernde Meer mit dem schmalen Saum steinigen Ufers: So geht der Wanderweg kilometerweit bis zu den Kreidefelsen, gelegentlich gekreuzt durch schluchtengrabende Bäche.

Aus dem erhofften romantischen Schäferstündchen mit C. D. F. wird nichts, dafür hätten wir bei Sonnenaufgang oder doch wenigstens in den frühen Morgenstunden hier sein müssen, die auch der Maler bevorzugt hat. Für den Trubel und den Bratwurstduft des nahen Imbisses entschädigt der Blick vom Königsstuhl aber allemal.

«Ohne die Aussichtsplätze aufzusuchen, stieg ich den in Serpentinen zum Ufer gleitenden Weg hinab. Wieder übten die Buchen dieser großen offenen Schlucht durch ihren bizarren und grotesken Wuchs, ihre Formanspielungen auf den menschlichen Körper einen unwiderstehlichen Reiz auf mich aus. Nur der Gedanke, daß ich vom Ufer beides, die Kreidefelsen und die Bäume, in den Blick bekäme, hielt mich davon ab, während des ganzen Tages ausschließlich die Einblicke in gestürzte Baumkronen zu zeichnen, die aufgetriebenen Stämme, gesprengten und aufreißenden Rinden, die Schwellungen und Narben und die schweren, fetten Wurzeln, die wie Schlangen über die Böschungen kriechen oder, von Erdrutschen bloßgelegt, wie Bärte über den Abgründen hängen.» So beschreibt der Bildhauer Wieland Förster in «Rügenlandschaft» einen seiner Versuche, in der Landschaft von C. D. F. die Eigenart der Insel in Zeichnungen einzufangen. Im Untertitel heißt das Buch dann auch «Hommage à Caspar David Friedrich».

Landschaftsmaler wie C. D. F., Carl Gustav Carus und viele andere bevorzugten Rügen nicht bloß um einiger herausragender Attraktionen wie der Stubbenkammer wegen. Die Luft scheint klarer, die Farben satter, die Landschaft plastischer zu sein als anderswo, ein Eindruck, der wohl durch die meist gute Fernsicht und die schnell wechselnden, über das Land dahinhuschenden Wolkenformationen hervorgerufen wird.

Kurz vor Skandinavien

Die beiden Leuchttürme von Kap Arkona auf der Halbinsel Wittow sind schon von weitem zu sehen: der quadratische, von Karl Friedrich Schinkel entworfene klassizistische und sein größerer und jüngerer Bruder. Von nahem sind sie nicht zu besichtigen: Die Armee hat das Gelände okkupiert. Betreten und bildliche Darstellung streng verboten.

Einige Tage vor unserem Ausflug hatte von hier, dem nördlichsten Punkt der DDR, aus der polnische Langstreckenschwimmer Boguslaw Lizak einen zweiten vergeblichen Versuch unternommen, schwimmend das 77 Kilometer entfernte schwedische Ufer zu erreichen. Wegen zu starken Seegangs mußte er nach 23 Kilometern aufgeben. DDR-Welt paradox: DDR-Bürger dürfen hier nicht einmal ein paar hundert Meter weit aufs offene Meer hinausschwimmen, wenn sie nicht als Republikflüchtlinge von den Grenztruppen aufgegriffen werden wollen.

Bis zur Eroberung durch die Dänen 1168 befand sich auf Kap Arkona die slawische Jaromarsburg, eine Kultstätte für die ranische Hauptgottheit Svantevit. Ein Teil des Burgwalls ist noch heute zu sehen – das größere Stück ist längst vom Meer abgeknabbert. Über den immer noch ansehnlich hohen Wall pfeift an diesem Tag ein kräftiger Südwestwind, die Wolken ziehen eilig Richtung Schweden, menschliche Stimmen verwehen unhörbar oder prallen auf unbeteiligte, weit entfernte Trommelfelle. Neben dem Wall steht die Ruine eines runden roten Turmes aus Backstein. Der Eingang ist zugemauert, ein kleiner Junge zwängt sich durch eine kleine Fensteröffnung ins Innere – im selben Moment fliegen unvermutet mehr als ein Dutzend Dohlen laut krächzend aus den oberen Etagen des Turms ins Freie: schöne Grüße von Edgar Allan Poe.

Ähnlich wie in der Stubnitz, nur weniger hoch, gibt es auch hier ein Steilufer. An Stelle des Buchenwaldes wächst ein undurchdringliches Sanddorndickicht; um die Vitamin C-reichen Früchte ernten zu können, bräuchten wir spezielle Handschuhe. Selbstgewonnener Sanddornsaft ist ein Rügen- und Hiddensee-Souvenir erster Güte. Wir wandern entlang der Küste bis zum Fischerdorf Vitt. Die wenigen, strohgedeckten Häuser des Dorfes kuscheln sich in einen Einschnitt im Steilufer. Um uns

Jaromarsburg/Kap Arkona

was heißt schon Fahrplan? Arbeiten, solange es Spaß macht – hat Olle Marx nicht so etwas Ähnliches gesagt? Oder hatte er das anders gemeint?

Rügen, ein Idyll?

Weißgetünchte Villen mit Holzveranden und Wintergärten, Alleen aus gestutzten Laubbäumen, ein schloßähnliches Kurhaus, ein breiter, feinkörniger Sandstrand entlang einer elegant geschwungenen Bucht: Das altehrwürdige Ostseebad Binz erinnert uns an die Bucht von Arcachon, an die französische Atlantikküste. Auch die Kurpromenade mit dem Sehen-und-gesehen-werden-Publikum fehlt nicht. Nur vermissen wir die Segelboote und Windsurfer – auch Binz ist Grenzgebiet, wie die gesamte Ostseeküste der DDR. Hier wie überall liegen Tag und Nacht Patrouillenboote vor der Küste, die Fluchtversuche über Wasser zu vereiteln haben. Luftmatratzen dürfen allenfalls in der unmittelbaren Nähe des Strandes benutzt werden, Segeln und Paddeln auf offenen Seegewässern ist gar nicht erlaubt. Und vom nächtlichen Schlafen auf dem Strand ist selbst bei wärmsten Temperaturen abzuraten. Die früher in Rostock veranstaltete Ostsee-Woche – ein DDR-Pendant zur Kieler Woche – ist wahrscheinlich wegen der vielen ‹Regattaflüchtlinge› 1975 abgeblasen worden. (Eine offizielle Begründung dafür gab es nicht!)

Fremde sind die Bewohner von Vitt nicht sonderlich bemüht; Badegäste sind ebensowenig auszumachen wie die sonst allgegenwärtigen Strandkörbe. Es gibt zwar eine kleine Kneipe, «Zum Goldenen Anker», aber in die zwei winzigen, mit allerlei maritimen Utensilien gefüllten Stübchen passen nur drei oder vier Tische hinein: bloß nicht zu viele Gäste und bloß keine Hektik.

«Noch eine Fahrt, und dann ist's genug für heute», sagt der eine Fährmann zum anderen, als wir uns auf dem Rückweg mit der einzigen Autofähre der Insel von der Halbinsel Wittow zum Hauptteil Rügens übersetzen lassen. Laut Fahrplan müßte die Fähre allerdings noch länger als drei Stunden Fahrgäste befördern. Aber

Wenige Tage nach dem Mauerbau haben zwölf Mitglieder der Jungen Gemeinde einen mißglückten Fluchtversuch mit dem Ausflugsdampfer «Seebad Binz» un-

ternommen. Erfolgreicher sind in späteren Jahren einige Rettungsschwimmer gewesen, von denen der Küstensaga nach jedes Jahr mindestens einer samt Familie im Rettungsboot die Küste von Bornholm oder Schweden ansteuert. Allerdings sind Fluchtversuche dieser Art selten geworden. Gleichwohl herrscht bei Nebel immer noch höchste Alarmbereitschaft bei den Grenztruppen.
Einige Kilometer südlich von Binz liegt das kastellartige, recht ansehnliche Jagdschloß Granitz mit einem 38 Meter hohen Aussichtsturm.
Das Jagdschloß ist mit dem Auto nur auf holprigen Kopfsteinpflaster-Straßen zu erreichen, daher bietet sich als Alternative der «Rasende Roland» an. Mit maximal 30 Stundenkilometern zuckelt diese Schmalspurbahn vom Seebad Göhren aus über Binz und Granitz nach Putbus und zurück – zum Gaudi der Rügen-Touristen. 700 000 Fahrgäste jährlich vertrauen sich ihr an.
Bauherr des Jagdschlosses war Fürst Wilhelm Malte I. Auf sein Betreiben hin wurde Anfang des 19. Jahrhunderts auch eine komplette Residenz aus dem Boden gestampft, die Herrschern von europäischem Rang wenigstens den Ausmaßen nach zur Ehre gereicht hätte: die heutige Stadt Putbus. Fürst Malte ließ ein Schloß nebst Park, englischem Garten, Orangerie und Marstall anlegen, dazu einen rechteckigen Marktplatz, ein Theater und einen runden, «Circus» genannten Platz (heute Ernst-Thälmann-Platz). Die meisten Gebäude, so auch die mehrstöckigen, allesamt weißen Häuser rings um den Circus, sind im klassizistischen Stil erbaut. Selbst wer um diese Dinge weiß, reibt sich beim erstmaligen Anblick die Augen: Dieses Putbus steht städtebaulich und architektonisch so einzig, vor allem so unvermutet da in einem Landstrich, der sonst nur Bauernhäuser, Gutshöfe, Fischerkaten und einige Bädervillen und FDGB-Heime bietet. «Stein gewordenes Hirngespinst», nannte Wolfgang Nagel zu Recht den Circus.
Das im Krieg beschädigte Schloß ist 1962 abgerissen worden – was der Rat der Stadt heute bedauert. Alles übrige ist da, wirkt aber teilweise wie in einen Dornröschenschlaf versunken. Der Park mit seinen Teichen und seltenen Bäumen (Zedern, Sumpfzypressen, Eiben, Ginkgos, Goldeschen, Mammutbäumen – insgesamt mehr als sechzig Baumarten) ist herrlich verwildert. Wir haben ihn zu unserem DDR-Lieblingspark erklärt.

Regierung unter Naturschutz

Gegenüber von Lauterbach, dem Hafen von Putbus (1817 als Badeort gegründet – natürlich von Fürst Malte), liegt im Rügischen Bodden die Insel Vilm. «Sehr einsam ist es auf der Insel Vilm. Viel einsamer kann es am Orinoko auch nicht sein», lesen wir im Reiseführer «Erlebtes Rügen», 1955 im Sachsenverlag Dresden erschienen. Womit die Autoren wohl sagen wollten: Was wollt ihr in Brasilien, wo wir in der DDR doch die schöne Insel Vilm haben? Seit jeher hatten die Reiseführer, auch die Maler vom Urwald auf Vilm geschwärmt. Wir können leider nicht in den Chor einfallen. Wir waren nicht dort. Nicht deswegen, weil die Insel Naturschutzgebiet ist. Hatte Herbert Ewe 1966 in seinem Rügen-Buch geschrieben «... errichten noch Seeadler dort ihre Horste», so haben inzwischen ganz andere Vögel ihre Nester auf Vilm. Die höchsten Spitzen der Partei sollen dort ihr Feriendomizil haben, so pfeifen es alle Spatzen von den Dächern. Da die «seltenen Vögel» verständlicherweise ihre Ruhe haben wollen, wird jeder, der sich mit seinem Boot der Insel allzusehr nähert, von dort stationierten Sicherheitspolizisten gekapert. Munkeln die Spatzen.

Igelschnitt für Elefantengras?

Von Putbus nach Garz fahren wir wie in einem gewölbten Tunnel entlang, während ‹draußen› in der Landschaft die abendliche Sonne ein letztes Mal über die Felder flutet. Diese Allee hier ist vielleicht die schönste der unzählig vielen, die fast alle Ortschaften der Insel miteinander verbinden. Kastanien, Ulmen, Eichen, Pappeln... sind hier, meist schon vor langer Zeit, gepflanzt worden. Nun spenden sie an heißen Tagen kühlen Schatten. Meterhoch wogt am Straßenrand und den Feldrainen das, was wir Unkraut zu nennen pflegen: Elefantengras und Kerbelgewächse, auch Klatschmohn und Kornblumen. All das also, was wir an den gutfrisierten, blitzeblanken Bundes- und Landesstraßen nicht mehr finden. Nicht daß es in der DDR am Willen der Ämter zu gleichem Tun fehlen würde, lesen wir doch in der Zeitung Überschriften wie «Wann kommt endlich der Igelschnitt an den Straßengräben?», nur die Organisation, die Menschen... was wissen wir: etwas fehlt, um das ‹Unkraut› in der DDR von vorne bis hinten zu beschneiden. So richtig, denken wir hoffnungsvoll, werden die das hier nie schaffen.

Hiddensee, Insel des Lichts

Wir paddeln durch das klare Wasser des Kubitzer Boddens. Die abendliche Sonne wirft, Wasserschlangen vortäuschend, goldgelbe Strahlen auf den Meeresboden. Weiße Muschelbänke blinken dann und wann von dem sandigen Grund auf. Urtümliche Quallen, die schamlos ihr Innenleben offenbaren, gondeln träge an unserem Boot vorbei. Der Nordwestwind der letzten Tage hat unzählige dieser Meerestiere in die Bucht getrieben; werden sie ans Ufer geworfen, verkommen sie zu gestaltlosen, unansehnlichen Häufchen, aber hier im Wasser sehen sie wie zart bemalte Kristallkugeln aus. Vor dem Bug liegt ein kleines Eiland, die Heuwiese. Auf der baumlosen Insel gedeihen nur wenige Sträucher, die das salzhaltige Brackwasser vertragen. «Anlanden und Betreten verboten», Naturschutzgebiet. Wie zum Beweis fliegt eine Schar schwarzer, gänsegroßer Vögel auf: Kormorane. Nicht mehr lange, und die Sonne geht unter: Dann müssen wir den Gesetzen entsprechend wieder an Land sein, wollen wir nicht als potentielle Republikflüchtlinge gelten. Der letzte Hiddensee-Dampfer ist bereits an uns vorbeigetuckert. Um uns herum Stille, nur manchmal unterbrochen vom Schreien der Möwen, dem Sirren aufgeregter Sandregenpfeifer oder den Rufen ziehender Wildgänse. Motorboote sind nicht zu hören.

Zwei Segelboote und ein Surfer ziehen lautlos an uns vorüber – das ist schon alles, was um diese Zeit noch auf dem Bodden zu sehen ist. Unser Ziel Hiddensee, diese Insel, die «daliegt wie eine Eidechse in der Sonne» (Elisabeth Beecham), wächst langsam vor unseren Augen zusammen: Der Kopf der Eidechse hinten rechts hebt sich schon seit Stunden deutlich aus dem Wasser; vorne links der dunkle Balken ist wohl der Kiefernwald, der auf der Heide wächst; in der Mitte scheinen einzelne Bäume über dem Wasser zu schweben, verlockend wie Palmen auf einem Südseeatoll sieht es von hier aus. Wir halten auf den Saum des Kiefernwaldes zu, zugleich der Anfang des abgezäunten Naturschutzgebietes an der Südspitze der Insel, die flach ist wie die Heuwiese und lange Zeit nur eine Sandbank zu sein schien.

Wir spucken noch einmal in die Hände: Einige tausend Paddelschläge müssen unsere Arme noch hergeben. Die Salzkristalle auf unserer Haut zeigen an, daß wir schon seit dem Morgen mit den Wellen der Ostsee, mehr aber noch mit dem Westwind gerungen haben. Hinter uns liegen, noch gut sichtbar, die Silhouetten der Stralsunder Stadtkirchen. Gestartet sind wir in aller Herrmarxfrühe vom Campingplatz Stahlbrode aus. Das Faltboot haben wir von Ostberliner Freunden geliehen bekommen. Das Dörfchen Niederhof, wo nur wenige Schritte vom Ufer entfernt ein kleiner uralter jüdischer Friedhof im Wald liegt,

Lichtspiele auf Hiddensee

das Steilufer der Prosnitzer Schanze, in dem Uferschwalben nisten und das einen günstigen Lande- und Badeplatz bietet, der Rügendamm und das Eiscafé von Altefähr (unbedingt sehenswert! Hält den DDR-Rekord an Verbotsschildern pro Quadratmeter!) – all das haben wir an diesem Tag schon hinter uns gebracht. Wir spüren es ein wenig im Kreuz und im Magen.

Landung auf Hiddensee: Die Insel macht hier, im Süden, einen unbewohnten Eindruck. In unseren Köpfen spukt James Cook, erschlagen von den Eingeborenen Hawaiis. Wie werden wir empfangen? Auf der Insel gibt es keinen Zeltplatz und für uns auch keine Möglichkeit, ein anderes Dach über dem Kopf zu ergattern. Was wir uns aber erlauben: ein ruhiges Plätzchen irgendwo in der Heide zu suchen, in sicherem Abstand von Neuendorf, der nächst gelegenen Siedlung. Ein bißchen prickelt es schon, denn ob Übernachten unter freiem Himmel hier ein Strafdelikt ist, wissen wir nicht. Wir probieren's einfach aus, rollen unsere Isoliermatten und Schlafsäcke aus, schauen zu den Sternen hinauf, lauschen den nächtlichen Geräuschen, die von weither zu hören sind: ein bißchen Knistern hier, ein Eulenruf dort.

Legendärer Ruf

Hiddensee: 18 Kilometer lange und stellenweise weniger als 500 Meter breite Insel nördlich von Stralsund und westlich von Rügen. Geomorphologische Zusammensetzung: pleistozäne Stauchmoräne im Norden der Insel (der «Dornbusch») mit bis zu 70 Meter hohem Steilufer und flache, niedrige nacheiszeitliche Dünensandablagerungen südlich davon auf einer Länge von 16 Kilometern. Seltene Flora (Sanddorn, Königskerze, Sonnentau, Schwedische Mehlbeere, Knabenkraut, Kuckucklichtnelke, Stranddistel, Meerkohl . . .) und Avifauna (Sprosser, Austernfischer, Säbelschnäbler, Mittelsäger, als Zugvögel auch Kanadagänse und Kraniche). Fünf Naturschutzgebiete. Besiedlung der Insel seit der Steinzeit nachgewiesen. Gründung eines Zisterzienserklosters 1296. Seit dessen Säkularisierung im Jahre 1536 waren die Insel und die Mehrzahl ihrer Bewohner für 300 Jahre Eigentum verschiedener privater Besitzer; der Kaufpreis der Insel stieg dabei von 10 464 Reichstalern (1753) bis auf 60 000 (1836). Bis 1945 im Besitz der Stadt Stralsund, seitdem sozialistische Gemeinde «Insel Hiddensee» mit Hauptort Vitte, etwas mehr als 1 300 Einwohner. Privater Kraftfahrzeugverkehr ist verboten, Pferdefuhrwerke und Fahrräder die Hauptverkehrsmittel. Haupteinnahmequellen der Inselbevölkerung: Tourismus, Fischfang, Landwirtschaft.

Woher aber nun dieser legendäre Ruf? Der Schriftsteller Hanns Cibulka in ‹Sanddornzeit›: «Hiddensee kennt nicht die harte unversöhnliche Despotie der sizilianischen Sonne. Gedankenschnell huscht hier das Licht über den Strand, hauchblau, legt sich milchig getönt auf die Wiesen, gedämpft durch den zarten silbernen Schleier, der Tag für Tag vom Meer her aufsteigt. Unter dieser Sonne treten die Konturen der Dinge zurück, die Bilder ziehen still an dir vorüber, hundertfältig abgeschattet. Es ist ein ruhiges Ineinanderübergehen. In dieser Landschaft ist alles um einige Stufen zarter, durchsichtiger, das Grenzenlose ist dem Menschen näher. In allen Dingen leuchtet hier der Himmel auf, windüberweht.»

Hiddensee: «Söte Länneken» (Süßes Ländchen), «Insel des Lichts und der Geschichten», «Capri der Ostsee» oder schlicht «Perle» (Gerhart Hauptmann) ist sie genannt worden. Jede Anpreisung einer Ware birgt das Risiko der doppelten Enttäuschung in sich. Aber auch wir fanden den Dünensand weißer, das Meer blauer und flauschiger, die Heide heidiger und den Himmel näher als anderswo.

Hiddensee: «Elende Insel», so steht es geschrieben in einem Reiseführer – von 1880. «Elend», damit war das fehlende Kurhaus, die fehlenden Badehäuser, überhaupt der fehlende Komfort der Insel gemeint. Damals gab es nicht einmal eine regelmäßige Dampferverbindung – die meisten Gäste ließen sich vom Fährmann übersetzen –, und das elektrische Licht ließ noch weitere 47 Jahre auf sich warten. Wahrscheinlich nur indirekt gemeint, wiewohl vorhanden: das Elend der Einwohner von Vitte, die jahrhundertelang gleich Webstühlen und Kornsäcken nach Stückzahl verkauft worden waren. Elendig war ihre Existenz auch nach der offiziellen Aufhebung der Leibeigenschaft – wenn es nicht der Grundherr war, dann forderte die Sturmflut ihren Tribut. 1864 brach die Insel in zwei Stücke auseinander, und auch später wurde das Süderland noch mehrmals überströmt. Trotz umfangreicher Küstenschutzmaßnahmen verschlingt das Meer immer wieder ein Stück Dornbusch, wie umgekehrt an den Spitzen von Neu-Bessin und dem Gellen das Land wächst – oft mit dem Mergel und dem Sand vom Dornbusch: Baustelle! Hier arbeitet das Meer! Betreten auf eigene Gefahr!

Nur nicht drängeln

Hiddensee: Das «geistigste aller deutschen Seebäder» war es laut Gerhart Hauptmann, der hier regelmäßig seit 1885 Urlaub machte und sich schließlich das «Haus Seedorn» kaufte, heute Gedenkstätte und Literaturmuseum. Tatsächlich genoß so mancher prominente Künstler und Wissenschaftler die Stille der abgeschiedenen Insel, darunter Sigmund Freud, Albert Einstein, Carl Zuckmayer, Käthe Kollwitz, Joachim Ringelnatz, Max Reinhardt und auch Thomas Mann, der seinen Gastgeber Hauptmann zu dessen Mißvergnügen im «Zauberberg» als eitlen «Mynheer Peeperkorn» verballhornte.
Eine Künstlerkolonie wie in Worpswede oder Ahrenshoop entstand allerdings nicht, dazu war es während des langen Winters denn doch zu garstig und abgelegen auf der «Perle».
Hiddensee: Die Tage, wo die Insel noch ein Geheimtip war, sind lange gezählt; vielmehr ist es in bestimmten Kreisen der DDR ein Gesellschaftssport geworden, ja einfach ein Muß, dort wenigstens mal als Tellerwäscher gearbeitet zu haben oder, wenn schon keine eigene Datsche dort zu besitzen, dann wenigstens jemanden zu ken-

nen, der jemanden kennt, der vielleicht ... für eine Nacht ... Aber von den geringen Übernachtungsmöglichkeiten – nicht jedem behagt ein Plätzchen unter freiem Himmel – sprachen wir schon. Das zunächst vorrangige Problem stellt sich aber bereits mit der Frage des Hinkommens. Für gewöhnliche Sterbliche gibt es nur zwei Möglichkeiten: die Hiddenseedampfer der Weißen Flotte von Stralsund und die Schubfähre von Schaprode auf Rügen. An Wochenenden und sonnigen Tagen im Sommer sind die Karten für die Dampfer gewöhnlich bereits am Vortage vergriffen; Leute mit fahrbarem Untersatz können die Alternative Schaprode nutzen, dort geht es hübsch der Reihe nach – aber das wissen andere auch. Hiddensee: «Nachts träumen wir davon, wir hätten die Insel gekauft, sagen wir: für ein Jahr, und am Hafen von Stralsund lassen wir ein Schild anbringen: Absolutes Besucherverbot für Hiddensee in diesem Jahr! Aber, leider, hat jeder zweite, der ein paar Tage auf der Insel gelebt hat, diesen oder einen ähnlichen Traum» (aus «Seestücke» von Fritz Rudolf Fries).

Greifswald, Vor-Pommern

Der Trabbifahrer, der uns und unsere Rucksäcke in Stralsund aufgelesen hat, schiebt die Unterlippe nach vorn: «Hmm, also das Greifswalder Nachtleben ... wenn ihr Glück habt, ist eine Veranstaltung in der Uni-Mensa, wenn was los ist, dann dort. Was die Studenten sonst machen? Tja, die sitzen an einem warmen Sommerabend wie heute auf den Balkons in ihren Studentenwohnheimen und grillen Würstchen.»
Die Mensa ist geschlossen, die Plakate kündigen Veranstaltungen der Vergangenheit und der fernen Zukunft an. Nun heißt es, auf eigene Faust das Gelände zu erkundigen, um die Gretchenfrage zu beantworten: Was treiben die knapp viertausend Greifswalder Studenten in der Abendstunde? Eine Litfaßsäule läßt Hoffnung aufkeimen. Der «Tonnenbund zu Gristow», lesen wir, lädt ein zum historischen Tonnenschlagen zu Pferde ... Ja wo sind wir denn hier hingeraten? Tonnenschlagen zu Pferde? Vielleicht eine Art vorpommersches Polo? Und wer schlägt hier wie auf welche Tonnen?

Neben dem Trend

Was nun? Wir probieren die Adresse aus, die uns der Fahrer gegeben hat. Seine Bekannte erweist sich als freundliche Theologiestudentin: Die Übernachtung ist geritzt. Nur was das Greifswalder Nachtleben anbelangt, erweist sich Miriam, unsere Gastgeberin, als ahnungslos. Wenn in der Mensa nichts ist – also, ich weiß nur von einer Grillfete im Studentenwohnheim, sagt Miriam.
Zur Abendvorstellung im Kino ist es zu spät, also schreiben wir für heute die Kultur ab und bummeln einfach so durch die Altstadt. Vieles sieht hier noch so aus, wie es der 1774 in Greifswald geborene Caspar David Friedrich Ende des 18./Anfang des 19. Jahrhunderts gemalt und gezeichnet hat. (Einige seiner Werke sind im Stadtmuseum zu besichtigen.) Die Straßen sind die Ruhe selbst, nur einige wenige Abendschwärmer

Zeitreise in Vorpommern

sind zu sehen. Kraftfahrzeuge aller Art sind verbannt oder haben heute keinen Antrieb zur Fortbewegung. Dann und wann ein gemächlich in die Pedalen tretender Radfahrer oder ein Pärchen, das sich in den Schaufenstern der Fußgängerzone spiegelt: Das ist schon alles, obgleich die Altstadt durchaus noch eine Wohnstadt ist. An der Straße der Freundschaft, die sich wie ein Spulwurm quer durch die ganze Altstadt zieht, finden sich seltsame Annoncen: Die «erste Berliner Dampfbäckerei» preist sich und ihre Backwaren an, und am anderen Ende macht eine «Disko-Boutique» namens «Trend» auf sich aufmerksam. Disko-Boutique ... Dampfbäckerei, erste Berliner ... Tonnenschlagen zu Pferde ... Uns kommt es langsam spanisch vor, vorpommersch-spanisch.

Die «Disko-Boutique» ist geöffnet. Statt des erwarteten Türstehers und phonstarker Musikberieselung gähnt uns ein großer leerer Saal an, mit Tanzfläche, Schummerlicht und vielen Tischen und Stühlen – Gäste sind nicht zu sehen. Nur an der Bar steht jemand, der offensichtlich den «Trend»-Keeper mimt. Unser Stirnrunzeln beantwortet er mit der Erklärung, daß das «Trend» zwar geöffnet habe, doch nur als Bar. Der Musikbetrieb sei bis auf weiteres aus Lärm- und Hygienegründen untersagt. Einige der Anwohner hätten sich beim Rat der Stadt beschwert.

Und was gibt's noch so an Möglichkeiten, sich abends in dieser Stadt zu amüsieren, fragen wir den Trend-Keeper rundheraus. Eigentlich nur die «Maritim-Bar» ein paar Häuser weiter, aber ob ihr da mit euren Jeans... Wir wissen Bescheid, entgegnen wir müde lächelnd.

Hanse und Uni, Kirchen und Krupp

Hafen und Universität: Das waren über Jahrhunderte die prägenden Kräfte der Stadt (seit 1250) Greifswald, die von den Mönchen des Zisterzienserklosters Eldena gegründet worden war. In beiderlei Hinsicht konnte die Stadt allerdings nie mit Rostock mithalten. Heute ist sie mehr denn je auf die Hochschule ausgerichtet, während der Hafen kaum noch eine Rolle spielt. Den Anschluß an die moderne Seeschiffahrt verpaßte die einstige Hansestadt, die einige Kilometer binnenwärts liegt. Der Ryck, ein kleines Flüßchen, das die Verbindung zur Ostsee herstellt, konnte wohl noch den hanseatischen Koggen Einlaß gewähren – heute taugt der alte Hafen gerade noch für Binnenschiffe, kleinere Fischereiboote und Segelyachten.

Wie Hafen und Stadt machte auch die 1456 als zweite (nach Rostock) des Ostseeraums gegründete Universität allerlei Durststrecken durch. Der wissenschaftliche Ruhm der Greifswalder Alma mater nimmt sich wenig imposant aus, bekannte Namen sind rar in ihren Annalen. Ernst Moritz Arndt lehrte hier Anfang des 19. Jahrhunderts als Professor für Geschichte, nach ihm benannten die Nazis 1933 die Universität. Arndt hatte während der napoleonischen Besatzungszeit emphatische deutsch-nationale Gedichte und Schriften geschrieben. Die Nazis gingen, der Name blieb: Auch die Kommunisten verstanden es, Arndt für sich zu vereinnahmen, nunmehr wegen seiner volksverbundenen, (anfänglich) sozialkritischen Haltung. (Maßgeblich durch seine Schriften war 1806 die Leibeigenschaft in dem damals schwedischen Pommern abgeschafft worden.)

Das Hauptgebäude der Uni in der Domstraße schaut weniger nach Hochschule denn nach altsprachlichem Gymnasium aus, wozu auch die Benennung «Aula» für den barocken Festsaal paßt. Just jene «Aula» übrigens, der Hermann Kant mit seinem Erfolgsroman gleichen Titels ein literarisches Denkmal setzte – Kant hat wie sein Buchheld Robert Iswall an der von 1949 bis 1962 bestehenden «Arbeiter-und-Bauern-Fakultät» (ABF) in Greifswald studiert. Die Seminarräume und Flure der theologischen Fakultät lassen eher an die ‹Feuerzangenbowle› denken als an eine Ausbildungseinrichtung unserer Tage, und im zweiten Stock des «Auditoriengebäudes» gibt's sogar noch einen bis 1913 benutzten Karzer inklusive Originalinschriften.

Veraltet und schon längst aus den Nähten geplatzt ist die Universitätsbibliothek, die über eine besonders umfangreiche und wertvolle Sammlung alter theologischer Handschriften und Inkunabeln verfügt. Eine US-amerikanische Privatuniversität soll den Greifs-

waldern das Angebot unterbreitet
haben, ihnen im Tausch gegen die
wertvollen Bibliotheksbestände ein
neues Gebäude zu schenken. Ein
zeitgemäßer Handel – aber noch
ist er nicht zustande gekommen.
Geklappt hat dagegen ein anderes
Zusammenspiel zwischen Staat
und Kirche. Die Genossen Honecker und Mittag vom Politbüro
gaben die Vorlage – und Bischof
Gienke sahnte ab: So könnte die
Überschrift zum Beitz-Deal lauten.
Berthold Beitz, Aufsichtsratsvorsitzender der Friedrich Krupp-
AG und gebürtiger Greifswalder,
wurde auf Anregung der genannten Herren die (medizinische) Ehrendoktorwürde der Universität
Greifswald verliehen. Beitz revanchierte sich dadurch, daß er die
Heizung für die renovierte Greifswalder Domkirche St. Nikolai
spendierte – ein rundes Sümmchen
von 300 000 DM. (Beitz war in dieser Kirche konfirmiert worden.)
Während Kichenbaurat Gunther
Kirmes angestrengt nachdenkt,
wo die fehlende halbe Million
Mark für die Renovierungskosten
der Bischofskirche aufgetrieben
werden könnten, hat Miriam Sorgen ganz anderer Art. Sie erzählt
von dem Gewissenskonflikt, in
dem sie sich wie viele andere
christlich engagierte Eltern befindet: Soll ihre Tochter bei den Jungen Pionieren mitmachen oder
nicht? Neunundneunzig von hundert Kindern sind Mitglieder der
Pionierorganisation «Ernst Thälmann», aber die 10 Gebote der
Jungpioniere scheinen ihr mit den
Grundsätzen christlicher Erziehung nicht vereinbar. Einmal einer
solchen Organisation beigetreten,
wird es später immer schwieriger,
einen Austritt zu begründen. Als

Ziehbrücke bei Greifswald

zukünfige Pfarrerin müßte Miriam
schon deshalb mit gutem Beispiel
vorangehen, um andere Christen
nicht im Regen stehen zu lassen,
andererseits ist ihr Kind ganz
schnell von den anderen Kindern
isoliert und möglicherweise auf
ein völliges Außenseiterleben programmiert, noch ehe es überhaupt
mündig ist: ein Dilemma, das
keine einfache Lösung kennt.

Ein bißchen Polen: Usedom

Von Greifswald aus führen zwei
Wege nach Usedom: Die schnellere
Verbindung ist die über die Fernstraßen 109/111, die attraktivere
die Landstraße über Eldena
(direkt an der Straße die Klosterruine) und Kemnitz. Beide Wege
führen über die Hafenstadt Wolgast am Peenestrom, erkenntlich

an der klobigen Pfarrkirche St. Petri. Von Wolgast führt eine Brücke hinüber nach Usedom.
Usedom: Das ist ein halbes Rügen minus Kreidefelsen und Romantik. Behaupten manche. Ähnlichkeiten zwischen den beiden Inseln gibt es tatsächlich einige: Steilufer und weite Sandstrände hier wie dort, was Stralsund für Rügen, ist Wolgast für Usedom, was die flachen Bodden dort, sind das Achterwasser und das Haff mit ihren gewundenen Ufern hier. Hatten sich auf Rügens abgelegener Halbinsel Mönchgut bis in unser Jahrhundert Trachten und altes Brauchtum erhalten, so hier im Lieper Winkel, der erst in den letzten Jahrzehnten befahrbare Wege erhielt. Ist eine andere Halbinsel Rügens, der Bug, von Militär okkupiert, so hier Peenemünde – jenes Peenemünde, in dem Wernher von Braun & Co. die V 1- und V 2-Raketen, der Nazis letzte Hoffnung, entwickelten, wenn mensch so will: den Grundstein legten für «Star Wars».
Usedom liegt, genaugenommen, in einem Flußdelta. Zwei Mündungsarme der Oder – der Peenestrom und die Swine (Swina) – begrenzen die Insel im Osten und Westen. Der östliche Zipfel der Insel mit dem früheren Hauptort Swinemünde (Swinoujście) gehört seit 1945 zu Polen. Mit nennenswerten historischen Ereignissen kann Usedom ebensowenig dienen wie mit kunsthistorischen Schätzen. Die Inselbewohner haben sich seit jeher von der Fischerei ernährt, und seit der Eröffnung des ersten Seebades Heringsdorf 1825 ausschließlicher als Rügen vom Tourismus. Heringsdorf (das – als es noch in der Mitte der deutschen Ostseeküste lag – als eines der mondänsten Bäder galt) ist mittlerweile mit den Nachbarorten Ahlbeck und Bansin zum größten Urlauberballungsgebiet der DDR zusammengewachsen.
Wer vom Badetrubel genug hat, kann sich auch auf Usedom in stille Örtchen zurückziehen, die hier am Südufer des Achterwassers und Oderhaffs liegen und zu einem Teil noch Fischerdörfchen sind. Mit der Fischerei am Haff ist es allerdings inzwischen Essig: Selbst der Reiseführer «Usedom» vom Hinstorff-Verlag – sonst um keine Beschönigung verlegen – nennt die Gewässerverschmutzung als Ursache für den Fischrückgang.
Unser Tip: An einem warmen, sonnenbeschienenen Sommertag frühmorgens mit den Störchen und Fischreihern aufstehen, dann, wenn alle Urlauber noch schlafen, in das verschlafene Städtchen Usedom auf Usedom fahren, beim Bäcker frische Brötchen kaufen und ein Galafrühstück an dem sicherlich menschenleeren Hafen einnehmen: das bringt's!
Dort, in Usedom auf Usedom, beenden wir unsere Ostseetour. Über die Landschaft zwischen Oderhaff und Oderbruch schreiben wir nichts, ist dies doch der töteste Winkel der Republik, wenn die Bevölkerungsdichte dafür einen Maßstab hergibt. Das ‹Straßennetz› besteht in hohem Maße aus ungepflasterten Sandwegen. Lohn der Angst um Federbeine und Fahrradsättel: eine von Menschenhand wenig veränderte seenreiche Naturlandschaft, wie sie in Mitteleuropa sonst nur noch in Polen zu finden ist.

FRÖSCHE UND JUNKER – MECKLENBURGISCHE SEENPLATTE

«Diese Landschaft ist ein Freilichtmuseum.»
F. R. Fries

Mecklenburg: Wir sehen vor unserem geistigen Auge: Seen, Seen und nochmals Seen; dazwischen wellt sich sanft das einst von den Eiszeiten geformte Land; Kastanien- und Lindenalleen, oft schon aus Napoleons Zeiten, klettern hügelauf oder streben in die Mulden, denn Täler wäre zuviel gesagt. Wir sehen Felder ohne Anfang und Ende, auf denen die Trecker (hochdeutsch: Traktoren) Spielzeugen gleichen und die Unkraut jätenden oder Kartoffeln erntenden Menschen Sisyphussen; immer wieder dazwischen, als Halt für das Auge, die Sölle: mit Wasser gefüllte eiszeitliche Strudellöcher, umsäumt von Pappeln, Erlen und Kopfweiden; wir sehen Kühe vor sich hinmampfen und hören alle naslang Frösche quaken, so lange, bis der Klapperstorch kommt und sie nichts mehr zu quaken haben...

Mecklenburg (sprich: Meeklenburg): ein Land, das es seit der Verwaltungsreform 1952 nicht mehr gibt, dessen Gestalt und Grenzen also historische sind; die drei Nordbezirke der DDR, Schwerin, Rostock und Neubran-

Mecklenburgisches Wappen

denburg, haben sich das Erbe geteilt. Jahrhundertelang war diese «Mehlsupp von Land un Water» (so nannte der niederdeutsche Dichter Fritz Reuter seine Heimat) das Land einer Bande von Wirtschaftskriminellen namens «ostelbische Junker», Großgrundbesitzer, denen noch bis 1945 über die Hälfte des fruchtbaren mecklenburgischen Grund und Bodens gehörte. Sie besaßen die wirkliche Macht im Kleinstaat Mecklenburg, auch wenn formal die (Groß-)Herzöge von Schwerin und Strelitz bis 1918 das Zepter in ihren Händen hielten. Der Grund-und-Boden-Adel, Ritterschaft genannt, interessierte sich nicht für die Entwicklung der Städte und des Bürgertums. Bis ins 20. Jahrhundert hinein blieb Mecklenburg ohne nennenswerte Industrie, im sprichwörtlich rückständiges, ausschließlich agrarisch orientiertes Land, halt «die Kornkammer und der Gemüseladen des Deutschen Reiches».
Erst 1819/21 wurde in Mecklenburg die Leibeigenschaft aufgehoben, aber auch danach blieben die Tagelöhner, Einlieger, Schnitter, Knechte und Mägde in der Abhängigkeit der Gutsherren. «Die Tagelöhner sind Sklaven ... sind keine Menschen, weil man sie prügeln kann, ohne daß etwas danach kommt», empörte sich Fritz Reuter.
Aus den einstigen Gutshöfen wurden nach dem Krieg Stammsitze der Landwirtschaftlichen Produktionsgenossenschaften, bekannter unter dem Kürzel «Elpege». Auch sonst hat die Moderne Einzug gehalten in «Meckelnborg»; zumindest werden die touristischen DDR-Broschüren nicht müde, das zu behaupten, und zählen jede Neubausiedlung, jede Futtermittelfabrik auf, um von den Fortschritten des Sozialismus zu künden. Der Fortschritt hält sich in Grenzen – glücklicherweise, sagen die naturverbundenen Touristen. Noch immer wirkt Mecklenburg, stärker noch als andere Teile der DDR (Vorpommern ausgenommen), als *die* Zeitmaschine für uns westliche Besucher. Wenn der Weltuntergang heranziehe, wolle er nach Mecklenburg flüchten, hatte Bismarck angekündigt, denn dort fände bekanntlich alles hundert Jahre später statt. Ein Wort, das wir gerne glauben wollen.
Ruhiger, beschaulicher als andernorts geht es hier allemal zu; die Verwandtschaft der Einheimischen mit Holsteinern und Niedersachsen ist unverkennbar, hier snackt mensch Platt, zumindestens untereinander und wenn's um Gemütsfragen geht. Das Plattdeutsche hat die Eigenschaft, alles Scharfe abzurunden, Ironie zu den Dingen zu entwickeln, jedes Pathos in Lächerlichkeit zu verwandeln. Fritz Reuter, der Mundartdichter aus dem 19. Jahrhundert, ist noch immer populär in diesem Landstrich, und so wird auch sonst gerne am Alten festgehalten. «Allens bliwwt bi'n Ollen» lautete nicht zufällig Reuters Resümee mecklenburgischer Geschichte. Bei allem Neuen heißt es skeptisch: Wenn dat man gaud geht!

Schwerin: Hauptstadt, mecklenburgische

«Schwerin ist, tja, vornehm. Ein mecklenburgisches Dresden.»
Alfred Kerr

Manche Städte werden auf sieben Hügeln erbaut, diese hier wuchs zwischen zehn Seen und allerlei Sumpf auf. Dafür nennt sie sich älteste Stadt der DDR östlich der Elbe. 1160 hat Heinrich der Löwe die Stadt gegründet, kaum daß seine Truppen Fürst Niklot vom slawischen Stamme der Obotriten von dessen Stammburg Zuarin vertrieben hatten.

«Ja, also Schwerin. Schwerin liegt in Mecklenburg, oben in der Nähe der Ostsee, und es war früher eine kleine stille Residenz, früher, als der Großherzog von Mecklenburg dort noch im Schloß regierte. Ach, das war eine schöne Zeit! Der Großherzog fuhr aus und rollte in leichtem Wagen durch die Stadt: er fuhr zwischen großherzoglichen Hoflieferantenschildern und grüßenden Hoflieferantentöchtern schnell dahin, um die Stadt lag das flache Land unbeschreiblich idyllisch, fett und auf das ungerechtigste verwaltet da – aber die liebe Sonne beschien das alles, und jedermann hatte seine Freude daran. Der deutsche Revolutionsersatz machte den Großherzog nun auch äußerlich zu dem, was er immer war: zu einem reichen Gutsbesitzer; aus dem Schloß ist ein Museum geworden, und Schwerin ist still, leer und verlassen. Kaum einen Wagen sieht man durch die Stadt fahren, keine Wache ruft mehr ‹Heraus!!› – keine Polizisten hüten das Schloß – aus. Vorbei» (Kurt Tucholsky).

Von wegen still und verlassen. Auf dem ‹Boulevard›, der nach dem Zweiten Weltkrieg viele Jahre «Straße der Nationalen Einheit» hieß (heute Hermann-Matern-

Schloß in Schwerin

Straße), trappelt es nicht wenig. In 62 Jahren ändert sich eben so allerhand. 1985, Schwerin feiert sein 825jähriges Bestehen, sieht das «mecklenburgische Dresden» als Großstadt mit über 125 000 Einwohnern, Hauptstadt zudem eines Bezirks der DDR. Schwerin hat nun Autobahnanschluß nach Berlin, ist also nur wenige Stunden vom Pulsschlag der Zeit entfernt. Wir kommen mit der Deutschen Reichsbahn.
Der Bahnhofsvorplatz ist nach der Lehrerin Marianne Grunthal benannt, die am 2. Mai 1945 zu laut ihre Freude über den Tod Hitlers äußerte und daraufhin von fanatischen SS-Männern hier an einem Leitungsmast der Straßenbahn erhängt wurde.
Vom Grunthalplatz sind es nur wenige Schritt hinunter bis zum Pfaffenteich, Schwerins ‹Binnenalster›. Rechter Hand liegt die Altstadt mit dem alles überragenden gotischen Dom, dessen (neugotischer) Turm eine Höhe von 117 Metern aufweist, eine gute Orientierungsmarke für Schwerin und Umgebung.
Dieser Stadt fehlen die Proportionen, auf eine schon wieder sympathische Weise. So krähwinklig-eng die Altstadt mit so bezeichnenden Gassennamen wie «Erste Enge Straße» und «Zweite Enge Straße» anmutet, so großzügig-pompös treten einem mit einem Schlag die neoklassizistischen Fassaden in der Schloßstraße entgegen, die nach wer weiß was aussehen. Ähnlich überdimensioniert ist der Alte Garten genannte Platz, in den die Schloßstraße einmündet: Ein klassizistischer Museumsbau mit breiter Freitreppe und ein dem Prager Nationaltheater nachgebauter monumentaler Musentempel sind die Hauptgebäude des weitläufigen Platzes, auf dem natürlich auch eine Siegessäule (für den deutsch-französischen Krieg 1871) nicht fehlen darf.

Operetten-Kulissen

Inbegriff von Kultur, mehr noch als anderswo, ist in Schwerin das Theater. In den letzten Jahren wurden dort unter der Leitung seines Intendanten Christoph Schroth aufwendige Faust- und Sophokles-Inszenierungen auf die Bühne gebracht, die selbst westdeutsche Kritiker in die mecklenburgische Stadt lockten und mittlerweile dem Ensemble Gastspiele in Paris, Wien und Griechenland eingetragen haben. Kenner vor Ort meinen allerdings, daß mittlerweile die Luft raus sei, und empfehlen statt dessen, das Programm des TiK – Theater im Kulturbund – zu studieren; dort wird hin und wieder ein dramaturgisch aktuelles Stück aufgeführt.
Eine Ia Operettenkulisse bietet ohne Zweifel das Schloß, gegenüber vom Alten Garten auf einer kleinen Insel des Schweriner Sees gelegen. Mit seinen unzähligen Türmen und Türmchen ist die einstige Residenz der (Groß-)Herzöge von Mecklenburg ein Märchenschloß, wie es im Buche steht. Seit dem 18. Jahrhundert spukt denn dort auch ein Schloßgeist namens Petermännchen (oder Petermänken) herum; von gnomhafter Gestalt, mit langem Bart, breitkrempigem, spitz zulaufendem Hut und hohen Stiefeln wandelt dieses Petermännchen durchs Schloß, immer zu einem Schabernack bereit. Zuletzt wurde sein Erscheinen

Mächtig was zum Feiern

1930 von einem Polizisten bezeugt. Mit seiner Reinkarnation wird seitens der Schloßverwaltung täglich gerechnet.
Wir erwähnen dies nur, um die Inflation von Petermännchen in der Stadt zu erklären: D-Zug Petermännchen, Petermännchen-Minibus der «schwerin-information», Petermänken-Verlag, Petermännchen-Poster, Petermännchen-Broschüren . . .
Wissenschaftliche Abhandlungen sowie Erzählungen und Theaterstücke über den Schweriner Schloßgeist fehlen ebensowenig wie eine Sammlung von über 600 Volkssagen und Redensarten, zusammengetragen von Richard Wossidlo, dem legendären Heimatforscher Mecklenburgs. Für alle, die mit kleinen Kindern nach Schwerin fahren, sei es verraten: Das Petermännchen wohnt in der Grotte des Burggartens. Wir haben diese Information aus erster Hand. Ja, also Schwerin, die operettenhafte Märchenstadt. Die Jubiläumsfeier im Juni 1985 hat der Stadt so manche frisch gestrichene Fassade beschert, besonders in den Straßen, in denen sich der Festumzug von Fürst Niklot bis «Vorwärts zum XI. Parteitag!» entlangbewegte. «825-Jahr-Feier – 825 Minuten für meine Stadt» war in den Wochen zuvor überall in Schwerin zu lesen. Das kostete so manchem braven Bürger wieder eine feierliche Selbstverpflichtung und ein oder zwei Subbotniks extra; die benachbarten Teterower, die eine Wochen später zur 750-Jahr-Feier ihrer Stadt schritten, hatten es da schon besser: Sie waren aufgefordert, 750 Minuten ranzuklotzen, zum Wohle der Werktätigen – also um ihretwillen.
Im Schlußspurt vor dem Fest wurden im Eifer des Gefechts die Fenster gleich mit angestrichen, oder doch wenigstens über und über mit Farbe bekleckert. Über die Qualität machten sich die Bewohner keine Illusionen: «Hält von 11 Uhr bis Mittag», kommentierten sie – aber dann hielt die Farbe doch das ganze Festwochenende über.

Schweriner Kiez

Weitgehend verschont von der allgemeinen Verschönerungskur blieb der Teil Schwerins, den wir besonders schätzen: die Schelfstadt. Früher die Neustadt genannt, wohnten in diesem Viertel immer die kleinen Leute, die Handwerker und niederen Hofchargen. Mittelpunkt ist die Schelfkirche (Nikolaikirche) aus der Barockzeit; ringsum auf dem Kirchplatz stehen schöne alte Linden, und auch aus dem angrenzenden Schelfmarkt könnte etwas gemacht werden. Bescheiden, ja hutzelig wirken die alten Häuser in der Münz-, Fischer-, Pfaffen- und Apothekerstraße und am Ziegenmarkt. Die Bewohner führen einen unentwegten Kampf mit dem Verfall.

In der Münzstraße gibt es auch das, was die Berliner eine Kiezkneipe nennen: «Zur Münze» heißt sie. Der Schankraum ist klein und niedrig, die Luft stickig, und die Trinker kommen von um die Ecke. Der Wirt stellt zu dem eben geleerten Bierglas gleich ein neues, ungefragt, und die Stammkunden brauchen den Mund nur noch zum Schlucken aufzumachen. Der Tourist, gar der westliche, ist beim Eintreten schon als Fremder erkannt. «Du bist doch der, der hier eben mit der Kamera durch die Straßen gegangen ist», sagt der Tischnachbar.

Viele von diesen Kiezkneipen gibt es nicht mehr. 111 Kneipen soll es zu Anfang des Jahrhunderts in Schwerin gegeben haben (eine auf 400 Einwohner). Preiswerte Pinten, Treffpunkte des Volkes, womöglich noch privat betrieben, werden offenbar seitens der Behörden nicht sonderlich geschätzt. Typisch – nicht nur für Schwerin – ist das Schicksal des «Café Prag» in der Schloßstraße: Vor Jahren ein beliebter Treff der Schweriner Nonkonformisten, wurde das einst preiswerte Lokal wegen «Reko» (Rekonstruktion) geschlossen und als piekfeines Café der gehobenen Preisklasse wiedereröffnet. Die alten Stammkunden sind vergrault, der Treff dahin.

Schweriner Szene

«Gibt es denn überhaupt eine Schweriner ‹Szene›, die sich treffen könnte?» wollen wir von Gerhard wissen, dessen Adresse wir von Berliner Freunden bekommen haben. «Also der typische Schweriner ‹Unangepaßte›», hebt er mit spöttischem Lächeln an: «Da gibt es den Typus des Avantgardisten: Jeder von ihnen ist auf seine Weise künstlerisch tätig, manche schreiben dadaistische oder expressionistische Gedichte, die sie allerdings nur guten Freunden zeigen oder vorlesen; die einzig ernstzunehmende Literatur für sie sind James Joyce, Arno Schmidt oder Hans Henny Jahnn; wer malt, orientiert sich an den Neuen Wilden, wer fotografiert, ebenfalls; nächtelang und heftig wird über die Filme von Godard, Pasolini und Wenders diskutiert – die im Kino hier noch niemand gesehen hat, muß man dazusagen. Mode und Haarschnitt sind so, wie nach Aussagen der Ostberliner Freunde die Westberliner Kreuzbergianer aussehen sollen. Öffentliche Aktionen und jede Form politischen Engagements lehnen sie kategorisch ab, weil sie kompromißlerisch oder

Aussteigerkate am See ━━━━━━━━━━━━━━━━━

fruchtlos oder beides seien. Außerdem verderbe Politik, auch die beste, den Charakter. Einer von ihnen – über die Jahre hinweg haben wir uns ja alle kennengelernt – hat sich allerdings mal für ein Happening bei einem Freund in eine sowjetische Flagge eingehüllt und ist damit durch die Straßen gelaufen – was ihm dann ein mehrstündiges Verhör eingebracht hat. Eine solche Verbundenheit mit dem großen Bruder, spontan und freiwillig in der Öffentlichkeit bekundet, war für die Jungs von der Sicherheit wohl unfaßbar.

Einige Jüngere von den Avantgardisten schmieden ab und zu Pläne für eine ‹Untergrund›-Zeitschrift, wie sie es nennen. Inhalte? Ein geplantes Thema für die Erstausgabe war zum Beispiel: Die Homosexualität in den Opern von Richard Wagner. Das Ende vom Lied ist zumeist, daß entweder die Stasi oder die Kirchenleitung oder beide denen das Projekt wieder ausreden.

Eine zweite Gruppe ist die ‹Bauernhaus›-Fraktion. Das sind überwiegend frühere Aktivisten, die bei der Kirche oder in Friedens- und Umweltgruppen mitgearbeitet haben. Die sitzen nun irgendwo in einer Kate am See, die sie gepachtet oder gekauft haben, züchten Schafe oder Bienen und haben dem weltlichen Treiben ansonsten Lebwohl gesagt.

Und hin und wieder gibt es Einzelne, die machen und schaffen und organisieren – so wie jetzt die Ausstellung in der Schelfkirche ‹Bilder gegen den Krieg›. Das machen die so etwa ein Jahr, dann ziehen sie wieder weg, aufs Land oder nach Berlin.»

Schweriner Seen

Schwerin, die wohlanständige, geruhsame Stadt, liegt an zehn Seen: Schweriner See, Ziegelsee, Lankower See, Ostorfer See, Fauler See, Pinnower See, Heidensee, Medeweger See, Grimke See, Neumühler See. Sagen wir es deutlich: Die Seen sind das Schönste an Schwerin. Bis zum Autobahnbau nannten wir den Pinnower das Kronjuwel, nun tendieren wir doch zum größten, dem Schweriner See mit seinen über 63 Quadratkilometern Fläche. Schon wegen seiner vielen Buchten und Inseln. Kaninchenwerder zum Beispiel, schon seit 1923 Naturschutzgebiet und im Sommer täglich von Ausflugsdampfern angefahren. Oder Lieps im Norden des Sees, eine Insel, die allerdings nur mit größerer Eigeninitiative erreichbar ist. Wer kann, sollte hier sein Boot oder Surfbrett zu Wasser lassen, oder wenigstens Ruder- oder Paddelboote mieten. Wer will, Zeit hat und das entsprechende Boot, kann von Schwerin aus über Kanäle, Flüsse und Seen bis zur Elbe oder auch zur Havel gelangen.

Exkurs: Trampen in Mecklenburg

Wir hatten vorher zwei Versuche unternommen, probeweise, und sie endeten beide gleich: Nach gut einer Stunde hielt der Überlandbus, in den wir dann sicherheitshalber einstiegen – gegen alle Tramperehre.

Und nun wollten wir es in Mecklenburg versuchen, ausgerechnet hier. Erfahrene DDR-Tramper hatten uns vor den Eigenheiten einheimischer Fahrer gewarnt: Weil die Meckelnborger büschen langsamer reagieren als Berliner und Sachsen, wäre die Voraussetzung für einen Erfolg mindestens ein Kilometer freie Sicht und gute Lichtverhältnisse, weil sonst Reaktionszeit plus Bremsweg zu lang seien.

Ab Schwerin haben wir also das Schicksal versucht, allerdings nicht per Daumen. Denn der lässig erhobene gespreizte Daumen, den wir uns alle aus «Easy Rider» abgeschaut haben, ist jenseits der Elbe verpönt. Westliche und östliche Hemisphäre sind in der Tramperkultur deutlich voneinander geschieden, da östliche Tramper in aller Regel selten bis nie in den Westen kommen, und westliche Tramper Osteuropa scheuen wie Landstreicher die polizeiliche Meldung. Dort wird mit offener Hand – mehr oder minder rhythmisch bewegt – angezeigt.

Mit diesem Vorwissen ausgerüstet, haben wir dann recht gute Erfahrungen gemacht. Know-how ist allerdings unentbehrlich, und längere Lifts bleiben eine Seltenheit, aber welcher Reisende will hier schon große Entfernungen zurücklegen? Von der immer wieder zum Verweilen einladenden Landschaft einmal abgesehen: Für Kilometerfresser ist Mecklenburg viel zu klein. Wer bescheiden ist, wird sein Tagesziel erreichen. Problematisch wird es allerdings mit Einbruch der Dämmerung, dann erstirbt auf den meisten Straßen im Innern des Landes jeglicher Verkehr.

Dafür hat das Trampen über Land seine unzweifelhaften Reize. Wie sonst nur noch mit Radfahren läßt sich der Reisende hier wirklich auf Land und Leute ein. Verzichtet der Westler überdies auf typisch westliche Accessoires und spricht keinen eindeutig westdeutschen Dialekt, beginnt die Steigerungsform. Dann wird möglich, was sonst im Ausland nur einigen wenigen Sprachkönnern vergönnt ist: sich unauffällig zu bewegen, mit den Leuten zu sprechen und nicht gleich als Ausländer erkannt zu werden. Menschen aus der DDR kennenzulernen, ohne daß diese in einem gleich den Westler vermuten und sich dementsprechend verändert verhalten, ist zumindest ein reizvolles Spiel.

Güstrow, die Barlach-Stadt

Einen wohlschmeckenden Kaninchenrücken für 6 Mark 5 Pfennige im Magen, stehen wir vor dem «Jagdhaus Schelfwerder» in Schwerin an der F 104 und warten auf die Trabbis und Wartburgs und Moskwitschs, die da kommen sollen, uns mitzunehmen nach der alten Stadt Güstrow an der Nebel. Wir warten nur kurz, dann hält ein klebstofffrischer Trabbi, mit Automatikgurten und farbiger Benzinverbrauchsanzeige, die ab 70 km/h rot wie eine Tomate wird; aber unseren Fahrer kümmert das nicht, und so dauert es keine Stunde, bis wir die Silhouette von Dom und Pfarrkirche erblicken. Die Pfarrkirche, erkenntlich an dem spitzen Helm, ist die bessere Orientierung zum Herzen der Stadt, liegt sie doch am Marktplatz und am Einkaufsboulevard, der Dom dagegen ein wenig im Abseits. Rührige Pfarrer scheint sie zu haben, die Pfarrkirche. Bei unserem Besuch wird eine Ausstellung über Behinderte gezeigt, und, in einer Seitenkapelle, Fotografiken und -Collagen von W. Janisch mit dem Titel ‹Bilder gegen den Krieg›. Wie immer lohnt ein Blick in das Gästebuch: «Die Ausstellung ist nicht schlecht, aber es ist doch so: Der Friede muß bewaffnet sein. Nehmt den Schleier von den Augen. Den Sozialismus stärken heißt den Frieden stärken!» schreiben Sylvia und Gundula, beide 17. «Wir müssen endlich Vertrauen wagen», entgegnet jemand anders, der (weil er kein Vertrauen hat?) seinen Namen nicht nennt. Ein dritter: «Ihr seht nur Frieden und werdet blind für die Realität – Ihr verkennt die Wirklichkeit! Bleibt realistisch!» Eine öffentliche Diskussion dieser Art findet nicht statt in der DDR – nur hier, anonym, per Besucherbuch in einer Kirche.

Güstrow verfügt über die Beschaulichkeit einer Kleinstadt, aber auch über die großzügige Anlage einer ehemaligen Residenz (die einer 1695 ausgestorbenen Nebenlinie der Herzöge von Schwerin). Im Stadtbild wirkt Güstrow proportionierter gewachsen als Schwerin, die älteren Bürgerhäuser sind besser erhalten, Rathaus und Marktplatz zeigen an, daß die Bürger Güstrows einiges zu sagen hatten im Staate Mecklenburg. Mit «Kniesenack», einem dunklen Starkbier, hat sich die Stadt einst hochgepäppelt. Der Durstige sucht heute vergeblich danach.

Bei einem Stadtbummel findet sich manch kleine Kostbarkeit, meist auf den zweiten Blick: hier ein Wasserspeier oder eine barocke Haustür mit Engelsfiguren, dort schmiedeeiserne Zunftzeichen, Renaissancefiguren auf ei-

Blick auf Güstrows Pfarrkirche ▄

nem Hausgiebel oder ein schöner Türklopfer aus Messing.
Als Erinnerungsstück aus den Zeiten der herzoglichen Residenz ist das Renaissanceschloß geblieben. Durch seine stilistische Geschlossenheit strahlt das Schloß nüchterne, eher kühle Eleganz aus, so ganz anders als sein Schweriner Pendant. Zwei Jahre lang, von 1628 bis 1630, gehörte es Wallenstein, der nach dem Sieg der kaiserlichen Truppen über Dänemark Herzog von Mecklenburg geworden war – wohl Güstrows glänzendste Zeit.
1981 war es dann erneut ein politisches Ereignis, durch das die Stadt auch in der Bundesrepublik bekannt wurde: gemeint ist der Besuch des damaligen Bundeskanzlers Helmut Schmidt und sein Treffen mit Erich Honecker. Dezember war's, der Schnee lag hoch, und im Nachbarland Polen, nur wenige Kilometer entfernt, unterzeichnete General Jaruzelski den Befehl, volkseigene Panzer auf volkseigene Betriebe marschieren und im Falle von Widerstand Soldaten auf Arbeiter schießen zu lassen: Da glich Güstrow einer Geisterstadt, die Innenstadt abgeriegelt von Tausenden pelzbemützten Geistern der Staatssicherheit. Spontane Willkommensgrüße der Bevölkerung, wie sie Willy Brandt 1970 in Erfurt erfahren hatte, sollten sich nicht wiederholen. Wer, und sei es nur aus Neugierde, von außerhalb in die Stadt zu kommen versuchte, fand sich nachts in eine Turnhalle eingesperrt wieder.
Schmidt war wegen Ernst Barlach in die Stadt gekommen, denn Güstrow, das ist eigentlich die Ernst-Barlach-Stadt: Gleich zwei «nationale Gedenkstätten der DDR» befinden sich hier. Wer aber war Barlach?

Barlach in Güstrow

Seine Werke wurden als «entartet» aus allen öffentlichen Museen und Sammlungen entfernt, so auch sein «Schwebender Engel» (mit den Gesichtszügen von Käthe Kollwitz) aus dem Güstrower Dom. Ein Bildband mit seinen Werken wurde von der Gestapo beschlagnahmt, seine (Anti-)-Kriegsdenkmale in Kiel, Hamburg und Magdeburg, die zum «erstenmal in Deutschland nach Frieden und nicht nach Schlachtenruhm schrien» (Franz Fühmann in seiner Novelle «Barlach in Güstrow»), abgerissen. «Undeutscher» und «Kommunist» und «Jude» hatten sie ihn schon lange genannt – nach 1933 schritten die Nazis zur Un-Tat.
Barlach war weder Jude noch Kommunist, sondern «bürgerlicher Humanist», wie es in der DDR-Sprachregelung heißt. Seiner norddeutschen Heimat war er so verbunden, daß er selbst nach den schlimmen Angriffen gegen ihn nicht das Land verließ, sondern zum Emigranten im eigenen Land wurde.
Barlach war Bildhauer, Graphiker, Zeichner, Dramatiker. «Ich darf mit gutem Rechte von mir sagen: Ich habe meinen ganzen Krempel von der Straße geholt, nicht aus den Museen oder von der Akademie», schrieb er über sich. «Rinnsteinkünstler» nannten ihn daher seine akademischen Kollegen verächtlich. Thomas Mann urteilte über seine Plastiken: «... plastisch in der Tat in einem sehr reinen und

echten Sinn des Wortes – maserig-breitflächige Holzskulpturen von großer Ausdruckskraft, russisch-christlich beeinflußt und unverwechselbar in ihrer Formsprache.» Und auch Brecht meißelte ihm ein Denkmal-Zitat: «Ich halte Barlach für einen der größten Bildhauer, die wir Deutschen gehabt haben. Der Wurf, die Bedeutung der Aussage, das handwerkliche Ingenium, Schönheit ohne Beschönigung, Größe ohne Gerecktheit, Harmonie ohne Glätte, Lebenskraft ohne Brutalität machen Barlachs Plastiken zu Meisterwerken.»
Barlach, der so gelobte, wohnte seit 1910 bis zu seinem Tod 1938 in Güstrow. Anfangs hatte er sein Atelier in einem umgebauten Pferdestall, in den letzten Jahren dann im Haus am Heidberg abseits der Stadt am Inselsee.
Barlach in Güstrow: Obwohl Laien auf diesem Gebiet der bildenden Kunst, finden wir die Worte Manns und Brechts nicht übertrieben. Mehrmals sind wir zu ein und derselben Figur zurückgekehrt, denn die Kunstwerke Barlachs leben, zeigen Schmerz, Trauer, Freude, Zweifel, Glauben: menschliche Ur-Leidenschaften also. Die Gedenkstätte im Atelierhaus hat uns dabei mehr zugesagt als die in der Gertrudenkapelle, obgleich jene von einer schönen parkähnlichen Anlage umgeben ist und dort die bekannteren Exponate sind, allerdings überwiegend mit religiöser Thematik. Die Erdschwere Barlachscher Plastiken wird durch die Kapelle aus dem 15. Jahrhundert noch verstärkt, während sich das Atelierhaus lichtdurchflutet, weltzugewandt darbietet. Lohnend allein schon der Weg zu dem friedlich gelegenen, von einem See und von bewaldeten Hügeln, den Heidbergen, umgebenen Atelierhaus.

Der Totgeschwiegene

Für einen anderen großen Künstler und radikalen Moralisten, der mit Güstrow durch Lebensgeschichte und Werk verbunden ist, findet sich keine Gedenkstätte, nicht einmal eine Gedenktafel: Uwe Johnson, der bedeutende Schriftsteller, hat hier seine Schulzeit verbracht. Der Kritiker Reinhard Baumgart hat ihn einen «(Adalbert) Stifter der mecklenburgischen Seenplatte» genannt. Sein erster, aber erst 1985 posthum veröffentlichter Roman «Ingrid Babendrede. Reifeprüfung 1953» spielt kaum verschlüsselt in Johnsons Heimatstadt. 1959 verlegte er seinen Wohnort in die Bundesrepublik, aber seine mecklenburgische Herkunft durchzieht auch seine späteren Werke bis hin zu den «Jahrestagen». Ein Heimatschriftsteller im besten Sinne. In der DDR konnten seine Bücher nicht erscheinen, der Republikflüchtling Johnson blieb über seinen Tod hinaus Persona non grata. Werden seine Bücher in den Güstrower Schulen je Lektüre werden?

Jedem sein Paradies

Das Paradies könne nur «bi Groten-Baebelin, Serrahn un Krakow» gelegen haben, schrieb Fritz Reuter in seiner «Urgeschicht von Meckelnborg». Kernstück dieses Reuterschen Paradieses ist das Durchbruchstal der Nebel durch eine Endmoräne zwischen den

«Unser Fritzchen»: Reuterdenkmal in Stavenhagen

Dörfern Serrahn und Kuchelmiß (Serrahner Nebelholz). Beim Wort Durchbruchstal sollte allerdings niemand an den Grand Cañon denken, sondern an ein munter zwischen bewaldeten Hügeln dahinplätscherndes Flüßchen.
Dank Reuter und des FDGB-Tourismus ist das Paradies bei Krakow für unsere Geschmäcker zu überlaufen, um noch Paradies genannt werden zu können; bekanntlich waren damals nur zwei Menschen zugelassen. Aber hier, südlich von Güstrow im tiefsten Mecklenburg, dürfte jeder ‹sein› Paradies finden – sei das nun das Tal der Mildenitz bei Dobbertin, das am besten mit dem Faltboot oder Kajak zu erschließen ist, oder der Malchiner See bei Teterow.

Camping im mecklenburgischen Paradies

Wir kommen am frühen Abend, einem Mittwoch außerhalb der Hauptsaison, auf dem Zeltplatz an, laut «Campingführer der DDR» einer der einfachen Kategorie. Auf dem Gelände sind fast ausschließlich Dauercamper, ältere Leute oder Familien mit kleinen, noch nicht schulpflichtigen Kindern. Die Rezeption ist geschlossen, der Platzwart aber ohne weiteres an seinem musternden Blick auszumachen. Er weist uns einen freien Platz zu, woraufhin wir einen schöneren mit Blick auf den See vorschlagen, woraufhin er zustimmt. «Das mit der Anmeldung, das machen wir denn mal morgen», sagt er, wohl vom Tageswerk ermüdet, und entfernt sich wieder.
Beim Aufbauen des Zeltes ernten wir erste, noch verstohlene Blicke aus der Nachbarschaft, denn unsere Nylonhütte hat eine für hiesige Verhältnisse gar zu ungewöhnliche Form, und auch andere Ausrüstungsgegenstände wirken befremdlich. Nach einem erfrischenden Bad im erfreulich klaren See setzen wir uns an den Strand, lassen uns von einer Gruppe Dohlen bekrächzen und schauen den Haubentauchern beim Abendmahl zu.
Nach und nach bevölkert sich der Strand mit Anglern, anscheinend hat jeder der (männlichen) Camper eine Ausrüstung dabei. So ist es denn schon ein Kunststück, die Angel so auszuwerfen, daß sie sich nicht mit anderen verheddert. Auch das Auffinden der Würmer gestaltet sich schwierig. Bei so viel Nachfrage haben die Würmer nichts zu lachen und machen sich rar. Nicht so die Fische, früher oder später kommt alles an Land, was sich Süßwasserfisch nennt: Aal, Zander, Barsch, Brachse, Hecht und der kleine, gefräßige

und ungenießbare Kaulbarsch.
Nur die Forellen von der nahegelegenen Station des VEB Forellenzucht sind tabu.
Die Angler erweisen sich als gesprächiger als erwartet, wohl, weil die Fische sich durch nichts davon abhalten lasssen, die Angelhaken zu verschlucken. Unvermeidlich die Frage nach unserer Herkunft. «Ach so» und «Ist ja wirklich schön hier» sagen sie und meinen wohl, daß sie noch nie daran gedacht haben, daß Westler nur des Urlaubs wegen in *ihre* DDR fahren. Der Tonfall ist auffällig um Normalität bemüht; wir werden ein wenig bedauert für die 25 DM Mindestumtausch, eine oft gehörte Quasi-Entschuldigung von DDR-Bürgern für ‹ihre› Regierung. Irgendwann ruft dann eine weibliche Stimme aus einem der «Bastei»- oder «Klappfix»-Wohnwagen: «Erich, nun komm aber mal, du bist ja schon seit achtdreiviertel Stunden an der Angel!» Und Erich trollt sich, wir anderen hinterher.
Am nächsten Morgen der unvermeidliche Gang zum Büro. Die Ausweise bitte! Des Platzwarts Blick ruht lange, sehr lange auf den grünen Pässen. Das hat er in fünf Jahren Amtszeit noch nicht erlebt, da muß er erst mal nachschauen und telefonieren, was nun geschehen soll. «Haben Sie denn schon gefrühstückt? Nein? Na, dann frühstücken Sie erst mal, ich komme dann zu Ihrem Zelt!»
Inzwischen hat sich unsere Herkunft offenbar herumgesprochen, jedenfalls gehen Blicke und Bemerkungen jetzt unverhohlen in unsere Richtung; eine ältere Frau kommt näher, fragt, ob wir ihr einen Gefallen tun könnten, sie hätte gehört ... Ihr Sohn lebe in Westdeutschland und würde seit Monaten ihre Post nicht beantworten, ob wir denn ...
Zwei Mädchen im Backfischalter kommen giggelnd vorbei, sprechen uns an. Sie erzählen frisch von der Leber weg; klar wollen sie auf dem Dorf wohnen bleiben, in der Stadt wäre es doch viel zu stinkig und laut. Sie zählen ihre Lieblingsschallplatten und -Musikgruppen auf, alles westliche. Ob wir ihnen denn vielleicht jemand aus dem Westen vermitteln können, jemand Gleichaltrigen, der Interesse an einem Briefaustausch hat?
In dem Stil geht es weiter, bis der freundliche Platzwart wiederkommt und, selbst sichtbar erleichtert, verkündet: Alles in Ordnung! Polizeilich melden brauchen Sie sich nicht, aber Sie müssen den Tarif für Ausländer zahlen, laut Anweisung. Das wären 20 Mark (statt zwei Mark fuffzig für DDRler). Geben Sie mal vierzehn Mark, die Gebühr für das Zelt erlasse ich Ihnen. Für mich sind Sie nämlich keine Ausländer!

Die Ackerbürgerstadt

Außer Güstrow sind alle Ortschaften zwischen Schwerin und Neubrandenburg entweder Dörfer oder Ackerbürgerstädte. Geschichte und Gestalt dieser Städte ähneln sich sehr.
Nennen wir unsere Stadt der Einfachheit halber M. Es könnte auch T. oder P. oder B. sein, das gibt sich nicht viel, auch wenn jede dieser Städte unverwechselbar ist durch den See, an dem sie liegt. So auch M.
M. ist auf den Resten einer slawi-

schen Burganlage im 13. Jahrhundert gegründet worden und feierte vor nicht langer Zeit das 750jährige Jubiläum der ersten urkundlichen Erwähnung. Schon bald nach der Gründung gedieh M. dank eines florierenden Getreidehandels. Im 16. Jahrhundert äscherten allerdings mehrere Brände die Stadt mehrfach fast völlig ein, und im Dreißigjährigen Krieg besetzten, plünderten und brandschatzten abwechselnd schwedische und kaiserliche Truppen M. Pestepidemien taten ihr übriges, so daß nur ein Sechstel ihrer Bewohner überlebten.
Von diesen Rückschlägen erholte sich M. nie mehr ganz. Die berufliche Ausrichtung ihrer Bewohner blieb über lange Zeit konstant: Handwerker, Gewerbetreibende, ein paar Wirts- und Kaufmannsleute, vor allem aber städtische Bauern, «Ackerbürger» geheißen. 1945 dank des beherzten Einsatzes einiger unerschrockener antifaschistischer Bürger kampflos der Roten Armee übergeben, blieb M. von Kriegszerstörungen weitgehend verschont und ist heute Kreisstadt mit etwa 10- bis 15 000 Einwohnern. Eine Brauerei, ein metallverarbeitender Betrieb, eine Molkerei, eine Düngemittelfabrik sind die größten Arbeitgeber. Ein Neubauviertel mit vierstöckigen Wohnwürfeln in Fertigbauweise prägt das neue Gesicht des staatssozialistisch verwalteten M.
Von der mittelalterlichen Stadt sind noch zwei Stadttore, ein Teil der Stadtmauer und die gotische Pfarrkirche erhalten geblieben. Rings um den mit Katzenkopfsteinen gepflasterten Marktplatz reihen sich ein Rathaus mit einer Fassade aus dem 18. Jahrhundert, ein Hotel namens «Mecklenburger Hof», eine Sparkasse, ein Verwaltungsgebäude der VauPe (Volkspolizei), eine Volksbuchhandlung, eine Apotheke. An Werktagen herrscht morgens hier ein ungemein reges Treiben, mit Einkaufsbeuteln bewaffnete Scharen strömen hierhin und dort hinein; erstaunlich, wenn mensch bedenkt, daß fast neunzig Prozent der Bevölkerung berufstätig sind, also jetzt fast jeder an irgendeinem Arbeitsplatz sein müßte. Eilig hat es auch niemand – außer uns Touristen.
Wir haben es eilig, weil wir nachmittags am See sein wollen, dort ein Boot mieten und zur Halbinsel am Ende des Sees hinüberrudern, oder zu der vom Schilf fast zugewachsenen Badestelle; vorher wollen wir Lebensmittel eingekauft, die Buchhandlung durchstöbert (in der nicht unberechtigten Hoffnung, hier in der Provinz eine Rarität zu finden, die woanders längst vergriffen wäre) und noch einen Blick in die alte Pfarrkirche geworfen haben. Deren dickleibiger, wehrhafter Turm sieht aus wie eine Kreuzung aus Burg und Kornspeicher.
Die Kirchentüren finden wir verschlossen vor – evangelische Kirchen sind nie auf, wenn mensch sie besichtigen will. So halten wir auf dem Kirchplatz nach einem Haus Ausschau, das dem Alter und Aussehen nach ein kirchliches sein könnte, und fragen einfach nach dem Pfarrer. Statt seiner treffen wir die Gemeindeschwester. Als sie sich von der Überraschung erholt hat, öffnet sie freundlich die Türen zum Gotteshaus und teilt uns ihr Wissen mit. Wir fragen

nach dem Gemeindeleben, dem Verhältnis der Kirche zum Rat der Stadt und zu den Jugendlichen – und werden unversehens zu einer Tasse Tee eingeladen. Mit vorrückendem Stundenzeiger wird der Tonfall des Gesprächs immer persönlicher, und die Gemeindeschwester erzählt uns, daß sie vor kurzem geschieden worden sei. Der Kirchgemeinderat habe sie daraufhin aufgefordert, die Gemeinde zu verlassen: Eine geschiedene Frau sei untragbar im Dienst der Gemeinde, so hieß es. Nur dank des Eingreifens einer höheren Autorität, des Superintendenten, habe sie mit ihren drei Kindern bleiben können. Empörung in der Gemeinde löste auch ein Artikel in der «Mecklenburgischen Kirchenzeitung» aus, der sich offen und engagiert mit Homosexualität beschäftigte: Außenseiter der Gesellschaft werden in Deutschland immer wieder zu Juden gemacht, sagt die Gemeindeschwester in M.

Nun ist es zu spät geworden für die Bootspartie. Wir müssen uns sputen, um noch ein Quartier zu finden – sagen wir der Gemeindeschwester, und schon haben wir eins.

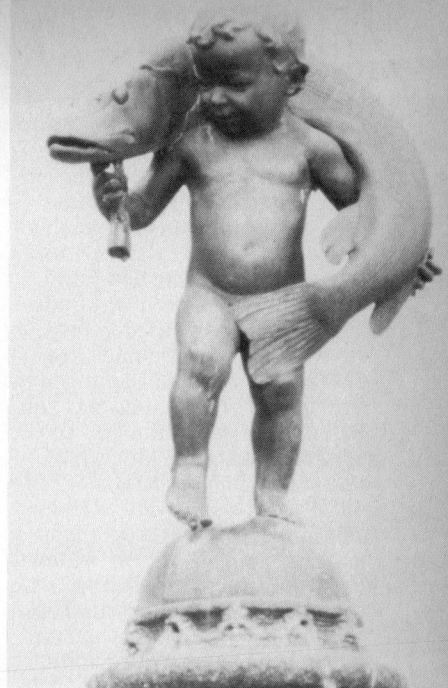

Hechtbrunnen in Teterow

Auf dem Weg vom Paradies zur Müritz: Teterow

Nach dem Aufenthalt im ‹Paradies› kehren wir noch einmal nach Güstrow zurück, weil im Barlach-Atelierhaus ein Jazz-Frühschoppen angesagt ist; von dort aus steuern wir die Müritz an, den größten See der DDR, und kommen so unweigerlich durch Teterow, eine Ackerbürgerstadt, wie sie bei Ketman/Wißmach im Buche steht. Also könnte Teterow übergangen werden – wenn es mit dem Städtchen nicht doch seine besondere Bewandtnis hätte. Das beginnt bei den Einwohnern von Teterow: So wie die Parchimer «Besenbinder» genannt werden, die Wariner «Sandhasen», die Goldberger «Mückenspritzer» (weil sie einen großen Mückenschwarm am Kirchturm für eine Rauchwolke hielten und daraufhin ihre Feuerspritzen zum Löschen der vermeintlichen Feuersbrunst in Gang setzten), so haben die Teterower den Titel «Mecklenburgische Schildbürger» errungen. Ihrer Schildbürgerstreiche waren schon so viele, daß sie ein ganzes Buch füllen, Titel: «Noch

lebt der Hecht», von Alexander Stoll.
Die Hechtstory ist die bekannteste der Teterower Heldentaten: Zwei Teterower Fischern ging einmal ein riesengroßer Hecht ins Netz, wie sie noch keinen gesehen hatten. Einer der beiden lief zum Rathaus und meldete den Fang, worauf die Ratsherren verkündeten, der Fisch solle wieder ausgesetzt werden, um zum nächsten Schützenfest noch mal gefangen zu werden. Die Fischer, unsicher, ob sie den Fisch wiederfinden würden, beratschlagten: «Ick weit», sagte schließlich der eine, «wi binnen em ne Klock üm.» – «Un int Boot maken wi ne Karv», fügte der andere hinzu, «dat wi weiten, wo wi em rinner laten hebben.» So kerbten also die Fischer aus Teterow die Stelle der Bootswand ein, an der sie den Hecht zurück ins Wasser plumpsen ließen. – Natürlich war's dann nichts mit dem Festbraten zum Schützenfest, und ganz Mecklenburg griente sich eins.
Wie ein Witz mutete es auch an, als die Teterower am ersten April 1929 den Bau einer Geländerennstrecke verkündeten. Doch diesmal straften sie alle, die zu früh loslachten: Seit 1930 finden auf dem Bergring in den Heidbergen bei Teterow Berggrasbahnrennen für Motorräder statt, durch die Art der Anlage eine einmalige Veranstaltung in Europa. Mehr als 50 000 Zuschauer pilgern alljährlich zu Pfingsten nach Teterow – wenn das Rennen nicht, wie zuletzt 1972 geschehen, wegen Dauerregens ausfallen muß. In jenem Jahr wurde Mecklenburg für die Tage nach Pfingsten von einer Bockwurstschwemme heimgesucht, wie sie auch die ältesten Einwohner noch nicht erlebt hatten. Seit 1972 blieben die westlichen Motocross-Stars weg, die bis dato für Zuschauerzahlen von über 100 000 gesorgt hatten. Geblieben aber ist das Pfingstrennen ein DDR-Jugendtreff – nicht nur für eingefleischte Motorradfans. Im großen Trubel läßt sich gut austoben, Massenbesäufnisse sind gang und gäbe, Schlägereien – in der braven DDR nicht gerade an der Tagesordnung – durchaus auch angesagt. Kenner der Szenerie schildern das so: Die Fans haben gehört, daß bei solchen Veranstaltungen im Westen immer mächtig ausgekeilt wird – und machen deshalb auch in Teterow ‹was los›, obgleich eine Aggressivität wie im Westen eigentlich gar nicht da wäre . . .
Wer zu anderer Zeit als zu Pfingsten Teterow einen Besuch abstattet, der kann sich, ersatzhalber, die slawische Burganlage auf der Insel im Teterower See anschauen. Gut, Slawenburgen hat es auch woanders gegeben, aber diese hier hat einen der besterhaltenen Wälle und die schönste Lage. Eine 750 Meter lange Brücke aus Eichenbohlen verband die Burginsel früher mit dem Festland, ohne Nägel, Schrauben oder Bolzen gefertigt. Von der allzu vergänglichen Holzburg ist nichts geblieben außer einem kreisrunden, gute zehn Meter hohen Erdwall. Ein Besuch lohnt aber der Insel wegen; allein die kleine, nach Bedarf eingesetzte Fähre ist ein Erlebnis. Sie muß jeder benutzen, der zur Insel will. Für einen Abstecher dorthin empfiehlt sich ein windiger, frühlingshafter oder besser noch herbstlicher Tag, an dem die Wol-

ken heftig ziehen und die Bäume knarren.

Urwaldähnliches Dickicht bedeckt einen Teil Insel, ab und an führen schmale Pfade hinein. Am Wegesrand Überreste eines Brandplatzes, ringsum wispern bekannte und unbekannte Vögel, Störche und Bussarde überfliegen die Insel wie seit Jahrtausenden, schwarze Wegeschnecken ziehen Schleimspuren über den Weg, fette, glänzende Schmetterlingsraupen und andere Insekten krabbeln auf üppig wuchernden Brennesselstauden: ein archaisches Panorama. Sogar pflanzliche Überbleibsel aus der Slawenzeit wie Brutzwiebeln und Rosenmalve gedeihen hier. Ein Blick vom Burgwall auf das gegenüberliegende Ufer – ein Vogelschutzgebiet – ist ein Blick in eine vorzivilisatorische Vergangenheit. Die Zivilisation ist auf der Insel durch den «Wendenkrug» vertreten, eine Kneipe im Niedersachsenhaus-Stil, und das einzige Gebäude der Insel. Wem's fröstelt, der kann sich dort zum EVP (Einzelhandelsverkaufspreis) von drei Mark neununddreißig einen Grog bestellen, oder auch zwei.

Die hatten wir nötig, als wir erfuhren, daß der Teterower See, der da so lieblich liegt, jahrelang aus gesundheitlichen Gründen zum Baden gesperrt war: Ungeklärte Abwässer einer Schlachterei hatten den See verschmutzt. Mittlerweile kann wieder gebadet werden – auf eigene Gefahr. Die Einheimischen fahren zum Baden an einen einsam gelegenen Waldsee irgendwo in Richtung Müritz.

Einer wird gewinnen: Pfingstrennen in Teterow

ALLEEN UND DÖRFER – MARK BRANDENBURG

Eigentlich müßten wir uns sogleich des Ahnherren jeglicher Reiseberichte aus der Mark Brandenburg versichern. Aber schon seit Jahren ziehen sich westliche wie östliche Schreiber auf ihn und seine «Wanderungen» zurück. Es ist ja auch naheliegend, ein paar Zitate aus dem vergangenen Jahrhundert der heutigen Wirklichkeit gegenüberzustellen, zumal sich so viel gar nicht verändert hat. Aber wir wollen den ehrenwerten Theodor Fontane nicht auch noch strapazieren – werden wir ihm doch ohnehin an den Stätten seines Lebens begegnen. Allerdings, in den Sinn kam er uns bei unseren Streifzügen durch die Mark, genauer durch den westlich und nordwestlich von Berlin gelegenen Hauptteil der Mark, immer wieder.

Zu eigentümlich ist nämlich diese Landschaft, so eigentümlich, daß wir vor lauter Hingezogensein fast die städtischen Sehenswürdigkeiten vergessen hätten. Denn zwei Attraktionen hält diese Region bereit, die zwar auch anderswo vorkommen, aber hier in außergewöhnlicher Eigenart und überwältigender Anzahl anzutreffen sind. Alleen und Dörfer, beide eingebettet in ein sanftes Auf und Ab von Hügeln, abwechslungsreich von Feldern, Wiesen und Wäldern umgeben – das ist es, was uns nachgerade begeistern kann. Wie immer, wann immer und wo immer man sich in der Mark Brandenburg aufhält, es bedarf keiner großen Anstrengung, um sowohl ansprechender Alleen als auch einnehmender Dörfer angesichtig zu werden.

Nur eine Voraussetzung ist zu erfüllen: die Schritte wegzulenken von den Städten, den Fernstraßen und Autobahnen! Egal, welcher Teil der Mark ausgewählt wird, überall warten abseits der Hauptstraßen überraschende Momente. Zuallererst fallen die prächtigen Alleen ins Auge, die den Großteil der Straßen und Wege säumen. Wir könnten tagelang hindurchfahren, so angetan sind wir von den schier endlosen Baumreihen. Gewachsen in Jahrzehnten, manchmal in Jahrhunderten, zeigen sie uns an, daß wir auf historischen Wegen wandeln. Wie viele Landleute vergangener Generationen mit Ochsenkarren, wie viele Kriegsknechte auf geschundenen Mähren, wie viele hohe Herrschaften in Kutschen oder Wagen mögen hier ihren Weg genommen haben, als die Bäumchen gerade gepflanzt oder noch geringen Wuchses waren.

Jedenfalls stehen sie fast alle noch, die Birken und Eichen, die Platanen und Buchen, die Ahorne und Pappeln, wenn auch ab und an nur noch an einer Straßenseite. Dankesrufe möchten wir ausstoßen, Dankesrufe auf die Rückständigkeit der DDR-Wirtschaft. Ihr ‹Verdienst› ist es, daß sich an den meisten der Alleen noch niemand vergangen hat, daß sie vergleichsweise unbeschadet die Zeitläufte überstanden haben. Für uns aus dem Land der autogerechten Straßenführung ist es wie eine Fahrt in die dreißiger oder fünfziger Jahre. Damals sahen, die eine oder der andere wird sich erinnern, viele Straßen in Deutschland-West auch noch so aus. Doch dann machten sich unsere Väter und Mütter auf, das sogenannte Wirtschaftswunder Wirklichkeit werden zu lassen. Was ihnen so gründlich gelang, daß sie vieles Bewahrenswerte hemmungslos dem goldenen Kalb dieser Epoche, dem Auto, opferten.

Unter Wipfeldächern

Erst wer hier in der Mark Brandenburg auf oft gar nicht autogerechten Straßen unter grünen Wipfeldächern entlangfährt, bekommt eine Ahnung davon, was bei uns verlorengegangen ist. Natürlich würden auch die DDR-Verkehrsplaner gerne gerade und baumlose Straßen bauen; wie sie sich moderne Verkehrswege vorstellen, kann man vorzugsweise am Beispiel der Hauptstadt studieren. Doch sie dürfen nicht, weil die ständig knappen Mittel für produktivere Zwecke eingesetzt werden. Und außerdem, so spotten DDRler, wofür brauchen wir bessere Straßen, bei den Autos . . .

Alte Wege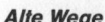

So kommt es, daß die althergebrachten Wegführungen beibehalten sind, mit allen ‹überflüssigen› Krümmungen, Kehren und Schleifen, wie sie in langer Zeit gewachsen sind. Kein Reißbrett, keine Unfallverhütungsmaßnahme hat je diese Alleen bedroht. Allenfalls sind ein paar der Bäume geweißt oder ein paar Straßenpfähle dazwischen gestellt, auch die Stapel der Schneeschutzzäune ruhen hier das Jahr über, meist von hinten an die Bäume gelehnt. Gelegentlich drängt sich auch mal eine neue Stich- oder Verbindungsstraße ohne Baumbepflanzung ins Blickfeld. Vorherrschend ist aber die zumindest äußerlich unbeschädigte Alleenvielfalt. Größere und kleinere Hauptstraßen, Landstraßen jeglicher Art, Fahrwege, Feld- und Hohlwege, ja selbst jetzt tote Stege – baumbereiht sind sie alle.

Wo die schönsten der märkischen Alleen zu finden sind, das muß jeder selbst erfahren oder erwandern. Die Hauptunterschiede liegen sowieso in der Qualität der Fahrbahn, bei mancher Straße zeugen nur noch vereinzelte Asphaltreste davon, weshalb sie in Landkarten als gut ausgebaut geführt wird. Sei es bei Neuruppin, bei Stendal, bei Brandenburg – in allen Teilen der Mark gibt es Alleen, und in allen Teilen der Mark gibt es beeindruckende Alleen. Eine oder einige von ihnen herauszuheben wäre vermessen. Zumal jede Baumstraße mit ihrer Umgebung ein ganz eigenes Ensemble bildet, das dem einen gefallen, dem anderen mißfallen mag. Unser Favorit sind die Birkenalleen (wie etwa an der Straße von Stendal nach Tangermünde), läßt man diese weißgerindeten Bäume doch sonst nie alt werden.

Alles Lüge

Ähnlich verhält es sich mit den Dörfern der Mark, dem zweiten Schaustück. Ein Blick auf die Landkarte zeigt, daß die Orte einander gehörigen Abstand gewähren. Dies rührt unter anderem daher, daß die märkischen Sandböden wie die weiten Naßgebiete um Havel und Elbe nicht sehr ertragreich sind. Um annehmbare Ernten einfahren zu können, bedurfte es größerer Anbauflächen. Daß hier keine Reichtümer zu holen waren, ist allen Orten anzusehen. Übrigens haben auch die kleineren Städte sehr viel von ihrem dörflichen Charakter bewahrt, nur die paar größeren Zentren, die an wenigen Fingern abzuzählen sind, haben sich von der agrarischen Prägung emanzipiert.

Von den Namen mancher Nester lasse sich bloß niemand abschrecken, heißen sie nun Wassersuppe, Knoblauch, Kotzen oder schlicht Lüge. Alles Lüge, denn selbst letzteres Kaff, allerdings in der etwas anders gearteten Altmark linksseits der Elbe gelegen, ist gefällig. Auch der Straßenzustand, siehe oben, darf nicht zum Hindernis werden; selbst wenn zunächst Kopfsteinpflaster oder schlichter Sand die Fahrzeuge aufnehmen, kann, wir betonen, kann wenig weiter bereits ein annehmbarer Belag vorliegen. Der umgekehrte Fall ist natürlich auch möglich! Mit den Hinweisschildern ist es ebenfalls so eine Sache. Größere und wichtigere Orte sind natürlich ausgeschildert. Aber die Abzweigungen zu im

Wortsinn abseits liegenden Dörfern erfahren nicht immer die Ehre eines Wegweisers. Zeigt eine genaue Landkarte ein verheißendes Ziel an, dann hinunter von der Landstraße, stehe da nun ein Schild oder nicht!
Eine Erwartung gilt es jedoch sogleich über den Haufen zu werfen. Prachtvolle oder idyllische Dörfer harren da nicht inmitten der «märkischen Streusandbüchse» (historische Redewendung). Sie sind ‹nur›, jedenfalls für den, der nicht dauerhaft darin leben muß, so liebenswert urtümlich. Es scheint, als habe sich seit Jahrzehnten kaum etwas verändert, als trete die Zeit hier auf der Stelle. Schon die Straßen mitten durchs Dorf sehen aus wie von vorgestern: rechts und links etwa zehn Meter wilden Rasens, mal mit, mal ohne Baumbestand, danach dann Vorgärten und Häuschen, nicht selten ohne jegliche Einzäunung.
Sagt einem irgendein Nest zu, ist ein kleiner Streifzug anzuraten. Oft überragt noch die Ortskirche alle anderen Baulichkeiten, auch die neueren. Mal mächtig und aus roten Backsteinen, mal geduckt und aus grauen Feldsteinen – ihrer Bedeutung als Mittelpunkt des Dorflebens sind sie meist verlustig gegangen. Fast alle sind übrigens verschlossen, haben doch die Geistlichen jeweils mehrere Orte zu betreuen. (Und viele Pfarrstellen sind vakant!) So kommen Besucher selten in die Gotteshäuser hinein, nur ab und an hat einer der Nachbarn einen Schlüssel (was meist irgendwo angeschrieben steht). So bleibt ein Rundgang über den naheliegenden Friedhof, wo alle, auch die dörflichen Genossen, die ein «sozialistisches Begräbnis» (heißt so) erfahren haben, ihre letzte Ruhestätte finden. Mitunter weisen die Grabsteine interessante Inschriften auf; so grüßt uns einer der Bestatteten mit der frechen Bemerkung «Auf Wiedersehen!»

Innenansichten

Viele der Totenäcker verkörpern die Vergänglichkeit der Dinge mit einem milden Wildwuchs von Gräsern und Buschwerk, von Blumen und Sträuchern. Das Grün überwuchert oft einen Teil der Grabstätten, die unbenutzten Teile der Friedhöfe gleichen fast Naturgärten, die nur selten von des Menschen Hand berührt werden. Selbst die ständig verschlossenen Türen der Kirchen erkennt man am dichten Pflanzenwuchs davor. Häufig befindet sich in der Umgebung der Kirche auch das Kriegerdenkmal, in der Regel unbeschädigt, auch wenn der einstmalige Glanz erheblich verblaßt ist. Fürwahr, diese Gedenksteine für die Opfer des Ersten Weltkrieges tun so, als sei seit den zwanziger Jahren nichts, aber auch wirklich nichts geschehen. Leidlich gepflegt, meist von einem Eisenzaun umgeben, könnten sie genauso in einem bundesrepublikanischen Dorf stehen. Kaum zu glauben, daß die Arme des sozialistischen Staatsapparates nicht nach ihnen langen.
Ein Eingriff ist diesem jedoch in vielen Nestern zuzuschreiben: die Errichtung von Ehrenmälern für die Rote Armee. Fast immer handelt es sich um einen Obelisken, auf dessen Spitze der rote Stern prangt. Gelegentlich kommt uns die Frage in den Sinn, für wen

Dorfcafé: öder Platz für interessante Begegnungen

diese eher unaufdringlichen Monumente eigentlich gedacht sind – tragen sie doch manchmal ausschließlich kyrillische Aufschriften. Und noch eines läßt uns staunen. Immer wieder liegen Kirche, Friedhof und beide Arten Ehrenmal in friedlicher Eintracht dicht nebeneinander. In der dörflichen DDR-Wirklichkeit, Mitte der achtziger Jahre, scheint sich alles miteinander versöhnen zu lassen. An der Dorfstraße liegt natürlich auch die Dorfkneipe, oft noch oder schon wieder privat betrieben. Zur Linde, Dorfkrug, Waldklause – wie auch immer sie heißen mag, die örtliche Gaststätte wird deutlich sichtbar durch die abgestellten Fahrräder, Mopeds und Autos angezeigt. Nur selten verirren sich Auswärtige, Lastwagenfahrer oder Touristen, hinein. Ein Besuch sollte nicht ausgelassen werden. Hier kreuzen sich die alltäglichen Wege der Dorfbewohner – sofern sie männlichen Geschlechtes sind. Hier kommt man mit ihnen ins Gespräch. Vielleicht ist auch die neue Biersorte «Märkischer Landmann» im Ausschank, ein ‹politisches› Dunkelbier: Es wurde erstmals anläßlich des vierzigsten Jahrestages der Bodenreform gebraut. Womöglich wird es auf Bierdeckeln serviert, die für «Einbecker Urbock» werben.
Auch auf der Dorfstraße können sich Begegnungen ergeben, denn in der Regel markieren Auto, Kleidung und Fotoapparat den Besucher eindeutig als Westler, mit dem nicht selten Kontakt gesucht wird. Wer durchs Dorf streift, trifft immer wieder auf ältere Männer und Frauen, die, auf Stühlen oder

Bänken vorm Haus sitzend, ihren wohlverdienten Lebensabend genießen. Sie lassen den Dorfalltag, an dem sie wohl lebenslang beteiligt waren, in aller Ruhe an sich vorüberziehen und bilden zudem neben der Kneipe und dem Briefträger noch ein kleines Stückchen Dorföffentlichkeit.
Sehr viel Abwechslung hält der Dorfalltag jedoch nicht bereit, das spürt selbst der kurzzeitige Gast. Arbeit ist angesagt, die übers und ums Dorf verstreuten Betriebsteile der LPG und die privaten Kleinlandwirtschaften zeigen das überdeutlich. Nichts anderes bestimmt hier den Lebensrhythmus als die althergebrachte Folge von Aussaat, Pflege, Ernte und neuer Bestellung. Das ewig gleiche Einerlei hat Menschen wie Orten seinen Stempel aufgedrückt, nichts macht den Eindruck, als ob es ausbrechen würde. Ein starker Hauch von Selbstgenügsamkeit kennzeichnet die Atmosphäre. Luxus oder Eskapaden passen hier nicht hinein, selbst wenn die strenge Kargheit früherer Tage passé ist.
Wenn es wahr ist, daß die Gebäude eines Dorfes als Ausdruck seines Innenlebens gelten können, dann liegt der Charakter der märkischen Flecken irgendwo zwischen angestammter Ärmlichkeit und bescheidenem Wohlstand. Einige der Häuser, alte Katen, klein und geduckt, machen einen reichlich heruntergekommen Eindruck, als wenn sich niemand um ihren Zustand sorgen kann oder will. Andere Anwesen zeugen von vergleichsweise begüterten Dörflern. Ihre Häuser sind vollständig verputzt, Terrassen, Garagen und Blickfänge sind nicht nur vorhanden, sondern harmonisch ins Gesamtbild eingefügt – und das unvermeidliche Wohlstandssymbol steht im Garten: die Hollywoodschaukel. Wer je mitverfolgt hat, wie DDRler ein Eigenheim nur mit der Jahre währenden Nach-und-nach-Methode zustande bringen, weiß die kleinen Wunder zu würdigen, die allein ein solches Haus binnen erträglicher Zeit wirklich fertig werden lassen.
Aber wir wollen nicht nur im Allgemeinen schwelgen, auch die städtischen Attraktionen der Mark verdienen es, beschrieben zu werden. Den nördlichsten Zipfel der Mark markiert Neuruppin mitsamt Umgebung – übrigens der Kreis der DDR mit der geringsten Bevölkerungsdichte, ganze 50 Menschen verlieren sich hier im Durchschnitt auf einem Quadratkilometer. Um möglichen Zweifeln an ihrer landsmannschaftlichen Zugehörigkeit vorzubeugen, führen die Dörfer hier oben ihren Ortsnamen mit Schrägstrich Mark. Damit bloß niemand auf die Idee komme, sie etwa der Mecklenburgischen Seenplatte oder sonstwem zuzuschlagen.

New Ruppin

Über dem Stadtzentrum liegt ein leiser Hauch von New York. Nicht daß es hier ebenso turbulent und schillernd zuginge – nur das sogenannte Karreesystem erinnert an die ferne Metropole. Nach einem großen Brand 1787 wurde nämlich der Stadtkern im schönsten Viereckmuster wieder aufgebaut. Keine Kurven mehr, keine verwinkelten Gäßchen mehr – nur schnurgerade Straßen und Ecken exakt im rechten Winkel. Die

Orientierung erfolgt nicht nach Streets oder Avenues, sondern nach Klassikern von Virchow bis Engels. Das ist schon alles, was New York und New Ruppin miteinander verbindet.

Der erste Deutsche im Weltall, DDR-Nationalheld Sigmund Jähn, fotografierte 1978 das Weltgeschehen unter ihm mit der Spezialkamera «MKF 6» – wichtige Teile dieses Dings stammen aus dem hiesigen Leiterplattenwerk. Ansonsten macht Neuruppin nicht den Eindruck, als beheimate es tatsächlich 25 000 Einwohner. Mit beschaulicher Gelassenheit begegnet man hier den Dingen des Lebens. Mit so beschaulicher Gelassenheit, daß bis vor einiger Zeit für die vielen Jugendlichen des Kreises nicht einmal ein Jugendklub vorhanden war! 1984 sollte diesem Manko abgeholfen werden. Was draus wurde? Eine Geschichte, die in der ganzen Republik die Runde machte. Nach langem Vorlauf beschloß der Kreistag Neuruppin, einen Jugendklub aus der Taufe zu heben – aber nicht irgendeinen, sondern einen «mit Beispielfunktion»! Was auch gründlich verwirklicht wurde, aber in einem anderen als dem ursprünglichen Sinn. Räumlichkeiten wurden im Kreiskulturhaus, zentral in der Karl-Marx-Straße 103 gelegen, bereitgestellt. Schnell fanden sich auch zahlreiche Jugendliche, die bei der Herrichtung des Klubs Hand und bei der Programmgestaltung Kopf anlegten. Doch damit hatten sie was angerichtet! Der Kreiskulturhausleiter, ein verdienter Funktionär, witterte Böses: Die Veranstaltungen seien zu wenig ernsthaft, im Vordergrund stehe schmähliches geselliges Beisammensein mit Musik! Und, weshalb er richtig böse wurde, die Jugendlichen hatten ihren Programmvorschlag ohne seinen Segen in der Zeitung veröffentlichen lassen! Schlimm genug, sich selbst etwas auszudenken. Aber etwas ohne Erlaubnis tun – das ist immer noch eine der gewaltigsten Untaten, die die DDR kennt. Was machte also der Genosse Kreiskulturhausleiter? Richtig, er meldete den Vorfall nach oben, wie sich das gehört. Die vorgesetzte Instanz ordnete dann an, den Jugendklub «in die bewährte Arbeit des Kulturhauses

Leben im Rhythmus der Landwirtschaft

einzubinden». Der Genosse Kreiskulturhausleiter schritt zur Tat. Zunächst wies er zwei «renitenten» Jugendlichen die Tür und erteilte ihnen Hausverbot. Dann drohte er dem Jugendklub die Schließung an, wenn nicht alles seine sozialistische Ordnung finden würde. Was blieb den armen Kids, als sich in ihr Schicksal zu fügen. Seitdem beantragen sie schön ordentlich ihre Vorhaben bei der Kreiskulturhausleitung. Diese kann sie genehmigen oder auch nicht. Genehmigt sie nicht, muß sie aber wenigstens Gegenvorschläge unterbreiten, das ist ja immerhin etwas. Woher wir das alles wissen? Die Ostberliner satirische Zeitschrift «Eulenspiegel» hatte sich der Jugendlichen angenommen und die traurige Beispielfunktion dieses Falles gehörig herausgekehrt. Vielleicht lohnt sich ein Blick in den Jugendklub – falls er noch im Kreiskulturhaus tagen darf.

Wer ohnehin durch die Karl-Marx-Straße bummelt, der gebe auf zwei weitere Hausnummern acht. In der Nummer 84 befindet sich die Löwen-Apotheke, und jeder Gebildete weiß sogleich, daß hier am 30. Dezember 1819 Theodor Fontane als Sohn des Apothekers unter die Menschheit trat. Über dem ruhenden Löwen ist unübersehbar der Schriftzug «Fontanehaus» angebracht, obwohl dieser hier nur bis 1827 und dann 1832/33 ein Jahr lebte. Gleich gegenüber, auf der anderen Straßenseite, steht auch ein Gedenkhaus, es gibt sich jedoch erst nach aufmerksamer Betrachtung zu erkennen. Eine kleine, unscheinbare Tafel erinnert daran, daß sich unter diesem Dach seit Urzeiten die Geschäftsräume von Gustav Kühn befanden. Nie gehört? Das ist wahrlich eine Bildungslücke! Gustav Kühn brachte die «Neuruppiner Bilderbogen» ganz groß heraus. Das betreffende Haus beherbergt die Drogerie und trägt die Nummer 29.

Bild-Zeitung aus Neuruppin

Der großen Söhne der Stadt nimmt man sich im Heimatmuseum an, ganz in der Nähe. Neben Fontane-Reliquien (manchmal werden auch Wanderungen auf den Spuren des Meisters veranstaltet) ist hier Karl Friedrich Schinkel berücksichtigt, der so etwas wie ein Star in der DDR geworden ist. Wo immer der am 13. März 1781 hier Geborene seine Spuren hinterlassen hat, es wurde in den letzten Jahren auf Hochglanz gebracht. Viel interessanter aber finden wir die erwähnten Bilderbogen, einen Urahn unserer Tageszeitung, Illustrierten und Fernsehnachrichten. Zwischen 1810 und 1935 wurden insgesamt 22 000 verschiedene Bogen in Neuruppin geschaffen; über die Auflagenzahlen ist nichts Genaues bekannt, aber hoch in den Hunderttausenden liegen sie mindestens.

Zunächst stand Unterhaltendes, Informatives und Erbauliches für die engere Umgebung Neuruppins im Vordergrund. Schon bald aber sprengte die Nachfrage den ortsständigen Bezug. Nun wurden auch Nachrichten aus der großen weiten Welt in Wort und Bild dargestellt – «und, was die Hauptsache war, diese Illustration hinkte nicht langsam nach, sondern folgte den Ereignissen auf dem Fuße. Kaum daß die Tranchéen vor

Neuruppiner Bilderbogen

Antwerpen eröffnet waren, so flogen in den Druck- und Kolorierstuben zu Neuruppin die Bomben und Granaten durch die Luft.» Theodor Fontanes Loblied verdankt sich nicht allein dem Lokalpatriotismus.
Reißenden Absatz fanden die Bogen bald in allen deutschen Landen, selbst ins Ausland, Skandinavien voran, nahmen sie ihren Weg. Sogar die Untertitelung in der jeweiligen Landessprache wurde eingeführt. Der kleine Querschnitt durch die Geschichte des Bogens im Heimatmuseum ist sehenswert, auch wenn der Großteil der Stücke im Archiv ruht. «Das merkwürdige Jahr 1848. Eine neue Bilderzeitung. Europäische Freiheitskämpfe. Drittes Bild. Barrikadenkampf in der breiten Straße am Rathhause zu Berlin, am 18ten und 19ten März 1848.» So ist einer von 92 Bogen betextet, die bis 1850 Verlauf und Ergebnisse der Aufstände in ganz Europa schilderten. In späteren Jahren verflachten die Bogen zusehends, letztlich landeten sie bei Modethemen und militärischer Jubelei. Natürlich müssen wir auch Rheinsberg erwähnen, dessen Wasserschloß von Friedrich dem Großen bis zu Kurt Tucholsky Berühmtheit erlangte. Es kann normalerweise nicht besichtigt werden, da es als Diabetiker-Sanatorium genutzt wird. Bisher wurden nur einziges Mal, für einige Tage im Sommer 1985, die schönsten Räume zur Besichtigung freigegeben; bei den Musiktagen alljährlich zu Pfingsten sind nur zwei Säle zugänglich. Wir wandeln im Park, umsäumt von «Apollo mit den vier Jahreszeiten» sowie anderen Skulpturen; wir treffen auf eine Backsteinpyramide, ein Naturtheater, einen Pavillon, betrachten DDRler beim Fotografieren seltener Blumen und – bewundern den aufragenden Bau des Atomkraftwerkes, eines von derzeit zwei volkseigenen. Fontaneanhängern sei noch gesagt, daß das AKW ein paar Kilometer entfernt am Stechlin liegt, jenem sagenumwobenen See, der Fontane zum gleichnamigen Roman inspirierte. Der Meister selbst gab folgende Kurzfassung: «Zum Schluß stirbt ein Alter, und zwei Junge heiraten sich» . . .

Todesmarsch durch die Mark

Andere, weit düsterere Spuren deutscher Geschichte verbinden sich ebenfalls mit dieser Landschaft. Sie nahmen ihren Ausgang im Konzentrationslager Sachsenhausen bei Oranienburg. Bereits während der Olympischen Spiele von 1936, die im nahegelegenen Berlin der Welt ein friedliebendes Deutschland vorgaukelten, fanden hier die ersten Menschen den Tod. Heute ist das KZ eine Gedenkstätte. Wir nähern uns dem Eingang und lassen die Besucher-Anmeldung rechts liegen, um allein und still aufzunehmen, was hier vor Jahrzehnten geschah.

Was mag wohl am 29. April 1945 vorgegangen sein, als wenige Tage nach der Befreiung die «Konzentrationäre von Sachsenhausen» die Menschen aus der Umgebung des Lagers ‹eingeladen› hatten? Eines der aufrufenden Plakate ist ausgestellt, doch finden sich leider keine Hinweise, wie dieser Tag verlaufen ist.

Seine letzten Opfer forderte das KZ beim «Todesmarsch», der kurz vor dem Eintreffen der Roten Armee mehr als 30 000 Menschen durch die Mark Brandenburg zur Ostsee führen sollte. Der Befehl lautete, die Häftlinge dort auf Schiffe zu bringen und diese auf hoher See zu versenken – um keine Zeugen der entsetzlichen Ereignisse im Lager überleben zu lassen. Über 6 000 Menschen wurden auf dem Weg ermordet, erst nahe Schwerin wurden die Marschkolonnen von ihren Peinigern befreit. Im Gedenken an diesen Todesmarsch sind entlang der gesamten Strecke Mahntafeln aufgestellt, die am nach unten gerichteten roten Dreieck, dem KZ-Zeichen für politische Häftlinge, weithin zu erkennen sind.

Sachsenhausen, Neuruppin, Wittstock, Putlitz, Parchim, neben diesen größeren Orten berührte der Marsch zahllose Dörfer. Wer sommers hier durch die Lande fährt, trifft vielleicht auf eine Gruppe Jugendlicher in blauen Hemden, die Rucksäcke geschultert. Sie wandern die Straßen entlang, halten hier mal Rast, schauen dort mal rein. Es sind der FDJ angehörende Lehrlinge. Seit 1980 gehen sie den Weg von Sachsenhausen nach Wittstock, genau wie ihn die Häftlinge damals gehen mußten. Alljährlich begeben sich die jeweils neuen FDJler auf die 120 Kilometer lange historische Todesroute.

Auf ihrem Gedenkmarsch kommen sie auch mit Beteiligten von damals zusammen. Sie fragen Alteingesessene, was sie damals angesichts des Elendszuges dachten – manche hielten die Häftlinge für Verbrecher ... Eine ältere Frau erzählte den Jugendlichen einmal, immer wieder von Tränen unterbrochen, wie SS-Leute die erschöpften Menschen auf ihrem Bauernhof gewaltsam am Trinken hinderten. In Altruppin wollten die Lehrlinge eine Frau aufsuchen, die unter Einsatz ihres Lebens drei völlig entkräftete Häftlinge in ihrem Haus aufnahm und bis Kriegsende versteckte; sie wies ih-

Gedenkstein für den Todesmarsch ■

nen schroff die Tür. Eine besondere Begegnung war die mit einer Gruppe Franzosen, die als ehemalige Häftlinge an die Stätten der erlittenen Qualen zurückgekehrt waren. Die Franzosen waren tief beeindruckt, daß junge Deutsche dem Schicksal der Opfer nachspürten.

Spuren der Geschichte

Geschichte ist ablesbar in vielerlei Orten der Mark, nicht immer liegt sie jedoch offen vor uns. Beispiel Schönhausen. Etwas versetzt befindet sich dieses Dorf gegenüber von Tangermünde auf der rechten Elbseite. In einem Kunstreiseführer heißt es nach Erläuterungen über die Dorfkirche lapidar «v. Bismark». Bei so viel Nichtinformation stört auch der Schreibfehler im Namen nicht weiter. Wir fahren nach Schönhausen. Und finden bei der ersten Rundfahrt nicht, was wir suchen. Also fragen wir einen etwa fünfzigjährigen Herren: «Wo hat denn hier das Schloß mal gestanden?» Er weiß sofort, worum es geht: «Es steht aber nur noch das Häuschen mit dem Geburtszimmer, der Rest ist gesprengt worden. Gleich da drüben, hinter der Kirche.» Wir gehen auf die Suche, vorbei an dem von langen Rissen gezeichneten Kirchturm.

Es ist nicht weit. Umgeben von einem Drahtzaun, bewacht von schnatternden Gänsen und Enten, liegt da ein schmales Wohnhaus. Nur ein hoher Mauerrest an der Stirnseite weist darauf hin, daß hier mal mehr gestanden hat. Am 1. April 1815 wurde hier Otto Eduard Leopold von Bismarck geboren; hier wurde er Deich-hauptmann, im Landtag trat er als von Bismarck-Schönhausen auf. In den fünfziger Jahren wollte die SED mit der deutschen Geschichte aufräumen, das Bismarcksche Herrenhaus wurde in die Luft gejagt. Doch, bundesdeutsche Bismarck-Fans verstehen es als höhere Fügung, das Geburtszimmer des Reichsgründers und Sozialistenbekämpfers blieb erhalten – es befindet sich in dem jetzt von einer Familie bewohnten kleinen Häuschen. Aber, die große Bismarck-Biographie des DDR-Historikers Ernst Engelberg kündigt es an, es ist nur eine Frage der Zeit, wann auch diese historische Stätte wieder hergerichtet wird. Vieles weist noch weiter zurück in die Vergangenheit. Brandenburg etwa, die Stadt, die als markgräfliche Kur- und Hauptstadt der ganzen Region, die das Kernland Preußens wurde, den Namen gab. Heute trägt die 100 000-Einwohner-Stadt ein vom örtlichen Stahlwerk beschädigtes «modernes Gesicht», wie ein Reiseführer es ausdrückt. Passend dazu heißt ein Vorort Schmerzke. Nur die umgebenden Seen und manche grachtenähnlichen Kanalstraßen laden zum Verweilen ein. Auch Stendal, dereinst «Perle der Altmark» genannt, war als Hansestadt groß und schön. Heute ist es vor allem groß, von der früheren Schönheit zeugen nur noch der Marktplatz mit der großen Roland-Statue sowie einige Kirchen samt der zugehörigen Kirchplätze. Wie schrieb doch die Zeitung «Volksstimme» bezüglich der Rekonstruktion der Altstadt? «Baulücken, die Optimismus verbreiten.» Was insofern stimmt, als nur mit einer gewaltigen Portion Optimismus über den teilweise katastrophalen Zustand der Baulichkeiten hinweggesehen werden kann. Ein Straßenname trifft es: Wüste Worth. Sympathischer sieht dagegen Salzwedel aus, die Hauptstadt des Baumkuchens. So um 1830 oder 1840 ist hier dieses Gebäck wiederentdeckt worden, jetzt stellt es, wohl auf Grund seiner langen Haltbarkeit, gewissermaßen die Basis der DDR-Backkunst dar. Für die SED ist Salzwedel aber in anderer Hinsicht ein Glücksfall. Hier wurde am 12. Februar 1814 Jenny von Westphalen geboren, seit 1843 Frau Marx. Damit ist dies die einzige Stätte in der ganzen DDR, die mehr als einen kurzen Aufenthalt von olle Kalle dokumentiert. Also ist das Geburtshaus jetzt ein «Museum über die Familie Marx».

Die Elbe zu Füßen

Nur durch Zufall kommen wir darauf, Arneburg einen Besuch abzustatten. Nicht wegen des nahebei in Bau befindlichen dritten Atomkraftwerkes der DDR, sondern weil wir irgendwo etwas von guter Fernsicht gelesen haben. Die treffen wir in der Tat an. Ganz oben auf einem Steilfelsen, die Elbe zu Füßen, können wir weit hineinblicken ins Land Schollene, wie das Gebiet zwischen Elbe und Havel heißt. Kaum ein Besucher verliert sich zur Burggaststätte, von ganz oben können wir die mühsame Fahrt zweier Lastkähne aus der ČSSR verfolgen – nur mit geringer Geschwindigkeit läßt sie der Strom in Richtung Heimat streben. Nur ungern trennen wir uns vom beeindruckenden Rundumblick und spazieren durch Arneburg.

Seit 925 rühmt sich der Ort seiner Existenz, vieles erinnert wirklich eher ans zehnte denn ans zwanzigste Jahrhundert. Hier wird ein neues Atomkraftwerk errichtet? Der Kontrast könnte kaum schärfer ausfallen. Sorgsam gepflegte, nicht bloß erhaltene Häuschen fügen sich dicht an dicht aneinander, die Pflastersteingassen haben die Breite nur eines Autos, unter ehrwürdigen Bäumen harken die Einheimischen die sandigen Gehwege. Dennoch erwächst für uns der Eindruck von Leblosigkeit – öffentliches Leben suchen wir vergeblich. Mutmaßlich spielt sich doch sehr vieles nur hinter Wohnungstüren ab. Zwar sagen sich die Leute «Guten Tag» und klönen auch miteinander, aber selbst in einem Ort wie Arneburg, der für ein Straßenleben à la Italien wie geschaffen ist, sind und bleiben die eigenen vier Wände der Mittelpunkt des Lebens.

An vielen Stellen erinnert uns die Landschaft an die Nordseeküste: viele Deiche, von Kühen bevölkerte Marschwiesen, im rauhen Wind kleinwüchsig gebliebene Bäume, abgelegene Gehöfte, zahlreiche Gräben und Siele, Schöpfwerke und Wehre, die die Trockenhaltung der ehedem sumpfigen Landstriche sichern. Reisende haben sich zudem auf eine weitere Besonderheit einzustellen – den Mangel an Brücken. Magdeburg, Tangermünde, Wittenberge, das sind schon alle Elbbrücken dieser Gegend. In den Zwischenräumen verkehren Fähren, nach eigenen Gesetzen. Manchmal fahren sie nach Fahrplan, alle halbe Stunde zum Beispiel, manchmal auch nach Bedarf. Einige sind gratis (aber nicht,

weil sie so altertümlich ausschauen), einige verlangen stolze Preise. Macht der eine Fährmann schon mal eine ausgedehnte Mittagspause (was angeschrieben steht), begnügt sich der andere mit einer Mahlzeit an Bord. Ein Erlebnis ist es in jedem Fall.
Lange könnten wir erzählen. Von Havelberg etwa. Am Zusammenfluß von Havel und Elbe findet alljährlich am ersten Septemberwochenende der größte Flohmarkt der DDR statt. Als Pferdemarkt fing er mal an, Pferde werden auch heute noch gehandelt. Aber der «Große Markt», wie er offiziell heißt, lockt sage und schreibe 100 000 Besucher auf die Elbwiesen im Schatten des örtlichen Domes. Alles, was nicht niet- und nagelfest ist, wechselt hier zu frei ausgehandelten, sprich Höchstpreisen den Besitzer. Aus allen Teilen der Republik kommen die Menschen, nächtigen in Zelten, Wohnwagen oder im Pkw und bieten Begehrtes feil. Oder wir könnten von Jeggeleben reden, einem Dorf südöstlich von Salzwedel. Die weithin bekannte Ausflugsgaststätte «Feine Sache» bietet als eine der wenigen Restaurationen in der DDR im Herbst Bärenschinken und Bärengulasch an – aus eigener Schlachtung. Zur Kneipe gehört nämlich auch ein kleiner Tierpark.
Weniger stark besucht ist das Dörfchen Stölln, zwei Kilometer östlich von Rhinow. Vom nahegelegenen Gollenberg aus, ein Gedenkstein erinnert daran, vollführte Otto Lilienthal 1896 Flugversuche bis zu 300 Metern Weite. Am 9. August stürzte er ab, verbrachte die Nacht im örtlichen Gasthof (der jetzt «Zum ersten

Immer ein Erlebnis: Elbfähre

Flieger» heißt und auch wie abgestürzt aussieht, er beherbergt aber immerhin ein Gedenkzimmer) und wurde am nächsten Tag nach Berlin transportiert – in den Abendstunden des 10. August starb der erste deutsche Flugpionier. Zur Erinnerung finden hier alljährlich in den ersten Augusttagen Segelflugveranstaltungen statt.

Erzählen könnten wir auch vom «Herrn von Ribbeck auf Ribbeck im Havelland», den jeder aus der Schule kennt. Ein dem Birnbaum gewidmetes Restaurant ist seit Jahren geschlossen, gegenüber wartet statt dessen die «Klubgaststätte Theodor Fontane» auf Gäste. Wir könnten auch Ritter Kahlbutz erwähnen, der in Kampehl bei Kyritz haust. In einer Gruft der Dorfkirche liegt «das biologische Rätsel» seines nicht verwesenden Leichnams. Neuere Forschungen ergaben, daß der angeblich bei einer Schlacht Verwundete gar keine Verletzungen aufweist. Vielleicht ist's also gar nicht Ritter Kahlbutz.

Wir könnten auch das «Havelobst» ansprechen, jenen «Obstgarten» der DDR, der per Parteibeschluß nördlich und westlich von Potsdam aus dem fruchtbaren Havelboden gestampft werden mußte – als «Zentrales Jugendobjekt». Schilder begrüßen die Reisenden, sie verkünden jedoch nichts über das wirkliche Leben im «grünen Ungeheuer», wie der Volksmund die mehr als zehntausend Hektar Obstplantagen nennt. Westlern sei das Buch «So sehe ick die Sache» von Gabriele Eckart ans Herz gelegt, das authentische Protokolle aus dieser Gegend versammelt (zu den Hintergründen dieser Veröffentlichung steht ab Seite 82 mehr). Wir könnten, nein, wir müssen Potsdam ansprechen, jene Stadt, die über den größten Bezirk der DDR gebietet. 993 als Poztupimi erstmals erwähnt (schon jetzt laufen die Vorbereitungen für die 1000-Jahr-Feier auf Hochtouren), nimmt Potsdam in der deutschen Geschichte auch heute noch einen höchst eigenen Platz ein.

Nahtstelle zwischen Land und Stadt

Ländliche Atmosphäre in der Stadt – ein fast schon malerisches Beispiel solcher Ungleichzeitigkeit findet sich in Babelsberg, dem östlichen Stadtteil Potsdams. Ganz in der Nähe des gleichnamigen S-Bahnhofes verläuft die Karl-Liebknecht-Straße, früher Priesterstraße. Wir schlendern an vielen kleinen Läden entlang und statten, natürlich, der Volksbuchhandlung einen Besuch ab. Die politische Literatur ist hinter einen mächtigen Kachelofen verbannt, offenbar vermag sie niemanden hinter selbigen zu locken. Eine ältere Frau tauscht ein Kinderbuch um, das für ihren fünfjährigen Enkel gedacht ist: «Gebense mir lieber was Lustiges, nich so was Kriegerisches!» Die Verkäuferin bietet ihr zwei Werke an, weist aber darauf hin, daß es sich um längere Geschichten handele: «Ob er schon so lange aushalten kann?» Oma bejaht und entscheidet sich. Wir können uns, das Angebot ist eher begrenzt, nicht entscheiden und ziehen von dannen.
Der Weberplatz, früher Kirchplatz, wird von fünf Straßen aufgesucht. Was aber überhaupt

nichts bedeutet. Nur ab und an donnert ein Fahrzeug von der Luther- in die Ritterstraße, die ganz Gewieften umgehen so eine Ampel mit längeren Wartezeiten. Plötzlich ergießt sich aus der am Platz gelegenen Schule ein Schwall vielleicht siebenjähriger Blagen, allesamt in blaue Sportsachen gekleidet. Offenbar ist jetzt Körperertüchtigung angesagt. Aber, wir beobachten es mit Erstaunen, der Sport findet auf dem Platze statt. Zunächst scheuchen die beiden jungen Lehrerinnen ihre Schützlinge in schier endloser Reihe im Kreis herum. Lauter Blaumätze huschen unter grünen Baumdächern und über frisch geharkte Wege. Nach den Aufwärmrunden wird's dann ernst. Kurzerhand wird eine Hälfte der ‹Durchgangsstraße› in Beschlag genommen. Eine Lehrerin versammelt die Meute um sich und greift immer zwei heraus. Ihre Kollegin plaziert sich, mit Stoppuhr und Namenstabelle bewaffnet, etwa fünfzig Meter weiter. Die beiden Sprinter hetzen nun die Fahrbahn entlang, angefeuert von denen, die noch nicht dran waren. Schon in diesem Alter offenbaren sich erhebliche Unterschiede, manche Läufer gewinnen mit zehn oder gar noch mehr Metern Vorsprung. Eigentlich ist es zu schön, um wahr zu sein. Aber so ist das Leben in Alt-Nowawes, so kann es jedenfalls sein.

Es liegt in der Stadt, es sieht zum Teil aus wie eine Stadt – aber es ist ein Dorf geblieben und wirkt auf uns wie eine Nahtstelle zwischen der ländlichen Mark und der Großstadt Potsdam. Viele eingeschossige Häuschen, dicht an dicht, unterbrochen nur von Einfahrten oder Baulücken, manchmal auch von später errichteten mehrstöckigen Gebäuden. In der Mitte des 18. Jahrhunderts entstand dieser Stadtteil, eine Kolonie für Spinner und Weber (weshalb der Kirchplatz in Weberplatz umbenannt wurde). Rund um die Friedrichskirche, die sich mitten auf dem Platz erhebt, liegt dieses Viertel, das unverändert den Geist früherer Jahrhunderte atmet. Kaum ist zu ahnen, daß 1933 hier eine Hochburg im Kampf gegen die Nazis angesiedelt war. Im Verein mit den Arbeitern suchte auch die Kirche die braune Gefahr abzuwehren – letztlich vergeblich. Heute bestimmen hier nicht mehr Spinner und Weber oder Industriearbeiter das Bild, sondern Gewerbetreibende und Handwerker aller Zünfte.

Bei der «Sekundärrohstoff-Annahme» der privaten Firma Owski etwa warten die Leute schon mit Handkarren und Lieferwagen, auch ein Kleinlaster der Volkspolizei ist dabei. Papier, Holzabfälle, Schrott – im Vorbeigehen erspähen wir die Sachen, für die die Anlieferer noch ein paar Mark erhalten werden. Alle Handwerker, ob Maler, Polsterer, Möbeltischler, Autoschlosser oder Jalousienbauer, haben ihre Häuser, zu denen meist noch ein Hinterhof sowie etwas Land gehören, hübsch in Schuß: neue Dachrinnen, frisch gestrichene Fensterläden, vervollständigter Außenputz, manchmal neue Türen und Fenster – Zeichen eines neu oder wieder erworbenen Wohlstandes. Nur einmal sind wir irritiert: An einem Holztor, das ausschaut, als führe es in einen Garten, prangt ein kleines Schildchen mit der Aufschrift «Kraftsport-Kulturistik». Erst später erfahren wir, daß sich dahinter eine Art Fitneß- oder Bodybuildingcenter verbirgt.

Die Teilung Europas

Potsdam – das ist auch der Ort, der wie kein anderer die Problematik von Krieg und Militär vor Augen führt, in durchaus aktueller Hinsicht. Drei Stätten sind es, deren Betrachtung weit mehr Fragen als Antworten aufwirft: Schloß Cecilienhof, das im Marmorpalais untergebrachte Armeemuseum und die Kasernen rund um die russische Kolonie Alexandrowka. Wer diese Örtlichkeiten besichtigt, spürt, auf welch wackligen Füßen das steht, was wir als bisher längste kriegslose Periode der europäischen Geschichte in den letzten vier Jahrzehnten erlebt haben.

Schloß Cecilienhof: Hier trafen sich die großen drei, Churchill, Stalin und Truman (in alphabetischer Reihenfolge), vom 17. Juli bis zum 2. August 1945. Die Siegermächte des Zweiten Weltkrieges kamen zusammen, um endgültig über die Zukunft Deutschlands zu entscheiden. Am großen runden Tisch, eigens in der Moskauer Möbelfabrik «Lux» gefertigt und eingeflogen, saßen die drei mit jeweils vier Beratern. Deutsche hatten den Umkreis von Schloß Cecilienhof sowie die Zufahrtsstraßen zu räumen, die Alliierten befürchteten offenbar Werwolf-Atten-

Aus Moskau eingeflogen: der Tisch für die Potsdamer Konferenz

tate. Besucher im Schloß, das neben der Gedenkstätte noch ein Hotel und einen verschämt versteckten Intershop beherbergt, erhalten eine Kladde mit Erläuterungen in die Hand gedrückt. Doch weder die Erläuterungen über die Baulichkeiten noch die Erklärungen zur Potsdamer Konferenz (Leitsatz: «Die Sowjetunion – Hauptkraft der Antihitlerkoalition») fesseln uns. Vielmehr bannt uns die Spannung zwischen diesem historischen Ort und der Gegenwart. Unser Blick fällt aus dem Konferenzsaal auf den Drahtgitterzaun, der das naheliegende Ufer des Jungfernsees abtrennt. Schilder weisen darauf hin – Grenzgebiet. Hier am Zusammenfluß von Havel und Jungfernsee gehört das gegenüberliegende Ufer zu Westberlin. Ganz in der Nähe liegt die Brücke, die wie kaum etwas anderes die Absurdität der Grenze versinnbildlicht – die eine Hälfte gehört zu Westberlin und heißt Glienicker Brücke, die andere zur DDR und heißt Brücke der Einheit. Außer Militärs dürfen nur ausgetauschte Spione diese früher wichtigste Verbindung zwischen Berlin und Potsdam passieren. Mit der Potsdamer Konferenz wurden endgültig die Weichen nicht nur für ein geteiltes Europa gestellt; auch die Verstrickung der beiden Blöcke in fortwährende Gegensätzlichkeit wurde hier angelegt. Wir wollen kein politisches Wetterdeuten betreiben, doch eines ist gewiß: Noch einmal vierzig kriegsfreie Jahre trägt dieses Gegenüber und Gegeneinander der Blöcke nicht.
Übrigens erhielt Truman hier in Potsdam am 16. Juli 1945 die Nachricht vom ersten, erfolgreichen Test der Atombombe in der Wüste von New Mexico. Damit war der Beginn unseres Zeitalters markiert, in dem so ungeheuer viele Waffen mit solch gewaltiger Zerstörungskraft existieren, daß jeder Erdbewohner gleich mehrfach in die Luft gejagt werden kann. Daran denken wir, als wir die paar hundert Meter durch den Neuen Garten vom Cecilienhof zum Marmorpalais schlendern. Seit dem 1. März 1961 ist hier die nördliche Filiale des Armeemuseums der DDR untergebracht, die Zentrale befindet sich in Dresden. Von den Bauernkriegen bis zur Nationalen Volksarmee reicht die Spannweite der Waffenschau – soziale Hintergründe sind nur arg vergröbert angesprochen. Vor einer mit Zinnsoldaten nachgestellten historischen Schlacht legt ein vielleicht zehnjähriger Junge los: «Mutti, schau mal! Die Soldaten da!» Er hebt den Arm und ruft: «Feuer!» Mutti ist ein wenig peinlich. Sie versucht, ihn zur Betrachtung einer ebenfalls mit Zinnfiguren versehenen mittelalterlichen Dorfszenerie anzuhalten. Vergeblich. Hendrik findet imaginäre Gewehrsalven und Pulverdampf weit interessanter. Für DDRler gibt es hier übrigens eine der ganz wenigen Gelegenheiten, mit offiziellem Segen einen Blick in den «Spiegel» zu werfen. Aufgeklappt liegen da die Seiten 120 und 121 der Nummer 49 aus dem Jahre 1969 – Thema: US-Greueltaten in Vietnam. Uns hält es hier nicht lange, draußen staunen wir noch über die mit Fotozellen gesicherten Fenster. Nach einem Blick auf die vorm Palais aufgestellten Geschütze, den Panzer, das Schnellboot, den Düsenjäger und

die Rakete verabschieden wir uns. Es ist nicht weit zur russischen Kolonie, die 1826 für Sänger eines russischen Chores der preußischen Armee errichtet wurden. Jetzt werden die wirklich schönen und fast originalgetreuen Holzhäuser offensichtlich von Familien sowjetischer Offiziere bewohnt. Ob die Soldaten allerdings den Gottesdiensten beiwohnen werden, die der orthodoxe Erzbischof Feodosij aus Ostberlin in der nahen Alexander-Newski-Kirche wieder abhalten will, darf bezweifelt werden. Zu sehr sind die Soldaten in die überaus straffe und harte Disziplin der Roten Armee eingebunden. In der Umgebung der russischen Kolonie liegen mehrere Kasernen, überall stehen Posten herum, mit den überdimensionalen ‹Tellermützen› als Kopfbedeckung.

Potsdam weist eine große sowjetische Garnison auf – in der gesamten DDR sind etwa 380 000 Soldaten der «Gruppe Sowjetischer Streitkräfte in Deutschland» stationiert. Die Nationale Volksarmee bietet mit etwa 200 000 Soldaten gerade die halbe Stärke auf. Allem Anschein nach wird sie auch waffenmäßig kurz gehalten, die allermodernsten Kriegswerkzeuge erhält sie jedenfalls nicht. Auch besitzt die Nationale Volksarmee keinen Generalstab. (Jeder weiß aus noch so schlechten Kriegsfilmen, daß der Generalstab so etwas wie das Gehirn einer Truppe ist.) Die NVA ist somit voll der (sowjetischen) Leitung der «Vereinigten Streitkräfte» des Warschauer Vertrages untergeordnet.

So führt uns Potsdam vor Augen, wie abhängig (nicht nur) dieses

Zwei von 380 000

Deutschland vom großen Bruder ist, wie sein weiteres Schicksal auf Gedeih und Verderb mit dem der zugehörigen Großmacht verknüpft ist. Auch ein Eindruck, der uns nachhaltig zweifeln läßt, ob die Dinge in Europa weiterhin den Gang gehen können, den sie bisher gingen – obwohl alle beteiligten Seiten unangefochten daran zu glauben scheinen. Wie lautete doch der Titel eines historischen Buches im Arbeitszimmer der britischen Delegation in Schloß Cecilienhof? «Das Schicksalsbuch des deutschen Volkes».

Avecsouci

Für uns hat Potsdam ein ganz anderes Gesicht als das der gängigen Sehenswürdigkeiten. Hätten wir es in der Hand, wir würden Park und Schloß Sanssouci umbenennen – in Avecsouci. Doch davon lassen sich die Heerscharen der Besucher nicht beirren: Sie bummeln durch den Lustgarten, erklimmen die Weinbergterrassen, bestaunen die Fontänen, suchen Drachenhaus und Teehaus, schlurfen auf Filzpantoffeln durch Schlösser und Palais, erkunden Tempel und Grotten. Alte Pracht und Herrlichkeit erstrahlt da in neuem Glanze; Meldungen über Restaurierung oder Wiederherstellung häufen sich. Selbst das Tor der Garnisonkirche ist wieder aufgestellt – 1968 war die 1945 beschädigte Kirche endgültig gesprengt worden, gegen Proteste aus der Bevölkerung und seitens der Denkmalpfleger.

Über der Garnisonkirche lastete der «Tag von Potsdam», der 21. März 1933. Reichskanzler Adolf Hitler ließ den soeben gewählten Reichstag in einem Festakt konstituieren. Dabei kam es zum ‹historischen› Händedruck Hitlers mit dem greisen Reichspräsidenten Paul von Hindenburg, der nach dem Willen des Nazis die Kontinuität zwischen Preußentum und Nationalsozialismus symbolisieren sollte. Nun werden auch in der DDR Preußen, Militarismus und Faschismus nicht mehr in eins gesetzt, sondern ganz im Gegenteil sorgsam voneinander geschieden. «Die Preußen kommen», seit 1983 Jahren ist diese Komödie im Potsdamer Hans-Otto-Theater ständig ausverkauft (ein paarmal im Monat steht sie auf dem Programm). Sie nimmt die von Erich Honecker himself befürwortete Aneignung des «Erbes», besonders das enorme Tempo bei der des preußischen, aufs Korn. Wer je Gelegenheit zum Zuschauen hat, der lasse diese um Friedrichs willen bloß nicht aus!

Eine besonders eigentümliche Bereicherung des Stadtbildes findet sich an der Neustädter Havelbucht. 1841/42 wurde hier eine Moschee errichtet, erkennbar an der orientalischen Gestaltung und am Minarett. Wer jedoch auf die Rufe des Muezzin wartet, wird enttäuscht werden. Die Moschee ist nämlich nichts anderes als ein ... Pumpenhaus! Mit 80 Pferdestärken pumpte früher eine Dampfmaschine das Wasser zu den Fontänen von Sanssouci. Aber das ist noch nicht alles. Die Dampfmaschine ist ein technisches Denkmal erster Güte, entspricht sie doch voll und ganz dem klassischen Entwurf des James Watt. Leider war sie bisher nur im Sommer 1985 an ein paar Wochenenden zu besichtigen, diese von der Firma Borsig erstellte und an der Tragkonstruktion maurisch gestaltete Maschine.

Etwas aus dem Rahmen fällt auch eine Sackgasse, die «Mausefalle». Ein paar Meter nördlich des Jägertores, kurz hinter dem Intershop, dessen große Schriftzüge zwar entfernt, aber umrißhaft noch zu erkennen sind, weist ein kleines Schild zu den Häusern Jägerstraße 37 bis 40. Am Ende dieser Gasse haben einige Anwohner etwas Lebendigkeit geschaffen: In Vorgärten und Grünanlagen stehen einige Skulpturen herum, Ginkgos und andere Bäume werden gepflegt und gekennzeichnet. Aufgehende Sonnen an manchen Fensterscheiben veranschaulichen den bescheidenen Versuch, sich etwas wohnlich einzurichten in dieser eigenartigen Stadt.

VE BERLIN, HAUPTSTADT DER DDR

«In der Hauptstadt erhöhte Aufmerksamkeit – Spur halten»: So lesen die Autofahrer aus der DDR-Provinz an manchen Autobahnbrücken, wenn sie sich Ostberlin nähern. Eigentlich bedürfte es des Hinweises nicht, denn daß «Berlin, Hauptstadt der DDR» (so die offizielle Bezeichnung) etwas Besonderes ist, weiß jedes Kind. Unablässig wird es propagiert, angesichts des 750jährigen Stadtjubiläums 1987 wird noch ein Zahn zugelegt. Motto: «Unsere Hauptstadt wandelt sich auffallend schnell zu einer schönen Metropole, zum pulsierenden Herzen unseres Landes» – so eine Informationsbroschüre.

In den Augen der DDR-Oberen ist Ostberlin fast der Nabel der Welt, nur der Kreml ist vielleicht noch etwas wichtiger. Mit aller Kraft bemühen sie sich deshalb, aus der halben Stadt eine ganze erwachsen zu lassen – weshalb der bisherige Ostbahnhof nun zum Hauptbahnhof umgebaut und umbenannt wird. Dabei nehmen sie die direkte Konkurrenz zu Westberlin durchaus an. Unbestritten ist, daß Ostberlin die wichtigste Stadt der DDR ist – alle Behörden, Institutionen, Organisationen von einigem Gewicht haben ihre Zentrale hier. Voran natürlich das Zentralkomitee der Sozialistischen Einheitspartei Deutschlands. Überdurchschnittlich viele Werktätige sind hier in «nichtproduzierenden Bereichen» tätig, was jedoch nicht zum Trug-

schluß verleiten darf, Ostberlin sei keine Industriestadt – die ist es nämlich auch.

Möchtegern-Weltstadt

Ostberlin – die Metropole? Wenn darunter zu verstehen ist: das Zentrum von VEB-Welt, ein bißchen aufgeblasen und aufgemotzt, was auch sonst die DDR-Städtekultur ausmacht – dann ja. Aber Weltstadt-Metropole? Dazu gehört doch wohl etwas mehr als uferlos breite Straßen, «Aufmarsch- und Demonstrationsflächen», ein 365 Meter hoher Fernsehturm mit Aussichtsrestaurant, eine Weltzeituhr und einige piekfeine Hotels und Restaurants. Zwar läßt manches, was da an der Friedrichstraße und rund um den Platz der Akademie oder auch zwischen Spree und Stralauer Straße mit Blick auf das Planziel 1987 im Entstehen begriffen ist, darauf hoffen, daß sich wenigstens eine Art «urbane Gemütlichkeit» entwickeln kann. Aber fehlen werden auch dann die Straßenmusikanten und -künstler, die fliegenden Händler, das bunte Volk aus aller Herren und Frauen Länder – und erst recht die Flugblattverteiler, Missionare und ‹Krawallmacher›. Denn dann wäre die DDR nicht mehr die DDR. Als Hauptstadt *dieser* DDR aber wird sie nie eine Metropole werden, nicht einmal Warschau oder Budapest erreichen, denn Weltoffenheit und Ausreisesperre für eigene Bürger sind nie und nimmer unter einen Hut zu bringen. Da können von internationalen Spezialisten die dollsten Freßpaläste hingebaut werden – es nützt alles nichts, wenn nachher dann Kellner den Platzanweiser spielen oder es ungehörig finden, wenn Gäste eigenmächtig die Stühle zusammenrücken.

Und doch *kann* diese halbe ganze Stadt faszinierend sein. Weniger wegen der paar Nachtbars, in denen bis in den frühen Morgen Amüsemang geboten wird. Eher schon wegen des historischen Erbes: Die Preußen, die Weimarer Republik, die Nazis, der Krieg, die Stalinisten, die Juden, die Hugenotten – alle haben sie ihre Spuren hinterlassen, mehr als im Westteil. Manches an alter Pracht, aber auch all das, was vermurkst worden ist, die Ruinen und ruinierten Straßen prallen unmittelbar aufeinander. Besonders im Zentrum, der historischen Stadtmitte. Dort auf dem Balkon des (abgerissenen) Schlosses rief Karl Liebknecht im November 1918 eine Republik aus, auf die wir noch immer warten; dort stand der Bunker von Hitler, dort hat sich Goebbels umgebracht, dort hatten die Juden ihr Stadtviertel, ihre Synagogen, Friedhöfe und koscheren Geschäfte; dort lebten die Proleten in den schaurigen Hinterhöfen – und dort leben sie noch heute. Dort sind nach dem Mauerbau die Menschen aus den Fenstern in den Westen gesprungen, und dort sind an den Häusern unübersehbar die Spuren von Granaten und MPs aus dem «Kampf um Berlin» 1945. Überhaupt sind die Wunden der Vergangenheit noch sichtbar, kein Glamour spielt darüber hinweg, oft ist nicht einmal Farbe zum Übertünchen der alten Fassadenreklamen da. Selbst nach vielen Stadtbummeln stehen wir immer wieder vor einem Gebäude, einem Platz, einer Inschrift und schütteln verwundert den Kopf. Am stärksten beeindrucken uns die Zeugnisse der jüdischen Kultur.

Ausgelöschte Welt

Irgendwo im Quartier von Oranienburger und Tucholskystraße soll es an einer alten Hausfassade noch eine verblaßte Inschrift geben, die auf «koscheres Fleisch», also rituell reines Fleisch, hinweist. Wir finden sie jedoch nicht – vielleicht ist sie auch längst verwittert... Wie das gesamte jüdische Leben hier fast vollständig erloschen ist. Zwar gibt es die Gemeinde, der ein paar hundert Gläubige angehören. Auch veranstaltet sie in der neuen Synagoge, immerhin auch schon etliche Jahrzehnte alt, im Hinterhof der Rykestraße 53 (nahe des Senefelderplatzes) Gottesdienste – doch ein Rabbiner muß aus dem Ausland geholt werden, und das geschieht nur an hohen Feiertagen.

Nur wenige junge Menschen finden sich im jüdischen Glauben wieder, einige arbeiten in der Gemeinde mit, ohne der Religion beizutreten. Auch bekennen sich nicht alle Gemeindeglieder offen zu ihrem Glauben, ein nicht unerheblicher Teil der Gemeindepost wird in neutralen Briefumschlägen versandt – auf Wunsch der Empfänger. Erst als der vierzigste Jahrestag des Kriegsendes nahte, wurden die Juden in der DDR von offizieller Seite als eine Art «Prestigeobjekt» behandelt, so der Vorsitzende der Gemeinde, Dr. Peter Kirchner. Was aber die Stadtverwaltung nicht hindert, das alte Zentrum des jüdischen Lebens in Berlin, die Gegend um Münzstraße und Alte Schönhau-

Jüdische Familiengeschichte

ser Straße, abreißen zu lassen oder völlig umzukrempeln. Das einstmalige Scheunenviertel, in zahlreichen Romanen und Erzählungen beschrieben, ist nicht mehr.
Heute ist kaum noch vorstellbar, daß just hier der pulsierende Mittelpunkt des Lebens der 160 000 Berliner Juden lag. Hunderte von Geschäften, florierender Straßenhandel, vielfältiges kulturelles Treiben, Austausch über Sprach- und Nationalitätsgrenzen hinweg, intellektuelle Debatten mit Ausstrahlung – von alledem ist noch nicht einmal mehr ein Hauch zu verspüren. Grausam, aber wahr – das jüdische Leben liegt ein für allemal begraben, die Friedhöfe sind die Verkörperung des Geschehens. Ganz in der Nähe der alten Synagoge, an der Ecke von Großer Hamburger und Monbijou-

straße, bedeckt eine Grünanlage den von Nazis verwüsteten alten jüdischen Friedhof. Nur das Grab von Moses Mendelssohn und einige in die Wand des Nachbarhauses eingelassene Grabsteine künden von der einstmaligen Bedeutung dieses Platzes, an dem auch das niedergebrannte jüdische Altersheim stand. Ein zweiter Friedhof befindet sich an der Schönhauser Allee in Höhe der neuen Synagoge, gleich neben der Volkspolizei-Inspektion Prenzlauer Berg.

Bleibt der Friedhof Weißensee, von der Herbert-Baum-Straße oder der Lichtenberger Straße her zu betreten, eine der größten jüdischen Grabstätten Europas. Mehr als 100 000 Menschen sind hier bestattet. Üblicherweise spüren westliche Journalisten den Prominenten nach: den Eltern von Kurt Tucholsky ebenso wie dem Gründer des Hertie-Konzerns Hermann Tietz, dem Verleger Samuel Fischer ebenso wie Martha Liebermann, der Witwe Max Liebermanns – oder Herbert Baum, der im Mai 1942 eine Nazi-Ausstellung über die UdSSR in Brand setzte und hingerichtet wurde. Doch liegt darin nur eine, die unwichtigere Seite des 1880 eingeweihten Friedhofes.

Wir leihen uns am Eingang gegen 10 Mark Pfand die Kopfbedeckung aus, ohne die Männern der Zutritt untersagt ist – eine kleine schwarze Kappe mit eingesticktem Davidstern. Unübersehbar groß ist der Friedhof, auf vierzig Hektar soll er sich erstrecken. Die Gräber erzählen uns die düstere Geschichte der Juden in Deutschland. Einstmals waren sie ein nicht wegzudenkender Teil des Lebens in Deutschland, leisteten sie allen Anfechtungen zuwider wichtige Beiträge zur Erweiterung des geistigen und kulturellen Horizonts in Deutschland. Geheimräte, Stadträte, Professoren, Doktoren, Kommerzienräte – manche Grabsteine künden davon, daß die Toten ihren Platz in der Gesellschaft hatten. Auch ein Ehrenfeld für 365 Opfer des Ersten Weltkriegs, «die von jüdischer Seite die Treue zum Vaterland mit dem Tode besiegelt haben», wie die jüdische Gemeinde damals erklärte, findet sich.

Die linksintellektuelle deutschjüdische Tradition etwa von Landauer, Toller und Tucholsky wurde in der Weimarer Zeit dann kaum noch zur Kenntnis genommen – die Deutschen trieben dumpf ihrem Schicksal entgegen. Viele der Grabsteine tragen Sterbedaten zwischen 1933 und 1945.

Sind diese Toten wirklich natürlicher Tode gestorben? Wir wissen es nicht; nur selten ist beispielsweise zu lesen: «Deportiert 3. August 1942 nach Theresienstadt», «Gest. Oktober 1944 in Auschwitz als Opfer des Nationalsozialismus». Systematisch wurde die Ausrottung der Juden und ihres Anteils am Gemeinwesen Deutschland betrieben – hier auf dem Friedhof konnten einige Juden überleben. So fanden sie zum Beispiel im Dach des nun zerfallenden Mausoleums des Kammersängers Joseph Schwarz eine Zuflucht für ihre illegale Existenz. Uns wühlt der Gang über den Friedhof auf, offenbart er uns doch, mit welch brutaler Blindheit, mit welch haßerfüllter Engstirnigkeit unsere Väter und Mütter diesen Krieg gegen die Menschen nebenan geführt haben. Und wie wenig davon ‹bewältigt› ist. Werden in Deutschland-West jüdische Friedhöfe geschändet, kümmert sich in Deutschland-Ost kaum jemand um ihre Erhaltung. Weißensee wirkt zum Teil wie ein Urwald. Aus Grabstätten sprießen meterhohe Bäume, Grabsteine sind umgestürzt oder zerbrochen, die Gräber abseits der großen Wege im Wildwuchs gar nicht mehr zu erreichen. Buchstaben und Embleme sind herausgerissen, wir lesen: «Hier ruht unsere inniggeliebte Mutter . . . 8 gest. 24. 6. 1928.»

Nur wenige Gräber erwecken den Eindruck kontinuierlicher Pflege, die Grabstätten der letzten Jahre sind ohnehin abgetrennt – an der Mauer zur angrenzenden Getränkefabrik. Die Bürde des Unterhalts lastet auf den jüdischen Gemeinden und einigen Angehörigen, von den deutschen Nichtjuden stellt sich keiner in die konkrete und damit auch in die historische Verantwortung. So ist der Friedhof Weißensee anscheinend dem Vergessen anheimgefallen, sein Äußeres ist ein getreues Spiegelbild der Realität in beiden Deutschländern.

Das gilt auch für die alte Synagoge in der Oranienburger Straße. Die meisten Passanten gehen ohne aufzumerken einfach dran vorbei. Nur wenige werfen einen Blick auf das Bauwerk, von dessen einstiger Bedeutung nur noch die Höhe zeugt. Ein Gitterzaun versperrt den Zugang zu der Ruine, lediglich eine Gedenktafel teilt Erläuterndes mit. 1866 begann der Bau der Synagoge, am 9. November 1938 (in der sogenannten Reichskristallnacht) wurde sie in Brand gesteckt, 1943 fiel sie einem Bombenangriff zum Opfer. Nach dem Krieg sahen die Stadtherren darin «für alle Zeiten eine Stätte der Mahnung und Erinnerung» und ließen sie stehen. Ob die Ruine diesem Zweck gerecht wird, darf bezweifelt werden – der Zahn der Zeit läßt sie eher unansehnlich werden, so daß sich kaum jemand zum Verweilen und Nachdenken aufgefordert fühlen dürfte.

Dieser Meinung ist auch die jüdische Gemeinde, deren Büro gleich neben der Synagoge untergebracht ist (einschließlich der berühmten Judaika-Bibliothek, die jeder benutzen kann). Jedenfalls hat die Gemeinde erreicht, daß im Zuge des großen Hausputzes in der Hauptstadt auch die alte Synagoge restauriert und zu einem Museum umgestaltet wird. Was Anlaß zu der Hoffnung gibt, daß die verschütteten Spuren des jüdischen Lebens etwas freigeschaufelt und der Öffentlichkeit leichter zugänglich gemacht werden. Bis dahin bleibt nur, auf eigene Faust danach zu suchen.

Ganz in der Nähe, in der Tucholskystraße 40, werfen wir einen Blick in den Hinterhof. Zwar ist hier eine Firma namens Interwerbung untergebracht, doch sollte sich davon niemand abhalten lassen. Denn im Hof ist über dem Eingang des Hinterhauses die alte Fassade des Rabbinerseminars zu erkennen. Auch hier wird mächtig gebaut – doch hoffentlich bleiben die Inschriften rund um den Davidstern erhalten. Der weitere Streifzug führt in die Auguststraße, hin zur Friedrichstraße. Am Haus mit der Nummer 82 entdecken wir ein Schild mit der Aufschrift «Aktion Sühnezeichen DDR». Dieser Friedensdienst arbeitet unter anderem auf dem Gelände des ehemaligen Konzentrationslagers Buchenwald und auf jüdischen Friedhöfen, «stellvertretend für die Angehörigen des jüdischen Volkes, die durch Tod oder Emigration nicht mehr die Gräber ihrer Verstorbenen pflegen können». Wer sich für diese auch in der DDR höchst seltene Versöhnungsarbeit von unten interessiert, der schaue mal hinein. Und lasse eventuell ein paar Ost- oder Westmark da, denn Spenden sind dringend erwünscht!

Aller Anfang ist Frust

Die gegenwärtige VEBerlin-Welt wird Besuchern zunächst in Gestalt des Stadtzentrums begegnen: Friedrichstraße, Unter den Linden, Alexanderplatz. Diese Quadratmeile steht an aller Anfang. Am Anfang aber war die Enttäuschung. Uns selbst ging es so, und im weitläufigen Bekanntenkreis kommt auf das Stichwort Ostberlin mit allergrößter Wahrscheinlichkeit die gleiche Reaktion: einmal und nie wieder. Ob die Erlebnisberichte in der Friedrichstraße (Fußgänger) oder der Heinrich-Heine-Straße (Autofahrer) ihren Anfang nehmen, spielt dabei keine Rolle. Schnell sind die einen wie die anderen Unter den Linden gelandet. Schon da, auf der (60 Meter breiten) größten Sackgasse Ostberlins – die Erleichterung über das Passieren der Grenze hat noch gar nicht zu wirken begonnen –, setzt ein gewisses Gefühl der Verlorenheit ein. Rauf und runter, bis zu den Absperrungen vor dem Brandenburger Tor, latscht jeder, vorbei an Botschaften und Fluggesellschaften, an einigen Exklusiv-Läden ohne Preisschilder, an allerlei Uniformierten. Vorbei auch an dem «Mahnmal für die Opfer des Faschismus und Militarismus» mit der martialischen Ehrenwache. Wer sich von der nicht abschrecken läßt, findet im Innern des klassizistischen Baus (ehemals Neue Wache) zwei Gedenkplatten, die vor einem Glasquader mit der ewigen Flamme in den Boden eingelassen sind: links der «Unbekannte Widerstandskämpfer», rechts der «Unbekannte Soldat». Jener wurde im April 1945 in der Nähe von Zittau von SS-Männern erschossen, dieser starb ebenfalls im April 1945 – in Groß Krauscha nahe Görlitz wurde der etwa 20jährige deutsche Soldat in einem halb zugescharrten Grab gefunden. 1969 wurden ihre sterblichen Überreste im Mahnmal beigesetzt – was soll da das militärische Brimborium, fragt sich jeder und sucht im gegenüberliegenden Palast der Republik, auch Ballast der Republik oder Palazzo Prozzi genannt, Zuflucht.

Dieser Palast ist nämlich für das Volk da, folglich soll dort gefeiert, getagt, gearbeitet und vor allem gegessen und getrunken werden. «Spaß muß sein!» heißt denn auch eine Revue, die zum ‹vielfältigen Kulturprogramm› gehört. Wozu das Theater im Palast (TiP) seine «Männermonologe» beisteuert, beispielsweise. Ein etwas langweiligeres Schauspiel bietet die Volkskammer der DDR an, die auch im Palast tagt und nominell sogar das höchste Verfassungsorgan ist, tatsächlich aber genausoviel zu sagen hat wie das Volk. Wir Westler bekommen davon nicht allzuviel mit, für die interessanten Veranstaltungen sind die Karten meist schon im Vorverkauf weggegangen. Was bleibt und jedem offensteht, ist das Foyer, das die Gemütlichkeit einer Glasvitrine ausstrahlt, immerhin aber auch einige sehenswerte großflächige Gemälde von «anerkannten DDR-Malern» (gemeinsamer Titel: «Wenn Kommunisten träumen . . .») dem Besucher offeriert. Der wagt sich später vielleicht noch an einen Museumsbesuch – Pergamon, hat ja jeder schon mal was von gehört – oder versucht, wahrscheinlich vergeblich, sich Zutritt zum Hauptgebäude der Humboldt-Universität zu verschaffen. Früher oder später landen alle auf dem Alexanderplatz. Wer entweder großes Glück oder eine gute Portion Stehvermögen mitgebracht hat, läßt sich hinauf zur Aussichtsplattform (203 Meter hoch) oder ins Telecafé (207 Meter hoch) des Fernsehturms liften. Das ist, wenn nicht gerade Gesamtberliner Smog angesagt ist, immerhin schon mal ein Erlebnis, dreht sich doch dieses Telecafé stündlich um seine Achse, so daß jeder mal in den Osten, mal in den Westen kieken kann. Das Ende des Vergnügens wird unübersehbar durch einen Strich auf dem Boden angezeigt.

Wieder zurück auf der Erde, trottet jeder noch einmal über das unermeßliche Rund des Alex. Wobei die wenigsten wissen, daß es hier am 7. Oktober 1977, dem 28. Jahrestag der DDR-Gründung, im

Wache vorm antimilitaristischen Mahnmal

Anschluß an ein Rockkonzert eine böse Straßenschlacht zwischen Jugendlichen und Uniformierten gab. Der Liedermacher und Augenzeuge Karl Winkler («Made in DDR»): «Das Pflaster war aufgerissen, überall lagen Steine, Glasscherben, kaputte Stühle und Tische und umgestürzte Müllcontainer rum.» Es war nicht der erste und nicht der letzte Ausbruch angestauter Wut, aber, soweit bekannt, der blutigste: Mehrere Tote soll es gegeben haben. Seitdem tun die DDR-Oberen alles, um «Zusammenrottungen» auf dem Alex zu unterbinden.

So imponieren am meisten die Kameras auf den Dächern ringsum (die in der BRD bereits seit langem selbst in Provinzstädten im Einsatz sind). Der unerbittlich vorrückende Zeiger der Weltzeituhr macht darauf aufmerksam, daß das Problem mit dem Mindestumtausch noch nicht gelöst ist. So folgt jetzt noch eine Verzweiflungstat: Entweder wird im nächsten Buchladen zugeschlagen, oder eine (weitere) Expedition ins Reich der DDR-Gastronomie ist fällig. Da ergibt sich sogar die Gelegenheit, Einheimische kennenzulernen: Die Tischnachbarn wirken ganz nett, aber etwas verkrampft-höflich, vielleicht sind es auch Stasi-Agenten? Nachher, an der Garderobe, stellt sich heraus, daß sie auch aus dem Westen sind.

Dieweil droht die Sonne im Westen unterzugehen, höchste Zeit, den Osten zu verlassen, im Dunkel noch dortbleiben – da graut's einem ja richtig. Also auf kürzestem Wege wieder zurück ins – nun wieder oder erstmals – gelobte Land.

Noch mal von vorn

Muß das so sein? Bei einiger Anstrengung nicht. Uns hat sich das andere Ostberlin auch erst durch unsere Ostberliner Freunde erschlossen. Indem sie uns Tips gaben, die in keinem Informationsheft stehen: Wo wer eine Lesung im Wohnzimmer abhält, wann eine Punk-Hinterhoffete stattfindet, wo das nächste Mal ein selbstproduziertes Videoband zu sehen sein wird. Oder indem sie uns einen Studentenausweis borgten, damit wir im Studentenklub der Uni für 3 Mark 10 «Pankow» live erleben konnten. Oder wir wurden zu einer Fete an der Sektion Musik eingeladen, Gestalter des musikalischen und kabarettistischen Programms: die Studenten. Erster Teil bis Mitternacht im FDJ-Klub, zweiter Teil in der U-Bahn und auf den Bahnhöfen – wo selbst die Stationsvorsteher in den Refrain einfallen und mit der Kelle ein Banjosolo imitieren. Wenn wir in den gemütlichen Wohnhöhlen unserer Ostberliner Freunde Tee schlürfen oder mitgebrachten Wein trinken, andere Freunde per Zufall hineinschneien – Telefon hat so gut wie keiner, jeder besucht auf gut Glück andere und ist immer darauf eingerichtet, spontan Besuch zu bekommen –, dann entsteht Ostberlin, die DDR noch einmal neu, stürzen die Mauern ein. Aber private Kontakte, Freundschaften lassen sich nicht herzaubern, schon gar nicht per Reisebuch. Wir können nur ein paar Wege aufzeigen, die das «Alex-Unter-den-Linden-Desaster» vermeiden helfen, manchmal auch Chancen bieten, mit diesem *anderen* Berlin

in Berührung zu kommen.
Fangen wir noch einmal Unter den Linden und mit dem Problem von Cafés und Kneipen an. An der Ecke Friedrichstraße steht da beispielsweise das «Lindencorso», ein schon äußerlich gräulicher, innen selten ungemütlicher Kasten mit noch dazu saftigen Preisen (hier landen denn prompt die meisten Touristen). Aber im hinteren Teil, abgetrennt von dem pseudomondänen Café, verbirgt sich ein «Espresso», von den Stammkunden «Café Kaputt» genannt. Die kommen oft aus der nahen Uni oder sind Bühnenarbeiter bei der Komischen Oper um die Ecke. (Kleiner Hinweis am Rande: Bühnenarbeiter ist neben Friedhofswärter, Pförtner, Heizer und Volkssolidaritätshelfer eine der beliebtesten Berufsnischen für Nonkonformisten.) Nicht, daß das «Café Kaputt» eine besonders originelle Einrichtung hätte, eher ist es VEB-mäßig schlicht, aber das Licht ist ein bißchen schummrig gehalten, der Laden ist klein und übersichtlich, und außer Espresso gibt's auch ein bißchen was Warmes und Preiswertes zum Beißen. Erwähnenswert ist Unter den Linden noch das «Café Egon Erwin Kisch» an der Ecke Schadowstraße (der berühmte «rasende Reporter» arbeitete bis 1927 in der Redaktion der «Arbeiter-Illustrierten-Zeitung» gegenüber in der Schadowstraße). An den Wänden Fotos und Dokumentarisches zu Kisch, darunter auch ein Zitat, sinngemäß: Die Wahrheit ist alles beim Schreiben. So einfach läßt sich das sagen.
Im «Kisch» ist das Publikum sehr gemischt, hier finden sich mehr Ausländer, aber auch Mitarbeiter des Außenhandelsministeriums. Die müssen beruflich, dürfen aber nicht privat mit Ausländern Kontakt haben. Da der Reisepaß zum Glück nicht am Revers getragen werden muß und die Vorschriften offenbar auch von den Betroffenen nicht (immer) so eng gesehen werden, sind wir aber denn doch mit einem ins Gespräch gekommen, SED-Genosse selbstverständlich. Und haben uns mal erzählen lassen, wie er im täglichen Berufsleben Westler kennenlernt: Auffällig, wie sie geradezu peinlich alle politischen Themen aussparen würden, sich aber angelegentlich nach Privatem erkundigten. Die meisten wirkten ausgesprochen servil und vor allem gestreßt. Einen gestreßten Eindruck macht unser Genosse Außenhandelsvertreter überhaupt nicht, er gibt aber zu, daß er keine besonderen Karriereambitionen pflegt und der Weg nach oben auch in der DDR reichlich ölig ist. Etwas vornehmer als im «Kisch» und stilechter als Kaffeehaus eingerichtet ist das «Café Arkade». Etwas gediegen zwar, das Publikum teilweise auch, aber noch akzeptabel-gemischt. Wie überhaupt gesagt werden muß, daß eine so strikte Trennung wie im Westen, wo die Studis und die Taxifahrer, die Penner und die Skatklopper alle ihre eigenen Quartiere haben, im Osten nicht vorherrscht. Großer Vorteil des «Arkade»: seine Lage am Französischen Dom, dem geistlichen Zentrum der Berliner Hugenotten. Der Französische Dom bildet zusammen mit der Französischen Friedrichstadtkirche, dem Deutschen Dom und dem ehemaligen Schauspielhaus das Ensemble für den Platz der

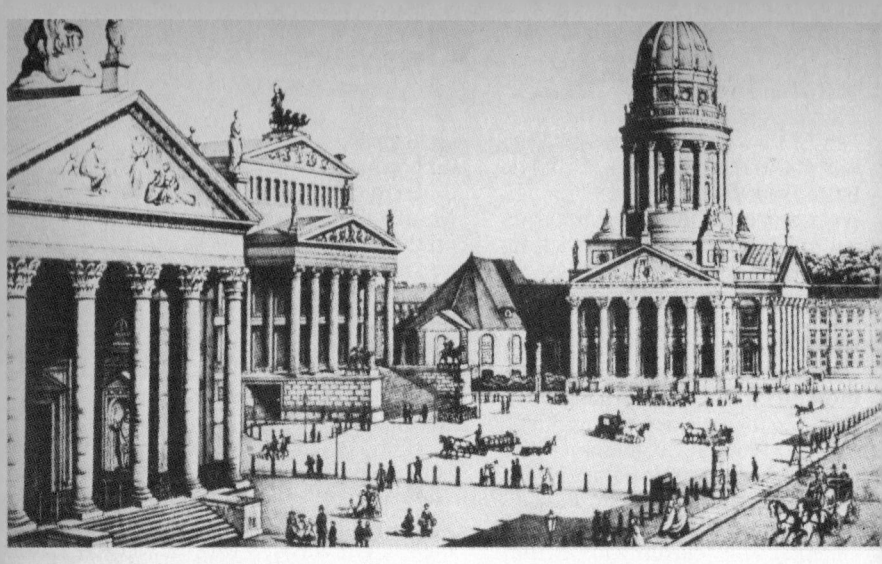

Angepeilte Optik: Platz der Akademie

Akademie (früher: Gendarmenmarkt), der seit Jahren im Wiederaufbau begriffen ist und nach seiner vollständigen Wiederherstellung recht ansehnlich zu werden verspricht – was sicher auch etwas mit der französischen Tradition dieses Quartiers zu tun hat.

Hilfreiche Hugenotten

Gegen Ende des 17. Jahrhunderts erhielt das bieder-beschränkte Gemeinwesen Brandenburg-Preußen eine kräftige Blutauffrischung – Kurfürst Friedrich Wilhelm von Brandenburg holte mit seinem Edikt von Potsdam ab 1685 etwa 20 000 Hugenotten ins Land, die wegen ihres Glaubens ihre französische Heimat verlassen mußten. Geschickte, phantasievolle und aufgeklärte Menschen kamen da, allein in Berlin ließen sich ihrer 5 000 nieder.

«Wir haben ihnen unsere Manufakturen zu danken, und sie gaben uns die erste Idee vom Handel, den wir vorher nicht kannten. Berlin verdankt ihnen seine Polizei, einen Teil seiner gepflasterten Straßen und seine Wochenmärkte. Sie haben Überfluß und Wohlstand eingeführt und diese Stadt zu einer der schönsten Städte Europas gemacht. Durch sie kam Geschmack an Künsten und Wissenschaften zu uns. Sie milderten unsere rauhen Sitten, sie setzten uns in den Stand, uns mit den aufgeklärtesten Nationen zu vergleichen, so daß, wenn unsere Väter ihnen Gutes erzeigt haben, wir dafür hinlänglich belohnt worden sind.» (Ein königlich-preußischer Kammerherr brachte diese Sätze so um 1770 zu Papier.)

In der Französischen Friedrichstadtkirche hat das Hugenottenmuseum seinen Platz gefunden. Es ist wirklich erstaunlich, was es alles nicht gäbe, wären die Hugenotten nicht gekommen: keine Boulette, keine Schrippe (Gesamtberliner Ausdruck für Brötchen), kein Hackfleisch, keine Blutwurst, keine Waffelbäckerei, selbst die ureigenste Berliner Spezialität, das Weißbier, entstammt ihrem Einfallsreichtum – als Champagner du Nord wurde es von 1741 an gebraut. Doch eines hätte der Hugenotte Braconnier vielleicht besser nicht erfunden, gerät sie in der DDR doch zum wabbeligen Schatten ihrer selbst: die Bockwurst.

Bockwürste, ob nun hugenottisch oder VEBerlinerisch, sind in der Französischen Kirche nicht zu erstehen. Dabei müssen kirchliche Einrichtungen nicht ungastlich sein. Beweis: das «Christliche Hospiz am Bahnhof Friedrichstraße», in der Albrechtstraße 8 beheimatet. Nein, kein Asylantenheim für Penner aus dem Westen, sondern ein richtiggehendes Hotel mitsamt Beköstigungsmöglichkeit erwartet einen hier. Leiter der Einrichtung: ein Pfarrer.

Zum Schluß noch drei Tips für den Alex und seine Umgebung, alle unscheinbar bis versteckt gelegen. Das «Posthorn» in den Rathauspassagen ähnelt ein bißchen dem «Café Kaputt»; etwas übertrieben wird es gelegentlich als Szene-Lokal bezeichnet, richtig ist wohl eher, daß sich hier allerlei Flippis und buntes Volk ein Stelldichein geben. (Die Szene trifft sich im Prenzlauer Berg, der Alex liegt da schon zu abseits.) Seine Beliebtheit verdankt das Posthorn seiner Rundumverglasung: Sehen und gesehen werden ist hier die Devise. Fast wirkt es wie eine trotzige Reaktion auf die (in dieser Gegend tatsächlich mehr als zur Genüge vertretenen) Staatsschützer, die sich ja bekanntlich nichts sehnlicher als den gläsernen Menschen wünschen. Wer's nicht gleich findet, frage sich am besten nach der «Tute» durch – unter diesem Spitznamen ist das Lokal besser bekannt.

Am anderen Ende des S-Bahnhofes Alexanderplatz findet sich auf der gegenüberliegenden Straßenseite in der Karl-Liebknecht-Straße etwas versteckt die Treppe hinunter in die «Wernesgrüner Bierstube» – eine Berliner Eckkneipe im Kellergeschoß. Die Stammtischrunde ist gleich zweimal vertreten – einmal live am runden Holztisch und einmal an den Wänden als leicht karikierte Zeichnung. Von der oberirdischen Etepetete des Alexanderplatzes ist hier zum Glück nichts mehr zu spüren, eher herrscht eine skat- und bierselige Stimmung. Neben Dauer- und Quartalssäufern reiten hier aber auch Freaks ein, womöglich noch mit langen Haaren, Kutte und Jeansjacke. Als Treffpunkt für Jüngere weniger geeignet, aber doch einen Abstecher wert ist die Altberliner Bier- und Weinstube «Zur letzten Instanz» in der Waisenstraße. Ihre Tradition geht immerhin bis ins Jahr 1621 zurück, weshalb sie sich älteste Gaststätte der Hauptstadt nennen darf. (Wenigstens so lange, bis «Zum Nußbaum», Fischerstraße/Ecke Köllnische Straße, wieder geöffnet ist.) Der Einrichtung mit 200 Jahre altem Majolikakachelofen und allerlei Berlinarien kann eine gewisse Originalität nicht abgesprochen werden. Kellner und Stammgäste geben sich betont berlinerisch, sprich mit lautem und schnellem

Mundwerk, und das Bier heißt hier natürlich Molle.

Allen Cafés und Kneipen, Treffpunkten und kulturellen Einrichtungen zum Trotz regt sich erfahrungsgemäß bei vielen Hauptstadtbesuchern früher oder später das Bedürfnis, nun einmal das ungeschminkte, wirkliche Leben und Treiben in Berlin kennenzulernen. Da liegt nichts näher als der Prenzlauer Berg, der Bezirk, der sich gleich nördlich an die Stadtmitte anschließt. Obgleich hier in mancherlei Hinsicht ‹DDR verkehrt› gespielt wird. Weswegen wir auch noch auf Friedrichshain und Treptow aufmerksam machen wollen. Und für die Fans vons Jrüne und Effi-Baden (FKK) den Müggelsee.

Prenzelberg, die wahre Hauptstadt

Hier hat niemand, am wenigsten die Obrigkeit, ein Zentrum städtischen und kulturellen Lebens geplant. Hier ist schon lange der Putz ab – und Lack hat es überhaupt nie gegeben. Alles ist organisch gewachsen, gewuchert, und seit einigen Jahren quirlt es im alten «Berlin-NO» wie nirgendwo sonst in der Republik. Ostberlins halb-öffentliche Subkultur hat hier ihre Adressen – allerdings nur wenigen bekannt und in keinem Stadtmagazin nachzulesen. Schwule und Lesben haben hier stadtbekannte Treffpunkte. Punks können sich auf der Straße sehen lassen, ohne gleich wie Zootiere begafft und womöglich bespuckt zu werden. Illegale Wohnungsbesetzungen sind an der Tagesordnung, auch wenn niemand ein Transparent aus dem Fenster hält. Aber wenn Graffiti gesprüht oder gar Flugblätter verteilt werden, dann hier – wobei «hier» und «Prenzlauer Berg» natürlich nicht exakt mit der Bezirksgrenze übereinstimmen, sondern auch die angrenzenden Straßenzüge von Friedrichshain, Weißensee, Pankow und Mitte einschließen. Unter den vielen Berlin- und DDR-Rekorden hält der Prenzelberg auch den, bei Wahlen zur Volkskammer regelmäßig die meisten Neinstimmen und die geringste Wahlbeteiligung aufzuweisen.

Anfang des 19. Jahrhunderts gab es im Gebiet des heutigen Prenzlauer Berges noch Äcker, Weinbau und etwa dreißig Windmühlen. Hundert Jahre später hatte der Bezirk dann schon im wesentlichen die heutige städtebauliche Gestalt angenommen: ein paar große Straßen längs, viele kleinere quer und dazwischen Zeile um Zeile Mietshauskasernen. Der Krieg ließ reichlich davon stehen, und in diesem für die Behörden nur schwer zu durchdringenden Dschungel unzähliger verwahrloster Altbauwohnungen ließen sich dann peu à peu die Freaks und Möchtegernaussteiger nieder oder erwarben hier ihre Sozialisation. Nirgendwo ist die DDR wohl auch so kaputt wie im Prenzlberg, in dem zwar immer noch Arbeiter, aber auch überdurchschnittlich viele alte Leute und «Assis» (gängiges Kürzel für Asoziale, Penner, Knastis) wohnen. Selbst die Staatsmacht schaut dem Treiben etwas resigniert zu und/oder hat sich im Laufe der Jahre eine erfahrungsbedingte Gelassenheit angewöhnt. Was in Provinzstädten Polizei und Stasi den

Angstschweiß auf die Stirn treibt und umgehend schwerstes Kaliber bis hin zu Gefängnisstrafen auf sich zieht, rutscht hier noch manches Mal durch. Prenzlauer Berg – das ist eben der «Rangelzangel von Berlin» (Helmar-Federowski-Band).

Drei breite Magistralen durchziehen den Prenzlauer Berg in Nord-Süd-Richtung: die Greifswalder Straße, die Prenzlauer und die Schönhauser Allee. Quer läuft die Dimitroffstraße, im Süden begrenzen Wilhelm-Pieck- und Mollstraße, im Norden Bornholmer, Wisbyer und Ostseestraße den Bezirk. Zwischen Prenzlauer und Schönhauser Allee liegen die wohlfeilsten Adressen: Schliemann- und Duncker-, Knaack-, Lychener und Stargarder Straße. Natürlich nur für *die*, vor *denen* ihre Eltern immer gewarnt haben. Wer Sinn für verschärftes Hinterhofmilieu aufbringt, für den lohnt sich ein Bummel allemal. Die Zugabe: hin und wieder alte, ausgeplünderte Autowracks am Straßenrand.

Die Hauptstraße aber ist die Schönhauser. Selbst nachts und in der Woche ist hier noch was los – ohoho. Allein zwischen Dimitroff- und Wisbyer Straße haben vier Nachtbars mit Tanzgaststätte («Schoppenstube», «Lolott», «Lotus», «Café Nord») bis 5 Uhr morgens Betrieb. Das Charakteristikum der Schönhauser ist die U-Bahn, die nördlich des Senefelder Platzes zur Hochbahn wird. Lebensquell der Straße sind die vielen kleinen, oftmals privat geführten Läden, Cafés und Imbisse. Nehmen wir nur einmal die größte Kreuzung, an der die Schönhauser mit Dimitroffstraße und Ka-

Rangelzangel in Ostberlin

stanien-/Pappelallee zusammenprallt: Unter der U-Bahn, dem Magistratsschirm, verkauft das Ehepaar Konnopke seine Würstchen – niemand in Ostberlin, der nicht Konnopkes Würstchen kennt. Die Curry für 90 Pfennig – das wäre für Westberliner Imbißstuben eine harte Konkurrenz. Rund um die Kreuzung: die «Schoppenstube», die Buchhandlung F. C. Weiskopf, ein Modelleisenbahnladen, eine Kohlenhandlung, ein Fleischer, ein Konditor, die Gaststätte «U-Bahn» (mit U-Bahn-Wagen-Teilen als Interieur, mit passenden Gerichten wie «Stromschiene» und einer Karte an der Wand, die die erste U-Bahn-Linie von 1901 zeigt – die meisten Stationen liegen im Westen, von hier aus unerreichbar), ein Kiosk, Fahrrad-Linke (auch der, wie Konnopke, mit viel Andrang vor dem Laden), eine Sparkassenfiliale, das Kreiskulturhaus

«Prater» (mit «Mitternachtsdisko für die Mittzwanziger»). Dazu rollen noch mehrere Straßenbahnen knirschend und klingelnd über die Kreuzung. Für Betrieb ist hinreichend gesorgt. Keine zweite Straße hat soviel Gesicht wie die Schönhauser.

Natürlich hat auch die Szene an der Schönhauser ihr Café, haben die Schwulen ihre Treffs. Abgesehen von der Gefahr, daß westliche Publikationen offenbar Schließungen provozieren können, wechseln Szene-Lokale des häufigeren, meistens bedingt durch «Rekonstruktion» – wie erst kürzlich das «Café Mosaik» (Szenejargon: «Mosambik») an der Prenzlauer Allee. Deshalb an dieser Stelle keine Adressen. Die geeigneten Lokale lassen sich ohne große Mühe ausfindig machen. Die «Bunten» unter den Passanten, die einem weiterhelfen können, sind unschwer zu erkennen, die Grenzen zu den «Stinos», den stinknormalen Bürgern, sind weniger fließend als im Westen. Erobere sich also jeder sein Stück Schönhauser – es müßte schon mit dem Teufel zugehen, wenn sich da nichts finden ließe. Und der Teufel ist bekanntlich im Sozialismus mit dem Beelzebub ausgetrieben worden.

Nachtleben in O-Berlin

Ostberliner Nächte enden für gewöhnlich früh am Abend im privaten Kämmerlein – oder in einer Nachtbar. Wobei Westler mit Tagesvisum kaum mithalten können, Westdeutsche (Ausreise bis 24 Uhr) noch weniger als Westberliner (Ausreise bis 2 Uhr morgens). Allerdings – nur darf das keiner weitersagen, weil es nicht offiziell ist – kann mensch auch um Mitternacht am Bahnhof Friedrichstraße (Westberliner auch an anderen Übergängen) gleich wieder einreisen.

Nachtbars sind nun nicht jedermanns/-fraus Sache, aber zum Glück gibt es da noch das «Café Nord» – natürlich auch an der Schönhauser/Ecke Wichertstraße. Das nennt sich zwar gleichfalls Nachtbar (sogar die «größte Berlins» – 180 Plätze), aber zutreffender ist da schon die Zweitbezeichnung «Tanzgaststätte». Erst um 21 Uhr wird Einlaß gewährt, wobei Interessenten ohne Lust auf Warteschlangen gut daran tun, sich Karten im Vorverkauf (im Alextreff in den Rathauspassagen) zu besorgen. Die Altersgruppen werden fein sortiert: Dreimal die Woche ist Jugendtanz (für Leute unter 20), dreimal für die älteren – darunter dienstags «verkehrter Ball» mit freiem Eintritt für weibliche Gäste. Auch im «Café Nord» gibt es eben noch gute alte Sitten. Wir probieren den normalen Ball für Ältere aus. Die räumliche Aufteilung drinnen ist nicht ungeschickt: viel Platz zum Rumlaufen, übersichtlich genug, um sich schnell zu orientieren, aber doch mit einigen toten Winkeln und stillen Ecken. Die von Diskolights und Kugelprismen dezent beleuchtete Tanzfläche ist erfreulich geräumig, die Phonstärke läßt Zurufe aus einem Meter Entfernung noch verständlich sein. Überhaupt wirkt alles verhaltener, weniger grell als in Diskos gewohnt. Das Publikum ist in jeder Beziehung gemischt, an den Tischen überwiegend Männergruppen und Frauenpärchen, sonst auch Einzelgän-

Schwoof bis in den frühen Morgen: Café Nord

ger; auf jeden Fall eher ein Ball der einsamen Herzen als Pärchenbetrieb.

Gut eine Stunde nach Einlaßbeginn wird es ernst. Der erste Solist wagt sich vor. In der nächsten Runde eilen die Männer wie auf Verabredung auf die Frauentische zu, zurück bleiben nur noch einige Thekenfritzen. Alleine oder in gleichgeschlechtlichen Pärchen tanzt so gut wie niemand. Die Konservenmusik, vorwiegend ruhiger Diskosound, ist zu unserer Verblüffung keineswegs mit DDR-Titeln durchsetzt – von wegen 60:40-Schlüssel für östlich/westliche Musik. Als wir nach mehreren Stunden den Rückzug antreten, ist noch nicht ein einziger Osttitel gelaufen.

Der Rückzug, sprich Rückweg zum Grenzübergang, gestaltet sich allerdings wieder DDR-like. «Ne Taxe bestelln? Nee, machn wa nich. Fahrn doch jenuch rum aufn Straßen.» Womit der Kellner vom «Nord» Recht hat und auch nicht. Was da fährt, und was auch wir erwischen, sind Schwarztaxis. Ohne die liefe überhaupt kein Nachtleben in O-Berlin. Ernstlich böse sind die Angehörigen von der Droschkenzunft über ihre wildernden Kollegen deshalb nicht – Touren gibt es genug. Bezahlung ist bei den Schwarztaxis Ermessenssache des Kunden, üblicherweise richtet sie sich ungefähr nach dem normalen Taxitarif. Bei Fahrten zum Grenzübergang gibt's vom Fahrer womöglich noch einen politischen Witz gratis dazu.

Totes Rennen – Falsches Datum

Für Tagschwärmer hat Ostberlin einen wichtigen Vorzug – die öffentlichen Verkehrsmittel. Im Stadtzentrum entern wir die S-Bahn in Richtung Erkner, mit der 20-Pfennig-Fahrkarte aus dem Automaten in der Hand. In Karlshorst steigen wir das erste Mal aus. Ganz in der Nähe liegt eine eigentümliche Sehenswürdigkeit im Realexistierendensozialismus: eine Trabrennbahn. Kaum zu glauben, aber dennoch wahr. Bereits am 1. Juli 1945 wurde inmitten chaotischer Verhältnisse der Rennbetrieb wiederaufgenommen, auf Befehl des sowjetischen Stadtkommandanten. Niemand vermag sich heutzutage vorzustellen, was damals los war.

Sage und schreibe 30 000 Menschen drängten sich auf dem halbzerstörten Areal. Bis heute ist die Rennbahn ein Besuchermagnet geblieben. Ein Kuriosum: Beim Derby 1967 gab es ein totes Rennen zwischen einem Pferd aus einem volkseigenen und einem aus einem privaten Gestüt. (Letztere sind jedoch bald aufgelöst worden.) Unserem Bild vom Resozismus widerspricht das rege Treiben am Totalisator – voran die zahlreichen Vertreter der DDR-Schickeria, die nicht gerade kleine Summen verwetten.

Nur wenig entfernt, auf der anderen Seite der S-Bahn-Linie, wartet ein Museum mit leibhaftigen sowjetischen Soldaten vor der Tür. Die Rote Armee hat es in der Fritz-Schmenkel-Straße eingerichtet und als «Museum der Kapitulation» gestaltet. Eingebürgert hat sich die Bezeichnung «Gedenkstätte Berlin-Karlshorst». Zehntausende von Exponaten über den «heroischen Kampf der Sowjetarmee vom Tage des faschistischen Überfalls bis zur Befreiung Berlins» sind hier ausgestellt, darunter viele Waffen. Wie in der gesamten östlichen Geschichtsschreibung wird auch hier der 8. Mai 1945 als Datum für die deutsche Kapitulation genannt – eine Irreführung. Am 7. Mai um 2.41 Uhr wurde im französischen Reims die Kapitulation gegenüber *allen* Alliierten unterzeichnet. Doch Stalin wollte eine nochmalige Unterzeichnung einer gleichlautenden Urkunde allein gegenüber der Sowjetunion. Am 8. Mai sollte dieser Akt stattfinden, das Datum war auf der Urkunde schon eingetragen. Doch die Anreise von Generalfeldmarschall Keitel verzögerte sich – die Unterzeichnung erfolgte erst am 9. Mai um 1.16 Uhr in diesem Karlshorster Gebäude. Auf den Urkunden änderte man das Datum nicht. Nur zwei Staaten begehen den ‹falschen› 8. Mai – Frankreich und die DDR; die UdSSR selbst läßt ihre obligatorische Militärparade jeweils am 9. Mai stattfinden.

Sieben Weltwunder

Ein anders gelagerter Ausflug in die Geschichte wartet zwei S-Bahn-Stationen weiter, in Köpenick. Auf dem Weg zum Zentrum kommen wir am berühmt-berüchtigten «Mecklenburger Dorf» vorbei, das jeder in janz Berlin kennt. «Eine großräumige Freiluftgaststätte und Treffpunkt der Penner und Aussteiger» – so haut der Schreiber der «FAZ» daneben. Natürlich lassen sich auf den rustikalen Bänken rings um die nachgebaute kleine Windmühle auch solche DDRler nieder, die schon frühmorgens zur Flasche greifen. (Was dadurch befördert wird, daß manche Alkoholläden schon um sechs Uhr in der Frühe ihre Türen öffnen!) Doch verkehren hier im

Melancholie in Köpenick

wesentlichen Menschen wie ihr und wir, es gibt nämlich nicht nur Fusel, sondern auch Mecklenburgischen Wildschweinbraten, hundert Gramm zu 2,87 Mark. Eine anheimelnde Atmosphäre kommt allerdings nicht auf, wohl nicht viele Auswärtige werden den Gruß am Ausgang beherzigen: «Tschüs, guck mal wedder rin!» Zu einem Ereignis drängeln sich aber auch hier die Menschen: Irgendwann im Juni marschiert ein preußischer Hauptmann durch das «Dorf», im Trott einige Soldaten, übertönt von lautstarker Marschmusik. Über die Dammbrücke strebt die Truppe dem Rathaus zu und fordert die Kassette. Die Stadtherren wissen schon, was gemeint ist, und rücken das Ding freiwillig heraus. Was drin ist? Nein, kein Geld. Wohl aber die erfüllten Verpflichtungen Köpenicker Kollektive aus dem sozialistischen Wettbewerb ... Was dazu wohl Wilhelm Voigt sagen würde, dessen Schelmentat vom 16. Oktober 1906 im Köpenick von heute so verballhornt wird? Vielleicht verwiese er auf die sieben ‹Weltwunder› des Ortes, die im Schloß zu bestaunen sind und Aufschluß über Köpenicker Geisteskräfte geben: ein Lehrer mit Namen Dummer; ein Bürgermeister namens Borgmann; ein Arzt namens Todt; das Krankenhaus am Friedhof; das Gefängnis an der Freiheit; ein altes Fräulein als Gründerin eines Jungmännervereins; der Ratskeller in der ersten Etage. Vielleicht trollte sich Voigt aber auch durch die einzig ansehnliche Gasse Köpenicks – den Kietz. Was er aber nicht mit dem Auto tun sollte, denn der Kietz ist nur für Anlieger frei, und hinter einer Ecke wartet schon ein Rudel Vopos auf etwaige Sünder! Auch wir trollen uns jetzt, Friedrichshagen heißt das nächste Ziel. Zu erreichen entweder wieder mit der S-Bahn, Ausstieg an der gleichnamigen und schönsten S-Bahn-Station Ostberlins, oder per pedes durch die Pablo-Neruda-Straße, den Müggelschlößchenweg und die Müggelspreeuntertunnelung.

Kunst und Genuß

Nach Köpenick mit seinem (im negativen Sinn) eher städtischen Gesicht ist Friedrichshagen ein Verbindungsglied zwischen Land und Großstadt. Die Menschen fahren «nach Berlin», wenn sie dem Zentrum zustreben, und sie leben natürlich in Friedrichshagen, nicht in Berlin, auch nicht in Köpenick, das diesem Stadtbezirk den Namen gibt. Etwas findet sich in diesem Ortsbewußtsein jedoch nicht: die Erinnerung an die Zeiten, als das Nest um die Jahrhundertwende politische Paradiesvögel verschiedenster Couleur beherbergte. Erich Mühsam, Frank Wedekind, Gustav Landauer, Arno Holz, Peter Hille – sie und viele andere waren aus der Metropole Berlin hierher ‹verbannt› worden. Und trieben ihr sozialrevolutionäres Unwesen – ohne größere Folgen für den Ort. Jedenfalls suchen wir vergeblich nach Spuren oder Zeugnissen dieses Teils der Friedrichshagener Geschichte.

Das Zentrum ist die Bölschestraße, an der alle möglichen Läden, Handwerker und Institutionen versammelt sind. Auch einige Lokale, von «Monas Bier Bar» bis zum «Café Friedrichsdorf», harren der Gäste. Wir aber gedenken uns woanders niederzulassen – es muß nur erst 15 Uhr werden. Dann öffnet nämlich die «Friedrichshagener Bilderkneipe» ihre Pforten, an der Ecke von Müggelseedamm und Bruno-Wille-Straße gelegen. Zwei popart-bunte Kunstwerke neben der Eingangstür ziehen die Blicke an, drinnen wartet eine für DDR-Verhältnisse ungewöhnliche Mischung aus Kneipe und Galerie.

Ursprünglich war der Wirt Sportlehrer, 1979 übernahm er diese Kneipe. Irgendwann kam ihm die Idee, den Genuß von Bier und Bockwurst mit der Betrachtung interessanter Bilder und Graphiken zu verbinden. Es war zwar nicht einfach, die notwendige Genehmigung irgendwelcher zuständiger Behörden und Ämter einzuholen, aber letztlich klappte es doch. Seitdem werden in mehrwöchigem Wechsel Ausstellungen verschiedenster Künstler präsentiert.

Wem der Sinn nur nach leiblichen Genüssen steht, wird mit Hausmannskost bedient.

Ansonsten bietet Friedrichshagen noch etwas für Technikfreaks. 1893 ging es in Betrieb, das örtliche Wasserwerk. «Stehende Verbund-Dampfmaschinen gekuppelt mit doppelt wirkenden Plungerpumpen» (wem sagt das was?) sind da bald zu bestaunen. Denn die bis 1979 betriebene Anlage, in mehreren Backsteinbauten am Müggelsee untergebracht, wird noch restauriert. Übrigens hat dieses Wasserwerk von Beginn an biologisch gereinigtes Wasser geliefert, es war nämlich mit einem Kiesfilter ausgerüstet. Eine grundlegende und schonende Säuberung des Wassers könnte auch

Ausflugsziel Müggelsee

der nahe Müggelsee vertragen, das beliebteste Ausflugsziel und Wassersportgebiet der Ostberliner.

Aufs Dorf

Bei schönem Sommerwetter mutet (nicht nur) das nördliche Ufer zwischen Friedrichshagen und Rahnsdorf wie ein Abschnitt der Côte d'Azur an. Wo immer Platz ist, drängeln sich die Sonnen- und Badehungrigen wie die Ölsardinen – braune Haut ist auch drüben schick. Schwierig wird es dann mit den rund um den See verteilten Ausflugsgaststätten. Nicht, daß die Versorgung problematisch wäre – nur sind die Wartezeiten auf einen freien Platz oder bis zum Drankommen schier endlos. Aber nicht aus Zufall warb das «Neue Deutschland» in seinem Gaststättenwettbewerb vom Herbst 1985 mit einem Foto der Restauration «Rübezahl» vom Südufer des Müggelsees.
Strand, Sand und Sonnenbrand – wir aber streben noch weiter nach draußen. Obwohl wir hier um die zwanzig Kilometer vom Stadtzentrum entfernt sind und uns im Grünen tummeln, sind Ostberlins Stadtgrenzen noch nicht erreicht. Mit der Straßenbahn 25, der bereits bekannten S-Bahn oder wiederum zu Fuß ist Rahnsdorf zu erreichen. Einst ein Fischerdorf am östlichen Rand des Müggelsees, stellt es sich heute als aufgeplustertes Eigenheimörtchen dar. Dorfstraße, das klingt verheißend. Vorbei an Kleingartenanlagen bummeln wir einem alten Dorfzentrum entgegen, wie wir es in Ostberlin nicht erwartet hätten. Zweihundert Meter mögen es sein, zweihundert Meter, die eine ganz andere Welt verkörpern. Natürlich weist die Dorfstraße altehrwürdiges Kopfsteinpflaster auf, natürlich reihen sich mächtige alte Bäume an ihr auf, natürlich erhebt sich auf dem Anger die Dorfkirche, natürlich liegen Laden und Kneipe ganz in der Nähe. Obwohl das alte Dorf binnen weniger Minuten erwandert ist, hält es uns lange hier. Es trägt noch ein Gesicht – und gibt einen Vorgeschmack auf die DDR-Provinz.

NATUR SATT – SPREEWALD UND ODERBRUCH

Obwohl die Autokennzeichen hier mit einem Z beginnen, wird Cottbus mit C geschrieben. Es ist nämlich Bezirksstadt, also ein nicht unwichtiger Ort. Doch da die Reihenfolge der Bezirke von Nord nach Süd und von links nach rechts festgelegt wurde, fiel dem Bezirk Cottbus nur der letzte Buchstaben des Alphabets zu. Was ein Teil seiner Bewohner als durchaus schlechtes Omen ansieht, bildet die Stadt samt Umland doch in manchen Bereichen, zum Beispiel in der Kultur, eine Art Schlußlicht. So gibt es auch keine ‹richtige› Hochschule – was die Stadtväter nicht ruhen läßt, aus der vorhandenen Rumpfhochschule doch noch eine richtige erwachsen zu lassen.

Bei unserem Besuch gibt es nur einen Höhepunkt im kulturellen Leben. Nein, nicht im Theater – das wird renoviert und renoviert und ... Der große Renner ist Harry Belafontes Film «Beatstreet», dem die Massen zuströmen wie keinem Ereignis sonst. In der Regel läuft das Leben hier sehr ruhig ab. Es gibt einige Punker und zwei Galerien, eine teilrestaurierte Innenstadt mit Fußgängerzone und die Oberkirche mit einer ‹falschen› Turmspitze obendrauf (was demnächst korrigiert werden soll). Dafür wird ein zumindest äußerlich gut erhaltenes Gotteshaus gerade von der Abrißbirne heimgesucht, im Stadtplan ist es schon gar nicht mehr verzeichnet. Und dann gibt es die Cottbusser, denen schon mal ein berlinisches «Icke» herausrutscht, denen aber nachgesagt wird, etwas spröder zu sein als die anderen Menschen im Süden der DDR. Am einfachsten ergeben sich Gespräche in einem der Cafés etwa an der Spremberger Straße, das Straßenschild weist auch den sorbischen Namen Grodskaja droga auf, oder in einer Kneipe.

Vom Knast zum Park

Ein Stadtbummel führt uns zum Spremberger Tor, das leider nicht besichtigt werden kann, zur alten Stadtmauer, in der sich die Gaststätte «Stadtwächter» niedergelassen hat (leider wegen «geschlossener Veranstaltung» zu), zum Informationsbrett, das einen «Stadthallentreff für Alleinstehende» ankündigt, und zur zwischen Altstadt und Spree gelegenen Strafanstalt mit Überwachungskamera am Eingang. Wie wir wissen, sitzen hier auch DDRler, die Fluchtversuche unternommen haben. Ob die Einheimischen auch davon wissen? Oder wollen sie davon nichts in ihr Bewußtsein dringen lassen und beschleunigen ihre Schritte, wenn sie am grau verputzten Knast entlanglaufen? Nur ein paar Schritte weiter, in der Uferstraße auf der Spreeinsel, stoßen wir auf die kleinen historischen Gerberhäuschen, die jetzt offenbar endgültig vom Abriß verschont bleiben.

Bevor wir zum Spreewald fahren, unternehmen wir noch einen Abstecher in den Park Branitz. Die vom Stadion abfahrende Pioniereisenbahn, hauptsächlich von Kindern des Pionierverbandes betrieben, bringt uns in einem offenen Schmalspurzug hin. Fürst Pückler, ja, genau der, der dem Eis seinen Namen gab (und unter anderem ein Buch mit dem Titel «Tutti frutti» veröffentlichte), hatte es mit Pyramiden. Mitten im großen See ließ er eine solche errichten – später sollte sie zur Grabstätte für ihn und seine Frau werden. Etwas weiter gibt's noch eine Pyramide, diesmal auf dem Trockenen. Doch leider darf man sie nicht betreten. Dafür lohnt sich aber ein Rundgang durch den Park mit seinen zahlreichen Holzbrücken über den Wasserarmen, denen Gerüchten nach infolge des Braunkohleabbaus bald das Wasser abgegraben werden soll. Ganz in der Nähe sehen wir ein äsendes Reh, das offenbar weder aus dem nahen Tierpark abgehauen noch von diesem zur Touristenbelustigung abkommandiert ist.

Pyramide des Fürst Pückler

Das Pücklersche Schloß, in dem das Bezirksmuseum untergebracht ist, umgehen wir geschickt. Ersatzweise bewundern wir vor dem Marstall einen Baumstubben. An sich ist nichts Ungewöhnliches daran, außer seinem Alter – nämlich müde 15 Millionen Jahre. Er stammt von einem Mammutbaum und wurde von der damals entstehenden Braunkohleschicht luftdicht eingeschlossen. Deshalb konnte er so lange überdauern – bis er beim Abbau des Hauptenergieträgers der DDR aus seinem Versteck gerissen wurde.

Einige Kilometer nördlich von Cottbus liegt ein kleiner Ort namens Peitz. Hier stand die Wiege des DDR-Jazz. Einige Musiker bauten in diesem Städtchen eine regelrechte Szene des anspruchsvollen Jazz auf, die jeweils in mehreren Open-air-Konzerten pro Jahr gipfelte. Tausende von Besuchern aus der ganzen Republik brachten Leben in die Bude – bis die Konzerte Anfang der achtziger Jahre untersagt wurden. Seitdem soll sich die VEB Konzert- und Gastspieldirektion um die Vitalität der Jazz-Szene kümmern. Doch bringt sie nichts zuwege, ob mit oder ohne Absicht, muß dahingestellt bleiben. Um die musikalischen Pflänzchen vor dem endgültigen Verkümmern zu bewahren, stellen engagierte Musiker immer wieder mal was auf die Beine, allerdings ohne große Vorankündigungen. Deshalb: Augen und Ohren auf, vielleicht läuft gerade was in Cottbus oder Peitz!

Sonderrechte für Sorben

Kehren wir der Stadt, die sich mit Potsdam über den berühmten Zungenbrecher mit dem Postkutschkasten streitet, den Rücken. Spätestens beim Passieren des Ortsschildes fällt noch einmal die Zweisprachigkeit ins Auge: Neben Cottbus prangt da noch das sorbische Chośebuz. Wir befinden uns mitten drin im sorbischen Land, das sich von Bautzen im Süden bis Lübben im Norden erstreckt. Den Sorben wird Cottbus in Zukunft sein Wendisches Viertel verdanken, das in der Altstadt entstehen soll. (In früheren Zeiten wurden die Sorben Wenden genannt, deshalb die Bezeichnung.) Mit typisch sorbischen Häusern, sorbischen Geschäften samt sorbischer Erzeugnisse und einer sorbischen Biergaststätte. Aber DDRler glauben so etwas erst, wenn sie es mit eigenen Augen sehen.

Weshalb die Führung der DDR den Sorben eigene Stadtviertel zudenkt? Nun, sie dienen der DDR als Aushängeschild, als Demonstrationsobjekt für die überaus tolerante und fürsorgliche Behandlung von Minderheiten überhaupt. Natürlich hat das etwas mit der slawischen Herkunft der Sorben zu tun – damit konnte sich die DDR bei den osteuropäischen Völkern einen Stein im Brett verschaffen. Mit demonstrativer Zuwendung staatlicherseits dürfen die Sorben so gut wie alles. Ihre Sprache wird gepflegt; an der Universität Leipzig gibt's gar einen Lehrstuhl für Sorabistik, Zeitungen erscheinen in sorbischer Sprache, Straßenschilder tragen zweisprachige Aufschriften, die Domowina, der sorbische Kulturbund, betreibt rührige Traditionspflege. Nur über die Zahl der Sorben ist man sich nicht einig, die

Alles zweisprachig

Angaben schwanken zwischen 40 000 und 150 000. Von offizieller Seite wird dazu nichts mehr verlautbart. Heute gelten diese Sonderrechte ausdrücklich nur noch für die Sorben – in der Verfassung von 1949 wurden noch sämtliche «fremdsprachigen Volksteile der Republik» geschützt.
Was diese Volksgruppe für DDRler so anziehend macht, ist aber weder ihre Geschichte noch ihr slawischer Ursprung, sondern der Hauch von Exotik, den sie verströmt. Ob sächsische oder mecklenburgische, ob thüringische oder märkische Folklore – das gewisse Etwas geht diesem Brauchtum ab. Nun ist auch die sorbische Kultur nicht frei von Biederkeit und Tümelei. Doch sie beinhaltet eine Fremdartigkeit, die die Einheimischen gern öfter in ihrem Alltag sehen würden, die sich aber nur selten und dann auch nur als Panne der Obrigkeit einschleicht. Deshalb werden die Sorben oft und gerne bestaunt, deshalb zieren sorbische Mitbringsel so viele Wohnzimmer in der DDR – allen voran die mit sorbischer Tracht versehenen Puppen. Alljährlich im September erfreuen sich daher auch die Spreewaldfestspiele großen Besucherandrangs.
Die gänzliche Andersartigkeit läßt sich auch an den sorbischen Sagen zeigen. Sinnfällig wird ihre Bedeutung durch die zwei Schlangenkönige, die den Giebel jedes sorbischen Hauses zieren, demonstriert. In der Mythologie wimmelt es geradezu von Kobolden, Geistern und anderen merkwürdigen Wesen, Lutki, Brumbaki, Worawy, Wurlawy oder wie immer geheißen. In welcher dumpfen und naturabhängigen Lebensweise solche Sagen entstehen und gedeihen konnten, läßt sich bei einer Kahnfahrt durch den Spreewald ansatzweise nachvollziehen.
Noch befinden wir uns etwas südlich des Spreewaldes, die wenigen Flußarme offenbaren zu unserer Überraschung eine erstaunliche Ähnlichkeit mit den ostfriesischen Sielen.

Spreewald: Gezähmte Wildnis

Bald erreichen wir Burg, den südlichsten Ausgangspunkt für Kahnfahrten. Ganz in der Nähe liegt die älteste, sagenumwobene sorbische Burg, heute als Schloßberg nur noch ein Hügel. Darauf steht der Jugendturm, der von außen noch ganz manierlich ausschaut, auf Grund seiner inneren Baufälligkeit aber nicht bestiegen werden kann. Schade, denn sonst könnte man eine der herrlichsten Aussichten über den Spreewald genießen. Ersatzweise kann man weiter nördlich nach Straupitz fahren. Vom dortigen Weinberg aus, der seinen Namen tatsächlich dem bis ins 19. Jahrhundert betriebenen Weinanbau verdankt, eröffnet sich eine grandiose Rundumsicht. Im Norden unendliche Kiefernwälder, im Südwesten der Hochwald, im Westen der Nordpolder, eine Art eingedeichtes Marschland.

Um diese in Europa einmalige Landschaft zu erleben, machen wir uns auf nach Lübbenau, der Spreewaldmetropole. Über 25 000 Hektar ufert dieses Gebiet aus, das voller Wasserarme, Fließe und Inseln ist und zum größten Teil unter Landschaftsschutz steht. Fast zweihundert Wasserarme sind befahrbar – der Kahn ist das einzige Verkehrsmittel weit und breit. Was im Lübbenauer «Hafen der Freundschaft» dazu führt, daß es zugeht wie an einem Überseekai zu Zeiten der großen Auswanderungswellen, nur daß hier kaum Gepäckstücke an Bord kommen. An fünf Ablegestellen werden die Kähne gefüllt, ist der eine weg, schwimmt schon der nächste von seiner Warteposition herbei. Um den Andrang bewältigen zu können, hockt in einer erhöhten Glaskanzel der «Dispatcher» und ruft per Lautsprecher zum Beispiel «Müller, Helmut, zu Position 2». Hier in Lübbenau stechen die meisten der etwa 300 Fährleute, darunter auch einige Frauen, in See. Nicht ganz so turbulent geht es in Lübben, dem – neben Burg – dritten Hafen, zu. Hier ist alles kleiner, überschaubarer, aber nicht minder reizvoll. Nach Norden erstreckt sich nämlich der Unterspreewald, der zwar nur von wenigen Gräben durchzogen wird, aber seinen eigenen Reiz entfaltet. Wir aber fahren jetzt von Lübbenau ab – die längste Tour führt in den sehenswerten Hochwald und dauert zehn Stunden.

Der Fährmann verstaut Kleingruppen und Familien in Viererreihen. Zwei Einzelreisende bringen ihn völlig aus dem Konzept: «So was gibt's nich . . .» Gibt's aber doch, und schließlich findet sich für die Solisten noch ein Plätzchen. Wir werden rechts von einem Hauptstädter (Ostberliner) bedrängt, der uns ungefragt seine Spreewaldkenntnisse um die Ohren bläst. Links igelt sich die junge Polin ein, die dank der Plazierungskünste unseres Fährmannes von ihrer Familie getrennt sitzen muß. Kaum stakt uns unser Gondoliere ins «bäuerliche Venedig» (Theodor Fontane über den Spreewald), fängt es an zu regnen. Schirme werden aufgespannt – was zur Folge hat, daß es jedem irgendwo auf die Hose oder in die Jacke tropft. Zum Behelf reicht der Fährmann eine Plastikplane nach vorne, die im Nu über den gesamten Kahn gedeckt wird. Nachteil: Man sieht fast nichts mehr.

Zeit genug, einen kleinen Streifzug durch Charakter und Bedeutung des Spreewaldes zu unterneh-

Nässe von unten und oben: Kahnfahrt im Spreewald

men. Hier ist der Kahn das, was anderswo das Auto ist. Aber nun denke niemand, die Spreewälder rauschten mit Motorkraft von Ort zu Ort oder vom Bauernhof zur Wiese. Nur wenige Ausnahmegenehmigungen für motorgetriebene Kähne werden erteilt, üblich ist das Staken der Boote mit dem Rudel aus Erlenholz. Jeder hier Geborene beherrscht das Staken aus dem Effeff – echte Spreewälder soll man übrigens daran erkennen, daß sie nach beiden Seiten zu staken vermögen. Wie andernorts die Kinder das Radfahren lernen, werden sie hier in die hohe Kunst des Kahnfahrens eingeweiht. Was auch unumgänglich ist. Denn genauso wie Feuerwehr und Briefträger zu Wasser kommen, müssen die Kinder im (Kajüt-)-Kahn zur Schule. Selbst das Einkaufen kann nur so bewältigt werden. Fast schon Sisyphusarbeit ist es, wenn jemand auf die aberwitzige Idee kommt, ein Haus im Spreewald zu bauen. Dann heißt es, wochenlang ganz kräftig in die Hände zu spucken und alle Baumaterialien per Kahn heranzuschaffen. Und da größere Maschinen nicht befördert werden können, muß vieles in reiner Handarbeit erledigt werden. Wovon insbesondere die Bauern ein langes Lied zu singen wissen. Als Nebenerwerbslandwirte bewirtschaften sie meist nur kleinere Flächen – Maschinen lohnen sich nur selten. Es bleibt folglich nichts anderes, als alles mit der Kraft der eigenen Hände zu bewältigen. Kann sich tatsächlich mal ein Bauer einen Trecker leisten, muß er zwei Kähne nebeneinanderbinden, Bohlen drauflegen und das Ungetüm durch die schmalen Wasserstraßen manövrieren.

Zwischenzeitlich nervt unser Fährmann mit eindeutig zweideutigen Anzüglichkeiten, während rechts und links die beeindruckende Landschaft vorbeizieht. Wird nicht Hand angelegt, verschlingt der Wildwuchs von Büschen, Gräsern, Farnen und Wasserpflanzen alles mit seinem undurchdringlichen Dickicht. Jahr für Jahr müssen deshalb alle Wasserarme ausgebaggert und von eigens gebauten Krautschneidemaschinen durchforstet werden. Eine gezähmte Wildnis nimmt uns auf, reich an Flora und Fauna. Sogar Schlangen soll es noch reichlich geben, wir bekommen allerdings keine zu Gesicht. Statt dessen wundern wir uns über fast versenkte Kähne, die doch gar nicht schrottreif aussehen. Des Rätsels Lösung: Im Herbst werden die Holzkähne, die in Handarbeit aus Kiefern gefertigt werden, aus dem Wasser genommen, trocken gelegt und im Frühjahr geteert. Danach müssen sie vier Wochen im Wasser liegen, damit Teer und Holz richtig verquellen.

Es erstaunt kaum, daß die jüngeren Spreewälder oft das Weite suchen. Ihnen ist das Leben hier viel zu unbequem und aufwendig. Gäbe es in der DDR eine Alterna-

Schlangenkönige am Haus ■

tivbewegung wie in westlichen Ländern, sie allerdings fände hier ihre ideale Heimstatt. In überschaubarem Rahmen naturverbundene und ökologische Haus- und Landwirtschaft betreiben, zudem noch in einer höchst attraktiven Landschaft – das wäre im Westen der absolute Renner. Die Müslis kämen in Scharen und würden das Gewirr der zahllosen Inseln und Inselchen sicher auch zum Anbau bewußtseinserweiternder Gemüsesorten nutzen. Nichts ist hier ferner, verlieren sich die alternativen Gruppen in der DDR doch in kleinen geduldeten Nischen.

Gurken als Markenzeichen

So müssen wir mit dem Spreewald vorliebnehmen, wie er ist. Daß er mal ganz anders war, läßt sich noch erahnen. Bis zum 17. Jahrhundert bestand hier ein richtiggehender Dschungel – fast alle Inseln waren so dicht mit Pappeln, Erlen, Birken und Eschen bewachsen, daß kaum jemand seinen Fuß darauf setzen konnte. Dann dachten sich die Preußenkönige, hier läßt sich etwas machen. Sie ordneten die Rodung vieler Wälder an, sie ließen Äcker und Wiesen anlegen und holten Siedler ins Land. Heute sind nur noch fünfzehn Prozent der Fläche mit Bäumen bestanden – immerhin genug, um die Gegend zum größten Laubholzliefergebiet der DDR zu machen. Allerdings blutet uns fast das Herz, als wir erfahren, wofür die zwischen 60 und 120 Jahre alten Bäume verwendet werden: In der Hauptsache werden daraus Streichhölzer, Bleistifte und Furniere.

Im Norden des Spreewaldes zeigten sich übrigens vor Jahren erhebliche Schäden an den Bäumen – Folge großräumiger Insektenbekämpfung aus dem Flugzeug und allgemeiner Luftverschmutzung. Inzwischen hat man auch hier die Zeichen der Zeit erkannt und verzichtet auf die große Giftspritzerei. Statt dessen geht man gezielt und in Handarbeit vor, «manuelle Begiftung» heißt das. Wer seinen Hals in die Höhe reckt, kann auch zwei der Hauptverschmutzer am Horizont erblicken: die beiden «Großbauten des Sozialismus», die Wärmekraftwerke Lübbenau (1 300 MW) und Vetschau (1 200 MW) mit ihren zwölf 140 Meter hohen Schornsteinen. Betrieben werden sie mit Braunkohle aus der Lausitz, ihr Kühlwasser stammt aus der Spree. Nur bei der Plazierung der Überlandleitungen hat man auf die Natur Rücksicht genommen, die Strommasten wurden allesamt außerhalb des Spreewaldes aufgestellt. Die Neuzeit hat also Einzug gehalten, auch in landwirtschaftlicher Hinsicht. Denn alles, was nicht so klein ist, daß es nur nebenerwerblich genutzt werden kann, dient LPGs oder Jungrinderaufzuchtbetrieben. Zehntausende von Rindern können hier weiden, seit der Nord- und der Südumfluter die ständigen Hochwasser verhindern. 1958 noch überschwemmte das letzte große Hochwasser weite Gebiete, was in der einschlägigen Wanderkarte nicht erwähnt wird: Sie datiert die letzten großen Überschwemmungen auf das Jahr 1940 – im Sozialismus kann es natürlich kein Hochwasser mehr geben. Doch zum Markenzeichen des Spreewaldes wurde nicht das

Energie aus Braunkohle

Rind, sondern die Gurke. Seit alters her werden die grünen Kolben in unvorstellbaren Mengen angebaut. Bereits am Fährhafen kann man sie eingelegt und in Plastikbeutel verpackt erwerben. «Was klärt den Kopp bei Mann und Frau? Saure Gurken aus Lübbenau!» Im Verlauf von Jahrhunderten hat sich diese Volksweisheit immer wieder aufs neue bewährt. Insbesondere bei den Tagesausflüglern, die hier zu Hunderttausenden im Jahr einfallen, zu einer Kneipe gestakt werden, sich Bauch und Birne vollschlagen und anschließend leicht angedämmert gen Heimat gefahren werden. Was Wunder, daß der Spreewald zu den beliebtesten Zielen für Betriebsausflüge zählt, die leicht an der vollen Besetzung der Kähne, der lautstarken Fröhlichkeit der Passagiere und den leeren Flaschen am Wegesrand zu erkennen sind.

Zugbrücken hoch

Hinter uns beginnt plötzlich ein Kind in schönstem Sächsisch zu quengeln: «Isch mußß bullrn, isch mußß bullrn!» Mutter und Oma zischen: «Seei ruuisch!» Worauf der Fährmann kundtut, daß er leider nur für Frauen habe vorsorgen können – bei Bedarf sei bei ihm ein Schieber abzuholen ... Und die Einheimischen lachen trotzdem. Ähnlich niveauvoll die nächste Bemerkung über die auf Holzgestellen aufgetürmten Heuschober. Das seien Nester für Liebespaare: «Wenn die Stange oben wackelt, dann ist besetzt!» Allgemeine Heiterkeit. Endlich nähern wir uns dem Restaurant «Zum fröhlichen Hecht» – der tatsächlich allen Grund zur Freude hat, ist er der Pfanne doch entkommen: Als einziges Fischgericht gibt es Schleie. Wer es wagt, Fisch zu bestellen, muß eine erhebliche Zubereitungszeit einkalkulieren. Oft ist sie zu lang für die vom Fährmann festgesetzte Pause.
Dann heißt es, den Rückweg per pedes anzutreten. Dabei sollte allerdings genau die Wegführung beachtet werden. Es wird von Fußgängern erzählt, die von Entengrütze bedeckte stille Wasserarme für Wege hielten und einen entsprechenden Reinfall erlebten. Im allgemeinen aber reicht Erwachsenen das Wasser nur bis zum Hals, tiefer als anderthalb Meter ist hier nichts. Überhaupt ist ein Streifzug auf eigene Faust zu empfehlen, entweder zu Fuß oder mit einem geliehenen Paddelboot (in der Nähe des Lübbenauer Hafens werben einige Verleihe). So kann man, die obligate Wanderkarte vorausgesetzt, einige Blicke

hinter die Kulissen werfen. Denn den Touristen wird nur ein Bruchteil der Landschaft vorgeführt.

Gar nicht selten sind hier Zugbrücken, die die Bewohner hinter sich hochziehen, wenn sie daheim sind. Überhaupt scheint die Sicherung des Eigentums dringend erforderlich. Führen kleine Brücken zu Gartengrundstücken, so ist darauf eine abschließbare Tür plaziert, die rundherum mit stacheldrahtbewehrten Gittern versehen ist. Damit ja niemand Ungebetenes Einlaß finde. Nicht ganz so angekränkelt von den Zeiterscheinungen der Moderne zeigt sich das Freiland-Museum in Lehde. Einige alte Blockhäuser samt Inventar geben einen Eindruck von der Dumpfheit und Begrenztheit, die über dem damaligen Leben lag. Ein Brauch von damals wird heute jedoch nicht mehr gelebt. Im Museum ist das große Gemeinschaftsbett zu bestaunen, in dem Kinder, Eltern und Großeltern gemeinsam unter die Decke krochen. Nur Jungvermählte durften die Bettstatt für vier Wochen verlassen und auf dem Heuboden nächtigen – danach hatten sie wieder am gemeinsamen Schlaferlebnis teilzunehmen.

Vielleicht bietet sich Gelegenheit, den Einheimischen auch mal beim Fischen zuzuschauen, tummeln sich doch zahlreiche Arten im Wasser, das im Winter wegen der Kraftwerke nicht mehr zufriert. Plötze, Zander, Döbel – Arten, die bundesrepublikanische Kinder bestenfalls noch aus dem Schulbuch kennen, werden hier gefangen. Das Recht auf den Fischfang liegt bei den Sorben: Den größten Teil der genossenschaftlich eingebrachten Beute geben sie in den Handel, zwecks besserer Versorgung der Bevölkerung. Was auf dem privaten Küchentisch landen soll, wird übrigens nicht sofort geschlachtet, sondern zum Frischhalten in Kästen getan, die dann ins Wasser gelassen werden. Sie sind an den Kurbeln zu erkennen, die hier und da auf Gestellen im Wasser befestigt sind.

Unbekannte Soldaten

Nordwestlich vom Spreewald, nahe der Autobahn Cottbus-Berlin, liegt Halbe, ein Ort wie Hunderte andere auch. Nur eines hebt ihn heraus: Inmitten ausgedehnter Kiefernwälder ist hier ein Stück DDR-spezifischer Vergangenheitsbewältigung verborgen, das nicht wenigen Genossen starke ideologische Bauchschmerzen bereitet haben dürfte. Unter dem Namen Gedenkstätte Waldfriedhof befindet sich hier ein Soldatenfriedhof. Wären es sowjetische Soldaten gewesen, hätte es die Bauchschmerzen nicht gegeben. Aber es sind deutsche Soldaten, Angehörige der ehemaligen Wehrmacht. In Einzel- und Massengräbern sind hier ungefähr 20 000 Tote bestattet. Ende April 1945 fand in diesem Gebiet die letzte große Kesselschlacht des Zweiten Weltkriegs statt. Insgesamt 150 000 deutsche Soldaten waren in den Wäldern eingeschlossen, 60 000 von ihnen sollen gefallen sein. Angesichts hoher Temperaturen und drohender Seuchengefahr wurden die Toten damals in aller Eile und oft nur notdürftig in Schützengräben bestattet. Ab 1951 ging man daran, die sterblichen Überreste aus den verstreuten Gräbern systematisch hierher umzubetten. Ein Unterfangen, das hinter den Kulissen zu heftigen Kontroversen führte.

Wie schwer man sich tat, läßt sich daran ermessen, daß erst seit einigen Jahren überhaupt Hinweisschilder auf die Gedenkstätte hindeuten. Zuvor war die Erinnerung an im Dienste des Faschismus Gefallene etwas, was politisch nicht opportun erschien – deshalb versteckte man den Friedhof geradezu schamhaft. Heute geht man souveräner mit der gesamtdeutschen Vergangenheit um. Im Mittelpunkt der Gedenkstätte erhebt sich ein Stein, dessen Inschrift jeder beipflichten kann: «Die Toten mahnen, für den Frieden zu leben.» Nur an Fest- und Geburtstagen dürfen die Gräber mit Blumen geziert werden – im sandigen Boden reihen sich schmucklose Grabplatten aneinander, so weit der Blick reicht. Mehr als die Hälfte der hier Bestatteten konnte nicht identifiziert werden. So wandeln wir zwischen unzähligen Toten, die unsere Väter hätten sein können, und denken an den Schrecken, den sie über ganz Europa brachten und dem sie letztlich selbst zum Opfer fielen.

DDR pur

Ähnliches ist auch in Eisenhüttenstadt zu spüren, der großen Industriestadt an der Oder, der Grenze zu Polen. Noch 1950 wogten hier unzählige Getreidehalme im Wind, Kaninchen und Hasen gaben sich ungestört ein Stelldichein. Dann kam der dritte Parteitag der SED. Er faßte den Beschluß, an der Oder ein großes Hüttenwerk

Soldatengrab in Halbe

zu errichten. Die Wahl des Standortes ist weniger unter Gesichtspunkten der günstigen Transportwege zustande gekommen (wie heute behauptet wird), sie war vielmehr eine demonstrative politische Geste. Zunächst hieß das neue Werk dann auch Eisenhüttenkombinat J. W. Stalin, später erst wurde J. W. Stalin durch Ost ersetzt.

Um das Werk herum mußte natürlich auch eine Stadt gebaut werden – die «erste sozialistische Stadt unserer Republik», wie sie gemeinhin genannt wird. Wie diese Retortenstadt aus dem Boden gestampft wurde, schildert anschaulich Kurt W. Leuchts Buch «Die erste neue Stadt der DDR». Die Stadt hieß übrigens zunächst Stalinstadt, dann erst Eisenhüttenstadt. Eigentlich gibt es hier nichts Besonderes zu sehen. Sie ist halt nur «DDR pur», wie es die bundesdeutsche Journalistin Marlies Menge mal treffend nannte. Derzeit bauen hier Japaner und Österreicher an neuen großen Anlagen. Deutsch-Deutsches am Rande: Ein großer Teil des produzierten Stahls wird in langen Zügen in die Bundesrepublik transportiert, dort auf modernsten

Anlagen gewalzt und wieder hierher gebracht. Wer sich einen Überblick verschaffen möchte, der wandere mal zu den Diehloer Höhen im Südwesten der Stadt. Ein Ausflugsziel einige Kilometer südlich der Stadt ist das Kloster Neuzelle, als Priesterseminar eine Art ‹Kaderschmiede› für die katholische Kirche in der DDR. Noch etwas weiter bietet sich unseres Wissens die einzig legale Möglichkeit, in der DDR der Subversivität zu huldigen. In Neuzelle verläßt man die Straße 112 nach rechts und schlägt sich durch einige Dörfer. Und irgendwann trifft man dann auf ein Nest namens ... Bahro! Bei der verbreiteten Manie, die Spuren unliebsamer Zeitgenossen mit Stumpf und Stiel auszurotten, was nicht selten zum Heraustrennen von Artikeln aus Zeitschriftenbänden führt, ist es fast schon ein kleines Wunder, daß dieses Dorf noch keinen neuen Namen erhalten hat. Also, nichts wie hin, am Ortsschild ein Foto machen und dann fort.

Absolute Normalität

Fast am Wegesrand in Richtung Norden liegt bald eine Stadt mit dem wenig anheimelnden Namen Müllrose. Wir lassen sie ebenso links liegen wie kurz darauf das DDR-eigene Frankfurt an der Oder rechts. Unser Ziel ist das Oderbruch, eine einstmals versumpfte und unwegsame Region. Um 1750 leierte Friedrich II. (der Große genannt) die Trockenlegung an. In wenigen Jahrzehnten wurden Zehntausende Hektar urbar gemacht und an Kolonisten vergeben, die man aus Schwaben, Böhmen, Westfalen, Österreich und Polen herbeiholte. Bald schon wurde das Oderbruch zur Kornkammer Preußens. Jahrhunderte später tut man sich reichlich schwer in der DDR, diese Leistung des Alten Fritz anzuerkennen. Es ist erst wenige Jahre her, daß die Historikerin Ingrid Mittenzwei es wagte, dies in einer Biographie von Friedrich II. zu würdigen. (Ihr Buch soll übrigens zu einer Verstimmung zwischen dem «Chefideologen» und Hüter der reinen Lehre Kurt Hager und dem Friedrich-Fan Erich Honecker geführt haben.)

Heute ist das Oderbruch der größte «Gemüsegarten» der DDR und zudem eine Landschaft, die die Menschen nachhaltig prägt. Vielleicht hat die eine oder der andere schon einmal etwas von Golzow gehört. Eigentlich ist es ein Kaff, doch es erfreut sich internationaler Berühmtheit. Hier wurde nämlich Filmgeschichte geschrieben: 1961 war es, als die beiden DDR-Filmemacher Leupold und Junge hierherkamen und den ersten Schultag von 25 Junggolzowern auf Zelluloid bannten. Den Einheimischen wollte lange Zeit nicht aufgehen, warum und weshalb das, was die Potsdamer Filmer aufnahmen, so interessant oder reizvoll sein sollte. Zuckertüten, erwartungsfrohe Eltern, aufgeregt auf den Stühlen zappelnde Kinder – eine Szenerie wie fast überall auf der Welt. Doch die Filmemacher hatten Großes vor – und sie schufen Großes.

Denn mit ihrem Besuch am ersten Schultag war ihr Vorhaben nicht beendet. Ganz im Gegenteil. Es sollte sich noch unglaubliche achtzehn Jahre hinziehen. So lange nämlich verfolgten die Kameras den Werdegang von neun Golzowern, vom ersten Schultag bis zum 24. Lebensjahr. Mehr als vier Stunden Film waren letztlich das Ergebnis, vier Stunden, die jeder, der die Gelegenheit hat, unbedingt im Kino oder vor dem Fernseher verbringen sollte. «Lebensläufe», so der Titel des Films, ist eine einzigartige Schilderung, wie aus neun Kindern des Sozialismus neun Erwachsene im Sozialismus werden. Für Bundesbürger bietet das Opus unverzerrte Einblicke in den Alltag der anderen deutschen Republik. Wer etwa das Primat der Politik erwartet, der wird enttäuscht. Das Leben der Kinder von Golzow verläuft fast völlig unpolitisch – damit aber natürlich nicht ohne politische Bedeutung. Allerweltsereignisse wie Schulabschluß, Jugendweihe, der Beginn der Lehre, die erste Liebe, der Beruf, die Heirat, das lange Warten auf die eigene Wohnung, bei den Männern die Einberufung – dies sind die Höhepunkte des Lebens. Kein Wunder, daß der Filmemacher Leupold es «absolute Normalität» nannte, was ihm da über fast zwei Jahrzehnte begegnete. Fast alle Golzower Kinder blieben in der Gegend, mal mehr, mal weniger zufrieden mit Arbeit und Familie. Bierbäuche, Enttäuschungen im Beruf, Krankheiten, Niederlagen – aber auch große Hoffnungen, Hochzeiten in Weiß, Eigenheime und Autos. Die Lebensläufe stehen stellvertretend zwar nicht für *die* DDR, wohl aber für das völlig unspektakuläre alltägliche Leben auf dem Lande.

Marx im Walde

Die Manie, Zeugen der Vergangenheit zugunsten sozialistischer Namen zu tilgen, hat auch im Oderbruch Platz gegriffen. Prominentestes Opfer war Neuhardenberg, das diesen Namen von 1814 bis 1945 trug (zuvor hieß es Quilitz). Hier wirkte der in der DDR zu großen Ehren gelangte Baumeister Schinkel, im Auftrag des Freiherrn von Hardenberg gestaltete er 1816 und 1817 die Kirche um. Sie und das Schloß sind auch heute noch in der nicht einmal 3 000 Köpfe zählenden Gemeinde zu bewundern. Im Schloß ist jetzt eine Oberschule untergebracht, der ehemalige Schloßpark mit seinen Wasserspielen wildert dahin. Nur ein Ehrenmal für die Rote Armee zeugt von menschlichem Eingriff. Irgendwo im Gebüsch soll der Grabstein versteckt sein, unter dem ein Schimmel begraben liegt, der 1759 in der Schlacht von Kunersdorf eine Rolle spielte. Wir haben ihn nicht aufgestöbert, vielleicht sind unsere Nachfolger findiger ...
Jedenfalls verlor Neuhardenberg nach dem Ende des Zweiten Weltkriegs seinen Namen. Wahrlich einfallsreiche Genossen knobelten die neue Bezeichnung aus: Marxwalde. Ob das angesichts solcher Nachbarorte wie Eberswalde oder Finsterwalde als Auszeichnung zu betrachten ist, muß jeder für sich beurteilen. Der Ostberliner Schriftsteller Heinz Knobloch ist einmal der Geschichte dieser Umbenennung nachgegangen, immerhin handelt es sich um die erste Marxwidmung eines Ortes in der SBZ/DDR. Als Alternativen standen noch Thälmannsdorf, Lin-

denberg und Marxberg zur Debatte. Trotz intensiver Suche fand Knobloch nicht die wirklichen Initiatoren der Umbenennung heraus, er traf lediglich auf drei verschiedene Versionen. So bleiben die Urheber wohl für immer im dunkeln – Knoblochs Fazit: «Peinlich.»
Heutzutage wird Geschichte in Marxwalde auf andere Art gemacht. Der VEB Holzverarbeitung mit etwa 100 Beschäftigten ist der DDR größter Produzent von . . . Schaufelstielen! Ungefähr 1 Million davon spuckt er jährlich aus. Und um die Sache abzurunden, gibt's dazu noch 370 000 Spatenstiele. Kleine Anekdote: Durch einen Übermittlungsfehler machte eine Zeitung aus den Schaufelstielen Schaukelstühle. Es ist leider nicht überliefert, ob darauf der große Run der Kaufinteressenten auf den VEB losbrach.

Elegien und Aussichten

Nicht weit von hier im Herzen der Märkischen Schweiz liegt Buckow, umgeben von zahlreichen Gewässern. Bertolt Brecht und Helene Weigel machten den Ort bekannt. Eine Notiz Brechts vom 14. Februar 1952: «mit helli in buckow in der märkischen schweiz landhäuser angesehn, finden auf schönem grundstück am wasser des schermützelsees unter alten großen bäumen ein altes, nicht unedel gebautes häuschen mit einem andern, geräumigeren, aber ebenfalls einfachen haus daneben, etwa 50 schritte entfernt, etwa der art wäre erschwinglich, auch im unterhalt, in das größere haus könnte man leute einladen.» Brecht und Weigel haben ihre endgültige Ruhestätte mittlerweile woanders gefunden, aber eingeladen in das Entstehungshaus der «Buckower Elegien», heute ein Museum, sind auch Reisende.

Eine kleine Kostprobe aus den Elegien:
Große Zeit, vertan
Ich habe gewußt, daß Städte gebaut wurden
Ich bin nicht hingefahren.
Das gehört in die Statistik, dachte ich
Nicht in die Geschichte.
Was sind schon Städte, gebaut
Ohne die Weisheit des Volkes?

Dies als Vorahnung der DDR-typischen Stadtplanung zu interpretieren, geht natürlich völlig in die Irre . . . Obgleich auch Buckow mal Touristenzentrum mit einem richtigen Interhotel werden sollte. Aber dieses Vorhaben traf das gleiche Schicksal, wie es der Sage nach dem alten Buckow zustieß: verschlungen vom Schermützelsee, der stellenweise bis zu 45 Meter tief ist. Böse Zungen behaupten, das Bier habe das blühende Buckow früherer Tage zugrunde gerichtet. Im späten Mittelalter war der Ort nämlich eine Hochburg des Hopfenanbaus – bis ihm andere Städte den Rang abjagten. Einzigartig ist Buckow heute fast nur noch in einer Hinsicht. Hier befindet sich nämlich ein Baptistenseminar, an dem nicht einmal zwei Dutzend Studenten vier Jahre lernen. Offizieller Titel: «Theologisches Seminar des Bundes Evangelisch-Freikirchlicher Gemeinden». Immerhin 23 000 Mitglieder weist diese Freikirche auf, nur die Methodisten mit 28 000 Seelen sind zahlreicher. Daneben gibt es noch

sechs weitere Freikirchen, von den Mennoniten mit 350 bis zu den Altlutheranern mit 15 000 Angehörigen.
Warum wir in Hohenfinow anhalten, wissen wir auch nicht so genau. Irgendwie macht das Dorf einen sympathisch verschlafenen Eindruck. Beim Schlendern kommen wir rasch mit einem älteren Herren ins Gespräch. Nach dem üblichen Woher-wohin-Frage-und-Antwort-Spiel stellt er uns auf die Probe. Ob wir wüßten, was sich hier in Hohenfinow verberge? Wir wissen nicht. Er beschreibt uns den nicht leicht zu findenden Weg zum Friedhof, dort sollten wir mal ein Grab suchen. Wir tun, wie uns geheißen. Und finden nach langem Suchen die Grabstätte des Theobald von Bethmann-Hollweg, deren Gedenkstein in eine Mauer eingelassen ist. Von 1909 bis 1917 war Bethmann-Hollweg deutscher Reichskanzler. Er hatte wesentlichen Anteil am Ausbruch des Ersten Weltkriegs, drängte er die Österreicher nach dem Attentat von Sarajewo doch zum militärischen Schlag gegen Serbien. Was dann geschah, wissen wir alle ... Und noch etwas erfuhren wir von dem freundlichen Herren über Hohenfinow – hier wurden erstmals in der Mark Brandenburg Kartoffeln angebaut.

Auf dem Weg in die Taiga

Gut zu Fuß sollte sein, wer in die nahe Schorfheide gehen will. Das größte zusammenhängende Waldgebiet der Mark Brandenburg, durch das Gemisch aus Laub- und Nadelbäumen niemals eintönig, harrt hier der Besucher. Genauer gesagt, nur Teile davon. Denn weite Bereiche sind selbst für Spaziergänger gesperrt. Grund ist zwar auch der Naturschutz (hier leben noch zahlreiche vom Aussterben bedrohte Spezies, etwa Biber), aber auch das Jagdprivileg der DDR-Spitze, die hier ungestört auf die Pirsch gehen möchte.
Schon im 16. Jahrhundert wurde auf Geheiß feudaler Herren nördlich der Schorfheide ein Wildzaun errichtet, der achtzig Kilometer lang war und das Wechseln des Wildes in die weiten Felder der Uckermark verhindern sollte. Kein Wunder also, daß das hier gelegene Jagdschloß Hubertusstock Gefallen bei den Funktionären fand und zum Gästehaus der DDR-Regierung wurde, in dem sich Erich Honecker und Helmut Schmidt im Dezember 1981 trafen. Nicht nur das Schloß, auch der nahegelegene Werbellinsee wurden so auch im Westen bekannt. DDRler wissen die Reize des Sees mit seinen unverbauten Ufern und seiner poetischen Atmosphäre schon lange zu schätzen. Eine Umrundung lohnt sich allemal – siebenundzwanzig Kilometer sind auch nicht die Welt.
Von hier bis ungefähr zur Ostsee herrscht dann tote Hose, es ist absolut nichts los! Wie nennen doch DDR-Jugendliche eine solche Gegend? «Taiga». Für erlebnishungrige Zeitgenossen jedenfalls nicht zu empfehlen. Wer dagegen Ruhe und Einsamkeit in stiller Landschaft sucht, kann am alten Oderarm oder in den Weiten der Felder voll auf seine Kosten kommen.

VON DER BÖRDE INS GEBIRGE – MAGDEBURG UND HARZ

Die meisten Bundesbürger kennen den Namen nur als Hinweisschild an der Transitautobahn zwischen Helmstedt und Westberlin – immerhin drei Ausfahrten und eine Raststätte sind so bezeichnet. Aus den Augenwinkeln nehmen sie wahr, was denen, die die Stadt von Norden her tatsächlich besuchen, als städteplanerisches Armutszeugnis ins Gesicht schlägt. Eine grausliche Komposition aus Industriegebiet, einer Mülldeponie, Schrebergärten, ein paar verloren wirkenden Feldern, einem riesigen Neubaugebiet und, alles durchschneidend, einer vierspurigen Schnellstraße. Es wirkt, als erwarte die Stadt von ihren Besuchern nur ein rasches Durchfahren. Was angesichts des ersten Eindrucks gar nicht so fern liegt.

Immerhin weist die Stadt neben den einladenden Elbwiesen ein paar interessante Baudenkmäler auf: den Dom mit Ernst Barlachs bekanntem Anti-Kriegs-Mahnmal, das Kloster mit seinen Kreuzgangflügeln, der Alte Markt mit dem Magdeburger Reiter. (Aber dieses Standbild ist nur eine bronzene Kopie, das Original wird im Kulturhistorischen Museum aufbewahrt.)
Ansonsten ist Magdeburg vor allem Industriestadt. Auch Studenten gibt es hier – doch wie sagte eine angehende Lehrerin aus der wahrlich gottverlassenen Altmark? «Ich gehe wieder zurück, so viel mehr ist in Magdeburg auch nicht los ...» Wir haben dieser Aussage nicht viel entgegenzuhalten und benutzen den ehemaligen Bischofssitz als Sprungbrett. Elbe, Börde und Harz lassen sich von hier gut erkunden.

Schicksalsstrom

Breit wälzt er sich dahin, träge nur kräuselt sich die Wasserfläche, das Sonnenlicht in vielerlei Gestalt aufnehmend oder brechend. Der Fluß des Stromes wird von den zahlreichen Buhnen gehemmt, die vom Ufer ins Wasser hineinragen. Die Uferwiesen verdienen ihren Namen noch, und auch die beidseits den Strom einfassenden Deiche decken sich mit grünem Überzug. Die Farben treten mit der Klarheit der Luft kräftiger als sonst hervor. In der Ferne müht sich ein Lastkahn, seine Fracht flußauf zu bringen.
Die Elbe ist uns am liebsten im frühen Herbst, wenn klarer Sonnenschein und rascher Wolkenzug für ein Leben am Himmel sorgen, wie es in keiner Jahreszeit sonst anzutreffen ist. Scheinbar können wir sie greifen, die Haufenwolken und -wölkchen mit ihrem vielfältigen Formenspiel. Immer wieder streifen uns ihre Schatten, als dunkle Fleckgebilde fliegen sie über Wasser und Wiesen. Trotz strahlendblauen Himmels und spendabler Sonne ist es nicht warm, eine erfrischende Kühle zieht an uns vorbei.
Wenn all dies zusammenkommt, dann könnten wir uns tagelang an der Elbe Strande herumtreiben. Natürlich nicht gerade dort, wo rauchende Steilfinger wieder ein

Kraftwerk, eine Fabrik anzeigen. Auch nicht dort, wo merkwürdige Rohre merkwürdig abrupt in Ufernähe abbrechen – und offenbar ihren garstigen Inhalt dem Fluß anvertrauen. War der Elbe früher eine führende Rolle als deutscher Schicksalsstrom beschieden, so ist sie heute nur noch Müllabfuhr und deutsch-deutscher Grenzzankapfel.

Doch das läßt uns alles kalt, wenn wir wieder einmal ein Fleckchen oder Streckchen Elbe entdecken, das so ist, wie es immer war. An manchen Stellen stehen gar noch die Reste von Brückenpfeilern im Wasserbett. Irgendwann 1945 sind sie wohl gesprengt worden, von wem auch immer.

Hundert Punkte

Aus dem Erdkundeunterricht kennen viele Zeitgenossen die Magdeburger Börde. Der Duden bestimmt Börde als «fruchtbare Ebene» und kennt zwei Beispiele: die Soester Börde und die Magdeburger Börde. Wer von Helmstedt/Marienborn her über die Autobahn fährt, dem legt sich dieses fruchtbarste Ackerbaugebiet der DDR förmlich zu Füßen. So weit das Auge reicht, erstreckt sich die waldlose, nur gelegentlich von Büschen und Strauchwerk sowie einigen Baumreihen bestandene Fläche. In zarten Wellen wechseln sich riesige Felder mit Weizen, Zuckerrüben, Mais, Kartoffeln, Rotkohl oder anderen Früchten ab.

Daß hier das landwirtschaftliche Herz der DDR schlägt, ist noch in anderer Hinsicht unübersehbar. Zu fast jeder Jahreszeit wälzen sich gewaltige landwirtschaftliche Maschinen über die Äcker, wahre Ungetüme, wie wir sie von den bundesrepublikanischen Privatbauern kaum, bestenfalls aus den USA kennen. Setzen westdeutsche Landwirte Pflüge mit vier oder fünf Scharen ein, werden hier zum Teil von richtigen Kettenfahrzeugen mächtige Pflüge gezogen, die zehn oder gar zwölf Scharen aufweisen. Zudem sind oft gleich mehrere dieser Gespanne auf ein und derselben Fläche im Einsatz, etwas versetzt ziehen sie ihre Bahn. Was hier augenfällig wird, ist die Industrialisierung der volkseigenen Agrarökonomie. Mit aller Macht werden immer größere, immer leistungsfähigere, immer effektivere Fahrzeuge und Geräte eingesetzt. Zwar ist ihre Verwendung durch die ewigen Probleme in der Ersatzteilversorgung oft nur eingeschränkt möglich, aber wenn die riesigen Räder rollen, dann rollen sie auf Deubel komm raus. Nach Regenschauern selbst kleineren Ausmaßes offenbart sich an vielen Stellen, was Einheimische als Fluch der Hochtechnisierung betrachten. Das große Gewicht der Maschinen, oft mehrere Dutzend Tonnen, verursacht erhebliche Bodenverdichtungen. Regenwasser kann nicht mehr absickern, Regenwürmer müssen auch aufgeben, das Bodenleben kommt zum Erliegen. Kein Wunder, daß die Pfützen den Agronomen Kopfzerbrechen bereiten, gelten sie doch als Indikatoren für bedenkliche Entwicklungen.

Rege Aktivitäten auf den Feldern sollen die Erträge nicht nur verbessern, sondern endlich auf Spitzenniveau hieven. Denn alle Produktivitätssteigerungen haben bisher nicht vermocht, etwa bundesdeutsche Durchschnittserträge zu erreichen – immer noch liegt die DDR bei der «Bodenleistung je Flächeneinheit» um 20 Prozent niedriger. Und dabei ist in der Börde, ganz in der Nähe der Stadt Schönebeck, 1934 der beste aller deutschen Ackerböden gefunden worden. Er erhielt den Richtwert 100 zugeteilt und wurde damit zum Maßstab für die Beurteilung der Bodenqualität. Auch heute noch gilt die «Reichsbodenschätzung» in beiden Deutschländern, der Bördekreis Wanzleben hält mit einem Durchschnittswert von 87 die DDR-Spitze (weiter nördlich, etwa in der Altmark, gehen die Werte bis auf 18 zurück).

Feierabend auf dem Lande

In einem Bördedorf kommen wir auf dem Rummel mit Jugendlichen ins Gespräch. Natürlich arbeiten oder lernen sie in der Landwirtschaft, natürlich können sie sich gar nicht vorstellen, anders als mit geregelter Arbeitszeit und gesichertem Urlaub zu leben, natürlich beklagen sie sich über die Langeweile in der Provinz. Wollen sie etwas erleben, bleibt nichts, als die Fahrt nach Magdeburg anzutreten. Sonst gibt's alle Jubeljahre mal eine Disko oder eben einen Rummel. Regelmäßig findet nur das allherbstliche Erntefest statt, wie das Erntedankfest drüben heißt. Mit dem Einbringen der letzten Fuhren steigen diese LPG-Feten, bei denen Erntekronen, Erntekostüme, Ernteumzüge, Ernteblälle und, natürlich, der Erntetrunk auf dem Programm stehen. Hat die LPG gut gewirtschaftet, läßt sich der Vorsitzende auch schon mal hinreißen, den lieben langen Tag Freibier für alle zu spendieren.

Auf unserem Rummel gibt's aber weder Bier noch eine Bratwurstbude. Neben zwei Karussells und einer Berg- und Talbahn drängen sich Schieß- und Losbuden. Für 25 Pfennige das Los greifen wir mehrmals zu. Ergebnis: neben vielen Nieten zwei Gewinnpunkte, dafür erhalten wir einen klitzekleinen Plastikball! Die Schießbuden sind regelrecht umlagert. Offenbar steht kaum ein Jugendlicher abseits – bis auf die meisten Mädchen.

Noch ein anderer Stand fällt uns wegen der Menschentraube davor ins Auge. In einem großen Anhänger sind verschiedene Spielautomaten untergebracht, vom Flipper übers Telespiel bis zum Geldspielgerät. Letztere können nur mit Spielmarken in Gang gesetzt werden, die an der Kasse erworben werden. Gewinne fallen dementsprechend nur in Spielmarken an, dafür gibt's Tabak oder Süßwaren. Eines macht uns stutzig, die Apparate schauen unge-

Wenig Abwechslung

Westautomaten von gestern

heuer westlich aus; bei genauerer Betrachtung finden wir dann auch ein kleines Schildchen, das als Herkunftsland die Bundesrepublik ausweist. Auf der Frontseite sind die Stellen, wo ursprünglich DM zu lesen war, beklebt oder verkratzt, Gewinnpläne und Serienchancen weisen jetzt nur noch neutrale Zahlenkolonnen auf. Wir fragen unsere Spezis, was sie anstellen, wenn weder Rummel noch Erntefest noch Disko angesagt ist. Manchmal treffen sie sich bei einem in der Bude, hören Musik und quatschen – aber nur, wenn dessen Eltern nicht da sind! Sonst bleibt nur die ... Bushaltestelle als allabendlicher Anlaufpunkt. In die Dorfkneipe verirren sie sich nicht oft: «Da läuft keine vernünftige Musik!» So sitzen sie an der Bushaltestelle herum, drehen ab und an mit Fahrrad oder Moped eine Runde durchs Kaff und harren der Dinge, die da vielleicht mal kommen. Meistens aber nicht. Und es geht noch recht förmlich zu. Ein Beispiel: Drei Jungs und drei Mädchen, alle um die fünfzehn Jahre alt, verabschieden sich, um von der Bushaltestelle nach Hause zu gehen. Aber nicht etwa mit Küssen und Umarmen, nein, sie geben sich alle schön ordentlich die Hand.

Schach satt

Vielleicht steht es mit der Freizeitgestaltung in Ströbeck besser. Es ist zwar auch nur ein Nest, am südwestlichen Ende der Börde gelegen, gleich am Huy (einem bewaldeten Höhenzug), aber das Dorf kennt gleichsam eine Lebensaufgabe. Es hat sich voll und ganz dem Schach gewidmet. Von Bekannten sind wir darauf hingewiesen worden, in allen DDR-Reisebüchern finden wir nur einen einzigen unscheinbaren Hinweis: «Durch ihre Tradition im Schachspiel bekannte Gemeinde», das ist alles. Von außen ist es dem Ort nicht anzusehen, daß er sich dem königlichen Spiel verschrieben hat. In der Oberschule Ströbeck werden die Schüler nicht nur in Deutsch und Mathematik unterwiesen – Schach ist hier ab der vierten Klasse Hauptfach, mit Prüfung am Ende des Schuljahres. Wer beim Klassenturnier gut abschneidet, erhält nicht nur gute Zensuren, sondern auch Geschenke der Gemeinde. Seit 1823 wird dieses erweiterte Schulprogramm gepflegt. Schon seit dem 11. Jahrhundert steht Ströbeck auf Schach: Ein gefangener Wendenfürst namens Guncela hat der Legende nach das Spiel hier populär gemacht – er spielte immer mit seinen Wächtern. Es fand so großen Anklang, daß später auswärtige Burschen eine Ströbecker Braut im Schach gewinnen mußten.

Heute spielt der Großteil der 1 300 Menschen regelmäßig. Jeweils im Mai geht es dann um die Wurst, der dörfliche Schachkönig wird ermittelt. Dabei werden auch zahlreiche Partien Lebendschach eröffnet und, hoffentlich halten die Dorfkinder durch, beendet. Daß sich die Ströbecker durch nichts von ihrem Lieblingssport abbringen lassen, konnten wir in der wiederholten Panorama-Wochenschau vom November 1944 (!) verfolgen: Die Bilder zeigten eine Gemeinde, die ihrer Schachleidenschaft nachging, als gebe es nichts anderes auf der Welt.

Ins Gebirge

Genug der Schwarzweißmalerei. Jetzt geht's ins Gebirge, wie die DDRler ihre Mittelgebirge mangels höherer Erhebungen einfach nennen. Also auch der Harz, obwohl er bergsteigermäßig weit hinter dem Elbsandsteingebirge bei Dresden herhinkt. Ein paar fast schon alpine Zutaten sind dennoch vorhanden: wilde Felsschluchten, schäumende Bäche, langwierige Gipfelaufstiege, ein paar Seilbahnen, Talsperren, Wintersportanlagen, sogar ein Wasserfall (an der Steinernen Renne bei Wernigerode). Grund genug, den Harz nicht nur Gebirge zu nennen, sondern sich darin auch wie im Gebirge zu fühlen – jedenfalls für die Flachlandtiroler der DDR. Ihnen reicht oft schon die Jodeldarbietung eines Harzer «Volkskunstensembles», um wahrer Gipfelstimmung anheimzufallen.

Zu Millionen streben sie herbei, die Erholung und Abwechslung suchenden Gäste aus der ganzen DDR. Selbst die Eigenarten des Harzer Wetters schrecken sie nicht: «Der Oberharz ist sommerkühl und reich an Niederschlägen, der Unterharz dagegen warm und trocken», belehrt uns ein volkseigenes Reisebuch. Ein anderes Werk irritiert mit Einzelheiten: «Nicht immer sind die Täler mit ihren Nebelbildungen für die maximale Erholung geeignet. Die ozonreiche Höhenluft in sonnig gelegenen Erholungsorten, fernab vom Lärm des Alltags, ist für Menschen mit nervöser Übererregbarkeit, unter der heute viele leiden, und für geistig stark beanspruchte Personen besser geeignet.»

Hinaus aus den Tälern, hinauf auf die lichten Höhen – auch die geistig weniger stark beanspruchten Zeit-Genossen drängt es dahin.

Jüngere lernen einen wichtigen Vorzug des Harzes schätzen – die frische Luft. In den höheren Lagen sorgen die vorwiegend aus Westen und Südwesten wehenden Winde für kräftigen Durchzug, eine regelrechte Wohltat für umweltbelastete Großstadtmenschen. Kein Wunder, daß aus den Regionen um Magdeburg, Halle und Leipzig auch die Tagesausflügler hier wie die Heuschrecken einfallen. Um ihren Andrang bewältigen zu

Ein Hauch von Grand Cañon: das Bodetal

können, ist etwa die Fernstraße 81 ab Magdeburg mehrmals vierspurig ausgebaut – eine Rarität bei Landstraßen.
Doch die Wirtschaftsplaner der DDR haben dafür gesorgt, daß die Erholungsuchenden zumindest bei der Annäherung an den Harz keine Schadstoffentwöhnungserscheinungen zeigen. Wie mit einer Gießkanne haben sie Fabriken und Betriebe über das Harzvorland und den Harzrand verteilt, alle paar Kilometer ragt ein rauchender Schlot in die Höhe. (Wobei ein Teil der Standorte historisch begründet ist, das muß der Gerechtigkeit halber gesagt werden.) Besonders eindrucksvoll ist der Blick vom Hexentanzplatz bei Thale. Ganz unten qualmt das VEB Eisen- und Hüttenwerk Thale vor sich hin: Die Abteilungen Stahlwerk, Blechwalzwerk, Stanzwerk, Behälter- und Apparatebau, Geschirremaillierwerk und Pulvermetallurgie wetteifern offenbar um den Ehrentitel des größten Stinkers am Ort.
Doch damit nicht genug. Bei klarer Sicht ließen sich am Horizont noch die Kraftwerke Buschhaus (BRD) und Harbke (DDR) erblicken, beide nur wenige Kilometer voneinander entfernt und Pester erster Güte. Ab und an lassen die Touristen mal spitze Bemerkungen ab, aber in der Hauptsache sind sie ja der Entspannung wegen gekommen. Also lassen sie den Qualm Qualm sein und ziehen sich ins Harzinnere zurück. In jedem, aber wirklich jedem Waldweg stehen die Trabbis und Wartburgs, die Ladas und Golfs. In jeden Winkel dringen die Spaziergänger und Wanderer vor, sommers wie winters stöbern sie durch die Wälder, über satte Hochwiesen und an mäandernden Bächen entlang.

Hexentanz

Das Tummeln in zumindest äußerlich noch intakter Landschaft

ist die Haupttätigkeit der Gäste. Denn die üblichen Sehenswürdigkeiten haben sie natürlich bei ihrem ersten Harzbesuch schon abgehakt. Allen voran den Hexentanzplatz bei Thale, per Schwebeseilbahn oder Auto zu erreichen. Der ausgedehnte Parkplatz gibt einen Eindruck davon, daß hier oft massenhafter Andrang herrscht. Um der Besucherschwemme Herr werden zu können, haben sich die Gastronomiefunktionäre etwas Besonderes einfallen lassen. An einem Stand können rohe Rostbratwürste, 1,05 Mark das Stück, erworben werden. Ein paar Meter weiter sind zwei Grills in Betrieb, auf denen die Hungrigen ihre Würste dann selbst braten können. Auf diese Weise nervt der Andrang nicht mehr die Verkäufer, vielmehr geht es bei den Besuchern untereinander um die Wurst.
Warum gibt es im Realexistierendensozialismus (noch) einen Hexentanzplatz? Im wissenschaftlichen Sozialismus ist derartiger Spuk nicht vorgesehen. Einzig eine örtliche Wanderbroschüre gibt Aufschluß: «Seinen Namen erhielt er wahrscheinlich in der Zeit, als Anhänger des christlichen Glaubens, voran die Kirche, alles Nichtchristliche verfolgten und sich ein wahrer Hexenwahn ausbreitete.» Kein Wort zu den Hintergründen der Hexenverfolgungen, kein Wort zum Hexensabbat, auch die nahe Walpurgishalle hilft nicht weiter.
Würden wir den DDR-Touristen erzählen, daß in der Bundesrepublik während der Walpurgisnacht die gesammelte Frauenbewegung auf die Straße geht, sie würden uns arg verwundert anschauen. Natürlich wissen die Älteren noch um die Legenden, insbesondere um den Tanz auf dem Blocksberg. Doch finden sich hier am Hexentanzplatz keine weiteren Hinweise. Einzig der Souvenirladen hält handgroße Hexenpuppen bereit. Und diese Figuren zeigen genau das Klischee früherer Tage: eine alte Frau mit Hakennase und schlohweißen Haaren, Holzschuhe an den Füßen und den Besen in Händen. Wenn die lieben Kleinen daheim nicht Ähnlichkeiten mit der Oma entdecken, wollen wir Bodo heißen.
Denn Bodo hat auch etwas mit dem Hexentanzplatz zu tun. Ein furchterregender Ritter war er und jagte Brunhilde, die schöne böhmische Königstochter. Ihr Pferd hetzte die Felsen hinauf, kam an den Hexentanzplatz und hatte das weite Tal der Bode vor sich. Bodo nahte, da nahm Brunhildes Pferd einen mächtigen Satz und landete ein paar hundert Meter entfernt auf einer Felsspitze. Dort hinterließ es seinen Hufabdruck – seitdem heißt die Felsspitze Roßtrappe und ist ein weiterer Abhakposten auf dem touristischen Laufplan (mittlerweile auch schwebend, im Sessellift, zu erreichen). Bodo dagegen fiel in den Abgrund und muß nun als häßlicher Hund Brunhildes herabgefallene Krone bewachen. Kein Besucher hat ihn bisher zu Gesicht bekommen, er muß sich wohl gut versteckt haben – obwohl mit dem «Kronensumpf» die Stelle bezeichnet ist, wo die Krone liegen soll.
Unzählige Wanderer durchmessen das teils wildromantische Tal der Bode auf der Suche nach Bodo, vorbei am Goethefelsen, am Kronensumpf, überqueren die Teu-

felsbrücke, bewundern den schäumenden Bodekessel. Reizvoll ist das etwa sechs Kilometer flußauf abzweigende Kästental, «in das sich noch einige alte Eiben zurückgezogen haben». Wie sie das angestellt haben, muß das Geheimnis der Wanderbroschüre bleiben. Jedenfalls sind die teils uralten Bäume wirklich sehenswert, zumal einige trotz ausgehöhlter Stämme unbeirrt ihre Nadeln tragen.

Mit nicht ganz so ehrwürdigen Hölzern können die Wälder rund um Friedrichsbrunn aufwarten, einem Erholungsort am Ramberg. Das Reisebuch stellt ausdrücklich fest: «Im Ort gibt es keine Industriebetriebe.» Dafür aber Ferienheime en masse, unter anderem ein Kinderferienlager des VEB Sprengstoffwerk I in Schönebeck. Friedrichsbrunn ist eines der Wintersportdörfer mit Skiübungshang, Skiausleihstation und Skilift. Sogar Skikurse werden hier angeboten – sofern die um die 600 Meter hoch gelegenen Hänge verschneit sind. Denn der Harz zählt zwar zu den schneereichsten Gebieten der DDR, aber unter 500 Meter schmilzt das kostbare Weiß so schnell, wie es gefallen ist.

Elend und Sorge

Schneesicher sind nur die höheren Lagen – und da sind weite Teile für DDRler tabu, liegen sie doch im Sperrgebiet der Grenze. Und so werden die Touristen belehrt: «Die Kreise Wernigerode und Nordhausen bilden die Grenze der DDR zur imperialistischen BRD. Zur Unterbindung der feindseligen und friedensgefährdeten (Fehler im Original) Tätigkeit aggressiver und revanchistischer Kräfte ist an der Westgrenze der DDR eine Grenzordnung eingeführt worden, wie sie an den Grenzen eines souveränen Staates üblich ist.» Basta. DDR-Urlauber fragen sich natürlich, warum diese Ordnung gerade *ihre* Bewegungsfreiheit erheblich einschränkt. Der zweithöchste Berg der DDR, der 1 141 Meter hohe Brocken, der Legende nach als Blocksberg Hexentreffpunkt, kann nur aus der Ferne bewundert werden. In Friedrichsbrunn etwa eröffnet sich am gleichnamigen Hotel ein Brockenblick über dreißig Kilometer, jenseits der vielen bewaldeten Höhen hüllt sich der Gipfel jedoch in einen Dunstschleier.

Da erscheint es Einheimischen als Omen, daß gerade die Ferienorte Elend und Sorge im Sperrgebiet liegen – Gäste müssen hier einen zuvor beantragten besonderen Passierschein besitzen. Nur für die zwischen Wernigerode und Nordhausen verkehrende Harzquerbahn, von einer schnaufenden Dampflok gezogen, wird eine Ausnahme gemacht: «Die Harzquerbahn darf auch ohne Passierschein für die Durchreise durch die Sperrzone entlang der Staatsgrenze West benutzt werden. Auf den Bahnhöfen Elend und Sorge darf der Reisende in diesem Fall den Zug nicht verlassen.»

Die Möglichkeiten der Freizeitgestaltung beschränken sich auf ein Minimum. Sechzehnjährige Jugendliche aus Halle, auf Klassenfahrt mittendrin im Harz untergebracht, erzählen uns, daß während ihres Aufenthaltes eine Disko stattfindet – in Staßfurt, fünfzig Kilometer entfernt, aber immerhin in anderthalbstündiger Zugfahrt zu erreichen. Daß im Staßfurter VEB

Fernsehgerätewerk Friedrich Engels Bildröhren auch mit Westfarbe produziert werden, sei nur am Rande erwähnt (auf Wunsch erfüllen die Mattscheiben auch die Störstrahlbestimmungen der Deutschen Bundespost!). Was insofern von Bedeutung ist, als das allabendliche Fernsehvergnügen vorm Westprogramm die häufigste kulturelle Tätigkeit darstellt. Überhaupt spielt Deutsch-Deutsches hier eine nicht unwichtige Rolle. Wir sind überrascht von der Vielzahl der Bundesbürger, die den kleinen Grenzverkehr für Ausflüge in den Ost-Harz nutzt. Und das, obwohl im Bezug auf den Tourismus eine verkehrte Welt herrscht. Ein Westberliner Journalist schrieb nach einer doppelten Harzreise: «Wer vom Mars käme oder vielleicht auch nur aus Neuseeland, muß den Kopf schütteln. Auf der einen Seite gibt es nicht genug Unterkunftsmöglichkeiten für all die Erholungsuchenden, und ein paar Kilometer weiter, unerreichbar von hier, reißen sich Bad Sachsa, Bad Lauterberg, Zorge, Herzberg, Walkenried und wie die West-Harzgemeinden alle heißen, ein Bein aus, um mit Werbung, Freizeitanlagen, Luxushotels, Kurmittelhäusern und Klosterwiederaufbau nebst Kuranlagen möglichst viele Werktätige, pardon, Touristen anzuziehen.»

Agitation im Urlaub

Daß Restbestände eines (vielleicht ostwestlichen) Harzbewußtseins vorhanden sind, offenbart auch die ausgiebig betriebene Vergangenheitspflege. Im Harz gab es kaum Leibeigene, und im 17. Jahrhundert zogen sich Einheimische in die Wälder zurück, um als «Harzschützen» per Guerillataktik die fremden Mächte zu piesacken. Selbst die Auspressung durch die Harzer Feudalherren wird diesen nicht so übelgenommen, wie wir es erwartet haben. Das Schloß Wernigerode wurde schon 1945, nach Enteignung des Fürsten, auf Wunsch örtlicher Stellen kurzerhand zum «Feudalmuseum» erklärt und mit erhaltenen Kulturgütern gefüllt. Jetzt hängt darin eine Karte, die laut Überschrift den Harz und seine Randgebiete irgendwann im Mittelalter zeigt. Als kleiner Fleck ist der Harz gut zu erkennen – seine ‹Randgebiete› werden durch das Viereck Rom, Barcelona, Glasgow und Kopenhagen begrenzt. Vielleicht hat dieses Selbstbewußtsein auch in den Bauernkriegen eine Wurzel, haben doch neben den Aufstandszentren in Thüringen vor allem die Harzer Bauern im Jahre 1525 gegen Klöster und Feudalherren aufbegehrt. Weil isoliert und unorganisiert, endete die Erhebung in der Schlacht bei Frankenhausen im Mai 1525 mit einer fürchterlichen Niederlage. Aber die Ideen und Losungen Thomas Müntzers, dem in Stolberg geborenen Vordenker der Bauernrevolten, sind nicht wirkungslos geblieben. Heute sucht die SED diese Tradition zu vereinnahmen – sinnfällig demonstriert am «Panorama Bad Frankenhausen». Auf dem Schlachtberg wurde eigens ein mächtiger Rundbau errichtet, drinnen arbeitet Werner Tübke seit 1983 an einem Gemälde von 14 mal 123 Meter, das «dem Deutschen Bauernkrieg und dem revolutionären Wirken

von Thomas Müntzer gewidmet ist». So lautet der Auftrag des SED-ZK für Tübke. Wahrscheinlich wird der Meister knapp vor dem 500. Geburtstag Müntzers 1989 fertig werden, dann erst dürfen Besucher hinein.
Das wird ein zusätzlicher Programmpunkt für die FDGB-Touristen werden, eine Art realsozialistische Wallfahrtsstätte. Und dabei sagte doch Harry Tisch, seines Zeichens FDGB-Vorsitzender, schon 1982 bezüglich der Agitation im Urlaub: «Doch sollten wir bei all den Aktivitäten nicht außer acht lassen, daß der Urlauber sich ganz so erholen soll, wie er selbst es gerne möchte. Wenn er laufen will, mag er laufen; aber möchte er schlafen, dann soll man ihn nicht stören.» Im Feudalmuseum Wernigerode erleben wir, wie DDRler mit Agitprop umgehen: Die politischen Teile des Museums durchqueren sie rasch, in den Stilzimmern Renaissance, Barock, Rokoko, Louis-seize, Empire, Biedermeier oder im Porzellankabinett verweilen sie und flachsen darüber, welche Vase und welcher Schrank wohl in ihr Wohnzimmer passen würde. Und die Jüngsten sind ganz scharf auf Daumenschrauben, Körpergalgen und andere Folterwerkzeuge.
Gar nicht agitpropmäßig klingt eine Geschichte aus Tanne, eine wahre Geschichte. Seit dem 14. Jahrhundert wurde in der Tanner Hütte Eisenerz geschmolzen, fast das ganze Dorf lebte davon. 1865 wurde sie dann von den Besitzern stillgelegt – die Dörfler drohten brotlos zu werden. Was taten sie? Sie kratzten alle ihre Ersparnisse zusammen und kauften die Aktien der Hütte. Seit 1867 wurde sie in dieser Eigenbewirtschaftung betrieben. Das Ende kam, nein, nicht 1933 oder 1939. Man schrieb 1945, als die Werktätigen des Dorfes Tanne enteignet wurden – ihre dorfeigene Hütte wurde in Volkseigentum übergeführt. Immerhin wurden die Arbeiter-Unternehmer ausgezahlt. 1966 dann raubten die Wirtschaftsplaner den Tannern ihre Hütte, angeblich wegen besserer räumlicher Verhältnisse bei der Rekonstruktion wurde das Werk nach Königshütte verlegt.

Fachwerk und Flickwerk

Eine Harzreise wäre keine Harzreise ohne Besuch in den Harzvorstädten. Fein säuberlich vorgelagert bewachen da Wernigerode, Quedlinburg, Aschersleben, Hettstedt, Eisleben, Sangerhausen und Nordhausen die «Pultscholle», wie der Harz von Geologen bezeichnet wird. Sie alle sind vom Harzer Fachwerkhaus geprägt, einer Bauweise, die vom Bauernhaus auf die städtischen Wohnhäuser übertragen wurde. Beispiel Quedlinburg: Weite Teile der Innenstadt sind in oft viergeschossiger Fachwerkbauweise erhalten. In der Wordgasse 3 verbirgt sich zudem das wohl älteste deutsche Fachwerkhaus, vor 1400 soll es errichtet worden sein. Uns erinnert es an eine Kirche, drinnen ist jetzt ein Fachwerkmuseum untergebracht.
Viele der Gebäude sind bereits restauriert und zeitgemäß umgebaut worden, mit Bad und Toilette. Doch die Versäumnisse der Vergangenheit, als man mit vollem Bewußtsein viele Häuser regelrecht verfallen ließ, rächt sich

bitter. Nicht nur dadurch, daß erhaltenswerte Stätten nun unwiederbringlich zerstört sind. Auch die mangelhaften Kenntnisse in der Wiederherstellung alter Bausubstanz rühren aus den Sünden früherer Tage. Es gibt in der DDR nicht genügend Spezialisten und Techniken, um die notwendigen Arbeiten durchführen zu können. Die Lösung: Polen müssen her, nehmen sie doch unangefochten die Weltspitze im Restaurationswesen ein. In Quedlinburg arbeitet deshalb PKZ Torun, in der Breiten Straße und im Marktkirchhof. Die dem Fachwerk bloß nachempfundenen Neubauten an der Schmalen Straße dagegen können DDR-Betriebe hochziehen. Was unter finanziellen Gesichtspunkten wichtig ist, denn PKZ aus Torun läßt sich, mittlerweile Gepflogenheit unter sozialistischen Brüdern, bitteschön in Westgeld bezahlen.

Renoviertes Schmuckstück

Doch trotz aller Anstrengungen bleibt in den Städten noch viel zu tun; die Prachtgebäude sind zwar fertig und schön anzusehen, aber bereits ein paar Meter weiter sieht vieles reichlich brüchig und verfallen aus. Bezeichnend etwa eine schmale Gasse an der Blasii-Kirche in Quedlinburg, durch die noch nicht einmal ein Trabbi hindurchpassen dürfte. Zerbrochene Scheiben, verwittertes Gebälk, herausgefallene Ziegelsteine, völlig windschiefes Fachwerk – enge Wohnungen, abgeschnitten vom Tageslicht und ohne die einfachsten Sanitäreinrichtungen. So manches wird in Flickwerkmanier gleichsam provisorisch hergerichtet, um alsbald wiederum Baukapazitäten zu binden.
Einen weit aufgeräumteren Eindruck machen die Dörfer im Inneren des Harzes (wenn nicht gerade ein örtlicher VEB mit Dreck und Schadstoffen alle Bemühungen zunichte macht). Auf ein bundesdeutsches Paar wirken sie derart anziehend, daß sich die beiden mit dem Fahrrad die Steigungen hinaufquälen, um anschließend in freier Fahrt talwärts zu brausen. Wir treffen das Paar, das hier, wo mensch nur notgedrungen Rad fährt, reichlich exotisch anmutet, an einem Aussichtspunkt. Bei ihnen hat die Bahnverschickung der Drahtesel von der Bundesrepublik in die DDR anstandslos hingehauen, sie wohnen bei Bekannten und unternehmen Tagestouren in alle Teile des Harzes. Nur manchmal, so verraten sie uns, zeigen ihnen Einheimische im Vorbeifahren einen «Harzer Roller»: einen (Kanarien-)Vogel.

WELTHANDELSPLATZ LEIPZIG

«Alles dreht sich ums Geschäft» – mit diesem Satz wirbt in Hochglanz eine Zeitschrift für den «Welthandelsplatz» Leipzig. Ums Geschäft? Wir sind eigentlich nicht gekommen, um irgendwelche Geschäfte zu tätigen. Ohnehin müssen wir uns erst einmal von den Strapazen der Anreise erholen. Drei Stunden dauerte die Bahnfahrt von Ostberlin – und drei Stunden mußten wir im Gang stehen. Natürlich teilten auch noch andere dieses Schicksal, ganz offenbar war die Deutsche Reichsbahn nicht auf den Andrang eingerichtet. Und dabei läuft die Messe jetzt auf Hochtouren, aus allen Teilen der Republik strömen die Menschen herbei, um einen Blick durch *das* DDR-eigene Guckloch zur Welt zu werfen. Zweimal im Jahr, im Frühjahr und im Herbst, versammeln sich hier Menschen und Güter aus aller Herren Länder, von der Mongolei bis Kuba, von Kanada bis Finnland. Mehrere tausend Firmen aus den verschiedensten Branchen präsentieren hier Neues und Bewährtes, gerade Erfundenes und erst Geplantes. Für das Heer der Manager und Verkäufer, allesamt in die weltweit gängige Uniform der Geschäftswelt gezwängt: graue und dunkelblaue Anzüge, dreht sich tatsächlich (fast) alles ums Geschäft. Sie kommen, um zu kaufen und zu verkaufen, sie bewegen sich zwischen Hotels und Messehallen hin und her, allenfalls steht noch die Oper (für bildungsbeflissene) oder eine Nachtbar (für weltlich orientierte) auf dem Programm. Ob sie die Stadt wirklich er-leben?

Wir erleben nach der ersten Überraschung im überfüllten Zug im Leipziger Hauptbahnhof gleich die nächste: So viele Menschen wogen hier in alle Richtungen, wie wir es sonst nur aus Rom oder Moskau kennen. An den vier Ausgängen stauen sich die Messehungrigen, der Platz am Kopfende der 26 Gleise ist überschwemmt. 1915 wurde der Bahnhof, immer noch der größte Kopfbahnhof Europas, fertiggestellt – als doppeltes Lottchen sozusagen. Denn das Eisenbahnwesen war Landessache, deshalb waren in Leipzig sowohl Sachsen als auch Preußen tangiert. Von 1887 bis 1902 verhandelten die beiden Staatsregierungen, erst dann konnte das dringend notwendige Bauwerk begonnen werden. Die Kleinstaaterei führte dazu, daß die westlichen Gleise 1 bis 13 preußisch, die östlichen Gleise 14 bis 26 sächsisch verwaltet wurden – mit eigenen Fahrkartenschaltern, mit eigenen Eingangshallen, mit eigenen Wartesälen und natürlich mit eigenem Bahnhofsvorsteher! Erst 1934 wurde die Reichsbahndirektion Halle mit der alleinigen Verwaltung betraut, seitdem ist der Bahnhof wirklich *ein* Bahnhof.
Auf dem Querbahnsteig fällt uns eine Ansammlung ins Auge, die sich der allgemeinen Bewegung widersetzt. Eine Schlange erwächst unter unseren Augen an einem Zeitschriftenstand, aus Neugier

Trubel zur Messezeit

schließen wir uns an. Bis auf ganz wenige Ausnahmen erwerben alle eine attraktive Zeitschrift, «Messe Magazin» betitelt. Wir rücken dem Stand näher und näher und können den Stapel dieser offenbar heißbegehrten Publikation schwinden sehen. Wenige Meter vor dem Ziel schließen wir Wetten ab, ob wir noch Exemplare ergattern werden... Ein Fluch zwei Positionen vor uns klärt uns auf – ausverkauft. So schnell, wie sie sich gebildet hat, löst sich die Schlange auch wieder auf, das übliche Zeitungssortiment scheint kaum jemanden zu interessieren.

Politischer Ball paradox

Unser erstes Ziel soll die Buchmesse sein (die nur im Frühjahr stattfindet), sie ist im Messehaus am Markt beherbergt, einem

Stahlbetonbau, für den die Architekten den «Kunstpreis der Stadt Leipzig» erhalten haben – unser Urteil war dazu nicht erbeten worden. Vom Äußeren läßt sich allerdings niemand schrecken, drinnen herrscht heilloses Gedränge in subtropischem Klima. Besondere Anziehungspunkte sind die westlichen, insbesondere die bundesdeutschen Verlage, bekommen DDRler deren Bücher doch nur hier und nirgends sonst leibhaftig zu Gesicht. Üblicherweise sind an den Ständen Ketten gespannt, damit nur eine begrenzte Zahl Zuschauer Einlaß findet. Wer dazugehört, läßt sich nieder und versinkt für geraume Zeit im Studium von Büchern aus einer nahen fernen Welt.
Der Rowohlt-Verlag (der übrigens auch die Anders-reisen-Reihe hier zeigt) hat der Deutschen Presse-Agentur schon mitgeteilt, daß die Hälfte der mitgebrachten Bücher nach drei Tagen Messe auf Nimmerwiedersehen entschwunden sei. Doch die goldenen Jahre des subversiven Bücherklaus sind gezählt. Jetzt hat die Messeleitung «Buchklau-Detektive» eingestellt, meist Studenten, junge Leute wie du und ich. Etwa dreißig dieser ‹Fänger› sollen im Einsatz sein, für 3,50 Mark (Ost) Stundenlohn und 20 Mark Prämie pro gestelltem Dieb. Ein Verlagsmitarbeiter aus der DDR flüstert uns, daß die Hälfte der Detektive gerade einen Rüffel bekommen habe, weil sie keine ‹Erfolge› nachweisen konnte. Der Rekordspürhund konnte dem Vernehmen nach immerhin sechsmal verbellen.
Für DDR-Bürger ist diese Messe ansonsten ein politischer Ball paradox. Drüben nicht verlegte Autoren wie Lutz Rathenow oder Sascha Anderson sind mit ihren Werken ebenso vertreten wie einige Dissidenten, die nun im Westen leben. Was jedoch politisch brisant ist, Rudolf Bahros «Alternative» oder Jürgen Fuchs' «Fassonschnitt» etwa, wird von den Westverlagen erst gar nicht ausgestellt – aus «diplomatischen Gründen». Aber auch andersherum geht's paradox zu. An einer mannshohen Großbritannienkarte des örtlichen VEB F. A. Brockhaus Verlag, verziert mit dem Werbespruch «Exportleistung unserer Kartographie», sucht eine junge Frau das sagenumwobene Loch Ness. Wir zeigen es ihr. Nach Lage der Dinge kann sie es im nächsten Jahrtausend bei Erreichen ihres Rentenalters mal selbst in Augenschein nehmen. Bibliomane kommen indessen voll auf ihre Kosten. Vor allem die renommierten DDR-Verlage wie Aufbau, Hinstorff, Mitteldeutscher Verlag oder die Dieterich'sche Verlagsbuchhandlung pflegen und hegen die Buchkunst. Sie präsentieren sorgfältig edierte Bücher, mit denen immer wieder wahre Schätze gehoben werden, die im Westen als unverkäuflich gelten oder keine Beachtung finden: «Das Gelobte Land» von Władysław Reymont etwa. Auch jüngere, im Westen gänzlich unbekannte Autoren wie Uwe Greßmann oder Andreas Albrecht, durchaus keine Parteischriftsteller, sind nur bei DDR-Verlagen zu haben. Westbesucher sollten durchweg genau hinschauen, sind doch die Sortimente in aller Vollständigkeit vorhanden – was in den Buchhandlungen so gut wie nie der Fall ist.

Deren gibt es eine ganze Reihe in unmittelbarer Nähe, kirchliche und internationale, antiquarische und fachbezogene – und natürlich auch ganz gewöhnliche. Uns gefällt am besten die Buchhandlung im Franz-Mehring-Haus nahe der Oper; nicht vorrangig des breiten Angebots wegen, sondern weil ihr Hauptraum ansehnlich restauriert ist und zum Verweilen geradezu einlädt. Offenbar empfinden nicht nur wir so, denn die zahlreichen Sitzgelegenheiten sind fast immer von Büchernarren in Beschlag genommen. Mit einem können die Buchhändler im Unterschied zu früheren Zeiten nicht mehr dienen – mit durchgängig preiswerten Büchern. Zwar gibt es immer noch Taschenbücher, die für ganze 50 Pfennige zu haben sind (Friedrich Wolfs «Professor Mamlock» etwa); aber auch nur geringfügig bessere Ausstattung und Aufmachung haben ihren Preis. Bei Bildbänden auch nur mit schwarzweißen Fotos sind Preise von 30 oder 40 Mark keine Seltenheit.

In Leipzig hat auch die Deutsche Bücherei ihren Sitz, genau am Westeingang zum Messegelände ist sie an ihren neuen Magazintürmen zu erkennen. Hier werden alle deutschen Publikationen in je einem Exemplar gesammelt und aufbewahrt, das bundesdeutsche Gegenstück residiert in Frankfurt am Main. Es dürfte wohl eine deutsche Besonderheit sein, daß ein Land alle Veröffentlichungen aus zwei Ländern aufhebt – vielleicht ein Restbestand der deutschen Kulturnation? Sehenswert ist auch das Deutsche Buch- und Schriftmuseum, das in der Deutschen Bücherei untergebracht ist. Gesammelt wird alles zur «Kulturgeschichte des Buches, der Schrift und der Beschreibstoffe»; mit letzterem ist nicht nur das Papier gemeint.

Neu und alt

Hohe Preise zahlen wir auch auf dem «Soli-Basar» auf dem Markt vor dem Buchmessehaus, auf dem 1848 Robert Blum, «Bevollmächtigter der Arbeiter» bei der Frankfurter Paulskirchenversammlung, die Deutschen zum Kampf gegen Kleinstaaterei und für eine demokratische Entwicklung aufrief. Was würde einem passieren, der es ihm in diesen Tagen gleichtäte? Aber keiner tut's. Vielmehr verscherbeln Leipziger Journalisten hier alles mögliche zu Solidaritätspreisen, die Überschüsse fließen nach Vietnam, Laos, Angola, Nicaragua oder sonstwohin. Die naturverbundenen Landwirtschaftsjournalisten bieten eingelegte Gurken und Radieschen feil, Sportreporter verkaufen Wimpel des heimischen Oberliga-Fußballklubs Lok für vier Mark (Normalpreis: 35 Pfennige). Beim Stand von ADN, der Verlautbarungs-Nachrichtenagentur, in den Kolonnaden des schönen alten Rathauses erwerben wir ein Foto von John Lennon für zwei Mark. Dichtes Gedränge allerorten, fast werden wir in den «Untergrund» gestoßen. Welcher aber nicht subversiven Charakters ist, sondern bloß ein unterirdisches Messehaus, 1925 erbaut, aufweist.

Ganz in der Nähe, zwischen schönen altehrwürdigen Häusern und Neubauten in Stahlbeton-Skelett-Montagebauweise hin und hergerissen, werden wir stutzig. Zwei Elefantenköpfe prangen da an ei-

Elefant am Riquet-Haus

nem Eckhaus, die Rüssel nach innen geneigt, die Stoßzähne trutzig nach außen gerichtet. Das Riquet-Haus war ehedem eine Kakao- und Schokoladenfabrik, die verwitterten Inschriften lassen es erahnen, jetzt wird hier Porzellan verkauft. Die alte Pracht ist nicht zur Gänze dahin, aber neuer Glanz ist noch nicht in Sicht. Obwohl in der Innenstadt vielerorts restauriert und renoviert wird. Zwar haben die Bombardements des Zweiten Weltkriegs große Lücken geschlagen, zumeist mit unansehnlichen Gebäuden und kalten Plätzen gefüllt, doch ist viel Altes erhalten.

Jeder sollte aufs Geratewohl durch die Gassen und Straßen streifen, alles ist per pedes erreichbar. Die zahlreichen Passagen laden besonders bei regnerischem Wetter zum Bummeln ein, in einer, wir verraten nicht, in welcher, läutet regelmäßig ein Glockenspiel aus Meißner Porzellan. Da finden wir ein nettes Teehaus, eine elegante Patisserie, eine interessante Galerie, einen gemütlichen Hinterhof. «Leipzig St. Nikolai – Stadt- und Pfarrkirche» ist ein Beispiel für das so häufige Mißverhältnis zwischen Äußerem und Innerem. Während auf hohen Gerüsten Arbeiter versuchen, den grauen und schmutzigen Außenwänden zu Leibe zu rücken, offenbart sich beim Eintritt ins Kirchenschiff ein durchgehend weißes Inneres (hier ist die Restauration bereits abgeschlossen). In einem Nebenraum des Altars findet sich eine kleine Ausstellung eines Künstlers aus der DDR.

Klassikbegeisterte können Johann Sebastian Bach nachspüren, dem im Bosehaus am Thomaskirchhof vielfältig gehuldigt wird. Gleich gegenüber, im Schatten der Thomas-Kirche, die dem weltberühmten Thomaner-Kinderchor den Namen gibt, steht ein irreführendes Bach-Denkmal. Der Meister selbst strickte immer wieder an der Legende, daß er arm wie eine Kirchenmaus sei – 1908 schuf man deshalb dieses Denkmal mit den herausgekrempelten Rocktaschen. Dazu sagt der derzeitige Stand der Forschung: alles gelogen, Bach war Spitzenverdiener! Es gibt viel zu entdecken hier, nur eines bereitet schon mal Probleme – die Kneipen, Cafés und Restaurants. Vom Kaffeebaum bis zu Auerbachs Keller, vieles ist entweder reserviert oder überfüllt – zum Ende der Messe versprechen diesbezügliche Erkundungen größeren Erfolg. Auch wenn nach Messeschluß das eine oder andere Etablissement dann, behördlich genehmigt, versteht sich, seine Pforten für Monate schließt, weil es umgebaut, erweitert oder erneuert wird. So viel ist gewiß: Rechtzeitig zur nächsten Messe wird es wieder im Dienste der Kunden stehen.

Leipziger Allerlei

Nur einen Blick wert ist die Universität, mit fast 580 Jahren auf dem Buckel eine der ältesten im deutschsprachigen Raum. 1953 wurde ihr der Name Karl-Marx-Universität verliehen, weil sie «beispielgebend war bei der Einführung und Verstärkung des Arbeiter-und-Bauern-Studiums». Gar nicht beispielgebend war die schmähliche Emeritierung Ernst Blochs im Jahr 1957, nachdem dieser Tacheles geredet hatte: «Die Praxis der Wahrheit ist der Sozialismus der Freiheit, die Theorie der Freiheit ist der Marxismus der Wahrheit.» Die SED konnte diese Kritik, obgleich auf philosophischer Ebene angesiedelt, nicht ertragen. Heutzutage macht die Uni nur noch Schlagzeilen, wenn Kurt Biedenkopf (CDU) hier einen Vortrag hält oder William Borm (früher FDP) für sein Wirken «im Dienste des Friedens» die Ehrendoktorwürde erhält. Und diese annimmt, obwohl er von 1950 bis 1959 wegen «Kriegs- und Boykotthetze» im DDR-Knast einsaß. Vielleicht betrachtet er den Dr. h.c. als Abbitte.

Reizvoll ist noch die Moritzbastei, eine bis 1974 verschüttete Kasematte, die von Studenten zum «Zentralen Studentenklub» herausgeputzt worden ist. Hier ist fast immer etwas los, vielleicht kann ja die eine oder der andere durch die obligate Kontrolle hindurchschlüpfen, denn bundesdeutsche Studenten- oder Schülerausweise werden oft nicht akzeptiert. Ohne Probleme dagegen findet jeder im Uni-Zeitschriftenladen an der Grimmaischen Straße Einlaß. Er ist einer der wenigen in der DDR, die per Selbstbedienung funktionieren. Und von fast allen Zeitschriften werden die letzten vier oder fünf Ausgaben bereitgehalten. Eine gute Gelegenheit, in «Sinn und Form», den «Weimarer Beiträgen», der «Jungen Welt», im «Eulenspiegel» oder in den vielen Fachzeitschriften herumzublättern.

Unser Kontrastprogramm zur Innenstadt heißt Leutzsch. Mit der polternden Straßenbahn, Linie 13, fahren wir durch enge Straßenschluchten, vorbei an verfallenen, verrußten und verwitterten Hausfassaden vor allem aus der Gründerzeit. Vier Geschosse hoch, eng bebaut, schmale Straßen und Bürgersteige. Wir beginnen zu ahnen, wie diese Leipziger Stadtviertel einen Mann wie Dr. Daniel Gottlob Moritz Schreber hervorbringen konnte, der den Schrebergarten ‹erfand› und dessen Sohn dank Sigmund Freud ein bekannter Lehrfall der Psychiatrie wurde. Oder einen Walter Ulbricht, der als ebenso raffinierter wie skrupelloser Apparatschik die Grundlagen für das schuf, was uns heute als DDR entgegentritt. Während an Ulbricht nur noch eine müde Gedenktafel an seinem Geburtshaus Gottschedstraße 25 erinnert, ist Dr. Schreber immerhin noch die älteste «Kleingartensparte» an der Aachener Straße gewidmet. Sogar ein Denkmal soll seiner dort gemahnen, wir haben es nicht gesucht.

Sachsologie

Aber wir wollen nach Leutzsch. Der Vorstadt, der Karl-Hermann Roehricht, heute in Bayern lebend, mit kruder und eigenwilliger Schreibe gedacht hat («Vorstadtkindheit», «Erziehung eines Diebes»). Wir wandern durch Leutzsch, suchen Szenen des Lebens hier. Vorstadtruhe nimmt uns auf, in den Seitenstraßen spielen Kinder Ball und fahren Rad. Bei uns müßten Schilder aufgestellt werden, um die Sicherheit der Kleinen wenigstens halbwegs zu gewährleisten. An einer Fensterscheibe entdecken wir zwei Aufkleber, made in GDR, eine Besonderheit. Einer weist auf die «Friedensdekade 1985» hin, der andere wirbt für den «Folkklub Leipzig». Wir fotografieren gerade, als sich die Gardine bewegt und ein bärtiger Kopf erscheint; er fragt uns, ob wir die seien, die neulich ... Sind wir nicht. Aber fünf Minuten später sind wir im Besitz einer Einladung für den Abend.

Bei Einbruch der Dunkelheit sitzen wir am runden Tisch einer Altbauwohnung. Der Gastgeber ist gebürtiger Mecklenburger, vor 15 Jahren wanderte er zu und ließ sich hier unweit Ulbrichts Geburtshaus nieder. Und der 1973 gestorbene Apparatschik ist immer noch für Anekdoten gut. Nummer 1: Bei einem seiner Heimatbesuche sei der führende Genosse seiner Beschützer-, auch Bewacherschar entkommen und habe sich heimlich in seine (jetzt geschlossene) Stammkneipe verdünnisiert. So viel Sentimalität hat die Geschichtsschreibung bei dem hartgesottenen Funktionär gar nicht für möglich gehalten. Nummer 2: Ulbrichts Familie habe hier ein Bordell betrieben, die Alteingesessenen hätten ihn Zeit seines Lebens als «Pflaumenhändler» bezeichnet. Wir erfahren natürlich auch, was ein «Ulb» ist: die Zeit, die mensch benötigt, um die allerlangweiligsten Agitpropsendungen des DDR-Fernsehens abzuschalten.

Wir vernehmen aber auch, daß die Leipziger Arbeiterbewegung nicht allein aus Ulbricht besteht. Ferdinand Lassalle gründete hier 1863 den Allgemeinen Deutschen Arbeiterverein, Vorläufer der SPD. August Bebel lebte hier ab 1860, dann wurde er 1881 zusammen mit Wilhelm Liebknecht und 31 anderen Sozialdemokraten aus der Stadt verbannt. Liebknechts Sohn Karl wurde hier 1871 geboren. Die 1894 gegründete «Leipziger Volkszeitung» zählte Franz Mehring, Rosa Luxemburg und Clara Zetkin zu ihren Mitarbeitern. Noch 1933, als am 5. März die erste Reichstagswahl unter Naziherrschaft stattfand, erhielten SPD und KPD in der Stadtverordnetenversammlung eine Mehrheit gegenüber Nationalsozialisten und Bürgerlichen. Kein Wunder, daß beim Aufstand vom 17. Juni 1953 der Ausnahmezustand in Leipzig (und Ostberlin) zuletzt aufgehoben wurde.

Unser Gastgeber verrät uns auch, wie er mit den heutigen Sachwaltern der Arbeiterbewegung umzugehen pflegt. Er läuft, obgleich kein Parteimitglied, bei jeder offiziellen Demonstration mit. Dort hält er die Augen offen, wer von den Funktionären aus seinem Betrieb *nicht* anwesend ist. Soll er später mal eine unvorgesehene Nachtschicht fahren oder Überstunden machen oder am Wochenende arbeiten, pflegen die Genossen Funktionäre stets an sein «Bewußtsein» zu appellieren. Fast immer wimmelt er sie mit der einfachen Frage ab, wo denn ihr «Bewußtsein» bei dieser oder jener Demonstration gewesen sei.

Zurück zu Ulbricht. Während seiner Ägide wurden die Sachsen,

wahrlich nicht alle so fistelig sächselnd wie er, vom Rest der Republik als «fünfte Besatzungsmacht» verfemt, derer es Herr zu werden gelte. Worauf sich die Sachsen beleidigt in ihre angestammten Gebiete zurückzogen und erst wieder mit der meistverkauften Schallplatte in der Geschichte der DDR zurückschlugen: «Sing, mei Sachse, sing»!
Auch an diesem Abend geht es, natürlich, um die Charakterisierung dieses Stammes. Schnell sind die gängigen Attribute zur Hand: gemütlich, gelassen, behäbig, mutterwitzig, mitläuferisch. Einer wendet an Hand historischer Erfahrungen ein, Sachsen seien von jeher störrisch – erst durch einen Verrat habe Karl der Große die Sachsen unterwerfen können. Er ließ die geladenen sächsischen Fürsten nämlich einfach umbringen.
Wir wollen der Sachsologie keine weiteren Kapitel hinzufügen. Jeder sollte sich sein eigenes Bild machen, und das möglichst unvorbelastet. Eines ist aber sicher: *Die* Sachsen gibt es eh nicht! Nicht nur das Straßenleben, dessen Turbulenz manchmal Zweifel erweckt, ob sich überhaupt noch jemand an seinem Arbeitsplatz aufhält, widerlegt augenscheinlich das Bild der sächsischen Einförmigkeit. An dieser Stelle müssen wir dem ehrenwerten Kurt Tucholsky mal widersprechen, dem diese bösen Sätze einfielen: «Neben den Menschen gibt es noch Sachsen und Amerikaner, aber die haben wir noch nicht gehabt und bekommen Zoologie erst in der nächsten Klasse.» (Ein Zitat übrigens, das die DDR-Starchansonette Gisela May bei ihren Tucholsky-Abenden stets auszulassen pflegt.)

MM für alle

Die Messehäuser in der Innenstadt stellen nur den geringsten Teil des Messegeschehens dar. Südlich des Stadtzentrums erstreckt sich das Messegelände, weithin an dem hoch aufragenden Doppel-M an den Eingängen zu erkennen – hier schlägt das Herz desjenigen Leipzig, in dem sich wirklich alles ums Geschäft dreht. Obwohl der Großteil der Besucher, jedenfalls der einheimischen, keinen kommerziellen Absichten nachgeht. Ein Rundgang klärt rasch über die zwei Gesichter der Messe auf. Zum einen liegt hier der Mittelpunkt des Ost-West-Handels, dessen rein ökonomische Bedeutung mittlerweile so gewaltig ist, daß politische Hemmungen, Vorbehalte oder Rücksichtnahmen stark in den Hintergrund treten. Die DDR hat beispielsweise keine Probleme, die Dow Chemical Company, den Produzenten der in Vietnam eingesetzten Gifte, oder Union Carbide, Verursacher der Giftgasunfälle in Bhopal, Indien, und in den USA, mit offenen Armen zu empfangen. Nur bei einigen starrsinnig-überzeugten Parteifunktionären macht sich noch Skepsis gegen diese politisch bekämpften Erzkapitalisten bemerkbar.
Das Messegelände ist ein guter Ort, Prominenz verschiedenster Provenienz angesichtig zu werden. Selbst die DDR-Topfunktionäre kurven hier recht unauffällig herum, heutzutage sind sie so souverän, daß sie auf das früher übliche Bewacher- und Absperrbrimborium verzichten. Einzige Ausnahme: der erste Messetag. Da vollführen Erich Honecker, Willi

Stoph und Horst Sindermann ihren üblichen Rundgang – die Halle, in der sie sich gerade aufhalten, ist jeweils gesperrt. Große Begeisterung kommt jedenfalls nicht auf, wenn Volk und Führer mal aufeinandertreffen. Ohnehin erkennen die DDRler höchstens fünf oder sechs der ZK- oder Politbüro-Mitglieder oder der Minister.

Für die Menschen in der DDR ist die Messe die einzige Nahtstelle zur weiten Welt der Konsumgüter und Produktionsmittel. Bei VW etwa stauen sich die Scharen, von den Autos ist kaum etwas zu erspähen. Besondere Sympathie schaffen sich die Wolfsburger dadurch, daß sie Motorhauben, Türen und Kofferraumklappen geöffnet lassen. Unentwegt steigen Menschen ein und aus, in den Motorraum kriechen die Experten förmlich hinein, manche knien gar nieder, um den Unterboden zu begutachten – und alle stehen nach Prospekten an. VW ist aus Schaden klug geworden: Bisher wurden leichtsinnigerweise die Mitarbeiter mit einem Stapel einfach in die Gegend gestellt. Offenbar mußten diese Kollegen anschließend wochenlang krankfeiern, so sehr wurden sie gestoßen, geschubst und bedrängt. Jetzt werden die begehrten Hefte, immerhin 150 000 Stück pro Messe, aus einem klitzekleinen Fensterchen in einem Häuschen gereicht – und die Schlange bewegt sich sehr beherrscht.

Mercedes ist so offen nur zu Beginn der Messe gewesen, jetzt ist alles Verschließbare an den Limousinen fest verschlossen. Firmen, die mit dem Publikum nichts zu tun haben wollen, hängen bereits vorbeugend Hinweisschilder auf. Die Jüngeren sind hier voll auf Draht, sie ergattern alle möglichen Plastiktüten, Aufkleber und Broschüren. Wo die Älteren die Jagd nach solchen Nichtigkeiten als entwürdigend empfinden, kennen die Zehn- bis Dreißigjährigen keine Befangenheit. Sie tun, als hätten sie das Recht und die Aussteller die Pflicht, daß die Werbesachen den Besitzer wechseln. In unseren Augen ist es manchmal schon bedrückend, welchem Schwachsinn sie da manchmal mit aller Macht und Tücke hinterher sind. Auch das eingangs erwähnte «Messe-Magazin» ist vielverlangt. Und das, obwohl es fast nur Anzeigen von Firmen aus Ost und West enthält.

Made in GDR

Nun meine aber niemand, DDRler hätten nur Augen für

Scharf auf Westwerbung

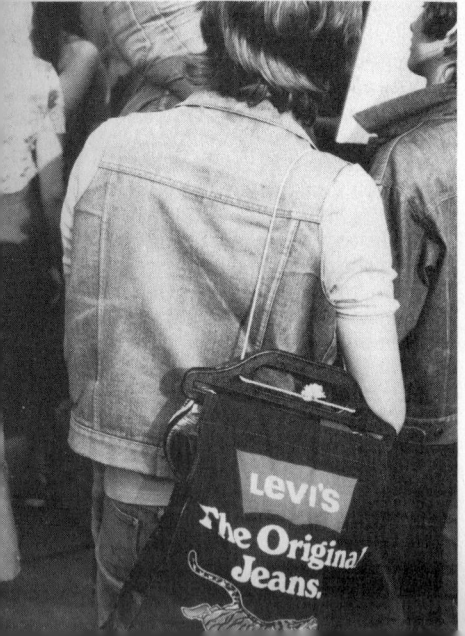

Westfirmen. Auch die Produkte ihrer eigenen Werke interessieren sie sehr. «Nu gugge mal, was beei uns alls hergschdelld würrd! Däss kommd här duch niie inn Laadn!» Ein aufgeschnappter Satz vor Freizeitartikeln, made in GDR. Taucheranzüge, schicke Bademoden, ein Surfbrett, Schlauchboote, Heimtrainer und, wir finden ihn besonders nett, ein mechanischer Boxer namens Robert (angeblich ein Weltpatent). Er schlägt so langsam, daß selbst wir gute Chancen hätten, das Sparring heil zu überstehen ... Es steht nirgends geschrieben, aber jeder weiß es. Fast alle der hier ausgestellten DDR-Erzeugnisse wandern nicht in die heimischen Läden, sondern in den devisenbringenden Export. So sind die DDRler hin- und hergerissen zwischen einer Art Stolz auf die Qualitäten ihrer Industrie und dem Ärger darüber, daß für sie nur die öderen, vielleicht auch schlechteren Dinge bleiben.
Ähnlich zwiespältig ergeht es den Besuchern bei den Ständen der großen Chemiekombinate der DDR. Mit mehr als 300 000 Beschäftigten ist diese Branche die viertgrößte der DDR-Wirtschaft und wichtiger Exporteur. Kein Wunder, daß seit Amtsantritt Erich Honeckers gleich vier Generaldirektoren von Chemiekombinaten ins ZK berufen wurden und daß der Chemieminister, der dienstälteste unter seinen Kollegen, hohes Ansehen genießt. Und tatsächlich, die Stände der VEBs machen einen ansprechenden Eindruck. In zahlreichen Glaszylindern präsentieren sie die verschiedenen Pülverchen, Wässerchen, Säuren, Salze und was sonst noch alles. Moderne Schautafeln mit Leuchtschrift und riesige Bildschirme ziehen staunende Blicke an. Nur die altpapierenen Prospekte, auf denen «Laborette» und «Leuni» für Leunamot und andere Erzeugnisse werben, wirken reichlich hausbacken.
Doch dies ist nur die eine Seite der Medaille. Die andere ist die im Wortsinn atemberaubende Umweltverschmutzung besonders in dieser Gegend. Wie pries doch Karl-Hermann Roehricht ganz Leipzig? «O du Heimatstadt, du Stadt des Käses und des Kuchens, du Stadt der verschmutzten Flüsse.» Was die in Umweltschutzdingen doch weiter vorangeschrittenen Westfirmen dazu veranlaßt, ganz gezielt entsprechende Spitzentechnologien anzubieten. Ob die staatlichen Planer ihre kostbaren Westgeldbestände für solch ‹unproduktive› Anlagen auszugeben bereit sind, muß jedoch allerstärkstens bezweifelt werden – den drängenden Sorgen der Menschen zum Trotz.
Alltägliches bietet auch die Halle 20, sind hier doch echte DDR-Proletarier beim Tagwerk zu beobachten, übrigens die einzige unkomplizierte Gelegenheit dieser Art in der DDR. Als alte Buchstadt kann Leipzig auch den VEB Polygraph aufweisen, der alle nur denkbaren Maschinen zur Buchherstellung fertigt und ... zu neunzig Prozent exportiert. Grund genug, in eben der Halle 20 eine komplette Buchherstellung aufzubauen. Und damit die teuren Anlagen gleichzeitig genutzt und vorgeführt werden, sind einige Werktätige zum ‹Schauarbeiten› abgestellt. Hektisch geht es wahrlich nicht zu, höchstens, wenn eine Buchbindeapparatur die fertigen

Werke plötzlich mit weit überhöhter Geschwindigkeit ausspuckt! Stehen die Paletten mit Druckbogen oder Büchern mal zu nahe an den Gängen, räumen die Besucher selbige im Nu leer – unter den Augen der untätig bleibenden Polygraphen.

Mahnmal für den Frieden?

Weil wir uns eh im Süden der Stadt befinden, nehmen wir gleich das nur einen Spaziergang entfernte Völkerschlachtdenkmal mit. Das Riesending erinnert an irgendwelche blutigen Schlachten irgendwelcher Heere, wir benutzen es als Aussichtsturm. Was einfacher gesagt als getan ist. Zwar eröffnet sich nach 190 Stufen ein schmaler Gang rings um das Denkmal, aber das ist nur eine halbe Sache. Denn erst nach 362 Stufen, wir können

Denkmal für Völkerschlächter ▬

uns natürlich auch verzählt haben, sind wir ganz oben. Genau am 16. Oktober 1913 wurde das Monument eingeweiht. Warum es heute noch steht? Wir mutmaßen: wegen der vier Symbolgestalten in der Ruhmeshalle. Denn Opferfreudigkeit, Tapferkeit, Selbstvertrauen und Volkskraft – das sind Begriffe, die, wenn auch anders definiert oder umschrieben, hierzulande Geltung besitzen! Interessant wird's, wenn bei einer Führung der Erklärer durch kurze Gesänge die grandiose Akustik des glockenähnlichen Bauwerks veranschaulicht. Ab und an bringt sich der «Chor des Völkerschlachtdenkmals» zu Gehör, seinen Darbietungen mag beiwohnen, wer will – er muß ohne uns auskommen. Überhaupt wirkt das Drumherum reichlich übertrieben. Das Monument wird gepflegt, der Chor trägt seinen Namen, ein Schlachtendiorama ist aufgebaut, Gedenksteine markieren Frontverlauf und wichtige Kampforte, Eltern führen ihren Kindern dieses «Nationaldenkmal» (O-Ton DDR-Reisebuch) vor – wozu das alles? Mit einem Kunstgriff wird die Liebesmüh gerechtfertigt: Die Verantwortlichen interpretieren den Koloß schlicht als «Mahnmal für den Frieden»! So einfach ist das offenbar.

Nett ist einzig die Sicht vom Denkmalsgipfel. Neben der Skyline der Innenstadt, mit dem gesichelten Unihochhaus als unverwechselbarem Kennzeichen, schweift der Blick über den ausgedehnten Südfriedhof, dessen Anlagen einen Spaziergang wert sind, über zahlreiche Schornsteine, über das mit den doppelten Ms markierte Messegelände, über öde

Wohnblocks, über ein kleines Villenviertel jenseits der Straßenbahnlinie. Bei klarem Wetter soll man auch schon mal die Gipfel von Harz und Erzgebirge ins Fernrohr bekommen – uns bleibt es versagt.

Aktives Nichtanschauen

Wir tummelten uns in der Leipzig-Information am Sachsenplatz, zwei oder drei Minuten nach 16 Uhr. An der Vorverkaufskasse hingen lauter rote Punkte, die ausverkaufte Vorstellungen markieren. Bei der «Pfeffermühle» sahen wir für den nächsten Tag noch einen gelben Punkt sowie ein kleines Schildchen «Vorverkauf ab 16 Uhr». Das war ja gerade! Also huschten wir sofort zur erstaunlich kurzen Schlange, nur fünf Leute waren vor uns. «Sie wünschen bitte?» Frech fragten wir nach vier Karten für die morgige Pfeffermühle, was bei der Dame hinterm Tresen leichtes Kopfschütteln auslöste. Ganze zwei Restkarten hatte sie noch zu bieten – natürlich erwarben wir sie, für stolze 9,55 Mark das Stück. Jetzt stehen wir hier, im Hof des Bosehauses, in dem nicht nur alles über Johann Sebastian Bach, sondern auch die Pfeffermühle untergebracht ist, das neben der Ostberliner «Distel» führende Kabarett. Anfang 1985 haben hier jene spektakulären Auftritte von Dieter Hildebrandt und Werner Schneyder stattgefunden, die das Leipziger Publikum zu wahren Begeisterungsstürmen hinrissen. Kostprobe: «Die Satire hat es im Fernsehen immer schwer. Sehen Sie, dazu läßt es die DDR gar nicht erst kommen.» Oder: Beim Lästern über komplizierte Wahlsysteme im Westen fällt die Bemerkung «Es gibt Wahlsysteme, da wird viel einfacher gefragt. Ja oder nein oder was!» Inmitten eines gemischten Publikums, alle Altersgruppen und Kleidungsstile sind vertreten, mit dem langweiligen Programmheft im ND-Look («Zuständiges Organ eines politisch-satirischen Kabaretts») in der Hand, warten wir auf die Vorstellung.
«Um des lieben Friedens willen», vom ND als «satirisches Feuerwerk, das die Gedanken erhellt» gelobt, wird dargeboten. Zunächst werden wir enttäuscht. Mit plumpen und platten Einfällen wird gegen Ronald Reagans Rüstungsstrategie zu Felde gezogen – die man mit wahrlich besseren Argumenten kritisieren kann. In der Pause wird uns ein Einheimischer flüstern, daß diese Attacken eigens zu Messezeiten eingebaut werden, sonst sei es nicht so schlimm. Mit uns empfinden wohl alle so, der Beifall bleibt höflich-distanziert. Ausgiebig geklatscht wird erst, als die Spitzen zu republikeigenen Themen kommen.
Beispiel: Die Szene spielt auf einem schlampig geführten Schrottplatz, pardon, einer schlampig geführten Sekundärrohstoffsammelstelle. Einem platzt der Kragen: «Am besten wäre es, die NATO käme morgen zu Arbeitsbeginn und würde den ganzen Scheiß und euch gleich mit abholen!» – «Zu Arbeitsbeginn?» fragt da ein andrer. «Da ist doch noch gar keiner von uns da...» Anderes Beispiel: Hollywood holt Ronald Reagan als Schauspieler zurück. Im Gegenzug für diese ‹Abrüstungsmaßnahme› ver-

«Funke» zur russischen Revolution: Drucker Heinrich Rauh (rechts)

pflichten sich die osteuropäischen Länder, darunter auch die DDR, von jetzt an alle Filme zu zeigen, in denen R. R. mitwirkt. Der erste Streifen soll nächste Woche laufen, der Parteisekretär will bei den Massen ‹aktives Nichtanschauen› herbeiführen. Sagt ihm einer: «Gib mir doch noch mal keine Karte, meine Frau will auch nicht hingehen . . .»

Nicht nicht hingehen – diese Devise gilt auch für interessante Dinge am Rande der Stadt. Eines etwa liegt in Probstheida, einem Stadtteil im Südosten. Fast hätte nämlich die Russische Revolution ausfallen müssen, wenn nicht, ja, wenn nicht der Sozialdemokrat Heinrich Rauh in seiner Druckerei, natürlich höchst illegal, die allererste Ausgabe der «Iskra» (Funke) gedruckt hätte. Dieser Funke spielte eine wichtige Rolle bei der Zusammenschließung der russischen Sozialdemokratie zur Kaderpartei. Trotz intensivster Bemühungen wissen die Forscher leider immer noch nicht, ob Lenin selbst im Dezember 1900 seinen Fuß in die Hauptstraße 48 setzte . . . Heute heißt die Straße Russenstraße, aber sämtliche Publikationen der Iskra-Gedenkstätte beeilen sich, das Datum des Namenswechsels mitzuteilen: 1912. Besonders nett wird es, wenn die Busse mit sowjetischen Gruppen anrollen (die den Hauptteil der Besucher ausmachen). Über Lautsprecher gibt's dann Erläuterungen in russischer Sprache. Da machen wir uns lieber mit einem Nachdruck der ersten Seite der ersten Iskra-Ausgabe (30 Pfennige teuer) aus dem Staub.

Schwedische Enklave

Kurz vor dem Städtchen Lützen befindet sich die «Gustav-Adolf-Gedenkstätte», ein eigentümliches Mahnmal. Wir hatten von DDRlern gehört, daß es sich hier um schwedisches Hoheitsgebiet handeln würde – auf unsere zweifelnden Fragen hin wurde diese Behauptung bekräftigt. Nun sind wir hier und erfahren, daß es sich *nicht* um schwedisches Territorium handelt – wir waren einer der drüben so verbreiteten Halbwahrheiten aufgesessen. Doch dafür lernen wir die wirklich interessante Geschichte dieser Gedenkstätte kennen.

Am 6. November 1632 war es. Bei Lützen und Meuchen kam es zwischen den Heeren Wallensteins und König Gustav Adolfs von Schweden zur blutigsten Schlacht des Dreißigjährigen Krieges. Zunächst gerieten die Schweden in Nachteil, Gustav Adolf wurde gar tödlich getroffen. Die Kunde davon brachte die Nordländer so in Erbitterung, daß sie letztlich die Schlacht für sich entscheiden konnten. Neben dem König wurden neuntausend Menschen getötet. Der Überlieferung nach wurde noch am Tage der Schlacht ein großer Feldstein auf die Stelle gewälzt, wo der König sein Leben aushauchte – dieser «Schwedenstein» gilt allen Schweden als eine Art Nationalheiligtum.

1837 wurde über dem Stein ein eisernes Denkmal errichtet, 1907 kam als Stiftung des schwedischen Konsuls Ekman die Kapelle hinzu. Ihr Dach entspricht einem umgedrehten hölzernen Wikingerschiff, die Mauern sind in schwedischem Baustil gehalten. Baulichkeiten und Boden gehören der Stadt Lützen, doch angesichts des erforderlichen Aufwandes gaben die Stadtväter die Verwaltung der Stätte bereits 1932 an den Lützenfonden in Göteborg ab. Doch wird hier eine bewährte Kooperation gepflegt: So hat die DDR-Regierung Geld zur Renovierung nach dem Zweiten Weltkrieg beigesteuert. Überdies können schwedische Besucher an den Grenzen der DDR problemlos besondere Genehmigungen für einen Besuch in Lützen erhalten. Auch hat die Stadt Lützen die Fundamente für die drei Holzhäuser bereitet, die aus Schweden angeliefert und, zum Erstaunen der Einheimischen, binnen zwei Tagen fix und fertig und ohne einen einzigen Nagel montiert wurden.

Feierlich wird es alljährlich am 6. November. Dann reist eigens aus Westberlin der für die Schweden in Deutschland zuständige Pfarrer an, aus West- wie Ostberlin bemühen sich die schwedischen Diplomaten herbei, aus Schweden kommen viele Gäste, manchmal wird die Feier auch vom schwedischen Rundfunk aufgezeichnet. Nach einer Gedenkfeier erfolgt dann am Schwedenstein die obligatorische Kranzniederlegung.

Summa summarum doch so etwas wie eine schwedische Enklave – zum Gerücht bezüglich der Hoheitsrechte hat vielleicht folgendes beigetragen: Auf der anderen Seite der Landstraße hat eine wohlhabende schwedische Familie umfangreiche Ländereien erworben; sie ließ amtlich abgesegnet festlegen, daß diese Flächen auf keinen Fall bebaut, sondern nur landwirtschaftlich genutzt werden dürfen. Grund: Der Blick von der Ge-

Landschaft mit Braunkohlebagger

denkstätte aufs Schlachtfeld soll für alle Zeiten freigehalten werden.

ABC – Abraum, Braunkohle, Chemie

Ein paar Kilometer östlich von Lützen liegt übrigens das Dörfchen Eythra – jedenfalls auf den Landkarten. In der Wirklichkeit würde man es vergebens suchen, es mußte dem Braunkohletagebau weichen. Könnte man auf der Stelle, sagen wir, bis zur Höhe eines Satelliten gen Himmel schweben, würde sich das ganze Ausmaß der Wunden, die in die Erde geschlagen werden, ermessen lassen. Von Leipzig bis zur Lausitz Dutzende von gewaltigen Ausschürfungen – jedes Jahr fallen dem Abbau 2000 bis 3000 Hektar Land zum Opfer. Immerhin sollen die Riesenlöcher auch wieder zugeschüttet werden, Abraum fällt nämlich mehr als genug an. Für eine Tonne Kohle müssen derzeit fünf Tonnen Abraum einkalkuliert werden, und das Verhältnis

wird immer ungünstiger. Mehr als eine Milliarde Kubikmeter Abraum müssen alljährlich erst heraus- und dann wieder hineingeschaufelt werden.
Und nicht immer werden die Gruben so sinnig genutzt, daß ihr Anblick angenehm ist – der Kulkwitz-Miltitzer See am Rande Leipzigs ist ein positives Beispiel. Das Problem wird sich immer drängender stellen. Braunkohle ist (neben dem Uran aus Aue) einziger heimischer Energieträger und damit so wichtig, daß jedes noch so klitzekleine Vorkommen abgebaut wird. Beim gegenwärtigen Tempo reichen die Vorräte bis 2030 – was dann kommen wird, wissen nur die sozialistischen ‹Götter› im fernen Berlin. Zwei Drittel des Bedarfs an Primärenergie deckt das braune Gold, von der Weltförderung bestreitet die DDR stolze dreißig Prozent. Kein Wunder, daß unsere Satellitenperspektive noch für Jahrzehnte gewaltige Krater offenbaren wird, die von unvorstellbar großen Baggern bis auf den letzten Krümel leergefressen werden.
Wieder hernieden auf Erden begegnet uns der wertvolle Rohstoff als elendig stinkender Qualm, der aus Fabrikschornsteinen, Hauskaminen und Dampflokomotiven pestet. Ein unangenehmes Kratzen in den Atemwegen ist das Ergebnis, den Einheimischen wird es kaum noch bewußt. Apropos Umweltschmutz. Wir haben die großen Chemiekombinate, vierzehn an der Zahl, bereits erwähnt. Sechs von ihnen befinden sich in einem Umkreis von fünfzig Kilometern um Leipzig; die bekanntesten Standorte sind Leuna, Schkopau, Bitterfeld und Wolfen. Wer

Chemie aufs Feld

wissen will, mit welchen Folgen «Plaste und Elaste aus Schkopau» produziert werden, der fahre mal in einen der Orte. Wir haben, ungelogen, aus dortigen Schornsteinen den reinen Schwefel quellen sehen, farblich ansprechend: schwefelgelbe Wolken vor strahlendblauem Himmel.
Über Bitterfeld schreibt Monika Maron in ihrem Roman «Flugasche»: «Und diese Dünste, die als Wegweiser dienen könnten. Bitte gehen Sie geradeaus bis zum Ammoniak, dann links bis zur Salpetersäure. Wenn Sie einen stechenden Schmerz in Hals und Bronchien verspüren, kehren Sie um und rufen den Arzt, das war dann Schwefeldioxyd.»

Fluchtstrecken

Aber selbst in den drei industriell belasteten Himmelsrichtungen liegen lohnende Ausflugsziele. Im Südosten wartet Grimma auf alle Seume-Fans, das Göschen-Haus erinnert an seinen berühmten «Spaziergang nach Syrakus im Jahre 1802». Viele DDRler wür-

den, statt das Buch zu lesen, natürlich lieber selbst in die Fußstapfen Seumes treten. Skatfreunde orientieren sich gen Süden, ins Spielkartenmekka Altenburg. Neben der Herstellung und der Ausstellung reizvoller Karten sind die alljährlichen Skatturniere hervorzuheben. Und hier hat der Welt höchstes, auch das muß es geben, Skatgericht seinen Sitz! Freyburg und Naumburg, jenes durch die Rotkäppchen-Sekt-Kellerei, dieses durch den Dom bekannt, warten in südwestlicher Richtung auf Besucher. Etwas weiter oben liegen Merseburg, von Schloß und Dom geprägt, und die Händel-Stadt und Industriemetropole Halle mit dem Trabantenort Halle-Neustadt. Dort mußten die Wohnblocks mit Tiersymbolen gekennzeichnet werden, damit die Kinder sich zurechtfinden können. Nördlich sind die Lutherstadt Wittenberg und Dessau, das einzige Radfahrer-Mekka der DDR und Sitz des Bauhauses, Stippvisiten wert.
Die einzige weder von Industrie noch vom Tagebau bedrohte Fluchtstrecke der Leipziger führt gen Osten, mit einem leichten Drall nach oben. Wir steuern Torgau an.
Etwas ab des Weges liegt Schildau, jenes Städtchen, das sich allzeit einer üblen Nachrede zu erwehren sucht. Immer wieder sehen sich die Schildauer in Verbindung mit den berühmten Schildbürgerstreichen gebracht – und das behagt ihnen gar nicht. Von der Atmosphäre her würden die originellen Einfälle der Schildbürger auch gar nicht herpassen, so bieder gibt sich der Ort. Früher hingen im «Ratskeller», der im Erdgeschoß liegt (vielleicht eine Andeutung von Schildbürgerstreichen), einige einschlägige Zeichnungen, sie sind jetzt verschwunden. Schildau ist nicht Schilda, mag nicht Schilda sein. Aber ganz ohne Zueignung will die Stadt auch nicht sein, also rühmt sie sich ihres größten Sohnes: August Wilhelm Anton Graf Neidhardt von Gneisenau, in der DDR zu Ehren gelangter preußischer Feldherr.

Historische Begegnung

Die Brücke und den Obelisken gleich am Schloß in Torgau entdecken wir rasch. Hier trafen offiziell am 25. April 1945 amerikanische und sowjetische Soldaten zuerst aufeinander, auf den Resten der gesprengten Elbbrücke mitten im Fluß. Da keine Foto- oder Filmteams dabei waren, wurde für die Weltöffentlichkeit diese historische Begegnung am nächsten Tag wieder und wieder nachgestellt. Doch ist dies offenkundig nicht die ganze Wahrheit. Allen Indizien nach hat der wirklich erste Kontakt weiter südlich bei Strehla stattgefunden, am 25. April um die Mittagszeit – die Torgauer Begegnung spielte sich erst am Nachmittag ab. So steht das «Denkmal der Begegnung» eigentlich am falschen Ort.
Richtig berühmt wurde Torgau dann durch Joseph Polowsky, einen GI, der entweder in Strehla oder Torgau an einer der Begegnungen beteiligt war. Offenbar bewegten ihn die damaligen Ereignisse nachhaltig, 1947 schrieb er jedenfalls den «Schwur von Torgau» nieder: «Niemals wieder darf sich das wiederholen! Alle Völker sollen sich versöhnen! Wir widmen unser Leben der Freund-

Getürkt, aber wahr: die historische Begegnung zwischen Amis und Russen

schaft unserer beiden Nationen – daß niemals mehr ein solches Grauen über die Menschheit kommt!» Unermüdlich propagierte Joe seine Ideen, immer wieder kam er auch nach Torgau, um sich mit sowjetischen Veteranen zu treffen. Lange Zeit sah man ihn zwar gerne, wußte aber nicht so recht was mit ihm anzufangen. Das änderte sich schlagartig, als das Thema Frieden aktuell wurde. Nun wurde Joe für die DDR zum Botschafter des ‹guten› Amerika. Im Einvernehmen mit den Torgauern legte er, von einer Krebskrankheit heimgesucht, als seinen letzten Willen fest, in Torgau begraben zu werden. An der Elbbrücke fragen wir einen Jugendlichen nach dem Friedhof. «Der sowjetische oder der andere?» Wir erwähnen Polowsky. «Nie gehört. Vielleicht ist der auf dem sowjetischen, da geht's dort lang.» Wir finden den Friedhof – dort liegen nur Angehörige der Roten Armee, kein Joe. Diesmal wenden wir uns an eine junge Frau. Auch sie hat von Joe noch nichts gehört, kann uns aber wenigstens den Weg zum anderen Friedhof weisen, er verbirgt sich hinter dem Krankenhaus. Am Friedhofstor zeigt uns ein älterer Herr unfreundlich die Richtung.

Nach etwas Suchen finden wir es, das Grab von Joseph Polowsky, geboren 1916. Je vier amerikanische und sowjetische Soldaten gaben ihm das Geleit, als er hier Ende November 1983 seine letzte Ruhestätte fand. Vielleicht ist es auch seinem Wirken zu verdanken, daß zum vierzigsten Jahrestag der historischen Begegnung hier in Torgau sowjetische und amerikanische Veteranen gemeinsam einen Friedensaufruf verfaßten. Ein kleiner Beitrag nur, gewiß – aber vielleicht bedarf es mehr solcher kleinen Zeichen.

KLASSIK UND WANDERSTIEFEL – THÜRINGEN

Im Autoatlas ist die Strecke Bad Hersfeld-Eisenach als durchgehende Autobahn eingezeichnet. Pustekuchen: Die Nazis haben ein Teilstück nur noch zweispurig fertiggestellt, und weil die DDR einen in den Westen hineinragenden Zipfel Landes nicht zum Ausbau der Autobahn freigegeben hat, endet die noch vor dem Krieg gebaute Talbrücke von Herleshausen-Wommen blind am Metallgitterzaun. Die letzten West-Kilometer vor der Grenze sind Landstraße, kurz vor der neugebauten Werra-Brücke geht es wieder auf die Autobahn. Das Niemandsland ist hier mehrere Kilometer breit, der Übergang von Herleshausen (West) nach Wartha (Ost) von allen deutsch-deutschen Grenzlöchern das schaurigste, der Blick weit ins thüringische Land der schönste; von einigen Stellen aus ist die Wartburg zu sehen.
Vor uns am westdeutschen Kontrollpunkt steht eine Polin mit einem vollgepackten alten Renault 4. Sie ist offenbar unsicher, auf welcher Seite der Grenze sie nun ist. «Allemagne démocratique?» fragt sie den Grenzbeamten. Der hat ihr vorher schon galant «Au revoir» und «Bon voyage» gewünscht, nun zögert er mit der Antwort, ist sichtlich unsicher, zeigt aber schließlich östlich, in Richtung der DDR.
Der Zöllner des «demokratischen Deutschlands» interessiert sich nur für die mitgebrachte Belletristik: «Ole Bienkopp» von Erwin Strittmatter und Brigitte Reimanns «Franziska Linkerhand», originäre DDR-Literatur also. «Hab ich auch schon beide gelesen, gab ja ziemlich viele Schwierigkeiten, bis die Bücher erscheinen konnten», ist sein Kommentar – ganz aufgeklärter Absolutist. In seiner Stimme schwingt Anerkennung für die Westler mit, die sich so für sein Land interessieren. Vielleicht hält er uns für hundertprozentige DDR-Fans von der 0,1-Prozent-Partei. «Das genügt. Gute Weiterfahrt.»
Von West nach Ost heißt hier von Hessen nach Thüringen zu fahren. «Thüringen – das gehört doch zu Sachsen, oder . . . ?» zitiert der Thüringen-«Reiseverführer» des (thüringischen) Greifenverlages einen (Ostsee-)Küstenbewohner. Thüringen als milde Form von

Klassisches Weimar

Sachsen, diese Vorstellung ist wohl nicht nur in den Köpfen von entfernt lebenden ‹Fischköppen› beheimatet. Zumindestens Teile von Thüringen waren jahrhundertelang tatsächlich sächsisch, genauer: Sie gehörten zum Eigentum verschiedener Zweige der sächsischen Dynastie der Wettiner. Als selbständiges, geschlossenes Land gibt es Thüringen schon seit 531, also seit grauen Vorzeiten, nicht mehr; damals unterlag der Volksstamm der Thüringer den vereinten Franken und Sachsen. Erstaunlich, wie sich zwischen Harz und Thüringer Wald, zwischen den Flüssen Werra und Saale das Zusammengehörigkeitsgefühl erhalten konnte: Die Thüringer, so ist zu vermuten, müssen ausgesprochen resistent gegen Besatzungsmächte sein.

Thüringen ist heute auf die drei Bezirke Erfurt, Suhl und Gera aufgeteilt. Zu Erfurt gehören die geschichtsträchtigen Orte Eisenach/Wartburg, Weimar/Buchenwald, Mühlhausen, Gotha und natürlich Erfurt selbst; Suhl verwaltet den größten Teil des Thüringer Waldes und Gera die Carl-Zeiss-Werke von Jena und das industriereiche Grenzgebiet zu Sachsen. Wer Deutschland sucht, kommt an Thüringen nicht vorbei.

Eisenach: Zweimal Wartburg

Die erste Station in Thüringen ist unfehlbar Eisenach, zugleich auch der Anfang der deutschen Klassiker-Strecke über Gotha, Erfurt nach Weimar und Jena. Eisenach, das klingt nach Schutz und Trutz, auch nach metallverarbeitender Industrie. Beides wird tatsächlich geboten, historisch und aktuell, mit der Wartburg und dem Wartburg.

Auf einer (automobil-)salonreifen Drehbühne im IFA-Wartburg-Museum glänzt mit offener Motorhaube eine Wartburg W 353-Limousine, neben dem Trabbi das Standardauto der DDR. Mitglieder einer italienischen Reisegruppe stehen eifrig diskutierend über den Motor gebeugt. Immer wieder zeigt einer kopfschüttelnd auf den Zylinderblock – offenbar sucht er den fehlenden vierten Zylinder. Das Wartburg-Modell ist mittlerweile ein Methusalem unter seinesgleichen und absolut Weltspitze – hinsichtlich der Lieferfristen: Acht bis zehn Jahre muß sich Otto/Ottilie Normalverbraucher/in gedulden. Wenn er dafür wenigstens einen Katalysator hätte.

Auf die Drehbühne gehören eigentlich ganz andere Modelle aus der fast neunzigjährigen Automo-

KZ Buchenwald

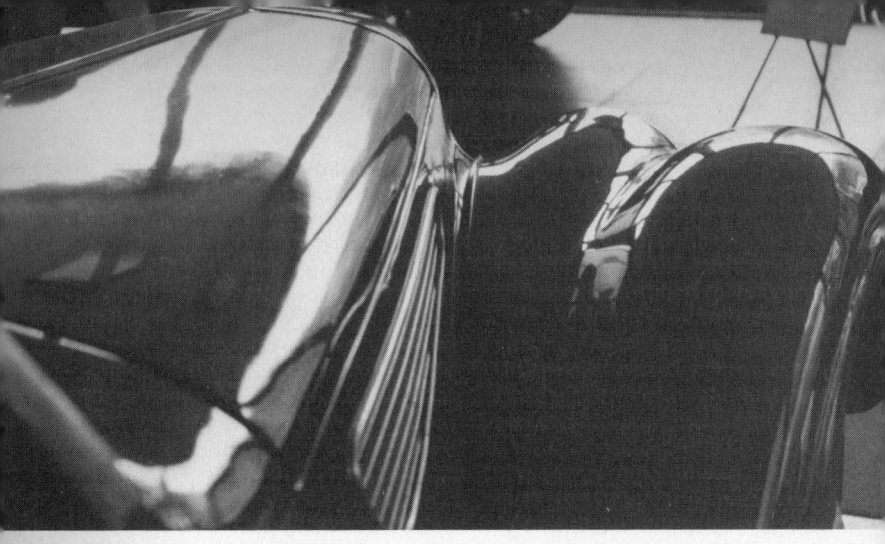

Erotisches Blech: Wartburg-Automuseum

bilgeschichte Eisenachs: der BMW-Sportwagen 327 beispielsweise, ein echter Klassiker, der nach der Übernahme der Eisenacher Motorenwerke durch BMW in den dreißiger Jahren hier gebaut wurde, oder das motorbetriebene Kutschfahrzeug von 1898, der Ur-Eisenacher. Erstaunlich auch, welch schnittige Automobile noch nach dem Krieg hier produziert worden sind: das Sportcoupé EMW (= Eisenacher Motorenwerke) Typ 327/2 im Stile des Vorkriegs-BMW, aber auch ein Sportcoupé auf Wartburg-Basis (Typ 312), mit einem 900-ccm-Motor immerhin 140 km/h schnell. Bis 1955 wurde sogar ein Rennwagen namens AWE gebaut, der auf der Avus Klassenrekorde fuhr – ein hüfthohes, silbriges Modell, das ebenfalls in dem Ausstellungsraum sein Gnadenwachs bekommt. Die DDR-Wirtschaft war nicht immer nur funktionalistisch orientiert. Hier im Eisenacher Automuseum wird deutlich, wie Ulbricht & Co. nach dem Krieg versucht haben, mit dem Westen mitzuhalten, auch für abwanderungswillige Mittelschichtler etwas zu bieten. Noch war es verpönt, bei VW einzukaufen.

Furchtbare Pracht

Vom Automuseum an der Wartburgallee ist es nicht mehr weit bis zu Deutschlands berühmtester Feste. Links und rechts an den Wänden erbauliche Sprüche: «Es wünsch mir einer was er will/dem gebe Gott zweimal soviel» – und gleich schräg gegenüber: «Die Lehre von Marx ist allmächtig, weil sie wahr ist!»
Aus dem erhofften «Ritt auf die Wartburg» wird nichts. Die Wartburg-Esel tragen nur Touristen bis sechzig Kilo den Schloßberg hinauf. Ersatzhalber nehmen wir unsere Ente. Durch das geöffnete

Fenster hören wir die Schreie der Esel: Ihnen wäre es wohl lieber, sie müßten wie vor 900 Jahren Wasser statt der Touristen schleppen. Die Wartburg hat alles, was zu einer alten Ritterburg gehört: eine Zugbrücke, einen Palas, eine Zisterne, mächtige Wehrtürme, eine prächtige Rundumsicht, ein Burgcafé . . . Doch ohne ihre Geschichte wäre sie nichts weiter als eine vergammelte Ruine, wie sie Goethe 1777 vorfand. Einen «nüchternen, öden Kasten» mit «unbeschreiblicher Unbehaglichkeit» nannte er die Wartburg. Erst spät, im 19. Jahrhundert, wurde sie zur nationalen Weihestätte erklärt. Heute wird sie von den unterschiedlichsten Fraktionen politisch vereinnahmt, deutscher geht's nimmer. Im Foyer des Westberliner «Deutschlandhauses» (unter anderem Sitz der Vertriebenenverbände) steht ein 1:65-Modell der Wartburg, dazu der Text: «. . . zog 1817 in einer Periode tiefer Restauration die Burschenschaft in der Wartburg die schwarzrotgoldene Flagge mit den Symbolfarben eines zusammengehörigen Deutschlands auf.» Und was steht in der 1983 erschienenen DDR-Broschüre «Eisenacher Porträts» zum selben Ereignis? «An dem feierlichen Protest der Jugend gegen den Wortbruch der Reaktion entzündete sich mit mächtigen Flammen der Ruf aller Deutschen nach Einheit und Freiheit.» Nur das eben jeder so seine eigene Einheit und Freiheit meint. Es gehört zum Wesen historischer Ereignisse, daß sie vergangen sind. Oft zum Vorteil der Nachgeborenen, denen sie erspart geblieben sind. Und oft, ohne Spuren zu hinterlassen. Manchmal würden wir aber ganz gerne mit den Akteuren von damals diskutieren. Leider ist es nicht möglich, die Burschenschaftler von 1817 zu fragen, was sie von den westdeutschen Burschenschaftlern von 1986 halten, und ob sie nun mehr der SED- oder der CDU-Einheit zuneigen oder wem oder was. Auch die Minnesänger, Walther von der Vogelweide & Co., die hier einst zum «Sängerkrieg» antraten, sind nicht ans Mikro für ein Minne-Potpourri zu kriegen. Von Martin Luther, dem Wortgewaltigen, ist kein Sterbenswörtchen zu hören. Nicht einmal der Tintenfleck in der Lutherstube, wo der als «Junker Jörg» getarnte Kirchenreformator das Neue Testament ins Luther-Deutsch übersetzte, ist zu sehen. Gern hätten wir ein Date mit der Landgräfin Elisabeth, der heiliggesprochenen, um mit ihr, die dem höfischen Tun und Treiben entsagte und sich ganz den Armen und Kranken widmete, ein wenig über die neue Armut und den Postmaterialismus zu plaudern. Für all das kommen wir leider zu spät. Wenn wir allein auf der Burg wären, könnten wir's uns wenigstens vorstellen. Aber die überall herumstreunenden Touristen stören die Vorstellungskraft zu stark.

Die Führung durch den Palas dauert eine dreiviertel Stunde, die Wartezeit kann noch einmal soviel Zeit in Anspruch nehmen. Der Mensch vor uns am Kassenhäuschen, vermutlich ein Westler, will seine Karte wieder zurück in Bares tauschen, denn die Schlange für die Besichtigung ist ihm zu lang. Wären da nicht die schönen romanischen Kapitelle mit Löwen- und Adlerköpfen, wir könnten nicht zum Warten zuraten. Wie in der zweiten Hälfte des 19. Jahrhunderts – in deutschtümelnder Zeit also – mit kitschigen Bildern und Mosaiken die Wartburggeschichte nachempfunden wurde, läßt uns die Nackenhaare sträuben. Wenn wir's nicht schon aus dem Geschichtsunterricht wüßten, würden wir allein auf Grund dieser «furchtbaren Pracht» (Peter Schille) vermuten, daß da so einiges faul war im Staate der Teutonen. Und da die massenhafte Verbreitung von Kitsch noch immer ein gutes Indiz dafür ist, wie falsch sich menschliche Bedürfnisse in einer Gesellschaft entwickelt haben, ist ein Blick auf den Andenkenkram in der Souvenirbude der Beweis, daß es um die DDR auch nicht günstig bestellt ist. Wir meinen nicht nur die Luther-Souvenirs für 12 Mark 50, sondern auch die für 250 Mark.

Wartburg, ja oder nein? Ja, und zwar frühmorgens, wenn die Kassen öffnen, die meisten Urlauber noch in den Betten und die Täler noch im Dunst liegen. Ja, weil links von der Ziehbrücke der Internationale Bergwanderweg Eisenach–Budapest beginnt, der nach einigen Kilometern durch die felsige, streckenweise sehr enge Drachenschlucht entlang eines Wildbachs führt. An der Gaststätte Hohe Sonne trifft der Fernwanderweg auf den Rennsteig, den legendären Kammweg durch den Thüringer Wald.

Der Rennsteig, ursprünglich ein Grenz- und Handelsweg, beginnt in Hörschel bei Eisenach und verläuft dann in fast gleichbleibender Höhe zwischen 800 und 900 Metern quer durch das thüringische Mittelgebirge bis Blankenstein an der Saale (Markierung: ein weißes R). Von den 168 Kilometern können allerdings heute nur noch etwa drei Viertel erwandert werden, der restliche Teil der Strecke liegt im Grenzgebiet und in Bayern. Wer früher den gesamten Rennsteig in weniger als fünf Tagen schaffte, errang den Ehrentitel «Spitzenrenner» und wurde mit «Rennsteigbowle» aus Milch, Sekt und Rum geehrt.

Thüringische Vorspeise

Was läßt sich von Eisenach vermelden? Allerlei Museen: für Bach, der hier geboren wurde; für Luther, der hier als Lateinschüler lebte (und Eisenach ein «Pfaffennest» nannte – womit bewiesen wäre, wie überholt und unzitierbar historische Zitate werden können); für Fritz Reuter, der hier starb; für den Eisenacher Parteitag 1869, auf dem die erste deutsche marxistische Partei, die Sozialdemokratische Arbeiterpartei, von Wilhelm Liebknecht, August Bebel und anderen gegründet wurde. Dessen siegreiche Erben selbstverständlich die Genossen der SED sind. Aber Parteitage und ihre Gedenkstätten begegnen uns noch woanders (Gotha, Erfurt), nicht anders verhält es sich mit Reuter (Stavenhagen in Mecklenburg), Bach (Leipzig, Arnstadt, Mühlhausen, Köthen) und Luther (Eisleben, Wittenberg). Eisenach ist der Vorgeschmack von alledem, auch von den thüringischen Nachbarstädten Gotha, Erfurt und Weimar. Da zuviel der Vorspeise den Appetit auf das Hauptgericht nimmt, wollen wir nur noch auf eine Eisenacher Spezialität hinweisen.

Den Tip mit der kleinen privaten Weinstube in der Stickereigasse hatte uns eine ehemalige Eisenacherin gegeben. Sonst hätten wir sie sicher nicht gefunden. Zur Straße hin gibt es kein Hinweisschild, erst nach dem Betreten des Hausflurs können wir uns vergewissern, an der richtigen Adresse zu sein. Die Gaststube ist hier wirklich noch Gast-Stube, nicht viel größer als ein privates Wohnzimmer und auch so eingerichtet. Auf den Tischen stehen Kerzen, die Möbel haben auf wundersame Weise die Zeiten überdauert und wären für westliche Maßstäbe reif, als Antiquitäten verkauft oder auf den Sperrmüll verfrachtet zu werden. Das Interieur versetzt uns augenblicklich in eine Vergangenheit, die wir nie erlebt haben. Ausgeschenkt wird nur Wein, kein Bier, eine Karte ist angesichts des schmalen Angebots überflüssig, der empfohlene Rotwein trinkbar. Mit der Wirtin kommen wir zwanglos ins Gespräch. Die Weinstube führt sie aus reinem Spaß, ihr ist es wichtig, sympathische Gäste zu haben. «Ich suche mir die Stammgäste aus», sagt sie, «da habe ich schon meine Kniffe.» Bedauerlicherweise könne sie aus gesundheitlichen Gründen nur noch bis 22 Uhr öffnen, aber ein paar Jährchen wolle sie die Weinstube noch betreiben. Wir hoffen, sie wird, denn das nächste Mal in Eisenach möchten wir dort wieder einkehren können.

Gotha: Galletti und Gäßchen

Ein Vorteil der ruhmreichen thüringischen Städte ist, daß sie alle hübsch aufgereiht wie auf einer Perlenkette an der Autobahn Eisenach-Dresden liegen. In West-Ost-Richtung ist die nächste Station auf Deutschlands Klassiker-Strecke die altehrwürdige Stadt Gotha, die immerhin schon Karl der Große 775 einer Erwähnung für wert befand.

«Liebe Fernsehzuschauer, nun schalten wir um zur Livesendung ins Gothaer Gymnasium, zur beliebten Gallettiana. Eine Stunde vergnügliche Unterhaltung mit Professor Galletti» – so könnte die Ansage lauten, wäre Johann August Galletti nicht schon lange gestorben. Zu Lebzeiten produzierte er am laufenden Band Kathederblüten, unfreiwillige und daher erfrischende Komik. Heute wäre er, der Verfasser einer 26teiligen Weltgeschichte und Ahnherr des ewig zerstreuten deutschen Professors, sicher ein beliebter Conférencier, oder eine Comicstrip-Figur. «Karl der Große besiegte die Sachsen so oft, daß sie es zuletzt gar nicht abwarteten», «Die Regierungen der Päpste waren nur kurz, obgleich immer der Vater auf den Sohn folgte», «Marat wurde zwar ermordet, aber er starb vorher an einer Krankheit, die ihm sogar das Leben raubte» – so was muß einem erst mal einfallen! Aufschlußreich ist auch, was Galletti zu Gotha zu bemerken hat: «Gotha ist säbelförmig gebaut» und «liegt an drei Flüssen, an der Leine, der Nesse und der Siebleber Chaussee».

Gothas Altstadt ist erhalten geblieben, auch im letzten Krieg. Das alles überragende, auf einem Hügel gelegene Schloß Friedenstein aus dem Frühbarock steht noch. Ebenso die Gedenkstätte für den Vereinigungsparteitag der Arbeiterparteien 1875, deren «Gothaer Programm» von Olle Marx aufs schärfste kritisiert wurde – vermelden unsere Hinterköpfe, Abteilung angestaubte Arbeitergeschichte. Einmal angezapft, funkt es aus der gleichen Ecke, daß 1917 in Gotha die Unabhängige Sozialdemokratische Partei gegründet wurde, für die wegen ihrer löblichen Radikalität noch mancher 68er Altlinke eine Rose im Knopfloch trägt.

Zu der Gedenkstätte für das von Marx verurteilte Programm gehen wir nicht, wir sparen uns unseren Parteitag lieber für Erfurt auf. Lieber schauen wir uns das erste europäische Kartographie-Museum an (der Geographie-Verlag VEB Herrmann Haack hat seinen Sitz in Gotha), bummeln über die Marktplätze und durch die Gäßchen von Gotha, welches ein heimeliges Städtchen ist. Brav, sehr brav, seien die Gothaer, sagen die Erfurter Freunde, und die Gegend nördlich von Gotha sei überhaupt das Provinziellste und Spießigste, was die ganze DDR zu bieten hätte. Doch bevor wir diese pauschalen Urteile erfuhren, mußten wir die nächstbeste Ausfallstraße nehmen und nach Erfurt fahren.

Erfurt: Thüringens heimliche Hauptstadt

In Erfurt suchen wir als erstes die Freunde auf. Sie bieten uns einen Schnellkurs in Landes- und Stadtkunde an. Was ist das Geheimnis der Thüringer Rostbratwurst? Daß das Fleisch möglichst schon verarbeitet wird, wenn es noch frisch und warm ist. Wie lautet das Rezept für Thüringer Klöße?

Erfurter Altstadt mit Predigerkirche

Jeder Thüringer hat sein eigenes, und bloß keine Klöße im Restaurant essen! Was heißt gaupeln, kuddeln, anpopeln? Nach den VEB-Vokabeln müssen wir nun noch die Mundart lernen und uns an die allsätzlich nachgestellten «no» und «gell» gewöhnen (wodurch übrigens auch ersichtlich wird, daß die Thüringer historisch zwischen Sachsen – deren «nuu» allerdings mehr durchs Zwerchfell geht – und Hessen hin- und hergerissen waren). Wir erfahren, was – wahrscheinlich nicht nur in Erfurt – eine «Faultierfarm» genannt wird: die Bezirksparteischule «Ernst Thälmann». Wir erfahren von dem neueröffneten «Applikationszentrum» am Jurij-Gagarin-Ring. Dort ‹verabreicht› der VEB Mikroelektronik seine Produkte. Anfragen nach Heimcomputern sind allerdings zwecklos. Weil die Palette der Zukunftsbrancheerzeugnisse gegenwärtig zu schmal ist, um die Verkaufsräume zu füllen, gibt es statt dessen dort nur Hobbybedarf und Handwerkszeug zu kaufen. Auf daß sich jeder selbst seinen Computer zusammenzimmere.

Ein Gespenst geht um

Über den Erfurter Parteitag können wir von unseren Erfurtern nicht viel erfahren. Also machen wir uns im «Tourist Stadtführer-Atlas» kundig: «1891 fand . . . der Erfurter Parteitag statt, auf dem jenes revolutionäre Erfurter Programm verabschiedet wurde, das die Zustimmung von Karl Marx . . . fand.» Wie bitte? Acht Jahre nach seinem Tod gab Marx seinen Segen zu einem Parteiprogramm? Marx, das arme Gespenst, das seit 1883 von Parteitag zu Parteitag klabastern muß. Marx, der Weltgeist, immer zugegen. In der Gedenkstätte, Futterstraße 15/16, kann er nachlesen, «wie die revolutionären Forderungen des Erfurter Programms heute in der DDR verwirklicht werden». Der Eintritt ist kostenlos.

Statt Rosen:
ein kleiner grüner Kaktus

Manche kommen der Blumen wegen nach Erfurt. Nicht, daß es dort mehr oder andere Blumen als in anderen DDR-Städten zu kaufen gäbe – eher im Gegenteil. Aber es gibt Millionen und Abermillionen Blumen, die von Millionen Besuchern alljährlich auf der iga, der Internationalen Gartenbauausstellung der DDR, *betrachtet* werden dürfen. Wenn dort einige der raren Zwiebeln verkauft werden, kann es schon mal passieren, daß das Glas der Gewächshäuser splittert. «Komisch! Hier gibt's doch Blumen in Massen, aber warum sieht man sie nicht in den Läden . . .» läßt «Reiseverführer»-Autor Lothar Burghoff seine Tante Mariechen den Grundwiderspruch sagen. Und kann ihr auch keine Lösung nennen. Nur der Erfurter VEB Kakteenzucht ist in den Geschäften immer ausreichend vertreten. Die DDR ist halt kein Land, um sich auf Rosen zu betten. Es ist ein Land, in dem die Kakteen blühn. Ganzjährig, allüberall.

Wir haben uns nicht auf dem 100-Hektar-Gelände der iga herumgetrieben. Die Nelken sind schon verblüht gewesen, und wir sind die ganze Zeit von der Altstadt nicht losgekommen.

Altstadt: Häretiker, Bordelle & Bigamie

Es gibt viele alte in Touristenführern gerühmte Städte, und viele Altstadtkerne nach dem Schema: Marktplatz, Rathaus, Fachwerkhäuser, ein paar winklige Gassen. Durchlatschen mehr aus Pflichtgefühl oder auf der Suche nach Nahrung denn aus Spaß. Nach dem Besuch mehrerer solcher Städte vermischen sich im Gedächtnis die Kulissen. Nicht so Erfurt. Die Stadt ist nicht zu verwechseln. Die Altstadt besteht aus mehr als nur ein paar Straßenzügen, im Mittelalter war sie schließlich eine der größten Deutschlands. Das Beste: Jede Straßenecke hat etwas anderes zu bieten.

Die Krämerbrücke. Wir betreten sie vom Wenigemarkt (der Name ist aus vor-sozialistischen Zeiten!) aus, das Schiff der Ägidenkirche bildet den Torbogen. Links und rechts dichtgedrängt die einstigen Handelshäuser, in denen früher Zucker und Pfeffer, Seide und Safran zu kaufen waren, heute Kunsthandwerk und Antiquitäten. Unter uns, unsichtbar und unhörbar, die Gera, hier an der alten Furt nicht mehr als ein kräftiger Bach. Gut die Hälfte der Brückenstraße ist skelettiert, die Fundamente müssen neu verplombt werden. Der Durchgang ist gesperrt, noch für zwei bis drei Jahre. An der Furt kreuzten sich früher die Handelswege von Ost nach West, von Nord nach Süd. Die reisenden Kaufleute mußten für den Zoll ihre Waren ausbreiten, die Einheimischen konnten in aller Ruhe aussuchen. In der Waagestraße gleich nebenan stehen noch die alten Speicher.

Ein älterer Mann erklärt uns, wie damals in den nur wagenbreiten Straßen der Verkehr geregelt wurde: per Einbahnstraßensystem – morgens in die eine, nachmittags in die andere Richtung. Einmal in Fahrt, setzt er zur umfassenden Stadtbilderklärung an. In jeder Silbe klingt der Heimatstolz an, auch der auf die sozialistische Denkmalspflege. Eher beiläufig erwähnt er, daß unterhalb der Krämerbrücke an der Gera seit dem Mittelalter die Bordelle standen, getarnt als Badehäuser. Auf unsere Frage, ob dieses traditionsreiche Gewerbe im Zuge der Denkmalspflege in Erfurt weitergeführt wird, ernten wir ein strenges «Das hat mit Traditionspflege nichts zu tun!». Aus ist es mit der privaten Stadtführung.

Ein paar Schritte von der Ruine der Barfüßer-Kirche entdecken wir das Straßenschild «Meister-Eckehart-Straße». Der große Mystiker, den Erich Fromm (in «Haben oder Sein») für das breite Publikum wiederentdeckt hat, war hier Dominikanerprediger – in finsteren Zeiten. Die Mönche des Bettelordens hausten in hölzernen Tonnen unter dem Dachfirst, und später machte die Kirche Eckehart als «Häretiker» den Prozeß. Erstaunlich allerdings, daß die Straße auch in der Zeit des realen SED-Nüchternismus noch seinen Namen trägt. Zu den existentiellen Vorstellungen der Partei paßt Eckehart nun bestimmt nicht.

Samstagmorgen auf dem Domplatz. Auf dem Markt (ihn gibt es erst seit einigen Jahren wieder) wird frisches Obst und Gemüse angeboten, auch Blumen – allerdings aus Stroh. Für Schnittblumen sind wir zu spät aufgestanden.

Reichlich alte Gassen

Die längste Schlange hat sich vor dem Stand einer Töpferin aufgebaut. Handgemachte Tassen und Krüge sind rar in der DDR, Weihnachten ist nur noch wenige Monate hin – da heißt es kurzentschlossen zuschlagen. «Töpfermarkt von 9 Uhr bis Ausverkauf» – das Schild hatten wir vorher am Fenster der Töpferei in der Paulstraße entdeckt, ein westlicher Werbepsychologe hätte sich nichts Raffinierteres ausdenken können. Kunsthandwerk mit goldenem Boden? Der Absatz sei gesichert, sagt die Töpfermeisterin. Es gebe zwar festgelegte Einheitsverkaufspreise für Gebrauchsartikel, die Steuern seien auch happig, aber im Prinzip könne sie genau bestimmen, wieviel Arbeit und welchen Lebensstandard sie sich leisten wolle.

Die Erfurter scheinen im Nebenberuf allesamt Stadtbilderklärer zu sein. Auch die Töpferin macht uns, unaufgefordert, einen Vorschlag: Wir sollen in den Dom gehen und uns den Grabstein des Grafen von Gleichen ansehen. Danach würde sie uns eine Geschichte erzählen.

Der Dom und die benachbarte Severikirche sind geschickt auf einen Hügel drapiert worden, so daß ihre optische Wirkung ungemein gesteigert wird. Den kolossalen romanisch-gotischen Bauwerken, zu denen eine breite Freitreppe hinaufführt, entspricht die Weite des Domplatzes. Allein wegen dieses Platzes lohnt eine Reise nach Erfurt. Am Martinstag, dem 10. November, versammeln sich hier Zehntausende von Menschen (besonders viele waren es im Lutherjahr 1983) zur größten freiwilligen – und zugleich genehmigten – ‹Demonstration› in der DDR. Im Mittelpunkt der Feier steht ein ökumenischer Gottesdienst unter freiem Himmel. Dazu läutet die 500 Jahre alte «Gloriosa», die «Königin aller Glocken des Abendlandes» – wenn nicht gerade wieder ein Riß repariert werden muß. Alle Erfurter haben uns vom Martinstag erzählt, das Erlebnis einer – verglichen mit den staatlichen Aufmärschen – geradezu spontanen Massenveranstaltung muß für DDR-Bürger offenbar besonders eindrucksvoll sein. Übrigens nimmt auch so mancher Genosse an der Feier teil, erkennbar durch die Löchlein am Revers.

Also die Grabplatte des Grafen von Gleichen. Ein Ritter aus dem 13. Jahrhundert schaut einem ins Gesicht, neben ihm zwei Frauenbildnisse. Na und? Der Herr lebte in Bigamie, werden wir belehrt. Und sogar noch mit kirchlichem Segen. Die Legende, die in Thüringen bekannter ist als die Ödipus-

Winterurlaub bei Oberhof

Sage, geht so: Der Graf von Gleichen wurde auf einem Kreuzzug von den Sarazenen gefangengenommen, aber durch eine Sultanstochter befreit. Gemeinsam schlugen sie sich bis zur Burg derer von Gleichen in der Nähe Erfurts durch. Dort wartete, immer noch voller Liebe, die Frau des Grafen auf ihren Herrn Gemahl. Obgleich schon vorher vom Stand der Dinge in Kenntnis gesetzt, zog sie ihrem Mann freudestrahlend entgegen. Zu dritt lebten sie dann gemeinsam ein schönes Leben. Pourquoi pas?

Thüringer Wald:
Unter den Wipfeln ist Ruh

Nach drei Städten müssen wir erst mal frische Gebirgsluft tanken, bevor wir uns an den Rest der Klassikerstrecke, an Weimar und Jena, heranwagen. Also hinauf in den Thüringer Wald, wo Thüringen am thüringischsten ist. Bewaldete Bergkuppen, die bis zu einer Höhe von fast 1 000 Meter ansteigen, tiefe und oft enge Täler, in denen kaum Landwirtschaft möglich ist: das sind die äußeren Gegebenheiten. Mensch lebte jahrhundertelang mehr schlecht als recht von Wald und Wild und mußte sich in den abgelegenen Gebirgsteilen etwas einfallen lassen, um die karge Existenz aufzubessern. Die thüringischen Erfinder, Pußler, Bastler, Probler haben hier ihre Herkunft. Glasbläser (traditionell in Lauscha), Werkzeugmacher (in Schmalkalden), Uhrmacher (in Ruhla), Töpfer und Feinkeramiker (in Ilmenau und Umgebung), Waffenschmiede (in Suhl), Spielzeughersteller (in Sonneberg – dort gibt es auch ein bekanntes Spielzeug-Museum) – das sind die herausragenden Ergebnisse.

Nicht zuletzt mangels alpiner Landschaften und ernstzunehmender Konkurrenz an Mittelgebirgen (wozu in der DDR sonst nur der Ostharz und das Erzgebirge zu zählen sind) ist der Thüringer Wald ein äußerst beliebtes Ferienziel, sommers wie winters. Im Sommer wird gewandert, kreuz und quer führen die Wanderwege durch die abwechslungsreiche Landschaft. «Durch das hier vorgestellte Land muß man laufen, wandern – lang und ausdauernd. Der Gewinn dabei ist ebenso lang und ausdauernd.» Diesen Worten Inge von Wangenheims aus dem «Reiseverführer» können wir uns nur vorbehaltlos anschließen.

Für Schnee und Winterbetrieb steht ein Name: Oberhof. Mit Rennrodelpiste, Sprungschanze, den «schneesichersten Loipen im Thüringer Wald» und, natürlich, einem Interhotel ist der 800 Meter hoch gelegene Höhenluftkurort der Inbegriff von Wintersport made in DDR. Wozu der «ASK Vorwärts Oberhof» mit seiner Sportlerschmiede (die Zahl seiner Weltmeister und Olympiasieger ist gar nicht mehr zu zählen) sein ganz besonderes Scherflein beigetragen hat.

Von Bach bis Schwarzatal

Am Rande des Thüringer Waldes liegen uralte Städte und Siedlungen, so Römhild (ursprünglich eine keltische Festung), Saalfeld, Bad Salzungen, Schmalkalden, Meiningen. Die älteste Stadt der DDR aber ist Arnstadt, 704 erstmals beurkundet. Die südlich von Erfurt gelegene Bach-Stadt (Johann Sebastian hatte hier seine erste Organistenstelle) gilt auch als «Tor zum Thüringer Wald». Auf dem Marktplatz steht seit kurzem eine originelle Bach-Plastik, die zur Abwechslung mal keinen ehrwürdigen Herren mit Perücke, sondern einen lässig hingefläzten jungen Typen zeigt.

Ein Stückerl westlich von Arnstadt liegen die «Drei Gleichen»: die drei ehemaligen Burgen der Grafen von Gleichen (die aus Erfurt!). Eine jede thront, nur wenige Kilometer voneinander entfernt, auf einem Tafelberg; einzeln wie zusammengenommen bieten sie ein denkwürdiges Panorama. Handlungsort der Pourquoi-pas-Legende ist die Burg Gleichen. Noch besser erhalten und mit einem Hotel bestückt präsentiert sich auch die Wachsenburg. Die dritte und älteste schließlich, die Mühlburg, hat den Vorteil, Tag und Nacht zugänglich und außerdem wenig besucht zu sein. Am Fuße der Burgruine liegt das Dorf Mühlberg, das so alt wie Arnstadt ist: ein urthüringisches Dorf mit jeder Menge Fachwerkhäusern. Und einer seltsamen Quelle, dem Spring, die jede Sekunde etwa zwölf Liter glasklaren, mineralreichen Wassers aussprudelt; die Temperatur liegt das ganze Jahr hindurch gleichmäßig bei acht Grad Celsius, und Blumensträuße halten sich in dem Spring wochenlang frisch.

Da wir einmal beim Wasser sind: Zu den Vorzügen des Thüringer Waldes zählen die Bademöglichkeiten; fast überall gibt es in den touristischen Orten Schwimmbäder, zudem eine Reihe von Tal-

sperren und (kleineren) Seen.
Manche, wie die Schönbrunner
Talsperre südlich von Ilmenau,
sind allerdings nur zum Anschauen
da – selbst das Betreten des Ufers
ist verboten. Der Grund: Sie dienen als Trinkwasserreservoire.
Anders ist es mit der Hohenwarte-Talsperre an der Saale, die
«touristisch voll erschlossen ist».
Das Gebiet an der oberen Saale
mit seinen vielen Schlössern und
Burgen ist eines der beliebtesten
Ziele im Thüringer Wald. Der
Drang vieler Menschen zur frischen Höhenluft bringt freilich
erhebliche Quartierprobleme mit
sich. Besonders für mehrtägige
Wandertouren, etwa entlang des
Rennsteigs, und besonders für
uns Bundis, die wir in aller Regel
nicht über einen zahlreichen und
günstig verstreuten thüringischen
Bekanntenkreis verfügen.
Nehmen wir, beispielsweise, unser Erlebnis in Schwarzburg. Das
Dorf liegt in einem der schönsten
thüringischen Flußtäler, dem
Schwarzatal nördlich von Saalfeld/Rudolstadt, und ist ein reiner
Ferienort: es besteht praktisch nur
aus Hotels, Pensionen und Ferienheimen. Als wir dort abends wegen einer nächtlichen Ruhestätte
vorstellig werden, ernten wir überall Kopfschütteln: Nein, alles ausgebucht, reserviert für FDGB-Urlauber. Auch die Verwalterin
der Jugendherberge behauptet,
nicht einmal Platz für ein Notquartier zu haben. Was nun? Für wildes Zelten bräuchten wir genauere Ortskenntnisse, und
besonders gerne würde das hier im
Naturschutzgebiet wohl auch
nicht gesehen werden.
Wir erinnern uns einer Neubauruine, die wir auf einem abseits im
Wald gelegenen Parkplatz gesehen
haben. Vielleicht sollte das Haus
einmal eine Touristik-Information oder ein Imbiß für hungrige
Wanderer werden. Fertig geworden sind nur die Mauern und das
Dach. Mit etwas Geschick ist es
möglich, sich auf den Boden der
oberen Etage hinaufzuhangeln.
Nach zwei Längsseiten ist die
Sicht frei, und wir wissen mal wieder nicht, ob so eine Übernachtung nun verboten ist oder nicht.
Schlimmstenfalls droht eine Ermahnung oder eine kleine Geldbuße. Und so ein bißchen Kribbeln gehört zu einem DDR-Urlaub
schon dazu. Wir werden durch den
Frühtau zu Berge und einen Sonnenaufgang im Schwarzatal belohnt.

Eulenspiegel und Brummtopf

Nicht nur über den Wipfeln ist
Ruh – wie Goethe schrieb –, auch
darunter ist im Thüringer Wald
nicht viel los. Mit Ausnahmen:
Auf der Weiterfahrt nach Weimar
kehren wir im Kulturhaus von
Pößneck ein, eigentlich nur mit
der Absicht, die leeren Mägen zu
füllen. Schwups sind wir mittenmang in einer Folk-Kabarett-Veranstaltung, in der eine
Gruppe namens «Eulenspiegel»
gewagte Worte vorträgt und eine
andere namens «Brummtopf» gar
munter aufspielt. Dazu viel Jux
auf und vor der Bühne.
Sicher machen Folkmusik und
Volkstanz, die in der DDR vor allem in Thüringen gepflegt werden,
noch nicht ‹viel los›. Aber das Vorher und Nachher, die Gespräche
mit den «Brummtöpfen», den
«Eulenspiegeln» und den Pößneckern, waren spannend, und an

Einladungen für Übernachtungen fehlte es uns hernach auch nicht mehr.

Weimar: von Goethe bis Hitler

«Ganz Weimar ist eine zur Stadt erhobene Dichterbiographie.»
　　　　　　　Egon Erwin Kisch

«Hier orgelte Bach», «Hier predigte Herder», «Hier kapellmeisterte Liszt», «Hier tafelte Goethe mit Herzogin Anna Amalia, mit Wieland und Herder, mit Schiller und Lenz» – so haben wir uns Weimar vorgestellt. In jeder Straße ein Museum, ein Denkmal oder doch wenigstens eine Gedenkplakette. Das einzige, was fehlt, ist ein Haus mit der Inschrift: «Hier wohnte *kein* Klassiker.» Da Weimar weitgehend im Zustand von 1832, dem Sterbejahr Goethes, konserviert wurde, ist die 60 000-Einwohner-Stadt noch immer ein bißchen das «Mittelding zwischen Hofstadt und Dorf», wie es Goethe bei seiner Ankunft 1775 befand. Alles sehr beschaulich. Bei einem Spaziergang im Park an der Ilm zu später Tagesstunde, nach reichlich Museumsbesuchen, kann mensch durchaus glauben, das 20. Jahrhundert wäre nichts weiter als eine Fata Morgana.
Unvermeidlich, ganz unvermeidlich ist ein Gang ins Haus am Frauenplan, Goethes Wohnstätte. Der Meister hat gründliche Vorsorge für das 1885 eingerichtete Museum getroffen. «Ihm die Absicht zu unterstellen, Weimar zu einem Nationalpark des Dichters, zu einem Tempel seiner selbst zu gestalten, ist ein so entlegener Gedanke nicht» (Christoph Hein). Fürwahr: Es gibt wohl keinen zweiten Menschen, über dessen Leben die Nachwelt so umfassend, geradezu minuziös unterrichtet sind. Egon Erwin Kisch nach einem Besuch des Museums: «Im Goethehaus am Frauenplan drängt sich die Masse der Besucher von morgens bis abends. Instinktsicher hat der Spießer herausgefunden, daß Goethes Leben komplementär zu seinem Werk war, und so genial dieses ist, so pedantisch, autoritätsgläubig, devot, zeitfremd und egoistisch war seine Privatexistenz.»

Von Schwulst und Patina vergangener Jahrzehnte ist das Museum von den DDR-Forschern befreit worden. Der ganze Goethe ist es andererseits noch immer nicht. Goethes politische Haltung bleibt als Thema ebenso (weitgehend) ausgespart wie die «Frauen um Goethe», von denen wir nicht viel mehr als die Namen, Lebensdaten und Schattenbilder erfahren.

Käte der Große

Stimmen der Besucher, eingefangen beim Rundgang: Ein sächselnder Reisegruppenleiter mit Parteiabzeichen am Revers erklärt vor des Meisters Sterbezimmer mit Verve: «Eckermann trat einen Tag nach seinem Tod ans Sterbebett und fand, daß der 82jährige tote Dichterfürst aussah wie ein kräftiger Mann mittleren Alters, ohne jeden Makel.» Dann wechselt er überraschend die Tonlage und fährt mit sachlicher Stimme fort: «Aber Goethe war kein Halbgott, sondern ein Mensch. Auch er konnte sich irren. Beispielsweise sagte er 1814 zu studentischen Freiheitskämpfern, daß Napoleon zu groß für sie sei. Und kein Jahr später hatte Napoleon sein Waterloo. Hier irrte also Goethe.»
Vor dem Schlafgemach des Herrn Geheimrats flüstert eine Mutter ihrem etwa zehnjährigen Sohn zu: «Hier gannste das Bett von Käte sähn.» Sohn: «Ich seh nischt!» Darauf die Mutter: «Nuu, er is ja ooch nich mehr do.»
Ohne Ehrfurcht und Andacht zu fühlen, gehen wir durch ‹Kätes› Gemächer, aber doch mit einem anerkennenden Staunen über die Schaffenskraft und Vielseitigkeit dieses Mannes. Zu entdecken gibt es manche eher unbekannte Information wie die, daß er sieben Jahre lang die Leitung der großherzoglichen Kriegskommission innehatte, oder auch Amüsantes wie eine Parodie auf Goethe von Friedrich Nicolai: «Die Freuden des jungen Werther».
Wie ist es nun mit Goethes Werken in den Weimarer Buchhandlungen bestellt? Eine angestrengte Suche erbringt immerhin einen Teilerfolg: zusammengenommen finden sich, die Evangelische Buchhandlung eingeschlossen, sechs Bände der Gesamtausgabe. Beinahe wären wir zu spät zur Goethe-und-Schiller-Gruft gekommen. In der Minute der Schließungszeit um 17.00 Uhr klopfen wir an das schon verschlossene Tor. Ein älterer Herr öffnet zögerlich, stutzt über unseren vermeintlichen Rostocker Akzent, wir korrigieren auf Bremen – und Simsalabim öffnet sich die Gruft. «Aber nur ganz kurz!» Nun, uns reicht schon ein Blick hinauf auf das blaue, sternenübersäte Firmament der Gruft. Beim Hinausgehen fragt uns der Gruftwächter bittend: «Würden Sie ein wenig Geld tauschen? 10 DM, 1:2? Ich würde mir so gerne mal wieder was im Shop kaufen.»

Buchenwald

Zu Weimar gehört das KZ Buchenwald. Zu Schwarz-Rot-Gold mischt sich Braun. Nicht erst 1937, als das KZ auf dem Ettersberg errichtet wurde. 1926 ließ Hitler in Weimar den «1. Reichsparteitag» der NSDAP abhalten, sechs Jahre später gab es hier, in der damaligen Hauptstadt Thüringens, die erste reine Nazi-Landesregierung.

Der Name Ettersberg für das KZ wurde in Buchenwald abgeändert, weil Goethe gerne auf dem Berg geweilt und Gedichte geschrieben hatte...

Im KZ Buchenwald starben auf grausame Weise mehr als 56 000 Menschen, unter ihnen der KPD-Führer Ernst Thälmann (nach elfjähriger Einzelhaft), der antifaschistische Pfarrer Paul Schneider, der Vorsitzende der SPD-Reichstagsfraktion Rudolf Breitscheid und viele, viele Namenlose. «Recht oder Unrecht – Mein Vaterland» und «Jedem das Seine» hatten die Nazis in ihrem Zynismus über das Lagertor geschrieben. Aber Zahlen und Fakten vermögen nicht im mindesten, die Unmenschlichkeit im KZ wiederzugeben.

In diesem KZ waren neben Juden und russischen Kriegsgefangenen besonders viele politische Häftlinge eingesperrt. Ihnen gelang es, eine illegale Widerstandsorganisation aufzubauen, die sich sogar Waffen zu beschaffen wußte. Am 11. April, zwei Tage vor dem Eintreffen amerikanischer Panzerverbände, konnten sich die Lagerinsassen selbst befreien. Am 19. April trafen sich die Überlebenden noch einmal zum «Buchenwald-Schwur»: «Wir schwören deshalb vor aller Welt / auf diesem Appellplatz / an dieser Stätte des faschistischen Grauens: / Wir stellen den Kampf erst ein, / wenn auch der letzte Schuldige / vor den Richtern der Völker steht! / Die Vernichtung des Nazismus / mit seinen Wurzeln ist unsere Losung. / Der Aufbau einer neuen Welt / des Friedens und der Freiheit / ist unser Ziel.»

Die Nationale Mahn- und Gedenkstätte Buchenwald steht im Mittelpunkt der antifaschistischen Kampagne in der DDR. Die Mehrheit der DDR-Jugendlichen kommt mindestens einmal anläßlich von Schulfahrten oder der Jugendweihe nach Buchenwald. Ob diese Pflichtveranstaltungen immer den gewünschten Erfolg bringen, sei dahingestellt. Allerdings ist es sicher besser als die in manchen bundesdeutschen Landen verbreitete Ignoranz nach dem Motto «Nun laßt doch mal die Vergangenheit ruhen». Oder gar als sich vor den Gräbern von SS-Angehörigen zu verneigen.

Zumindestens in heutiger Sicht befremdlich wirkt das von seiner Konzeption her ganz auf Monumentalität bedachte Mahnmal auf dem Ettersberg. Besonders der Glockenturm und die Straße der Nationen erinnern fatal an die Einschüchterungsarchitektur der Nazis, auch wenn hier gerade das Gegenteil bewirkt werden soll. Viel bewegender ist da der Dokumentarfilm, der im Kinogebäude der Gedenkstätte gezeigt wird. Für viele ist auch der Tatsachen-Roman von Bruno Apitz «Nackt unter Wölfen» ein wichtiges Erlebnis gewesen. Apitz, selbst fast acht Jahre lange Buchenwald-Häftling, schildert darin den dramatischen Kampf um das Leben eines kleinen polnisch-jüdischen Jungen. Nach dieser Lektüre kann niemand mehr gleichgültig über den Appellplatz oder die «Blutstraße» gehen.

Jena, die aufmüpfige Stadt

«Hier ist alles ganz anders als bei uns, das Volk lebendiger, aufgeklärter; ich möchte Dir bloß gönnen, wie richtig so ein Jenischer Bürger über Staat und Staatsverwaltung räsonniert; überhaupt herrscht hier im Weimarischen eine große Spannung in politischer Hinsicht, das Volk verlangt Preßfreiheit und Stände, ja sogar Geschwornengerichte, und Jena scheint der Mittelpunkt der Liberalen zu sein; alle verbotenen Blätter werden hier öffentlich mit rauschendem Beifalle in den Kneipen vorgetragen und mit Anmerkungen versehen, die grade nicht zu den glimpflichsten gehören» – so berichtet Fritz Reuter 1832 in einem Brief an seinen Vater. Wäre da nicht die altertümliche Wendung mit «Preßfreiheit und Stände», er könnte auch von, sagen wir, 1982 sein. Nur war der öffentliche Beifall für den Jenaer Friedenskreis sicher nicht «rauschend».

Jena, die Stadt mit der aufmüpfigen Tradition. 1815 gründeten Jenaer Studenten die Ur-Burschenschaft, ihre Farben waren Schwarz-Rot mit goldener Einfassung. Drei Jahre später wurde in Jena die Verfassung der Allgemeinen Deutschen Burschenschaften (mit Vertretern von 14 Universitäten) angenommen. Damals waren die Burschenschaftler zweifellos fortschrittlich bis revolutionär gesinnt, was zu jener Zeit aber auch deutsch-national hieß. Der Jenaer Student Karl Ludwig Sand, ein Anhänger der republikanischen «Schwarzen», ermordete 1819 den Diplomaten und Publizisten August von Kotzebue – worauf Fürst Metternich die reaktionären Karlsbader Beschlüsse durchsetzte.

«Auf dem Pfingsttreffen der FDJ hatten sich auch die Leute von der ‹Friedensgemeinschaft› mit Schwerter-zu-Pflugscharen-Transparenten und -Pappschildern in den offiziellen Demonstrationszug eingereiht. Einige FDJler hatten nun offenbar den Auftrag, mit einem überdimensionalen Transparent die der Friedensaktivisten zu verdecken. Nun waren die aber mit ihren kleinen Pappschildern viel schneller und bewegten sich immer hin und her – und die schwerfällige FDJ-Raupe mußte sich nun durch die Menschenmenge hinterherwühlen. Wodurch natürlich erst recht die Aufmerksamkeit auf die unerwünschten Plakate fiel. Wir haben uns damals köstlich amüsiert», erinnert sich ein Student der Evangelischen Hochschulgemeinde an die Tage zurück, als in Jena noch der Bär los war.

Leider muß von der «Jenaer Szene», die auf dem Höhepunkt der internationalen Friedensbewegung in den westlichen Medien Furore machte, in der Vergangenheitsform gesprochen werden. Zwar gibt es immer noch bei der Evangelischen Hochschulgemeinde und der Jungen Gemeinde Friedenskreise, aber die vormals staats- und kirchenunabhängige Friedensgemeinschaft hat sich aufgelöst. Die meisten ihrer Mitglieder sahen sich gezwungen, in den Westen zu gehen. Roland Jahn, einer ihrer Sprecher, wurde von den Staatsorganen regelrecht in den Westen verfrachtet – sie sperrten ihn in ein Zugabteil ein. Mathias Domaschk, Mitglied in der Jungen Gemeinde, starb auf ungeklärte Weise in der Untersuchungshaft. (Sein Grab befindet sich auf dem Johannis-Stadtfriedhof.)

Die Friedensgemeinschaft hat nun sicher keinen direkten Bezug zu den Burschenschaften. Die deutsche Frage, die Einheit der Nation hat die Jenaer Friedensfreunde nicht aktiviert. Pressefreiheit, die Garantierung von Menschen- und Verfassungsrechten, Unabhängigkeit der Justiz haben sie sich auch gewünscht und zum Teil auch öffentlich gefordert (vor allem der Weiße Kreis, eine – vom Friedenskreis allerdings separate – Jenaer Ausreise-‹Bürgerinitiative›), aber im Vordergrund stand doch die Friedensproblematik, vor allem die Militarisierung der Gesellschaft. Ein klar umrissenes Programm hat es dabei nicht gegeben, kann es auch unter DDR-Umständen nicht geben, weil eine gemeinsame öffentliche Diskussion unmöglich ist. (Die Jenaer Zustände von 1832 waren da weit liberaler.)

Warum ist eigentlich Jena zum Inbegriff der DDR-Friedensbewegung geworden? Persönlichkeiten wie Jahn und clever genutzte Verbindungen zu den Westmedien waren sicher wichtig. Eine außerordentliche Liberalität der örtlichen Behörden, wie sie Anfang des 19. Jahrhunderts der Großherzog Karl August von Sachsen-Weimar garantierte, gibt es gewiß nicht. Die Thüringer Stasi gilt eher als besonders eifrig. Wolf Biermann wußte davon schon früher ein Lied zu singen, den «Jenaer Memfis-fan-club-blues» (Memfis: DDR-Knastjargon für MfS – Ministerium für Staatssicherheit). Auszug: «Mann, hab ich 'ne Masse Fans! Allein / In Jena verehrt mich ein ganzer Verein. / Kaum mach ich 'ne Biege im Auto, dann lassen die Fans ihre Motoren an (...) / Die Fans fahren Wartburg und Shighuli / Mit ihren Funkgeräten folgen sie / Mir kinderleicht, dann freun sie sich / Und starrn mir nach, bewundern mich.»

Kleinste Großstadt, große Uni

Manches an der Lebendigkeit der Jenaer Szene erklärt sich durch die Konzentration von Wissenschaft und hochwertiger Technologie in der kleinsten Großstadt der DDR (102 000 Einwohnern). Jena ist die einzige klassische ostdeutsche Universitätsstadt, vergleichbar mit Tübingen, Heidelberg oder Marburg. Immer noch klein und überschaubar genug, daß mensch sich kennt – in gewissen Freundeskreisen. Das ist Voraussetzung, um Solidarität zu üben – in einem Land ohne Öffentlichkeit eine existentielle Notwendigkeit. Eine Szene braucht ihre Treffpunkte. Auch in Jena rangieren da an erster Stelle die eigenen vier Wände. An zweiter die Kneipen. Die «Wein-Tanne» in der Jener Gasse ist das erste Etablissement am Platze. Ein Ex-Jenaer über die Atmosphäre: «Der Wirt war eine Autorität. Gute Gäste bediente er mit unnachahmlicher Grandezza, Renitenz strafte er mit Bierentzug. Die Klientel dieses Bierfürsten war tatsächlich schwer in Schach zu halten. Wenn etwa die zu laut vorgetragenen Berichte eines exmatrikulierten Studenten aus der sozialistischen Produktion das Mißfallen eines Kreisgerichtsdirektors erregten, der am Mitteltisch Schifferklavier spielte, mußte der Wirt mit diplomatischem Geschick eingreifen. Er machte das, indem er lauthals in den Gesang

Kneipe mit Tradition

eines anwesenden Vertreters des resignierten Restbürgertums einstimmte. ‹Wildgänse rauschen durch die Nacht, mit schrillem Schrei nach Norden.› Das eben beleidigte Staatsorgan begleitete den in der DDR unerwünschten Hymnus fröhlich auf dem Schifferklavier.»

Der Wirt ist gestorben, aber seine Nachfolgerin soll die Sache voll im Griff haben. Als wir die Nagelprobe machen wollten, war die Wein-Tanne leider geschlossen. Nein, keine Reko, nur Urlaub. Als Ersatz bietet sich der «Rosen-Keller» in der Johannisstraße an, ein traditonsreicher Studentenklub. Mit dem «Medizinerklub» in der Wagnergasse gibt es noch eine zweite Anlaufstelle für Studenten in der Innenstadt.

Noch eine Alternative möchten wir anpreisen: das Café im Landgrafenhaus, gute hundert Meter hoch auf einem Berg direkt neben der Altstadt gelegen. Jena, das «liebe, närrische Nest» (Goethe), sieht aus der Vogelperspektive noch mal so gut aus. Besonders abends, nach Sonnenuntergang. Dann haben sich auch die meisten Bierkunden verflüchtigt. (Taschenlampe nicht vergessen – der Fußweg ist steil und nicht übermäßig beleuchtet.)

Wer via Philosophenweg und Landgrafenstieg hinaufsteigt, sollte sich bewußt sein, auf den Spuren von Schiller, Fichte, Hegel, den Humboldts, Hölderlin ... (die illustre Liste Jenaer Professoren und Studenten ist lang, sehr lang) zu wandeln. Und wer liest, daß an der Jenaer Uni Karl Marx zum Dr. phil. («in absentia») und Kurt Tucholsky zum Dr. jur. promovierte, sollte auch wissen, daß die Studenten (und späteren Schriftsteller) Jürgen Fuchs, Lutz Rathenow, Wilfried Linke und viele andere im letzten Jahrzehnt aus politischen Gründen (eine Begründung war «Linksradikalismus») von eben dieser Uni ‹geext› wurden.

Zeiss und der Jenaer Pimmel

Nicht zu verfehlen ist das Universitätshochhaus (UHH), das mit seinen 122 Metern die gesamte Altstadt überragt. Nicht ohne Grund wird das nach oben strebende Gebäude «Phallus jenensis» oder auch schlicht «Jenaer Pimmel» gehei-

ßen. Stichwort: sozialistisches Wahrzeichen. Ursprünglich sollten alle Großstädte der DDR dergleichen erhalten, einige sind ungeschoren davongekommen.
Statt des Jenaer Pimmels sollte ursprünglich ein Fernglas errichtet werden – ein Symbol für die Carl-Zeiss-Werke. Das Geld langte dann aber nicht mehr für einen Doppelturm, und ein halbes Fernglas schien den Zeiss-Managern unbrauchbar. Sie behaupteten nun, daß der Phallus viel zu hoch und demzufolge zu schwankend sei, um die Zeissschen Präzisionsgeräte produzieren zu können. Flugs wurde das Gebäude der Friedrich-Schiller-Universität vermacht, obwohl es für deren Bedürfnisse auch nicht taugt. Ganz Jena wartet nun darauf, wann Verpackungskünstler Christo kommen wird und dem Pimmel einen Verhüterli verpaßt, um (weitere) Nachkommen zu vermeiden.
Der VEB Carl-Zeiss-Kombinat ist das Aushängeschild der DDR-Wirtschaft. Das blaue Zeiss-Emblem beherrscht das gesamte Stadtbild. Mehr als 40 000 Beschäftigte produzieren technologische Spitzenerzeugnisse in den Bereichen Optik und Feinmechanik. Zum Kombinat gehören auch die ehemaligen Jenaer Glaswerke Schott, die mit dem westlichen Nachfolgeunternehmen ein jahrelanges juristisches Tauziehen um das Warenzeichen «Jenaer Glas» führten. Entschieden wurde er so, daß die Westler den Namen «Schott Glaswerke» führen dürfen, «Jenaer Glas» aber Jenaer Glas ist.

Fehlentwickeltes Fernglas

Die Geschichte des Industrieunternehmens ist nicht uninteressant: Der Physiker und langjährige Zeiss-Besitzer Ernst Abbé hatte schon Ende des letzten Jahrhunderts seinen Besitz in eine Stiftung umgewandelt. Mit dem gewonnenen Kapital wurden neben Grundlagenforschung auch viele soziale Einrichtungen für die Arbeiter bezahlt. Abbé wollte auf diese Weise die soziale Frage lösen. Für die SED-Geschichtsprofessoren ist Abbé einerseits ein netter Kapitalist, aber auch ein böser, weil besonders raffinierter: Er «korrumpierte einen Teil der Arbeiter». Zeiss-Arbeiter hielten still, wenn andere streiken.

Seit 1975 heißt der Generaldirektor der Zeiss-Werke Wolfgang Biermann, «der mit dem Peitschenknauf / Den kapitalistischen Dauerlauf / Dem fußkranken ‹VEB Zeiss› beibringt»: so Wolf Biermann über Wolfgang Biermann. Wie steht es doch in der Jena-Tourist-Broschüre: Die sozialpolitischen Maßnahmen Abbés «verschleierten die Ausbeutung, denn das Kapital verlor auch in der Stiftungsform seine Ausbeutungsfunktion nicht.» Seine Ausbeutungsfunktion verlor das Kapital auch in seiner verstaatlichten Form leider nicht.

Der heiße Tip

Wir fahren ein Stück in Richtung Weimar, biegen dann links ab, noch einige Kilometer, dann kommen mitten im Wald einige Wohnsilos. Sowjetische Offiziere und ihre Angehörigen leben hier. Hinter dem ersten Wohnblock steht eine kleine Baracke, das «Russenmagazin». Drinnen, hinter einem kleinen Fensterchen, bedient eine Russin. Neben der Kasse ein Abakus, eine antike Rechenmaschine mit bunten Kugeln: Jeder SU-Reisende kennt sie, fühlt sich in diesem Laden sofort um viele Kilometer östlich versetzt. Im Russenmagazin gibt es, was es sonst selten oder gar nicht gibt: Bananen, Honig, georgischen Wein. Die Ladenpächterin bietet nicht nur, sie preist geradezu die Waren an – ein unerhörtes DDR-Einkaufsgefühl, geradezu westlich. Unsere DDR-Freunde glauben, daß sie unmittelbar am Umsatz verdient. Nichtrussische Kunden sind sehr willkommen. In manchen Städten (zum Beispiel in Dresden-Loschwitz) gehören die Russenmagazine praktisch zur Versorgung der DDR-Bevölkerung, hier in Jena ist der Laden, weil zu abseits gelegen, kaum bekannt. Die Öffnungszeiten: montags geschlossen, die übrige Woche einschließlich Sonntag bis 21 Uhr. Oder auch nicht. Je nachdem, ob die Pächterin Lust hat. Jenas Umgebung, das heißt Abschied nehmen: von den Benediktiner-Mönchen bei den Ruinen der romanischen Klöster Paulinzella und Thalbürgel; von den Goethegedenkstätten bei den drei Dornburger Schlössern, die hoch oben über dem Saaletal thronen; von den unzähligen thüringischen Burgruinen, etwa der Lobdeburg, Kunitzburg, Leuchtenburg. Ein banges Aufwiedersehen auch dem thüringischen Wald: Keiner kann sagen, ob und wie schnell er stirbt. Abschied nehmen wir auch von der Vorstellung, daß Deutschland geteilt sei. Hier in Thüringen ist wieder alles in der Vergangenheit vereint.

HISTORISCHES ERBE — DRESDEN UND DIE SÄCHSISCHE SCHWEIZ

Am 13. Februar abends um viertel vor zehn läuten von allen Kirchen Dresdens die Glocken. Fünfzehn Minuten lang, jedes Jahr seit 1946. «Am 13./14. 2. 1945 wurde Dresden durch drei anglo-amerikanische Terrorangriffe, die mit dem Ausgang des Krieges nichts mehr zu tun hatten, planmäßig auf einer Fläche von fünfzehn Quadratkilometern in Schutt und Asche gelegt. Nach einem teuflischen Plan wurden Spreng- und Brandbomben so eingesetzt, daß ein furchtbarer Feuersturm entstand, der durch Flächenbrände ein Maximum an Vernichtung, vor allem in den dicht bebauten Wohnvierteln, bewirkte.» Während Dresdens Innenstadt niederbrannte, blieben die Außenbezirke, in denen die Fabriken angesiedelt waren, einigermaßen verschont. Die Feuersbrünste verwandelten Gebäude und Straßen in ein Flammenmeer. Es gab in Dresden keine Bunker, deshalb suchten die Menschen vor allem in Kellern Zuflucht. Doch die Phosphorbomben trieben sie hinaus in den sicheren Tod, wenn nicht das Gebäude bereits in sich zusammengefallen war und die Menschen unter sich begraben hatte. Kilometerhoch stand die Rauchsäule der zwei Tage brennenden Stadt in den Himmel. Der Flammenschein konnte selbst in Orten, die hundert Kilometer entfernt liegen, gesehen werden. Verkohlte Leichen lagen inmitten von Trümmern, manche Menschen wa-

Ruine der Frauenkirche

ren zu Asche verbrannt, andere starben ohne äußere Anzeichen an der gewaltigen Überhitzung. Zehntausende von Zivilpersonen, unter ihnen viele Flüchtlinge aus Schlesien, fanden den Tod.
Eine belegbar genaue Zahl ist nie publiziert worden – wenn es denn je eine gegeben hat. Vielleicht auch deshalb wird mit der Summe der Opfer heute noch Politik getrieben. In der DDR werden 35 000 Tote genannt, in westlichen Publikationen erscheinen manchmal Zahlen bis zu 135 000 Opfern. Diese Kontroverse trägt absurde Züge. Zum einen läßt sich das Rad der Geschichte nicht zurückdrehen, zum anderen ist jedes Opfer von Gewaltaktionen ein Opfer zuviel. Fest steht nur, daß dieser vom britischen Luftmarschall Harris angeordnete und von Churchill gebilligte Angriff zielstrebig gegen die Zivilbevölkerung gerichtet war. Was in der DDR als Beleg für die Niederträchtigkeit des Imperialismus betrachtet wurde und wird – das Eingangszitat stammt aus einem 1985 in Dresden veröffentlichten Heimatbuch.

Dieser Ansicht schließen sich in einem überraschenden Schulterschluß auch rechte Kreise in der Bundesrepublik an, die zu Zwecken der Entlastung von Schuld eine hanebüchene Aufrechnung betreiben. 390 Tote habe es bei dem deutschen Luftangriff auf das britische Coventry gegeben – und hier in Dresden mindestens die hundertfache Zahl.

Trümmerwüsten, Prachtpaläste

Ein zerstörtes Bauwerk Dresdens steht wie kein zweites für die grausamen Ereignisse von 1945: die Ruine der Frauenkirche, ein Mahnmal nicht nur für die Zerstörung der Elbestadt, sondern die Unmenschlichkeit jeden Krieges. In den Tagen nach dem Inferno brach der glockenförmige Kuppelbau der ausgebrannten evangelischen Barockkirche in sich zusammen, mit ihm ein Wahrzeichen der Stadt. In den Abendstunden des 13. Februars sammeln sich hier alljährlich Überlebende wie Nachgeborene des Krieges, um mit Kerzen und Friedensliedern jenes Teils deutscher Geschichte zu gedenken, der nicht teilbar ist. Nicht nur am 13.Februar, sondern das ganze Jahr über erinnert eine Gedenktafel neben der Ruine an die Opfer: «Die Frauenkirche in Dresden im Februar 1945 zerstört durch anglo-amerikanische Bomber. Ihre Ruine erinnert an Zehntausende Tote und mahnt die Lebenden zum Kampf gegen im-

perialistische Barbarei für Frieden und Glück der Menschen.»
Im Unterschied zur Westberliner Kaiser-Wilhelm-Gedächtniskirche, die als rekonstruierte Ruine zwischen Kudamm und Europacenter eher wie ein pittoreskes plastisches Kunstwerk anmutet, ist die Frauenkirche ein unaufgeräumter großer Trümmerhaufen, der unmittelbar an Krieg und Zerstörung gemahnt. Zur Wirkung trägt sicher auch die Lage der Frauenkirche am historischen Neumarkt bei, dem Zentrum der Altstadt.
Auf der anderen, östlichen Seite des Neumarktes stehen die gleichfalls ausgebrannten Türme des Stadtschlosses, als Kriegsruine nicht minder eindrucksvoll. An der früheren Residenz der Wettiner, die vom Mittelalter bis 1918 als Kurfürsten (ab 1806 als Könige) von Sachsen regierten, wird fleißig gearbeitet. Die weitläufige Schloßanlage soll bis zum Jahre 2000 wieder restauriert sein. Gerüchten zufolge existieren ähnliche Pläne auch für die Frauenkirche, unverständlicherweise, denn längst verdient die Ruine als Friedenssymbol Denkmalsschutz – ein Aufbau wäre widersinnig.
Schon vollendet ist die Wiederherstellung anderer prägnanter Bauwerke. Die bekanntesten dürften der Zwinger und die Semper-Oper sein. Der Zwinger, ursprünglich für höfische Feste vorgesehen, gilt als Inbegriff des sächsischen Barocks, als Kulturgut von Weltrang. Wie bei so vielen berühmten Postkartenschönheiten fanden wir allerdings seinen Anblick in natura, sprich unter wolkenverhangenem Himmel, doch eher enttäuschend. Der als Baumaterial dienende Sandstein ist längst wieder schwarzgrau geworden.
Ähnlich verhält es sich mit der Außenansicht der Semper-Oper, die am vierzigsten Jahrestag der Zerstörung Dresdens nach siebenjährigen Restaurierungsarbeiten wiedereröffnet wurde. Das nette Sümmchen von einer viertel Milliarde Mark ließ sich der SED-Staat die Wiederherstellung des «Prachtbaus im Stil der italienischen Hochrenaissance» kosten. Immerhin, die Experten lassen verlauten, daß die Operation gelungen sei: Der Klang wäre besser als in der Mailänder Scala. Auf gut deutsch: Die Semper-Oper ist Weltspitze. Die «FAZ» schrieb über die Eröffnungsfeierlichkeiten: «Es ist die ‹High Society› der DDR, die sich hier trifft, anzuschauen wie eine höchst bürgerliche Gesellschaft, bürgerlicher zumal als in der Bundesrepublik. Die Damen in großen Abendroben, die Herren im dunklen Anzug oder Uniform. Noch hat der Smoking in den herrschenden Kreisen des Arbeiter-und-Bauern-Staates nicht Einzug gehalten. Doch es kann nur eine Frage der Zeit sein, bis er fröhliche Urständ feiert.»
Genau die Gesellschaft also, die wir nicht suchen. Abgesehen davon hätten wir als gemeine Touristen ohnehin keine Karten bekommen – es gab nicht einmal eine für die Besichtigung des kostbaren Inneren. Was würde wohl Gottfried Semper dazu sagen, der Architekt des später nach ihm benannten Opernhauses? Semper beteiligte sich immerhin handgreiflich an den Barrikadenkämpfen in Dresden anno 1849 – auf Seiten der Republikaner. Gemeinsam übrigens

mit Richard Wagner, dem damaligen «Königlich-Sächsischen Hofkapellmeister». Beide gehörten bis dahin zum Establishment, beide mußten nach der Niederlage des Maiaufstands ins Ausland fliehen.

Monströse Versuche

Was Semper damals mit dem Theaterplatz gelang (außer der Oper ließ er auch die an den Platz angrenzende Gemäldegalerie des Zwingers bauen), nämlich einen großen Platz mit einem Ensemble sehr unterschiedlicher Bauwerke wirkungsvoll zu *gestalten*, blieb den DDR-Städtebauern und -Architekten leider verwehrt. Mit den durch die Zerstörung der gesamten Altstadt entstandenen weiten unbebauten Flächen wußten die Nachfolger Sempers herzlich wenig anzufangen. Statt mit Einfallsreichtum wurde in den fünfziger und sechziger Jahren versucht, durch räumliche Größe und Wucht einzelner Gebäude oder Denkmäler Eindruck zu schinden. Ein Übel, das nicht nur Dresden, sondern so gut wie alle modernen Plätze der DDR betrifft. In dieser Stadt ist der Kontrast nur besonders unangenehm. Ob auf dem Pirnaischen Platz oder dem Ostplatz, an der Kreuzung Leningrader Straße/Pillnitzer Straße oder dem Postplatz: Wo immer Menschlein steht, kommt es sich klein und verloren vor. So verloren wie die schon grotesk wirkenden «Brückenreiter» am Altstädter Ufer der Dr. Rudolf-Friedrichs-Brücke. Beeindruckend: ja. Leider nur negativ.

So auch die Prager Straße, eines dieser unsäglichen «sozialistischen» Denkmäler der sechziger Jahre: ein bombastisches Hochhausensemble. Wer die Stadt vom Hauptbahnhof her kennenlernt, bekommt gleich den denkbar ungünstigsten Eindruck, der so gar nicht zu dem Bild Dresdens als Mekka der Kunst, als «Elbflorenz» passen will. Die Prager Straße treibt, das ist tröstlich zu wissen, heutzutage auch DDR-Städteplanern die Schamesröte ins Gesicht. Hier helfen keine Blumenkübel und Springbrünnchen mehr, hier hülfe nur noch die Abrißbirne.

Lasse sich niemand von diesen Worten abschrecken, die Prager Straße, Dresdens Boulevard No. 1, abzuklappern. Sie ist ganz einfach praktisch-informativ. Außer der Tourist-Information und vielerlei Gastronomie sind hier das Centrum-Warenhaus und einige andere Einkaufstempel untergebracht. Auch für den, der keine Kaufambitionen hat, lohnt sich ein Blick auf die VEB-Warenwelt. Bietet die doch wirklich eine Abwechslung zu dem gewohnten westlichen Kaufhauseinerlei. Wozu ein Farbfernseher für 6250 Mark ebenso zählt wie ein «Jenaer Weinstecher», der auf einem anderen Schild als «Weinheber» firmiert und «eine feierliche Tischatmosphäre vermittelt» (vermitteln soll) – für 276 Mark. Da loben wir doch die lose Rolle Klopapier (echt Recycling-Papier) für dreißig Pfennig das Stück – für einen Tagessatz Mindestumtausch bekommt mensch schon dreiundachtzig ganze Rollen! Eine Abteilung weiter gibt's dazu den passenden «Pneumat»-Klodeckel aus *grüner* Plaste, einschließlich Kindereinsatz für 23,60 Mark.

Mühsam hergerichtet: die Dresdner Schauseite

Die kleinste DDR-Flagge (40 mal 60 Zentimeter) erwirbt der Souvenirjäger für 3 Mark 60 und den Zugball «Rucki-Zucki» für 11 Mark 70. Sage da noch einer, es gäbe in der DDR nichts zu kaufen. Da können wir nur sagen: Rucki-Zucki ins Centrum.

Leckerbissen ...

Jenseits des – vom Bahnhof aus gesehen – Endes der Prager Straße beginnt die Altstadt. Hier dürfte ein jeder auf seine Kosten kommen. Arm dran ist, wer kunsthistorisch interessiert ist und wenig Zeit mitgebracht hat. Reichlich bedient wird, wer gerne Eis und Kuchen schleckert; im DDR-Maßstab bietet Dresden manch brauchbares (Straßen-)Café, die Nähe Prags und Wiens ist – noch immer – spürbar. Eine «Schwarze Johanna» im Eiscafé (Schloß-straße) oder eine «Honig-Ei-Rum-Milch» in der Milchbar (Weiße Gasse, gleich hinter der Kreuzkirche) lassen einen die Prager Straße schnell verdrängen. Vielleicht kommt ihr auch wie wir mit DDRniks ins Gespräch. Wir haben zwei Tramper aus der Karl-Marx-Städter Gegend kennengelernt, beide Arbeiter in einer LPG, der eine als Traktorist, der andere als Melker. Zu unserer Überraschung bekannten sie sich als Anhänger der Grünen, erzählten auch, daß in der Landwirtschaft immer noch bedenkenlos Pestizide verwendet würden. Wollten, ganz eindringlich, wissen, ob wir an ihrer Stelle in der DDR bleiben würden. Flugs waren wir, wie so oft in der DDR, in einem stundenlangen, sehr ernsthaften Gespräch über Ost und West. Und hatten hernach mal wieder das Gefühl, daß sich in der

DDR mehr Menschen als hierzulande ‹einen Kopf machen› um das Treiben in dieser Welt.

... und Kunstgenuß

Kunststadt Dresden: Wer sie sucht, begebe sich stracks zum Zwinger oder zum Albertinum (Eingang vom Brühlschen Garten her). Im Zwinger harren die Gemäldegalerie Alter Meister, das Historische Museum und die Porzellansammlung der millionenfachen Besucherschar. Das Albertinum beherbergt dafür die Neuen Meister und die ehemalige Schatzkammer des sächsischen Herrscherhauses, das Grüne Gewölbe. Im Vergleich der beiden Kunstkathedralen tendieren wir zum Albertinum. Nichts gegen Meißner Porzellan oder Raffaels «Sixtinische Madonna», nichts gegen Rembrandt, Rubens & Co. Aber das Albertinum kann nicht nur mit C. D. Friedrich und C. G. Carus, mit Menzel und van Goghs «Quitten», mit Monet und Manet, mit Gauguins «Zwei Frauen auf Tahiti» und Degas' traumhaften «Zwei Tänzerinnen» aufwarten, sondern bietet als Zugabe noch die DDR-Moderne. Auch die «Leistungsschau» der DDR-bildenden-Kunst, die Dresdner Kunstausstellung, hat hier ihre Räume, einige Exponate – allerdings nicht immer die besten – bleiben hier regelmäßig hängen. (Die nächste ‹Dresdner› wird voraussichtlich 1987/88 sein.)

Für das Grüne Gewölbe noch ein Tip: nichts über die Schatzkammer lesen, keine Abbildungen anschauen und während des Rundganges keine Erklärungen lesen. Nur den Glamour der Edelsteine auf sich wirken lassen. Von den ungeheuren Reflexionen der Brillanten funkelten uns noch Tage später die Augen. Allein mangels Heißluftballon verzichteten wir auf ein Rififi.

Nun gibt es nicht bloß eine museale, sondern auch eine lebendige Kunstszenerie in Dresden. Um sie zu erleben, bietet sich zunächst die «Hochschule für Bildende Kunst» (neben dem Albertinum an der Brühlschen Terrasse) mit ihren Veranstaltungen an. Als engagiert zeitgenössische Galerien gelten «Nord», Leipziger Straße, «West», Kesselsdorfer Straße, und «Mitte» am Fetscherplatz. Mit der «Kunstausstellung Kühl» bietet Dresden auch die einzig noch verbliebene Privatgalerie der DDR. Manchem mag es nach so viel passivem Kunstgenuß überkommen, selbst loszulegen. Dann könnte der «Malkasten» weiterhelfen, ein kleiner, aber feiner Laden für Mal- und Zeichenbedarf, etwas versteckt am Georg-Treu-Platz auf der Rückseite der Kunstakademie gelegen. Der «Malkasten» ist gleichzeitig ein Treff für Künstler und solche, die es werden wollen. Als wir dort ein wenig von unserem sauer getauschten Geld in Naturalien verwandeln wollten, war der Laden leider wegen Urlaub geschlossen. Eine Dresdner Kunststudentin, die mit uns vergeblich Einlaß begehrte, kommentierte achselzuckend: «Na, dann findet die Kreativität halt für drei Wochen nur im Kopfe statt.» Sprach's und ging von dannen, offenbar wenig bekümmert.

Geschlossen war leider auch der «Bärenzwinger», Dresdens bekanntester Studentenklub. Der Grund hier: Semesterferien und

«Reko». Während der Vorlesungszeit lohnt es sich bestimmt, hier einmal reinzuschauen – für Leute mit Studentenausweis. Allerdings darf jede/r Student/in eine/n nichtstudentische/n Begleiter/in mitbringen; erfahrungsgemäß ist die Entscheidung der Türsteher aber mancher Willkür unterworfen.

Leicht zu finden ist der Bärenzwinger, ehemals der Zugang zu den Kasematten, nicht. Vom Albertinum aus müßt ihr in Richtung Leningrader Allee gehen, links in einer Spitzkehre unterhalb des Brühlschen Gartens liegt der Eingang.

In der Ruine des Kurländer Palais

Jazz in der Tonne, Jazz open air

Eine – ganzjährig geöffnete – Alternative für Leute mit Tatendrang und Kontaktbedürfnissen ist die «Tonne», der Klub der Dresdner Jazz-AG. Allein seine Unterbringung in dem ehemaligen Weinkeller des Kurländer Palais (das oberirdisch nur noch eine Ruine ist) ist schon einen Besuch wert. Nach einem solchen Veranstaltungsort würde sich so mancher westliche Jazzkellerbesitzer alle Finger schlecken. Die Unmengen von Bierfässern vor dem Eingang versichern uns glaubhaft, daß die Dresdner DDR-Rekordhalter im Biergenuß sind. Vorwiegend gluckert das uns dank einer gewissen Supermarktkette bestens bekannte «Radeberger Pilsner» (Radeberg ist ein Vorort von Dresden) durch die Kehlen.

Dresden, die Musikstadt: «Freischütz»-Weber und Richard Wagner wuselten hier herum. Dresdner Staatskapelle, Dresdner Philharmoniker, Dresdner Kreuzchor sind allen einschlägig Vorgebildeten ein Begriff. Die E-Musik feiert sich während der Dresdner Musikfestspiele, die alljährlich im Mai/Juni stattfinden. Etwas früher im Mai tobt das eher plebejische Gegenstück, das Internationale Dixielandfestival, durch die open air Dresdens. Zehntausende von Oldtimejazz-Fans belagern dann die Elbestadt.

Dresden, die Elbestadt: Die Experten führen einen endlosen Streit darüber, ob der Blick von den Brühlschen Terrassen zu den Elbwiesen am Neustädter Ufer oder der Canaletto-Blick (nach dem Hofmaler Bernardo Bellotto, genannt Canaletto) von der Neustadtseite auf die Brühlschen Terrassen samt den barocken Charakterköpfen der Altstadt nun der schönere sei. Unbestritten ist, daß die unbebauten Elbwiesen das A und O der Elbblicke sind, weil erst sie Weite erzeugen. Was den Streit um die Schönheit anbelangt, so möchten wir entschieden Partei für die Neustädter Seite ergreifen, wie denn überhaupt die Silhouette der über die Brücke fahrenden Straßenbahnen vor sinkender Abendsonne das Allerschärfste ist!

**Kampf und Krampf
ums historische Erbe**

Im Ernst: Wer sich in der Altstadt hungrig gesehen hat, kann ruhig einmal über die älteste Brücke der Stadt, benannt nach dem bulgarischen Kommunistenführer Georgi Dimitroff, gen Neustadt wandeln. Im Kügelgen-Haus, einem der wenigen erhaltenen Barockhäuser Dresdens (alle an oder in der Nähe der «Straße der Befreiung»), läßt sich in dem offenbar nicht übermäßig bekannten Restaurant annehmbar speisen. Dankenswerter Weise waren kurz vor unserem Abstecher ins Lokal die österreichischen Frostschutzmittel (Kostenpunkt: bis zu 35 Mark die Flasche) von der Weinkarte gestrichen worden. Über dem Eingang zum Kügelgen-Haus finden sich übrigens die in Goldbuchstaben gefaßten Worte «An Gottes Segen ist alles gelegen». Vor der Restaurierung von Haus und Segensspruch soll es eine zähe Debatte unter den Genossen gegeben haben, die einen Sieg des historischen Erbes über den historischen Materialismus erbrachte.

Die Straße der Befreiung ist der zweite große Fußgängerboulevard Dresdens. Mit seiner Mischung aus alten Häusern und modernangepaßter Bauweise, seinen schattenspendenden Platanen und kleinen Läden ist er das gerade Gegenteil der Prager Straße. Den Neustädter Markt würden wir dagegen lieber verschweigen – er ist leider auch trostlos geraten, verglichen mit dem früheren, von Canaletto vermittelten Aussehen –, stünde da nicht der Goldene Reiter. Der da in feuervergoldetem Kupfer dem Roß die Sporen gibt, ist der sächsische Kurfürst Friedrich August der I., besser bekannt als König August der II. von Polen, allen bekannt als August der Starke. Kein zweiter Fürst Deutschlands hat einer Großstadt so seinen Stempel aufgedrückt wie er. Die Barockstadt Dresden, die Schlösser Pillnitz und Moritzburg, viele der Kunstsammlungen gehen auf ihn zurück.

Die körperliche Potenz des Sachsenherrschers ist Legende: daß er Hufeisen biegen konnte ebenso wie seine (angeblich) 302 oder 365 Kinder, von denen, das ist erwiesen, nur eines ehelich war. Seine zahllosen Mätressen sind nicht mehr als eine Fußnote der Geschichte absolutistischer Herrschaft. Viel kritikwürdiger waren die illusionären Großmachtträume des Fürsten, der Polen und Sachsen in eine Reihe von Kriegen führte. Rehabilitiert worden ist August der Starke in der DDR schon vor Friedrich «dem Großen» – Dresden ohne ihn gibt es eben nicht. Nun ist auch nicht mehr wahr, was nicht wahr sein darf: Professor Karl Czok von der Sächsischen Akademie der Wissenschaften: «Aber er war Diabetiker, wo sollen denn da die Potenzen herkommen?» Eben.

In Sichtweite des Goldenen Reiters: das Hotel «Bellevue» am Neustädter Elbufer, das vorläufig modernste Fünfsternehotel der DDR. «Bellevue» überzeugt jeden Besucher davon, daß die DDR-Oberen sich nichts sehnlicher wünschen, als auch einmal wie Krupp oder Flick dinieren zu können: polynesisch im «Buri-Buri» oder à la Nouvelle cuisine. Dieser fürnehme Schuppen ist ge-

Exportschlager Porzellannippes

eignet, alte Vorurteile über die DDR über Bord zu werfen – und dafür neue zu provozieren. Während Zigtausende von DDR-Bürgern, darunter viele Arbeiter, noch immer in scheußlichen oder/und zu kleinen Behausungen ihr Dasein fristen, haben die herrschenden Fürsten im Arbeiter-und-Bauern-Staat nichts Besseres zu tun, als Unsummen in den Bau von Fünfsternehotels zu investieren. Was unterscheidet ihr öffentliches Gehabe eigentlich von dem ihrer monarchistischen Vorgänger? Nur der fehlende Sex-Appeal? Es nimmt natürlich nicht wunder, daß sich die Repräsentanten der Bonner Bananenrepublik im Dresdner «Bellevue» pudelwohl – eben wie zu Hause fühlen. Der FDP-Oberindianer und Wendevogel Wolfgang Mischnick berichtete in einem Rundfunkinterview leutselig von seinen Dresden-Erfahrungen: «Der Gast im ‹Bellevue› hat keine Schwierigkeiten, Karten für die Semper-Oper zu bekommen!» Die Sorgen der Regierenden möchten wir haben.
Kleiner Nachtrag: In einem der vielen Intershop- und Antiquitätenläden des «Bellevue» fanden wir einige putzig anzuschauende Figuren aus echt Meißner Porzellan – seit jeher «Devisenkinder» geheißen.

Dresden umzu: Ausflüge ins Umland

Besuch bei Onkel Karl und Onkel August. Ausflug nach Radebeul und Schloß Moritzburg: Das ist ein Besuch bei den beiden größten sächsischen Märchenonkeln. Der eine gilt als der erfolgreichste Lügenbold der deutschen Literatur, der andere als einer der wenigen Menschen, der sich seine vielfältigen Lust-Träume verwirklichen konnte und dadurch zu einem legendären Märchenkönig aufstieg. Der eine phantasierte sich in seinen Romanen zum omnipotenten Helden und betrog Generationen von Lesern, der andere ist gleich Casanova der Inbegriff leibhaftiger Omnipotenz, der viele Menschen seiner Zeit um Gut und Leben betrog. Die Rede ist von Karl May und August dem Starken. Wir fahren vom Postplatz mit der Straßenbahnlinie 11 in Richtung Neustadt. Straßenbahnen in Dresden: Wir kennen keine zweite Stadt dieser Größe, die so von diesem Verkehrsmittel dominiert wird. Wo du in Dresden auch stehst, irgendwo rumpelt es immer. «Dubčeks Rache» werden die rotgetünchten, funkenstiebenden Straßenbahnen noch immer im Volksmund geheißen – nicht nur in Dresden. Die tschechoslowakischen Waggonfabriken sind Hersteller sämtlicher neuerer Straßenbahnwagen in der DDR, ein Ergebnis der arbeitsteiligen Wirtschaft im osteuropäischen Wirtschaftsverbund RGW. Die Wagen made in ČSSR gelten als zu schwer für den Unterbau, sie lassen die Gleise peu à peu im Untergrund versinken, mit tückischen Folgen für andere Verkehrsteilnehmer. Außerdem ruckelt und schüttelt es mordsmäßig in der Bahn. Auch wir, die wir doch den Prager Frühling immer mit Sympathie bedacht haben, werden zu Opfern der tschechischen Rache an ihren Besatzern von 1968.

Aber nicht deshalb steigen wir an der nächsten Station schon wieder aus. Auf der gegenüberliegenden Seite der Paul-Gruner-Straße ragt das Minarett der Yenidze-Zigarettenfabrik über den Bahndamm, und das schauen wir uns doch einmal näher an. Ein als orientalische Moschee gebautes Tabakkontor ist eine gute Einstimmung auf Hadschi Omar Ben Halef (...) – auch wenn der, wie wir später feststellen müssen, in Radebeul zu kurz kommt. Das 1909 gebaute Tabakkontor mit der immerhin 62 Meter hohen Kuppel steht in keinem Kunstführer. Die Tradition wird allerdings fortgeführt: Der VEB Tabakkontor Dresden hat nun dort seinen Sitz. Hineinzukommen ist nicht, orientalischer Tabak ist auch nicht zu erstehen – also weiter mit der 11 bis zur Antonstraße/Ecke Leipziger Straße, dort umgestiegen in die 4 (die wir ohne Yenidze auch direkt vom Postplatz hätten nehmen können) oder in die 5. Beide Linien fahren nach Radebeul, einem Vorort Dresdens.

Von der Station Gutenbergstraße/Schildenstraße sind es nur wenige Schritte bis zur Villa Shatterhand in der Karl-May-Straße 15 – bis vor einigen Jahren noch Hölderlinstraße. Seit 1985 ist darin das Karl-May-Museum untergebracht. Jahrzehntelang war der Abenteuer-Schriftsteller, der Erfinder von Winnetou und Old Shatterhand, in der DDR als «Nationalchauvinist», «Krimineller» (May saß wiederholt wegen Betrügerei im Gefängnis), «sentimentaler, unrealistischer Schreiberling» verfemt gewesen. Seine Bücher durften weder gedruckt noch eingeführt werden. Nach dem Krieg galt er gleich Nietzsche als einer der geistigen Ahnherren des Faschismus. Beweis: Hitler soll noch während seiner Zeit als Deutschlands Diktator die gesammelten Werke Mays ein zweites Mal gelesen haben. «Adolf Hitler, der Karl-May-Deutsche!» hieß es 1945 in der «Volksstimme».

Yenidze-Zigarettenfabrik

Volkes Stimme forderte nichtsdestotrotz Karl-May-Lektüre, der Schwarzmarkt blühte. Hermann Kant wagte sich gar in seiner «Aula» 1965 mit einem Plädoyer für May hervor: «Dank dir, du genialer Spinner aus Hohenstein-Ernstthal, dank dir für tausendundeine Nacht voller Pulverdampf und Hufedonnern (...) Ungeschmälerten Dank dafür, was immer sie dir auch nachsagen.»
Erst Anfang der Achtziger begann die May-Renaissance. Im Verlag Neues Leben erschienen die ersten Bände (im Buchhandel ständig vergriffen), Karl-May-Verfilmungen überfluteten die Kinoleinwände – und hier in Radebeul wird er nun per Ausstellung rehabilitiert. Im Foyer der Villa Shatterhand werden alle ehrenwerten Geistesgrößen zitiert, die sich zu Karl May bekannt haben: Brecht, Kisch, Mühsam, Liebknecht, Einstein, Hesse, Heinrich Mann ... alle sind sie des Lobes voll. Ein Proletarierkind war er, ein Opfer der Klassenjustiz und reaktionärer militaristischer Kreise, ein Menschenfreund, ein Pazifist (auch dies positiv gewertet!) – all dies ist nun in der DDR erkannt worden und in Radebeul nachzulesen.
Aber wegen Karl May kommen die wenigsten der überwiegend jugendlichen Besucher, unter ihnen viele ausländische (vor allem tschechoslowakische Gruppen), nach Radebeul. Sie werden angelockt von der doppelläufigen Silberbüchse, dem Bärentöter, dem Henrystutzen, durch die vielen indianischen Kultgegenstände in der Blockhütte («Haus Bärenfett») des Mayschen Alterssitzes. Den Grundstock zur in Europa größten Sammlung nordamerikanischer Indianerkultur schuf der amerikanische Artist und May-Fan Patty Frank, der durch seine Museumstätigkeit (von 1928 bis 1959) seinerseits zu einem legendären Radebeuler aufstieg.
Wegen dieses nunmehr nach modernen völkerkundlichen Aspekten entstaubten «Indianermuseums» lohnt sich auch für Winnetou-Muffel ein Abstecher in die Karl-May-Straße. Die kulturelle Vielfältigkeit der nordamerikanischen Indianervölker wird plastisch dokumentiert, eine Darstellung der berühmten Schlacht vom Little Big Horn fehlt ebensowenig wie die Kurzbiographien großer Indianerführer von Tecumseh bis Red Cloud. Auch die aktuelle Widerstandsbewegung seit Wounded Knee 1973 ist dokumentiert. Mit der westdeutschen Indianerrenaissance der letzten Jahre hat das Indianermuseum allerdings nichts gemein: Nirgendwo findet sich ein Bezug zu der Naturphilosophie der Indianer und ihren so oft und gern zitierten «ökologischen» Äußerungen.

Auf Schmalspur ins Barock

Vom Karl-May-Indianermuseum nur einige Minuten Fußweg entfernt liegt der Bahnhof Radebeul-Ost. Unterwegs werden wir durch mehrere auffällig angebrachte Schilder auf das Lokal «Scharfes Eck» am Robert-Werner-Platz hingewiesen. Hier bemüht sich doch nicht etwa eine Gaststätte um Gäste? Doch: Im «Scharfen Eck» ist der Wirt wirklich scharf auf Kunden, die Bedienung bekommt von uns den Ehrentitel «Schnellstes Gaststättenkollektiv

der DDR» verliehen, und für Preisstufe II (billiger geht's praktisch nicht) schmeckt das Norwegische Fischfilet ganz vorzüglich. Vom Bahnhof aus schnauft ein Dampfbähnle Marke «Sächsische Schmalspurbahn» die Elbtalhänge hinauf Richtung Moritzburg/ Radeberg. Für Schmalspur-Fans sei gesagt: Jährlich etwa zehnmal fährt auf dieser Strecke die «Traditionsbahn», da trägt das Zugpersonal Klamotten aus der Zeit der Jahrhundertwende, und die Dampflok pfeift nicht nur, sondern legt auch extra Fotostops ein.
Wir machen eine Alltagsfahrt, und die ist ungewöhnlich genug. «Aufenthalt auf der Bühne verboten» steht da schwarz auf weiß, was eher gewöhnlich zu nennen wäre, würde sich nicht, wie in diesem Fall, niemand um das Verbotsschild bekümmern. Die ganze Fahrt über warten wir auf einen Anschiß, aber er bleibt ebenso aus wie die Fahrkartenkontrolle.
Moritzburg: Das frühere Jagdschloß Augusts des Starken und heutige Barockmuseum kann, bei Sonnenschein besehen, durchaus mit seinen Postkartenabbildern konkurrieren. Vielleicht wird unser wohlgefälliger Blick auch unbewußt durch die rundlichen, zweifellos nicht unerotischen Formen des auf einer Teichinsel gelegenen Barockschlosses günstig beeinflußt. Im Museum finden wir in einer der vielen Vitrinen mit mehr oder minder geschmackvoll gestalteten Meißner Porzellanfiguren auch unsere «Devisenkinder» wieder, die es also schon im 18. Jahrhundert gegeben hat. Wir wandern an Unmengen von Hirschgeweihen entlang, die Nummer 8 der Sammlung, ein ungerader 24-Ender, soll mit 298,61 Wertungspunkten das stärkste Geweih der Welt sein (denn längst gibt es auch für die Bewertung von kapitalen Geweihen ein Punktsystem). Wir schauen im «Zimmer mit Damenbildnissen» vis-à-vis in die ölfarbenen Augen einiger augustinischer Geliebten, die reihum an den Wänden hängen. Wir würden gerne mehr über die polnischen und sächsischen Prinzessinnen erfahren, doch die sonst so mitteilsame Lautsprecherstimme verliert nur einige kunsthistorische Anmerkungen. Der amtliche Führer durch das Schloß liefert immerhin eine Begründung: «Obwohl die Zahl seiner weiteren von ihm anerkannten Nachkommen berechnet wurde, schweigen wir uns aus Gründen der Pietät lieber aus.» Die moralische Pointe kommt ein paar Seiten weiter: «Wir betrachten ein solches Treiben heutzutage als lasterhaften Auswuchs einer absolutistischen Hofhaltung.» Rums!
Am Ende des Museumsrundgangs überrascht uns eine Käthe-Kollwitz-Gedenkstätte. Was hat die sozialkritische Künstlerin in einem derartigen Barockmuseum zu suchen? Der Anlaß ist noch vergleichsweise einleuchtend: Käthe Kollwitz hat ihr letztes Lebensjahr in dem Dorf Moritzburg zugebracht und ist dort am 22. April 1945 verstorben. Obgleich im Museum nur Reproduktionen einiger ihrer berühmten Werke ausgestellt sind, bilden ihre anklagenden Graphiken und Holzschnitte, die vom Krieg und dem Elend der Armen handeln, den denkbar größten Kontrast zu dem Prunk und der zur Schau gestellten Vergnügungssucht in den anderen

Räumen. Wenn hier eine konzeptionelle Absicht bestanden hat (worauf nichts hinweist), dann wohl die, die höfischen Kinkerlitzchen des 18. Jahrhunderts durch Kollwitz ad absurdum zu führen.

Leuchtturm, sächsischer

Wer würde in dieser Gegend einen backsteinfarbenen Leuchtturm vermuten? Wohl keiner, der es nicht schon weiß. Tatsächlich wurde um 1780 an einem der Moritzburger Teiche eine Hafenmole nebst Leuchtturm à la Ostsee (die damals gerade als Seebad entdeckt wurde) installiert. Dazu noch ein Fasanerieschlößchen – und fertig ist die Naturromantik. (Echt ist an dem Leuchtturm nicht einmal der Backstein – er ist nur aufgemalt.) Das ist wörtlich zu nehmen, denn obgleich die gesamte Anlage früher zum Komplex des Jagdschlosses gehörte und von dort nur einige Kilometer entfernt ist, hat die Natur hier über den Denkmalschutz obsiegt und sich ein gutes Stück des Terrains zurückerobert. Anders gesagt: Die Umgebung der Fasanerie (heute ein vogelkundliches Museum), die Hafenmole, die Gräben, Wege und Wasserbassins sind aufs prächtigste verwildert. Wenn dann noch die Störche, die auf dem Dach der Fasanerie nisten, über uns kreisen und wir über den Teich-See blicken, ist uns Caspar David Friedrich schon wieder nah.

Mit der Straßenbahn ins Gebirge

Diesmal wieder Normalspur, Deutsche Reichsbahn. Der doppelstöckige Personenzug fährt von Dresden bis Schöna an der tschechoslowakischen Grenze, wir

Verirrter Leuchtturm

stoppen in Bad Schandau, *dem* Kurort der Sächsischen Schweiz. Unser erster Eindruck, als wir mit Pirna das Einfallstor in den «Elbcañon» passiert haben: Hier hat jemand aus Jux ein paar Felsen aufgestapelt und dann einen Fluß hingelenkt, um zu sehen, was passieren wird. Vielleicht August der Starke? Die Elbe hat sich ein wenig gewunden, aber doch brav die Felsen durchgenagt. Übrig blieben links und rechts jede Menge Stoßzähne nebst Zahnstochern. Der Fachmensch nennt so was Tafelberge, Überbleibsel eines wenig widerstandsfähigen, weil aus Quarzsandstein bestehenden Erosionsgebirges.

Gebirgs-Straßenbahn

Nach Pirna verläßt an jeder Station je ein Rudel Touristen die Abteile. Jedes schwört auf einen anderen Stoßzahn. Manche nehmen gleich als erstes die Bastei (305 Meter), weil sich hier das Elbtal besonders gut überblicken läßt; andere klettern auf den Lilienstein (412 Meter) oder den gegenüberliegenden Königstein (361 Meter), der noch eine alte Festung als Zugabe bietet. Wir haben uns für Bad Schandau und die Schrammsteine (bis 417 Meter) entschieden.

Der Bahnhof von Schandau liegt von der Stadt aus gesehen elbaufwärts und auf der anderen, linksseitigen Flußseite. Eine Fähre sichert den Übergang. Von Schandau aus kann mensch direkt den Aufstieg zu den Schrammsteinen beginnen, was unter energetischem Gesichtspunkt als taktisch ungünstig beurteilt werden muß. Es gibt eine bequemere und attraktivere Alternative – allerdings nicht für Leute, die durch «Dubčeks Rache» bereits über Gebühr geschädigt sind.

Die Alternative heißt Straßenbahn und führt von Bad Schandau durch das Kirnitzsch-Tal hinauf bis zu dem Lichtenhainer Wasserfall. Damit sind dann schon einige Meter Höhe gewonnen, und die Schrammsteine lassen sich bequem hinterrücks besteigen. Vorteil Nummer zwei: der Elbtalblick wird nicht häppchenweise erkämpft, sondern eröffnet sich von einem Moment zum nächsten.

Wir reihen uns also ein in den Troß der FDGB-Urlauber, die sich in die Uralt-Wagen quetschen. Schon 1898 ist die Straßenbahnlinie nach Lichtenhain gebaut worden. Für die acht Kilometer lange Fahrt knöpft uns der Schaffner je 50 Pfennig ab – der teuerste Fahrpreis für eine Straßenbahn in der DDR. Dafür gibt's reichlich frische Luft – die Türen bleiben während der Fahrt geöffnet – und das Plätschern des Kirnitzsch-Flüßchens gratis dazu.

In Lichtenhain finden wir anfangs den Wasserfall nicht, der sich hinter einer Kneipe versteckt hält. Künstlich angelegt, ist er mehr Staustufe denn Wasserfall. Von Lichtenhain nehmen wir den Wanderweg mit dem gelben Dreieck. Er führt zunächst ein Stück im Tal zurück, dann kommt ein scharfer Anstieg und von da ab geht es gemütlich auf gleicher Höhe bis zum Fuß der Schrammsteine. Nach ein paar hundert Metern liegt am Wegesrand eine Antifa-Gedenktafel – hier, im Grenzgebiet zur ČSSR, war im Wald ein geheimer Treff von Antifaschisten. In katholischen Wäldern werden Marien verehrt, in staatssozialistischen sind es Widerstandskämpfer.

Mitten aus dem Wald recken sich, ausgestreckten Fingern gleich, die «Affensteine» empor. Einige bunte, bewegliche Punkte an den Felsen sind Bergsteiger – die steilen Felsen sind wie geschaffen für alpine Kletterübungen. Ein Weg zweigt ab: «Obere Affensteine, Hölle» steht auf dem Hinweisschild. Nein danke, noch nicht. Wir bleiben dem gelben Dreieck treu. Nach einem Stück Weges durch dichten Nadelwald öffnet sich der Blick auf eine Schlucht, die auch im Balkan liegen könnte: Hommage der Natur an den Radebeuler Märchenonkel.

Auf der anderen Seite der Schlucht ist das gelbe Dreieck

nicht mehr aufzutreiben, der Weg hinauf zu den Schrammsteinen aber nicht zu verfehlen. Der Weg wird allerdings steiler und steiler und scheint als Sackgassse zu enden – bis wir, schon weithin hörbar schnaufend, überraschend einer schmalen eisernen Stiege im verwitterten Felsen gewahr werden. Auf eine folgt die nächste, und so geht es hinauf bis zum Elbtalblick. Vom Fluß ist allerdings nur ein kleines Stück zu sehen, dafür sitzt auf jeder der vielen umliegenden Felsnadeln mindestens ein Klettermaxe – manche der Schrammsteine sehen wie eingerüstet aus. Der bekannteste Kletterfelsen, die erst 1906 erstmalig erklommene achtzig Meter hohe «Barbarine», mußte mittlerweile schon wegen der vielen Kletterschäden mit Beton ‹restauriert› werden und ist für die Öffentlichkeit bis auf weiteres gesperrt.
So sehr wir die Aussicht genießen, so bedenklich stimmen uns die Fragen entgegenkommender Wanderer, die von uns wissen wollen, ob die Stiegen und Geländer auf dem Weg durch und über die Schrammsteine begehbar sind – letztesmal, sagt einer von ihnen, wären die Geländer schon arg durchgerostet gewesen. Nein, sagen wir, wissen wir nicht, und wollen wir auch nicht wissen – und nehmen den nächsten Abstieg zurück in Richtung Schandau.
In Schandau entern wir diesmal nicht die Bahn, sondern einen echten Schaufelraddampfer, die «Meißen», Baujahr 1885. Für weniger als drei Mark – billiger als die Reichsbahn – geht es gute drei Stunden lang im späten Tageslicht den Fluß hinab bis nach Dresden. (Die entgegengesetzte Fahrt

Klettersteig durch die Schrammsteine

stromauf von Dresden nach Bad Schandau ist weniger empfehlenswert, dauert sie doch fast doppelt so lang.) Noch einmal geht es am Lilienstein und an der Bastei vorbei; manchmal sitzt der Dampfer auf einer Sandbank fest, dann muß mit Staken nachgeholfen werden. Während die letzten Eberswälder Würstchen auf Deck reißenden Absatz finden, zieht rechts ein weiteres Barockschloß des sächsischen Fürstenhauses vorbei – Schloß Pillnitz, dessen Wasserpalais direkt am Elbufer liegt. Gegenüber die einzige Elbinsel – ein Naturschutzgebiet –, die dichtbewaldet einen Anblick, wie vor Jahrtausenden bietet. Fischreiher stehen am Ufer, fliegen schwerfällig auf und begleiten die «Meißen» noch ein Stück bis zum Stadtrand von Dresden.
Alles wäre gut, wenn nicht unterhalb von Pirna in der Nähe einer Fabrik aus einem Abflußrohr dichter Schaum quölle, der kilometerweit fast ein Viertel der Flußbreite

einnimmt. Und der Sog der Radschaufeln deckt noch manch anderes Abflußrohr auf.

Wir steigen in Blasewitz aus. Die «Meißen» muß vor der Weiterfahrt ihren Schornstein umlegen, um das «Blaue Wunder», eine fast hundert Jahre alte Stahl-Hängebrücke, passieren zu können. Das «Blaue Wunder» ist leider nicht blau, sondern schmuddelig graubraun und in Restauration begriffen – blau soll die Brücke erst 1990 nach Abschluß aller Arbeiten wieder sein.

Einmal über die Brücke, und wir sind in Loschwitz, einem alten Villenvorort Dresdens. Früher wuchs hier an den Elbhängen der Wein. Den Berg hinauf führt die 1901 eröffnete Schwebeseilbahn, die erste Bergschwebebahn der Welt – aber bei unserem Besuch wurde sie – na, was wohl? – gerade rekonstruiert. Als Ersatz bietet sich die Standseilbahn an, ein echtes Unikum. Wir lesen vorab zur Information, daß das Seil alle drei Jahre reißt, aber «die Sicherheit ist gewährleistet». Leider riß das Seil auf unserer Fahrt nicht, so daß wir diese Information der Dresdner Verkehrsbetriebe ungeprüft weiterreichen müssen.

Dresden kann selbstverständlich auch als Sprungbrett für größere Touren durchs scheene Sachsenland benutzt werden. Auf drei potentielle Ziele wollen wir noch hinweisen: Meißen, Karl-Marx-Stadt und das Erzgebirge.

Meißen: Für Elefanten verboten

Wer von Meißen spricht, dem rutscht das -ner Porzellan gleich hinterher über die Zunge. Das ‹weiße Gold› mit den Blauen Schwertern als Markenzeichen wird noch immer in Meißen hergestellt – ausschließlich in Handarbeit. Die Grundausbildung für die 1 400 Mitarbeiter des VEB Staatliche Porzellanmanufaktur dauert vier Jahre, eine Spezialausbildung etwa zehn Jahre. Devisen, Devisen heißt die Devise. Für DDR-Bürger gibt es nach unseren Informationen nur drei Verkaufsstellen: in Meißen, in Ostberlin (Unter den Linden) und im Dresdner «Bellevue». Die Preise liegen hoch in den Tausendern – etwa doppelt soviel wie die entsprechenden DM-Preise – und sind damit für Geldbeutel gemacht, die es im Sozialimus gar nicht geben dürfte. Fürs gemeine Volk ist ersatzhalber ein Besuch des Porzellanmuseums in der Leninstraße vorgesehen, das kommt entschieden billiger.

Nun ist Porzellan nicht unbedingt jedermanns/-fraus Geschmack, Blaue Schwerter hin, Blaue Schwerter her. Sagen wir es frei heraus: Unser Geschmack wird da mehr in der Vincenz-Richter-Weinstube befriedigt, eines der ganz wenigen Lokale der Welt, wo mit einiger Aussicht auf Erfolg «Einmal Meißner Domherr, bitte!» bestellt werden kann. Einheimischer Wein, der nur an den Elbhängen und im Saale/Unstrut-Gebiet in bescheidener Menge heranreift, gelangt nur selten in DDR-Gläser. In diesem Falle allerdings ausnahmsweise nicht wegen der Devisen. Nur einige wenige Flaschen sind bislang im Westen gelandet – ganz genau: im Ratskeller zu Bremen. (Einen ähnlich guten Ruf wie Vincenz Richter hat die «Weinstube Lehmann» in Diesbar-Seußlitz, einige Kilo-

Das Blaue Wunder in Dresden-Blasewitz

meter nördlich von Meißen an der Elbe. Leider sind beide sehr überlaufen.)
Elefanten haben übrigens wirklich keinen Zutritt in der Meißner Innenstadt. Die engen Gassen der über 1000jährigen Stadt, die sich proper gehalten hat, sind für Elefanten viel zu schmal.

Karl-Marx-Stadt, in Klammern Chemnitz

«In Würdigung der ruhmreichen Traditionen der Arbeiterbewegung von Stadt und Bezirk Chemnitz» ist das sächsische Manchester 1953 in Karl-Marx-Stadt umbenannt worden. «Die Werktätigen der Stadt und des Bezirks haben sich in den vergangenen Jahrzehnten dieser Auszeichnung würdig erwiesen» – das sagt nicht Olle Karl, das Gespenst (siehe Erfurt!), sondern der VEB-Tourist-Stadtführer. Karl Marx ist zu Lebzeiten erwiesenermaßen nie in dieser Industriestadt gewesen.
Um das Maß der Ehrung voll zu machen, wurde später ein 42 Tonnen schwerer Marxkopf im Zentrum von Karl-Marx-Stadt installiert, am Ende der Karl-Marx-Allee auf dem Karl-Marx-Platz. Über die Geschichte des Monuments schreibt Martin Damus: «Zwei grundverschiedene Vorschläge standen zur Diskussion: eine zwölf Meter hohe Statue oder ein sieben Meter hoher Kopf auf einem Sockel (...) Man entschied sich für die zweite Lösung. Denn bei Marx, so die Begründung, kommt es allein auf den Kopf an (...) Seit 1971 liegt nun der Kopf des ‹größten Sohnes unseres Volkes› als Gigantenhaupt auf einem vier Meter hohen Sockel vor dem Gebäude der Bezirksparteileitung und der Bezirksregierung. Dieser finster blickende Stammvater des Marxismus-Leninismus erinnert hier an alte Götterbilder.» Dem ist nichts hinzuzufügen.
Ansonsten ist die immerhin viertgrößte DDR-Stadt ein touristisches Notstandsgebiet. Und nicht einmal der Name muß von Dauer sein. Durchaus möglich, daß die Stadt noch einmal umbe-

nannt wird – in Volkswagenstadt. Denn ab 1989 sollen hier jährlich 300 000 VW-Motoren vom Band purzeln. Ein Drittel ist für den Rückweg nach Wolfsburg bestimmt, die übrigen aber zur Beschleunigung der bislang noch zweitaktenden Wartburgs und Trabbis. Womit es dann endlich vorbei wäre mit der ewigen Hänselei über die DDR-Vehikel.

Erzgebirge: Es war einmal

Es war einmal ein schönes deutsches Mittelgebirge, da standen die Tannen und Fichten noch grün und stramm, da lebten die Menschen vom Silberbergbau und vom Klöppeln, von Weihnachtsstollen und Weihnachtspyramiden, nicht zu vergessen die bunten Nußknacker. Dann schlug die Industrie breite Schneisen in die Täler, bald qualmte es allüberall. Doch dauerte es noch viele Jahre, bis auch die letzte Fichte vor lauter Ruß und saurem Regen erkrankte. Nun ist es soweit. Das schöne Erzgebirge, das war einmal. Wir haben uns vom Fichtelberg, dem höchsten Mugel der DDR (1214 Meter), jedenfalls ganz schnell wieder nach Dresden rollen lassen. Lieber zehnmal die Affensteine rauf und runter als noch einmal die kahlen Zinken auf den Kämmen im Erzgebirge sehen.
Die «Freie Republik Schwarzenberg»: auch sie war einmal. Für sieben Wochen, zwischen Anfang Mai und Ende Juni 1945, waren Stadt und Landkreis Schwarzenberg südlich von Chemnitz Niemandsland. Sowjets wie Amerikaner schienen Schwarzenberg vergessen zu haben oder mal beobachten zu wollen, was die Deutschen ohne Besatzer machen. Die Schwarzenberger ließen ihren Nazi-Bürgermeister noch ein Weilchen amtieren, gründeten aber auch sofort einen Antifaschistischen Aktionsausschuß, dessen erster Aufruf so begann: «Alle nationalsozialistischen Gesetze sind außer Kraft gesetzt. Im Moment ist jedoch keine Zeit, neue Gesetze zu erlassen und große Reden zu halten...» Am 18. Mai konstituierte sich dann eine ‹Regierung›, die die Versorgung der Bevölkerung mit dem Nötigsten sicherzustellen versuchte, Notgeld und eigene Briefmarken in Umlauf brachte, Naziverbrecher fangen ließ und sich beinahe sogar eine Verfassung gegeben hätte: Der Traum einer freien deutschen Republik zwischen Ost und West, der Traum von einem dritten Weg ward geboren. Jedenfalls läßt sich das rückschauend so sehen, und Stefan Heym, gebürtiger Chemnitzer und 1945 als US-Offizier in Deutschland, hat den Traum von «Schwarzenberg» in seinem gleichnamigen Roman weitergesponnen.
Es hat nicht sollen sein. Eine freie deutsche Republik, mit einem eigenen Gesellschaftssystem jenseits von Ost und West, bleibt – vorläufig – Utopie. Viel, sehr viel wäre schon gewonnen, wenn die Menschen in der DDR sich so ihr Reiseland aussuchen könnten wie wir. Wir sagen es noch einmal ganz offen: So manches hat uns wirklich nicht gefallen an der DDR. Aber wer tapfer alles von vorne bis hinten gelesen hat, der wird gemerkt haben, wo es lohnen könnte, sich auf das Abenteuer DDR einzulassen. Anders reisen wird es allemal sein.

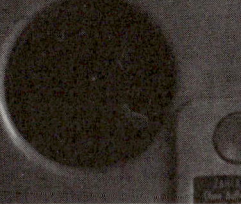

SERVICE

PRAKTISCHES FÜR UNTERWEGS

PRAKTISCHES FÜR UNTERWEGS

Vorbereitung 367
  Auskunftsstellen 368

Ein- und Ausreise 369
  Sonderregelungen 370
  Kontingente 372
  Dokumente 372
  Einreise 372
  An- und Abmeldung 373
  Ausreise 374

Unterkunft 374
  Hotels 375
  Pensionen 376
  Privatzimmer 376
  Jugendherbergen 377
  Camping 379
  Ferienwohnungen 381

Rumfahren 381
  Auto 382
  Bahn 383
  Fahrrad 384
  Bus und S-Bahn 385
  Trampen 385

Gruppenfahrten 385

Pauschalreisen 387

Einkaufen 389

Essen und Trinken 390

Lesetips 393
  Landkarten 393
  Reiseführer 394
  Reiseberichte 395
  Bildbände 395
  DDR allgemein 396
  Geschichte 398
  Politik und Alltag 398
  Kultur 399
  Die andere DDR 400
  Belletristik 401

VORBEREITUNG

Eine Grundregel gilt für fast alle Reisen in die DDR: Es kann nicht von einem Tag zum anderen losgehen! Gut Ding will Weile haben, dieser Satz trifft es. In der Hauptsache benötigt der leidige Papierkrieg mehrere Wochen, egal, ob eine Pauschalreise gebucht oder ein Verwandtenbesuch beantragt wird. Über den Daumen gepeilt müssen die notwendigen Schritte mindestens sechs Wochen vor Reiseantritt in die Wege geleitet werden. Was für Reisende heißt, einigermaßen langfristig zu denken und zu planen. Allfällige Verzögerungen sollten auch einkalkuliert werden, sonst kann es am Ende ganz schön eng werden.

Zu den Feinheiten des Bürokratismus kommen wir noch. An dieser Stelle muß ein anderer Punkt besonders betont werden. Die langen Bearbeitungszeiten bieten die Chance, sich geistig und seelisch auf die Reise einzustimmen. Was nicht heißt, sich endlos auszumalen, was alles an der Grenze passieren könnte. Wichtiger ist es, zum Beispiel ein bißchen herumzulesen. Was von den Reisebüros kommt, klärt zwar über die Ausstattung des Hotelzimmers auf, aber damit hat es sich fast schon. Weitergehende Informationen sind da nicht zu erwarten. Ein paar Bücher zu den interessierenden Themenbereichen helfen da schon weit mehr, viele Bibliotheken sind leidlich gut mit Literatur über die DDR versorgt; auch in Antiquariaten lassen sich einschlägige Werke aufstöbern. Auch die Belletristik aus der DDR verhilft oft zu einer guten Einstimmung. Nicht nur aufklärende Werke über das so fremde Gemeinwesen DDR, auch Reiseinformationen

könnten auf dem Programm stehen. Wer nur an einem Ort bleiben will, hat es natürlich einfach. Wer dagegen herumfahren und vielerlei Dinge anschauen will, wird sich die entsprechenden Reisebücher, Stadtführer, Handbücher, Wanderkarten und so weiter zu Gemüte führen (siehe Lesetips ab Seite 393). Das ist die eine Seite. Die andere liegt darin, den eigenen Hinterkopf mit Informationen vollzustopfen, an denen die Menschen drüben Interesse haben. Gefragt sind nicht nur Angaben über die DDR, die dort nicht veröffentlicht werden, sondern auch bezüglich der Bundesrepublik oder weltpolitischer Zusammenhänge. Der Informationshunger ist nicht nur groß, sondern auch breit gefächert – worauf sich Westler einzustellen haben.

PRAKTISCHES FÜR UNTERWEGS

Auskunftsstellen

Folgende bundesdeutsche Institutionen erteilen zu den verschiedensten Aspekten von DDR-Reisen Auskünfte. Sie nehmen auch Beschwerden, Anregungen oder Meldungen besonderer Vorkommnisse entgegen (etwa Einreiseverweigerungen). Hier sind auch die wichtigen Merkblätter «Reisen in die DDR», «Merkheft für Besuche und Reisen von Personen mit ständigem Wohnsitz in Berlin (West) nach Ost-Berlin und in die DDR» sowie «77 praktische Tips für Besuche in der DDR» zu erhalten. Von allen Broschüren sollte jeweils die neueste Ausgabe verlangt werden, Auflagen von vor 1985 sind überholt!

Bundesministerium für innerdeutsche Beziehungen
Godesberger Allee 140
Postfach 12 02 50
D-5300 Bonn 1
Tel. 02 28 / 30 61

Der Bevollmächtigte der Bundesregierung in Berlin
Abteilung innerdeutsche Beziehungen
Bundesallee 216 / 218
D-1000 Berlin 15
Tel. 0 30 / 2 12 61
Auskunft zu Übersiedlung und Familienzusammenführung

Gesamtdeutsches Institut
Bundesanstalt für gesamtdeutsche Aufgaben
Adenauerallee 10
Postfach 12 06 07
D-5300 Bonn 1
Tel. 02 28 / 20 70

Beratungsstelle der Bundesregierung für den innerdeutschen Reiseverkehr im Gesamtdeutschen Institut
Adenauerallee 10
Postfach 12 06 07
D-5300 Bonn 1
Tel. 02 28 / 20 72 22

Gesamtdeutsches Institut
Abteilung IV
Fehrbelliner Platz 3
D-1000 Berlin 31
Tel. 0 30 / 8 68 11

Beschwerdestelle für den Besuchs- und Reiseverkehr beim Landesverwaltungsamt Berlin
Fehrbelliner Platz 1
D-1000 Berlin 31
Tel. 0 30 / 87 02 31

Zentrale Melde- und Beratungsstelle für West-Ost-West-Verkehr
Fehrbelliner Platz 2
D-1000 Berlin 31
Tel. 0 30 / 8 67 44 46 + 8 67 58 21 + 8 67 67 42 + 8 67 69 63

Statt Botschaften betreiben die beiden deutschen Staaten «Ständige Vertretungen» im jeweils anderen Deutschland. Hier werden die ganzen diplomatischen und konsularischen Fragen beantwortet.

Ständige Vertretung der Bundesrepublik Deutschland
Hannoversche Straße 30
DDR-1040 Berlin
Tel. 2 82 52 61

Ständige Vertretung der Deutschen Demokratischen Republik
Godesberger Allee 18
D-5300 Bonn 2
Tel. 02 28 / 37 90 51

EIN- UND AUSREISE

Oberster Grundsatz für DDR-Reisen: ohne Reisepaß und «Berechtigungsschein» läuft nichts! Außer bei Westberlinern, die statt des Reisepasses ‹nur› ihren behelfsmäßigen Personalausweis benötigen. Im Gegensatz zu anderen Ländern erteilt die DDR Visa erst an der Grenze. Um ein solches in den Paß gestempelt zu bekommen, muß eben der «Berechtigungsschein zum Empfang eines Visums» bei der Einreise vorgelegt werden. Wie kommt man nun an diesen Schein?
Besuch auf Einladung: Bekannte, Freunde oder Verwandte beantragen den Berechtigungsschein bei der zuständigen Behörde. Um dies tun zu können, benötigen sie eine ganze Latte von Angaben über den Gast. Name, Vorname, eventuell Geburtsname, Geburtsdatum, Geburtsort, Anschrift, zur Zeit ausgeübte Tätigkeit, Name und Anschrift des Arbeitgebers, Nummer des Reisepasses oder des behelfsmäßigen Personalausweises, Bezeichnung der ausstellenden Behörde, voraussichtlich benutzter Grenzübergang, gegebenenfalls Kraftfahrzeugkennzeichen. Nicht zu vergessen natürlich die Daten des Besuchs, wobei der Zeitraum ruhig weiter gefaßt sein kann als der geplante Aufenthalt. Die Einreise muß spätestens am vorletzten Tag des auf dem Berechtigungsschein angegebenen Zeitraumes erfolgen, bei Einreise am letzten Tag wird meist nur noch ein Eintagesvisum erteilt. Sechs Wochen vor der Einreise sollte der Antrag von den Bekannten, Freunden oder Verwandten auf den Weg gebracht werden. Sie erhalten dann den Berechtigungsschein zugesandt und schicken ihn dem Gast. Wer es ganz eilig hat, kann es auch noch drei oder gar zwei Wochen vor der geplanten Einreise probieren, dann können die DDR-Gastgeber versuchen, den Berechtigungsschein am Grenzübergang am Tag der Einreise abzugeben. Verlassen kann man sich auf diesen Weg jedoch nicht!
Touristische Reisen: Der erste Gang führt in ein westliches Reisebüro, bei dem die Buchung der touristischen Reise erfolgen kann. Zugleich mit der Reservierung eines Pauschalreiseplatzes, von Hotelzimmern oder von Camping-

aufenthalten beantragt das Reisebüro den Berechtigungsschein. Dafür benötigt es alle Angaben über den Reisenden, die bei «Besuch auf Einladung» bereits aufgelistet sind. Rechtzeitig vor Antritt der Reise (hoffentlich) übergibt das Reisebüro den Berechtigungsschein, oder es teilt dem Reisenden zumindest mit, daß selbiger eingetroffen ist. Neben diesen Grundformen des DDR-Besuchs gibt es noch allerlei Sonderregelungen, die verschieden gestaltet sind.

Sonderregelungen

Todesfälle und akute Lebensgefahr: Sind Angehörige oder Bekannte in der DDR schwer erkrankt oder gestorben, gilt ein Telegramm mit der entsprechenden Mitteilung als Ersatz für den Berechtigungsschein. Allerdings muß das Telegramm vom zuständigen Volkspolizei-Kreisamt bestätigt sein und den amtlichen Genehmigungsvermerk enthalten!
Leipziger Messe: Zum Besuch der Leipziger Messe kann in vielen westlichen Reisebüros der «Messeausweis» erworben werden; 1985 kostete er 45 DM. Dieser ersetzt ebenfalls den Berechtigungsschein. Auch an den Grenzübergangsstellen ist der Messeausweis zu erhalten, dort kostet er aber ein paar DM mehr als im Vorverkauf. Meist kann man bereits ein oder zwei Tage vor Beginn der Messe einreisen und ein oder zwei Tage nach Ende ausreisen (auch mit dem Flugzeug). Mit Rücksicht auf die internationale Reputation erfolgt die Grenzabfertigung für Messebesucher meist sehr schnell und zuvorkommend. Achtung: Die Aufenthaltsberechtigung gilt nur für den Bezirk Leipzig!
Tagesbesuche von Bundesbürgern in Ostberlin: Bundesbürger können von Westberlin aus einfach mit ihrem Reisepaß für den jeweiligen Tag nach Ostberlin einreisen. Ein Berechtigungsschein ist nicht erforderlich. Allerdings darf man die Stadtgrenzen von Ostberlin nicht überschreiten und muß außerdem bis 24 Uhr wieder ausgereist sein! Folgende Grenzübergänge können benutzt werden: Bahnhof Friedrichstraße (nicht für Autofahrer) sowie Bornholmer und Heinrich-Heine-Straße (beide für Fußgänger und Autofahrer). Für Ein- und Ausreise muß derselbe Übergang gewählt werden!
Stadtrundfahrten durch Ostberlin von Westberlin aus: Wohl die einfachste Einreisemöglichkeit überhaupt. Mit dem gültigen Reisepaß oder behelfsmäßigen Personalausweis versehen, kauft man an den Abfahrtsstellen der einschlägigen Unternehmen (meist am Kurfürstendamm) eine Fahrkarte und steigt in den Bus ein. Das ist fast alles! An der Grenze wird nur noch ein Sammelvisum ausgestellt. Der Pflichtumtausch entfällt.
Tagesbesuche von Bundesbürgern in Warnemünde und Rostock: Von Juni bis September jeden Jahres sowie zu Weihnachten finden Schiffsfahrten ab Travemünde statt. Erforderlich ist nur der Reisepaß, die Fahrkarte (die 1985

EIN- UND AUSREISE

knapp 80 DM kostete) kann noch kurz vor der Abfahrt erworben werden. In Warnemünde und Rostock kann man entweder alleine auf Tour gehen oder an Programmangeboten teilnehmen. Es werden auch Ausflüge nach Bad Doberan und Heiligendamm offeriert. Bei diesen ‹Kaffeefahrten› entfällt der Pflichtumtausch!

Tagesausflüge mit dem Bus von der Bundesrepublik oder Westberlin aus: Fast alle interessanten Städte und Gegenden der DDR werden mittlerweile von westlichen Veranstaltern angeboten. Mit der Buchung der Reise muß der Berechtigungsschein beantragt werden, was etwa sechs Wochen vor dem Termin geschehen sollte. Nur mit gültigen «Mehrfachberechtigungsscheinen» (sowohl für Bundesbürger im grenznahen Verkehr als auch für Westberliner) geht's schneller. Der Ablauf wird vom Reiseveranstalter geregelt, der Pflichtumtausch entfällt.

Grenznaher Verkehr: Bundesbürger, die ihren Hauptwohnsitz in einem grenznahen Kreis (von Bad Kissingen bis Wunsiedel reicht die Liste) haben, können (bis auf die Sperrgebiete direkt an der Grenze) die grenznahen Kreise der DDR besuchen. Der notwendige Mehrfachberechtigungsschein kann entweder von Freunden, Bekannten oder Verwandten in der DDR oder auf dem Postweg vom Bundesbürger selbst bei der zuständigen Behörde in der DDR beantragt werden. Antragsformulare halten die bundesdeutschen Gemeinden bereit. Der Antrag sollte sechs Wochen vor der ersten Reise gestellt werden, spätere Reisen können gleich mitbeantragt werden. Der Mehrfachberechtigungsschein gilt ein halbes Jahr und ermöglicht neun Einreisen, jedoch immer über den nächstgelegenen Grenzübergang. Ein oder zwei Tage können die Aufenthalte dauern, auch rein touristische Reisen sind möglich. Ab Lübeck-Schlutup, Lauenburg, Bergen, Duderstadt, Herleshausen, Mellrichstadt und Coburg verkehren Pendelbusse im grenznahen Verkehr, auch können alle Zugverbindungen benutzt werden.

Visum per Interhotel: Für zahlungskräftige Besucher hat sich die DDR einen besonders kundenfreundlichen Weg einfallen lassen. Bei Buchung von Zimmern in den (meist unverschämt teuren) Interhotels bekommt man den Berechtigungsschein sozusagen automatisch mitgeliefert. Für jede Anschlußbuchung wird das Visum problemlos verlängert.

Besuche von Westberlinern: Eintagesaufenthalte können Westberliner selbst beantragen, entweder persönlich oder postalisch. Und zwar bei den fünf «Büros für Reise- und Besuchsangelegenheiten» in Westberlin, die sowohl normale als auch Mehrfachberechtigungsscheine ausstellen. Für Westberliner dauert der Tag länger: Sie brauchen erst um 2 Uhr des folgenden Tages wieder ausreisen. Außerdem können sie Tagesfahrten in (fast) jeden Ort der DDR unternehmen. Soll der Aufenthalt zwei Tage oder länger dauern, muß der normale Antragsweg

PRAKTISCHES FÜR UNTERWEGS

durch die Freunde, Bekannten oder Verwandten in der DDR eingeschlagen werden (der hier manchmal nur noch zwei bis drei Wochen dauert, aber eben nur manchmal).

Kontingente

Für Bundesbürger gilt ein Kontingent von 45 Besuchstagen pro Jahr. Darauf werden *nicht* angerechnet: alle Touristenreisen, also gebuchte Reisen; Tagesbesuche in Ostberlin; Reisen zur Leipziger Messe; Reisen auf Einladung von Organen der DDR (kommerzielle, kulturelle, sportliche oder religiöse Gründe). Besuche von Verwandten oder Bekannten sowie Reisen im kleinen Grenzverkehr (bis zu neunmal im Halbjahr Ein- oder Zweitagesreisen) unterliegen der Obergrenze von 45 Tagen im Jahr.
Auch Westberliner können bis zu 45 Tage in der DDR verbringen, anrechnungsfrei bleiben aber nur Reisen auf Einladung von Organen der DDR sowie Stadtrundfahrten durch Ostberlin.
Reisen aus dringenden familiären oder humanitären Gründen sind sowohl für Bundesbürger als auch Westberliner möglich, wenn das 45-Tage-Kontingent bereits ausgeschöpft ist.

Dokumente

Bei der Einreise sind der gültige Reisepaß oder (der Westberliner) behelfsmäßige Personalausweis vorzulegen. Kinder müssen entweder im Ausweis der Eltern eingetragen sein oder ab dem 10. Lebensjahr einen eigenen Kinderausweis mit Paßbild vorlegen. Dann wird der Berechtigungsschein oder das jeweilige Ersatzdokument benötigt. Auf dem Berechtigungsschein dürfen keinerlei Änderungen vorgenommen werden (wenn irgendeine Angabe falsch sein sollte!). Hinzu kommt die vollständig ausgefüllte «Ein- und Ausreisekarte» (wichtigste Unterlage für das Ministerium für Staatssicherheit); hier sind Änderungen zulässig (wenn man ein anderes als das ursprünglich vorgesehene Auto nimmt oder wenn eine Angabe falsch geschrieben ist). Bei Einreisen mit dem Pkw muß auch der Kraftfahrzeugschein vorgelegt werden! Und schließlich ist die «Erklärung über mitgeführte Gegenstände und Zahlungsmittel» ausgefüllt zu präsentieren – für den Zoll.

Einreise

Die Einreise spielt sich wie folgt ab. Zunächst werden die Dokumente entgegengenommen und überprüft. Dann werden die Visagebühren kassiert: für Bundesbürger 5 DM bei Eintages- und 15 DM bei Mehrtagesaufenthalten; Kinder und Jugendliche unter 16 Jahren zahlen keine Visagebühr. Bundesbürger, die älter als 60 Jahre sind, können sich die Visagebühren von 15 DM hinterher in der Bundesrepublik erstatten lassen. Westberliner zahlen keine Visagebühren, das erledigt der Senat für sie. Dann werden die Dokumente bearbeitet und am nächsten

EIN- UND AUSREISE

Schalter nach ein paar Minuten ausgehändigt – nach zahlreichen prüfenden Blicken, ob tatsächliches und Paßgesicht übereinstimmen.
Dann geht es zum Zoll, der bei Ein- und Ausreise verschiedene Arbeitsschwerpunkte hat. Bei der Einreise geht es darum, heiße, sprich verbotene oder gebührenpflichtige Gegenstände zu finden. Bücher, Zeitschriften, Kassetten, Waffen, Funkanlagen – das wird hauptsächlich gesucht (wenn überhaupt gesucht wird). Bei der Literatur sollte man es auf Versuche ankommen lassen, denn viele Sachen werden jetzt nicht mehr als so heikel betrachtet. Aber auch gebrauchte Kleidung etwa, die man zum Verbleib in der DDR deklariert hat, wird gern gesehen – müssen für sie doch hohe Gebühren in DM gezahlt werden. So etwas sollte tunlichst auf dem Postweg in die DDR gesandt werden, da kostet es nämlich nichts. Oder es wird am Grenzübergang deponiert – gegen Gebühren, die in DM zu zahlen sind. Ein Auge werfen die Zöllner auch auf «Mark der DDR», diese darf nämlich *nicht* eingeführt werden! DM dagegen kann unbegrenzt über die Grenze mitgenommen werden. Wer Pech hat, muß ein oder mehrere Gepäckstücke auspacken oder zumindest durchleuchten lassen. Noch ein Hinweis: Besonders wertvoll für die «staatlichen Organe» sind Adressen und Telefonnummern, können diese doch wertvollen Aufschluß über persönliche Ost-West-Beziehungen liefern – so etwas sollte daheim bleiben! Und das war's dann auch schon.

An- und Abmeldung

Spätestens 24 Stunden nach der Einreise ist die Anmeldung bei der zuständigen Volkspolizei-Meldestelle fällig (das gilt nicht für Tagesbesuche und, bei Westberlinern, bei Aufenthalten bis zu 3 Tagen). Vor der Anmeldung muß der Pflichtumtausch erledigt sein – entweder noch an der Grenze oder bei der Filiale der Staatsbank der DDR. Für Erwachsene fallen 25 DM pro Person und Tag an, für Jugendliche vom vollendeten 14. bis zum vollendeten 15. Lebensjahr 7,50 DM (Kinder bis zum vollendeten 14. Lebensjahr sind vom Pflichtumtausch befreit). Rentner zahlen 15 DM pro Person und Tag – wer Rentner ist, richtet sich allerdings nach den Bestimmungen der DDR! Auskünfte erteilen die bundesdeutschen Versorgungsämter.
Bei kürzeren Aufenthalten wird zugleich mit der Anmeldung auch die Abmeldung erledigt, damit erhält man also auch das erforderliche «Visum gültig zur Ausreise». Wichtig ist jetzt noch der Blick in den Paß, ob die Aufenthaltsberechtigung für die gesamte DDR oder nur für bestimmte Bezirke oder Kreise gültig ist. Wer länger bleibt, muß sich bei der Volkspolizei-Meldestelle des letzten Aufenthaltsortes abmelden. Bei Fahrten durch die DDR sind weitere Anmeldungen nicht erforderlich. Übernachtet man in Hotels oder auf Campingplätzen, überneh-

PRAKTISCHES FÜR UNTERWEGS

men diese die Anmeldeformalitäten.

Wem es drüben ausnehmend gut gefällt oder wer plötzlich noch neu gewonnene Freunde besuchen will, kann seinen Aufenthalt verlängern. Zuständig sind wiederum die Volkspolizei-Meldestellen. Erst ist der für die zusätzliche Aufenthaltsdauer anfallende Pflichtumtausch zu erledigen und dann der Volkspolizei-Meldestelle nachzuweisen. Hier gibt's dann die entsprechenden Stempel in den Paß.

Ausreise

Bei der Ausreise wartet zunächst der Zoll auf die Reisenden. Diesmal sucht er vor allem nach Fluchtverstecken im Auto oder im Bus. Mit Spiegeln wird der Unterboden des Fahrzeugs betrachtet, der Tank wird mit einer Art Peilstab kontrolliert, Motorhaube und Kofferraumklappe sind zu öffnen. Auf das Hochheben der Rücksitzbank wird mehr und mehr verzichtet, meist drücken die Zöllner sie nur noch mit Knie oder Faust zusammen. Dann wird wiederum nach «Mark der DDR» gefragt, denn auch ausführen darf man sie nicht. Schließlich werden noch die «in der DDR als Geschenk erhaltenen oder durch Kauf erworbenen Gegenstände» geprüft, die auf dem Erklärungszettel eingetragen sind. Werden die Ausfuhrfreigrenzen überschritten, müssen nämlich Gebühren (selbstverständlich in DM) gezahlt werden. Ist beim Zoll alles erledigt, werden nur noch die Reisedokumente bearbeitet – das war's dann!

UNTERKUNFT

Fein aus dem Schneider ist, wer ein privates Dach über dem Kopf bei Freunden, Bekannten oder Verwandten vorfindet – das kostet nichts und erlaubt ansatzweise Einblicke in den Alltag der Menschen. Nur eines ist zu beachten: Wer länger als 24 Stunden in einem Gebäude verweilt, hat sich im «Hausbuch» einzutragen. Ein Spot im DDR-Fernsehen ging so: «Die Hausbücher werden von den beauftragten Bürgern ehrenamtlich geführt. Erleichtern Sie ihnen die Arbeit!» Was meistens dadurch geschieht, daß die beauftragten Bürger gar nicht erst belästigt

werden. Das Hausbuchwesen wird üblicherweise nicht ganz ernst genommen, ein Blick auf das Datum der letzten Eintragungen offenbart das deutlich.

UNTERKUNFT

Hotels

Mit den Hotels in der DDR ist das so eine Sache. Erstens gibt es immer noch nicht genug. Zweitens sind die besseren unter ihnen nicht preiswert. Drittens strahlen sie oft einen Charme aus, der irgendwo zwischen Wohnsilo und Bahnhof angesiedelt ist. Nichtsdestotrotz bieten sie für Einzelreisende (Pauschalreisende brauchen sich um die Hotelunterkunft nicht zu kümmern) eine interessante Möglichkeit des Reisens. Wer spätestens 30 Tage vor Reiseantritt bucht und die Einreiseanträge stellt, kann sich reizvolle Touren zusammenstellen. Es entfällt sogar der Pflichtumtausch – was aber angesichts von Preisen zwischen 30 und 110 DM pro Person und Nacht im Doppelzimmer, dafür inklusive Frühstück, nicht so ins Gewicht fällt. Bei der Buchung im westdeutschen Reisebüro ist eine Bearbeitungsgebühr von 20 DM pro Person ab 16 Jahren zu zahlen, bei Reservierung von Hotels in mehr als drei Orten fallen 40 DM an.

1985 standen insgesamt 70 Hotels in 44 Städten zur Verfügung, vielleicht sind es jetzt noch ein paar mehr. Wir listen die Namen der Hotels nach Bezirken und Orten von Nord nach Süd auf.

Bezirk Rostock
Rostock: Warnow, Am Bahnhof
Greifswald: Boddenhus
Saßnitz: Rügenhotel
Stralsund: Baltic
Warnemünde: Neptun

Bezirk Schwerin
Schwerin: Stadt Schwerin

Bezirk Neubrandenburg
Neubrandenburg: Vier Tore
Usadel: Motel

Bezirk Magdeburg
Magdeburg: International
Halberstadt: Sankt Florian
Burg: Stadt Burg
Haldensleben: Roland
Wernigerode: Weißer Hirsch

Bezirk Potsdam
Potsdam: Potsdam, Cecilienhof, Jägertor

Berlin, Hauptstadt der DDR
Metropol, Palasthotel, Unter den Linden

Bezirk Frankfurt/Oder
Frankfurt/Oder: Stadt Frankfurt
Eisenhüttenstadt: Lunik

Bezirk Erfurt
Erfurt: Erfurter Hof, Kosmos
Eisenach: Stadt Eisenach, Parkhotel, Auf der Wartburg
Gotha: Waldbahn, Volkshaus zum Mohren
Mühlhausen: Stadt Mühlhausen
Weimar: Elephant, International, Einheit

Bezirk Halle
Halle: Stadt Halle
Berga: Clubgaststätte Erholung
Kelbra: Tourist
Quedlinburg: Motel, Zum Bär
Sangerhausen: Gaststätte Walkmühle
Wittenberg: Wittenberger Hof, Goldener Adler

PRAKTISCHES FÜR UNTERWEGS

Bezirk Leipzig
Leipzig: Merkur, Astoria, International

Bezirk Cottbus
Cottbus: Lausitz
Finsterwalde: Brückenkopf
Hoyerswerda: Gästehaus
Bad Liebenwerda: Norddeutscher Hof

Bezirk Suhl
Suhl: Thüringen Tourist
Oberhof: Panorama

Bezirk Gera
Gera: Gera, Stadt Gera
Jena: Schwarzer Bär

Bezirk Karl-Marx-Stadt
Karl-Marx-Stadt: Kongreß, Chemnitzer Hof

Bezirk Dresden
Dresden: Bellevue, Newa, Prager Straße, Astoria, Motel, Gewandhaus
Bautzen: Lubin
Görlitz: Stadt Dresden, Görlitzer Hof, Monopol, Haus des Handwerks
Jonsdorf: Kurhaus
Meißen: Goldener Löwe
Zittau: Volkshaus

Im Rahmen von Packagetouren etwa können Westler ein Mittelding zwischen individueller Reise und Pauschaltour buchen, Einzelheiten sind unter dem Stichwort Rumfahren erläutert.

Pensionen

In Pensionen kommen Westler selten unter, werden sie doch sanft, aber bestimmt in die teureren Etablissements gedrängt. Chancen bestehen hier bei der Leipziger Messe. Am besten läßt man über einen westlichen Vertragspartner des «Reisebüros der DDR» rechtzeitig ein Pensionsbett in Leipzig oder Umgebung buchen. Wer's auf eigene Faust erledigen will, schreibt an:

Reisebüro der DDR
Messetourist
Katharinenstraße 1/3
DDR-7010 Leipzig
Tel. 7 92 10
Telex 51 540
(Hier werden auch alle Hotels sowie Studenteninternate vermittelt.)

Auf jeden Fall ist es einen Versuch wert, sich die Einreise über Freunde oder Verwandte zu besorgen und dann in der DDR auf Tour zu gehen. Wer «einfach so» in eine Pension geht und nach einem freien Bett fragt, wird erst einmal auf Skepsis treffen. Aber in den kleineren Häusern ist man noch eher geneigt, ein Auge zuzudrücken, als etwa bei den örtlichen Zimmervermittlungen. Unsere Erfahrung: Mal klappt's, mal klappt's nicht.

Privatzimmer

Unterkunft bei Privatleuten wird in der DDR grundsätzlich nicht vermittelt. Mit einer Ausnahme:

UNTERKUNFT

Da zur Leipziger Messe der Andrang das Bettenangebot in Hotels und Studentenwohnheimen weit übersteigt, bleibt nichts anderes, als ausländische Gäste auch bei Privatleuten unterzubringen. Was letztere manchmal dazu veranlaßt, mit Kind und Kegel in den Keller ihres Eigenheimes zu ziehen und alle Räumlichkeiten zu vermieten. Da wird so mancher Leipziger Geldbeutel ganz schön gefüllt. Westbesucher werden bei der Anreise ohnehin durch die zentralen Anmeldestellen geschleust, dort werden auch die Unterkünfte vermittelt. Laut und deutlich kundtun, daß eine Privatunterkunft gewünscht wird – und schon wird diese zugeteilt! Wer ganz sicher gehen will, kann Vorbestellungen tätigen – diese müssen allerdings spätestens 12 Tage vor Messebeginn bei dieser Institution eingetroffen sein, dann werden sie noch schriftlich bestätigt:

Reisebüro der DDR
Zimmernachweis
Hauptbahnhof-Ostseite
DDR-7010 Leipzig
Tel. 7 92 10
Telex 51 540

Jugendherbergen

Seit 1984 ist das DDR-Jugendreisebüro «Jugendtourist», das die Jugendherbergen belegt, Mitglied im einschlägigen Weltverband. Endlich. Damit besteht für Einzel- wie Gruppenreisende die Möglichkeit, per internationalem Jugendherbergsausweis ein preiswertes Bett in Beschlag zu nehmen. Etwa 300 Herbergen gibt es in der DDR, doch weisen nicht alle internationalen Standard auf. Deshalb sind im internationalen Verzeichnis nur ausgewählte bessere Häuser aufgeführt, etwa 40 an der Zahl. Die hier nicht genannten Herbergen sind manchmal langfristig ausgebucht, im wesentlichen von Gruppen aus der DDR.

Wer seine Schritte dennoch in kleinere und abgelegenere Herbergen lenken möchte, hat zwei Möglichkeiten. Entweder wendet er sich unter Angabe der gewünschten Orte an das Deutsche Jugendherbergswerk (DJH) in Detmold und bittet um Zusendung der Anschriften.

Oder er schnappt sich eine Landkarte der gewünschten DDR-Region im Maßstab 1:200 000 und sucht nach dem Jugendherbergssymbol. Zwar ist damit noch nicht die genaue Lage der JH bekannt, aber die läßt sich vor Ort rasch erfragen.

Allerdings gibt es noch Probleme. Die Mitgliedschaft im Weltverband verpflichtet die DDR, Einzelreisende welcher Herkunft auch immer in den Jugendherbergen aufzunehmen. Doch hat sich dies offensichtlich noch nicht überall herumgesprochen. Immer wieder kommt es nämlich zu Ablehnungen durch mißtrauische Herbergseltern oder zur Duldung nur unter Vorbehalt. Höflich, aber bestimmt sollten die Hauseltern in solchen Fällen auf die Regelungen hingewiesen werden. Am besten ist es wohl, das DDR-Merkblatt des DJH mitzunehmen und bei

PRAKTISCHES FÜR UNTERWEGS

Schwierigkeiten vorzulegen. Vielleicht hilft das etwas. Wer Aufnahme findet, wird zwar die höheren Preise für Ausländer zahlen müssen, kommt damit aber immer noch sehr preiswert zu einem Dach über dem Kopf.

Für Einzelreisende gibt es zwei Möglichkeiten, eine DDR-Tour auf Jugendherbergsweise durchzuführen. Erstens: Die Einreisepapiere werden über Freunde oder Verwandte in der DDR besorgt. Nach der Einreise meldet man sich telefonisch bei «Jugendtourist» (Alexanderplatz 5, DDR-1026 Berlin, Tel. 2 15 36 11), um nach freien Plätzen in Jugendherbergen zu fragen. Von dort aus ist eine feste Buchungszusage immer erst ab dem 21. des Vormonats möglich! Stehen freie Plätze zur Verfügung und werden sie auch bestätigt, steht der Tour eigentlich nichts mehr im Wege. Natürlich kann man auch direkt zu den Jugendherbergen gehen, doch dann auf das Risiko hin, wegen voller Belegung abgewiesen zu werden!

Zweitens: Weit komplizierter ist leider die Organisierung einer individuellen JH-Reise von der Bundesrepublik aus. Bereits sechs Monate vor dem geplanten Termin sollte die Buchung bei einem der Vertragspartner von «Jugendtourist» im Bundesgebiet (Adressen auf Seite 388) beantragt werden. Im gleichen Atemzug wird das Gesuch um den «Berechtigungsschein» gestellt – irgendwann wird vielleicht beides bestätigt. Es kommt auch vor, daß Buchungen nicht zustande kommen, dann wird natürlich auch kein Berechtigungsschein ausgestellt. Klappt alles, müssen die gewünschten und bestätigten Übernachtungen noch in der Bundesrepublik bezahlt werden (die Preise liegen bei 10 bis 12 DM pro Übernachtung mit Frühstück). Der Pflichtumtausch fällt zusätzlich an!

Die Vermittler verlangen auch bei Nichtgelingen eine Bearbeitungsgebühr von etwa 50 DM. Buchungen für Westberliner werden von «Jugendtourist» derzeit nicht angenommen.

Nicht ganz so ungewiß ist die Teilnahme an Gruppenreisen auf Jugendherbergsweise. Hier ist nämlich nur eines unklar: Ob man bei dem begrenzten Angebot noch einen Platz erwischt! Denn der Andrang ist so überwältigend, daß auf ein Jahr im voraus viele Fahrten ausgebucht sind! Jeder kann sich bewerben, sofern er nicht älter als 30 Jahre ist. Die Formalitäten starten ungefähr drei Monate vor Reisebeginn, im wesentlichen wird alles vom Veranstalter erledigt. Vorteil dieser Reisen: Zumeist läuft ein Programm, das auch Begegnungen mit einheimischen Jugendlichen einschließt; aber auch normale Besichtigungen oder Besuche in Betrieben können dazu gehören.

Zu guter Letzt sind da noch die Reisen, die feste Gruppen in die DDR unternehmen wollen. Auch sie können durch Jugendherbergen oder Jugendhotels führen, dafür gibt es festgelegte Bausteine. Die Organisation übernehmen ebenfalls die Vertragspartner von «Jugendtourist», insbesondere des DJH. Näheres unter dem Stichwort Gruppenfahrten (Seite 385).

Camping

Auch mit eigener Campingausrüstung darf man nach drüben, also mit Zelt, Wohnwagen oder Wohnmobil. Vom 1. Mai bis zum 30. September stehen 28 Campingplätze zur Auswahl. Von Nord nach Süd sind dies:

Bezirk Rostock
DDR-2401 Zierow (An der Ostsee)
DDR-2254 Seebad Bansin Zeltplatz (Am Strand)
DDR-2321 Reinberg (Stahlbrode, Greifswalder Bodden)

Bezirk Schwerin
DDR-2864 Plau 2 Zeltplatz (Am Westufer des Plauer Sees)
DDR-2711 Seehof (Am Westufer des Schweriner Sees)

Bezirk Neubrandenburg
DDR-2131 Warnitz (Am Ostufer des Oberückersees)
DDR-2051 Dahmen (Am Südufer des Malchiner Sees)

Bezirk Potsdam
DDR-1512 Werder/Havel (Riegelspitze)
DDR-1903 Wusterhausen/Dosse (Am Klempowsee)

Berlin, Hauptstadt der DDR
DDR-1186 Berlin-Schmöckwitz (Am Krossinsee)

Bezirk Frankfurt/Oder
DDR-1242 Bad Saarow-Pieskow (Am Westufer des Scharmützelsees)

Bezirk Halle
DDR-4802 Bad Bibra (Am Waldschwimmbad)
DDR-4251 Seeburg (Am Nordstrand des Süßen Sees)
DDR-4712 Kelbra (An der Talsperre Kelbra)
DDR-4301 Neudorf Zeltplatz (Am Birnbaumteich)

Bezirk Leipzig
DDR-7026 Leipzig-Nord (Am Auensee)

Bezirk Cottbus
DDR-7701 Groß Särchen (Am Südufer des Knappensees)

Bezirk Erfurt
DDR-5237 Weißensee (Am Terrassenbad)

Bezirk Suhl
DDR-6309 Großbreitenbach (Am Schwimmbad)

Bezirk Karl-Marx-Stadt
DDR-9373 Ehrenfriedersdorf (Am Greifenbach-Stauweiher)
DDR-9624 Langenhessen (An der Koberbachtalsperre)
DDR-9251 Höfchen (Am Waldheim Hainichen)

Bezirk Dresden
DDR-8231 Malter-Paulsdorf (An der Talsperre Malter)
DDR-8105 Moritzburg (Am Mittelteichbad)

PRAKTISCHES FÜR UNTERWEGS

DDR-8251 Scharfenberg (Im Rehbocktal)
DDR-8242 Altenberg (Am Kleinen Galgenteich)
DDR-8020 Dresden-Mockritz (Am Freibad Mockritz)

Leider kann man nicht einfach hinfahren und aufbauen. Der erste Weg führt in ein westliches Reisebüro, das «Vouchers» verkauft. Das sind Gutscheine, die an der Grenze gegen Mark der DDR eingetauscht werden. Von der erhaltenen einheimischen Währung können dann alle Unkosten bestritten werden. Erwachsene müssen Vouchers für 25 DM pro Tag und Person, Kinder von 6 bis 15 Jahren für 10 DM pro Tag und Person umtauschen. Nur die Allerkleinsten sind befreit. Beim Kauf der Vouchers erfolgt die Buchungsbestätigung für den Stellplatz. Für seine Bemühungen verlangt das Reisebüro eine Bearbeitungsgebühr von 20 DM pro Erwachsenen, bei mehr als zwei gebuchten Campingplätzen 40 DM.

Auf eines sollte sich jeder gefaßt machen: Westler sind auf den Campingplätzen fein säuberlich abgeteilt, wenigstens in Bezug auf Zelte oder Wohnwagen. Das Zeltplatzleben, am meisten verbreitete Urlaubsform in der DDR, spielt sich jedoch ohne Grenzen ab. Die Preise sind erträglich. Selbst in der Hochsaison kostet der Tag pro Erwachsenen nicht mehr als 10 Mark der DDR, zuzüglich der Stellplatzgebühren von 6 Mark für ein Zelt und 10 Mark für ein Wohnmobil natürlich. Vom Voucher-Umtausch bleiben also noch Mark der DDR für den freien Verbrauch übrig.

Wer mal vorkosten möchte, kann auch im Transit auf einem dafür zugelassenen DDR-Campingplatz (was für 18 der oben genannten zutrifft) nächtigen. Er muß natürlich in ein Drittland ausreisen und die dafür erforderlichen Visastempel bereits im Paß vorweisen können – dann stehen 72 Stunden von der Ein- bis zur Ausreise zur Verfügung. Allerdings ist die Buchung mindestens 30 Tage vor Abreise bei einem westlichen Reisebüro vorzunehmen, mehr als zwei Übernachtungen können natürlich nicht gebucht werden! Bei der Einreise zahlt man 5 DM für das Transitvisum, wird kontrolliert, als wolle man in die DDR einreisen, und darf die vorgeschriebenen Transitstrecken nur zur Übernachtung verlassen! (Das gleiche Verfahren gilt für Transitübernachtungen in Interhotels.)

Wer die Einreisegenehmigung privat beantragt, kann entweder einfach zum Campingplatz hingehen oder bei zentralen Reservierungsstellen Plätze buchen. Die Anschriften der wichtigsten Vermittlungen, die meist für die Plätze innerhalb des jeweiligen Bezirkes zuständig sind:

Campingzentrum Ostsee
Barther Straße 64 B
DDR-2300 Stralsund
Tel. 50 15

Campingplatzvermittlung
Schloßstraße 9-11
(Sitz: August-Bebel-Straße 1)
DDR-2750 Schwerin
Tel. 7 89 18 + 7 89 61

Campingplatzvermittlung
Am Kietz 14
DDR-2060 Waren
Tel. 24 02 + 24 03

Campingplatzvermittlung
Am Alten Friedhof 1
DDR-1500 Potsdam
Tel. 2 22 48

Zentrale Campingplatzverwaltung
Karl-Marx-Straße 224
DDR-3010 Magdeburg
Tel. 4 80 64

Zentrale Campingplatzvermittlung
Lindenstraße 35
DDR-1170 Berlin-Köpenick
Tel. 6 57 12 + 6 57 13

Campingzentrale des Bezirkes
Frankfurt/Oder
Fürstenberger Straße 18
DDR-1200 Frankfurt

Bezirksstelle für Camping und
Tourismus
Geiststraße 49
DDR-4020 Halle
Tel. 2 98 84

Campingplatzvermittlung des
Bezirkes Erfurt
Stausee Hohenfelden
DDR-5301 Hohenfelden
Tel. Kranichfeld 2 66

Campingplatzvermittlung des
Bezirkes Gera
Pößnecker Straße 47
DDR-6843 Ranis

Ferienwohnungen

So was gibt's drüben nicht ...

RUMFAHREN

Zwei grundlegend verschiedene Wege gibt es, sich durch die DDR zu bewegen: Als einzelreisender Tourist kann man sich die Route selbst zusammenstellen und die Aufenthaltsdauer an den jeweiligen Orten selbst festlegen. Nur muß die gesamte Tour zuvor gebucht sein, sonst wird die Einreisegenehmigung nicht erteilt. Was im Klartext heißt, daß man, vielleicht ohne je in Dresden gewesen zu sein, noch in der Bundesrepublik zwei oder fünf oder zehn Tage Aufenthalt in Dresden festlegen muß. Während der Reise in der DDR die Buchungen zu ändern

ist ungeheuer schwierig. Obwohl es natürlich auf der Hand liegt, daß sich Gefallen oder Nichtgefallen erst vor Ort herausfinden lassen.

PRAKTISCHES FÜR UNTERWEGS

Aber das ist keine Kennziffer in der volkseigenen Tourismusplanung.

Der andere und bessere Weg ist, sich die Einreisegenehmigung über Freunde, Bekannte oder Verwandte in der DDR zu besorgen und sich an deren Wohnort bei der Volkspolizei anzumelden. Danach kann man dann so ziemlich tun und lassen, was man will – also auch auf große Tour durch die DDR gehen. Wobei die Frage der Unterkunft vertrackt bleibt. Kommt man bei Privatleuten unter, ist alles klar. Doch ist man auf Hotels oder Campingplätze angewiesen, kann es ziemlich mühsam werden – versuchen doch die meisten nicht ausdrücklich für Westtouristen zugelassenen Etablissements, anfragende Touristen abzuwimmeln und in die Interhotels und auf die Intercampingplätze abzudrängen. Einzige Faustregel: Immer wieder probieren.

Für Westler hat das Rumfahren in der DDR, unabhängig davon, wie man die Einreisegenehmigung erlangt und wo man unterkommt, zwei Seiten. Die eine ist das Verkehrsmittel, mit dem man einreist, die andere das Verkehrsmittel, mit dem man rumfährt. Was bitte schön auseinandergehalten werden muß. Die Einreise ist nämlich *nur* mit dem Auto (Wohnmobile eingeschlossen), mit dem Flugzeug, mit der Bahn und zu Fuß möglich (letzteres aber nur von Westberlin aus). Über den Bus brauchen wir wohl nicht zu reden, werden doch die wenigsten Individualtouristen mit solch einem Ungetüm an die Grenze kommen.

Auf dem Motorrad oder dem Fahrrad darf die Einreise nicht getätigt werden – was Fahrradtouren durch die DDR nicht ausschließt.

Auto

Beim Antrag auf Einreisegenehmigung muß angegeben werden, ob ein Auto benutzt werden soll – das ist alles. Einmal eingereist kann man dann uneingeschränkt vom fahrbaren Untersatz Gebrauch machen. Für Pkw-Abhängige bieten sich Packagetouren an, die natürlich auch wieder in der Bundesrepublik gebucht werden müssen. Die Reiseveranstalter bieten verschiedene solcher Pakete an, mal für eine Badereise an die Ostsee, mal für eine Klassiktour durch Thüringen und Sachsen. Mit Zahlung des Reisepreises erwirbt man ein Paket, das Hotelunterkunft und meist Halbpension enthält (hinzu kommen in manchen Orten auch noch Stadtrundfahrten). Vom Pflichtumtausch sind Packagereisende befreit. Nur die Fortbewegung von Ort zu Ort müssen sie per Pkw noch selbst tätigen. Die zu bewältigenden Entfernungen gibt der Reiseveranstalter bekannt, man kann sich also drauf einstellen. Im Prinzip ist nur der Zeitplan einzuhalten, ansonsten kann jeder tun und lassen, was er will. Bei Ausflügen sollte zuvor ein Blick in den Stempel der Aufenthaltsberechtigung klären, ob diese für die gesamte DDR oder nur für einzelne Bezirke gilt!

Für Pkw-Fahrten sind einige Besonderheiten zu beachten: Am Auto muß das D-Schild angebracht sein, außerdem sind Ersatzbirnen mitzuführen! In der DDR gilt totales Alkoholverbot am Steuer; auch Beifahrer, die einen Be- oder Angetrunkenen nicht am Fahren hindern, machen sich strafbar. An Ampeln, die mit einem grünen Pfeil gekennzeichnet sind, darf auch bei Rot nach rechts abgebogen werden – allerdings unter Berücksichtigung von Querverkehr und Fußgängern. Die Höchstgeschwindigkeiten betragen auf Landstraßen 80 km/h, auf Autobahnen 100 km/h (hier gilt eine Mindestgeschwindigkeit von 50 km/h). Innerhalb geschlossener Ortschaften sind 50 km/h erlaubt, ebenso wie vor und auf Bahnübergängen.

Es herrscht Anschnallpflicht! In der DDR wird amerikanisch abgebogen, Linksabbieger biegen voreinander ab. Ordnungsstrafen werden in DM abkassiert, wer meckert, zahlt mehr. Tanken ist gegen Mark der DDR an allen Tankstellen möglich – der Preis für einen Liter Superbenzin beläuft sich seit Menschengedenken auf 1,65 Mark. DDRler grinsen schadenfroh darüber, daß die bundesrepublikanischen Benzinpreise mittlerweile auch das östliche Niveau erreicht haben. Gegen DM geben nur die Intertankstellen Sprit ab – die Preise liegen hier unter denen in der Bundesrepublik. Bei Pannen empfiehlt sich die nächste Autowerkstatt, weiß man doch ausgesprochen einfallsreich zu improvisieren. Nur wenn's hier nicht klappt, sollte eine Fachwerkstatt für den (westlichen) Autotyp in Anspruch genommen werden.

Bahn

Das Eisenbahnnetz der DDR existiert, es verkehren auch viele Züge. Aber immer wieder hapert es mit der Zuverlässigkeit und der Qualität der Beförderung, obwohl angesichts der Energieprobleme die Bahn als wichtigster Verkehrsträger betrachtet wird. «Deutsche Reichsbahn» (DR), so heißt auf Grund alliierter Beschlußfassungen nach 1945 die Bahn der DDR. Zwischen allen größeren Orten bestehen zahlreiche Verbindungen, auch solche mit Expreßcharakter. Die von früheren Zeiten so vertrauten, nach Braunkohle stinkenden Dampfloks verkehren nur noch vereinzelt. Elektrische und Dieselloks bestimmen heutzutage weitgehend das Bild.

Wie hierzulande auch gibt es drüben zwei Klassen, die zweite ist natürlich die preiswertere. Fahrkarten gelten meist vier Wochen, in der zweiten Klasse kostet der Kilometer 8 Pfennig. Hinzu können Zuschläge kommen (bei Eil-, Schnell- oder Expreßzügen). Auch Ermäßigungen werden gewährt, etwa für Kinder bis zehn Jahre und Studenten oder für Sonntagsrückfahrkarten. Während der Saison sind Platzkarten dringend zu empfehlen. Die Einreise ist mit den Interzonenzügen möglich, die ab Hamburg, Köln, Frankfurt, Stuttgart und München verkehren. Wer die Fahrkarte für die Rückfahrt in der DDR erwirbt, muß sie in DM bezahlen!

PRAKTISCHES FÜR UNTERWEGS

Fahrrad

Wir haben schon darauf hingewiesen, daß die Einreise per Fahrrad nicht möglich ist. Im Prinzip ist auch nicht möglich, was zwei Bundesdeutsche gemacht haben: Sie schulterten ihre Drahtesel, marschierten zum Ostberliner Grenzübergang Bahnhof Friedrichstraße, reisten ein, fuhren per Bahn zu ihrem Zielort und schwangen sich dort auf den Sattel, um die geplanten Touren abzutreten. Im Prinzip ist das nicht zulässig, weil die Mitnahme eines Rades als «Reisegebrauchsgegenstand» untersagt ist. Offenbar zweifeln am Sinn dieser Vorschrift, sofern sie überhaupt als solche besteht (was gar nicht sicher ist), auch DDR-Organe. Vergleichsweise unkompliziert ist folgender Weg: Man besorgt sich die Einreise über Freunde oder Verwandte und schickt ein paar Tage vor der Abreise den eigenen Drahtesel per Bahnexpreß an den Zielort. Dort holt man ihn dann einfach unter Vorlage des Gepäckscheins ab – das ist alles.

Nach Auskunft der Deutschen Bundesbahn kommt es aber auch hier immer mal zu Ablehnung der Beförderung durch die DR. Auch die spezialisierten Reiseveranstalter schreiben immer wieder: «Eine Einreise auf Zweirädern (Motor- und Fahrräder) ist nicht möglich, ebensowenig die vorübergehende Einfuhr als Gebrauchsgegenstand.» Alle Erfahrungen lehren dagegen: Auf einen Versuch, das Rad per Bahnexpreß vorauszuschicken, sollte es jeder Interessierte ankommen lassen! Tut man dies frühzeitig genug, erfährt man auch noch vor der Abreise von einer eventuellen Ablehnung der Beförderung durch die DR. So lassen sich etwaige Umdisponierungen noch rechtzeitig in die Wege leiten – insbesondere das Telegramm an die Verwandten, doch ein Rad für den Besucher aufzutreiben.

Was nicht immer einfach ist. Denn das energiewirtschaftlich günstigste aller Verkehrsmittel wird in der DDR geradezu stiefmütterlich behandelt. Radwege sind die Ausnahme, Radfahrerampeln gibt es überhaupt nur in einer Stadt (im Radfahrer-Mekka Dessau an der Elbe), Fahrradverleihe sind selten. Zudem bekommen Radler den schlechten Zustand vieler Straßen und Wege wirklich hautnah zu spüren. Wer je über ein Kopfsteinpflaster mit unbefestigten Banketten und großer Wölbung im Straßenquerschnitt gestrampelt ist, wird sich immer daran erinnern.

Einen Eindruck vom Abenteuer DDR per Rad gibt eine kleine, aber teure Broschüre. 8,50 DM möchte der Autor für sein 44-Seiten-Heftchen haben, das ein bißchen sehr schülerhaft verfaßt ist. Trotzdem fallen ein paar wichtige Hinweise ab. «Radtour DDR» gibt's hier:

André Cassél
Scapinellistraße 13
D-8000 München 60

Bus und S-Bahn

Für die Fortbewegung von Ort zu Ort kann oft auch der Bus benutzt werden; überall, wo das Eisenbahnnetz dünner wird, verkehren Überlandbusse, teilweise sogar Fernbusse. In vielen Städten gibt es Busbahnhöfe mit Informationsständen, hier ist alles Wichtige zu erfahren. Bei einigen Buslinien müssen die Fahrkarten vor der Abfahrt am Info-Stand erworben werden. Sofern bekannt, haben wir die Anschriften der Busbahnhöfe in unser Adressenverzeichnis DDR (ab Seite 413) aufgenommen.

Im innerstädtischen Verkehr stehen neben Bussen Straßenbahnen, U-Bahnen und S-Bahnen zur Verfügung. Als Grundregel gilt überall: Die «Schnipsel» (Jargon für Fahrkarten) werden an Kiosken, in Schreibwaren- oder sonstigen Läden gekauft. Bei Fahrtantritt wird der Schnipsel in einen Entwerter gesteckt und gelocht. Wer keine Schnipsel hat, kann sie von anderen Fahrgästen erwerben. Von außen kann man leider nicht erkennen, ob der Bus oder die Straßenbahn auch Geldboxen aufweist, in die der Fahrpreis eingeworfen wird – oder auch nicht. Schwarzfahrer, die drüben mindestens genausohäufig sind wie hierzulande, zahlen 20 Mark Strafe, sofern sie erwischt werden. Die Fahrpreise beginnen bei 20 Pfennig und reichen schon mal bis 50 Pfennig. Touristenkarten gibt's in Ostberlin, ein Tag kostet 2 Mark für alle Verkehrsmittel und 1 Mark bei Benutzung nur der S-Bahn.

Zahlreiche Großstädte verfügen über S-Bahn-Linien ins Umland. Von Ostberlin zum Beispiel sind Oranienburg, Bernau, Strausberg, Fürstenwalde, Königs Wusterhausen oder Potsdam zu erreichen. Tarife sind jeweils an den Bahnhöfen ausgehängt, meist befinden sich dort auch Fahrkartenautomaten.

Trampen

Auch drüben wird fleißig gehitchhikt. Grundsätzlich verboten ist es nicht. (Halte-)Verbotsschilder sollten allerdings beachtet werden. Verkehrsdichte und Mitnahmebereitschaft sind geringer als hierzulande, aber noch hinreichend. Autobahnrastplätze und Transitstrecken sind benutzbar – um den Blutdruck der Vopos nicht unnötig hochzujagen, empfehlen wir allerdings, das Einsteigen in westliche Transit-Autos zu unterlassen (siehe auch Seite 234).

GRUPPENFAHRTEN

Was in Osteuropa selbstverständlich ist, ruft bei uns erst einmal Stirnrunzeln hervor. Die Rede ist vom Reisen per «Delegation». Ob als Delegation des Kindergartens, der Schule, des Betriebes, der FDJ oder sonstwessen, DDRler gehen vergleichsweise oft in solchen Gruppen auf Tour. Warum das wichtig ist? Vergleichbare «Delegationen» aus dem Ausland werden drüben anders behandelt als Gruppen von Pauschalreisenden.

PRAKTISCHES FÜR UNTERWEGS

Da sind dann Betriebsbesichtigungen möglich, da kommen Treffen mit Jugendlichen zustande, da wird auch mal mit höheren Funktionären diskutiert. Deshalb ist die Teilnahme an einer Gruppenreise allemal sinnvoll, verpflichtet sie doch meinungsmäßig zu nichts. Zwei Wege müssen unterschieden werden. Gruppen, die bereits als Schulklassen oder Jugendkreise existieren, können sich Programme nach ihren Vorschlägen ausarbeiten lassen (ob alles realisiert werden kann, ist eine andere Frage). Oft gibt es auch staatliche Zuschüsse für diese Fahrten. Der andere Weg steht Einzelpersonen oder Kleingruppen zur Verfügung. Sie können sich an verschiedene Organisationen wenden und um die Teilnahme an einer ohnehin stattfindenden Delegationsreise bewerben. In vielen Fällen ist die Mitgliedschaft in der jeweils veranstaltenden Gruppe nämlich nicht erforderlich.

Wer ist nun der Ansprechpartner? Professionell, aber nicht ganz billig sind die Veranstalter von Pauschalreisen, die auch für existierende Gruppen gerne Programme zusammenstellen. Dann sind da die zahlreichen Jugendgruppen und -verbände, die mit der DDR politisch nicht unbedingt etwas am Hut haben. Seien es Jusos, Judos, Falken, Naturfreunde, Schreberjugend, Landjugend oder wer auch immer – Anfragen sollten an die jeweilige Bundeszentrale oder an den zuständigen Landesverband gerichtet werden. Hier sind die Zentraladressen der wichtigsten Verbände:

Jungsozialisten in der SPD
Ollenhauerstraße 1
D-5300 Bonn 1
Tel. 02 28 / 53 23 63

Deutsche Jungdemokraten
Reuterstraße 44
D-5300 Bonn 1
Tel. 02 28 / 21 09 52

Sozialistische Jugend Deutschlands/Die Falken
Kaiserstraße 27
D-5300 Bonn 1
Tel. 02 28 / 22 10 55

Naturfreundejugend Deutschlands
Großglocknerstraße 28
D-7000 Stuttgart 60
Tel. 07 11 / 33 76 87

Bund Deutscher Pfadfinder
Hamburger Allee 49
D-6000 Frankfurt 80
Tel. 0 69 / 77 70 10

Service Civil International
Blücherstraße 14
D-5300 Bonn 1
Tel. 02 28 / 21 20 86

Wer die Anlaufstellen nicht findet, kann sie auch beim Stadt- oder Landesjugendring erfragen, dort sind alle Jugendverbände verzeichnet.

Der letzte Weg führt in den Dunstkreis von DKP und SEW, den westlichen Ablegern der SED. Für sie zählt es zur politischen Arbeit, junge Menschen an den «ersten deutschen Arbeiter-und-Bauern-Staat» heranzuführen. Und weil das auch die SED gerne sieht, macht sie diesen Gruppen die günstigsten Preise. Was denen, die einen gewissen Meinungsdruck zu ertragen gewillt sind, eine durchaus billige wie interessante Reise in die DDR bescheren kann. Auch feste Gruppen können sich an die DKP-nahen Organisationen wenden, um eine Reise ausarbeiten zu lassen. Alle örtlichen Anschriften von MSB, SDAJ, VVN oder DFI sind bei den Zentralen von DKP oder SEW zu erfahren:

Deutsche Kommunistische Partei
Prinz-Georg-Straße 79
D-4000 Düsseldorf 30
Tel. 02 11 / 34 79 20

Sozialistische Einheitspartei
Westberlins
Wilmersdorfer Straße 165
D-1000 Berlin 10
Tel. 0 30 / 3 41 30 26

PAUSCHALREISEN

«Organisierter Tourismus in die DDR verzeichnet Rekordbilanz» – so oder ähnlich lauteten die Schlagzeilen Anfang 1985. Alle Zahlen sind tatsächlich in einem stetigen Anstieg begriffen, was für Reisende vor allem eine positive Folge hat. Das Angebot an Reisemöglichkeiten auf pauschaler Basis erweitert sich in zunehmendem Maße. Was vor Jahren noch undenkbar schien, wird jetzt ohne große Worte realisiert. So bietet sich Interessenten eine große Auswahl an Pauschalreisen, unsere Auflistung ist nicht vollständig:
Wochenend-Trips nach Berlin, Leipzig, Dresden
Wanderurlaube auf Rügen und Usedom
Badeurlaube in Warnemünde, Kühlungsborn, auf Rügen und Usedom
Thematisch ausgerichtete Reisen (Auf den Spuren Martin Luthers, Bertolt-Brecht-Reise, Viva la Musica, Musikerlebnis Dresden, Eisenbahn-Hobbyreisen)
Erholungs- und Kuraufenthalte im Thüringer Wald, im Harz, in der Sächsischen Schweiz
Opern- und Konzertfahrten nach Dresden und Leipzig

Ein- und Zweitagesfahrten in alle Teile der DDR
Studienreisen zu verschiedenen Schwerpunkten
Wintersport im Thüringer Wald, manchmal auch in Harz und Erzgebirge
Rundreisen durch jeweils mehrere Städte und Landschaften

Da die Angebote der Reiseveranstalter ab und an wechseln, ist es hier nicht angebracht, die Palette jeder Firma aufzuführen. Inter-

PRAKTISCHES FÜR UNTERWEGS

essenten sollten sich an die Veranstalter wenden und Informationsmaterial anfordern. Bei zahlreichen Angeboten muß allerdings sehr frühzeitig gebucht werden, sind sie in aller Regel doch lange vor dem Reisetermin voll belegt! Hier eine Liste der wichtigsten Veranstalter (alphabetisch sortiert):

Amtliches Bayrisches Reisebüro (ABR)
Promenadeplatz 12 I
D-8000 München 2
Tel. 0 89 / 59 04-0

ADAC-Reise GmbH
Am Westpark 8
D-8000 München 70
Tel. 0 89 / 76 76-0

Comecon-Industrie-Reisedienst GmbH
Juckenbacher Straße 33
Wassack
D-5208 Eitorf 1
Tel. 0 22 43 / 30 05 + 30 06

CVJM-Hamburg Reisedienst GmbH
An der Alster 40
D-2000 Hamburg 1
Tel. 0 40 / 24 90 74 + 24 79 63

CVJM-Reisen GmbH
Im Druseltal 8
D-3500 Kassel
Tel. 05 61 / 30 87-0

Deutsches Jugendherbergswerk
Bülowstraße 29
Postfach 220
D-4930 Detmold 1
Tel. 0 52 31 / 74 01-0

Deutsches Reisebüro GmbH (DER)
Eschersheimer Landstraße 25–27
D-6000 Frankfurt 1
Tel. 0 69 / 15 66-0

Dr. Tigges-Fahrten
Karl-Wiechert-Allee 23
D-3000 Hannover 61
Tel. 05 11 / 5 67-0

Frankfurter Studienreisen GmbH
Neuenhainer Weg 4
D-6238 Hofheim
Tel. 0 61 92 / 83 94

Fröhlich Reisen Hannover GmbH
Ernst-August-Platz
D-3000 Hannover 1
Tel. 05 11 / 32 70 76

Hansa Tourist GmbH
Hamburger Straße 132
D-2000 Hamburg 76
Tel. 0 40 / 29 18 20

Helios Reisen GmbH
Paul-Heyse-Straße 12
D-8000 München 2
Tel. 0 89 / 53 96 81

Institut für Bildungsreisen (IfB)
Zur Torkel 12
D-7750 Konstanz
Tel. 0 75 31 / 58 02-0

Intercontact – Gesellschaft für Studien- und Begegnungsreisen mbH
Mirbachstraße 16
D-5300 Bonn 2
Tel. 02 28 / 82 00 00

Intratours-Reiseorganisation
GmbH
Eiserne Hand 19
D-6000 Frankfurt 1
Tel. 0 69 / 5 97 00 11

Istours – Internationale Studien-
und Bildungsreisen GmbH
Münchener Straße 7
D-6000 Frankfurt 1
Tel. 0 69 / 23 12 68

Lindex-Reisen
Rauchstraße 56
D-8000 München 80
Tel. 0 89 / 98 32 25

Olympia-Reisen Kurt Steinhau-
sen GmbH & Co KG
Kurfürstendamm 188
D-1000 Berlin 15
Tel. 0 30 / 8 81 60 77
sowie
Friedrich-Breuer-Straße 86
D-5300 Bonn 3
Tel. 02 28 / 4 00 03-0

Reisedienst Deutscher Studen-
tenschaften (RDS)
Rentzelstraße 16
D-2000 Hamburg 13
Tel. 0 40 / 44 23 63

SHR-Reisebüro GmbH
Hegelstraße 61
D-6500 Mainz
Tel. 0 61 31 / 38 62 18

SSR-Schüler- und Studentenrei-
sen e.V.
Rothenbaumchaussee 61
D-2000 Hamburg 13
Tel. 0 40 / 4 10 20 81

Uhlendorff-Reisen GmbH
Florenz-Sartorius-Straße 18
D-3400 Göttingen
Tel. 05 51 / 6 20 28

EINKAUFEN

Bei fast allen DDR-Besuchern, die wir kennen, stellt sich irgendwann das Problem des Geldloswerdens. Denn 25 Mark pro Tag und Nase wollen sinnvoll ausgegeben sein – und das ist nicht so einfach, wie wir es aus heimischen Gefilden kennen. Zuvor aber ist zu bedenken, daß von jedem Umtausch die Bankquittung aufgehoben werden sollte – der Nachweis des Pflichtumtausches ist ja schon bei der polizeilichen Anmeldung zu erbringen. Aber auch bei der Ausreise kann es erforderlich sein, die offiziell eingetauschten Beträge nachzuweisen.
Zunächst ein kurzer Rundflug durch das Kaufsystem der DDR. «HO» ist nichts als die staatliche

PRAKTISCHES FÜR UNTERWEGS

Handelsorganisation: Sie betreibt Läden jeglicher Ausrichtung, vom Lebensmittelladen nebenan bis zum spezialisierten Fachgeschäft. «Kaufhallen» entsprechen in etwa unseren Supermärkten, «Kaufhäuser» sind größere Spezialläden, «Warenhäuser» ähneln unseren Kaufhäusern. Die staatlichen Warenhäuser heißen «Centrum», die genossenschaftlichen «Konsument» – den Kunden wird's kaum scheren. Hinzu kommen noch die «Delikat-» und «Exquisitläden» für zahlungskräftige DDRler sowie die «Intershops» für DM-Besitzer. Interessant ist auch ein Blick in den «A & V», den staatlichen Second-hand-Laden.

In allen Läden ist ein Rundgang nur mit Korb oder Einkaufswagen möglich. Durch die geschickte Niedrighaltung der Zahl kommt es immer wieder zu Warteschlangen, sei es in Buchhandlungen oder Lebensmittelläden. In größeren Häusern wird in jeder Abteilung separat gezahlt. Grundsätzlich wird gekaufte Ware verpackt, wenn auch nur in der Tageszeitung von vorgestern. Milch gibt's nur in Halbliter-Glasflaschen, für die Pfand zu zahlen ist. Die Stanniolkappen werden gesammelt und zur «Sekundärrohstoffannahme» gebracht.

Was aber nun kaufen, wenn das Ende der Reise naht und der Geldbeutel noch nicht leer ist? Bücher und Schallplatten sind anzuraten – davon hat jeder schon mal gehört. Richtig. Obwohl Bücher besserer Ausstattung nicht mehr so preiswert sind wie früher. Dennoch lohnen sich Erkundungen, etwa bei Bildbänden oder Klassikern. Klassisches ist auch bei den Platten zu empfehlen, nicht teuer und oft mit gutem Niveau. Auch nach diesen Sachen lohnt sich die Suche: Schreibwaren, Noten, Zeichenbedarf, einfache Haushaltsgeräte, Werkzeug, Sport- und Campingartikel, Grundnahrungsmittel, Kurzwaren. Die Folkloreartikel, die gegen Mark der DDR zu erhalten sind, sind oft nicht so berauschend. Wer irgendwelche Dienstleistungen in Anspruch nehmen kann, der sollte es drüben tun – atemberaubend preiswert: vom Friseur bis zum Uhrmacher, vom Schuster bis zum Optiker.

ESSEN UND TRINKEN

«Bitte warten, Sie werden plaziert!» – kein DDR-Reisender, der nicht mit diesem Haltegebot in öffentlichen Gaststätten bekannt gemacht wird. Früher unübersehbar schwarz auf weiß am Eingang drapiert, ist das Warten auf den/die Plazierungskellner/in mittlerweile von DDR-Bürgern so verinnerlicht, daß sie selbst dann brav an der Tür warten, wenn Tische frei sind und möglicherweise die Plazierung den Gästen überlassen wird. Zu lautstark waren die öffentlichen Proteste gegen diese und andere gastronomische Unsitten in den vergangenen Jahren geworden. Eine in jeder Beziehung bessere Essenskultur ist inzwischen das erklärte Planziel. Tatsächlich hat sich einiges zum Besseren gewandelt, wobei die meisten neueröffneten oder ‹rekonstruierten› Gaststätten in den oberen Preisklassen rangieren. Welche behördlich festgelegt sind: Es gibt die Preisstufen I bis IV sowie S und «S mit Aufschlag». Das gleiche Pils kann in einem «S plus 100»-Restaurant also glatt das Vierfache von dem der Preisstufe II kosten. Preisstufe I ist offenbar ausgestorben (wir haben sie jedenfalls nicht mehr angetroffen), II und III sind für unsere Maßstäbe aber immer noch sehr preiswert – die Hauptgerichte bewegen sich zwischen drei und sieben Mark. Kein Geheimnis wird verraten, wenn wir feststellen, daß die DDR nichts für Feinschmecker ist. Das Fehlen von Schildkrötensuppen und Hummercocktails ist sicher zu verschmerzen, aber die überall vorgesetzte Hausmannskost ist auf die Dauer schwer verdaulich. Schweinefleisch dominiert auf den Speisekarten, wobei sich hinter der Vielfalt der Namen wie Steak, Bulette, Roulade durchaus ein und dasselbe Hackfleisch verbergen kann. Der Fettgehalt der Gerichte ist so gehalten, als ob sämtliche DDR-Bürger als Bergarbeiter oder Holzfäller beschäftigt wären.

Für Schweinefleischverächter bieten sich neben Bauernomelett die Broiler an – bei uns bekannter als Hähnchen. Broilergaststätten durchziehen das ganze Land, größter Vorteil: An den Hähnchen ist nicht viel zu vermurksen. Wirklich empfehlenswert sind dagegen die Fischrestaurants, einheitlich «Gastmahl des Meeres» geheißen: Im allgemeinen weisen sie eine günstige Preis-Leistungs-Relation auf. Gar nicht auf ihre Kosten kommen Vegetarier: Versuche, statt Fleisch mehr Salat oder Kartoffeln einzuhandeln, scheitern meist daran, daß «die Preise nicht kalkuliert werden können». Rohköstler finden – manchmal – ein Salatbüffet vor, an dem sie – manchmal – zwischen Weiß- und Rotkraut, Möhren und rote Bete wählen können. Müslifans sollten sich entsprechende Vorräte mitnehmen, selbst nichtbiologische Zutaten sind schwer aufzutreiben. Naturkostläden sind gänzlich unbekannt in der DDR – in diesem Fall aber auch ein entsprechendes Bewußtsein, selbst bei DDR-Alternativos.

Als Besonderheit der ostdeutschen Küche warten auf den westlichen Gaumen neben den regionalen Spezialitäten (Thüringer Klöße, Leipziger Allerlei, Sächsische Kartoffelsuppe, Dresdner

PRAKTISCHES FÜR UNTERWEGS

Eierschecke, Spreewälder Gurkenfleisch, Vogtländer Quarkkeulchen, Mecklenburgische Linsensuppe) einige osteuropäische Einsprengsel. Am verbreitetsten sind Soljanka (ursprünglich eine ukrainische Bauernsuppe) und Letscho (ein Fleisch-Paprika-Gericht), die allerdings mit ihren slawischen Namensgebern bisweilen nur noch die Schärfe gemeinsam haben. Lohnender ist da schon ein Besuch bei den osteuropäischen Spezialitäten-Restaurants, die an Stelle von Pizzerias und Asiaten die internationale Küche vertreten. Für die Fans der Selbstversorgung: Dosen und Fertigsuppen gibt es natürlich auch in der DDR, aber das Sortiment von Fleisch, Milchprodukten und Brotsorten ist stark eingeschränkt. Honig gibt es allenfalls in Delikat-Läden, Kaffee ist teuer (fast 40 Mark das Pfund) und nicht besonders gut, im Unterschied zu russischem Tee. Für manche Einschränkung der Gaumenfreuden entschädigen aber auch echte Entdeckungen wie «Zun-Zun», eine kubanische Grapefruitmarmelade, oder der meist vorzügliche naturbelassene Joghurt. Herumgesprochen hat sich im Westen bereits die Qualität der von den privaten DDR-Bäckern produzierten Brötchen, die ein Vielfaches nahrhafter und wohlschmeckender sind als die hierzulande üblichen aufgeblasenen Windbeutel. Wir kennen Westler, die Ostbrötchen beutelweise mitschleppen und einfrieren. Noch ein paar Bemerkungen zu den Getränken: Verläßlich zu bekommen sind in Gaststätten Bier (den besten Ruf haben «Lübzator» und «Radeberger Pilsner»), Spirituosen, Limonade mit Farbstoff und Mineralwasser. Kaffee, Tee und die einheimische «Club»-Cola (seltener: Pepsi-Cola) sind schon nicht mehr garantiert, Fruchtsaft eine Frage von Saison und Glück. (Wochenlang gibt es beispielsweise überall und ausschließlich Rhabarbersaft.) Wein und Sekt werden nur in besseren Lokalitäten ausgeschenkt und liegen preislich auf Westniveau. (Im Laden kosten die billigsten 6 bis 7 Mark, im Angebot sind überwiegend ungarische, bulgarische und österreichische Reben.) Als «Juice» wird in aller Regel ein verdünnter Orangensaft angeboten. An heißen Sommertagen schrumpft das Angebot bisweilen ganz schnell zusammen, und nicht nur deshalb ist die Mitnahme des Lieblingsgetränks bei ausgedehnten Touren mit Selbstversorgungscharakter durchaus angeraten. Gang und gäbe ist es übrigens, abends Getränke in der Kneipe nebenan zu erstehen, gegen einen relativ geringen Aufpreis.
Wer von seinem Pflichtumtausch noch knapp fünfzig Mark übrig hat und zufällig im Buchladen auf das Werk «Gastronomische Entdeckungen» trifft, der lange zu. Liegt doch vor ihm der erste und einzige Gastronomieführer der DDR, der tausend attraktive Häuser versammelt und vorstellt. Im Nu war 1985/86 die erste Auflage ausverkauft – trotz des stolzen Preises von 48,50 Mark. Einen Haken hat das Buch jedoch, es nennt keine Telefonnummern.

Wir mutmaßen, weil die empfehlenswerten Restaurants und Gaststätten ohnehin schon langfristig ausgebucht sind. Jenes berühmte japanische Restaurant in Suhl, das die Gäste zunächst durchs gemeinsame Bad schleust, führt Wartelisten über zwei Jahre!

LESETIPS

Gebrauchshinweise: Nach Möglichkeit sind die Taschenbuch(Tb)-Ausgaben genannt. Da die Buchpreise bei Neuauflagen sowohl in West wie Ost fortlaufend steigen, werden manche Angaben bald ihre Gültigkeit verlieren; immerhin geben sie Orientierungshilfen. Sofern von DDR-Druckerzeugnissen westliche Lizenzausgaben existieren, sind diese angegeben. Ein * zeigt an, daß es grundsätzlich auch DDR-Ausgaben (oft preiswerter) gibt, deren Lieferbarkeit allerdings fraglich ist. DDR-Ausgaben sind am Verlag beziehungsweise der Preisangabe in «M» (für «Mark der DDR») erkenntlich. Sie können auch über westdeutsche Buchhandlungen bezogen werden, in der Regel liegen die DM-Preise etwas höher. Einige Bücher sind aktuell vergriffen und nur noch im Antiquariat erhältlich oder in Bibliotheken ausleihbar.

Landkarten

Ein überzogenes Bedürfnis, alles Militärische mit einem Schleier der Geheimhaltung zu belegen, schlägt sich auch bei den Landkarten nieder. Solche im Maßstab

1:10 000 sind nicht frei zu erhalten. Ab 1:50 000 wird's dann unproblematischer. Nur einige Wanderkarten ausgewählter Gebiete werden in genaueren Maßstäben erstellt. Zudem sind die Karten auch dann nicht immer auf dem neuesten Stand, wenn sie gerade erschienen sind. Zwischen Planung und Produktion vergeht halt ein wenig Zeit in der DDR.

Den besten Überblick über die gesamte DDR liefert ohne Zweifel die «Generalkarte» mit 9 Blättern im Maßstab 1:200 000, in der Bundesrepublik für 6,80 DM pro Blatt zu erhalten (Mairs Geographischer Verlag, Stuttgart, in Lizenz von VEB Tourist). Vorteil: Auf den Rückseiten sind jeweils ein paar Innenstadtpläne zu finden. Kleine Auswahl weiterer Orientierungshilfen (regionale Karten siehe Adressen-Teil).

Straßenkarte DDR, 1:500 000 (AV, 9,80 DM)

DDR, 1:750 000 (Kompaß, 6,80 DM)

Campingkarte DDR, 1:600 000, mit allen Anschriften (Ostberlin/ Leipzig, VEB Tourist, 5,80 M)

Urlaubskarte DDR, 1:600 000, mit Verzeichnis «aller Sehenswürdigkeiten» (VEB Tourist, 5,80 DM) *

Reiseatlas, 1:600 000, mit 60 Autorouten durch die DDR (VEB Tourist, 12,50 M/ 13,80 DM) *

Fast alle Karten aus der DDR (wie auch die meisten Reisebücher) sind in der Bundesrepublik entweder im Buchhandel oder hier zu erhalten:

Luchs Buch- und Landkartenhandel
Worringer Straße 57
Postfach 52 28
D-4000 Düsseldorf 1
Tel. 02 11 / 16 11 88

Reiseführer

GEO-Special DDR. (Hamburg 1985, Gruner + Jahr, 12,80 DM) Dank vieler Farbfotos ein Augen-Leckerli. Gar so GEO-lecker ist die DDR allerdings in natura nicht. Dennoch Prädikat empfehlenswert – und wenn nur zum Anschauen.

Klaus Viedebantt (Hg.): Reiseland DDR. (München 1983, Heyne, 9,80 DM) Kurz-Reportagen verschiedener Journalisten, geographisch sortiert. Brauchbar.

Polyglott – DDR. (München 1982/83, Polyglott, Band 843, 6,80 DM) Für Schmalspur-Reisende.

Grieben – Deutsche Demokratische Republik. (München 1981, K.Thiemig, 2 Bände, Nord und Süd, je 14,80 DM) Überblick über herkömmliche Reiseziele.

Baedekers Reiseführer DDR. (Freiburg 1980, Baedekers Autoführer-Verlag in Koproduktion mit VEB Tourist, 29,80 DM) Für die Sightseeing-Tour.

Aral-Autoreisebuch DDR. (Dortmund 1983, Busche, 34 DM) Für Liebhaber der Ölindustrie.

Georg Piltz: Deutsche Demokratische Republik. Kunst- und Reiseführer. (Stuttgart 1979, Kohlhammer, Lizenzausgabe von Urania, Leipzig, 19,80 DM) *
Für Berufs- und Hobby-Kunsthistoriker.

Gerd Baier u. a.: Kunstreiseführer Deutsche Demokratische Republik. (Köln 1977, DuMont-Kunstreiseführer, 34 DM) Für Kunstliebhaber mit einem gutgefüllten Geldbeutel.

Hans J. Kirsche: Bahnland DDR. Reiseziele für Eisenbahnfreunde. (Freiburg 1981, Eisenbahn-Kurier, 29,80 DM) Echte Fans der Deutschen Reichsbahn wird auch der Preis nicht schrecken.

Thomas Wendt: Links und rechts der kleinen Bahnen. Reiseführer zu den Schmalspurbahnen der DDR. (Freiburg 1983, Eisenbahn-Kurier, 14,80 DM) Motto: Schmalspur ist nicht gleich Schmalspur.

(Regionale Reiseführer siehe im Adressen-Teil)

Reiseberichte

Reihe «Reise*ver*führer» des Greifenverlages, Rudolstadt, pro Band 22 M. Bisher erschienen: Sachsen, Thüringen, Berlin. DDR-Publizisten (darunter so angesehene wie Günter Kunert, Heinz Knobloch, Günter de Bruyn) stellen auf recht originelle und informative Weise DDR-Städte und Regionen vor. Mit Schwarzweißfotos und historischen/literarischen Bonmots. Lesenswert!

Sascha Anderson: Totenreklame. Eine Reise. Mit Zeichnungen von Ralf Kerbach. (Westberlin 1983, Rotbuch, 13 DM) Reiseimpressionen im modischen Avantgardestil.

Albert Burkhardt: Mitten in Mecklenburg. Wanderungen im Lande Fritz Reuters. (Leipzig 1983, Brockhaus) Konventionell geschriebene Reisefeuilletons mit historischen Bezügen. Für Liebhaber Mecklenburgs.

Fritz Rudolf Fries: Seestücke. Prosa. (Rostock 1983, Hinstorff, 6 M) Ein Lesevergnügen – nicht nur für Ostseefans.

Fritz Rudolf Fries: Leipzig am Herzen und die Welt dazu. Reiseimpressionen. (Ostberlin/Weimar 1983, Aufbau, 1,85 M) Der Autor nimmt den Leser augenzwinkernd mit auf die Reise – nicht nur durch die DDR.

Wolfgang Geissler: Sieben Tage DDR. Eine Klassenfahrt. Mit Reise-Informationen für Jugendliche. (Darmstadt/Neuwied 1985, Sammlung Luchterhand, ca.9,80 DM) Bei Redaktionsschluß noch nicht erschienen.

Roger Nastoll: Wanderimpressionen aus Nordthüringen, einem Freunde mitgeteilt in Briefen. (Rudolstadt 1979, Greifenverlag)

Hanns H. F. Schmidt: Skizzen aus der Altmark. Mit Fotos von Gerald Große. (Rudolstadt 1978, Greifenverlag, 18 M)

Hans Scholz: Wanderungen und Fahrten in der Mark Brandenburg. (Westberlin, Ullstein, 8 Bände je 5,80/7,80 DM) Ein westdeutscher Publizist wandelt mit aller Gründlichkeit auf Fontanes Spuren.

Bildbände

Bilder aus Mecklenburg. Text: Fritz R. Fries, Fotos: Lothar Reher. (Rostock 1979, Hinstorff, 28 M; Husum 1985, Husum-Verlag, 48 DM)

Zwischen Rügen und Elbsandsteingebirge. Text: Horst Krüger, Fotos: Karl-Heinz Jürgens. (München 1981, Stürtz, 58 DM)

PRAKTISCHES FÜR UNTERWEGS

Überflug. Die DDR aus der Luftperspektive. Text: Werner Rietdorf und Horst Baeseler, Fotos: Lothar Willmann. (Leipzig 1983, Brockhaus, 39,50 M)

Im anderen Deutschland. Menschen in der DDR. Fotos: Michael Ruetz. (Zürich/München 1979, Artemis)

Die Deutschen drüben. Impressionen eines Franzosen. Text und Fotos: Jean-Pierre Delagarde. (Oldenburg 1981, Stalling)

Zuhause. 100 Fotos aus den Jahren 1970–75. Fotos und Text: Einar Schleef. (Schleefs Zuhause ist Sangerhausen/Harz) (Frankfurt a. M. 1981, Suhrkamp, 34 DM)

DDR allgemein

Timothy Garton Ash: «Und willst du nicht mein Bruder sein . . .» Die DDR heute. (Reinbek 1981, Rowohlt-Spiegel-Buch, 16 DM) Streifzug eines britischen Journalisten durch das Innenleben der anderen deutschen Republik, Grundfrage: Wie deutsch ist die DDR?

Irene Böhme: Die da drüben. Sieben Kapitel DDR. (Westberlin 1982, Rotbuch, 10 DM) Originell und kompetent verfaßte Einführung für «Mauersegler» – die Autorin arbeitete bis 1980 als Dramaturgin und Redakteurin in der DDR. Empfehlenswert!

Klaus Bölling: Die fernen Nachbarn. Erfahrungen in der DDR. (München 1985, Goldmann-Stern-Buch, 12,80 DM) Der Ex-Quasi-Botschafter in Ostberlin plaudert aus dem Nähkästchen – über deutsch-deutsche Politik und die Mächtigen in der DDR.

Hendrik Bussiek: Die real existierende DDR. Neue Notizen aus der unbekannten deutschen Republik. (Frankfurt a. M. 1984, Fischer-Tb, 10,80 DM) Über Geschichte, Politik, Wirtschaft, Alltag, Kultur informiert ein kundiger DDR-Korrespondent.

Karl-Heinz Eckart: Die DDR im Systemvergleich. Didaktisches Sachbuch zum Verständnis von Plan- und Marktwirtschaft. (Reinbek 1982, rororo, 12,80 DM) Für den politischen Unterricht.

Karl-Wilhelm Fricke: DDR-Staatssicherheit. Entwicklung, Strukturen, Aktionsfelder. (Köln 1984, Wissenschaft und Politik, 29,80 DM) Über die dunkelste Seite der DDR informiert der Leiter der Ost-West-Redaktion beim Deutschlandfunk. Für Touristen wenig brauchbar – eher für solche, die «anders reisen» mit «spionieren» übersetzen.

Horst-Günter Kessler und Jürgen Miermeister: Vom «Großen Knast» ins «Paradies»? DDR-Bürger in der Bundesrepublik. Lebensgeschichten. (Reinbek 1983, rororo aktuell, 9,80 DM) Authentische Berichte aus erster

LESETIPS

Hand geben einen guten Einblick in Ost-West-Welten.

Per Ketman (Hg.): Geh doch rüber! Begegnungen von Menschen aus Ost und West. (Darmstadt/Neuwied 1986, ca. 12,80 DM) Was geht vor, wenn sich «Westler» und «Ostler» treffen? Autoren von hüben und drüben berichten. Herausgeber Per Ketman: «Die ideale Ergänzung zu ‹anders reisen DDR›!»

Jürgen Kuczynski: Dialog mit meinem Urenkel. Neunzehn Briefe und ein Tagebuch. (Ostberlin/Weimar 1983, Aufbau, 9 M) Offene Worte des renommierten DDR-Gesellschaftswissenschaftlers. Marxistisch-leninistisch, aber diskutabel.

Rolf Mainz: BRDDR. Leiden an Deutschland. Satiren über die geteilten Deutschen. (München 1985, Goldmann, 7,80 DM) Schmunzellektüre von einem ehemaligen DDR-Bürger.

Peter Schneider: Der Mauerspringer. Erzählung. (Darmstadt/Neuwied 1982, Sammlung Luchterhand, 8,80 DM) Kein Sachbuch, sondern Belletristik von einem Westberliner Autor. Geschichten über Ost-West-Grenzwechsel. Zur unterhaltsamen Einstimmung sehr wohl geeignet.

Hans-G. Wehling (Hg.): DDR. (Stuttgart 1983, Kohlhammer, 20 DM) Ein Sachbuch für wissenschaftlich Orientierte.

Eva Windmöller: Leben in der DDR. Mit Fotos von Thomas Höpker. (München 1980, Goldmann-Stern-Buch, 9,80 DM) Nicht mehr ganz taufrisches journalistisches Buch der früheren Stern-Korrespondentin in der DDR.

DDR-Handbuch. Herausgeber: Bundesministerium für innerdeutsche Beziehungen. (Köln 1985, Wissenschaft und Politik, 2 Bände, 48 DM)

Statistisches Taschenbuch der DDR. Herausgeber: Autorenkollektiv. (Ostberlin, jährlich neu, Staatsverlag der DDR)

Plaste und Elaste. Ein deutschdeutsches Wörterbuch. (Berlin 1982, Haude & Spencer, 9,80 DM)

Kleines Wörterbuch des DDR-Wortschatzes. Hg. M. Kinne und B. Strube-Edelmann. (Düsseldorf 1980, Schwann, 18 DM)

Namen und Daten wichtiger Personen der DDR. Hg. Günther Buch. (Westberlin/Bonn 1983, Dietz)

Deutschland-Archiv. Zeitschrift für Fragen der DDR und der Deutschlandpolitik. (Köln, Wissenschaft und Politik, Erscheinungsweise monatlich, Einzelheft 6,50 DM, Jahresabonnement 70 DM, mit Ermäßigung 40 DM) Umfassende und aktuelle Informationsquelle über die DDR.

PRAKTISCHES FÜR UNTERWEGS

Geschichte

Manfred Behn (Hg.): Geschichten aus der Geschichte der DDR 1949–1979. (Neuwied 1981, Sammlung Luchterhand, 14,80 DM)

Heinz Brandt: Ein Traum, der nicht entführbar ist. Mein Weg zwischen Ost und West. (Frankfurt a. M. 1985, Fischer-Tb, 12,80 DM, Erstausgabe München 1967)

Heinz Heitzer: DDR – Geschichtlicher Überblick. (Ostberlin 1984, Dietz, 5,80 M/7,80 DM)

Stefan Heym: 5 Tage im Juni. Roman. (Frankfurt a. M. 1977, Fischer Tb, 8,80 DM)

Stefan Heym: Schwarzenberg. Roman. (Gütersloh 1984, Bertelsmann, 34 DM)

Wolfgang Leonhard: Die Revolution entläßt ihre Kinder. Autobiographischer Bericht. (München 1984, Heyne, 12,80 DM, Erstausgabe 1955)

J. Rühle /G. Holzweißig: 13. August 1961. Die Mauer von Berlin. (Köln 1981, Wissenschaft und Politik, 14 DM)

Benno Sarel: Arbeiter gegen den «Kommunismus». Zur Geschichte des proletarischen Widerstandes in der DDR (1945–1958). (München 1975, Trikont, 14 DM)

Ilse Spittmann und Karl Wilhelm Fricke (Hg.): 17. Juni 1953. Arbeiteraufstand in der DDR. (Köln 1982, Wissenschaft und Politik, 16,80 DM)

Dietrich Staritz: Geschichte der DDR 1949–84. (Frankfurt a. M. 1984, Suhrkamp, 16 DM)

Hermann Weber: Geschichte der DDR. (München 1985, dtv wissenschaft, 19,80 DM)

Hermann Weber (Hg.): Dokumente zur Geschichte der DDR 1945–85. (München 1986, dtv, 16,80 DM)

Politik und Alltag

Gabriele Eckart: So sehe ick die Sache. Protokolle aus der DDR. (Köln 1984, Kiepenheuer & Witsch, 16,80 DM) 21 Menschen aus dem havelländischen Obstanbaugebiet bei Berlin erzählen frisch von der Leber weg über Privates wie Gesellschaftliches. Empfehlenswert!

Jürgen Fuchs: Gedächtnisprotokolle. Mit Liedern von Gerulf Pannach. (Reinbek 1977, rororo, 4,80 DM) Wie ein junger Genosse, der den aufrechten Gang gehen will, mit Partei und politischer Polizei in Konflikt gerät – und wie die Umwelt reagiert.

Jürgen Fuchs: Vernehmungsprotokolle. November '76 bis September '77. (Reinbek 1978, rororo, 4,80 DM) Authentischer Stasiknast-Bericht

Jürgen Fuchs: Fassonschnitt.
(Reinbek 1984, Rowohlt, 32 DM)
Die ersten Tage des Rekruten
Fuchs bei der Nationalen Volksarmee.

Norbert Haase, Lothar Reese &
Peter Wensierski: VEB Nachwuchs. Jugend in der DDR. (Reinbek 1983, rororo, 10,80 DM)
Nicht *die* Jugend, sondern eher
die unangepaßte Jugend stellt sich
vor. Vermittelt viel VEB-Lebensgefühl. Lesenswert!

Ingrid Krüger (Hg.): Kommen
wir zur Tagesordnung. Literarische Reportagen aus der DDR.
(Neuwied 1985, Sammlung Luchterhand, 12,80 DM) DDR-Lebensgeschichten, vorgestellt von
11 Autoren mittels Porträts und
Protokollen. Gute Einstiegslektüre.

DDR-konkret. Geschichten und
Berichte aus einem real existierenden Land. Von T. Auerbach,
W. Hinkeldey, M. Kirstein,
G. Lehmann, B. Markowsky,
M. Sallmann. (Westberlin 1978,
Olle & Wolter, 12,80 DM) Die Autoren sind sechs junge Arbeiter aus
Jena und Leipzig, die es mit dem
Sozialismus in ihrem Land wörtlich genommen haben. Woraufhin
sie ihr Land verlassen mußten.

Lebensbedingungen in der DDR.
17. Tagung zum Stand der DDR-Forschung in der Bundesrepublik
12.–15. Juni 1984. Hg. Ilse Spittmann-Rühle und Gisela Helwig.
(Köln 1984, Wissenschaft und Politik) Für DDR-Spezis und solche, die es werden wollen.

Umweltprobleme und Umweltbewußtsein in der DDR. Hg. Redaktion Deutschland Archiv.
(Köln 1985, Wissenschaft und Politik, 24 DM) Besser erst nach
einer DDR-Reise lesen.

Kultur

Heiko R. Blum u. a.: Film in der
DDR. (München 1977, Hanser
Reihe Film 13, 19,80 DM) Bislang
die westdeutsche Standardpublikation.

Karlheinz Drechsel: JAZZ objektiv. (Ostberlin 1983, Musikverlag)
Abgesehen vom anmaßenden Titel
eine brauchbare Lektüre für Liebhaber des DDR-Jazz.

Wolfgang Emmerich: Kleine Literaturgeschichte der DDR. (Neuwied 1981, Sammlung Luchterhand, 15,80 DM) Empfehlenswert
– nicht nur für Literaturspezis!

Manfred Jäger: Kultur und Politik in der DDR. (Köln 1982, Wissenschaft und Politik, 16,80 DM)
Informativ, Schwerpunkt etwas
einseitig auf Literatur.

Lothar Lang: Malerei und Graphik in der DDR. (Leipzig 1984,
Reclam, 6,50 M) Übersicht über
die DDR-offizielle Kunst von einem moderaten DDR-Kunstwissenschaftler.

Olaf Leitner: Rockszene DDR.
Aspekte einer Massenkultur im

PRAKTISCHES FÜR UNTERWEGS

Sozialismus. (Reinbek 1983, rororo, 19,80 DM) Standardlektüre zum Thema Rockmusik.

Erich Loest: Der vierte Zensor. Vom Entstehen und Sterben eines Romans in der DDR. (Köln 1984, Wissenschaft und Politik, 14,80 DM) Blick hinter die Kulissen des DDR-Literaturbetriebes vom Autor des Romans «Es geht seinen Gang oder Mühen in unserer Ebene».

Bert Noglik und Heinz-Jürgen Lindner: Jazz im Gespräch. (Ostberlin 1978, Verlag Neue Musik) DDR-Jazzer stellen sich vor.

Edda und Sieghard Pohl: Die ungehorsamen Maler der DDR. (Berlin 1979, Oberbaum-Verlag, 19,80 DM) Die notwendige Ergänzung zu Lothar Lang.

Siegfried Radlach (Hg.): Absage – Ansage. Schriftenreihe DDR-Kultur 2. (Westberlin 1982, Paul-Löbe-Institut) Offizielle und weniger offizielle Kultur wird von Intimkennern der Szene beleuchtet. Aufschlußreiche Lektüre.

Hans-Jürgen Schmitt (Hg.): Die Literatur der DDR. (München 1984, dtv, 22,80 DM) Für Anspruchsvolle.

Henry Schumann: Ateliergespräche. (Leipzig 1976, Seemann) Siehe Kapitel Bildende Kunst, S. 121.

Kulturpolitisches Wörterbuch BRD/DDR. Hg. von W. Langenbrucher, R. Rytlewski und B. Weyergraf. (Stuttgart 1983, Metzler, 48 DM) Empfehlenswert für Fortgeschrittene in Sachen DDR und für Benutzer von Bibliotheken.

Kulturpolitisches Wörterbuch. Hg. Autorenkollektiv. (Ostberlin 1978, Dietz, 12,80 M) Selbstdarstellung der DDR-Kulturbonzen. Bisweilen dröge, aber aufschlußreich.

Prisma: Kino- und Fernsehalmanach. (Ostberlin, Henschelverlag, jährlich seit 1970) Für Cineasten eine lohnende Investition, DDR-Film und -Fernsehen sind nicht die einzigen Themen.

Mensch und Umwelt – Malerei, Grafik, Plastik aus der DDR. Ausstellungskatalog. (Westberlin 1980, Künstlerhaus Bethanien)

Durchblick. Ausstellungskatalog. Hg.: Ludwig-Institut für Kunst der DDR. (Oberhausen 1984)

Neunte Kunstausstellung der Deutschen Demokratischen Republik Dresden 1982/83. Ausstellungskatalog. (Westberlin 1983, Elefanten-Press, 48 DM)

Die andere DDR

Rudolf Bahro: Die Alternative. Zur Kritik des real existierenden Sozialismus. (Reinbek 1980, rororo, 7,80 DM, Erstausgabe 1977) Marxistische Fundamentalkritik des ehemaligen SED-Funktionärs. DDR-Zöllner sind scharf drauf wie Schnüffelhunde auf Gras und Kokain.

Wolfgang Büscher und Peter Wensierski: Null Bock auf DDR. Aussteigerjugend im anderen Deutschland. (Reinbek 1984, Rowohlt-Spiegel-Buch, 16 DM) Kenntnisreich und unterhaltsam geschrieben. Bisweilen allerdings mit allzu flotter Nadel gestrickt – manche der Dargestellten fanden sich in der Darstellung nur bedingt wieder.

Klaus Ehring und Martin Dallwitz: Schwerter zu Pflugscharen. Friedensbewegung in der DDR. (Reinbek 1982, rororo, 8,80 DM) Materialreiches Buch mit dem Schwerpunkt auf kirchlichen Initiativen.

Karl Wilhelm Fricke: Opposition und Widerstand in der DDR. (Köln 1984, Wissenschaft und Politik, 26 DM) Fleißarbeit nach dem Motto: Hauptsache Widerstand gegen das SED-Regime.

Robert Havemann: Morgen. Die Industriegesellschaft am Scheideweg. (Frankfurt a. M., Fischer-Tb, 7,80 DM)

Kalle Winkler: Made in DDR. Liedermacher – unerwünscht. (Frankfurt a. M. 1985, Fischer-Tb, 8,80 DM) Ein Zwanzigjähriger, Funktionärssohn und unbotmäßiger Liedermacher, beschreibt die Jugendszene vom Prenzlauer Berg und erste Knasterfahrungen.

Rosa Liebe unterm roten Stern. Zur Lage der Lesben und Schwulen in Osteuropa. Hg.: Homosexuellen-Initiative (HOSI) Wien. (Wien/Hamburg 1984, Libertäre Assoziation e.V., 13,80 DM) Standardwerk, mit einer Liste der Arbeitskreise Homosexualität in der DDR.

Osteuropa-Info. Hg.: Sozialistisches Osteuropakomitee (SOK). (Hamburg, Junius-Verlag, Erscheinungsweise vierteljährlich, Einzelheft 8 DM, Jahresabonnement 30 DM inklusive Porto) Info mit thematischen Schwerpunkten wie Antimilitarismus, Ökologie. Wichtigstes Forum für die linke Opposition in der DDR.

Kirche im Sozialismus. Materialien zu Entwicklungen in der DDR. Hg.: Berliner Arbeitsgemeinschaft für Kirchliche Publizistik. (Westberlin, Wichern-Verlag, Erscheinungsweise zweimonatlich, Einzelheft 7,50 DM, Jahresabo 36 DM inklusive Versandkosten) Kommentare, Analysen, Berichte, Besprechungen, Chronik – (fast) alles über die Kirche in der DDR.

Belletristik

(Anmerkungen und Inhaltsangaben der – aus der Reiseperspektive – wichtigsten Werke finden sich im Literaturkapitel, Seite 87–96)

Anthologien:

Elke Erb (Hg.): Berührung ist nur eine Randerscheinung. (Köln

1985, Kiepenheuer & Witsch, 29,80 DM)

Horst Heidtmann (Hg.): Von einem Tag zum andern mit einer Zukunft rechnen. Texte aus der DDR. (Frankfurt a. M. 1984, Fischer-Tb, 8,80 DM)

Ingrid Krüger (Hg.): Die Heiratsschwindlerin. Erzählerinnen der DDR. (Darmstadt/Neuwied, Sammlung Luchterhand, 12,80 DM)

Lutz Rathenow (Hg.): Einst war ich Fänger im Schnee. Neue Texte und Bilder aus der DDR. (Westberlin 1984, Oberbaum, 16,80 DM)

Lutz-W. Wolff (Hg.): Fahrt mit der S-Bahn. Erzähler der DDR. (München, dtv, 7,80 DM, Erstausgabe 1971)

Einzelwerke:

Kurt Bartsch: Kaderakte. Gedichte und Prosa. (Reinbek 1979, rororo, 8 DM)

Wolf Biermann: Preußischer Ikarus. (München 1981, dtv, 7,80 DM)

Volker Braun: Gedichte. (Frankfurt a. M. 1979, Suhrkamp, 8 DM); Stücke. (Frankfurt a. M., Suhrkamp, 2 Bände je 7 DM) *; Es genügt nicht die einfache Wahrheit. Notate. (Frankfurt a. M. 1975, 8 DM) *

Bertolt Brecht: Gedichte, Band 3. (Frankfurt a. M., Suhrkamp, 9 DM)

Günter de Bruyn: Märkische Forschungen. Erzählung. (Frankfurt a. M., Fischer, 7,80 DM, Erstausgabe 1978) *; Buridans Esel. Roman. (Frankfurt a. M., Fischer, 6,80 DM, Erstausgabe 1968) *

Adolf Endler: Ohne Nennung von Gründen. Vermischtes aus dem poetischen Werk des Bobbi «Bumke» Bergermann. (Westberlin 1985, Rotbuch, 16 DM)

Fritz R. Fries: Der Weg nach Oobliadooh. Roman. (Frankfurt a. M. 1975, Suhrkamp, 6 DM)

Franz Fühmann: Wandlung, Wahrheit, Würde. Aufsätze und Reden 1964–1981. (Darmstadt/Neuwied 1985, Sammlung Luchterhand, 16,80 DM)

Christoph Hein: Drachenblut. Novelle. (Darmstadt/Neuwied 1983, Sammlung Luchterhand, 12,80 DM) (Originaltitel: Der fremde Freund) *; Die wahre Geschichte des Ah Q. Stücke und Essays. (Darmstadt/Neuwied 1984, Sammlung Luchterhand, 12,80 DM)

Hermann Kant: Die Aula. Roman. (Frankfurt a. M., Fischer, 7,80 DM, Erstausgabe 1965) *

Sarah Kirsch: Die Pantherfrau. Fünf Frauen in der DDR sprechen von ihrem Leben. (Reinbek, rororo, 5,80 DM)

LESETIPS

Uwe Kolbe: Hineingeboren. Gedichte 1975–1979. (Frankfurt a. M. 1982, Suhrkamp, 10 DM) *

Erich Loest: Es geht seinen Gang oder Mühen in unserer Ebene. Roman. (München 1980, dtv, 9,80 DM)

Monika Maron: Flugasche. Roman. (Frankfurt a. M. 1981, Fischer, 14,80 DM)

Christa Moog: Die Fans von Union. Geschichten. (Düsseldorf 1985, Claasen, 28 DM)

Heiner Müller: Geschichten aus der Produktion 1. Stücke, Prosa, Gedichte, Protokolle. (Westberlin 1974, Rotbuch, 12 DM); Geschichten aus der Produktion 2. (Westberlin 1974, Rotbuch, 9 DM); Mauser. (Westberlin 1978, Rotbuch, 10 DM)

Ulrich Plenzdorf: Die neuen Leiden des jungen W. (Frankfurt a. M., Suhrkamp, 7 DM, Erstausgabe 1973) *

Lutz Rathenow: Zangengeburt. Gedichte. (München 1983, Piper, 16 DM)

Brigitte Reimann: Franziska Linkerhand. Roman. (München, dtv, 14,80 DM, Erstausgabe 1974) *; Die geliebte, die verfluchte Hoffnung. Tagebücher und Briefe. (Darmstadt/Neuwied 1984, Luchterhand, 29,80 DM) *

Rüdiger Rosenthal: Polnische Reise. Gedichte. (Westberlin 1984, Oberbaum-Verlag, 16,80 DM)

Hans Joachim Schädlich: Versuchte Nähe. Prosa. (Reinbek 1977, rororo, 5,80 DM)

Rolf Schneider: Die Reise nach Jaroslaw. (Darmstadt/Neuwied, Sammlung Luchterhand, 12,80 DM, Erstausgabe 1974)

Helga Schubert: Das verbotene Zimmer. Geschichten. (Darmstadt/Neuwied 1984, Sammlung Luchterhand, 9,80 DM)

Erwin Strittmatter: Ole Bienkopp. Roman. (Ostberlin/Weimar 1964, Aufbau, 8,80 M)

Wilfried Völlger: Das Windhahnsyndrom. Roman. (Rostock 1983, Hinstorff, 8 M)

Joachim Walther: Ich bin nun mal kein Yogi. (Jeansprosa) (Bergisch Gladbach 1978, Lübbe) *

Maxie Wander: «Guten Morgen, du Schöne.» Frauen in der DDR. Protokolle. (Darmstadt/Neuwied, Sammlung Luchterhand, 12,80 DM, Erstausgabe 1977) *; Leben wär' eine prima Alternative. Tagebuchaufzeichnungen und Briefe. (Darmstadt/Neuwied 1984, Sammlung Luchterhand, 12,80 DM) *

Walter Werner: Das Gras hält meinen Schatten. Gedichte – Prosa – Aufsätze. (Halle/Leipzig 1982, Mitteldeutscher Verlag, 13,50 M)

KURZINFOS VON A–Z

Christa Wolf: Kindheitsmuster. Prosa. (Darmstadt/Neuwied, Sammlung Luchterhand, 16,80 DM, Erstausgabe 1976) *; Nachdenken über Christa T. (Darmstadt/ Neuwied, Sammlung Luchterhand, 11,80 DM) *

KURZINFOS VON A BIS Z

Autokennzeichen 405
Blumen 405
Briefmarkentausch 405
Euroschecks 405
Feiertage 405
Filmen/Fotografieren 405
FKK 405
Flucht/Fluchthilfe 406
Friedensverträge 406
Geschenke 407
Gesundheit 407
Heirat 407
Kreditkarten 408

Notfall 408
Öffnungszeiten 408
Postgebühren 408
Prostitution 408
Schwarztausch 409
Segeln/Surfen 409
Städtepartnerschaften 409
Stasi 409
Studentenausweise 410
Telefon 411
Toiletten 411
Übersiedlung in die DDR 411
Zeitungen/Zeitschriften 412

AUTOKENNZEICHEN

Wer erkunden möchte, woher DDR-Autos stammen, muß auf den ersten Buchstaben der Buchstabengruppe achten.
A – Rostock
B – Schwerin
C – Neubrandenburg
D, P – Potsdam
E – Frankfurt/Oder
H, M – Magdeburg
I – Ostberlin
K, V – Halle
L, F – Erfurt
N – Gera
O – Suhl
R, Y – Dresden
S, U – Leipzig
T, X – Karl-Marx-Stadt
Z – Cottbus

BLUMEN

Nicht mehr so verbreitet wie früher ist der Blumengruß gen Osten. Fleurop-Geschäfte machen es möglich: 1984 wurden nur noch 30 200 Aufträge für die DDR erteilt, 1983 waren es noch 100 000 gewesen! Nach Aufgabe der Bestellung und Begleichung des Preises wird dann von einem der 500 Fleurop-Geschäfte in der DDR der Wunschstrauß ausgeliefert – natürlich nur nach Maßgabe des vorhandenen Angebots.

BRIEFMARKEN-TAUSCH

Die armen Briefmarkensammler in der DDR dürfen ohne Genehmigung nichts über die Landesgrenzen hinweg tauschen; dazu müssen sie mindestens drei Monate aktives Mitglied im «Philatelistenverband im Kulturbund der DDR» sein. Jede Marke, die aus- oder eingeführt werden soll, muß einzeln beantragt werden. Der Wert ist in «Lipsia-Mark» (kannten wir vorher auch nicht), dem DDR-Katalog-Wert, anzugeben. Einzelheiten enthält das «Merkblatt 13» des Gesamtdeutschen Instituts (Anschrift auf Seite 368).

EUROSCHECKS

Leider können Euroschecks in der DDR nicht benutzt werden, Reiseschecks übrigens auch nicht.

FEIERTAGE

Mit Einführung der Fünf-Tage-Woche ist die Zahl der Feiertage reduziert worden. Jetzt sind noch arbeitsfrei: 1. Januar, Karfreitag, Ostersonntag, 1. Mai, Pfingstsonntag und -montag, 7. Oktober (Nationalfeiertag), 25. und 26. Dezember.

FILMEN/FOTOGRAFIEREN

Im Prinzip darf alles fotografiert oder gefilmt werden, letzteres jedoch nur ohne Ton! Ausgenommen sind militärische Anlagen, Verkehrseinrichtungen (Bahnhöfe, Flugplätze und Hafenanlagen) sowie Industrie- und Grenzbauten.

FKK

Die DDR gilt als nudistische Weltmacht, nirgends sonst ist das FKK wohl so verbreitet wie hier. Zahllose Strände, Anlagen und Einrichtungen haben sich auf die Ganz-ohne-Menschen eingestellt. Nur, es gibt kein Informationsmaterial darüber. Was stimmt und auch nicht. Ein FKK-Freund hat alles Wichtige mal in einer Broschüre zusammengefaßt, Titel «Baden ohne» – das Ding war binnen Tagen ratzekahl ausverkauft. Ob's eine Neuauflage geben wird, steht in den Sternen. Hilfestellung in kleinerem Rahmen bieten westliche FKK-Führer, verzeichnen sie doch wenigstens ein paar der FKK-Hochburgen.

KURZINFOS VON A–Z

FLUCHT/FLUCHTHILFE

Hier reagieren die «staatlichen Organe» allergisch wie nirgends sonst. Mit allen, wirklich allen Mitteln versuchen sie, Fluchtversuche zu verhindern, zu unterbinden oder zu beenden. Westler, die sich auf eine Mitwirkung einlassen, riskieren jahrelangen Knast – und der ist in der DDR wahrlich kein Zuckerschlecken. Ungeheuer leichtsinnig, aber letztlich erfolgreich, weil überraschend dreist, war ein Teil einer Marburger Schulklasse Ende 1984. Einige Schüler versteckten bei der Rückreise von einer Klassenfahrt einen DDR-Jugendlichen im Bus und brachten ihn tatsächlich über die Grenze. Wäre die Sache aufgeflogen – nicht auszudenken, was den immerhin 30 Personen zugestoßen wäre.

Wer als Bundesbürger Kontakte zu ausreisewilligen oder solchen DDR-Bürgern unterhält, die gescheiterte Fluchtversuche und anschließende Knastaufenthalte hinter sich haben, muß mit ständiger Kontrolle und Beobachtung seitens der Stasi rechnen. Was im Einzelfall auch mal zu Verhören und vielleicht auch Festnahmen führen kann. Völlig aufgeschmissen ist jeder, der Kontakt zu den kommerziellen Fluchthilfeunternehmen sucht – sind diese doch weitgehend von DDR-Agenten unterwandert.

FRIEDENSVERTRÄGE

Die Mächtigen in West und Ost bereiten sich auf den nächsten Krieg vor. Das größte und letzte Aufrüstungsprogramm der Weltgeschichte – SDI – wird in orwellscher Sprache als «größte Friedensmaßnahme» den Völkern verkauft. Um den Schein zu wahren, werden in Genf und anderswo «Abrüstungsverhandlungen» inszeniert, die nichts weiter sind als Bluff und Betrug. Aufrüstung und Kriege gehen weiter. Die Friedensbewegung läuft derweil auseinander. Der Frieden ist ein Abstraktum geblieben.

Frieden wird konkret durch Kontakte, durch Freundschaften zwischen Ost-Menschen und West-Menschen. Wenn es die Regierenden nicht tun, ist es um so notwendiger, daß wir den Menschen auf der anderen Seite der Mauer den Frieden erklären. Eine Möglichkeit dazu ist ein persönlicher Friedensvertrag. Er kann ganz einfach aussehen, etwa: «Aus Protest gegen die Aufrüstung in Ost und West ergreifen wir, die Vertragsparter, eigene Schritte zur Abrüstung. Wir verweigern den Kriegsdienst mit der Waffe (oder: «die Wehrpflicht» oder «im vorhinein jede Dienstverpflichtung für den Kriegsfall» . . .). Jeder verpflichtet sich, in seinem Land für weitere Abrüstungsschritte einzutreten.» (Unterschrift, Adresse, Datum.) Selbstverständlich müssen die jeweiligen persönlichen Schritte in etwa vergleichbar sein. Die schriftliche Fixierung hat den Vorteil einer größeren Verbindlichkeit, und es besteht die Möglichkeit, die Friedensabsicht nach außen zu dokumentieren. Gerade im Fall von Repressionen, von denen Kriegsdienstverweigerer in der DDR, aber auch Totalverweigerer in der BRD oft betroffen sind, kann dies bedeutend werden. Oder auch für private und öffentliche Solidaritätsaktionen.

Persönliche Friedensverträge setzen Kontakte und Freundschaften voraus. Mittlerweile gibt es in der Bundesrepublik und in Westberlin mehrere Gruppen, die sich gezielt um die Förderung privater Kontakte, aber auch um die

FLUCHT/FLUCHTHILFE – HEIRAT

Initiierung von Partnerschaften bemühen – so zwischen Städten und Hochschulen. «Aktion 100 000 Partnerschaften» heißt das Stichwort. Näheres einschließlich eines regelmäßig erscheinenden Materialbriefes «Partnerschaft Ost-West» (mit Beiträgen zur Friedensdiskussion, etwa 3 DM pro Ausgabe) bei
Uwe Lorenz
Deutzer Freiheit 105
D-5000 Köln 21
Tel. 02 21 / 81 76 37

GESCHENKE

Wer seinen lieben Freunden oder Verwandten in der DDR etwas Gutes angedeihen lassen will, sollte ihnen vielleicht einmal einen Urlaub in der Sowjetunion schenken. Wie das geht? Ganz einfach. Die Bundesbürger lassen sich einen Katalog kommen, suchen die Reise aus, buchen und bezahlen (in DM selbstverständlich) – und irgendwann dürfen die Lieben in das Mutterland des Sozialismus fahren. Genex macht's möglich – jene Firma, die die Doppelmoral der führenden Genossen so deutlich wie kaum etwas anderes offenbart. Warten Einheimische zehn Jahre auf ihren Trabbi, müssen die Westler nur 5 000 bis 7 000 DM einzahlen, und schon wird das Gefährt an den Empfänger in der DDR ausgeliefert. Ganze Spießbürger-Bungalows für müde 113 275 DM können so über die Grenze verschenkt werden. Laut Auskunft des «Spiegel» fließen die DM-Einkünfte direkt der Parteikasse der SED zu, denn selbst bei Ostwaren erhalten die herstellenden DDR-Betriebe nicht etwa die DM, sondern Mark der DDR. Wer sich den Hochglanzkatalog von Genex mal zu Gemüte führen möchte, hier ist die Adresse:
Palatinus GmbH
Lintheschergasse 15
CH-8023 Zürich
Tel. 0041 / 1 / 211 63 11
Aber auch ein bundesdeutsches Versandhaus mischt in Sachen DDR-Geschenke mit. Quelle bietet sowohl mehrere Sonderpakete als auch fast alle anderen Waren zur Lieferung in die DDR an. Eigentlich ist das nicht zulässig, aber die Pakete sehen neutral aus und tragen den Namen des Auftraggebers als Absender. Zu den Katalogpreisen kommen 8 DM pro Auftrag hinzu – das ist alles. Sogar Daueraufträge über kontinuierliche Belieferung sind möglich. Zu beachten ist nur, daß der «Sonder-Bestellschein» verwendet wird. Weitere Auskünfte gibt's hier:
Quelle International
Export-Geschenk-Service
Otto-Seeling-Promenade 2
D-8510 Fürth 2

GESUNDHEIT

Plagt Bundesbürger während eines DDR-Aufenthaltes das Zipperlein, können sie sich an jede Arztpraxis, Poliklinik oder Krankenhauseinrichtung wenden. Nur das Vorzeigen von Reisepaß oder behelfsmäßigem Personalausweis bei Westberlinern ist erforderlich. Natürlich gilt dies nur für die ambulante oder stationäre Behandlung akuter Erkrankungen. Für neue Zähne kann diese kostenlose Betreuung natürlich nicht in Anspruch genommen werden. Einem von uns gab der Landarzt nach zwei Stunden Wartezeit mal die besten Pillen mit, die er gegen eine kleine Infektion im Schrank hatte – weshalb die Gastgeber richtig wütend wurden, erhielten sie diese besonders guten, aber auch teuren Pillen doch nur in absoluten Ausnahmefällen.

HEIRAT

Udo Lindenberg besang sein Mädchen in

Ostbirlin, mehr und mehr Westler/innen tun es ihm nach. Was nicht ohne Folgen bleibt; so wird gemunkelt, daß in der Hauptstadt einige hundert Kinder leben, deren Väter Türken aus Westberlin sind. Aber selbst beim Eintreffen von Nachwuchs werden Genehmigungen zur Eheschließung, die in jedem Fall erforderlich sind, selten und nur nach zeitraubendem Nervenkrieg ausgestellt. Grund: Ist eine Ost-West-Ehe geschlossen, kann der Westpartner die Familienzusammenführung beantragen. Was im Klartext bedeutet, daß die östliche Ehehälfte aus der DDR übersiedelt. Und das wird bei den staatlichen Organen drüben gar nicht gerne gesehen. Deshalb versucht die Stasi, alle Liebschaften im frühestmöglichen Stadium zu erfassen. Manchmal werden sie auch durch reichlich unfeine Methoden einem raschen Ende zugeführt.

Einmal hat sich ein Schwuler aus Westberlin um die ‹Familienzusammenführung› mit seinem Ostberliner Freund bemüht. Was aber nicht hinhaute. Der Freund kam allerdings doch raus, weil er in den Knast gewandert war und von der Bundesregierung freigekauft wurde.

KREDITKARTEN

Als letztes Land Osteuropas hat die DDR 1985 mit American Express die Benutzung von Kreditkarten geregelt. Etwa 300 Vertragsunternehmen gibt es, vor allem Hotels, Restaurants, Shops, Autovermietungen. Wichtigste Repräsentanz ist das «Reisebüro der DDR», das in allen wichtigen Orten Zweigstellen unterhält. Bei den meisten der Vertragsunternehmen können auch die Karten von Visa, Diners Club, Eurocard und Bank of America benutzt werden.

NOTFALL

Im Notfall ist die Polizei unter 110 und die Unfallrettung unter 115 zu erreichen.

ÖFFNUNGSZEITEN

Ein leidiges Kapitel. Museen haben meist von 10 bis 18 Uhr geöffnet und sind montags, oft auch dienstags geschlossen. Banken können nur von 8 bis 11.30 Uhr, montags bis freitags, aufgesucht werden. Geschäfte sind nur von Montag bis Freitag geöffnet, meist von 9 bis 18 Uhr (in Ostberlin von 10 bis 19 Uhr). Ab und an gibt es verlängerte Abendverkaufszeiten (vielerorts am Donnerstag), dann bleiben die Ladentüren ein bis drei Stunden länger auf. Am Sonnabend läuft so gut wie nichts, nur die ganz großen Geschäfte und Warenhäuser harren dann der Kunden. Ganz wenige Geschäfte, meist Lebensmittelläden, haben auch am Sonntag noch ein paar Stunden geöffnet – Selbstversorger in Not müssen sich vor Ort nach diesen seltenen Exemplaren durchfragen. Besonders nervend verhält es sich mit den Gaststätten, sind die meisten doch glatt am Wochenende geschlossen! Als grober Richtwert gilt eine Öffnungszeit von 11 bis 24 Uhr, Bars legen natürlich später los und hören auch später auf.

POSTGEBÜHREN

Briefe bis 20 Gramm kosten innerhalb der DDR 0,20, ins Ausland 0,35 Mark; bei Postkarten sind es 0,10 und 0,25 Mark.

PROSTITUTION

Natürlich gibt es sie nicht, kann es sie nicht geben, weil doch die materielle Grundlage für

KREDITKARTEN – STASI

ihre Existenz beseitigt ist. Sagt die Partei. Aber natürlich gibt es sie doch, teils sogar in halborganisierter Form – am deutlichsten sichtbar zur Leipziger Messe. In den devisenbaggernden Hotels ist es kein Problem, entsprechende Anbahnungen vorzunehmen. Ansonsten läuft es vielfach auf spontan-individueller Basis, weil Westmänner als DM-Quelle, als möglicher Heirats-, sprich Ausschleusungspartner oder einfach nur als aufregender betrachtet werden.

SCHWARZTAUSCH

Immer wieder verlockt es Westler, auf der Straße oder in Kneipen angesprochen, den Schwarztausch von einer DM zu fünf oder noch mehr Mark der DDR zu tätigen. Unabhängig von allen moralischen oder politischen Gesichtspunkten: Mit Fremden sollte sich niemand einlassen! Das kann reichlich gefährlich werden. Etwas anderes ist es mit Freunden oder Verwandten. Auf der Jagd nach DM müssen sie sich entweder an devisenhortende Einheimische oder eben an Westbesucher wenden. Würden sie ohnehin eintauschen, können sie das auch beim Gast tun. Denn angesichts der Doppelmoral der DDR-Regierung, die ohne Skrupel in den entsprechenden Geschäften das 1:5-Verhältnis zwischen DM und Mark selbst offenbart, braucht niemand Hemmungen zu haben. Das Tauschverhältnis kann sich jeder selbst überlegen, es kann ja auch 1:3 sein. Oftmals übers Ohr gehauen werden Westler bei Straßengeschäften mit Wertsachen jeglicher Art – meist sind es getürkte Dinger, für die da erhebliche DM-Beträge von Tasche zu Tasche wandern.

SEGELN/SURFEN

Boote wie auch Surfbretter dürfen nicht als Reisegebrauchsgegenstand in die DDR eingeführt werden! Was um so schmerzlicher ist, als sowohl Binnengewässer wie die Bodden der Ostseeküste zum Wassersport geradezu einladen. Bleibt also nichts, als entweder Bootsverleihe aufzusuchen (die an vielen Orten, auch unter privater Regie, vorhanden sind) oder Freunde und Verwandte anzupumpen. Wir haben in den Wassersportrevieren auch schon mal im Restaurant von den Tischnachbarn entsprechende Offerten erhalten – allzu schwierig ist es also nicht, sich einen schiffbaren Untersatz zu verschaffen.

STÄDTE-PARTNERSCHAFTEN

Seit 1960 sind DDR-Städte Mitglieder im Weltbund der Partnerstädte (WPS). Was sich in 129 Städtepartnerschaften mit Frankreich, in 24 mit Italien, in 8 mit der UdSSR und in 0 mit der Bundesrepublik niedergeschlagen hat. Allem Anschein nach soll erst das deutsch-deutsche Kulturabkommen unterzeichnet werden, bis erste Partnerschaften geschlossen werden. Wer Interesse hat, sollte dennoch dem Gemeinde- oder Stadtrat schon mal auf die Füße treten, um allfällige Initiativen frühzeitig zu ergreifen.

STASI

Es ist eine eigene Abhandlung wert, was alles über die Stasi zu erzählen ist. Stasi ist übrigens die verbreitete Kurzform für das Ministerium für Staatssicherheit, welches den ganzen Geheimsumpf kontrolliert und befehligt. Für Westler auf DDR-Besuch sind mehrere Dinge zu beachten. Fast jeder kann von

KURZINFOS VON A–Z

einem Anwerbeversuch der Stasi getroffen werden. Mit teilweise auch krummen Methoden sollen so Westler zu Mitarbeit gewonnen werden, manchmal gar unter dem Banner von Fortschritt und Frieden. Hier muß man zwei Dinge wissen. Erstens wird es für den, der sich einmal auf dieses schmutzige Geschäft eingelassen hat, ungeheuer schwierig, wieder herauszukommen. Zweitens lohnt sich eine Mitarbeit unter finanziellen Aspekten in keiner Weise, alle bisherigen Erfahrungen deuten auf Mini-Beträge hin, die da den Besitzer wechseln.

Wie man von allen Seiten im Regen stehengelassen werden kann, zeigt der Fall eines Hamburgers. Nach einem Anwerbeversuch der Stasi ging er zum bundesdeutschen Verfassungsschutz, dieser bewegte ihn, auf die Anwerbung zum Schein einzugehen. Der Hamburger machte mit, weil der Verfassungsschutz ihm versprach, später eine Lehrerstelle für ihn zu besorgen. Pustekuchen. Nachdem der Zeitgenosse für die «Dienste» beider Seiten nicht mehr interessant war, kümmerte sich natürlich auch keiner mehr um ihn.

Schlimmer wird es, wenn Erpressung ins Spiel kommt. Nach schuldhaft verursachten Verkehrsunfällen geraten immer wieder mal Westler in DDR-Gefängnisse. Deren Situation versucht sich die Stasi zunutze zu machen. Mitarbeit gegen schnelle Entlassung – so lautet der Deal. Vielleicht ist es ratsam, sich drauf einzulassen und nach Rückkehr den Verfassungsschutz aufzusuchen. Bei Erpressungsversuchen minderen Gewichts, etwa wenn man etwas Verbotenes fotografiert hat oder beim Schwarztausch erwischt wurde, sollte jedoch widerstanden werden. Selbst wenn die leider häufige Drohung ausgesprochen wird, den Freunden oder Verwandten in der DDR würden Nachteile entstehen. Erpreßbar ist nur, wer sich erpressen läßt. Was natürlich einfacher gesagt als getan ist.

Jeder DDR-Besucher sollte ein paar Gedanken darauf verschwenden, ob er zu den bevorzugt angesprochenen Personenkreisen zählt oder zählen könnte. Studenten jeglicher Fachrichtung gehören dazu, auch Journalisten, Wissenschaftler und Computerfachleute. Bereits scheinbar persönliche Fragen von Grenzern zielen darauf ab, die interessanten von den weniger interessanten Besuchern zu scheiden. Aber auch wer Einblick in politische oder militärische Zusammenhänge haben könnte, steht oft auf den Ansprechlisten. Vielfach erfolgt die erste Kontaktaufnahme unter Tarnkappe, es scheint sich um Privatleute zu handeln. Nach und nach offenbaren sich dann die ‹Kollegen› mit ihrer wirklichen Existenz. Oft werden aber auch simple Vorwände, etwa Unstimmigkeiten mit dem Paß oder mögliche Verwicklung in einen Verkehrsunfall, zum Anlaß einer Zusammenkunft genommen. Fast immer offenbaren dann die auffällig unauffälligen Herren den richtigen Grund der ‹Einladung›.

STUDENTENAUSWEISE

Oft reicht der ganz normale westliche Studentenausweis – jedenfalls bei Museen und ähnlich unverfänglichen Einrichtungen. Wer ganz sicher gehen will, der suche nach IUS. Dieser internationale Studentenausweis wird in ganz Osteuropa akzeptiert. Als Ausgabestelle (Lichtbild und gültige Semesterbescheinigung sind erforderlich) fun-

STUDENTENAUSWEISE – ÜBERSIEDLUNG

giert unter anderem dieses Reisebüro:
Artu-Reiseladen
Hardenbergstraße 9
D-1000 Berlin 12
Tel. 0 30 / 31 07 71
Fürs Rumfahren ist wichtig, daß die Deutsche Reichsbahn bei Vorlage des IUS-Ausweises Ermäßigungen gewährt. Doch andere offizielle Organe sind nicht so zuvorkommend. FDJ-Studentenklubs beispielsweise lassen oft auch IUS-ausgewiesene Weststudenten nicht hinein – es sei denn, man schlüpft unkontrolliert durch.

TELEFON

Inzwischen ist weitgehend die Selbstwahl eingeführt, im Ort oder zwischen den größeren Städten funktioniert das auch ohne weiteres. Da das Telefonnetz aber veraltet und überlastet ist, wird's mit Verbindungen auf die Dörfer immer wieder schwierig. Zudem ergeben sich je nach Standort unterschiedliche Vorwahlen für ein und denselben Ort (meist 00 oder 09). Immer noch ist nur eine Minderheit von DDR-lern Herr/Frau eines eigenen Telefons. Der relativ geringen Zahl der Anschlüsse entsprechend erscheinen die Telefonbücher auch nur äußerst selten – doch ändert sich drüben (Wohnungsprobleme) viel, viel weniger als bei uns. Ein Ortsgespräch kostet 0,20 Mark, bei öffentlichen Telefonen sind 0,20-Mark-Münzen erforderlich.
Wer aus der Bundesrepublik drüben anrufen möchte, muß 0037 vorwählen, aus Westberlin nur 037. Die DDR-Ortsvorwahlen im westdeutschen AVON (Amtliches Verzeichnis der Ortsnetzkennzahlen) sind übrigens unvollständig. Ein eifriger Pfarrer hat die verschwiegenen Vorwahlen zusammengetragen und in einer Broschüre veröffentlicht. Wem das AVON nicht reicht, der sende 3 DM in Briefmarken an:
Manfred Beck
Preußenstraße 168
D-4670 Lünen
Eine Besonderheit muß noch erwähnt werden. Man erwischt tatsächlich eine freie Leitung, der Hörer wird abgehoben, und ... es meldet sich niemand. Meldet sich doch jemand, dann sagt die Stimme vielleicht: «Jaaa?», aber keinen Namen. Selbst auf klare Fragen erfolgt oft keine Auskunft darüber, wer nun wirklich am anderen Ende spricht. Erst wenn die eigene Identität offenbart ist, gibt sich auch das Gegenüber zu erkennen. Grund: Fast alle Gespräche können abgehört werden, bei ‹verdächtigen› Zeitgenossen werden sie auch durchgängig abgehört. Deshalb ist es wirklich ratsam, am Telefon nur unverfängliche Dinge zu besprechen.

TOILETTEN

Über die hygienische Qualität mancher Toiletten in Gaststätten oder Restaurants wollen wir gar nicht reden. Zum Besseren steht es da, wo die Klos betreut werden – was seinen Preis hat. Fein säuberlich abgestuft sind da 10 oder 20 oder auch mal 50 Pfennig zu entrichten. Ab und an wartet auch eine «Kasse des Vertrauens» auf Geldeinwurf.

ÜBERSIEDLUNG IN DIE DDR

Auch das gibt es. Die letzte uns bekannte Zahl von Bundesbürgern, die in die DDR übersiedeln wollten, stammt aus dem Jahr 1981 – ganze 1 723 waren es. Allerdings ist die Dunkelziffer recht hoch, denn die Flucht vor Schulden oder Strafverfolgung treibt jährlich Hunderte Westler ohne offizielle Abmeldung gen Osten. Wo sie jedoch nicht mit

KURZINFOS VON A–Z

offenen Armen empfangen werden. Ganz im Gegenteil – Ablehnungen des Antrages auf Übersiedlung in die DDR sind häufig. In fünf «Aufnahmeheimen» werden die Antragsteller von der Stasi auf Herz und Nieren überprüft, für desertierte Bundeswehrsoldaten gibt es spezielle Aufnahmestellen. Wer's dennoch versuchen will: Das Merkblatt 12 des Gesamtdeutschen Instituts (Anschrift auf Seite 368) gibt Aufschluß.

ZEITUNGEN/ZEITSCHRIFTEN

Alle Tageszeitungen ähneln sich ungeheuer, ein Ergebnis der ‹Anleitung› der Redaktionen durch die SED-Spitze. Dennoch sind Blicke in die örtlichen Zeitungen zu empfehlen – enthalten sie doch neben Veranstaltungshinweisen oft auch Nachrichten von lokaler Brisanz. Lesenswert sind manche Zeitschriften wegen ihres Niveaus oder ihrer Informationsbreite. Manche geben ‹nur› Anschauung davon, wie sich die Funktionäre das DDR-Innenleben vorstellen. Im folgenden nennen wir eine höchst subjektive Auswahl.
Neues Deutschland – damit man weiß, was morgen in den anderen Zeitungen steht
Junge Welt – Tageszeitung der FDJ
Neues Leben – Jugendzeitschrift
Sinn und Form – Literaturzeitschrift
Eulenspiegel – satirische Wochenzeitung
FF Dabei – wöchentliche Programmzeitschrift für Radio und Fernsehen
Temperamente – Zeitschrift für junge Literaten
Poesiealbum – am Kiosk erhältliche Zeitschrift, jede Ausgabe stellt einen Literaten oder ein Literaturthema vor
Horizont – außenpolitische Wochenzeitung
Sonntag – kulturpolitische Wochenzeitung
Wochenpost – Massenblatt für die ganze Familie
Für Dich – illustrierte Frauenzeitung (mit Schnittmusterbogen)
Armeerundschau – Soldatenmagazin
Das Magazin – der erotischen Fotos wegen begehrt
Film und Fernsehen – Zeitschrift für Theorie und Praxis dieser Medien
Filmspiegel – Filmfachzeitschrift
Die Weltbühne – Wochenzeitschrift für Politik, Kunst und Wirtschaft
Die Zeichen der Zeit – wichtigste evangelische Monatsschrift
Standpunkt – evangelische Monatsschrift, der DDR-CDU verbunden
Szene – Fachzeitschrift für Amateurtheater
Weimarer Beiträge – Fachzeitschrift für Literaturwissenschaft, Ästhetik und Kulturtheorie
Architektur der DDR – Fachzeitschrift
Begegnung – Zeitschrift für Katholiken
Atze – Kindercomics
Bummi – Comics für die Kleinsten, saublöd
Auch die kirchlichen Zeitungen sind manchmal interessant. Es gibt die «Mecklenburgische Kirchenzeitung», «Der Sonntag» (Sachsen), «Glaube und Heimat» (Thüringen), «Potsdamer Kirche» sowie «Die Kirche» mit mehreren Regionalausgaben. Eine Sumpfblüte der Presselandschaft erscheint in Gera, «Christliche Verantwortung» betitelt. Ohne Lizenz, aber mit staatlicher Duldung sucht dieses Blatt die Anhänger der verbotenen und deshalb illegal arbeitenden Zeugen Jehovas zu einer nicht ganz so rigiden Haltung zu bekehren. Etwa 30 000 aktive Zeugen Jehovas soll es in der DDR geben.

REGIONALE TIPS

Zum erstenmal überhaupt sind nachfolgend Anschriften und Tips für die gesamte DDR zusammengestellt. DDRler wissen gemeinhin, wo was anzutreffen ist – deshalb sind Adressenverzeichnisse entweder höchst unvollkommen oder werden erst gar nicht publiziert. Die Leser werden hoffentlich verschmerzen, wenn bei unseren Tips deshalb mal die Hausnummer oder die Telefonangabe fehlt. Wir haben die Vielzahl der Adressen alphabetisch nach Orten sowie einigen Regionen (etwa Erzgebirge oder Harz) gegliedert. Auf Seite 445 sind zentrale Anlaufstellen der evangelischen Kirche aufgelistet (die man am besten schriftlich kontaktiert).

BAD LANGENSALZA

DDR-5820

Touristische Information
Bad Langensalza-Information
Neumarkt 9
Tel. 25 68

BAUTZEN

DDR-8600

Touristische Information
Bautzen-Information
Hauptmarkt 5
Tel. 53 42 42

BERLIN

DDR-1000
Vorwahl BRD:
0037 2

Touristische Information
Berlin-Information

Informationszentrum
am Fernsehturm
DDR-1020 Berlin
Tel. 2 12 46 75

Service Städtischer
Nahverkehr
Im S-Bahnhof Alexanderplatz
Tel. 2 46 22 55

Unterkunft
Jugendherbergen:
Vermittlung über

REGIONALE TIPS

Jugendtourist
Frankfurter Tor 5
DDR-1034 Berlin

Campingplätze:
in DDR-1168 Müggelheim (Große Krampe I, II, Hirtenwiese am Langen See, Kleiner Müggelsee, Seddinsee, Krampenburg) und DDR-1186 Schmöckwitz (Am Krossinsee Intercamping, Zeuthener See I, II);
Umgebung:
DDR-1255 Woltersdorf, DDR-1291 Schönwalde

Hotels:
Palasthotel, Metropol, Stadt Berlin, Unter den Linden, Berolina, Newa, Christliches Hospiz Bahnhof Friedrichstraße, Adria, Mitropa-Flughafen-Hotel, Jugendtouristhotel «Egon Schultz»

Lokale/Treffs
Gaststättenservice
(u. a. Vorverkauf Tanzveranstaltungen)
Gaststätte Alextreff Rathausstraße (neben dem S-Bahnhof Alexanderplatz)
DDR-1020 Berlin
Tel. 2 12 31 69

Stadtmitte:

Ratskeller (preiswertes Bier- und Weinrestaurant)
Rathausstraße 14

Lindencorso
(Espresso)
Unter den Linden 17

Café Arkade
Französische Straße/
Charlottenstraße

Wernesgrüner
Bierstube
Karl-Liebknecht-
Straße 4

Eiscafé Tutti-Frutti
Spandauer Straße 2

Historische
Weinstuben
Poststraße 23
(Molkenmarkt)
Tel. 2 12 41 22

Zur letzten Instanz
(Alt-Berliner
Restaurant)
Waisenstraße 16
Tel. 2 12 55 28

Moskau (Russisches
Restaurant)
Karl-Marx-Allee 24
Tel. 2 79 28 69

Ganymed
(Förstklaaß-Weinrestaurant)
Schiffbauerdamm 5
Tel. 2 82 95 40

Berliner Kaffeehaus
Alexanderplatz

Clärchens Ballhaus
(Tanz)
Auguststraße

Prenzlauer Berg:

Stockinger
(Restaurant)
Schönhauser Allee 61
Tel. 4 48 31 10

Reblaus
(Weinrestaurant)
Am Falkplatz 1
Tel. 4 49 36 43

Offenbach-Stuben
(Restaurant)
Stubbenkammer
Straße 8
Tel. 4 48 41 06

Wiener Café
Schönhauser Allee 68
Tel. 4 48 57 22

Café Nord (Disko)
Schönhauser Allee 83
Tel. 4 48 26 83

Oderkahn (Kneipe)
Oderberger Straße

Café Skala
Schönhauser Allee 80

Weißensee:
Mazurka
(Weinrestaurant,
Nachtbar)
Klement-Gottwald-
Allee 179
Tel. 5 65 24 33

Friedrichshain:
Café Sybille
Karl-Marx-Allee 7

Köpenick/Müggelsee:
Friedrichshagener
Bilderkneipe
Müggelseedamm 233
Tel. 6 45 54 22

Treffpunkt Kirche
Informationen:
in der Marienkirche
Alexanderplatz/Karl-
Liebknecht-Straße

Evangelisches
Studentenpfarramt

BERLIN

Invalidenstraße 4
DDR-1040 Berlin
Tel. 2 82 99 58

Stadtjugendpfarramt
Schönhauser Allee 78
DDR-1071 Berlin
Tel. 4 48 03 33

Anti-Kriegsmuseum
Bartholomäus-Kirche
Friedrichshain,
Friedenstraße

Buchhandlungen
Universitätsbuchhandlung (Unter den Linden 69–73), Kunstsalon (Unter den Linden 37–45), Internationales Buch (Spandauer Straße 2), Das Gute Buch (Alexanderplatz 2), Evangelische Buchhandlung (Friedenstraße/Georgenkirchstraße), Evangelische Buchhandlung (Seelöwer Straße), Antiquariat (Unter den Linden 37–45), Antiquariat (Schönholzer Straße/Ecke Parkstraße in Pankow)

Kinos
Kosmos
Karl-Marx-Allee 131 a
Tel. 5 89 45 78 +
5 80 02 56

International
Karl-Marx-Allee/Ecke
Schillingstraße
Tel. 2 12 58 26 +
2 12 56 11

Colosseum
Schönhauser Allee 123
Tel. 4 48 25 59

Babylon
Rosa-Luxemburg-Straße 30
Tel. 2 12 50 76

Toni
Am Antonplatz
Tel. 3 65 11 52

Sojus
Helene-Weigel-Platz 11
Tel. 5 25 95 01

ferner:
Astra, Blauer Stern, Capitol, Forum, Intimes, Lunik, Rio, Rivoli, Union, UT, Venus, Volkshaus, Vorwärts

Theater
Zentrale Theaterkasse
im Palasthotel
Spandauer Str.
DDR-1020 Berlin
Tel. 2 12 52 58 +
2 12 59 02

Deutsches Theater/
Kammerspiele
Schumannstraße 13 a
Tel. 2 87 12 25 +
2 87 12 26

Berliner Ensemble
Bertolt-Brecht-Platz/
Schiffbauerdamm
Tel. 2 82 31 60

Maxim-Gorki-Theater
Am Festungsgraben 2
Tel. 2 07 17 90

Volksbühne
Rosa-Luxemburg-Platz
Tel. 2 82 96 07

Ferner:
Deutsche Staatsoper,

Komische Oper,
Metropol-Theater,
Theater im Palast,
Theater der Freundschaft, Puppentheater

Friedrichstadtpalast
(Theater, Revue,
Konzerte)
Friedrichstraße 107
Tel. 2 83 64 74

Kabarett
Die Distel
Friedrichstraße 101 +
Degnerstraße 9
Tel. 2 07 12 91 +
3 76 51 74

E-Musik
Schauspielhaus Berlin
Information Platz der
Akademie
Tel. 2 27 21 29
(Großer Konzertsaal)
Tel. 2 27 21 22
(Kammermusik)

Museen
Staatliche Museen
(Pergamonmuseum,
Nationalgalerie u. a.)
Auskunft und Gruppenführungen:
Bodestraße 1/3
(Museumsinsel)
Tel. 2 20 03 81

Museum für Deutsche
Geschichte, Gedenkstätte Berlin-Karlshorst,
Hugenottenmuseum,
Ernst-Busch-Haus

Brecht-Haus
Chausseestraße 125
Tel. 2 82 34 17

Galerien
Galerie Mitte
Reinhardstraße 10

REGIONALE TIPS

Im Marstall
(Akademie der Künste)
Marx-Engels-Platz 7

Galerie im Kreiskulturhaus Treptow
Puschkinallee 5

Fotogalerie
Friedrichshain
Helsingforser Platz

ferner:
Unter den Linden, Skarabäus, a, Im Turm, Am Weidendamm, Im Haus der Jungen Talente, Studio-Galerie (Kunsthandwerk)

Ausländische Kultur- und Informationszentren
Bulgarien:
Unter den Linden 10
Frankreich:
Unter den Linden 37
Polen:
Karl-Liebknecht-Straße 7
Sowjetunion:
Friedrichstraße 176–179
Tschechoslowakei:
Leipziger Straße 60
Ungarn:
Karl-Liebknecht-Straße 9

Palast der Republik
Marx-Engels-Platz
Auskunft:
Tel. 23 80

Jugendklubs
Haus der Jungen Talente (zum Beispiel Liedermacher, Folk)
Klosterstraße 68/70
Tel. 2 10 92 01

Jugendklub
«Pablo Neruda»
Insel der Jugend
(Treptow)

Jugendklubs in allen Stadtbezirken

Sport- und Erholungszentrum
(u. a. Schwimmbäder, Solarium, Sauna)
Leninallee/Ecke Dimitroffstraße
Tel. 43 28 35 05

Berliner Stadtbibliothek
Breite Straße 32–34
Tel. 2 14 20

Weiße Flotte
Anleger am S-Bahnhof
Treptower Park
Tel. 2 71 20

Bootsverleih
Strandbad Grünau (Regattastrecke), Dahmestr., Strandbad Rahnsdorf, Lindenstr., Allende-Ufer, Seddinpromenade, An der Langen Brücke

Bahnhofsmission
(evangelisch +
katholisch)
Am Hauptbahnhof
(früher: Ostbahnhof)

Feste und Veranstaltungen
Berliner Festtage des Theaters und der Musik (September/Oktober), Jazzbühne Berlin, Festival des Politischen Liedes (Februar), Köpenicker Sommer (Juni), Fest an der Panke (September), Weihnachtsmarkt (Ende November/Dezember), Pressefest des ND im Friedrichshain (Sommer), Friedenswerkstatt in der Erlöserkirche (Friedrichshain, Juni)

Literatur
Stadtplan 1:25 000,
VEB Tourist (2,50 M)
«Berlin – Touristentips im Taschenformat»,
Berlin-Information 1984
(8,50 M)
«Berlin – Ein Reiseverführer»,
hg. von K. Walther u. W. Liersch, Rudolstadt 1984
(22 M)
«Ausflugsatlas Umgebung von Berlin», Ostberlin/Leipzig 1979
(12,50 M)
«Stadtmitte umsteigen – Berliner Phantasien»,
von Heinz Knobloch, Ostberlin 1982
(8,80 M)

BERNBURG

DDR-4350
Vorwahl BRD:
0037 447

Touristische Information
Bernburg-Information
Liebknechtplatz 1
Tel. 20 31

DESSAU

DDR-4500
Vorwahl BRD: 0037 47

BERNBURG – DRESDEN

Touristische Information
Dessau-Information
Friedrich-Neumann-Straße 12

DRESDEN

DDR-8000
Vorwahl BRD: 0037 51

Touristische Information
Dresden-Information
Prager Straße 10
DDR-8010 Dresden
Tel. 4 95 50 25
Zweigstelle:
Neustädter Markt
(Unterführung)
Tel. 5 35 39

Weiße Flotte
Terrassenufer 2
DDR-8010 Dresden
Tel. 8 72 41
(Keine Platzreservierungen)

Umgebung:
Moritzburg-Information
Barockschloß
DDR-8105 Moritzburg
Tel. Moritzburg 4 39

Unterkunft
Jugendherbergen:
«Rudi Arndt»
(Hübnerstr. 11,
DDR-8027 Dresden,
Tel. 4 06 67),
Sierkstraße 33
(DDR-8054 Dresden-Oberloschwitz,
Tel. 3 66 72)

Campingplätze:
in DDR-8023 Dresden
(Moritzburg – am Oberen Waldteich),
DDR-8101 Boxdorf,
DDR-8101 Reichenberg, DDR-8101 Volkersdorf, DDR-8064
Dresden – Freibad Wostra (Trieskestraße),
DDR-8020 Dresden-Mockritz (Intercamping)

Hotels:
Bellevue, Newa, Astoria, Motel, Gewandhaus, Waldpark, Parkhotel Weißer Hirsch,
Rothenburger Hof,
Stadt Rendsburg, Prager Straße (Lilienstein, Königsstein)

Lokale/Treffs
Kügelgen-Haus
(Restaurant, Biergaststätte, Kaffeestube)
Straße der Befreiung

Meißner Weinkeller
Straße der Befreiung

Szeged
(ungarische Küche)
Ernst-Thälmann-Straße 6

Ratskeller
Dr.-Külz-Ring

Milchbar
Weiße Gasse

Eiscafé
Schloßstraße

Café im Fernsehturm
Dresden-Wachwitz

Treffpunkt Kirche
Evangelisches Studentenpfarramt
Reckestraße 6
DDR-8027 Dresden
Tel. 4 12 49

Landesjugendpfarramt
Friedrichstraße 43
DDR-8010 Dresden

Buchhandlungen
Ernst-Thälmann-Straße,
Straße der Befreiung,
Prager Straße,
Kreuzstraße

Kinos
Filmtheater
Prager Straße
Tel. 4 95 20 25

Schauburg
Otto-Buchwitz-Straße 55

Faunpalast
Leipziger Straße 76

Filmbühne Wölfnitz
Espenstraße 1

Filmtheater West
Raimundstraße 1
Tel. 8 64 54

Filmtheater Ost
Schandauer Straße 72

ferner:
Kulturhaus Hellerau,
Filmeck, Stephenson-Lichtspiele, Park-Lichtspiele, Olympia-Lichtspiel, Filmtheater am
Hauptbahnhof, Kleines
Theater Reick

REGIONALE TIPS

Theater & E-Musik
Schauspielhaus:
Großes Haus
Julian-Grimmau-Allee
Tel. 4 84 20

Kleines Haus
Togliattistraße 28
Tel. 4 84 20

Semperoper
Theaterplatz 2
Tel. 4 84 20

Staatskapelle Dresden
Julian-Grimau-Allee
Tel. 4 96 71 13

Theater der Jungen
Generation
Meißner Landstraße 4
Tel. 8 72 67

Staatsoperette,
Staatliches Puppen-
theater, Studiotheater
im Kulturpalast,
Freilichtbühne

Kabarett
Herkuleskeule
Hans-Beimler-Platz
Tel. 4 95 51 91

**Kulturhäuser & Jugend-
und Studentenklubs**
Kulturpalast
Altmarkt
Tel. 4 86 60

Zentraler Klub
der Jugend
Martin-Anderson-
Nexö-Heim
Alaunstraße 36/40
Tel. 5 16 71 + 5 55 32

Studentenklub Bären-
zwinger
Brühlscher Garten/
Akademiestraße
(weitere Studenten-
klubs siehe
TU-Hauptgebäude)

Jazz-Klub
Die Tonne
Im Kurländer Palais
Tzschirner Platz

Galerien
Galerie Nord
Leipziger Straße 54/56

Galerie Mitte
Fetscherplatz 7

Galerie West
Kesselsdorfer Straße 70

Kunstausstellung Kühl
Zittauer Straße 12

Leonhardi-Museum
Grundstraße 26

Museen
Galerie Alte Meister im
Zwinger, Galerie Neue
Meister und Grünes Ge-
wölbe im Albertinum,
Verkehrsmuseum
Dresden am Neumarkt
(Johanneum), Hygiene-
Museum am Lingner-
platz, Armeemuseum
am Dr.-Kurt-Fischer-
Platz

Umgebung:
Karl-May-Museum,
Karl-May-Straße 15,
DDR-8122 Radebeul
Barockmuseum Schloß
Moritzburg (mit
Käthe-Kollwitz-
Gedenkstätte),
Richard-Wagner-
Museum,
DDR-8304 Graupa

**Feste und
Veranstaltungen**
Dresdner Musikfest-
spiele (Mai/Juni),
Internationales
Dixielandfestival (Mai),
Internationales
Schlagerfestival
sozialistischer Länder
(September)

Literatur
Stadtplan, 1:20 000,
VEB Tourist, 1985
(5,30 DM)
«Dresden – Werte un-
serer Heimat», Ostber-
lin 1985, Akademie-
Verlag (12,50 M)

Tramperplätze
Richtung Berlin/
Bautzen: Autobahnauf-
fahrten Dresden-Neu-
stadt (Bus 71, 80, 91),
Dresden-Wilder Mann
(Bus 80 oder Strb 3, 6),
Dresden-Nord (Rade-
burger Straße, Bus 81).
Richtung Leipzig/
Karl-Marx-Stadt wie
oben, zusätzlich noch
Dresden-Altstadt
(Meißner Landstraße,
Strb 1). Richtung Dip-
poldiswalde/Transit
ČSSR: F 170 (Bus 76 bis
TU-Gebäude Ecke
Kohlenstraße)

EBERSWALDE-FINOW

DDR-1300
Vorwahl BRD:
0037 371

EBERSWALDE-FINOW – EISENHÜTTENSTADT

Touristische Information
Eberswalde-Finow-Information
Wilhelm-Pieck-Straße 26
Tel. 2 31 68

EISENACH

DDR-5900
Vorwahl BRD:
0037 623

Touristische Information
Eisenach-Information
Bahnhofstraße 3–5
Tel. 48 95 + 61 61

Unterkunft
Jugendherbergen:
«Erich Honstein»,
Bornstein 7,
«Arthur Becker»,
Marienthal 24

Campingplätze:
in DDR-5906 Ruhla,
DDR-5901 Eckardtshausen

Hotels:
Wartburghotel, Stadt Eisenach, Parkhotel, Thüringer Hof, Berghof, Hohe Sonne, Hospiz Glockenhof

Lokale/Treffs
Schloßkeller
(Fischrestaurant)
Esplanade am Markt

Schwan
Bahnhofstraße 19

Jugendklubhaus
Platz der DSF 10

Stadt-Café
Karlstraße 33/35

Café Zentral
Johannisstraße 22

Weinstube
Alexander-Puschkin-Straße/Ecke Stickereigasse

Buchhandlungen
Karlstraße 6, Goldschmiedenstraße 9, Karlstraße 57/59 (Musikalienhandlung)

Kinos
Capitol
Alexander-Puschkin-Straße 12

Titania
Georgenstraße 5

Theater
Landestheater
Eisenach
Leninplatz 4
Tel. 53 61

Jugend- und Kulturhäuser
Kreiskulturhaus
Heinrich-Heine-Straße 1

Jugendklubhaus
Arthur Becker
Platz der DSF 10
Tel. 33 38

Museen und Gedenkstätten
Gedenkstätte
«Eisenacher Parteitag 1869» (Friedrich-Engels-Straße 57), Automobilpavillon (Wartburgallee), Lutherhaus (Lutherplatz 8), Bachhaus (Frauenplan 21), Fritz-Reuter- und Richard-Wagner-Gedenkstätte (Reuterweg 2), Thüringer Museum, Wartburg

Feste und Veranstaltungen
Eisenacher Sommergewinn (Volksfest am Wochenende vor Ostern), Thüringer Bachtage (März/April), Wartburgkonzerte des Radiosenders «Stimme der DDR»

Literatur
«Stadtführer Eisenach», Ostberlin 1982 (3,20 M)
«Eisenach» (Bildband) von H. Opitz und F. Kämpfer, Leipzig 1980
«Eisenacher Porträts» von Fritz Kühnlenz, Rudolstadt 1980 (11 M)
«Ritt auf die Wartburg» von Friederike Roth, Frankfurt a. M. 1981, Verlag der Autoren (vier Westfrauen auf Osttrip)

EISENHÜTTENSTADT

DDR-1220
Vorwahl BRD:
0037 375

Touristische Information
Eisenhüttenstadt-Information
Fischerstraße 15
Tel. 28 36

REGIONALE TIPS

ERFURT

DDR-5000
Vorwahl BRD:
0037 61

Touristische Information
Erfurt-Information
Bahnhofstraße 37
Tel. 2 62 67

Unterkunft
Jugendherberge:
Hochheimer Straße 12

Campingplatz:
in DDR-5301 Hohenfelden (15 Kilometer südöstlich)

Hotels:
Erfurter Hof, Zentral-Hotel, Hotel Bürgerhof, Hotel Gaedke, Hotel Rohr

Lokale/Treffs
Gildehaus
(Restaurant)
Fischmarkt 13–16

Alter Schwan
(Weinrestaurant)
Gotthardstraße 27

Gastmahl des Meeres
Bahnhofstraße 45

Drushba
Anger 19/20

Café Györ
Anger 23

Goldener Schwan
(Kneipe)
Kreuzgasse

Treffpunkt Kirche
Evangelisches Studentenpfarramt
Allerheiligenstraße 15
Tel. 2 01 12

Buchhandlungen
Juri-Gagarin-Ring
(im «Applikationszentrum»), Bahnhofstraße, Anger (Büchergilde Gutenberg)

Kinos
Panorama-Palast-Theater
(Bahnhofstraße 44),
Am Anger
(Anger 57),
Alhambra-Theater
(Leninstraße 164),
Kinoklub Bahnhofstraße (Eingang Hirschlachufer),
Theater der Jugend
(Karl-Marx-Allee 144)

Theater
Städtische Bühnen
(Großes Haus, Kleines Haus, Kleine Bühne)
Lutherstraße 8
Tel. 5 12 21

Jugend- und Studentenklubs
Zentraler Klub
der Jugend
Dalbergsweg 2

Jugendklubhaus
Hermann Jahn
Reichardtstraße 13

Studentenklub
«Engelsburg»
Allerheiligenstraße

Galerie
Erfurter Kunstkabinett
Walkmühlstraße

Thüringer Folklorezentrum
Karl-Marx-Allee

Museen und Gedenkstätten
Gedenkstätte «Erfurter Parteitag 1891» (Futterstraße 15/16), Angermuseum (Anger 18), Gartenbaumuseum (Gelände der IGA), Ruine Burg Gleichen (Information im Anger 18)

Feste und Veranstaltungen
Internationale Gartenbauausstellung – IGA (alljährlich, ständiges Ausstellungsgelände), Martinstag (10. 11. – ökumenischer Gottesdienst auf dem Domplatz), Steigerfest (Mai/Juni), Krämerbrückenfest (September/Oktober), Erfurter Kulturtage (Oktober/November), Erfurter Musiktage

Literatur
Stadtplan, 1:12 500, (2 M)
«Stadtführer-Atlas Erfurt», Ostberlin/Leipzig 1979, 6,90

Tramperplätze
Richtung Arnstadt/Autobahn: F 4 (Arnstädter Str., Strb 4 bis Anderson-Nexö-Straße). Richtung Gotha/Eisenach: F 7 (Bus U bis Endstation Schmirna). Richtung

ERFURT – GÖRLITZ

Weimar: F 7 (Weimarsche Straße, Bus V).
Richtung Nordhausen: F 4 (Strb 3 bis Endstation Ulan-Bator-Straße oder Bus J, dann die Demminer Straße vorlaufen bis Intertankstelle)

ERZGEBIRGE/ VOGTLAND

Touristische Information
(siehe auch Karl-Marx-Stadt)

Reisebüro
Ernst-Thälmann-Straße 34
DDR-9300 *Annaberg-Buchholz*
Vorwahl BRD: 0037 765

Kurverwaltung
Im Rathaus
DDR-9382 *Augustusburg*
Tel. 2 51
Vorwahl BRD: 0037 72 91

Reisebüro
Badeplatz
DDR-9933 *Bad Elster*
Tel. 4 88 / 4 87

Freiberg-Information
Weingasse 9
DDR-9200 *Freiberg*
Tel. 36 02

Reisebüro
Ernst-Thälmann-Straße 24
DDR-6600 *Greiz*
(Vogtland)
Tel. 29 70

Kurverwaltung
Kantstraße 3
DDR-9438 *Johanngeorgenstadt*
Tel. 22 79

Rat der Stadt
DDR-9650 *Klingenthal*
Tel. 22 51 / 24 94
Vorwahl BRD: 0037 7637

Kurverwaltung
im Rathaus Markt
DDR-9312 *Oberwiesenthal*
Tel. 4 51
Vorwahl BRD: 0037 76598

Reisebüro
Bahnhofstraße 4
DDR-9900 *Plauen*
(Vogtland)
Tel. 2 61 21
Vorwahl BRD: 0037 75

Reisebüro
Straße der DSF
DDR-9800 *Reichenbach* (Vogtland)
Tel. 29 00

Rathaus
Straße der Einheit 20
DDR-9430 *Schwarzenberg*
Tel. 41 41

Rathaus
Leninplatz 2
DDR-9360 *Zschopau*
Tel. 22 51
Vorwahl BRD: 0037 725

Reisebüro
Poetenweg 4
DDR-9500 *Zwickau*
Tel. 62 56

Literatur
Touristenkarte Erzgebirge, 1:100 000, VEB Tourist
«Reisehandbuch Erzgebirge – Vogtland», VEB Tourist, Ostberlin/Leipzig 1981 (14,80 M)

FRANKFURT (ODER)

DDR-1200
Vorwahl BRD: 0037 30

Touristische Information
Frankfurt-Information
Karl-Marx-Straße 8 a
Tel. 2 22 49

GERA

DDR-6500
Vorwahl BRD: 0037 70

Touristische Information
Gera-Information
Dr.-Rudolf-Breitscheid-Straße 1
Tel. 2 64 32

GÖRLITZ

DDR-8900
Vorwahl BRD: 0037 55

Touristische Information
Görlitz-Information
Leninplatz 29
Tel. 53 91 + 53 92

REGIONALE TIPS

GOTHA

DDR-5800
Vorwahl BRD:
0037 622

**Touristische
Information**
Gotha-Information
Hauptmarkt 2
Tel. 40 36

GREIFSWALD

DDR-2200
Vorwahl BRD:
0037 822

**Touristische
Information**
Reisebüro der DDR
Straße der Freundschaft 102
Tel. 32 78

Unterkunft
Jugendherbergen:
Pestalozzistraße 11/12
Tel. 31 33,
ferner in
DDR-2205 Lubmin
und DDR-2030 Demmin

Campingplatz:
in DDR-2203 Loissin
(Greifswalder Bodden)

Hotels:
Stadt Greifswald,
Boddenhus

Lokale/Treffs
Ratskeller
Platz der Freundschaft 1

Ratscafé
Platz der Freundschaft 23/24

Mensa am Wall
Schützenstraße

Trend-Disko-Boutique
Straße der Freundschaft 8

Treffpunkt Kirche
Evangelisches Studentenpfarramt
Karl-Marx-Platz 15
Tel. 32 93

Buchhandlungen
Universitätsbuchhandlung (Straße der Freundschaft 77), Evangelische Buchhandlung (Domstraße 20), Antiquariat (Steinbecker 29), Volksbuchhandlung (Platz der Freundschaft)

Kino
Kammerlichtspiele
Knopfstraße 12–13
Tel. 39 21

Theater
Otto-Grotewohl-
Allee 106–108
Tel. 34 11

**Kulturhäuser, Jugend-
und Studentenklubs**
Studentenklubhaus
Makarenkostraße
Tel. 81 21 78

Galerien und Museen
Greifen-Galerie
Mühlenstraße 23/24
Tel. 26 38

Volkskunstzentrum
St. Spiritus
Straße der Freundschaft

Kulturhistorisches
Museum
Theodor-Pyl-Straße 1

Literatur
Greifswald-Informationsplan (1,50 M)
«Greifswald und seine Umgebung» von Bruno Benthien (Hg.), Ostberlin 1968

Tramperplätze
Richtung Neubrandenburg: F 96, Gützkower Landstraße (Bus E bis NEG Betonwerk/Stromwerk). Richtung Stralsund: F 96, Stralsunder Straße (vom Zentrum zu Fuß). Richtung Lubmin/Wolgast/Usedom: Wilhelm-Pieck-Allee und Wolgaster Straße bis Kloster Eldena

GÜSTROW

DDR-2600

**Touristische
Information**
Güstrow-Information
Gleviner Straße 33
Tel. 6 10 23

Reisebüro der DDR
Marktstraße 33
Tel. 27 15

Unterkunft
Jugendherberge:
in DDR-2602 Krakow am See, 22 Kilometer südöstlich von Güstrow

Campingplätze:
in DDR-2602 Krakow

am See, DDR-2721 Kukuk, DDR-2862 Goldberg, DDR-2861 Dobbertin, DDR-2601 Lohmen (am Garder See), DDR-2620 Bützow, DDR-2721 Klein Pritz

Hotels:
Stadt Güstrow,
Zentralhotel

Lokale/Treffs
Schloßgaststätte &
Schloßcafé
Franz-Parr-Platz

Café Küpper
Domstraße 15

Café Borwin
(Diskothek)
Markt 2–3

Treffpunkt Kirche
Evangelische Studentengemeinde
Information in der
Pfarrkirche

Buchhandlungen
Straße des Friedens,
Domstraße
(Antiquariat)

Kinos
Filmtheater Schauburg
Eisenbahnstraße

Club-Kino
Im Schloß/Franz-Parr-Platz

Theater
Ernst-Barlach-Theater
Domstraße 7
Tel. 6 37 13

Jugendklubhaus
«Walter Griesbach»

Rostocker Straße 30
Tel. 6 12 33

Ernst-Barlach-Gedenkstätten
Atelierhaus Heidberg
Am Inselsee
Tel. 6 22 06

Gertrudenkapelle
Gertrudenhof
Tel. 6 30 01

Museen
Schloßmuseum,
Museum der Stadt
Güstrow

Literatur
Güstrow-Faltblatt
(1 M) (mit Karte Innenstadt)
«Barlach in Güstrow»
(Novelle) von Franz
Fühmann, Leipzig 1973
(1,50 M)
«Ingrid Babenderede.
Reifeprüfung 1953»
(Roman) von Uwe Johnson, Frankfurt a. M.
1985

Tramperplätze
Richtung Schwerin:
F 104, Wilhelm-Pieck-Straße. Richtung
Rostock: F 104 ,
Rostocker Chaussee.
Richtung Goldberg:
Goldbergstraße bis
Ecke Straße der DSF
(alle zu Fuß erreichbar).
Richtung Teterow/
Autobahn Rostock-Berlin: F 104 Plauer
Chaussee (zu Fuß oder
mit Bus Richtung Barlach-Atelierhaus bis Abzweig Heidberge)

HALLE

DDR-4000
Vorwahl BRD:
0037 46

Touristische Information
Halle-Information
Kleinschmieden 6
DDR-4010 Halle
Tel. 2 33 40

Halle-Neustadt-Information
Pavillon Wohnkomplex VIII
Tel. 65 01 16

Reisebüro
Klement-Gottwald-Straße 6
Tel. 3 70 71

Unterkunft
Campingplatz:
in DDR-4251 Seeburg
(Am Süßen See) – Intercamping, ca. 20 Kilometer westlich von Halle

Hotels:
Stadt Halle, Rotes
Roß, Weltfrieden,
Pilsner Urquell

Christliches Hospiz:
Martha-Haus
Adam-Kuckoff-Straße 5/8
Tel. 2 44 11

Lokale/Treffs
Moritzburg-Weinkeller
Friedemann-Bach-Platz 5

Talinn
Rigaer Straße

REGIONALE TIPS

Havanna-Club
(Restaurant)
Waisenhausring 15

Intermezzo (Café)
Rathausstraße 9

Treffpunkt Kirche
Evangelisches Studentenpfarramt
Puschkinstraße 27

Kinos
Goethe-Lichtspiele
(Klement-Gottwald-
Straße),
To-Bü (Merseburger
Straße),
Trotha-Lichtspiele
(Trothaer Straße),
Urania '70 (Kleine Ulrich-Straße)

Theater
Theater des Friedens
Universitätsring

**Jugend- und
Studentenklubs**
Jugendklubhaus
«Philipp Müller»
Philipp-Müller-Straße

Zentraler Studentenklub
Moritzburg

Galerie
Staatliche Galerie
Moritzburg
Friedemann-Bach-
Platz 5

**Veranstaltungen
& Feste**
Händelfestspiele (Juni)

Literatur
Stadtplan Halle,
Halle-Neustadt,

1:15 000, Ostberlin/
Leipzig 1984 (2 M)

HARZ/KYFFHÄUSER

**Touristische
Information**
Aschersleben-
Information
Poststraße 6
DDR-4320 *Aschersleben*
Tel. 28 11
Vorwahl BRD:
0037 457

Bad-Frankenhausen-
Information
Anger 14
DDR-4732 *Bad Frankenhausen*
Tel. 2 33
Vorwahl BRD:
0037 4586

Eisleben-Information
Hallische Straße 6
DDR-4250 *Lutherstadt Eisleben*
Tel. 21 24
Vorwahl BRD: –

Halberstadt-
Information
Spiegelstraße 12
DDR-3600 *Halberstadt*
Tel. 2 16 03
Vorwahl BRD:
0037 926

Nordhausen-
Information
Altes Rathaus,
Am Markt
DDR-5500 *Nordhausen*
Tel. 5 73 76
Vorwahl BRD:
0037 628

Quedlinburg-
Information
Markt 12
DDR-4300 *Quedlinburg*
Tel. 28 66
Vorwahl BRD:
0037 455

Kurverwaltung
Rathaus
DDR-4713 *Stolberg*
Tel. 2 98
Vorwahl BRD:
0037 45694

Thale-Information
Rathausstraße
DDR-4308 *Thale*
Tel. 25 97
Vorwahl BRD:
0037 4550

Unterkunft
Jugendherbergen:
in DDR-3700 Wernigerode (Leninstraße 13,
Tel. 20 61),
DDR-3703 Elbingerode
(Unter den Birken 14,
Tel. 3 49),
DDR-3720 Blankenburg
(Heidelberg,
Tel. 39 78 und Roh 11,
Tel. 24 34),
DDR-4303 Ballenstedt
(OT Opperode),
DDR-4308 Thale
(Karl-Marx-Straße 34,
Tel. 28 81),
DDR-4301 Güntersberge (Marktstraße 52,
Tel. 2 19),
DDR-4732 Bad Frankenhausen (Bahnhofstraße 6, Tel. 2 91),
DDR-4713 Stolberg
(Thyratal 11, Tel. 3 32),
DDR-5500 Nordhausen-Salza (Johannes-

HARZ/KYFFHÄUSER – JENA

Kleinspehn-Straße 1,
Tel. 63 25),
DDR-3722 Derenburg
(Friedensstraße 1,
Tel. 2 69),
DDR-4306 Harzgerode
(Alexisbaderweg 1,
Tel. 22 75),
DDR-3721 Stiege
(Domäne, Tel. Hasselfelde 3 16).

Campingplätze:
in DDR-3721 Stiege
(An der JH Martin Schwantes),
DDR-3703 Elbingerode
(Auf der Heide),
DDR-4305 Gernrode
(Am Bremer Teich),
DDR-4301 Neudorf
(Am Birnbaumteich),
DDR-4301 Straßberg
(Am Treuen Nachbarteich),
DDR-4712 Kelbra
(Am Stausee)

Hotels:
in Aschersleben, Bad Frankenhausen, Eisleben, Thale, Blankenburg, Quedlinburg, Wernigerode, Harzgerode, Stolberg, Ilfeld, Nordhausen, Friedrichsbrunn, Sangerhausen, Wippra

Treffpunkt Kirche
Evangelische Studentengemeinde (Pfarramt)
Petrikirchplatz 12
DDR-4250 Eisleben
Tel. 22 29

Kinos
in Aschersleben (Filmpalast, Kammerlichtspiele)
Bad Frankenhausen (Lichtspieltheater)
Eisleben (Lichtspieltheater)
Halberstadt (Union-Lichtspiele)
Quedlinburg (Volkslichtspieltheater, Cameralichtspiele)
Stolberg (Lichtspieltheater)
Thale (Filmtheater mit Kinocafé, Bahnhofstraße 5)

Theater
Thale: Bergtheater (Naturbühne)
Eisleben: Thomas-Müntzer-Theater
Halberstadt: Volkstheater
Nordhausen: Stadttheater
Quedlinburg: Städtische Bühnen

Jugendklubs
Kreisjugendhaus
Thomas Müntzer
Am Schlachtberg 3
Bad Frankenhausen

Klubhaus der Jugend
Leninstraße, Eisleben

Klubhaus der Jugend
Philipp-Müller-Straße
Halberstadt

Jugendklubhaus
Reichenstraße 1
Quedlinburg

Jugendklubhaus
Hubertusstraße
Thale

Museen und Gedenkstätten
Feudalmuseum
Wernigerode

Mahn- und Gedenkstätte Dora bei Nordhausen (ehemaliges KZ-Außenlager)

Literatur
«Harz-Touristenkarte», 1:100 000 (mit Angaben für Motortouristik und Wassersport, 2,50 M)
«Reisehandbuch Harz», Ostberlin/Leipzig 1984 (14,80 M)
«Stadtführer Wernigerode», Ostberlin/Leipzig 1978 (4,20 M)
«Wanderatlas Bodetal», Ostberlin/Leipzig 1984 (4,70 M)
«Wanderatlas Nordhausen-Stolberg-Ilfeld-Neustadt», Ostberlin/Leipzig 1981 (4,70 M)

JENA

DDR-6900
Vorwahl BRD:
0037 78

Touristische Information
Jena-Information
Holzmarkt 17
Tel. 2 46 71

Bahnauskunft:
Saalbahnhof
Tel. 41 11 13

Unterkunft
Campingplatz:
in DDR-6901 Porstendorf am Badesee
(10 Kilometer nördlich)

Hotels:
International, Schwar-

REGIONALE TIPS

zer Bär, Fremdenheim «Ernst Haeckel»

Lokale/Treffs
Ratszeise
Markt 1

Zur Sonne
Markt 22

Wein-Tanne (Kneipe)
Jener Gasse

Paradies-Café
(Jugendtanzgaststätte)
Rasenmühleninsel

Café Bienenstich
Friedrich-Engels-Straße 85

Landgrafenhaus
Auf dem Landgrafen

Jenzighaus
Auf dem Jenzig

Treffpunkt Kirche
Evangelische Studentengemeinde
Ebertstraße 7
Tel. 2 22 46

Buchhandlungen
Kollegiengasse, Ernst-Thälmann-Ring 16, Wagnergasse 32, Johannisplatz 28, Schloßgasse (Musikhaus)

Kinos
Capitol (Ernst-Thälmann-Ring 29), Palast-Theater (Holzmarkt 3)

Theater
Stadttheater
Schillergäßchen
Tel. 2 31 33

Jenaer Philharmonie
August-Bebel-Straße 4
Tel. 2 38 62

Studenten- und Jugendklubs
Studentenklub
Rosenkeller
Johannisstraße 13

Studentenklub der Mediziner
Wagnergasse

Klubhaus der Jugend und Sportler
August-Bebel-Straße 24

Museen und Gedenkstätten
Zeiss-Planetarium, Gedenkstätte Cospeda für die Schlacht bei Jena/Auerstedt 1806 (in der historischen Gaststätte «Grüner Baum zur Nachtigall»), Dornburger Schlösser (nördlich von Jena an der Saale)

Literatur
Stadtplan, 1:12 500, 1983 (1,50 M/3,30 DM)
«Stadtführer Jena und Umgebung», Ostberlin/Leipzig 1981 (4,40 M)
«Jenaer Straßennamen erzählen. . .» (8,90 M)

KARL-MARX-STADT

DDR-9000
Vorwahl BRD:
0037 71

Touristische Information
Karl-Marx-Stadt-Information
Straße der Nationen 3
Tel. 6 20 51

Unterkunft
Jugendherbergen:
Zentrale Jugendherbergsvermittlung
Straße der Nationen 61
Tel. 4 28 02

Jugendherberge «Erich Steinfurth»
Augustusburger Straße 369
DDR-9029 Karl-Marx-Stadt

Campingplätze:
in DDR-9033 Karl-Marx-Stadt-Oberrabenstein, Thomas-Müntzer-Höhe 10, sowie in DDR-9387 Niederwiesa

Hotels:
Kongreß, Chemnitzer Hof, Moskau, Carola-Hotel, Am Schlachthof, Trabant

Lokale/Treffs
Gastronom-Service
Bahnhofstraße 9
Tel. 6 25 95

Ratskeller
Markt 1

Gastmahl des Meeres
Bahnhofstraße 1

Irkutsk
Karl-Marx-Allee

Bodega
(Weingaststätte)
Straße der Nationen 12

KARL-MARX-STADT – LEIPZIG

Kopenhagen (dänische Spezialitäten)
Leipziger Straße 120

Tanzcafé Roter Turm
Straße der Nationen 5

Treffpunkt Kirche
Evangelisches Studentenpfarramt
Josephinenplatz 8
DDR-9002 Karl-Marx-Stadt
Tel. 4 56 66

Buchhandlungen
Karl-Marx-Allee 12, Bahnhofstraße 1, Innere Klosterstraße 1, Brühl 53–57, Ernst-Thälmann-Straße 23 (Evangelisch), Rosenhof 8 (Antiquariat)

Kinos
Luxor-Palast (Kinocafé, Helmut-Just-Straße 11), Europa 70 (Hainstraße 36), Metropol-Lichtspiele (Zwickauer Straße 11); ferner: Capitol, Welt-Echo, Jugendfilmtheater, Glösa, Freilichtbühne Küchwald

Theater
Theater-Service
(Schauspielhaus, Opernhaus, Orchester)
Karl-Marx-Allee 12
Tel. 6 21 77 + 6 14 15

Puppentheater
Straße der Nationen 33

Jugendklubhaus
«Fritz Heckert»
Zwickauer Straße 152 a

Galerien
Galerie am Brühl
Brühl 30

Galerie oben
Klosterstraße 1

Feste und Veranstaltungen
Robert-Schumann-Musiktage (Mai/Juni)

Literatur
Stadtplan, VEB Tourist (2,50 M/4,30 DM)
«Tourist-Stadtführer», Ostberlin/Leipzig 1977 (3,20 M)

LEIPZIG

DDR-7000
Vorwahl BRD: 0037 41

Touristische Information
Leipzig-Information
Sachsenplatz 1
DDR-7010 Leipzig
Tel. 7 95 90
Außenstelle:
Wilhelm-Pieck-Allee 19
DDR-7060 Leipzig-Grünau
Tel. 48 04 16

Leipziger Messeamt
Markt 11/15

Unterkunft
Jugendherberge:
DDR-7026 Leipzig,
Gustav-Esche-Straße 4

Campingplätze:
in DDR-7026 Leipzig, Am Auensee (Intercamping mit Bungalows und Finnhütten),
DDR-7154 Miltitz,
Am Kulkwitzer See
(Tel. Leipzig 48 21 69)

Zimmernachweis für Privatquartiere:
Reisebüro-Service
Hauptbahnhof Ostseite
Tel. 7 92 10

Hotels:
Am Ring, Stadt Leipzig, Merkur, Astoria, International, Zum Löwen, Parkhotel, Bayrischer Hof, Continental, Dietrich, Nord, Hochstein, Norddeutscher Hof, Thüringer Hof und andere

Christliches Hospiz:
Roßstraße 14
DDR-7010 Leipzig
Tel. 28 12 10

Lokale/Treffs
Auerbachs Keller
(historische Gaststätte)
Grimmaische Straße 2–4
(Mädlerpassage)
Tel. 20 91 31

Stadt Kiew (ukrainische Spezialitäten)
Petersstraße/Markt
Tel. 29 50 63

Vietnamesisches Restaurant (im Hotel Bürgerhof)
Große Fleischergasse 4
Tel. 20 94 96

Falstaff (exklusives Weinrestaurant)
Georgiring 9

Paulaner (Weinrestaurant mit Klosterkeller)

REGIONALE TIPS

Klostergasse 3
Tel. 28 19 85

Gastmahl des Meeres
Dr.-Kurt-Fischer-
Straße 1
Tel. 29 11 60

Pizzeria
(exklusives Wein-
restaurant)
Ritterstraße 15

Varadero Tagesbar
(kubanische Küche)
Barfußgäßchen

Kaffeebaum (histori-
sches Kaffeehaus)
Kleine Fleischergasse 4
Tel. 20 04 52

Teehaus
Thomaskirchhof 11

Vitaminbar
Schuhmacher-
gäßchen 2 a

Panoramacafé
Karl-Marx-Platz
(Universitätshoch-
haus)

Esplanade (Disko)
Richard-Wagner-
Straße 10

Zentrum (Disko)
Petersstraße 32/34

Treffpunkt Kirche
Evangelisches Studen-
tenpfarramt
Alfred-Kästner-
Straße 11
Tel. 31 29 66

Buchhandlungen
Goethestraße 3–5,
Straße der DSF 40,
Georg-Schumann-
Straße 85, Grimmaische
Straße 25, Grimmai-
sche Straße 30 (Uni-
buchhandlung), Grim-
maische Straße 2–4
(Hinrich'sche), Peters-
straße 13 (Das Sowjeti-
sche Buch), Karl-Lieb-
knecht-Straße 10
(Büchergilde Guten-
berg)

Kinos
Capitol (Peters-
straße 20, Tel. 20 08 30 /
29 66 20), Casino (Neu-
markt 21/27, Tel.
28 10 68), Filmtheater
der Freundschaft
(Hainstraße 17/19, Tel.
28 10 25), Schauburg
(Antonienstraße 21,
Tel. 4 61 19), Zeitkino
(fortwährender Einlaß,
Hauptbahnhof Ost-
halle, Tel. 20 03 78),
Kino der Jugend
(Ernst-Thälmann-
Straße 162, Tel.
6 07 90)

Theater
Städtische Theater
Leipzig (Schauspiel-
haus, Theater der jungen
Welt, Opernhaus, Kel-
lertheater im Opern-
haus, Musikalische
Komödie)
Kartenvorverkauf:
Leipzig-Information
und Kasse Opernhaus,
Karl-Marx-Platz 12,
Tel. 76 41

Kabaretts
Leipziger Pfeffermühle
Spielstätte:
Thomaskirchhof 16
Tel. 29 58 77
Vorverkauf:
Leipzig-Information

Academixer (Kabarett
an der Karl-Marx-
Universität)
Kupfergasse
Tel. 20 08 49

Gewandhaus
Karl-Marx-Platz 8
Tel. 7 13 20
Vorverkauf:
Leipzig-Information
und Musikalien-
handlung Oelsner,
Schillerstraße 3

**Kulturhaus, Jugend-
und Studentenklubs**
Kulturbund der DDR
– Klub der Intelligenz
Elsterstraße 35
(mit Galerie)
Tel. 20 90 84

Zentraler Klub der
Jugend Artur Becker
Elsterstraße 22–24
Tel. 20 96 55

Studentenklub Moritz-
bastei
Information:
Universitätshochhaus

Galerien
Galerie am Sachsen-
platz
Katharinenstraße 21

Klub und Galerie Nord
Viertelsweg 74

Kleine Galerie Süd
Karl-Liebknecht-
Straße 32

Galerie am
Thomaskirchhof
Burgstraße 1–5

Museen und Gedenkstätten
Bachgedenkstätte
Thomaskirchhof 16

Museum der Bildenden
Künste
Georgi-Dimitroff-
Platz 1
Tel. 31 26 17

Sportmuseum Leipzig
Friedrich-Ebert-
Straße 105
Tel. 70 34 32

Deutsches Buch- und
Schriftmuseum der
Deutschen Bücherei
Deutscher Platz
Tel. 8 81 20

Veranstaltungen & Feste
Leipziger Messe
(alljährlich im Frühjahr und Herbst), Internationale Dokumentar- und Kurzfilmwoche (Ende November), Tage des Kabaretts (April/Mai), Leipziger Jazztage (Ende Juni), Messe der Unterhaltungskunst (alle zwei Jahre)

Literatur
«Stadtplan Leipzig», 1:15 000, Ostberlin/Leipzig 1980 (2 M)
«Stadtführer-Atlas Leipzig», Ostberlin/Leipzig, 1982/83 (8,90 M)
«Ausflugsatlas Bezirke Leipzig, Halle», Ostberlin/Leipzig 1978
«Merianheft Leipzig», Hamburg 1977, Hoffmann und Campe
«Völkerschlachtdenkmal» (Roman), von Erich Loest
«Vorstadtkindheit» (Prosa), von Karl-Hermann Roehricht, Ostberlin 1979

MAGDEBURG

DDR-3000
Vorwahl BRD:
0037 91

Touristische Information
Magdeburg-
Information
Alter Markt 9
DDR-3010 Magdeburg
Tel. 3 53 52

Unterkunft
Jugendherbergen:
Vermittlung Bezirk
Magdeburg, Viktor-von-Unruh-Straße 1–3,
Tel. 3 40 50; Jugendherberge, Lüttgen-Ottersleben 19, Tel. 4 29 09

Campingplätze:
in DDR-3099 Magdeburg, Am Barleber See,
DDR-3011 Magdeburg,
Berliner Chaussee,
DDR-3104 Biederitz,
An der Elbe, DDR-3210
Womirstedt, Am Jersleber See

Hotels:
International, Grüner
Baum, Haus des Handwerks, Gewerkschaftshaus

Lokale/Treffs
Historischer Ratskeller
Alter Markt

Weinstudio Grün-Rot
Hasselbachplatz

Café Liliput
Karl-Marx-Straße 180

Kloster-Café
Im Kloster Unser
Lieben Frauen
Regierungsstraße

Treffpunkt Kirche
Evangelische Studentengemeinde (Pfarramt)
Neustädter Straße 6
DDR-3010 Magdeburg
Tel. 5 29 40

Buchhandlungen
Wilhelm-Pieck-
Allee 23–27, Karl-
Marx-Straße 30 a,
Hasselbachplatz 2,
Hasselbachplatz 4
(Antiquariat)

Kinos
Palast-Theater (Straße der DSF 94 b), Theater des Friedens (Alter Markt), Studiokino Moritzplatz (Moritzplatz), Scala-Lichtspiele (Halberstädter Straße 135), Oli-Lichtspiele (Olvenstedter Straße 25 a), Theater der Freundschaft (Braunschweiger Straße 25)

Theater
Theaterkasse

REGIONALE TIPS

(im Maxim-Gorki-
Theater)
Tel. 5 81 35 + 5 18 35

Maxim-Gorki-Theater
(Großes Haus, Podium-
bühne, Kammerspiele,
Theater für Junge Zu-
schauer)

Städtisches Puppen-
theater
Warschauer Straße 25
Tel. 4 24 29

Kabarett
Die Kugelblitze
Leipziger Straße 11–12
Tel. 4 26 88

**Kulturhäuser, Jugend-
und Studentenklubs**
Kulturhaus
Ernst Thälmann
Erich-Weinert-
Straße 27
(Am Jahnsportplatz)

Klubhaus der Jungen
Talente
Erich-Weinert-
Straße 25

Sport- und Kulturzen-
trum der Jugend
Klausener Straße 12

Studentenklubs an den
verschiedenen Hoch-
schulen/Sektionen

Museum
Kulturhistorisches
Museum
Otto-von-Guericke-
Straße 68–73

**Veranstaltungen
& Feste**
Kulturfesttage (Sep-
tember), Puppenspieler-
festival (März/April, alle
zwei Jahre)

Literatur
«Tourist-Stadtführer»,
Ostberlin/Leipzig 1983
(3,20 M)
«Ausflugsatlas Umge-
bung von Magdeburg»
(mit Nordharz), Ostber-
lin/Leipzig 1984
(12,50 M)

MECKLENBURGISCHE SEENPLATTE

(siehe auch Güstrow,
Neubrandenburg,
Schwerin)

**Touristische
Information**
Rat der Stadt
Platz des Friedens
DDR-2082 *Feldberg*
(Meckl.)
Tel. 2 01

Rat der Stadt
Abteilung Erholungs-
wesen
DDR-2602 *Krakow am
See*
Tel. 3 20 und 2 08

Reisebüro
Kanalstraße 7
DDR-2800 *Ludwigs-
lust*
Tel. 28 63

Reisebüro
Am Markt
DDR-2080 *Neustrelitz*
Tel. 31 10

Reisebüro
Philipp-Müller-
Straße 20
DDR-2850 *Parchim*
Tel. 28 98

Zweckverband für
Erholungswesen
Marktstraße 14
DDR-2864 *Plau*
Tel. 8 86

Rat der Stadt
Abteilung Kultur
Markt 8
DDR-2044 *Reuterstadt
Stavenhagen*
Tel. 3 06

Rat der Stadt
Otto-Grotewohl-
Straße 16
DDR-2050 *Teterow*
Tel. 48 91

Zweckverband
Erholungswesen
Fontanestraße 50
DDR-2060 *Waren*
Tel. 37 51

Literatur
«Touristenkarte Meck-
lenburger Seenplatte»,
1:120 000, VEB Tourist
(3 M)
«Wasserwanderatlas
Mecklenburgische Ge-
wässer und Boddenge-
wässer», VEB Tourist,
1978 (8,30 M)
«Reisehandbuch
Mecklenburger Seen»,
VEB Tourist, 1984
(14,80 M)

MEISSEN

DDR-8250
Vorwahl BRD:
0037 53

Touristische Information
Meißen-Information
Willy-Anker-Straße 32
Tel. 44 70

Literatur
«Tourist-Stadtführer»,
Ostberlin/Leipzig 1981
(4,20 M)

MERSEBURG

DDR-4200
Vorwahl BRD:
0037 442

Touristische Information
Merseburg-
Information
Bahnhofstraße 17
Tel. 32 59

MÜHLHAUSEN (THOMAS-MÜNTZER-STADT)

DDR-5700
Vorwahl BRD:
0037 625

Touristische Information
Mühlhausen-
Information
Görmarstraße 57
Tel. 29 12

Unterkunft
Jugendherberge:
Auf dem Tonberg 1

Campingplatz:
in DDR-5601 Groß-
bartloff, Im Lutter-
grund (etwa 20 Kilo-
meter nordwestlich)

Hotels:
Stadt Mühlhausen,
Grüne Linde,
Drei Rosen,
Haus des Handwerks

Lokale/Treffs
Stadt Mühlhausen
(mit Weinstube)
Wilhelm-Pieck-Platz

Schikore (Café)
Erfurter Straße 1

Gedenkstätten
Thomas Müntzer (ehe-
malige Marienkirche),
Deutscher Bauernkrieg
(ehemaliges Franziska-
nerkloster)

Veranstaltungen & Feste
Kirmes (Ende August),
Museumstage der
Jugend (in den Gedenk-
stätten des Bauernkrie-
ges), Mühlhäuser
Musiktage (März)

Literatur
«Mühlhausen» (Bild-
Text-Band), von
W. G. Heyde und
J. L. Burghoff, Leipzig
1975 (8 M)

NAUMBURG

DDR-4800
Vorwahl BRD:
0037 454

Touristische Information
Naumburg-Information
Lindenring 38
Tel. 25 14

NEUBRANDENBURG

DDR-2000
Vorwahl BRD:
0037 90

Touristische Information
Neubrandenburg-
Information
Ernst-Thälmann-
Straße 35
Tel. 61 87

Auskunft Zug:
Tel. 22 77

Fahrgastschiffahrt auf
dem Tollensesee
Tel. 64 83 + 64 82

Unterkunft
Jugendherberge:
«Hanno Günther» in
DDR-2001 Burg Star-
gard, 10 Kilometer ent-
fernt.

Campingplätze:
in DDR-2001 Gatsch-
Eck (Am Tollensesee),
DDR-2082 Feldberg
(Am Breiten Luzin)

Hotels:
Vier Tore, in Usadel 15
Kilometer südlich an
der F 96 Mitropa-Motel

Lokale/Treffs
Tor-Café
Friedländer Tor

Gastmahl des Meeres
Straße der Befreiung

Koszalin
Straße der DSF 2

REGIONALE TIPS

Weinstube im HKB
Karl-Marx-Platz

Buchhandlungen
F. W. Hoernle (Ernst-Thälmann-Straße),
Volksbuchhandlung (Juri-Gagarin-Ring 4)

Kinos
Filmpalast (Leninstraße 1, Tel. 21 30), Filmeck (Wilhelm-Pieck-Straße, Tel. 22 55), Studio-Kino (Karl-Marx-Platz, Kosmosgebäude), Kino Ost (Kopernikusstraße, Tel. 7 29 19)

Theater, Kulturhaus & Konzerte
Staatliches Puppentheater
Ernst-Thälmann-Straße 35
Tel. 61 79

Haus der Kultur und Bildung (HKB) (unter anderem Gastspiele des Friedrich-Wolf-Theaters Neustrelitz)
Karl-Marx-Platz
Tel. 52 75

Philharmonie
Karl-Marx-Platz
(Kosmosgebäude)
Tel. 20 44

Galerien und Gedenkstätten
Zentrum Bildende Kunst
Friedländer Tor

Galerie am Pferdemarkt
Tel. 62 29

Fritz-Reuter-Gedenkstätte
Ernst-Thälmann-Straße 35

Jugendklub
Haus der Jugend
Lessingstraße 1
Tel. 65 94

Literatur
Stadtplan, 1:10 000 (1,50 M)
«Wir für Sie» (Kulturbroschüre) (1,50 M)
«Fritz Reuter in Neubrandenburg» (4,50 M)
«Neubrandenburg – Bezirk zwischen Haff und Müritz» (10,30 M)

Tramperplätze
Richtung Greifswald/Stralsund: F 96, Wilhelm-Pieck-Straße (Bus 1 bis Tankstelle Eschengrund). Richtung Waren/Müritz/Teterow: F 192/F 104, Rostocker Straße (Bus 3 bis Gaststätte Hopfenburg). Richtung Neustrelitz/Berlin: F 96, Leninstraße (Bus 2). Richtung Pasewalk: F 104, Straße der Befreiung (Bus 3, 4, 30, 60 bis Neubrandenburg-Ost, dann zu Fuß bis Intertank)

NEURUPPIN

DDR-1950
Vorwahl BRD: 0037 362

Touristische Information
Reisebüro
Karl-Marx-Straße 88

Rat der Stadt
Wichmannstraße 8
Tel. 26 31

in Rheinsberg:
Rat der Stadt
Seestraße 21
Tel. 22 27
Vorwahl BRD: 0037 36284

Unterkunft
Jugendherberge:
in DDR-1951 Zechlinerhütte-Prebelow,
Tel. Zechlinerhütte 2 22

Campingplätze:
in DDR-1954 Lindow (Gudelacksee), DDR-1951 Wustrau (Ruppiner See); weitere sieben am Zermützelsee und Tornowsee nördlich von Neuruppin und zwölf in der Umgebung von Rheinsberg (Auskunft und Vermittlung:
Am Alten Friedhof 1,
DDR-1500 Potsdam,
Tel. Potsdam 2 22 48)

Hotels:
in Neuruppin, Rheinsberg und Alt Ruppin

Lokale/Treffs
Puschkinhaus
Puschkinstraße 60
Neuruppin

Ratskeller
Schinkelstraße 3
Neuruppin

Café Tempelgarten
Wilhelm-Pieck-Straße 64
Neuruppin

NEURUPPIN – POTSDAM

Schloßkonditorei
Mühlenstraße 12
Rheinsberg

Kinos
in Neuruppin (Karl-Marx-Straße 51/52),
in Rheinsberg (Straße der Jugend 11)

Kulturhaus
Kreiskulturhaus
Karl-Marx-Straße 103
Neuruppin

Schloß
in Rheinsberg

Literatur
«Wanderkarte Rheinsberger Landschaft» (mit Angaben für Wassersport), Ostberlin/Leipzig 1984 (2,50 M)
«Wanderatlas Rheinsberg-Neuruppin» (mit Stadtplänen und Farbfotos), Ostberlin-Leipzig 1985 (4,70 M)
«Wasserwanderatlas Märkische Gewässer», Ostberlin/Leipzig 1982 (9,35 M)
«Rheinsberg – Ein Bilderbuch für Verliebte», von Kurt Tucholsky, Reinbek, rororo, Erstausgabe 1912 (4,80 DM)

POTSDAM

DDR-1500
Vorwahl BRD: 0037 33

Touristische Information
Potsdam-Information
Friedrich-Ebert-Straße 5
Tel. 2 11 00 + 32 92 17

Besucherbüro staatliche Schlösser
Pavillon Schopenhauerstraße/Ecke Hegelallee
Tel. 2 38 19

Auskunft Bahn: (Hauptbahnhof)
Tel. 46 61
Auskunft Fernbuslinien:
Bassinplatz
Tel. 2 29 66 / 2 41 56

Weiße Flotte:
Lange Brücke
(am Interhotel)
Tel. 2 10 90

Unterkunft
Jugendherbergen:
Eisenhardtstraße 5
(Tel. 2 25 15), Am Templiner See (Potsdam-Pirschheim, Tel. 9 49 88; Zeltjugendherberge), ferner in DDR-1512 Werder, Berliner Str. 113 a (Tel. Werder 24 40), Am Schwielowsee (Tel. Werder 34 59)

Campingplätze:
in DDR-1506 Caputh (Am Schwielowsee + Am Templiner See),
DDR-1501 Ferch (Am Schwielowsee),
DDR-1507 Glindow (Glindower See),
DDR-1500 Potsdam-Gaisberg (Templiner See),
DDR-1509 Michendorf (Am Großen Lienewitzsee),
DDR-1512 Werder/Havel (Glindower See)

Hotels:
Interhotel Potsdam, Cecilienhof, Am Jägertor, Sowjetisches Hotel in DDR-1512 Werder (Havel): Jugendtouristenhotel, Straße am Schwielowsee 110, Tel. Werder 28 50

Lokale /Treffs
Minsk (weißrussische Spezialitäten)
Am Brauhausberg

Gastmahl des Meeres
Klement-Gottwald-Straße 72
(am Brandenburger Tor)

Drachenhaus
Park Sanssouci
Maulbergallee

Café Heider
Friedrich-Ebert-Straße 28

Elsässer Weinstuben
Potsdamer Straße 198
Potsdam-Bornstedt

Treffpunkt Kirche
Evangelische Studentengemeinde (Pfarramt)
Bauhofstraße 10
Tel. 2 22 98

Tierra Unida
(kirchlicher Jugendtreff, mehrmals monatlich)
Nansenstraße 15

REGIONALE TIPS

Buchhandlungen
Dortustraße 17, Klement-Gottwald-Straße 57 («Buch und Bild»), Platz der Einheit, Friedrich-Ebert-Straße 16, Karl-Liebknecht-Straße 26 (in Babelsberg), Friedrich-Ebert-Straße 27/28 (Antiquariat)

Kinos
DEFA 70, August-Bebel-Straße (auf dem DEFA-Gelände), Potsdam-Babelsberg; Vorverkauf: Potsdam-Information und Thalia-Theater

Thalia-Theater (Erst- und Uraufführungskino)
Rudolf-Breitscheid-Straße 50/51
Potsdam-Babelsberg
Tel. 7 73 90
ferner: Leninallee 37 (Jugendfilmtheater) und Friedrich-Ebert-Straße 12

Theater
Hans-Otto-Theater
Zimmerstraße 10
Tel. 46 51

Schloßtheater
Neuer Palais,
Park Sanssouci
Vorverkauf:
Tel. 2 36 75

Kabarett
Am Obelisk
Schopenhauerstraße 27
Tel. 2 17 38
(Vorverkauf: Potsdam-Information)

Kultur- und Jugendhäuser
Kulturhaus
Hans Marchwitza
Am Alten Markt
Tel. 2 31 75

Jugendzentrum
Drushba
Heinrich-Mann-Allee 103
Tel. 8 22 32

Jugendklubhaus
Lindenpark
Stahnsdorfer
Straße 76/78
Tel. 7 89 44

Galerien
Kleine Galerie im Keller
Karl-Liebknecht-Straße 8
(Babelsberg)

Galerie am Tor
Klement-Gottwald-Straße 66

Museen
Filmmuseum der DDR
Marstall
Karl-Liebknecht-Forum
Tel. 2 36 75

Armeemuseum
Potsdam
Im Marmorpalais
Neuer Garten

Schloß Sanssouci

Veranstaltungen & Feste
Sommerfilmtage (Mitte Juni), Potsdamer Markttage (letztes Wochenende Mai/letzte Woche Oktober), Parkfestspiele Sanssouci (Mitte bis Ende Juni)

Literatur
«Stadtplan Potsdam», Ostberlin/Leipzig
«Stadtführer-Atlas Potsdam», Ostberlin/Leipzig 1984 (8,90 M)

ROSTOCK

DDR-2500
Vorwahl BRD:
0037 81

Touristische Information
Rostock-Information
Lange Straße 5
Tel. 2 26 19

Gastronom-Service
Kröpeliner Straße 30
Tel. 3 46 03

Ostsee-Tourist-Service
Am Fährbahnhof
DDR-2530 Rostock-Warnemünde
Tel. 26 09

Hafenrundfahrten
Rostock:
Kabutzenhof
Tel. 2 63 33
Warnemünde:
Am Strom 124
Tel. 5 26 24

Busbahnhof
Herweghstraße/
am Hauptbahnhof

Umgebung:
Reisebüro der DDR
Karl-Marx-Straße 86

ROSTOCK

DDR-2590 Ribnitz-Damgarten

Reisebüro der DDR
Fritz-Reuter-Haus
Professor-Vogel-Straße
DDR-2563 Heiligendamm

Kurverwaltung
DDR-2565 Ostseebad Kühlungsborn
Tel. 6 20

Unterkunft
Jugendherberge:
«Erwin Fischer»
Parkstraße 31
DDR-2530 Rostock-Warnemünde
Tel. 5 23 03

Jugendtouristenhotel
Traditionsschiff
Frieden
Ortsteil Schmarl
Tel. 53 26

Weitere Jugendherbergen
in DDR-2590 Ribnitz-Damgarten,
DDR-2553 Ostseebad Graal-Müritz und
DDR-2560 Bad Doberan

Campingplätze:
in DDR-2552 Markgrafenheide,
DDR-2554 Ostseebad Graal-Müritz,
DDR-2561 Börgerende-Rethwisch,
DDR-2596 Dierhagen,
DDR-2566 Kühlungsborn,
DDR-2384 Prerow (Darß),

DDR-2381 Wieck (Darß)

Zimmernachweis:
Pavillon
am Hauptbahnhofsvorplatz
Tel. 2 35 93

Hotels in Rostock:
Warnow, Nordland, Bahnhofshotel;
in Warnemünde: Neptun; Strandhotel, Promenadenhotel;
in Ribnitz-Damgarten: Stadt Hamburg;
in Bad Doberan: Mecklenburger Hof

Lokale/Treffs
Alte Schänke
(Fischrestaurant)
Rungestraße

Gastmahl des Meeres
August-Bebel-Straße 112

Zur Kogge
(Hafenkneipe, touristisch) Strandstraße/Wokrenterstraße

Zur Gemütlichkeit
(früher: Zur feuchten Geige) (Hafenkneipe mit sehenswerter Einrichtung)
Faule Straße 7

Alter Hafen
(Hafenkneipe)
Strandstraße

Zum Silo
(Hafenkneipe)
Strandstraße/
Ecke Grubenstraße

Alte Münze (Café)
Am Ziegenmarkt

Trocadero
(Nachtbar und Disko)
Wismarsche Straße 6/7

Riga
Lütten Klein
Turkuer Straße

Fischerklause
(Fischrestaurant)
Warnemünde
Am Strom 88

Teepott
Warnemünde
Am Leuchtturm

Treffpunkt Kirche
Evangelisches Studentenpfarramt
Bei der Petrikirche 9
Tel. 2 62 56

Buchhandlungen
Universitäts-Buchhandlung (Kröpeliner Straße 14/15), Buch und Kunst (Richard-Wagner-Straße 1 a), Norddeutsches Antiquariat (Kröpeliner Straße 24), Buchhandlung und Galerie Strauß (Warnemünde, Am Strom 81)

Kinos
Capitol (Breite Straße 3–5, Tel. 3 47 60), Hansa-Theater (Leninallee 14/15, Tel. 2 51 20), Metropol (Barnstorfer Weg 4, Tel. 2 34 33), Parklichtspiele (Warnemünde, Dänische Straße 29, Tel. 5 22 90), Theater des Friedens mit Kino-Café (Doberaner Straße 5)

REGIONALE TIPS

Kino-Vorverkaufs-
kasse
Breite Straße
(neben dem Capitol)
Tel. 2 54 60

Theater & Konzert
Volkstheater Rostock
(Großes Haus, Kleines
Haus, Intimes Haus,
Kleine Komödie)
Tel. 24 40
Vorbestellung:
Tel. 24 42 53

Konzertkasse
Tel. 2 29 46 + 47

**Jugend- und
Studentenklubs**
Zentrales Jugend-
Klubhaus
Blücherstraße 31
Tel. 2 32 54

Studentenklubs:
Information im Uni-
Hauptgebäude

Galerien und Museen
Galerie am Boulevard
Kröpeliner Straße 60
Tel. 2 36 37

Kunsthalle
Am Schwanenteich
Tel. 8 20 59

Kulturhistorisches
Museum
Im Kröpeliner Tor
und Kloster Zum Heili-
gen Kreuz

Schiffahrts-Museum
August-Bebel-Straße 1
Tel. 2 26 97

Literatur
Stadtplan Rostock mit
Warnemünde, 1:14 000
(2,50 M/4,30 DM)
«Tourist-Stadtführer
Rostock», Ostberlin/
Leipzig 1983
«Architekturführer Be-
zirk Rostock», Ostber-
lin 1983 (6 M)
«Rostock» (Bild-Text-
Band), Rostock 1965
(19,80 M)
«Rostock – Stadt am
Meer», von Heinz
Glade, Leipzig 1982
(9,50 M)
«Wanderatlas Küh-
lungsborn – Warne-
münde», Ostberlin/
Leipzig 1983 (4,70 M)

RÜGEN/HIDDENSEE

**Touristische
Information**
(siehe auch Stralsund)

Reisebüro der DDR
Dammstraße 45
DDR-2330 *Bergen*

Rat der Stadt Bergen
Karl-Marx-Platz 11
DDR-2330 *Bergen*
Tel. 8 61

Reisebüro der DDR
Karl-Marx-Straße 10
DDR-2355 *Saßnitz*
Tel. 23 42

Kurverwaltung
Orangerie
DDR-2353 *Putbus*
Tel. 6 72

Unterkunft
Jugendherbergen:
in DDR-2337 Binz,
DDR-2344 Glowe
(Tel. Sagard 5 28),
DDR-2331 Granitz,
DDR-2335 Saßnitz

Campingplätze:
in DDR-2331 Altefähr,
DDR-2331 Suhrendorf
(Insel Ummanz),
DDR-2331 Schaprode,
DDR-2331 Zudar,
DDR-2366 Rappin-
Gr. Banzelvitz,
DDR-2331 Lietzow,
DDR-2344 Glowe,
DDR-2333 Alten-
kirchen,
DDR-2331 Putgarten,
DDR-2331 Nipme-
row/Lohme,
DDR-2368 Alt Redde-
vitz,
DDR-2358 Thiessow
(Mönchgut),
DDR-2347 Middel-
hagen (Lobbe auf
Mönchgut),
DDR-2331 Gager
(Mönchgut),
DDR- 2363 Göhren,
DDR-2349 Dranske-
Nonnevitz,
DDR-2335 Baabe,
DDR-2367 Groß Stre-
sow

Hotels und Pensionen:
in Saßnitz, Binz, Put-
bus, Bergen, Kloster
(Hiddensee)

Lokale/Treffs
Jägerhütte
Putbus
Am Tiergehege

Restaurant Rugard
Bergen
Am Ernst-Moritz-
Arndt-Turm

Ratskeller

RÜGEN/HIDDENSEE – SCHWERIN

Bergen
Karl-Marx-Platz

Gastmahl des Meeres
Saßnitz
Strandpromenade 2

Zum Goldenen Anker
Vitt (Putgarten)

Gaststätte Wieseneck
Kloster (Hiddensee)
Tel. 3 16

Kinos
in Baabe (Göhrener Chaussee 35), Bergen (Neue Straße), Putbus (Bahnhofstraße 2), Göhren (Waldstraße), Saßnitz (gegenüber Seemannsheim), Sellin (August-Bebel-Straße 3)

**Museen
& Gedenkstätten**
Naturbühne/Freilichtmuseum Ralswiek (Störtebeker-Festspiele)
DDR-2331 Ralswiek

Mönchguter Heimatmuseum
DDR-2345 Göhren

Gerhart-Hauptmann-Gedenkstätte
Haus Seedorn
DDR-2346 Kloster
(Hiddensee)

Lenin-Gedenkstätte
Am Bahnhof
DDR-2355 Saßnitz

Literatur
Touristenkarte Rügen-Hiddensee,
1:100 000 (3 M)
«Wanderatlas Rügen»,

1985 (4,70 M/7,80 DM)
«Rügen» (Text-Bild-Band) von Herbert Ewe, Rostock 1968 (3. Auflage 1985) (26 M)
«Hiddensee» (Text-Bild-Band) von Herbert Ewe, Rostock 1984 (26 M)
«Rügenlandschaft – Hommage à Caspar David Friedrich» von Wieland Förster, Ostberlin 1974
«Die Insel Rügen und Stralsund» von Wolfgang Schulz, Westberlin 1985
«Sanddornzeit – Tagebuchblätter von Hiddensee» von Hanns Cibulka, Halle/Leipzig 1971 (6,80 M)

SÄCHSISCHE SCHWEIZ

**Touristische
Information**
(siehe auch Dresden)

Kurverwaltung
Straße der Jungen Pioniere
DDR-8305 *Königstein*
Tel. 3 43 + 3 44

Reisebüro
Friedrich-Engels-Straße 7–8
DDR-8300 *Pirna*

Kurverwaltung
Markt 7
DDR-8320 *Bad Schandau*

Literatur
Wanderkarte Sächsische Schweiz, 1:30 000,

Ostberlin/Leipzig 1979
«Wanderatlas Sächsische Schweiz», Ostberlin/Leipzig 1978 (4,60 M)
«Reisehandbuch Sächsische Schweiz – Osterzgebirge», Leipzig 1972 (14,80 M)

SCHWEDT

DDR-1330
Vorwahl BRD:
0037 3725

**Touristische
Information**
Vierradener Straße 21 a
Tel. 2 38 91

SCHWERIN

DDR-2700
Vorwahl BRD:
0037 84

**Touristische
Information**
Schwerin-Information
Markt 11
Tel. 81 23 14

Unterkunft
Jugendherberge:
«Kurt Bürger»,
Waldschulweg 3
(am Schweriner See)

Campingplätze:
in DDR-2711 Seehof,
DDR-2711 Flessenow,
DDR-2711 Retgendorf,
DDR-2711 Raben-Steinfeld

Hotels:
Stadt Schwerin, Polo-

REGIONALE TIPS

nia, Bahnhofshotel, Am Strand, Wendenhof, Hospiz am Pfaffenteich

Hotelzimmer-
vermittlung
Grunthalplatz 11–12
Tel. 81 27 63

Lokale/Treffs
Alt Schweriner
Schankstuben (Wein-
und Bierlokal)
Schlachtermarkt

Café am Markt
Am Markt 7

Gastmahl des Meeres
Großer Moor

Weinhaus Uhle
Schusterstraße 13–15

Theatercafé
Großer Moor

Café «Busch»
Buschstraße 7

Lese-Café
(auch Diskothek)
Wilhelm-Pieck-
Straße 16

Schloßcafé
Lennéstraße 1

Achteck-Jugendtanz-
gaststätte
Wittenburger Straße
Tel. 81 22 04

Turm-Café
(Fernsehturm)
Leninallee

Zur Münze (Kneipe)
Münzstraße

Zur Guten Quelle
(Kneipe)
Schusterstraße

Buchhandlungen
Am Markt, Hermann-
Matern-Straße, Pusch-
kinstraße 59 (Antiqua-
riat), Otto-Grotewohl-
Straße, Schmiedestraße
(Kunstbücher)

Kinos
Filmtheater Capitol
Wismarsche
Straße 126/128
Tel. 86 43 40

Studio-Filmtheater
Leninplatz 2
Tel. 81 28 57

Jugendfilmtheater
Schauburg
Hermann-Matern-
Straße 53
Tel. 8 30 74

Theater
Mecklenburgisches
Staatstheater (Großes
Haus, Kammerbühne,
Theater im Kulturbund,
Puppenbühne)
Alter Garten
Tel. 54 71 + 8 39 93

**Jugend- und
Kulturklubs**
Haus der Jugend
Geschwister-Scholl-
Straße 2
Tel. 86 49 31

FDJ-Jugendklub
Jaan Kreuks
Straße der DSF
Tel. 37 51 53

Alte Molkerei

(Musikveranstaltun-
gen)
Möwenburgstraße

Kulturbund
Wilhelm-Pieck-
Straße 8
Tel. 8 35 77

Museen
Freilichtmuseum
Schwerin-Mueß (Meck-
lenburgisches Dorf),
Polytechnisches
Museum, Staatliches
Museum (mit Galerie),
Schloßmuseum

Literatur
Stadtplan, 1:15 000
(1,50 M)
«Tourist-Wanderheft
Schwerin und Umge-
bung», Ostberlin/Leip-
zig 1979 (1 M)
«Stadtführer Schwe-
rin» von H. Ende und
G. Kirsch, Ostberlin
1985 (4,20 M)

Tramperplätze
Richtung Güstrow:
F 104, Güstrower
Straße (Bus 10 bis Jagd-
haus Schelfwerder).
Richtung Wismar:
F 106, Wismarsche
Straße (Strb 1 bis End-
station). Richtung Lud-
wigslust: F 106, Lud-
wigsluster Chaussee
(Bus 12 bis Leninallee).
Richtung Berlin (Auto-
bahn): Crivitzer Chaus-
see (Bus 6 bis Gedenk-
stätte Raben Steinfeld)

Weiße Flotte
Alter Garten/Werder-
straße

SPREEWALD – STRALSUND

Bootsverleihe
Am Burgsee, Lankower See, Ostorfer See, Ziegelsee und auf der Insel Kaninchenwerder

SPREEWALD

Touristische Information
Cottbus-Information
Altmarkt 29
DDR-7500 *Cottbus*
Tel. 2 42 54
Vorwahl BRD:
0037 59

Verkehrsbüro
Am Hafen
DDR-7543 *Lübbenau*

Verkehrsbüro
Am Strandcafé
DDR-7550 *Lübben*

Unterkunft
Jugendherbergen:
in DDR-1601 Köthen (Am Köthener See, Tel. Märkisch-Buchholz 5 22),
DDR-7502 Burg (Am Sportplatz, Tel. 2 25),
DDR-7551 Byhleguhre (Am See 2, Tel. Straupitz 3 62),
DDR-7550 Lübben (Steinkirchen, Dorfaue, Tel. 26 69)

Campingplätze:
in DDR-7550 Lübben (Am Burglehn),
DDR-7543 Lübbenau (Am Volkspark),
DDR-7551 Briesensee (Am Briesener See),
DDR-7551 Alt Schadow (Am Ostufer und am Westufer des Neuendorfer Sees),
DDR-7551 Groß Leuthen (Am See)

Hotels:
in Cottbus (Lausitz, Zum Schwan, Zur Sonne), Leipe (Spreewaldhotel), Lübben (Spreeblick), Lübbenau (Zum Spreewald)

Lokale/Treffs
Postkutsche (Weinlokal)
Cottbus
Schloßkirchplatz 1

Café am Turm
Cottbus
Spremberger Straße 17

Treffpunkt Kirche
Evangelische Studentengemeinde (Pfarramt)
Striesower Weg 52
DDR-7500 Cottbus
Tel. 3 39 84

Bootsverleihe
in Lübbenau (Maxim-Gorki-Straße 72),
Lübben (Am Strandcafé)

Literatur
«Spreewald-Wanderkarte», 1:50 000 (mit Angaben für Wassersport, 2 M)
«Cottbus» (Bild-Text-Band), Text: H.-H. Krönert, Fotos: E. Schutt, Leipzig 1979 (17,80 M)
«Spreewaldfahrten» (Bildband und Reisehandbuch, mit Karte 1:75 000), Text

L. Scherzer, Fotos
E. Schutt, Rudolstadt
1983 (17,80 M)

STENDAL

DDR-3500
Vorwahl BRD:
0037 921

Touristische Information
Stendal-Information
Straße der Freundschaft 41
Tel. 61 86

STRALSUND

DDR-2300
Vorwahl BRD:
0037 821

Touristische Information
Reisebüro der DDR
Alter Markt 10
Tel. 21 94

Gastronom-Service
Alter Markt 12
Tel. 23 48

Unterkunft
Jugendherbergen:
«Grete Walter», Am Kütertor 1 (Tel. 21 60),
Strandstraße 21, Stralsund-Devin (Tel. 42 66)

Weitere in
DDR-2380 Barth,
DDR-2385 Ostseebad Zingst,
DDR-2382 Ibenhorst
Post Born

Campingplatz:
DDR-2323 Stahlbrode

REGIONALE TIPS

Hotels:
Baltic, Am Bahnhof, Schweriner Hof, Nordland

Zimmernachweis:
Alter Markt 11
Tel. 25 14

Lokale/Treffs
Gastmahl des Meeres
Ossenreyer Straße 49

Fischerstube
im Schweriner Hof
Leninplatz 2/3
Tel. 52 81

Torschließerhaus
(Jugendcafé)
Heilgeiststraße

Milchbar
Leninplatz 13

Ratskeller
Alter Markt
Tel. 22 85

Grillka (Kaninchen-Restaurant)
Apollonienmarkt 16

Störtebeker-Keller
(Nachtbar)
Ossenreyer Straße 49
Tel. 27 58

Buchhandlungen
Goethe-Buchhandlung (Apollonienmarkt), Volksbuchhandlung und Antiquariat (Ossenreyer Straße)

Kinos
Sund-Lichtspiele (Frankendamm 37, Tel. 34 44), UT (Frankenstraße 7, Tel. 23 29), Freilichtbühne (Knieperdamm 5, Tel. 22 77)

Theater
Theater Stralsund
Sarnowstraße 56

Jugendklubhaus
John Schehr
Straße der Befreiung 120

Museen
Meeresmuseum (Eingang Mönchstraße), Kulturhistorisches Museum (Mönchstraße 25/27)

Literatur
Stadtplan, 1:12 500 (1,50 M)
«Stralsund und seine Umgebung» von Herbert Ewe, Schwerin 1984 (3 M)
«Stralsund» von Herbert Ewe, Rostock 1981 (5. Auflage) (26 M)
«Geschichte der Stadt Stralsund», hg. von Herbert Ewe, Weimar 1984

Bootsausleihstation
Knieperdamm

Weiße Flotte
Pavillon am Hafen
Seestraße
Tel. 69 24 73

Tramperplätze
Richtung Greifswald: F 96, an der Bushaltestelle Andershof-Ausbau (Linie 3). Richtung Rostock: F 105 an der Bushaltestelle ZBE-Grünhofe (Linie 5). Richtung Rügen: F 96 an der Intertankstelle oder am Bahnhof Altefähr (Buslinie 2)

THÜRINGER WALD

Touristische Information
Suhl-Information
Steinweg 1
DDR-6000 *Suhl*
Tel. 2 00 52

Arnstadt-Information
Erfurter Straße
DDR-5210 *Arnstadt*
Tel. 20 49

Saalfeld-Information
Obere Straße 24
DDR-6800 *Saalfeld*
Tel. 3 95 04

Rat der Gemeinde
Zellaer Straße 19
DDR-6055 *Oberhof*

Reisebüro der DDR
Georgenstraße 22
DDR-6100 *Meiningen*

Reisebüro der DDR
Am Busbahnhof
DDR-6080 *Schmalkalden*

Kurverwaltung
Naumannstraße 22
DDR-6300 *Ilmenau*

Reisebüro der DDR
Am Güntherbrunnen
DDR-6820 *Rudolstadt*

Unterkunft
Jugendherbergen:
in Arnstadt, Schmalkalden, Lauscha, Ilmen-

THÜRINGER WALD – USEDOM

au, Neuhaus a. R., Katzhütte, Schmiedefeld, Zella-Mehlis, Tambach-Dietharz, Friedrichsroda, Brotterode, Waltershausen, Steinbach, Schnellbach, Gräfenroda, Saalfeld, Bad Blankenburg, Neidenberga, Neuenbeuthen, Ranis, Burgk, Schwarzburg

Campingplätze:
in DDR-6309 Großbreitenbach,
DDR-6051 Breitenbach,
DDR-6051 Erlau,
DDR-6081 Heßles-Nüßleshof,
DDR-6313 Manebach,
DDR-6801 Drognitz,
DDR-6801 Reitzengeschwenda,
DDR-6555 Saalburg,
DDR-6841 Wilhelmsdorf,
DDR-6841 Paska,
DDR-6801 Goßwitz,
DDR-6841 Gössitz,
DDR-6801 Altenbeuthen

Hotels:
in Bad Salzungen, Schmalkalden, Meiningen, Suhl, Zella-Mehlis, Oberhof, Ilmenau, Schleusingen, Lauscha, Sonneberg, Königsee, Hildburghausen, Arnstadt, Saalfeld, Saalburg

Lokale/Treffs
Waffenschmied (asiatische Küche)
Suhl
Gothaer Straße 4

Das Loch
Saalfeld
Blankenburger Straße 8

Café Heidecksburg
Rudolstadt
Schloßgarten

Theater
Meininger Theater (Schauspiel, Oper, Operette, Ballett, Konzert)
Theater Rudolstadt

Museen und Gedenkstätten
Spielzeugmuseum in Sonneberg, Klosterruine Paulinzella (romanisch), Puppenstadt «Mon Plaisir» in Arnstadt

Feste und Veranstaltungen
Schmalkalden: Thüringer Folklorefest (Juni),
Oberhof: Amateurfilmtage (alle zwei Jahre)

Literatur
Touristenkarte Thüringer Wald, 1:100 000
Wanderkarte Mittlerer Thüringer Wald, 1:50 000
Wanderkarte Schwarzatal, 1:50 000
«Reisehandbuch Thüringer Wald», Ostberlin/Leipzig 1977 (14,80 M)
«Thüringer Wald» (Bild-Text-Band) von L. Kempe und M. Ittenbach, Leipzig 1971
«Thüringen-Reiseverführer», Rudolstadt 1982 (22 M)

USEDOM

Touristische Information
Rat der Stadt
DDR-2220 *Wolgast*
Tel. 22 51
Vorwahl BRD:
0037 826

Kurverwaltung Ahlbeck
Dünenstraße 44
DDR-2252 *Seebad Ahlbeck*

Reisebüro der DDR
Delbrückstraße 62
DDR-2255 *Heringsdorf*
Tel. 38 06

Unterkunft
Jugendherbergen:
in DDR-2233 Trassenheide,
DDR-2238 Zinnowitz,
DDR-2255 Seebad Heringsdorf,
DDR-2120 Ueckermünde

Campingplätze:
in DDR-2322 Karlshagen,
DDR-2236 Ueckeritz,
DDR-2238 Zinnowitz,
DDR-2226 Koserow Zeltplatz,
DDR-2233 Trassenheide,
DDR-2237 Zempin,
DDR-2256 Kamminke,
DDR-2251 Korswandt,
DDR-2239 Neuendorf-Lütow,
DDR-2234 Loddin Post Kölpinsee,
DDR-2251 Zirchow,
DDR-2111 Grambin,

REGIONALE TIPS

DDR-2221 Kröslin
(Dorfausgang Freest)

Hotels:
in Wolgast, Zinnowitz, Heringsdorf, Ahlbeck, Usedom, Anklam, Ueckermünde, Warsin, Eggesin, Torgelow, Pasewalk, Prenzlau

Lokale/Treffs
Forsthaus Langenberg
nördlich vom Seebad Bansin

Forstgaststätte Damerow
nördlich von Koserow

Gaststätte Niemann
Kachlin

Meiereihof
Ahlbecker Straße
(F 111)
Zinnowitz

Kinos
in Ahlbeck (Dünenstraße 50), Bansin (Karl-Marx-Straße 42), Heringsdorf (Brunnenstraße 12), Wolgast (Straße der Befreiung 2), Zinnowitz (Wilhelm-Pieck-Straße 2)

Jugendklubhaus
Straße der Befreiung 4 d
Wolgast

Maxim-Gorki-Gedenkstätte
Maxim-Gorki-Straße 20
Seebad Heringsdorf

Literatur
Karte Usedom Haffküste, 1:100 000
(2,50 M)
«Wanderatlas Insel Usedom» 1983
(4,70 M/7,80 DM)
«Usedom», Landeskundliche Streifzüge
(Text-Bild-Band),
Rostock 1980 (23 M)

WEIMAR

DDR-5300
Vorwahl BRD:
0037 621

Touristische Information
Weimar-Information
Marktstraße 4
Tel. 21 73

Unterkunft
Zentrale Jugendherbergsvermittlung
Jugendreisebüro Erfurt
Fischmarkt 6
DDR-5000 Erfurt
Tel. 6 31 13

Jugendherbergen:
15. August (Humboldtstraße 17), Albert Kuntz (Weimar-Buchenwald), Ernst Thälmann (Windmühlenstraße 16), Jugendtouristhotel Maxim Gorki (Zum wilden Graben 12)

Campingplatz:
in DDR-5301 Oettern/Ilmtal (10 Kilometer südlich)

Hotels:
Elephant, International, Einheit, Ringhotel, Ettersberg

Fremdenheim:
Christliches Hospiz
Amalienstraße 2
Tel. 27 11

Lokale/Treffs
Gastmahl des Meeres
Herderplatz

Schwarzer Bär
Markt

Weißer Schwan
(Historische Gaststätte)
Frauentorstraße 23

Café Resi
Grüner Markt

Café Esplanade
Schillerstraße 18

Treffpunkt Kirche
Evangelisches Studentenpfarramt
DDR-5301 Niedersynderstedt Nr. 32
Tel. Magdala 3 76

Buchhandlungen
Schillerstraße 13, Schillerstraße 9 (Kunstbücher, Antiquariat), Schillerstraße 11 (Musikalienhandlung), Schillerstraße 18 (Evangelisch), Goetheplatz 9 a

Kinos
Theater des Friedens
(Hummelstraße 2 a)
Haus Stadt Weimar
(Schützengasse)

Theater
Deutsches Nationaltheater
Theaterplatz
Tel. 75 53 33 (Kasse)

WEIMAR – WISMAR

Kulturhaus
Michael Nieder-
kirchner
Wilhelm-Pieck-
Straße 8

**Jugend- und
Studentenklubs**
Klubhaus der Jugend
Walter Ulbricht
Goetheplatz 11
Tel. 23 19

Studentenklub
Kasseturm
Goetheplatz

Weitere Studenten-
klubs: Schützengasse 2
und Jakobsplan

Galerie
Kunsthalle
am Theaterplatz

**Museen und
Gedenkstätten**
Nationale Forschungs-
und Gedenkstätten
Zentralkasse:
Frauentorstraße 4
Tel. 43 86

Goethe-Nationalmu-
seum, Schillermuseum,
Kirms-Krackow-Haus
(Herdermuseum), Goe-
the- und Schillergruft,
Museum für Ur- und
Frühgeschichte Thürin-
gens (Amalienstraße 6)

Nationale Mahn- und
Gedenkstätte Buchen-
wald (Dokumentarfilm
und Führungen täglich
außer So, Mo; geöffnet
das ganze Jahr außer
montags)

**Feste und
Veranstaltungen**
Weimarer Zwiebel-
markt (Oktober), Wei-
mar-Tage der Jugend
(Juni), Studententage
(Mai), Thüringer Bach-
tage (März/April)

Literatur
Stadtplan, 1:10 000
(2 M)
«Stadtführer-Atlas
Weimar», Ostberlin/
Leipzig 1983 (8,90 M)
«Weimar» (Bildband)
von K. G. Beyer und
H. Greiner-Mai, Ostber-
lin/Weimar 1981
«Geschichte der Stadt
Weimar», hg. von
G. Günther und L. Wall-
raff, Weimar 1976
«Das Bauhaus in Wei-
mar» von Karl-Heinz
Hüter, Ostberlin 1976
«Nationale Mahn- und
Gedenkstätte Buchen-
wald», hg. von I. und
L. Burghoff, Ostberlin/
Leipzig 1978
«Kunst hinter Stachel-
draht» von Wolfgang
Schneider, Leipzig 1976

Tramperplätze
Richtung Bad Berka/
Autobahn: F 85 (Ber-
kaer Straße, Bus 5 bis
Endstation am Jugend-
touristenhotel, dann
bis zum Parkplatz am
Friedhof). Richtung Er-
furt: F 7 (Erfurter
Straße, Bus 8 bis End-
station). Richtung Jena,
Naumburg: F 7 (Bus 2
bis Ecke Bodel-
schwinghstraße/Lin-
denberg)

WISMAR

DDR-2400
Vorwahl BRD:
0037 824

**Touristische
Information**
Wismar-Service
Lübsche Straße 44
Tel. 29 58

Unterkunft
Jugendherberge:
in DDR-2401 Becker-
witz (14 Kilometer
nordwestlich von Wis-
mar)

Campingplätze:
in DDR-2401 Zierow,
DDR-2423 Bolten-
hagen,
DDR-2406 Timmendorf
(Insel Poel),
DDR-2401 Gramkow
(Beckerwitz),
DDR-2407 Gramkow
(Wohlenberger Wiek),
DDR-2425 Klütz,
DDR-2568 Pepelow,
DDR-2421 Groß-
Walmstorf
(Niendorfer Weg),
DDR-2573 Rerik,
DDR- 2405 Neukloster

Hotels:
Zur Sonne, Wismar,
Seeblick; ferner in Neu-
kloster und Neubukow

Lokale/Treffs

Alter Schwede
Am Markt 20

Gastmahl des Meeres
Altböter Straße 6

REGIONALE TIPS

Café am Markt
Hegede 4

Mensa-Gaststätte
(Ingenieurshochschule)
Wilhelm-Pieck-Allee

Weinstuben
Am Markt 9

Milchbar
Lübsche Straße 23

Grusinische Teestube
Lübsche Straße 51

Zur Mecklenburger
Mühle (Ausflugsgaststätte), Dorf Mecklenburg (7 Kilometer südlich von Wismar)

Treffpunkt Kirche
Evangelische Studentengemeinde
Haus der Begegnung
Rudi-Arndt-Straße 18
DDR-2402 Wismar-Wendorf
Tel. 67 10

Buchhandlung
Lübsche Straße 33

Kinos
Weltspiegel (Kino)
Lübsche Straße

Café-Kino
Ernst-Thälmann-Straße

Theater
Theater der Werftstadt
Wismar
Philipp-Müller-Straße

**Jugend- und
Studentenklubs**
Studentenklubs:
Information in der
Mensa der Ingenieurshochschule

Klubhaus der Jugend
«Heinz Kapelle»
Dahlmannstraße 4

Museum
Stadtgeschichtliches
Museum im Schabbell-Haus
Schweinsbrücke 8

Literatur
Stadtplan, 1:10 000
(1,50 M)
«Wismar und die Insel
Poel», Wanderheft,
1983 (1,50 M)

Weiße Flotte
Anlegestelle am Alten
Hafen (Hafenrundfahrten, Insel Poel, Abendfahrten)

Kriegsmahnmal
Ruine der
St.-Georgen-Kirche

Tramperplätze
Richtung Lübeck:
F 105 Karl-Marx-Straße (mit Bus 01/1
Richtung Wendorf, Station Tschaikowskistraße/Lübsche Burg).
Richtung Rostock/
Sternberg: F 105/ F 192,
Rostocker Straße/Am
Weißen Stein (Bus 1 bis
Endstation Amselweg/
Dargetzow, dann bis
zur Gabelung der Fernverkehrsstraßen vorlaufen). Richtung Schwerin:
F 106, Ernst-Thälmann-Straße (Buslinie
4 bis zur Tankstelle hinter den Friedhöfen oder
Abzweig Gadebusch)

WITTENBERG
(LUTHERSTADT)

DDR-4600
Vorwahl BRD:
0037 451

**Touristische
Information**
Wittenberg-Information
Markt 4
Tel. 22 39

ZEITZ

DDR-4900
Vorwahl BRD:
0037 450

**Touristische
Information**
Zeitz-Information
Friedensplatz 5
Tel. 29 14

ZITTAU

DDR-8800
Vorwahl BRD:
0037 522

**Touristische
Information**
Zittau-Information
Straße der DSF 24
Tel. 39 86

ZENTRALE ANLAUFSTELLEN DER EVANGELISCHEN KIRCHE

Theologische Studienabteilung der Evangelischen Kirche
Auguststraße 80
DDR-1040 Berlin
Tel. 2 88 60

Kirchliches Forschungsheim
Mittelstraße 33
DDR-4600 Wittenberg
Tel. 26 01

Ökumenischer Jugenddienst
Planckstraße 20
DDR-1080 Berlin
Tel. 2 08 15 18

Evangelische Akademie
Albrechtstraße 6
DDR-1040 Berlin
Tel. 2 12 40 84

Evangelische Akademie Sachsen-Anhalt
Hegelstraße 18
DDR-3010 Magdeburg
Tel. 3 01 65

Evangelische Akademie
Jüdenberg 17
DDR-8250 Meißen
Tel. 29 09

Lesben in der Kirche
Gethsemane-Gemeinde
Gethsemanestraße 9
DDR-1058 Berlin

Schwule in der Kirche
Arbeitskreis Homosexuelle Selbsthilfe der Bekenntnisgemeinde
Plesser Straße 3–4
DDR-1193 Berlin

Achtung: Alle Anfragen sollten konkret und exakt gefaßt werden!

BILDNACHWEIS

ADN-Zentralbild 18, 22; Argus/Eisermann 41, 137, 248, 322, 323; Claus Bach 85; Bohm 160/161; Wolfgang Büscher 166, 316; Christoph Busch 39; Jean-Pierre Delagarde 43, 45, 127; Edition Transit 33; Trautberd Erbe 120/121, 194; Paul Glaser 9, 13; Gerald Große 336; Harald Hauswald 34, 48, 50, 53 (oben und unten), 56, 59, 72/73, 74, 83, 97, 122, 139, 140, 142, 145, 152, 153, 155, 171, 177, 186, 190, 200, 206, 216, 219, 250, 256, 261, 269, 275, 277, 296/297, 308, 347, 351, 356; Matthias Hohl-Stein 8, 366, 367, 369, 374, 381, 387, 389, 391, 393; Peter Homann 263; Komitee für die Freilassung Rudolf Bahros 146; Laif/Jürgen Bindrim 2/3; Landesbildstelle Berlin 58; Christoph Langpaap 131; Wolfgang Mattkeuer («Hinter den sieben Bergen») 77; Roger Melis 105; Barbara Metselaar-Berthold 15, 173, 281, 299, 339, 363, 365; Museum für Geschichte der Stadt Leipzig 320; Carla Neumann 90; Lothar Reher 227 (oben); Rotbuch Verlag 102; Günter Schneider 291; Andreas Schoelzel 300; Taz 195; Ullstein Bilderdienst 27, 325; Verlag Zeit im Bild 70; Peter Wensierski 133, 168; Thomas Willke 279. Alle anderen Fotos stammen von den Autoren – bis auf die wenigen, bei denen die Quelle nicht aufzufinden war.

REGISTER

Die *kursiv* gesetzten Seitenzahlen verweisen auf den Service-Teil.

Ahlbeck 226, *441*
Ahrenshoop 206, 207
Altefähr 219
Altenburg 324
Annaberg-Buchholz *421*
Apolda 74
Arneburg 255
Arnstadt 337, *440*
Aschersleben 306, *424*
Augustusburg *421*

Baabe 212
Babelsberg 110, 257–259, *434*
Bad Doberan 203
Bad Elster *421*
Bad Frankenhausen 121, 305, 306, *424*
Bad Langensalza *413*
Bad Saarow 171
Bad Salzungen 337
Bad Schandau 359–361, *437*
Bahro 292
Bansin 226
Bautzen *376, 413*
Bergen *436*
Berlin, Hauptstadt der DDR 18, 19, 22, 25, 26, 27, 64, 99, 102, 122, 123, 125, 129, 136, 138, 139, 140, 148, 154, 163, 174, 181, 185, 188, 195, 197, 263–281, *370, 375, 385, 398, 413–416*
Bernburg *416*
Binz 212, 216, 217
Bitterfeld 26, 27, 80, 323, *403*
Boltenhagen 202
Brandenburg 152, 254
Branitz 283, 284
Buchenwald 64, 340, 341
Buckow 294, 295
Burg 285, *375*

Coswig (bei Dresden) 193, 194
Cottbus 20, 282–284, *376, 439*

Dessau 324, *416, 417*
Dierhagen 207
Dobbertin 238
Dresden 26, 117, 118, 120, 129, 130, 154, 195, 346–356, 362, *376, 417, 418*

Eberswalde *418, 419*
Eisenach 326–331, *375, 419*
Eisenhüttenstadt 291, 292, 375, *419, 420*
Eisleben 20, 306, *424*
Eldena 224, 225
Elend 304
Erfurt 42, 154, 327, 332–336, *375, 420, 421*
Eythra 322

Feldberg *430*
Fichtelberg 168, 364
Finsterwalde *376*
Frankfurt/Oder 292, *375, 421*
Freiberg *421*
Freyburg 324
Friedrichsbrunn 304

Garz 218
Gera 327, *376, 421*
Göhren 212
Görlitz *376, 421*
Golzow 292, 293
Gotha 331, 332, *375, 422*
Graal-Müritz 207
Greifswald 89, 222–225, *375, 402, 422*
Greiz *421*
Grimma 323, 324
Güstrow 235–237, *422, 423*

Halbe 290, 291
Halberstadt *375, 424*
Halle/Halle-Neustadt 26, 154, 301, 324, *375, 423, 424*
Harbke 167, 302
Havelberg 256
Heiligendamm 203
Heringsdorf 226, *441*
Hettstedt 306
Hiddensee 218–222, *436, 437*
Hohenfinow 295
Hohenwarte (Talsperre) 338

Ilmenau 337, *440*

Jeggeleben 256
Jena 49, 119, 120, 327, 341–346, *376, 425, 426*
Johanngeorgenstadt *421*

446

REGISTER

Kampehl 257
Kap Arkona 213–215
Karl-Marx-Stadt 154, 363, 364, *376, 426, 427*
Klingenthal *421*
Knoblauch 246
Königstein *437*
Kotzen 246
Krakow 237, 238, *430*
Kuchelmiß 238
Kühlungsborn 203

Lauchhammer 69
Lauscha 130, 336
Lehde 286, 290
Leipzig 26, 80, 95, 99, 111, 182, 188, 301, 308–320, *370, 376, 427–429*
Leuna 323
Lichtenhain 360
Ludwigslust *430*
Lübben 286, *439*
Lübbenau 286, 288, 289, *439*
Lüge 246
Lützen 321, 322

Magdeburg 26, 125, 154, 187, 236, 296, 297, 301, *375, 429, 430*
Marxwalde 293, 294
Meiningen 337, *440*
Meißen 362, 363, *376, 430, 431*
Merseburg 26, 324, *431*
Moritzburg 358, 359
Mühlburg 337
Mühlhausen (Thomas-Müntzer-Stadt) 327, *375, 431*
Mukran 213

Naumburg 324, *431*
Neubrandenburg 227, *375, 431, 432*
Neuruppin 249–252, *432, 433*
Neustrelitz *430*
Neuzelle 292
Niederhof 219
Nordhausen 306, *424*

Oberhof 337, *376, 440*
Oberwiesenthal *421*

Parchim 253, *430*
Peenemünde 226
Peitz 129, 284
Pirna 359–361, *437*
Plau *430*
Plauen *421*

Poel (Insel) 202
Pößneck 338, 339
Potsdam 257–262, *375, 433, 434*
Prerow 208
Putbus 212, 217, *436*
Putlitz 253

Quedlinburg 306, 307, *375, 424*

Radebeul 356–358
Reichenbach *421*
Rheinsberg 252, *432, 433*
Ribbeck 257
Ribnitz-Damgarten 207
Römhild 337
Rostock 105, 203–205, *370, 371, 375, 434–436*
Rudolstadt 338, *440*
Rügen 211–218, *436, 437*
Ruhla 336

Saalfeld 337, *440*
Sachsenhausen 68, 69, 252, 253
Sagard 212
Salzwedel 255
Sangerhausen 306, *375, 396*
Saßnitz 212, 213, *375, 436*
Schabernack 212
Schaprode 222
Schildau 324
Schkopau 323
Schmalkalden 336, *440*
Schmerzke 254
Schönebeck 299
Schönhausen 254
Schorfheide 295
Schwarzburg 338
Schwarzenberg 20, 364, *398, 421*
Schwedt *437*
Schwerin 154, 168, 169, 228–234, *375, 437–439*
Sellin 212
Serrahn 237, 238
Sonneberg 337
Sorge 304
Stahlbrode 219
Staßfurt 304, 305
Stavenhagen *430*
Stechlin 252
Stendal 246, 254, *439*
Stölln 256, 257
Stolberg 305, *424*
Stralsund 208–211, *375, 439, 440*

447

REGISTER

Straupitz 285
Strehla 324
Ströbeck 300, 301
Stubbenkammer 213, 214
Suhl 327, 337, *376, 393, 440*

Tangermünde 246
Tanne 306
Teterow 238, 241–243, *430*
Thale 302, 303, *424*
Torgau 324, 325

Usadel *375, 431*
Usedom 225, 226, *441, 442*

Vetschau 288
Vilm (Insel) 217, 218
Vitt 215, 216
Vitte 220

Wanzleben 299
Waren *430*
Warnemünde 205, *370, 371, 434–436*
Wartha 326
Wassersuppe 246
Weimar 339–341, *375, 442, 443*
Werbellinsee 295
Wernigerode 304, 305, *375*
Wismar 200–203, *443, 444*
Wittenberg (Lutherstadt) 324, *375, 444*
Wittstock 253
Wolfen 323
Wolgast 225, 226, *441*

Zeitz *444*
Zittau 168, *376, 444*
Zschopau *421*
Zwickau *421*